이 책을 임석재 교수님께 헌정합니다.

임석재 선생님(1903~1998, 서울대학교 교수)은 문화재위원회 초대 무형문화재분과 위원장으로 1960년대 학계와 사회에서 정당한 평가를 받지 못하고 주변화되었던 무형문화재의 귀중한 가치와 중요성을 일찍이 간파하시고 보호의 기틀을 만드신 분이다. 한국의 무형문화재 보호 제도가 유네스코에 소개되면서 2003년 유네스코 「무형문화유산보호협약」을 만드는 데 크게 기여하였다.

임돈희任敦姬, Dawnhee Yim

대한민국학술원 회원이며 동국대학교 종신석좌교수다. 유네스코 인류무형문화유산 선정 국제심사위원을 역임했으며, 한국의 종묘제례 및 종묘제례악, 판소리, 강릉단오제, 아리랑, 김치와 김장문화, 제주해녀문화 등 19개의 종목을 유네스코 인류무형문화유산 대표목록에 등재시키는 데 결정적인 역할을 했다. 문화재위원회 부위원장 및 무형문화재분과 위원장, 유네스코 아태무형유산센터의 부이사장 및 자문위원장, 한국민속예술축제 추진위원장 및 심사위원장, *International Journal of Intangible Heritage* 편집위원, 한국문화인류학회 회장, 한국민속학회 회장, 그리고 무형유산학회 초대회장을 역임하였다. 프랑스 L'ECOLE des HAUTES ETUDES en SCIENCES SOCIALS(파리 국립사회과학고등대학원), 미국 인디애나대학교 초빙교수를 역임하였으며 미국 스탠퍼드대학교 등에서 초청 강연을 한 바 있다. 서울대학교 고고인류학과 학사, 미국 펜실베니아대학교에서 민속학으로 박사학위를 받았다.

로저 L. 자넬리Roger L. Janelli

미국 인디애나대학교 민속학과 및 동아시아 언어와 문화학과 명예교수를 역임하였다. Social Science Research Council 한국학위원회 위원장, 인디애나대학교 한국학 프로그램 소장을 역임하였다. 저서로는 *Ancestor Worship and Korean Society*(Stanford University Press, 1982, 임돈희 공저), *Making Capitalism: The Social and Cultural Construction of a South Korean Conglomerate*(Stanford University Press, 1993, 임돈희 공저), 논문으로는 「South Korea's Great Transformation(1960~1995)」(『학술원논문집』 제55집 1호, 2016, 임돈희 공저), 「한국의 무형문화재 제도와 유네스코 무형문화유산 정책의 비교와 담론」(『학술원논문집』 제58집 1호, 2019, 임돈희 공저) 등이 있다. 프랑스 L'ECOLE des HAUTES ETUDES en SCIENCES SOCIALS(파리 국립사회과학고등대학원), 일본 도쿄대학교, 미국 캘리포니아대학교 버클리 캠퍼스University of California, Berkeley 등에서 초빙교수를 역임하였다. 펜실베니아대학교University of Pennsylvania에서 경영학 석사(The Wharton School), 인류학 석사, 민속학 박사학위를 받았다.

유네스코와 한국의 무형유산 정책:
한국은 무형유산 선진국

임돈희 · 로저 L. 자넬리 외

민속원

책을 내며

한국은 무형유산 선진국이다.

그러나 안타깝게도 많은 사람들이 이러한 사실을 잘 알지 못한다. 필자는 한국이 세계 무형유산 정책을 선도해 온 나라라는 점을 널리 알리고자 이 책을 집필하게 되었다. 이 책은 필자가 2019년 대한민국학술원에서 발표한 논문 「한국의 무형문화재 제도와 유네스코 무형문화유산 정책의 비교와 담론」에 기반을 두고 있다. 당시 학술원 논문은 분량 제한으로 인해 논의의 전개가 제한적이었고, 자세한 내용을 담지 못해 아쉬움이 컸다. 그 논문을 읽은 여러 독자로부터 "무형유산에 대해 더 자세히 풀어쓴 글이 있었으면 좋겠다"는 요청을 받은 바 있었고, 이에 응답하는 마음으로 이 책의 집필을 결심하게 되었다. 그리고 2024년 10월 9일, 대한민국학술원에서 개최된 집담회에서 「유네스코 무형유산 정책: 한국은 무형유산 선진국」을 주제로 발표하였고, 이 자리에서 학술원 회원들로부터 받은 질문과 조언이 이 책을 완성하는 데 큰 도움이 되었다. 많은 관심을 보여준 학술원 회원님들께 깊이 감사드린다.

돌이켜보면, 지난 25년간 유네스코와 한국의 무형문화유산 분야에는 실로 대변혁이 있었다. 유네스코는 오랫동안 세계유산(유형 및 자연유산) 중심의 정책을 펴오다가, 1997년 11월 '인류 구전 및 무형유산 걸작 선언' 프로그램을 도입하고, 2003년 「무형문화유산보호협약」을 채택하였으며, 2006년 협약이 발효되면서 전 세계적으로 무형유산에 대한 인식이 급격히 높아지기 시작했다. 그 결과 무형유산은 세계유형유산처럼 중요한 인류 공동의 자산으로서의 지위를 차지하게 되었다.

한편, 한국은 이미 1962년부터 무형문화재 보호 제도를 운영해 왔으며, 1993년에는 유네스코에 인간문화재 제도를 소개하고 1998년부터 4년간 세계 각국의 문화 전문가들을 대상으로 한국의 인간문화재 제도를 교육하여 국제사회에서 중요한 역할을 맡게 되었다. 2004년 한국은 동양 최초로 ICOM(국제박물관협의회) 회의를 유치하여 '박물관과 무형유산'이라는 주제로 세계박물관대회를 서울에서 개최하였으며, 무형유산의 중심지로서의 위상을 국제사회에 널리 알릴 수 있었다. 이어서 2006년에는 세계 최초의 영문 무형유산 학술지인 *International Journal of Intangible Heritage*를 창간하였고, 2011년에는 유네스코 카테고리 2 센터인 유네스코 아태무형유산센터(ICHCAP)를 설립하였으며, 2013년 국립무형유산원을 개원하고, 2015년에는 무형유산학회를 창립하였다.

필자는 다행히 이러한 유네스코와 한국에서 무형유산의 지위가 격상하던 역사적인 시기에 이와 관련된 모든 대소사에 참여하는 행운을 가졌다. 2000년 유네스코 사무총장의 초청을 받아 인류 구전 및 무형유산 걸작 선정 국제심사위원으로 활동하며 인류 무형유산 등재 심사를 하였다. 2003년 11월 3일, 파리 유네스코 본부에서 열린 「무형문화유산보호협약」 인준식에도 참석하여 역사적 순간을 직접 지켜보았다. 2006년 협약 발효 후, 제1차 정부간위원회(알제리 알제)에도 참석해 운영지침 마련에 참여했고, 그 이후 수차례에 걸쳐 유네스코 무형유산 관련 회의에 참여하여 정책 형성과 실행 과정에 관여해 왔다.

1998년, 한국을 방문한 유네스코 전문가들에게 인간문화재 제도를 강의하던 자리에서 한 신문기자에게 "이 연수는 한국의 지식재산권의 최초 해외 수출"이라고 말했던 기억이 난다. 2004년 ICOM 기조연설에서 "한국이 유네스코보다 40년 앞서 무형유산 보호를 시작한 나라"라는 점을 강조하기도 했다.

필자는 세계 최초로 한국에서 영어로 발간된 *International Journal of Intangible Heritage*의 창간호 발간회의(2005)부터 2020년까지 편집위원과 자문위원으로 활동했으며, 유네스코 아태무형유산센터 설립을 위한 기획단 활동과 타당성 조사를 이끌고 발기인, 자문위원장, 부이사장으로서 역할을 수행했다. 국립무형유산원의 기획에서부터 기공식, 개원식에도 참석했고, 무형유산학회 창립 멤버이자 초대 회장을 맡기도 했다.

이 책은 그러한 실무적 경험을 바탕으로, 유네스코와 한국의 무형유산 정책이 어떻게 형성되고 실행되었는지, 그리고 그 과정에서 어떤 담론과 제도적 전환이 있었는지를 참여자의 관점에서 조명하고자 한다. 다시 말해, 인류학에서 말하는 '참여관찰' 방식으로, 지난 25년간의 무형유산 현장을 민속지적으로 기록하려는 시도이기도 하다.

무형문화유산에 대한 25년간의 변천사 속에 필자 외에도 많은 전문가들이 정책 실현의 주체로 참여했다. 필자는 그 실무 전문가들이 직접 경험하고 실천한 관련 지식을 함께 담는 것이 이 책의 학문적 의미를 더할 것이라고 판단했다. 그래서 필자는 각 분야의 전문가에게 원고를 부탁했고, 다행히 그분들이 이러한 필자의 제안을 기쁘게 받아들여 원고를 제공해 주었다. 이에, 한국 무형문화재 제도 중 보유자 인정심사의 공정성을 위해 획기적인 '평가지표'를 기획한 당시 문화재청의 엄승용 정책국장, *International Journal of Intangible Heritage*의 발간 기획을 주도했던 당시 국립민속박물관의 양종승 박사, 유네스코 아태무형유산센터의 설립을 다진 박성용 당시 설립기획단장, 국립무형유산원 추진단에서 중추적 역할을 한 문화재청의 김용구 박사, 「무형문화유산의 보전 및 진흥에 관한 법률」을 기획한 황권순 당시 문화재청 무형문화재과 과장, 한국 무형유산학계의 유일한 학술연구소인 무형문화연구원을 설립한 함한희 교수, 한국무형유산 연구의 핵심 주제인 공동체와 원형에 관한 담론을 집필한 함한희 교수와 허용호 교수께 깊은 감사를 드리는 바다. 이 분들의 원고는 각 필자의 이름으로 보내온 내용을 가감 없이, 그대로 수록하였다.

다만 필자가 기억에 의존해 집필한 부분이 많아 일부 사실관계에 오류가 있을 수도 있다. 오류가 발견되면 향후 수정·보완할 계획이다. 또한 이 책은 한국 무형유산의 제도화 과정에 참여했던 사람들이 전하는 '살아 있는 기록'이기도 하기에, 앞으로도 추가로 갱신되어야 할 여지를 열어두고자 한다.

이 책을 집필하는 데에는 많은 분들의 도움이 있었다. 함한희 교수와 김지영 박사는 책의 방향 설정에서부터 내용의 보완에 이르기까지 전 과정을 세심하게 살펴 주었다. 민태혜 박사는 본인의 번역서 출간을 뒤로 미루며, 자료 수집과 분석은 물론 교정 작업까지 아낌없는 도움을 주었다. 임혜령, 최다윤과 엄교진도 자료 수집을 위해 많은 수고를 아끼지 않았다. 교정을 꼼꼼히 봐주신 안광윤 선생님과 김광식 박사께 감사를 드린다. 또한 훌륭한 책으로 완성될 수 있도록 애써주신 민속원의 홍종화 대표와 편집부 여러 선생님들께도 깊은 감사의 마음을 전하고 싶다.

덧붙여 이 책의 인세는 무형유산학회에 모두 기부해 우리나라 무형문화유산의 연구 및 학술적 발전을 도모하고자 한다. 한국이 무형유산학계의 선도적인 역할을 하기 위해서는 무형유산을 연구하는 학자들의 훌륭한 연구가 필수적이기 때문에 무형유산학회의 발전을 위해서 이 같은 결정을 내리게 되었으며, 흔쾌히 동참해주신 여러 집필자께도 진심으로 감사의 뜻을 표한다.

이 책은 임석재 교수님께 헌정하고자 한다. 필자의 부친이신 임석재 선생님(1903~1998)은 서울대학교 교수이자 1962년 문화재위원회 초대 무형문화재분과 위원장으로서, 1960년대 학계와 사회에서 천대받고 무시당하던 무형문화재의 귀중한 가치를 일찍이 간파하시고, 그 중요성을 알리고 지킴으로써 한국이 무형유산 정책에 있어 세계적인 선진국으로 자리잡는 데에 결정적 기틀을 만들어 주셨다. 그 뜻을 기리며, 깊은 감사와 존경의 마음을 담아 이 책을 헌정하는 바다.

2025년 3월

임돈희

목 차

책을 내며 4

서론 · 13

제1부 한국의 무형유산 보호 정책 · 23

제1장 1962년 「문화재보호법」과 무형문화재 제도 24

1. 「문화재보호법」의 제정 25
2. 무형문화재 제도 27
3. 문화재위원회 44
4. 무형문화재 제도에 대한 학계의 담론 47
5. 결론 53

〈읽을거리〉 한국의 무형문화재 제도에 공헌하신 분_ 55

〈읽을거리〉 무형문화재위원으로서 필자의 활동과 경험_ 58

〈전문기고〉 무형유산 평가지표 개발의 성과와 과제 / 엄승용_ 65

제2장 2015년 「무형문화재 보전 및 진흥에 관한 법률」과 무형문화재 정책의 변화 — 87

1. 2015년 「무형문화재 보전 및 진흥에 관한 법률」과 무형문화재 제도 개정 87

〈전문기고〉 「무형문화재법」 제정 배경 및 추진 경과 / 황권순_ 98

2. '공동체'와 '전형' 담론 121

〈전문기고〉 무형문화유산 공동체에 대한 일고찰 / 함한희_ 135

〈전문기고〉 '전형'의 전형 구성을 위한 시론 / 허용호_ 163

3. '공동체'와 '전형' 연구를 위한 제언 192

제3장 2024년 국가유산청의 출범 — 199

1. 조직 구성과 주요 업무 199

2. 무형문화유산 정책 방향과 기본계획 204

제2부 유네스코의 무형유산 보호 정책 · 223

제1장 유네스코 무형문화유산 보호 정책의 태동 — 224

1. 전통문화 및 민속 보호에 관한 권고
Recommendation on the Safeguarding of Traditional Culture and Folklore, 1989년 226

2. 인간문화재Living Human Treasures 제도, 1993년 229

3. 인류 구전 및 무형유산 걸작 선언
Proclamation of Masterpieces of the Oral and Intangible Heritage of Humanity, 1997년 240

제2장 유네스코 「무형문화유산보호협약Convention for the Safeguarding of the Intangible Cultural Heritage」, 2003년 — 263

1. 협약의 개요와 의미 264
2. 협약의 조직 274
3. 협약과 지속가능한 발전, 2015년 366

제3부 2003년 유네스코 「무형문화유산보호협약」 이후 · 381

제1장 한국 무형문화유산 지형의 변화 — 382

1. 서울세계박물관대회ICOM 2004 Seoul, 2004년 383
2. *International Journal of Intangible Heritage*『국제저널 무형유산』, 2006년 389

〈전문기고〉 국립민속박물관의 『국제저널 무형유산』 발간에 대하여 / 양종승_ 397

3. 유네스코 아시아-태평양 무형문화유산 국제 정보 네트워킹 센터 International Information and Networking Centre for Intangible Cultural Heritage in the Asia-Pacific Region under the auspices of UNESCO, 2011년 412

〈전문기고〉 유네스코 아태무형유산센터의 설립과 활동 성과 / 박성용_ 429

4. 국립무형유산원National Intangible Heritage Center, 2013년 450

〈전문기고〉 국립무형유산원 설립 경과와 현재 / 김용구_ 464

5. 무형유산학회Intangible Heritage Association, 2015년 482
6. 무형유산학과 502
7. 무형문화연구원The Center for Intangible Heritage Culture Studies, 2016년 517

〈전문기고〉 무형문화연구원 활동의 회고와 전망 / 함한희_ 518

8. 국가유산진흥원Korea Heritage Agency 541

제2장 한국의 유네스코 인류무형문화유산 대표목록 등재 과정 — 557

1. 유네스코의 문화유산 보호를 위한 제도 557
2. 인류 구전 및 무형유산 걸작 선정 사례 575
3. 인류무형문화유산 대표목록
Representative List of the Intangible Cultural Heritage of Humanity 등재 사례 596

제3장 아리랑상과 전주세계무형유산대상 — 644

1. 아리랑상Arirang Prize(2001~2005) 644
2. 전주세계무형유산대상
Jeonju International Awards for Promoting of Intangible Cultural Heritage(2019~현재) 651

결론 · 663

참고문헌 677

찾아보기 688

서론

서론

무형유산학은 새로운 학문 분야다.[1)]

근대는 그동안 문화에 대해 지속적으로 차별을 감행해 왔다. 서구 문화에 대해 비서구 문화를, 남성 문화에 대해 여성 문화를, 엘리트 문화에 대해 민속 문화를, 그리고 유형 문화에 대해 무형 문화를 차별한 것이 그것이다.

근대 이후 서구의 팽창과 함께, 서구 문화는 비서구 문화에 비해 보다 합리적이고 가치 있으며 우월한 문화로 여겨졌고, 반대로 비서구 문화는 야만적이고 비합리적이며 열등한 문화로 주장, 인식되어 왔다. 이러한 인식은 지구촌화하는 현대 사회에서 서구 문화는 전 세계로 확산되는 반면, 비서구 문화는 위축되거나 사라져 가는 상황과 깊은 관련이 있다. 또한, 그동안 남성 문화에 비해 여성 문화도 상대적으로 덜 가치 있고 중요성이 낮은 문화로 인식되어 왔다. 엘리트 문화에 비해 민속 문화는 뒤떨어지고 낡은 문화로 대우받았고, 사라져 가는 것이 당연하다고 생각해 왔다.

---

1) 이 책에서는 '무형유산'과 '무형문화유산'이라는 용어를 같은 의미로 사용한다. 유네스코에서는 '무형문화유산 intangible cultural heritage'을, 한국에서는 '무형유산intangible heritage'을 채택하였다는 차이가 있다. 따라서 맥락에 따라 두 용어를 혼용하였다.

이러한 인식의 연장선상에서, 무형문화유산은 유형문화유산에 비해 상대적으로 그 중요성을 충분히 인정받지 못하였다. 유네스코는 1972년 「세계문화 및 자연유산의 보호에 관한 협약UNESCO Convention Concerning the Protection of the World Cultural and Natural Heritage(이하 「세계유산협약」)」을 통해 문화유산 보호에 나섰지만, 당시의 문화유산 개념은 피라미드나 만리장성처럼 유형문화유산에 국한되었다. 유네스코의 「무형문화유산 보호를 위한 협약UNESCO Convention for the Safeguarding of the Intangible Cultural Heritage(이하 「무형문화유산보호협약」)」은 그보다 31년 늦은 2003년에서야 비로소 채택되었다.

그동안 우리는 위와 같은 문화의 차별적 인식이 옳지 않다는 점을 자각해 왔다. 사회학, 인류학, 민속학 그리고 여성학과 같은 학문의 성과에 힘입어 한 문화가 다른 문화보다 더 우월하고 가치 있는 것이 아니라 다 나름대로 중요하고 가치 있다는 문화상대주의적 관점을 확산시켰고, 이는 유네스코의 2001년 '문화다양성 선언'과 2003년 「무형문화유산보호협약」의 정신으로 이어졌다.

무형문화유산의 진정한 가치는 문화유산의 다양성과 평등성에 있다. 즉, 무형문화유산 간에 어느 유산이 다른 유산보다 더 중요하고 가치 있다는 가치적 사고를 하지 않아야 한다는 점이다. 이는 1972년 「세계유산협약」과 2003년 「무형문화유산보호협약」의 가장 중요한 차이점 중 하나다.

1972년 「세계유산협약」은 제1조와 제2조에 (유형)문화유산의 자격 기준으로 '탁월한 보편적 가치Outstanding Universal Value'를 규정했으나, 2003년 「무형문화유산보호협약」에는 그런 가치적 정의가 들어가 있지 않다. 다만 두 가지 측면에서 무형문화유산을 등재하게 되어 있다. 하나는 인류무형문화유산 대표목록Representative List of the Intangible Cultural Heritage of Humanity(이하 '대표목록')이며, 다른 하나는 긴급 보호가 필요한 무형문화유산 목록List of Intangible Cultural Heritage in Need of Urgent Safeguarding(이하 '긴급보호목록')이다(협약 제16조, 제17조).[2)]

2) 이 두 목록 외에 모범 보호 사례 등록Register of Good Safeguarding Practices(이하 '모범사례')이 있다.

유네스코는 세계의 유형유산 가운데 탁월한 보편적 가치가 있는 역사적 유적을 세계문화유산으로 지정하고 있다. 즉 피라미드, 만리장성 같은 '위대한' 역사적 건축물 등의 지정이 그것이다. 그런 의미에서 유럽은 그동안 세계문화유산을 독점하다시피 하고, 상대적으로 많은 유적이나 역사적 건축물을 갖고 있지 못한 나라는 박탈감을 가졌다.[3] 세계문화유산으로 선정된 대부분의 유산이 서구에 집중적으로 분포함으로써 서구 중심적이고 다른 문화를 타자화하는 데 익숙해져 왔다.[4] 세계문화유산을 많이 보유한 지역은 더 문명화되고 역사적 발전을 이루어 왔다는 우월감을 가진 반면, 상대적으로 적게 보유한 지역은 열등의식을 가져온 게 사실이다. 세계문화유산으로 등재되기 위한 극심한 경쟁이 이러한 관점을 잘 보여주고 있다. 유산 간의 위계성과 가치 중심성, 경쟁 구도를 강조하는 세계(유형)문화유산 정책은 서구적 논리에 기반하고 있으며, 이 정책에 대한 헤게모니 또한 서구사회가 쥐고 있다.

유네스코의 2003년 「무형문화유산보호협약」이 갖는 정치적·문화적 의미는 다음과 같다. 첫째, 이 협약은 무형문화유산의 중요성을 부각시켰다. 무형의 유산도 유형의 유산만큼 동등한 가치를 지닌 중요한 문화유산으로 인식되는 계기가 되었던 것이다. 그동안 무형문화유산은 유형문화유산에 비해 그 중요성을 인정받지 못했다. 우리나라도 1962년에 「문화재보호법」을 도입할 당시 대부분의 사람은 문화재라면 석굴암이나 남대문 같은 유형문화재만 가치 있고, 보존되어야 한다는 생각을 가지고 있었다. 굿이라든가 가면극 같은 무형문화재는 문화재라는 인식도 거의 없었고 보호해야 한다는 생각은 더욱 없었다. 보호보다는 국가 발전에 방해가 된다고 생각했고 타파의 대상이었다. 또한 대부분의 민속 예술인들은 사회적으로 낮은 지위에 놓인 집단에 속해 있었기 때문에 그들이 보유한

---

3) Roger L. Janelli, "Cultural Plurality: Universality and Particularity of Intangible Heritage in East Asia," in *Proceedings of the 2009 International Forum on Intangible Heritage in East Asia*, Daejeon: National Research Institute of Cultural Heritage (NRICH), 2009, p. 173; Wiktor Stoczkowski, "UNESCO's Doctrine of Human Diversity: A Secular Soteriology," *Anthropology Today*, Vol. 25, No. 3, 2009, p. 9.

4) 1990년대까지도 세계유산 등재는 유럽 또는 유럽 관련 지역에 편중되는 불균형이 지속되었다. 이는 미국과 유럽을 중심으로 유형문화 전문가들이 많았고, 이들 전문가가 대체로 유럽 중심의 가치관을 공유하고 있었기 때문이다.

무형문화유산 또한 정당한 가치를 인정받지 못했다.

1960년대, 문화재위원회 초대 무형문화재분과 위원장이셨던 임석재(서울대 교수) 선생님의 회고에 따르면, 당시 그는 탈춤을 추는 분들을 찾아다니면서 "당신들이 추는 탈춤이 훌륭한 예술이며 반드시 지켜야 할 문화예술이니, 보유자(인간문화재)로 지정해 줄 테니 계속 탈춤을 추시라"고 권유하곤 했지만, 많은 이들이 이를 거절했다고 한다. 사회적으로 천시받던 자신들의 신분이 드러날까 두려웠기 때문이라고 그 이유를 술회했다. 그러나 60년이 지난 오늘날, 오히려 서로 인간문화재가 되기를 희망하는 상황은 격세지감이라 할 만하다.

둘째, 무형문화유산 논의의 중심축은 한국, 일본, 중국을 포함한 아시아 지역이라는 점이다. 서구 국가에 비해 비서구 국가의 무형문화유산에 대한 관심이 더 높다는 점을 들 수 있다. 서구 국가는 이 무형문화유산 제도에 무관심 내지는 저조한 참여를 보여주고 있다. 서구 유럽의 중심이라 할 프랑스,[5] 영국, 독일 등의 나라는 2001년 처음 실시된 '인류 구전 및 무형유산 걸작 선언' 프로그램에 응모조차 하지 않았다. 세계유산목록(유형문화유산)에서 이들 국가의 유산이 압도적인 숫자를 차지하고 있는 것과 비교해 보면 무형문화유산에 대한 관심이 얼마나 저조했는지 짐작할 수 있다. 서구 국가는 이 무형문화유산 선정 제도에 대해서도 매우 비협조적이고 반대도 많았다는 것을 유네스코 관계자 및 마츠우라 유네스코 사무총장에게서 직접 듣기도 했다. 또한 2003년 유네스코 총회에서 「무형문화유산 보호협약」을 통과시킬 때도 영국, 오스트레일리아, 뉴질랜드, 덴마크, 러시아연방, 미국, 캐나다, 스위스는 기권한 반면 한국을 위시한 중국, 일본, 그리고 여러 아프리카 국가들은 협약 채택을 열렬히 지지했다.[6]

무형문화유산 부분에 있어 한국, 일본, 중국은 가장 관심이 많고 활발하게 활동하고 있다. 2025년 1월 현재 전 세계적으로 대표목록을 가장 많이 보유한 국가는 중국(44종목)이

5) 프랑스는 2005년 벨기에와 공동으로 '빈슈 카니발Binche Carnival'로 유네스코 인류 구전 및 무형유산 걸작에 처음 선정되었다.

6) Noriko Aikawa, 「UNESCO Convention for the Safeguarding of the Intangible Cultural Heritage and the Republic of Korea」, 『무형유산학』 제1권 1호, 무형유산학회, 2016, 88쪽.

고, 그 다음이 한국(23종목), 일본(23종목)이다.[7] 영국의 경우 아직까지 등재된 종목이 단 하나도 없다.[8] 2013년부터 한국, 중국, 일본은 유네스코 대표목록 등재 건수가 다른 나라에 비해 압도적으로 많아서 2년에 하나의 유산만 등재 후보로 제출하도록 제한받았다. 등재를 하지 못하거나 등재 종목이 적은 나라에 기회를 주기 위해서였다.

또한 이 세 나라는 유네스코 무형유산 카테고리 2 센터를 각각 설립하여 무형유산 보호 활동을 활발히 펼치고 있다. 보통 한 지역에는 하나의 카테고리 2 센터가 설립되는 것이 일반적이지만, 무형유산 분야에서는 예외적으로 한국, 일본, 중국 세 나라 모두가 아시아 내에 각각 센터를 설립하였다. 이는 이 세 나라가 무형문화유산 보호에 얼마나 깊은 관심과 의지를 갖고 있는지를 잘 보여준다.

셋째, 한국은 일본과 중국에 비해 무형문화유산 정책의 제도화 및 국제적 대응에 있어서 가장 선진국이라 할 수 있다. 한국은 무형문화유산 분야에서 지속적이고도 적극적인 국제 활동을 전개해 왔으며, 오랜 전통을 지닌 한국의 인간문화재 제도는 국제적으로도 널리 알려져 있다. 1993년에 유네스코는 한국의 인간문화재 제도를 다른 회원국들에 모범 사례로 소개했을 뿐만 아니라, 한국은 1998년부터 4년간 인간문화재 제도를 배우려는 외국의 문화 전문가를 대상으로 인간문화재 제도 연수도 실시하였다. 한국의 인간문화재 제도는 2003년 유네스코 협약의 가장 핵심적인 '공동체 안에서의 무형유산'이란 개념에 지대한 영향을 미쳤다.

그 후 1997년 유네스코가 무형유산 등재 작업을 위한 '인류 구전 및 무형유산 걸작 선언 Proclamation of Masterpieces of the Oral and Intangible Heritage of Humanity' 프로그램을 마련

---

7) 공동등재 종목을 포함한 숫자이다.
UNESCO, 〈https://www.unesco.org/en/intangible-cultural-heritage/grid?hub=413〉(최종검색일: 2025년 1월 23일).

8) 영국과 북아일랜드는 2024년 4월 12일 「무형문화유산보호협약」을 비준함으로써 183번째 협약 당사국이 되었으며 6월 7일부터 협약 적용 국가가 되었다.
〈https://www.unesco-ichcap.org/board.es?mid=a20501020000&bid=A212&act=view&list_no=20412〉(최종검색일: 2025년 1월 23일).

할 당시 처음에는 프로그램 명칭에 '구전'만 사용하려 했으나 한국이 '무형유산'을 추가해야 한다고 강력하게 요청하여 '무형유산'이라는 핵심적인 용어가 들어가는 데에도 큰 역할을 했다. 또 인류 구전 및 무형유산 걸작 선정을 위한 국제심사위원에 한국 심사위원(필자)이 참여해 활발한 활동을 했다. 2004년에는 세계박물관대회가 '박물관과 무형유산'이라는 주제로 아시아에서 처음으로 한국에서 개최되었다. 무형유산의 중심국이 한국이라는 것을 세계가 인정한 셈이다. 2006년에는 무형유산을 전문적으로 다루는 최초의 국제 영어 학술지인 *International Journal of Intangible Heritage*가 창간되었으며, 이후 무형유산학계의 주요 담론을 형성하고 이끌어가는 중심 학술지로 자리매김하게 되었다.

2011년, 아시아·태평양 지역에서는 처음으로 유네스코 카테고리 2 기구인 International Information and Networking Centre for Intangible Cultural Heritage in the Asia-Pacific Region under the auspices of UNESCO(ICHCAP, 유네스코 아시아 - 태평양 무형문화유산 국제 정보 네트워킹 센터, 이하 '유네스코 아태무형유산센터')를 유치했다. 이후 중국과 일본에도 유네스코 아태무형유산센터가 설립되었지만, 한국의 센터는 가장 활발하고, 지속적인 활동을 펼치고 있는 기관으로 평가받고 있다.

2014년, 한국은 무형문화유산의 보호와 진흥을 위한 전문 기관인 국립무형유산원을 설립하였다. 국립무형유산원처럼 무형유산 전담 기관에 독립적인 건물을 마련하고, 대규모의 예산과 인력을 투입한 사례는 전 세계적으로 드물다. 다수의 국가들이 무형유산을 전담하는 독립 부서조차 갖추지 못한 현실과 비교할 때, 한국은 무형유산에 대한 국가적 관심과 정책적 의지가 특히 두드러진다고 할 수 있다. 이러한 점에서 국립무형유산원은 향후 세계 무형유산 보호 정책의 또 다른 모범 사례로 자리매김할 가능성이 크다.

2015년에 창립된 무형유산학회는 이미 많은 연구 성과를 축적해 오고 있다. 중국과 일본의 무형유산 연구자들 또한 한국 무형유산학회의 활동을 주목하며, 자국 내 무형유산학회 설립에 대한 관심과 의지를 표명한 바 있다.

대개 무형문화유산은 그 나라나 민족의 정체성을 상징하는 경우가 많다. 그러나 세계화, 지구촌화하는 시대에 서구의 문화가 전 세계로 퍼져감에 따라 각 나라의 전통문화는 급속히 사라져 가는 위기에 처해 있다. 서구 국가에서도 마찬가지로 전통문화가 사라져 가고 있다. 그러나 그들에게 있어서 그들의 사라져 가는 전통문화는 '옛것'이고, 새 시대에 맞는 새 문화는 끊임없이 창조되고 있다는 것이 그들의 입장이다.

그러나 비서구 국가의 입장은 다르다. 사라져 가는 옛 전통문화는 '우리 것'이고, 그것을 대신하여 들어오는 것은 서구의 문화인 경우가 많다. 이는 우리나라의 판소리 경우를 보면 자명해진다. 따라서 비서구 국가들이 자국의 전통문화유산을 보존하는 데 더욱 많은 관심을 쏟는 것이 이해된다.

무형문화유산의 가장 큰 잠재적 가치는 세계화, 지구촌화하는 현대 사회에서 어떤 특정 지역의 문화가 세계적으로 지배하는 것을 막는 효과가 있다. 이미 근대는 서구화의 영향으로 서구에서 창조된 문화가 전 지구적으로 확산되어 소비되는 현상을 경험하고 있다. 예로 미국의 음악, 춤, 영화 그리고 음식 등이 미국에서만 소비되는 것이 아니라 전 지구적으로 소비되는 것을 우리는 일상에서 경험하고 있다. 지구촌 어디를 가나 모든 사람이 똑같은 음악과 춤을 즐기고 똑같은 음식을 먹는다는 것은 슬픈 일이며 바람직하지 않다. 이것은 생물학적으로 다양한 종이 지구상에 존재해야 건강한 지구이지 하나의 종이 다른 모든 종을 멸종시키고 존재한다면 지구의 종말을 가져오는 것과 같은 이치다.[9] 그러므로 서구화의 막강한 영향하에 있는 비서구 사회에서 사라져 갈 위험에 처해 있는 전통문화인 무형문화유산을 보호함으로써 다양한 인류 문화를 존속시키는 일이야말로 인류의 생존에 절대적인 일이라 할 수 있다.

무형문화유산 정책은 유형문화유산 정책과는 확연히 다른 패러다임으로 전환해야 한다. 먼저, 인류무형문화유산 대표목록으로 선정된다는 것이 그렇지 않은 무형문화유산보다 가치적으로 더 우월하다는 관점을 버려야 한다. 가치적, 위계적 그리고 경쟁적 관점에서 문화를 보기보다 모든 무형문화유산은 나름대로 가치가 있다는 문화상대주의적 관점에서 보아야 할 것이다. 그리고 무형문화유산을 생산하고 보유하는 집단의 입장에서 그

---

9) Dawnhee Yim, "Consideration of the Potential Value and Strategies for Globalization of Intangible Cultural Heritage," Keynote Speech presented at *Schemes for Development and Strategies of Globalization of ICH*, ICHCAP, 2008, pp. 34-39.

무형문화유산의 가치를 보는 관점을 길러야 한다. 그렇게 함으로써 우리는 세계의 무형문화유산이 인류의 '평등한 존중과 배려'를 받는 패러다임의 전환을 생성해야 한다.[10)]

이 책은 총 3부로 나뉘어 있다. 제1부는 한국의 무형유산 보호 정책, 제2부는 유네스코의 무형유산 보호 정책, 마지막 제3부는 2003년 유네스코 협약 이후 한국 무형유산 지형의 변화에 대해 각각 서술하였다. 그리고 한국과 유네스코의 무형유산 보호 정책의 변화 과정을 짚어볼 수 있도록 기본적으로 연대순으로 정리하였다.

제1부 제1장과 제2장에서는 1962년 「문화재보호법」부터 2015년 「무형문화재 보전 및 진흥에 관한 법률」이 제정되기까지 한국의 무형유산 보호 정책과 제도의 변화 과정을 다루었다. 국제적으로는 유네스코의 인류 구전 및 무형유산 걸작 선정과 2003년 「무형문화유산보호협약」에 따른 보호 정책이 시행되었고, 무형유산 보호에 대한 새로운 개념이 도입되었다. 그에 따라 국내적으로 유네스코의 협약에서 강조하는 개념을 반영한 법률 제정이 2015년에 이루어졌다. 그 과정에서 공동체와 전형의 개념에 관한 다양한 학문적 논의와 정책적 노력이 있었다. 최근 2023년 「국가유산기본법」 제정으로 지난 60여 년 동안 한국 문화유산 정책의 핵심기구로서 역할을 했던 문화재청은 2024년 6월 국가유산청으로 새롭게 출범하면서 조직에 많은 변화가 있었다. 제3장에서 국가유산청의 문화유산 정책의 성과 및 향후 정책 방향에 대해서도 살펴보았다.

제2부 제1장에서는 2003년 유네스코의 「무형문화유산보호협약」이 채택되기 이전, 1989년 '전통문화 및 민속 보호에 관한 권고'를 비롯해 유네스코에서 무형문화유산 보호를 위해 어떤 노력이 이루어졌는지에 대해서 서술하였다. 제2장은 유네스코의 「무형문화유산보호협약」의 채택과 협약에 따른 인류무형유산 보호 활동과 보호 프로그램 시행을 위한 관련 산하 조직 및 기구의 역할과 기능에 관해서 서술하였다. 또한 협약 이후 2015년에 이르러 유네스코의 무형유산 정책 패러다임이 바뀌게 되는데, 보호 위주에서 이제는

10) Dawnhee Yim, "Strengthening Regional Capacity-building and International Cooperation for the Safeguarding of ICH," in *International Conference on Safeguarding of Intangible Cultural Heritage: How to Apply Information and Networking*, ICHCAP, 2009, pp. 33-37.

경제적, 사회적, 환경적 문제에 있어서 무형유산이 어떠한 역할과 기능을 할 수 있을 것인지에 대해 관심이 높아졌다. 이에 유엔의 지속가능발전목표와 연계하여 무형유산과 지속가능한 발전의 중요성에 관해 서술하였다.

제3부 제1장은 유네스코 「무형문화유산보호협약」이 채택된 이후, 한국의 무형문화유산의 지형 변화에 대해서 서술하였다. 이 시기 한국에서 연구단체, 대학과 대학원의 무형문화유산 과정 개설, 다양한 관련 기관 설립 등 지금까지 활발한 활동이 이루어졌다. 이에 무형문화유산 분야에서 다양한 기관과 단체들이 수행해 온 활동과 그 역할에 대해 살펴보았다.

제2장에서는 유네스코의 문화유산 보호를 위한 제도 가운데 인류무형문화유산 제도에 대해 상세히 다루었다. 특히 한국의 인류무형문화유산 대표목록에 등재된 23개 종목 중 인류 구전 및 무형유산 걸작 선정 과정을 포함하여 필자가 관여한 일부 종목의 등재 과정에 대해서도 서술하였다. 각 종목의 대표목록 등재 과정에서 맞닥뜨린 상황, 논쟁이 되었던 문제점, 그러한 문제점을 해결하는 과정, 그리고 등재신청서는 어떻게 작성하는가 등에 대한 내용을 담았다.

제3장에서는 한국이 세계의 무형문화유산에 수여한 아리랑상과 전주세계무형유산대상을 소개했다. 아리랑상은 유네스코가 인류 구전 및 무형유산 걸작에 선정된 무형유산 중에서 2년마다 선정하여 수여했던 상이다. 그리고 전주세계무형유산대상은 아리랑상이 폐지된 후 전주시 주도로 새로이 제정하여 수여하는 상이다.

마지막으로 무형문화유산 보호와 이를 선도해 온 나라로서 한국이 앞으로도 세계에서 무형문화유산 담론을 주도하고, 새로운 방향을 제시하는 국가로서 해야 할 일과 향후 나아가야 할 방향에 대해 제안하는 것으로 결론을 대신하였다.

본문의 일부 장에서는 해당 주제와 관련된 학자 및 전문가들의 옥고를 함께 실었다. 이들은 무형문화유산 분야에서 오랜 연구와 경험을 통해 전문성을 갖춘 분들로, 국내외에서 무형문화유산 보호 정책을 수립하고 실행한 주요 실무자들이기도 하다. 이들의 깊이 있는 연구 성과와 생생한 경험담은 독자들이 무형문화유산과 그 보호에 대해 보다 입체적이고 심층적으로 이해하는 데 큰 도움이 될 것이다.

제1부

한국의 무형유산 보호 정책

제1장

1962년 「문화재보호법」과 무형문화재 제도

한국은 1960년대부터 산업화, 도시화가 진행되면서 급격한 사회변화를 겪었다. 1960년에는 농촌에 거주하면서 농업에 종사하는 인구가 58%였는데, 1990년에는 그 비율이 11%로 급감할 만큼 짧은 기간에 산업화와 도시화를 경험하게 된다.[1)]

문화적으로는 서구의 문화가 유입하면서 그 영향을 받기 시작했다. 특히 미국의 문화가 정치, 사회, 경제 등 거의 모든 부분에 많은 영향을 미쳤다. 서구화, 도시화, 산업화로 인한 사회의 변화 속도는 세계에서 그 유례를 찾을 수 없을 정도로 급진적이었다. 서구 사회에서 200여 년에 걸쳐 일어났던 변화가 한국에서는 단 몇십 년 만에 압축적으로 일어났다.

대부분의 무형유산은 농경사회를 기반으로 형성된 것이다. 농경사회에 기반한 전통문화와 예술이 급격한 산업화와 도시화 속에서 빠르게 사라져 갔다. 예를 들어, 농촌의 모심는 노래, 논매는 노래, 밭매는 소리와 같은 노동요들은 농업의 기계화와 농업 인구의 감소로 인해 현장에서 더 이상 불리지 않게 되었으며, 급속히 사라졌다.

또한 서구의 문물이 유입되면서 서구의 예술, 즉 연극, 음악, 무용 등이 빠른 속도로 한국

1) *Korea Statistical Yearbook*, Seoul: Economic Planning Board, 1961, pp. 18-83; *Korea Statistical Yearbook*, Seoul: National Statistical Office, 1998, p. 114.

문화 저변에 자리잡기 시작했다. 서구 문화에 비해 전통적인 민속예술은 상대적으로 저급한 것으로 인식되었다. 그 단적인 예가 학교 교육 과정에서 우리의 전통 가면극, 민요, 판소리 등은 거의 가르치지 않고, 주로 서구의 음악, 연극 등이 교육되고 있는 것이 그것이다.

「문화재보호법」은 이렇게 사라져 가는 전통문화와 서구 문화에 밀려나는 우리 고유의 민속예술을 보호하기 위해 마련되었다. 비록 이 정책이 쿠데타로 정권을 잡은 박정희 정부가 정권의 정당성을 얻기 위한 정치적 목적으로 시행했다는 주장도 제기되고 있지만,[2] 사라졌을지도 모를 전통문화를 보호하는 데에 커다란 기여를 한 것은 분명한 사실이다. 「문화재보호법」은 수차례 개정을 거쳐 지속적으로 보완되면서, 전통문화를 연행하는 보유자, 즉 인간문화재를 보호하고 무형문화유산의 전승 체계를 마련하는 등 전통문화의 보호와 보존에 기여해 왔다.

본 장에서 다루는 무형문화재 제도는 주로 1962년 「문화재보호법」 제정부터 2015년 「무형문화재 보전 및 진흥에 관한 법률」(이하 「무형문화재법」) 제정 이전까지의 시기를 중심으로 한다. 다만, 2015년 이후 새로 「무형문화재법」을 제정하면서 무형문화재 제도에 변화가 있었기 때문에, 필요한 경우에는 해당 법률의 내용을 함께 언급한다.

1. 「문화재보호법」의 제정

「문화재보호법」은 1961년 5·16 쿠데타 이후 법제 정비의 일환으로, 입법기관인 국가재건 최고회의에서 의결·공포된 법률이다. 1950년 8월, 일본에서는 문화재 관련 개별법을 통합한 「문화재보호법」이 제정·시행되었으며, 이는 한국 정부와 지식 관료들에게 자

2) Kwang-ok Kim, "The Confucian Construction of Cultural Community in Contemporary South Korea," in *The Anthropology of Korea: East Asian Perspectives* (Papers Presented at the Seventeenth Taniguchi International Symposium), eds. Mutsuhiko Shima and Roger L. Janelli. Osaka: National Museum of Ethnology, 1998, p. 81; Namhee Lee, *The Making of Minjung: Democracy and the Politics of Representation in South Korea*, Ithaca: Cornell University Press, 2007, p. 29.

극을 주어 일본의 「문화재보호법」을 모델로 해 법 제정을 서두르게 되었다. 초안은 한국전쟁 중이던 1952년에 이미 마련되어 있었다. 초안 작성은 일본 「문화재보호법」의 번역 작업에서 시작되었으며, 그 실무자는 일본어에 능통한 장건상으로 알려져 있다. 한국의 「문화재보호법」은 일본의 해당 법률을 상당 부분 참조하여 작성되었고, 이러한 점에서 일본의 법제를 모방한 측면이 있다. 그러나 실제 시행 과정에서는 일본의 문화재 정책과 한국의 정책 간에 중요한 차이점이 드러나고 있다.[3)]

「문화재보호법」이 제정되었을 당시, 이 법은 전문 7장 73조와 부칙 3조로 구성되어 있었다. 제1장 총칙, 제2장 문화재위원회, 제3장 지정문화재, 제4장 매장문화재, 제5장 국유문화재에 대한 특례, 제6장 보칙, 제7장 벌칙으로 이루어져 있다.

이 법의 주요 내용은 다음과 같다.

가. 문교부에 문화재위원회를 두도록 함.

나. 문화재를 유형문화재, 무형문화재, 기념물 및 민속자료의 4종으로 구분하고, 이 중 중요한 것은 지정문화재로 지정하게 함.

---

3) 한국이 일본의 문화재(무형문화재 포함) 관련 법률을 그대로 도입했지만, 시행 과정에서 큰 차이를 보였다. 가장 큰 차이는 일본은 중요무형문화재와 중요무형민속문화재로 이원화해서 지정한다는 점이다. 중요무형문화재는 노能나 가부키歌舞伎처럼 전문적인 연희자나 연희 집단에 의해서 실연되는 종목이고, 중요무형민속문화재는 전문적인 연희 집단이 아닌 일반 민간인들에 의해 행해지는 종목이다. 따라서 중요무형문화재의 경우 보유자(일본어로는 보지자)를 지정하나 중요무형민속문화재의 경우에는 지정하지 않아 차별해서 대우하고 있다. 한국은 이런 구별없이 모든 무형문화재를 동등하게 지정하고 있다. 필자는 일본에 초청을 받아서 강연을 한 적이 있었는데, 그때 일본은 왜 무형문화재 간에 차별을 두어 지정하느냐는 질문을 한 적이 있다. 당시 참석했던 일본인 학자들은 다른 것이지 차별은 아니라고 답했다. 그러나 필자는 동의하지 않았다. 한국의 무형문화재 제도가 다양한 무형문화재를 차별없이 동등하게 지정하는 것은 유네스코 「무형문화유산보호협약」 정신에 더욱 부합하는 정책이라 볼 수 있다. 한국과 일본의 무형문화재 제도의 차이점을 논한 논문은 다음과 같다.
임장혁, 「1950년대 일본 문화재보호법과 1960년대 한국문화재보호법의 성립 - 무형문화재와 민속자료를 중심으로」, 『문화재』 Vol. 55, No. 1, 2022, 36~50쪽; 남근우, 「민속의 경연과 예술화」, 『한국문학연구』 36집, 동국대학교 한국문학연구소, 2009, 289~326쪽; 남근우, 「일본의 무형문화재 정책」, 『중요무형문화재 분류체계와 지원 · 관리방안 연구』, 문화재청, 2004, 372~389쪽; 정수진, 「한국과 일본의 무형문화재 제도와 그 향방」, 『문화유산의 근대와 탈근대』, 민속원, 2021, 154~184쪽; Noriko Aikawa-Faure, "Excellence and Authenticity: 'Living National [Human] Treasures' in Japan and Korea," *International Journal of Intangible Heritage*, Vol. 9, 2014, pp. 38-46.

다. 지정 또는 가지정된 문화재의 관리 보호상 필요한 때에는 그 소유자, 점유자 또는 관리자에 대해 일정한 행위를 금지 또는 제한할 수 있게 함.[4)]

이 법이 공포되면서부터 '문화재'라는 용어가 공식적으로 사용되기 시작했다. 이어서 1962년 6월 26일에는 「문화재보호법 시행령」이, 1964년 2월 15일에는 「문화재보호법 시행규칙」이 각각 제정되었다.

2. 무형문화재 제도

한국 무형문화재의 두드러진 특징은 지정된 대상 가운데 대부분이 민속적 무형문화재라는 사실이다. 전통적으로 민속은 대부분 사회에서 엘리트 계층이 향유하는 고급 예술에 비해 열등한 것, 그리고 유치한 것, 보존 가치가 없는 것으로 여겨졌다. 일부에서는 보존은커녕 발전을 가로 막는 장애물이며 봉건적 유산이기 때문에 타파해야 한다고 주장하는 사람도 많았다.

민속예술은 전승 주체가 명확하지 않거나 후계자가 없어 누구도 배우거나 전승하려 하지 않아 사라지기가 매우 쉬운 문화 형태였다. 그리고 민간의 생활풍속인 민속은 과거 일상생활과 밀접한 관련이 있는 것이어서 도시화, 산업화 그리고 현대화 과정에서 생활의 현장이 사라지면 함께 자연스럽게 소멸하기 마련이다. 이러한 환경 속에서, 무형문화재 제도와 같은 인위적인 보존 정책이 시행되지 않았다면, 분명 많은 무형유산은 사라져 갔을 것이다.

다음에서는 이러한 특성을 지닌 무형문화재를 보호하고 전승하기 위한 제도에 대해 살펴보고자 한다.

---

4) 이장열, 『한국 무형문화재 정책 - 역사와 진로』, 관동출판, 2006(2쇄), 59~62쪽.

1) 무형문화재의 종류와 지정 기준

(1) 종목지정

1962년 1월 제정되어 시행된 「문화재보호법」의 제2조 제2항에 무형문화재는 "연극, 음악, 무용, 공예기술, 기타 무형의 문화적 소산으로서 우리나라의 역사상 또는 예술상 가치가 큰 것"이라고 규정되어 있다. 또한 동 법 제8조에는 "문교부장관은 문화재위원회의 자문을 거쳐 제2조 제2항의 무형문화재 중 중요한 것을 중요무형문화재로 지정할 수 있다"라고 해 문화재위원회를 통한 중요무형문화재 지정에 대해서도 명시했다. 그리고 중요무형문화재 지정 기준이 1962년 5월 8일 열린 문화재위원회 제2분과(무형문화재분과)위원회 제1차 회의에서 논의되었는데 당시 회의에서 결정된 기준은 다음과 같다.[5)]

① 민족생활民族生活의 변천變遷과 발달發達을 이해理解하는 데 도움이 되는 것
② 발생연대發生年代가 비교적比較的 오래고 그 시대時代의 특색特色을 지닌 것
③ 형식形式과 기법技法이 전통적傳統的인 것
④ 예술상藝術上 가치價値가 특출特出한 것
⑤ 학술연구상學術硏究上 귀중貴重한 자료資料가 될 수 있는 것
⑥ 향토적鄕土的으로나 그 밖의 특색特色이 현저顯著한 것
⑦ 인멸湮滅될 우려憂慮가 많아 문화적文化的 가치價値가 상실喪失되기 쉬운 것

그리고 이어서 지정 세목을 다음과 같이 열거했다.[6)]

① 연극演劇

인형극人形劇, 가면극假面劇, 산대놀이, 봉산탈춤, 야류 및 오광대, 별신別神굿

---

5) 문화재관리국, '제2분과위원회 제1차 회의록', 「부록 문화재위원회 회의록」, 『문화재』 창간호, 1965, 185쪽.
6) 위의 회의록.

② 음악音樂

제례악祭禮樂, 연례악宴禮樂, 대취타大吹打, 가곡歌曲, 가사歌詞, 시조時調, 창악唱樂, 산조散調, 농악農樂, 잡가雜歌, 민요民謠, 무가巫歌, 범패梵唄, 기타其他

③ 무용舞踊

의식무儀式舞, 정재무呈才舞, 탈춤, 바라춤, 승무僧舞, 기타其他

④ 공예기술工藝技術

도자공예陶磁工藝, 마미공예馬尾工藝, 금속공예金屬工藝, 화각공예華角工藝, 죽공예竹工藝, 장신공예裝身工藝, 나전칠공예螺鈿漆工藝, 제지공예製紙工藝, 목공예木工藝, 건축공예建築工藝, 피혁공예皮革工藝, 지물공예紙物工藝, 직물공예織物工藝, 염색공예染色工藝, 옥석공예玉石工藝, 자수공예刺繡工藝, 복식공예服飾工藝, 악기공예樂器工藝, 초고공예草藁工藝, 기타其他

제2분과위원회의 이러한 결정 내용은 1964년 제정, 시행된 「문화재보호법 시행규칙」에 그대로 반영된 것으로 보인다. 시행규칙을 보면 중요무형문화재의 지정 기준과 세부 종목이 아래와 같이 규정되어 있다.

제8조(중요무형문화재의 지정기준) 다음 각호의 1에 해당하는 것으로서 역사상·예술상 가치가 크고 향토색이 현저한 것으로 한다.

① 연극

인형극, 가면극

② 음악

제례악, 연례악, 대취타, 가곡, 가사, 시조, 창악, 산조, 농악, 잡가, 민요, 무악, 범패

③ 무용

의식무, 정재무, 탈춤, 바라춤, 승무

④ 공예기술

도자공예, 마미공예, 금속공예, 화각공예, 장신공예, 나전칠공예, 제지공예, 목공예,

건축공예, 피혁공예, 지물공예, 직물공예, 염색공예, 옥석공예, 자수공예, 복식공예, 악기공예, 초고공예

회의에서는 세부적으로 지정 기준을 결정했지만, 시행규칙에는 "역사상 · 예술상 가치가 크고 향토색이 현저한 것으로 한다"고 한 것과 공예기술 세부 종목 중 죽공예를 제외한 것 외에는 분과위원회 회의의 결정 사항과 동일하다.

「문화재보호법」 제8조와 동 법 시행규칙 제8조에 따라 1964년 12월 7일에 처음으로 중요무형문화재가 지정되었다. 제1호 종묘제례악을 비롯해, 양주별산대, 꼭두각시놀음이 그것이다. 특히 양주별산대는 종목 명칭에 전승지가 포함되어 향토성이 인정되었다.

(2) 보유자 및 보유단체 지정

이러한 무형문화재는 유물, 유적과 같은 유형문화재와 달리 일정한 형체 없이 전승되어 온 예술이나 기술이므로 사람에 의해서 실연될 때에 그 모습을 볼 수 있거나 소리를 들을 수 있다. 무형문화재를 보존, 전승한다는 것은 그 예술이나 기술을 전승하는 것이다. 따라서 무형문화재를 지정할 때에는 그 예술이나 기술을 보유한 사람 중 우수한 사람을 함께 인정해 무형문화재를 전승하도록 하고 있다. 중요무형문화재의 예능 또는 기능을 보유하고 있는 사람을 무형문화재 보유자라고 하며 한국에서는 속칭 '인간문화재'[7]라고 부른다.

1964년에 종묘제례악 등의 종목이 지정될 당시에 보유자도 함께 지정했지만 관련 법조항이 없어 무형문화재로 지정되었음에도 보유자를 인정하지 않은 경우가 많았다. 보유자 당연 인정 제도를 법적으로 정한 것은 1970년에 이르러서였다. 보유자로 지정되면 매달 일정액의 후학 교육비가 지급되었다.

---

7) '인간문화재'라는 용어는 언론인 예용해(1929~1995)가 1960년 7월 10일부터 1962년 11월 30일까지 『한국일보』에 무형문화재 장인들을 찾아다니면서 연재한 인터뷰 기사 제목에서 처음 사용되었다. 이 용어는 이후 대중의 큰 호응을 얻었으며, 일반인들은 물론 당사자인 보유자들도 법률상 용어인 '보유자'보다 '인간문화재'라는 표현을 더 선호하게 되었다.

국가무형문화재 보유단체 제도는 1982년 12월, 제7차 「문화재보호법」 개정으로 도입되었다. 국가무형문화재 종목 중 기·예능의 성격상 여러 명이 함께 실연해야 하는 단체 종목에 한해 보유단체를 인정했다. 보유단체로 인정되면 매달 일정액의 보조금과 유지비가 지급된다.

(3) 지방문화재 지정제도

1970년 8월 10일, 「문화재보호법」 개정에 따라 전국 각 시·도지사는 문화재적 가치가 충분하며 지역의 향토성이 짙은 문화재를 지역 사회가 직접 지정하고 관리할 수 있도록 하였다. '시도지정문화재' 제도는 무형문화재 보호에 있어 매우 중요한 의미를 갖는다. 무형문화재는 그 무형문화재가 속한 지역 공동체에서 보존·관리하는 것이 가장 효율적이고 바람직하다. 무형문화재는 해당 지역을 떠난다면 전승 맥락과 공동체 기반을 상실하므로 그 본래의 의미를 잃게 된다.

사실 지방에 있는 무형문화재를 중앙에서 관리한다는 것은 문제가 있다. 예로 강릉단오제는 강릉시에서 관리하고 보존하는 지방문화재로 전환되어야 한다. 그래서 이 시도지정무형문화재 제도는 굉장히 환영할 만하고 바람직하다.

그러나 현실적으로는 향토성이 뛰어나거나 국가지정문화재와의 차별성이 뚜렷하지 않음에도 불구하고 지방문화재로 별도 지정함으로써 국가지정문화재의 종목과 중복되는 사례가 많다. 예로 국가지정문화재인 판소리와 같은 종목이 지방에 똑같이 지정돼 있다. 그렇게 될 경우, 국가지정무형문화재와 시도지정무형문화재와의 차별을 가져오는 문제가 발생한다. 국가 중요무형문화재의 보유자는 자칫 잘못하면 지방문화재 지정종목의 보유자보다 기량이라든지 기예가 더 뛰어나서 지정된 것 같은 그런 우열 관계를 보이게 되는데, 문화 간의 이런 우열 관계는 바람직하지 않다. 앞으로 국가지정문화재도 해당 무형문화재 공동체가 있는 지역의 지방문화재로 지정해 그 시도에서 관리·보존하도록 하고, 국가지정무형문화재로 지정된 것과 동일한 종목으로는 시도지정문화재로 중복 지정하지 않도록 하는 것이 바람직한 정책으로 보인다.

2) 무형문화재 지정 절차

무형문화재 지정은 무형문화재위원회의 심의를 거쳐 무형문화재 중 중요한 것을 국가무형문화재로 지정하도록 되어 있다. 1962년 제2분과(무형문화재분과)위원회 제1차 회의록을 보면 당시 무형문화재 지정이 어떤 절차를 거쳐 이루어졌는지 알 수 있다.[8)]

당시 문화재위원들은 무형문화재 실태를 알기 위해 현장 조사를 나갔다. 1962년 7~8월 두 달에 걸쳐 지방 곳곳에 산재한 무형문화재 실태를 파악하는 기초 단계 조사가 이루어졌다. 제1차 무형문화재 현장 답사 및 기초조사의 경우, 제주도에는 김천흥, 전라북도에는 석주선, 전라남도에는 임동권, 제주도에는 임석재, 장주근, 강원도에는 임석재, 이두현 등 문화재위원이 5개 지역을 직접 방문해 조사했다. 이중 초대 문화재위원은 임석재(위원장), 석주선, 김천흥, 이혜구 등 네 분이었는데 이혜구 위원은 현장 조사를 나가지 않은 것으로 되어있다. 임동권, 이두현, 장주근은 문화재 전문위원으로 참여했다.

제1차 무형문화재 전국 실태조사 보고서 내용을 바탕으로 문화재위원회에서 심의해 가치가 있다고 생각하는 종목에 대해 제2차 지정조사를 결정했다. 그리고 2차로 지정된 종목은 그 분야 전문가에게 현장 조사를 통한 조사보고서를 제출하도록 했다. 이 조사보고서를 가지고 문화재위원회에서 심의해 문화재 지정 여부를 최종적으로 결정했다.

문화재위원이 실태조사를 직접 나간 초기의 지정 과정과 달리 현재의 무형문화재 지정 과정은 지방자치단체 등에서 지정 신청을 하면 무형문화재위원회에서 그 종목이 가치가 있는지 심의한 후 그 분야의 전문가로 하여금 현장 조사를 통해 지정조사보고서를 제출하도록 한다. 이 조사보고서는 대개 1년 이상의 시간이 걸린다. 그 다음 지정조사보고서가 제출되면, 문화재위원회는 보고서를 검토해 해당 문화재의 역사상, 학술상, 예술상 가치가 크고 향토색이 현저해 국가지정문화재로 지정하여 보존할 가치가 있다고 판단되면 심의를 거쳐 중요무형문화재로 지정한다.

---

8) 문화재관리국, '제2분과위원회 제1차 회의록', 「부록 문화재위원회 회의록」, 『문화재』 창간호, 1965, 189~192쪽.

3) 무형문화재 지정과 전국민속예술경연대회

전국민속예술경연대회는 무형문화재 지정과 밀접하게 관련이 있는 행사다. 그 이유는 전국민속예술경연대회에서 입상한 많은 민속놀이, 탈춤, 농악 등의 무형문화재가 국가지정 또는 시도지정무형문화재로 지정되었기 때문이다.

전국민속예술경연대회가 대중의 관심을 받게 된 것은 1958년 8월에 서울의 장충단공원에서 광복 13주년 및 정부수립 10주년 경축 행사로 치러지면서였다. 이전에 창경원(현재의 창경궁)에서 전국농악경연대회가 크게 열려 전국민적 관심을 끌면서 민속예술이 주목을 받았다. 이를 계기로 제1회 전국민속예술경연대회가 열렸으며 탈춤과 농악을 비롯한 다양한 민속예술이 출품되었다. 대통령상, 국무총리상, 그리고 지금의 문화체육관광부장관상에 해당하는 당시의 공보부장관상이 수여되면서 대회에 대한 사회적 관심이 증폭되었다.

개최 목적은 유서 깊고 전통 있는 민속예술을 다시 찾아내서 육성함으로써 향토문화를 진흥하고 민족의식을 앙양해 국가 재건을 위한 정신적 터전을 이룩하는 것이었다. 이 같은 내용이 신문지상에 대서특필되면서 사회적 관심을 집중시켰다. 당시 『조선일보』는 제1회 전국민속예술경연대회를 다음과 같이 기사화했다.

> 문총文總에서는 8월 15일 정부가 수립된 지 열돌을 맞는 경사스러운 날을 즈음해 이 날을 경축하는 행사의 하나로서 우리 조상들이 옛부터 지녀오는 노래와 춤 등의 민속을 전국 각 지방에서 고루 찾아내어 연출 음미함으로써 앞으로 길이 이를 발전시키어 우리 민족문화의 유지 보존에 기여할 수 있도록 하기 위해 전국민속경연대회를 8월 11일부터 20일까지 육군체육관에서 개최하리라 한다. 그런데 실시 요령을 보면 민요, 춤놀이, 연극 등 지방적 특색과 전통을 잘 나타낼 수 있는 전국민속예술축제의 역사와 성격… 최종 결선은 각도 팀에서 선출된 것으로 편성하리라는데, 대회 후에는 각지방 순회공연과 영화로 촬영해 해외로 소개하리라 한다.[9]

국민적 호응이 높아지면서 제3회 대회부터 경연 방식이 시도 단위 예선 1위 팀이 올라와 겨루는 것으로 바뀌었으며, 제8회(1967) 대회부터는 부산을 시작으로 지방순회행사로 이루어졌다. 제35회(1994) 대회부터는 젊은 세대에게 민속예술을 전승하고 진흥하기 위해 '전국청소년민속예술경연대회'를 병행하기 시작했다. 1999년 제40회 대회부터는 민속은 경쟁하는 것이 아니라 함께 즐기는 축제라는 의미에서 '전국민속예술경연대회'를 '한국민속예술축제'로 이름을 바꾸었다. 이후 '한국민속예술축제'는 '한국민속예술제'로 명칭이 다시 한번 변경되었으며, 2024년 제65회에 이르기까지 지속되어 온 가장 오래된 민속예술축제 중의 하나이다.

1960년대에 전국민속예술경연대회는 가히 폭발적인 관심을 불러일으켰다. 옛날 사진을 보면 관중석이 미어질 정도로 사람이 많았다. KBS 같은 방송이 앞다투어 생중계했고, 신문기자들도 연일 상황을 대서특필했다. 이 대회가 이렇게 전 국민의 관심을 끈 이유는 당시 자기 지역의 문화에만 익숙했던 국민에게는 처음으로 전국의 민속예술을 한 자리에서 볼 수 있는 신기한 광경이었기 때문이었을 것이다. 또한 중앙 및 지방 정부의 적극적 지원과 함께 대규모로 지역 주민들이 동원되어 참여하였고, 대통령이 직접 대회에 참석함으로써 그 열기는 더욱 뜨거웠다.

그러나 이보다 더 주목할 점은 전국민속예술경연대회에서 대통령상을 받은 종목들이 후일 중요무형문화재로 지정되는 사례가 많아, 이 대회가 무형문화재 지정과 밀접한 관련이 있었다는 사실이다. 전국민속예술경연대회와 중요무형문화재와의 관계를 이장열은 다음과 같이 말하고 있다.

> 이 시기 '전국민속예술경연대회'는 국민에게 민속예술을 보급·선양하고 중요무형문화재 지정 종목을 발굴하는 데 중요한 역할을 수행하였다. 동 대회는 제7회까지는 서울에서 개최되었다. 장소는 남산, 덕수궁, 경복궁, 창경원 등 비교적 장소가 협소한 공

---

9) "전국민속예술콩쿨 - 8월 11일부터 文總 주최", 『조선일보』(석간), 1958년 7월 23일.

간에서 소박한 규모의 행사로 치루어졌다. 그러나 제8회(1965)부터는 개최지를 지방으로 옮겨 순회하면서 차츰 대형 축제의 장으로 변모되었다.[10] 동 대회는 대통령상을 비롯한 총 6개 부문의 시상과 상금이 걸려 있었고, 최고상의 획득은 해당 고장의 명예로 인식되면서 각 지방자치단체의 관심이 고조되었다. 따라서 대회 개최와 수상에 대한 열기가 고조되고 해를 거듭하면서 참여도가 높아졌다.

특히, 개최 장소를 지방으로 옮긴 이후부터는 관심이 더욱 고조되어서 1958년 제1회 대회 이후 1969년까지 농악, 민속놀이, 가면극, 민속무용, 민요 등 분야에서 총 195개의 민속 종목이[11] 출품을 하여 예능을 겨루었다. '전국민속예술경연대회'가 주민들의 주의를 끈 이유 중 하나는 대회수상이 곧 중요무형문화재 지정의 지름길이라는 점 때문이었다.

이 대회 심사위원의 대부분이 「문화재위원회」 제2분과위원회(무형문화재 · 민속분과) 위원과 전문위원으로 구성되어 있었다.[12] 따라서 대통령상 수상 종목은 중요무형문화재로 지정될 가능성이 매우 높았다. 이것은 이 대회에 큰 매력으로 작용하였다. 실제로 대회 수상작 18종목이 중요무형문화재로 지정되면서 1960년대에 지정된 총 31건의 반수를 훨씬 넘어서고 있다.

이 대회를 통한 소득은 이것뿐만 아니었다. 이 대회를 통하여 많은 민속이 지방 유지들의 지원으로 빛을 보게 되었다. '전국민속예술경연대회' 출연을 위해 연습하는 과정에서 원형을 복원해 낸 경우도 상당했다. …

'전국민속예술경연대회'는 무형문화재에 대한 국민들의 인식이 낮았던 시기에 경연

---

10) "이러한 현상은 지방 도시에서 개최됨으로써 교통과 주민 동원이 용이하고 개최지 시 · 도지사의 관심과 함께 지방자치단체의 재정적 지원을 받을 수 있었다는 점도 있으나 장소가 대형 공설운동장으로 옮기면서 민속놀이가 대형화되고 인위적인 변형이 문제가 되어 개혁의 목소리가 높아진 계기가 되었다."(이장열, 앞의 책, 68쪽 〈각주 68〉 인용)

11) 원문에는 '민속들이'로 표기되어 있지만, 필자는 여기에 '종목'이라는 표현을 추가하여 서술하였다(이장열, 앞의 책, 69쪽).

12) 『조선일보』, 1970년 10월 27일 기사. 당시 심사위원은 김종철, 김천흥, 성경린, 이두현, 임석재, 임동권, 장사훈, 최상수 등이다. 이중 임석재는 초대 무형문화재분과 위원장이고, 김천흥, 성경린, 이두현, 임동권, 장사훈, 최상수 등은 문화재위원들이었거나 문화재 전문위원들이었다.

이라는 형식을 빌려 전통 민속예술에 대한 중요성을 일깨웠다. 축제의 붐을 조성함으로써 국민의 단합을 유도했고, 민속의 원형복원에 기여하였으며, 중요무형문화재 민속놀이 종목 발굴에 중요한 역할을 수행하였다.[13)]

1960년대 전국민속예술경연대회에서 발굴되어 중요무형문화재로 지정된 종목은 1964년 양주별산대놀이를 비롯해 다음과 같다.

[표 1-1-1] 전국민속예술경연대회를 통해 1960년대 중요무형문화재로 지정된 종목[14)]

번호	종목명	지정 일자	번호	종목명	지정 일자
1	양주별산대놀이	1964. 12. 7.	10	강릉단오제	1967. 1. 16.
2	꼭두각시놀음	1964. 12. 7.	11	북청사자놀음	1967. 3. 31.
3	판소리	1964. 12. 24.	12	봉산탈춤	1967. 6. 16.
4	통영오광대	1964. 12. 24.	13	동래야류	1967. 12. 21.
5	고성오광대	1964. 12. 24.	14	승전무	1968. 12. 21.
6	강강술래	1966. 2. 15.	15	안동차전놀이	1969. 1. 7.
7	은산별신제	1966. 2. 15.	16	영산쇠머리대기	1969. 2. 11.
8	농악12차	1966. 6. 29.	17	영산줄다리기	1969. 2. 11.
9	진주검무	1967. 1. 16.	18	서도소리	1969. 9. 27.

13) 이장열, 앞의 책, 68~72쪽 일부 인용.

14) 현재 국가지정문화재의 종목과 지정 일자는 국가유산청 홈페이지에서 확인할 수 있다. 지정 당시의 종목명과 현재의 명칭이 달라진 경우도 있다. 예를 들면, '꼭두각시놀음'은 '남사당놀이'로, '농악12차'는 '진주삼천포농악'으로 명칭이 변경되었다.
국가유산청 문화유산 검색시스템, 「국가지정무형문화재 목록」.
〈https://www.heritage.go.kr/heri/cul/culSelectViewList.do?gbn=2&pageNo=1_1_2_0&culPageNo=1&ccbaCndt=&searchCondition=&region=1&s_kdcdArr=17&s_ctcdArr=00&ccbaPcd1Arr=99&stCcbaAsdt=&endCcbaAsdt=&ccbaGcodeArr=00&sortType=&sortOrd=〉(최종검색일: 2024년 8월 31일).

전국민속예술경연대회를 통해 중요무형문화재로 지정되는 경우는 대부분 1960년대에 이루어졌다. 1971년 11월, 문화재위원회 제2분과 회의에서는 전국민속예술경연대회에 참가한 우승 종목을 고증하고 기록하는 방안을 제시하고 무형문화재 우선 지정 대상으로 할 것을 의결했다. 경연대회에서 발굴한 종목 중 지정 가치가 있다고 판단되는 종목은 전문가가 면밀한 현장 조사를 거쳐 보고하게 하고 문화재위원회의 심의를 거쳐 무형문화재로 지정했다.[15] 전국민속예술경연대회의 수상작 중 중요무형문화재로 지정된 종목은 총 36건이다. 연대별로 보면 1958년 1회 대회에서 개인종목인 판소리를 포함하여 6건, 1960년대 17건, 1970년대 10건, 1980년대에 3건의 수상작이 각각 지정되었다.[16] 그리고 전국민속예술경연대회 수상작 중 시도무형문화재로 지정된 종목은 총 136건이다. 연대별로 보면 1960년대 14건, 1970년대 27건, 1980년대 43건, 1990년대 52건이 지정되었다.

전국민속예술경연대회의 수상작이 국가무형문화재로 지정된 사례는 1980년대가 마지막이었으며, 시도무형문화재의 지정도 1990년대를 끝으로 지정되지 않고 있다. 이는 그동안 새로운 종목을 발굴하여 무형문화재로 지정하는 장場으로서 역할이 사실상 끝났음을 보여주는 대목이라 할 수 있다. 또한 전국민속예술경연대회의 상황도 많이 변했다. 회를 거듭할수록 관중도 감소하고, 현장에는 중계 장비와 출연진만 있는 경우가 생겨났으며, 차츰 사람들의 관심에서 멀어져 갔다. 매회 커다란 호응으로 텔레비전에서 생중계되던 전국민속예술경연대회는 이제 생중계 중단이라는 쇠락을 맞았다.

필자는 2013년 10월 3일부터 6일까지 단양 생태공원에서 개최되었던 제54회 한국민속예술축제, 그리고 2014년 10월 2일부터 5일까지 정선 아라리공원에서 개최되었던 제55회 한국민속예술축제의 추진위원장이었다. 두 번에 걸친 추진위원장으로서 경험을 통해 이러한 변모된 현실을 바탕으로 앞으로 한국민속예술축제가 나아가야 할 방향에 대해 다음과 같은 논지를 편 바가 있다.

---

15) 문화재관리국, 「제2분과 제4차 회의록」, 『문화재위원회 회의록』, 1971, 43~44쪽.

16) 조순자, 『한국 무형문화재 제도사 연구』, 민속원, 2018, 125쪽. 이 책에서는 중요무형문화재 지정 건수를 35건으로 집계하였으나 개인 종목인 판소리를 포함시켜 총 36건으로 수정하였다.

60년 후 앞으로 한국민속예술축제는 어떤 방향으로 나가야 할 것인가?

60여 년을 지속한 한국민속예술축제가 앞으로는 어떤 방향으로 나가야 할 것인지가 가장 관심 있는 분야다. 한국민속예술축제는 그 당시 한국의 상황과 시대적 요구에 따라 생겨나 시행됐다. 이는 민속예술축제가 처한 사회적, 문화적 상황과 밀접한 관계에 있다는 점을 말해주고 있다.

60년이 지난 한국민속예술축제는 이제 새로운 상황을 맞게 되었다. 한국은 60년 전의 사회가 아니다. 많은 변화가 있었다. 그 변화가 무엇인가를 밝혀내고 거기에 맞는 한국민속예술축제를 그려내야 할 것이다. 국내외적으로 어떤 변화가 있었는지 살펴보아야 할 것이다.

첫 번째는 한국 사회가 다문화 사회로 변화하고 있다는 것이다. 60년 전의 전국민속예술경연대회의 목적은 "단일민족을 강조하는 우리 민족 고유의 민속예술을 발굴 육성"하는 것이었다. 그러나 지금은 한민족이라는 단어보다는 한국국가라는 단어가 자연스러운 사회 상황이다. 다시 말해서 다문화국가로서의 모습이다. 한국에는 이미 많은 외국인이 결혼을 통해서 또는 노동자로서 거주하고 있다. 이 사람 중 상당수는 한국에 영구 귀화해 한국인으로 살고 있다. 그리고 그들로부터 생긴 2세들도 많이 자라나고 있다. 이들은 엄연히 한국인이지만 문화적으로 자기네 나라의 문화를 가지고 있다. 한국민속예술축제는 이와 같은 다문화 한국인들의 민속예술을 포함하는 축제가 되어야 할 것으로 본다. 이 다문화 한국인들의 민속예술을 한국민속예술축제에 어떤 방식으로 참가해야 할지는 많은 논의를 거쳐야 하겠다.

두 번째는 북한의 민속예술을 한국민속예술축제에 참여하게 하는 방안도 생각해 보아야 할 것이다. 한국에는 한국전쟁 때 월남한 이북 출신들로 이루어진 북한지역의 민속예술이 많이 포함되어 있다. 북청사자놀음, 봉산탈춤은 매우 잘 알려진 북한 지역의 민속예술이고 월남한 분들에 의해 보존되어 왔다. 우리는 한국전쟁 때 남하한 월남한 분들 외에 북한에서 여러 이유로 최근에 한국으로 탈북한 많은 북한 주민을 포함하고 있다. 현재 탈북민들의 민속예술을 어떻게 한국민속예술축제에 포함시켜야 할 것인가 하는 점도 생각해 보아야 할 것이다. 또한 앞으로 북한과 문화교류가 활성화될 경우 북한의 민속예술을 한국민속예술축제에 참가시키는 방안도 고려해 볼 수 있다.

세 번째는 우리는 그동안 한국 무형문화재 정책과 궤를 같이 한 민속예술축제를 운영해 왔다. 그러나 이제는 유네스코의 「무형문화유산보호협약」도 고려한 민속예술축제가 이루어져야 한다고 본다. 한국도 유네스코 「무형문화유산보호협약」에 가입했기 때문에 유네스코 「무형문화유산보호협약」을 준수해야 할 의무가 있다.

민속예술축제에 출연한 종목들을 보면 현재는 단절되어 행하지 않는 전통 민속예술 종목들이 많다. 유네스코 「무형문화유산보호협약」은 공동체 내에서 행해지는 변화하고 재창조되는 살아있는 현재 행해지는 무형유산을 강조하고 있다. 앞으로 한국민속예술축제가 종목 위주가 아니고 공동체 안에서 현재 전해 내려오는 살아있는 민속예술을 포함해야 국제적인 관점에서의 민속예술축제가 이루어질 것으로 보인다.

이제 60주년을 맞은 한국민속예술축제는 다양한 국민을 포함하는 한국의 무형문화재 정책 그리고 유네스코 무형유산 정책을 다같이 아우르는 새로운 방향으로 이루어지는 길을 모색할 때라고 본다. 앞으로 한국민속예술축제가 많은 한국인뿐만 아니라 세계인들에게도 공감을 얻을 수 있는 길이 무엇인가를 구체적으로 찾아야 할 때라고 본다.[17)]

2014년 정선에서 있었던 제55회 한국민속예술축제에 추진위원장으로 참여한 지 10년이 지난 2024년에 필자는 경북 구미에서 있었던 제65회 한국민속예술제에 심사위원장으로 다시 참여하게 되었다. 그동안 한국민속예술축제는 한국민속예술제로 이름이 바뀌었다.

심사위원장으로 참여하여 민속예술제에 출전한 여러 작품을 심사 평가하게 되었다. 여전히 많은 작품이 현재는 행해지지 않는 과거의 생활이나 놀이를 재현해 놓은 것이다. 상여놀이가 대표적인 예라 할 수 있다. 다시 말해서 지금 현재 그 마을에서는 사람이 죽게 되면 상여로 모시지 않는다. 그러니까 현재는 행하고 있지 않지만 기억에 의해 과거의 모

17) 임돈희, 「한국민속예술축제, 무형문화재보호법 그리고 유네스코 무형유산보호협약」, 기조강연, 『한국민속예술축제의 방향과 과제』, 2018년 한국민속예술축제 세미나 발표집, 제주도립미술관, 2018, 17쪽.

습을 재현한 출품작들이 많았다. 그래서 필자는 현재 마을이나 지역에서 전승되고 있는 살아있는 민속 예술을 발굴하여 소개하기를 바란다고 하는 심사평을 하였다. 즉 필자가 2018년에 쓴 위에 인용한 논문의 내용은 거의 반영되지 않고 있다.

4) 무형문화재 전승제도

한국은 중요무형문화재의 지정뿐만 아니라 중요무형문화재의 기능 또는 예능을 원형대로 체득·보유하고 이를 그대로 실현할 수 있는 사람을 중요무형문화재 보유자로 인정해 무형문화재가 전승될 수 있도록 하고 있다. 연극, 의식 등 중요무형문화재의 예능 또는 기능의 성질상 개인적으로는 실현할 수 없거나 보유자로 인정할 만한 사람이 다수일 경우에는 그 중요무형문화재의 예능 또는 기능을 원형대로 보유하고 이를 그대로 실현할 수 있는 단체를 중요무형문화재 보유단체로 지정하고 있다.

1964년에 종묘제례악, 양주별산대놀이, 꼭두각시놀음이 처음으로 중요무형문화재로 지정되었다. 종목 지정과 함께 보유자의 성명도 함께 공고했다. 그러나 보유자의 지위가 법적으로 인정된 것은 1970년 8월 10일 자로 일부 개정되어 9월에 시행된 「문화재보호법」에 제8조의 2항과 3항이 신설된 후다. 그 내용은 중요무형문화재를 지정할 때에는 당해 무형문화재의 보유자를 인정하도록 한 것이었다. 이에 따라 1971년 2월 11일 자로 종묘제례악 등 총 35개 종목에 대한 보유자 136명을 한꺼번에 인정했다.

한국 무형문화재 제도의 또 다른 특징은 지정에 그치지 않고 이를 전승하는 데 제도적 배려를 한 것에 있다. 전수교육 의무화 제도를 마련하기 위해 1982년 12월 「문화재보호법」 개정 시 국가무형문화재 기·예능 보유자 전수교육 의무 조항을 신설했다. 그리고 "제24조 국가는 전수교육에 소요되는 경비 일체를 지급하고 전수교육 장학생에게는 소정의 장학금을 지급한다"는 조항도 함께 신설되었다.

중요무형문화재 인정 보유자인 인간문화재는 해당 무형문화재의 보존과 전승을 위해 후학을 양성하는 교육을 시행하도록 되어 있다. 이 전승 체계는 매우 세련되고 체계적이다. 교육은 크게 다음 3단계로 체계화되어 있다.[18)]

① 전수생 교육[19]

중요무형문화재의 보유자 또는 보유단체는 전수생을 발굴해 전수교육을 실시하도록 하고 있다. 전수생 중에서 우수한 학생은 추천해 전수 장학생으로 선발된다. 전수 장학생은 국가로부터 소정의 장학금을 받는다.

② 이수자 제도

전수생 교육을 받은 사람 중에 그 기능 또는 예능이 상당한 수준에 이르렀다고 판단하면 이수자로 선정된다.

③ 전수교육조교[20]

이수자 중에 뛰어난 기량을 가진 사람은 인간문화재를 도와 전수생과 이수자 교육을 하고 있다. 이들 전수교육조교에게도 소정의 국가 지원이 따른다.

따라서 전승체계는 전수생, 이수자, 전수교육조교, 인간문화재, 명예 인간문화재[21](인간문화재 중 병환이나 고령으로 전수교육을 담당하지 못할 경우, 현역에서 은퇴해 명예 인간문화재로 대우하며 그 명예를 유지하도록 한다)의 5단계로 이루어져 있다고 할 수 있다.

이러한 전승교육 체계와 더불어 현재 한국 정부는 후학의 전수 교육 실시에 따른 보상으로 인간문화재에게 매월 전승교육비를 지급한다. 그러나 처음 무형문화재 제도가 실시

---

18) Dawnhee Yim, "The Transmission, Preservation, and Promotion of Intangible Heritage," *The 1st UNESCO International Training Workshop on Living Human Treasures System*, Seoul: Korean National Commission for UNESCO, 1998, pp. 18-28.

19) 1982년 12월 「문화재보호법」 개정 당시, 국가무형문화재 기 · 예능 보유자의 전수교육 의무 조항(제24조)이 신설되었다. 이와 함께 국가는 전수교육에 소요되는 경비를 지원하고, 전수교육 장학생에게 학자금을 지급할 수 있도록 하는 조항도 함께 마련되었다.

20) 1983년 8월 3일 「문화재보호법」 시행령 개정으로 전수교육 보조자 제도가 도입되었다. 전수교육 보조자란 이수증을 교부받은 자로서 중요무형문화재 보유자 후보, 전수교육조교 또는 악사로 선정할 수 있다. 정부는 전수교육 보조자에게 교육과정에서 필요한 경비를 지급하도록 했다.

21) 2001년 3월 「문화재보호법」 제19차 개정으로 명예보유자 제도를 도입했다. 노령이나 병환으로 전수교육이 어려운 보유자를 명예보유자로 전환해 후학이 보유자가 될 수 있는 길을 열어 놓았다. 다만, 명예보유자에게 경제적인 혜택은 계속 보장되었으나 교육에서는 배제되었다. 그러자 이에 보유자들이 반발해 시행이 늦추어졌다가 2005년부터 실질적으로 시행되었다.

된 당시에는 보유자에 대한 특별한 지원은 없었다.[22] 다만 보유자의 사망 시 묘소에 비석을 세우라고 당시 쌀 한 가마니 값을 보내주었다고 한다.[23] 1968년부터는 60세 이상의 보유자에게 생계지원금 명목으로 월 3천 원을 지급했고, 1969년에는 금액을 5천 원으로 인상했다. 이는 후학을 양성하라는 취지의 전승지원금이라기보다 연로한 보유자에게 생계비를 보조한 성격의 지원금으로 해석할 수 있다.

1982년 12월 전부 개정되어 1983년 7월 시행된 「문화재보호법」에 보유단체 인정 및 보유자(보유단체)의 전수교육 실시를 규정한 제24조(중요무형문화재의 보호·육성)가 신설되면서 보유자에 대한 전승지원금 지급 근거가 마련되었다. 이에 따라 지급되던 지원금은 1990년 당시에는 월 40만 원이었던 것이 2005년에는 월 100만 원으로 증액되었다. 이후 국가무형유산 전승자, 보유자 및 보유단체, 전승 교육사의 전승 활동을 지원하는 전승교육지원금은 2014년 12월 제정되어 실시된 「국가무형문화재 전승지원금 지급·운영에 관한 규정」(문화재청 훈령 제345호) 제2조(정의)와 제5조(전승지원금 지급 등)에 따라 지급되었다.[24]

그런데 현재 한국의 무형문화재 보호 정책은 획일적인 방법을 유지하고 있다. 즉 주요

22) 1962년 제정된 「문화재보호법」 제25조(보조금)에 따르면 지정문화재의 보존상 필요한 다음의 경비 보조 항목 중 제4항 중요무형문화재의 보호 육성에 필요한 경비에 대해서는 국고에서 그 전부 또는 일부를 보조한다는 규정은 있었다.

23) 이장열, 『한국 무형문화재 정책 - 역사와 진로』, 관동출판, 2006(2쇄), 76쪽.

24) 그러나 2022년 1월 1일 「국가무형문화재 전승지원금 지급·운영에 관한 규정」(문화재청 훈령 제586호)이 폐지되고 국가무형문화재 전승지원금 지급 및 운영에 대한 권한을 국립무형유산원의 장에게 위임함에 따라 「국가무형문화재 공개 및 전승 활동 등에 관한 규정」(국립무형유산원 고시 제2021-3호)에 의거해 전승교육지원금이 지급되고 있다. 지난 2024년 1월, 국립무형유산원에서는 '우수 이수자 전승활동 장려금 지원' 사업을 마련해 신규로 국가무형유산 우수 이수자를 대상으로 전승활동 장려금(월 50만 원)을 지원하기로 하고 전승교육지원금도 인상하기로 했다. 우수 이수자는 2년 주기로 선정되며, 2024년 1월 말부터 2년간 매월 50만 원의 장려금을 지급받는다.

개 인				단 체	
보유자	전승교육사	전수장학생	우수 이수자	일반단체*	자율전승형 보유단체*
200만 원 (50만 원 증)	90만 원	30만 원	50만 원 (신규 지급)	380만 원 (20만 원 증)	580만 원 (30만 원 증)

무형유산 종목을 국가지정으로 하고 또 인간문화재를 지정해 그 인간문화재에게 똑같은 전승지원금을 지원하여 후학들을 가르치게 하는 획일화된 정책을 펴고 있다. 필자는 그동안 무형유산 종목이 다양하고, 전승 방법도 유산마다 다르기 때문에 지원을 차별화해야 한다는 점을 주장해 왔다. 즉, 각 공동체의 무형문화재가 지닌 고유한 특성에 맞는 '맞춤 지원' 방안을 모색할 필요가 있다. 경제적 지원도 필요한 곳에는 더 많이, 그렇지 않은 곳에는 더 적게 지원하고, 경제적 지원 대신 다른 도움이 필요한 곳에는 거기에 맞는 적절한 지원을 해야 할 것이다. 지금처럼 국가 주도의 획일화된 보호 방안에는 한계가 있다고 본다.

또한 중요무형문화재의 전승 활동으로 중요무형문화재 보유자와 보유단체는 매년 1회에 걸쳐 공개 행사를 하도록 함으로써 그들의 예능과 기능이 단절되지 않고 전승되고 있음을 보여주고 있다.[25] 또한 공개행사를 모니터링하고 있어 보유자나 보유단체의 무형문화재 공연, 실연이 충실히 지켜지는지 감독하고 모니터링 결과가 좋지 않을 경우 이에 대한 제재가 이루지고 있다.

이외에도 정부는 전승 활동을 돕기 위해 전승 공간을 건립해 제공하기도 하는데, 그 전승 공간은 해당 무형문화재가 전승되는 지역에 건립함으로써 지역의 문화 전승이 이루어지도록 돕는다. 또한 영상, 음반, 도서 등 다양한 형식으로 기록화 작업을 해 영구 보존한다.[26]

---

* (일반단체) 보유자 있는 보유단체
* (자율전승형단체) 별도 보유자 지정이 없는 보유단체
[출처: 국가유산청 홈페이지, 보도자료(2024. 1. 9.)
〈https://www.cha.go.kr/newsBbz/selectNewsBbzView.do;jsessionid=3l73DSnBdPFtZH9O50UsHJtBqKSRH89Ohk9D6r9GbOtjh8aqnaAMxnNYP8wklO13.cha-was02_servlet_engine1?newsItemId=155704578&sectionId=b_sec_1&pageIndex=5&mn=NS_01_02_01ampampampampampampampampampampampampampampampampampampampampampampampampampampampampampampampampampampltbr&strWhere=&strValue=&sdate=&edate=〉(최종검색일: 2024년 8월 31일).

25) 1962년 「문화재보호법」은 국가무형문화재 공개 의무화를 제도화했다. 보유자는 매년 1회 이상 중요무형문화재를 공개하도록 했다. 그러나 무형문화재 기 · 예능 공개 의무화 제도는 1999년에 폐지되었다가 2008년 3월 제31차 「문화재보호법」 개정으로 국가무형문화재 보유자 기 · 예능 공개 의무화 제도가 재도입됐다. 보유단체나 보유자는 공개 계획서를 작성해 제출해야 하고 공개 기간과 장소, 내용 및 방법 등의 사항은 문화재청장이 정해 공고한다. 일반 국민은 보유자의 공연과 시연을 볼 수 있도록 한다.

인간문화재 제도는 앞에서 설명한 공식적인 혜택을 제공하는 것 외에 다른 효과도 가져왔다. 전통적으로 한국 사회는 예능인들을 존경하기보다는 천시하는 태도를 보여왔는데, 인간문화재 제도는 예능인들에게 경제적인 보상을 제공했을 뿐만 아니라 사회적인 지위 상승과 개인적인 자긍심도 높이는 결과를 가져다주었다.[27)]

3. 문화재위원회

문화재위원회는 1962년 1월 제정된 「문화재보호법」 제2장 제4조~제6조의 규정과 이에 따라 같은 해 3월 제정된 「문화재위원회 규정」에 의거, 법정자문기구로 출범한 후 가장 오랜 역사를 지닌 위원회 중 하나가 되었다. 위원회는 1962년에는 문교부장관의 자문기관이었다가 1968년 7월 문화공보부가 발족하면서 문화재관리업무와 함께 문화공보부장관의 자문기관으로 이관되었으며, 1990년에는 문화부장관 자문기관, 1993년에는 문화체육부장관 자문기관이었다. 이어 1998년 문화관광부로 이관되었다가 1999년에는 문화재청이 신설되면서 문화재청으로 이관되었으며, 2024년 국가유산청의 상설위원회가 되었다.

문화재위원은 문화재 보존 관리 및 활용에 관한 사항의 조사 심의 기능을 담당했으며, 문화재 종목 지정 및 해제, 보유자 인정 및 해제에 관한 심의와 의결권을 가졌다. 1962년에 문화재위원회가 신설되었을 때는 「문화재보호법」 제5조(분과위원회) 규정에 따라 3개 분과위원회가 설치되었다. 제1분과위원회는 유형문화재, 제2분과위원회는 무형문화재와 민속자료, 제3분과위원회는 기념물을 담당했다. 1962년 3월 27일 문화재위원회 규정 제정 당시 위원회 위촉 기준은 "학식과 덕망이 높은 사계의 권위자 중에서 문화재관리국

---

26) 영상작업은 1960년대부터 시작했다. 1965년에 꼭두각시놀음과 갓일, 1966년에 강강술래, 1967년에 양주별산대놀이와 통영오광대, 1969년에는 고성오광대와 동래야류가 16㎜ 흑백 필름으로 기록 · 제작되었다. 이 영상 기록 작업은 현재까지 진행되고 있다.

27) 1960년대 한 마을에서 천대받던 예능인들이 인간문화재로 지정되자 그 마을 사람들이 그들을 가리켜 "새 양반이 났네"라고 말했다고 한다. 이를 통해 그들의 지위가 격상되었음을 짐작할 수 있다.

장의 제청에 의해 문교부장관이 위촉한다"라고 해 위원회 위원은 명실공히 문화재 분야의 국내 최고 학자로서 권위를 인정받고 있었다. "문화재위원들이 그때는 좀 원로적이고 지사급 정도의 그런 사람들이라더라"라고 표현할 정도였다.[28] 당시 제2분과위원회 초대 위원으로는 임석재, 이혜구, 석주선, 김천홍 등 네 명이 위촉되었고, 이들은 당대 문화재 분야에서 학문적 권위와 전문성을 인정받는 최고의 학자들이었다.

이 위촉 기준은 2002년 상반기까지 약 40년간 변함이 없었다. 그러나 2002년에 개정된 문화재위원회 규정 제2조(구성)에는 "위원은 문화재와 관련된 분야의 학식과 경험이 있는 자 중에서 문화재청장이 위촉한다"라고 되어 있어 전문가를 중심으로 문화재위원회가 구성되었다.

1962년 당시의 문화재위원은 30여 명이고, 전문위원은 분과별 30인 이내였다. 이후 문화재 분과도 확장되고 문화재위원 수도 늘어났다. 1985년에는 총 6개 분과로 확대되었으며 위원 수는 50인 이내, 전문위원은 120인 이내로 되었고, 1996년에는 8개 분과로 확대되어 문화재위원은 60인 이내로 늘었다. 그 다음 2002년에는 위원 수가 90인 이내, 전문위원은 180인 이내로 증원되고, 2005년에는 9개 분과에 위원 수는 120인 이내, 전문위원은 200인 이내로 증원되었다. 문화재위원의 임기는 1962년부터 1967년까지는 4년이었으나, 이후에는 2년 임기로 변경되었고 연임이 가능하도록 제도화되었다. 위원회의 의결은 재적 위원 과반수의 출석과 출석위원 과반수의 찬성으로 이루어진다.

2015년 「무형문화재 보전 및 진흥에 관한 법률」이 제정되면서 문화재위원회는 유형문화재와 천연기념물을 담당하는 문화재위원회와 무형문화재를 담당하는 무형문화재위원으로 나뉘게 되었다. 문화재위원회에 소속된 분과는 건축문화재분과, 동산문화재분과, 사적분과, 천연기념물분과, 매장문화재분과, 근대문화재분과, 민속문화재분과, 세계유산분과다. 무형문화재위원회는 전통예능분야, 전통기술분야, 전통지식 및 관습 분야로 나뉘었다.

---

28) 국사편찬위원회, 『2006년도 구술자료수집사업: 박정희시대 문화재보호정책 I, 구술 정재훈』, 2006, 10쪽.

2024년 문화재청이 국가유산청으로 개편되면서, 기존의 문화재위원회는 문화유산위원회, 자연유산위원회, 무형유산위원회의 3개 위원회로 재편되었다.[29] 문화유산위원회에는 건축문화유산분과, 동산문화유산분과, 사적분과, 매장유산분과, 근현대문화유산분과, 민속문화유산분과, 세계유산분과, 궁능문화유산분과의 8개 분과로 나뉘어 있다. 자연유산위원회는 동·식물유산분과, 지질·지형유산분과, 명승·전통조경분과의 3개 분과가 있다. 무형유산위원회에는 전통예능, 전통기술, 전통지식의 3개 분과가 있다.

문화재위원회는 매우 특별한 기구라고 볼 수 있다. 문화재위원회는 1962년 「문화재보호법」이 만들어질 때부터 있었고, 문화재에 관한 많은 사항을 문화재위원들이 심의하고[30] 문화재청장은 한 번도 문화재위원들의 심의 결과를 부정하지 않은 것으로 보아 심의기구이면서 결정기구라고 볼 수 있다.

문화재위원회의 결정은 다음과 같은 장점이 있다고 본다.

첫 번째, 문화재위원의 결정 사항은 수많은 민원 처리와 첨예한 이해관계 등 많은 이견이 제기될 수 있는 의사결정에 효율적으로 대처할 수 있다. 만약 이것을 문화재청장이나 관련 부서에서 결정한다면 민원에 매우 취약할 수 있다. 그러나 문화재위원들은 각 분과별로 약 15명 정도이기 때문에 민원을 넣으려고 해도 문화재위원 수가 많아 각 분야 전문위원의 견해를 반박하거나 설득하면서 민원을 제기하기가 쉽지 않고, 문화재청의 관리들은 문화재위원들의 결정 사항이라고 해서 민원을 비껴갈 수가 있다.

두 번째, 심의 사항 안건에 대해 적어도 15명 이상의 문화재위원들이 집단지성으로 문제를 풀기 때문에 문제 해결에 한 두 사람의 결정보다는 객관성 확보와 독주 방지의 장점이 있다고 볼 수 있다.

세 번째, 문화재위원들은 문화재 분야에서 적어도 수십 년간 학문 연구를 해온 학자가

29) 국가유산청 홈페이지, 행정정보〉 무형문화재위원회 〈https://www.khs.go.kr/html/HtmlPage.do?pg=/seek/commission3.jsp&mn=NS_03_04_03〉(최종검색일: 2025년 3월 23일).

30) 1970년 8월 14일 「문화재보호법」 제4조에 의거, 의결 사항을 심의 사항으로 바꾸었다.

대부분이다. 1960년대 초기에는 문화재위원들은 “학식과 덕망이 높은 사계의 권위자로서 명실공히 문화재 분야의 국내 최고 학자”로서 권위를 인정받고 있었다. 1960년대보다 문화재위원의 수가 증가한 현재에도 문화재위원은 “무형문화재와 관련된 학과의 부교수 이상의 지위로 재직하거나 재직했던 사람”으로 문화재위원 대부분이 해당 분야에 다년간 연구와 경험을 축적한 학자들이다. 그래서 한국에서 어떤 종목을 국가지정문화재로 지정할 때, 이 학자들이 동원되어 현장 조사도 나가고 치밀한 연구를 한 후에 결정을 내리기 때문에 신뢰할 수가 있다. 전 세계적으로 한국처럼 까다롭게 국가지정이 진행되어 작성되는 국가무형문화재 목록은 매우 드물다고 볼 수 있다.

네 번째, 문화재위원들은 비상근 위원으로 소정의 회의비만 받기 때문에 국가 예산상으로 보면 매우 경제적이라고 볼 수 있다.

4. 무형문화재 제도에 대한 학계의 담론

1962년 이래 시행된 한국 무형문화재 제도 덕분에 사라져 갈 뻔했던 많은 무형문화재가 보존, 전승될 수 있었던 것은 틀림없는 사실이다. 1999년 한 여론조사에서도 응답자의 79%가 무형문화재 제도가 전통문화 보존에 도움이 되었다고 응답했고, 그렇지 않다고 응답한 경우는 9%에 불과했다.[31] 2003년 여론조사에서도 한국 국민의 83%가 인간문화재 제도가 무형문화재 보존에 기여한 바 있다고 답했다.

60여 년 동안 무형문화재 보호의 경험이 쌓이면서 무형문화재 보존과 전승 방안에 대한 쟁점들이 생겨나기 시작했다. 그동안 민속학자들 간에 논의되었던 몇 가지 쟁점들을 살펴보면 다음과 같다.[32]

31) 한국 리서어치, 「무형문화재 제도 개선을 위한 여론조사(요약)」, 『새천년을 대비한 무형문화제 제도 개선 공청회』, 문화재관리국, 1999, 47~76쪽.

32) Dawnhee Yim, “Living Human Treasures: Experiences and Challenges in the Preservation and Transmission

1) 원형原形문제

한국의 무형문화재 정책에서 전승은 핵심적인 쟁점 중 하나이다. 그런데 한국의 전승 제도는 '원형 유지'라는 독특한 원칙을 유지하고 있다. 이러한 원형 유지 원칙은 그동안 많은 민속학자들로부터 비판을 받아왔으며, 무형유산을 변화하고 재창조되는 것으로 인식하는 유네스코 「무형문화유산보호협약」의 관점과 충돌하게 되었다. 이러한 상충되는 문제를 해결하기 위해 2015년 '원형'을 폐지하고 '전형'이라는 개념을 도입하여 정책상의 변화를 가져왔다. 따라서 여기서는 이 원형의 문제를 논의해 보고자 한다.

우리나라의 「문화재보호법 시행규칙」 제2조 1항과 2항은 보유자 또는 보유단체의 인정 기준을 "중요무형문화재의 예능 또는 기능을 원형대로 체득, 보존하고 이를 그대로 실현할 수 있는 자, 또는 단체"로 규정하고 있다. 무형문화재에서 원형이란 지정 당시의 무형문화재가 전승 과정에서 변조되지 않고 이어져 내려오는 것을 뜻한다. 따라서 무형문화재의 보유자가 후학들에게 그 무형문화재를 전승할 때는 개인의 창작이나 재창조 없이 지정 당시의 무형문화재를 그대로 전수하는 것을 의미한다. 이 원형 보존의 원칙이 문화재 보존·관리의 일반 원칙으로 입법화된 것은 1999년 1월 29일, 「문화재보호법」 제2조 2항(문화재보호의 기본원칙)이 신설되면서부터다.[33] 이 신규 조항에는 "문화재의 보존·관리 및 활용은 원형 유지를 기본원칙으로 한다"라고 명시되어 있었다. 이 원칙은 중요무형문화재 지정의 원칙이며, 보유자 인정의 원칙이기도 하다.[34]

그렇다면 왜 원형주의 유지를 주장하게 되었는가? 무형문화재의 경우에는 민속적인 것이 대부분이고 무형문화재의 기·예능이 어떠한 모습이었는가를 알기 위해서는 해당 무형문화재의 보유자가 누구로부터 사사했는가 하는 계보가 굉장히 중요해진다. 그 계보를

---

of Korea's Intangible Cultural Heritage," Keynote Speech presented at the ICOM General Conference, Seoul, 2004.

33) 이 조항은 1999년 1월 29일 신설되었으며 타법 개정으로 같은 해 5월 「문화재보호법」이 개정되면서 7월부터 시행되었다.

34) 이장열, 『한국 무형문화재 정책 - 역사와 진로』, 관동출판, 2006년(2쇄), 151쪽.

대지 못하면 보유자가 될 수가 없었다. 이는 계보를 어디까지 거슬러 올라가야 하는가, 나아가 그렇다면 원형의 모습은 무엇인가 하는 문제로 이어진다. 1960년대 당시 한국 사회에 팽배했던 '우리 고유의 것'에 대한 인식은 일제강점기에 일본의 영향을 받지 않은 것, 그리고 해방 이후에는 서구, 특히 미국의 영향을 받지 않은 것을 의미하는 경향이 있었다. 그래서 적어도 조선시대의 것, 1910년 이전의 모습을 원형으로 보고 그 당시의 모습을 그대로 유지하는 것이 우리 전통문화를 지키는 것이라는 생각이었다. 고고학자 김원룡은 우리 문화의 원형을 "19세기 말 일본 문화, 서구 문화가 들어오기 전의 우리 문화를 말하는 것이며, 그 문화란 조선왕조 시대의 문화"[35]를 의미한다고 정의했다. 민속학자이면서 문화재위원을 역임한 임동권도 "우리의 문화전통은 역사의 변천 속에서도 그런대로 전통의 원형을 유지해오다가 1910년 일제의 침략을 계기로 변화를 일으켜 일본적 요소, 서구적 요소의 작용을 받게 되었다. …(중략)… 1910년을 기준으로 해서 그 이전의 것은 넓은 의미의 문화재가 될 수 있고, 그 중에서 역사적 의미를 지니고 예술적 가치가 있으며 민족생활의 추이를 알 수 있는 것을 골라 문화재로 지정하고 있다"[36]라고 원형에 대해 설명하고 있다.

따라서 일본과 서구의 영향이 없는 조선시대의 것을 우리 고유의 무형문화재로 지정하는 것을 당연하게 생각했다. 따라서 1960년대에 지정된 무형문화재는 적어도 탈춤을 예로 든다면 그 당시 탈춤의 보유자는 탈춤을 그의 스승으로부터 배웠고, 그 스승은 또 그 스승으로부터 배웠기 때문에 쉽게 그 연대가 1910년 전으로 계보상 밝혀지는 셈이다. 현재의 보유자가 실연하는 탈춤의 모습은 적어도 100년 전의 모습, 즉 조선시대의 모습과 동일하다는 가정이다. 변화와 재창조를 금지하는 원형 위주의 전승 정책을 실시한 것은 아마도 1960년대의 문화재위원들은 조선시대의 무형문화재가 우리 고유의 전통이고 이것이 변화 없이(일본과 미국과 같은 외국 문화의 영향을 받지 않는) 그대로 전승될 때 우리의 고

35) 김원룡, 『한국문화의 기원』, 탐구당, 1976, 59~60쪽.

36) 임동권, 「전통문화」, 『한국민속문화론』, 집문당, 1983, 54~55쪽.

유한 전통이 지켜진다고 생각했기 때문이 아닌가 한다.

하지만 무형문화재는 유형문화재와 달리 어느 시기에 만들어진 고정된 문화재가 아니다. 어떤 집단에 의해 계속 향유되고 표현되는 살아있는 유산이다. 따라서 계속 변화하는 모습이다. 그런데 무형문화재를 보존한다면 어떤 형태의 모습을 어떻게 보존할 것인가에 대한 논란이 생길 수밖에 없다. 일군의 학자들은 전통적인 모습을 갖고 있어야 하기 때문에 될수록 지정 당시의 모습을 갖고 있어야 한다고 주장한다. 즉 원형을 유지해야 한다는 생각이다.

그러나 원형주의에 반대하는 사람들은 "변화를 인정하지 않는 태도는 무형문화재의 박제화 현상을 가져온다"고 비판하는 의견을 내놓고 있다.[37] 변화하는 사회관계 속에서 무형문화재가 공연되어야지, 그렇지 않고 현대 청중과 유리된 과거의 모습으로 존재한다면 현대 관객의 호응을 얻지 못하고 무형문화재는 사회적 맥락을 잃어버리게 되어 무형문화재는 박제화된다고 주장한다. 특히 1970~1980년대 문화운동권에서 이러한 경향에 대한 비판이 강하게 제기되었다. 그들은 원형 보존 원칙이 "민속을 정태적으로 파악하고 민중적 전통을 박제화, 사물화"시킨다고 비판했다.[38]

가면극을 예로 들자면, 가면극은 가면을 쓴 연기자들이 지배계급에 대한 비판과 풍자를 춤과 대사로 표현하는 전통 연극이다. 이러한 민속 연극은 청중의 호응이 없어 급속히 사라져 갈 위험에 처해 있었다. 1960년대 당시 이를 무형문화재로 지정했고, 그 연극을 가장 잘 연기하는 사람을 인간문화재로 지정해 전수하도록 했다. 인간문화재로 지정된 분들은 춤과 대사를 지정된 당시의 모습대로 충실히 재현하고 전수하고 있다. 그런데 이 탈춤을 배우고 전수하는 젊은 사람들, 특히 대학생들은 탈춤의 대사 내용이 너무 과거 지향적이기 때문에 현대 젊은이들에게 호소력이 없다고 주장했다. 따라서 탈춤이 현대인에게 어필하기 위해서는 과거의 지배계급인 양반에 대한 풍자보다는 현재의 정치인이나 재벌에

37) 박제화라고 해서 전혀 변화가 없는 것은 아니다. 불가피하게 또는 의도하지 않게 나름 변화가 있기는 하다.
38) 문호연, 「연행예술운동의 전개」, 『문화운동론』, 공동체, 1985, 55쪽.

대한 비판으로, 그리고 대사도 현대 젊은이들이 이해하기 힘든 과거의 언어가 아닌 현대어로 바꾸어서 전승해야 한다고 주장한다. 문화운동권은 '전통의 재조명과 현대적 해석 및 재조명의 문제'를 주장했다.[39)]

실제로 탈춤은 1970~1980년대에 대학가에서 반체제 이념을 주장하는 민중극의 모델이 되었고, 농악은 현재 젊은이들에게 가장 주목받는 사물놀이의 모델이 되었다. 젊은 탈춤 연기자들은 어차피 연극이라는 것이 과거부터도 시대의 상황에 맞게 변화해온 만큼 지금도 새롭게 변화되어야 한다고 주장하고 있다. 이러한 변화를 인정하지 않는다면 현대 청중들에게 외면받는 박제화된 죽은 유산이 된다는 논리다.

그러나 지정 당시 무형문화재의 모습을 전승해야 한다는 측의 논리는 박물관에 전시된 유형문화재가 한 시대의 산물이지만 거기에서 후세 사람들이 영감을 얻는 것처럼 무형문화재도 한 시대의 산물로서 인정하고 거기에서 재창조의 영감을 받을 수 있다는 주장이다. 우리가 변화를 인정하고 그 변화된 모습을 전승한다면 우리의 고유한 옛 모습은 결국 사라져 간다는 것이 그들의 주장이다.

무형문화재 지정 당시의 모습을 보존하는 것을 옹호하는 학자들은 유산의 박제화라는 문제점을 고려하더라도 급변하는 한국 사회에서 이렇게라도 보존하지 않으면 전통의 모습이 사라지기 때문에 어쩔 수 없다는 주장이다. 변화를 인정해 현대에 어울리게 많은 측면이 변화된다면 전통의 옛 모습은 사라지므로 보존의 의미가 어디에 있는가 하고 반문한다. 따라서 무형문화재를 전통적인 모습으로 유지하기 위해 변화를 허용하지 않고 과거의 전통을 재현할 것인가 아니면 변화를 허용할 것인가, 그리고 허용한다면 어느 정도까지를 허용하는가 하는 문제는 학자에 따라, 집단에 따라, 그리고 개인에 따라 다를 수밖에 없다.

---

39) 채희완 · 임진택, 「마당극에서 마당굿으로」, 『문화운동론』, 공동체, 1985, 106쪽.

2) 인위적 보호에 관한 문제

문화, 특히 무형문화재를 인위적으로 보존할 필요가 있는가 하는 것이다. 문화는 흐르는 물과 같아서 항상 변하기 마련이고 그런 변화는 자연적이라는 것이다. 더 이상 필요한 기능을 하지 않는 문화는 사라져 가는 것이 당연하다는 점을 인정해야 한다. 과거의 문화는 사라져 가는 대신에 새로운 문화가 창출되기 때문에 사라져 가는 문화를 구태여 인위적으로 보호해야 할 필요가 있는가 하는 문제를 제기하는 학자들이 많다.

그러나 무형문화재의 인위적인 보존[40)]을 주장하는 측은 다른 논리를 제시하고 있다. 그들의 주장은 다음과 같다. 대체로 많은 사회에서 사라져 가는 전통문화는 그 민족, 국가, 종족의 정체성을 상징하는 경우가 많다는 것이다. 특히 비서구 사회의 경우 더욱 그렇다는 점을 강조하고 있다. 물론 서구 국가에서도 옛날의 전통문화는 사라져 가는 경우가 많다. 그러나 서구 국가와 비서구 국가의 상황은 다르다. 서구 국가에서는 사라져 가는 전통문화도 자기 것이고 새로이 생성되는 현대문화도 자기 것이지만, 비서구 사회에서는 사라져 가는 전통문화는 자기 것이지만 새로이 유입되는 현대문화는 서구에서 들어온 문화인 경우가 많다. 즉, 자신들의 전통문화를 기반으로 시대적 상황에 따라 변화, 발전한 것이 아닌 전통과의 단절 속에서 이루어지는 변화라는 것이다. 좋은 예가 전통 음악이다. 한국에서도 전통 음악의 대표적인 장르인 판소리는 1960년대 많은 사람들로부터 외면당한 반면, 서구 음악(예를 들어 서양 오페라나 팝송)은 급속히 사람들의 사랑을 받게 되었다. 판소리를 부르는 창자는 초빙하는 곳이 없어 생계에도 지장을 받고 있지만, 서구 음악을 하는 창작자와 청중의 수는 급증한 것이다. 만약에 한국 정부의 무형문화재 정책이 없었더라면 판소리는 사라졌을지도 모른다. 현재 많은 한국인이 판소리보다는 서양 음악을 더 즐겨 듣는다고 하더라도 여전히 판소리는 한국의 고유 음악이라고 생각하고 팝송이나 오페라

40) 한국의 무형문화재 제도는 원형 전승을 추구하기 때문에 '보존preservation'이라는 용어를 쓰고 있다. 반면, 유네스코의 무형유산 정책은 무형유산을 변화하고 재창조되는 살아있는 문화로 인식하기 때문에 '보호safeguarding'라는 용어를 쓴다.

는 서양 음악이라고 생각한다. 그러므로 많은 무형문화재는 그 집단의 고유한 문화로서 정체성의 상징이라는 의미에서 보존되어야 한다는 논리를 제공하고 있다.

3) 문화 권력화의 문제

무형문화유산 보호에 있어서 제기되는 또 다른 쟁점은 무형문화재의 문화 권력화의 문제이다. 즉, 무형문화재 간의 서열화 문제와 다양성의 파괴다. 무형문화재는 다양하게 존재한다. 유사한 변이가 지역에 따라 다른 형식과 양상으로 존재하고 연희자에 따라서도 다르게 전승되고 연희된다. 그런데 이 다양한 변이 중 어떤 특정한 무형문화재를 중요무형문화재로 지정하고, 또 그 종목의 최고 예능인을 인간문화재로 지정한다면, 이 지정된 종목과 이 인간문화재에 의해 표현되는 예술은 전승되지만 지정되지 않은 지역적 그리고 개인적 변이는 전승되지 않을 확률이 높다. 왜냐하면 국가의 지정문화재가 된다는 것, 그리고 인간문화재가 된다는 것 자체가 문화 권력으로 작용하기 때문이다.

지정된 종목을 배우려는 젊은이들은 많지만 그렇지 않은 종목은 후계자를 구하지 못하는 경우가 많아 전승이 단절되기 쉽다. 더 다양한 무형유산을 보존하려면 지정과 비지정의 관계를 초월해 다 같이 다양한 모습의 무형문화재가 전승되는 방안을 마련해야 한다.[41]

5. 결론

한국의 무형문화유산 제도는 세계적으로도 유례를 찾기 어려울 정도로 정교한 보호 장치를 갖추고 있다. 사라져 가는 무형문화재를 체계적으로 보호하기 위해, 지정 대상이 되는 무형유산 종목에 대해 학자들이 심층적인 학술조사를 수행하고, 그 학술적 연구 성과

41) 임돈희, 「무형유산의 제도적 보호를 위한 한국의 경험」, 『무형유산의 창조적 가치와 지속가능 발전』, 유네스코 아태무형유산센터, 2012, 231~237쪽.

를 바탕으로 종목 지정이 이루어진다. 종목을 지정한 후에는 그것을 후세에 전하기 위해서 보유자와 보유단체를 지정하고 해당 종목을 후세에 가르치도록 한다. 전승은 전수생, 이수자, 전승교육사, 보유자, 명예보유자로 구성되어 체계적으로 이루어지고 있다. 보유자와 보유단체는 1년에 한 번씩 그들의 기·예능을 공개하도록 함으로써 그들의 예능과 기능이 단절되지 않고 전승되고 있음을 보여주고 있다. 또한 공개행사를 모니터링해 보유자나 보유단체의 무형문화재 공연, 실연이 충실히 지켜지는지 감독도 하고 있다. 모니터링의 결과가 기준에 미달할 경우, 이에 대한 제재가 이루어지고 있다. 전승 활동을 돕기 위해 전승 공간을 건립해 제공하기도 한다. 한국의 인간문화재 제도는 유네스코에 소개되어 공동체 중심의 유네스코 「무형문화유산보호협약」을 만드는 데 기여하게 된다.

한국의 무형문화재 제도에 공헌하신 분

1. 임석재(1903~1998) 초대 무형문화재분과 위원장

임석재 선생님은 한국 무형문화재 제도의 기틀을 마련한 분이다. 1960년대만 해도 무형문화재는 생소한 개념이었으며, 오히려 천시와 타파의 대상으로 인식된 시기였다. 이러한 시대적 인식 속에서도 무형문화재의 중요성을 일찍이 인식하고 그 보호의 기틀을 마련하신 임석재 선생님께 깊은 감사를 드린다. 당시 서울대 교수였던 임석재 선생님은 무형문화재를 지정하는 과정에서 학자답게 해당 무형문화재에 대한 학계의 권위 있는 학자로 하여금 현장 조사를 하게 하고 현장 조사를 통해 작성된 엄정한 학술보고서에 근거하여 지정하게 했다. 이는 무형문화재 제도에 신뢰성을 제공했으며 이 지정 과정은 현재까지도 실행되고 있다. 특히 역사 기록이 미비한 무형문화재의 경우, 권위있는 학자의 현장 연구 보고서는 무형유산에 대한 실체를 파악하는 데 중요한 역할을 하였다.

또한 무형문화재 종목 지정뿐만 아니라 그 종목을 후세에 전승할 보유자, 즉 인간문화재를 지정하여 전승체계를 확립했으며 현재까지도 실시되고 있다.* 일본에서는 노, 가부

* 1960년대의 무형문화재에 대한 인식은 매우 부정적이었다. 문화재라고 하면 석굴암이나 남대문과 같은 유형문화재만을 보호해야 한다고 생각했다. 무형문화재란 말은 들어보지도 않은 생소한 말이었다. 무형문화재인 굿은 미신이라 하여 타파의 대상이었고 탈춤 등을 연희하는 예능인들을 사회적으로 천시하는 분위기였다. 그리고 전통문화가 대부분인 무형유산은 국가발전을 저해하는 봉건시대의 유물이라는 생각도 지배적인 시대였다. 대부분의 역사학자들은 임석재 선생님께 문화재라하면 석굴암이라든지 남대문 같은 것을 보호해야지 우리가 천시하는 탈춤이나 타파해야 할 굿이라든지 이런 것을 보호한다는 게 말이 되느냐는 말도 했다고 한다. 그리고 당시에는 무형문화재를 연행하고 전승하시던 분들의 인식도 지금과 달랐다. 임석재 선생님이 들려준 이야기에 따르면, 탈춤 추시는 분한테 가서 이게 우리나라의 아주 훌륭한 예술이니 후학에게 가르쳐줘야 한다 이렇게 설득을 하면 "지금 우리 아들이 고등학교 선생인데 내가 탈춤 춘다고 하면 장가길 막힌다"라며 보유자를 시켜준다고, 인간문화재를 시켜준다고 해도 거절했다고 한다. 그리고 학교에서는 햄릿같은 서양 연극만 가르치고 우리의 탈춤 같은 전통예술은 학교 교육대상으로 생각하지 않아 가르치지도 않는 상황이었다. 음악도 서양음악과 악기만을 가르치고 국악은 교육대상에서 제외된 시기였다. 이러한 사면초가적인 상황에서 무형문화재의 가치를 인식

키와 같은 고급 전통예술에 한정하여 보유자(일본어로는 보지자)를 인정하고 민속예술인 중요무형민속문화재에는 보유자를 인정하지 않았다. 그러나 임석재 선생님은 민속학자답게 한국에서는 민속예술을 포함한 모든 무형문화재에 보유자를 지정하였다. 민속예술인 무형문화재에 보유자를 인정함으로써 많은 민속예술이 사라지지 않고 전승되게 하는 효과가 있었다. 이러한 한국의 인간문화재 제도는 유네스코에 소개되어, 이후 공동체 중심의 유네스코 「무형문화유산보호협약」을 만드는 데 기여하게 된다.

2. 예용해(1929~1995) 한국일보 기자

예용해 선생은 신문기자로, '인간문화재'라는 용어를 만든 분이다. 그는 한국일보 기자로 재직하면서 1960년 7월 10일부터 1962년 11월 30일까지 2년 4개월 동안 총 50회에 걸쳐 전통 예인을 찾아가 인터뷰를 하고 그들에 대한 기사를 기획 연재했다. 이때 기사제목으로 '인간문화재'라는 용어를 사용하기 시작하면서 이 용어가 일반화되었다. 당시만 해도 전통 예인들의 기예가 예술적으로 인정받지 못하던 시절이었기 때문에 대담을 꺼리는 예인들이 많았다. 악조건 속에서도 소멸되어 가는 전통 문화 예술을 발굴하기 위해 헌신한 언론인 예용해의 노력은 높이 살 만하다. 그리고 인간문화재라는 용어는* 법적인 용어인 보유자보다 보유자들이 더 선호하였고 일반인에게도 보유자보다는 인간문화재라는 용어가 더 잘 알려졌다.

3. 박상식(1934~) 주유네스코 한국대사

박상식 대사는 1992년 2월부터 1994년 8월까지 주유네스코 한국대사를 역임하였다. 그는 유네스코에 한국의 인간문화재 제도를 건의하였고, 그 결과 1993년 제142차 집행위원회의 결정에 따라 유네스코 사무총장은 각 회원국에 'Living Human Treasures(인간문화재)' 제도**를 설치할 것을 촉구했다. 이는 유네스코가 기획한 가장 획기적인 제도 중 하

하고 무형문화재 제도를 확립하신 점 깊은 존경과 감사를 드린다.

* 조순자, 『한국 무형문화재 제도사 연구』, 민속원, 2018, 62쪽.

나라고 할 수 있다. 이 건의안은 많은 회원국의 열렬한 호응을 얻어 약 50여 개 회원국들이 우리의 인간문화재 제도를 도입할 의사를 밝혔다. 박상식 대사에 의해 우리나라의 인간문화재 제도가 유네스코에 소개되고, 인간문화재란 용어가 'Living Human Treasures' 라는 세계어가 된 셈이다.

** UNESCO, 142nd session Executive Board(1993), Decision 142 EX/18. Agenda item 5.5.5 "Establishment of a system of 'Living Cultural Properties'(Living Human Treasures) at UNESCO"에서 '유네스코 살아있는 인간문화재 제도화 제안(A Proposal to Institute 'Living Human Treasure' at UNESCO)이 채택되었다. 〈https://unesdoc.unesco.org/ark:/48223/pf0000095831?posInSet=18&queryId=5a9d1825-dcf0-4b71-b3a4-1f67de8a6e38〉(최종검색일: 2024년 9월 1일).

무형문화재위원으로서 필자의 활동과 경험

필자는 2001년부터 2009년까지 무형문화재분과 문화재위원으로, 그리고 2009년부터 2015년까지는 무형문화재분과 위원장으로 활동했다. 필자는 15년 동안 문화재위원으로 무형문화재와 관련된 많은 중요한 문제를 논의하고 해결 방안을 마련하고자 노력했다. 여기서는 필자가 15년 동안 무형문화재위원과 위원장으로 활동한 내용과 경험에 대해 적어보고자 한다. 참여관찰의 결과다.

필자가 무형문화재위원회 위원으로 무형문화재 종목 및 보유자 지정 심의를 할 당시에는 무형문화재분과 위원이 15인 이내였다. 무형문화재위원은 각 분야의 전문가들로 구성되었다. 예를 들면 민속학자, 판소리 분야 전문가, 공예 전문가, 무용 분야 전문가 등등 15명 내외의 문화재위원이 무형문화재에 관한 보유자 인정, 무형문화재 종목 지정 등을 심의했다. 필자가 무형문화재분과 위원장일 때는 현장 조사는 전문위원이 하고, 심의는 문화재위원이 하는 것으로 이원화했다. 과거에는 문화재위원이 현장 조사를 하는 경우가 있었는데, 그렇게 되면 조사도 문화재위원이 맡아 하고 심의도 문화재위원이 하게 되는데, 이는 이해 충돌의 여지가 있다고 판단했기 때문이다. 그래서 현장 조사는 전문위원들이 나가고, 무형문화재위원은 전문위원들이 조사해 제출한 결과 보고서를 가지고 심의 결정하게 했다. 관련 질문이 있을 때는 그 관련 분야의 전문가(주로 현장 조사하신 분)를 회의에 참석시켜서 질문하고, 해당 분야에 대한 정확한 지식을 획득한 다음 토론을 거쳐 결정했다.

사실 문화재위원의 임기는 2년이고, 연임만 가능해 최대 4년까지 할 수 있었지만, 필자가 15년 동안 문화재위원으로 활동할 수 있었던 것은 유네스코 무형문화유산 등재 때문인 것 같다. 필자가 2000년에 유네스코에서 인류 구전 및 무형문화유산 걸작 선정 국제 심사위원으로 위촉되어 세계무형유산 선정 경험이 있으므로 한국 무형유산의 유네스코 등재에 도움을 줄 수 있었기 때문이 아닐까 한다. 필자는 2001년 등재된 종묘제례 및 종묘제례악을 비롯해 판소리(2003), 강릉단오제(2005), 아리랑(2012), 김치와 김장문화(2013), 농악(2014), 줄다리기(2015), 제주해녀문화(2016)를 등재시키는 과정에서 신청서 작성을 위시해 이들 무형문화유산 등재를 위해 여러 방면으로 혼신의 노력을 했다.

필자가 행한 또 다른 작업은 유네스코 대표목록 등재용 국가목록 작성을 촉구한 점이라 하겠다. 앞에서 논의한 바와 같이, 한국의 무형문화재 제도는 1960년대의 산업화, 도시화, 서구화로 인해 급격히 사라져 가는 전통문화를 보호하기 위해 마련되었다. 따라서 주로 사라질 위기에 처한 민속예술(탈춤, 갓일, 판소리 등)이 국가지정무형문화재로 많이 지정되었다. 반면, 모든 국민이 부르는 아리랑(1926년의 나운규의 영화에 나온 서울아리랑*), 김치 등과 같은 한국의 대표 무형문화재는 한국의 국가지정무형문화재로 지정되어 있지 않았다. 그 이유는 아리랑과 김치와 같은 무형문화재는 사라질 우려가 없으므로 국가가 지정하지 않은 것이다.

그런데 유네스코의 무형문화유산으로 등재하기 위해서는 일단 국가의 무형유산목록에 등록이 되어 있어야 한다. 그러나 국가지정무형문화재로 지정되려면 조사와 심사 등에 몇 년이 걸린다. 또한 한국「무형문화재법」에 의하면 그 무형유산을 연행하는 인간문화재를 같이 선정해야 한다. 사라져 가는 무형유산은 그 무형문화재를 실기하는 사람이 많지 않기 때문에 실연하는 보유자를 선정하기는 어렵지 않다. 또한 국가지정무형문화재로 지정하면 보유자에게 전승비를 지급해야 하기 때문에 예산상의 문제가 있다.

그러나 아리랑이나 김장같이 국민이 모두 하는 무형문화재의 인간문화재를 정하는 것은 매우 어려운 문제다. 이런 점 때문에 국가무형문화재에 등록되지 않은 이들 유산은 유네스코에 등재 후보로 제출할 수 없었다. 이런 점을 파악해 필자는 문화재청장을 만나 국가지정무형문화재와는 별도의 기준으로 국가 무형유산목록을 작성하도록 촉구했다. 유네스코는 각 나라의 무형유산을 파악하고 목록을 작성할 것을 요구하기 때문에 우리나라도 국가 및 시도지정무형문화재목록 외에 국가 무형유산목록(사라질 위험이 없는 무형유산,

* 나운규의 아리랑을 본조아리랑이라 부르나 필자는 '서울아리랑'이라 부를 것을 제안했다. 임돈희, 「인류무형유산으로서 아리랑의 가치와 세계화」, 기조발제, 『아리랑 세계화의 허브 도시로서 서울시의 위상과 역할』, 유네스코 인류무형유산 등재 1주년 기념 학술 포럼 발표집, 한국민속학회, 2013, 1~8쪽.

그리고 인간문화재 지정을 하지 않아도 되는 유산 목록)을 별도로 마련하는 것이 바람직하다고 건의했다.

문화재청도 그 필요성에 공감해 별도의 국가 무형유산목록을 준비해 2011년에 예비목록을 작성했다.* 이 예비목록에는 아리랑을 비롯해 김치, 인삼, 구들, 제주해녀, 막걸리, 장 만들기 등의 무형유산이 포함되었다. 이 예비목록은 유네스코 대표목록 등재용이어서 기존의 국가무형문화재 지정 기준과는 크게 다르다. 이후 2014년에는 무형문화재 지정을 규정한 조항을 수정해 인간문화재를 지정하지 않고 무형문화재를 지정할 수 있도록 법을 개정했다.

필자가 문화재위원으로 한 작업 중 또 하나는 종목 위주의 무형문화재 지정에서 유네스코의 공동체 개념으로 국가지정무형문화재를 지정한 점이다. 필자가 15년 동안 무형문화재위원으로 있으면서 2010년에 구례잔수농악, 2012년에 연등회, 법성포단오제, 2013년에 삼화사 수륙재, 진관사 수륙재, 2014년에 아랫녘 수륙재 이렇게 6개의 예능 종목이 국가지정무형문화재가 되었다. 이것은 유네스코의 공동체 개념을 적용해서 처음으로 지정된 종목들이다.

이 6개의 예능 종목은 모두 보유자 없는 보유단체로 지정됐다. 보유자 없는 국가지정문화재로는 처음이다. 예로 2010년에 지정된 구례잔수농악은 구례군 구례읍 신월리 신촌마을에서 전승되는 농악으로 전문적인 농악집단에 의해서 전승되는 것이 아니고 마을 사람들을 중심으로 운영되는 마을 농악이다. 구례잔수농악은 마을 공동체의 농악이다. 농악을 연희하는 사람들뿐만 아니라 마을 주민들도 농악의 중요한 참여자들이다. 연희자와 참여하는 주민들이 같이 만들어 가는 공동체 문화가 바로 구례잔수농악이다. 그에 비해 과거에 지정된 진주삼천포농악, 필봉농악은 종목 위주로 지정되다보니 공동체가 아니라 연희자 혹은 보유자 중심의 지정이 이루어져 연희자가 마을을 떠나 어디서나 농악을 행하는 것이 가능하다.

* 문화재청은 2009년 한국민속학회에 "한국의 무형유산대표목록 분류체계 및 기초자료연구"라는 연구용역을 의뢰했다. 이 연구에 근거해 예비목록이 작성되었다.

2012년 법성포단오제도 보유자 없는 법성포단오제보존회로 지정되었다. 법성포단오제 지정 당시 많은 무형문화재위원들이 법성포단오제 지정을 반대했는데 그 이유 중 하나가 법성포단오제의 주요 부분인 용왕제라는 제사를 지낼 무당이 끊어졌기 때문이라는 주장이다. 물론 과거에 종목 위주로 지정할 때는 무당이 없어지면 보유자를 지정할 수 없기 때문에 국가무형문화재로 지정할 수 없게 된다. 그러나 공동체 개념으로 보면 법성포단오제는 지정이 합당하다고 본다. 법성포단오제는 마을 공동체 문화고 용왕제는 그 공동체에서 행하는 많은 단오제 행사의 일부이니 용왕제를 행하는 무당이 없어지면 마을 사람들이 다른 지역의 무당을 초청해서 지낼 수 있기 때문이다. 그래서 필자는 법성포단오제는 유네스코 협약에서 말하는 공동체 중심의 무형유산으로 보면 당연히 지정돼야 한다고 주장했고, 많은 문화재위원들이 이에 찬성해 지정된 것이다. 그래서 구례잔수농악, 연등회, 법성포단오제, 삼화사 수륙재, 진관사 수륙재, 아랫녘 수륙재 이렇게 6개의 무형유산이 보유자 없는 보유단체로 처음 지정되었다. 참고로 필자가 문화재위원이 되기 전인 2000년 10월에 중요무형문화재 제111호로 지정된 사직대제에는 보유자가 지정되었다.

여기에 힘입어 2014년에 「문화재보호법」 제24조 2항 "문화재청장은 제1항에 따라 중요무형문화재를 지정하는 경우 해당 중요무형문화재의 보유자(보유단체를 포함한다. 이하 같다)를 인정하여야 한다. 다만, 대통령령으로 정하는 바에 따라 중요무형문화재의 특성상 보유자를 인정하기 어려운 중요무형문화재를 지정하는 경우에는 그러하지 아니하다"(개정 2014. 1. 28.)라는 조항이 만들어졌다.

또 하나 필자가 문화재위원으로서 강조했던 점은 국가지정무형문화재와 시도지정무형문화재의 차별을 두어서는 안된다는 것이었다. 필자는 무형유산은 해당 무형유산이 행해지는 지역에서 보호되어야 한다는 생각이다. 예로 강릉단오제는 강릉시에서 보호되어야 한다고 생각한다. 그리고 국가지정이나 시도지정 무형유산 간에 가치적 차등을 두어서는 안된다는 생각이다. 즉 국가지정무형문화재가 시도지정무형문화재보다 더 우월하다고 생각해서는 안된다고 본다. 그런데 많은 사람이 시도지정문화재는 국가지정문화재보다 가치적인 면에서 떨어진다고 생각한다. 그리고 「무형문화재법」 제12조 제1항에서 "무형문화재 중 중요한 것을 국가무형문화재로 지정할 수 있다"고 언급한 것은 위와 같은 국가지정문화재와 시도지정문화재와의 위계관계를 보이고 있어 법의 개정이 필요하다고 본다. 필자가 문화재위원으로 있을 당시 같은 종목의 시도지정문화재 보유자가 국가지정문화재로 지정해달라고 요청하는 경우가 많았다. 필자는 그런 경우 반대 의사를 분명히 했다.

그 외에 필자가 관심을 두고 했던 일 중 하나는 무형문화재 보유자 인정 심사를 위한 '표준화된 평가지표' 개발이었다. 문화재 보유자 인정 조사에서 조사위원들은 각자의 관점에서 심사 평가했기 때문에 주관적 평가라고 볼 수 있다. 따라서 조사 심의에 대해 불만을 제기하는 경우가 많았다. 이러한 문제점을 해결하고자 2009년 엄청난 노력을 기울여 객관적인 표준화된 평가지표를 만들었다. 이후 이 객관적인 평가지표는 현재까지 사용되고 있으며, 인간문화재 후보자 평가 심사에 대한 민원이 상당히 줄었다고 보고되고 있다. 이 평가지표는 무형문화재 정책사에서 중요한 전환점이자 획기적인 기획 사례 중 하나라고 본다.

평가지표 개발

한국의 무형문화재 제도는 그동안 문화재청 무형문화재과에서 담당해 왔다. 무형문화재과에는 과장을 포함한 여러 명의 직원이 있으며, 문화재청장이 임명하는 무형문화재위원과 무형문화재 전문위원이 있다. 무형문화재위원과 전문위원들은 대부분 민속학자로서 관련 학회에서 추천을 받아 문화재청장이 임명하고 있다. 무형문화재위원회는 대개 2달에 한 번씩 회의가 있고 국가무형문화재 종목지정, 보유자 또는 보유단체 인정 등과 관련한 심의를 한다. 전문위원은 무형문화재 종목 조사와 보유자 선정 때 보유자 기량 조사 등의 업무를 실행한다.

한국의 무형문화재 제도는 매우 체계적이고 신중하다. 한국에서 하나의 무형문화재가 국가지정이 되기 위해서는 먼저 학자들이 그 문화재의 타당성을 학술적으로 조사하고 문화재위원이 조사 결과를 엄격하게 심사하여 지정한다. 그 과정은 수 년에 걸쳐 이루어진다. 그렇게 세심하게 조사하는 국가가 한국 외에 또 있을까 할 정도다.

무형문화재과 업무 중 가장 문제가 되는 것 중의 하나가 국가지정문화재 지정과 보유자 선정에 관한 공정성이다. 보유자 유고 시, 그 뒤를 이을 새 보유자 후보가 여러 명 있을 경우 다수의 문화재 전문위원들이 새 보유자 후보들의 기량을 심사하여 그 결과를 문화재위원회에 보고하면 문화재위원들은 그 결과를 참조하여 새 후보자를 결정한다. 그런데 조사에 참여한 조사위원 학자들의 주관적 견해가 많이 들어가기 때문에 조사자의 의견들이 각기 다를 수 있고, 이 때문에 심사에서 공정성의 문제가 제기되는 경우가 많았다.

이러한 점을 보완하기 위한 노력은 계속되었으나 구체적인 해결책을 찾지 못하고 있었다. 필자가 무형문화재 분과위원장일 당시, 문화재청 엄승용 정책국장과 자주 이 문제에 대해 논의했다. 보유자 후보를 심사할 때 주관적인 평가를 보완하고, 올림픽의 피겨스케이팅 점수처럼 좀 더 객관화할 수 있는 평가 방안을 마련해야 한다는 데에 의견이 일치했다.

엄승용 국장은 실천력이 대단한 분이셨다. 논의에만 그치지 않고 예산을 마련하고 실천에 옮겼다. 2009년 2월 무형문화재 전문가와 평가지표를 전문으로 하는 교육학자가 한자리에 모여 평가지표를 만들기 시작하였다. 2월로 기억되는데 매주 무형문화재 전문가들과 교육평가 전문가들이 모여서 평가지표를 만들어 갔다. 무형문화재 분야는 판소리 같은 음악, 승무 같은 춤, 무속 의례와 같은 종교의례, 갓 만들기와 같은 공예 등 다양한 분야가 있기 때문에 그때마다 각 분야의 무형문화재 전문가들이 참가하여 자기 분야에 관한 평가지표 문항을 만드는 데 기여했다.

매주 회의를 했고 회의 시간은 2시간으로 잡았지만 하다 보면 시간이 길어져 저녁 9시에 끝나는 경우도 있었다. 2월에 시작하여 매주 한 번씩 만나 6개월 이상 걸린 것으로 기억한다. 문화재청의 엄승용 국장과 무형문화재과 김삼기 과장은 몇 달 동안 매주 대전에서 서울로 출장와서 이 평가지표 만드는 과정을 진두지휘했다. 김삼기 과장은 과중한 업무로 병까지 나서 필자는 김삼기 과장에게 두고두고 미안한 마음을 갖고 있다. 문화재위원들, 엄승용 국장, 김삼기 과장 모두 열심히 참여해 주어 지금까지 고마움을 느낀다.

평가지표가 나온 후에는 인간문화재 선정에 이 평가지표를 활용하여 평가했다. 우선 조사위원은 과거에는 "이 후보자의 기량이 뛰어나다"와 같이 주관적으로 평가했지만, 이제는 평가지표의 다양한 문항(예로, 전승된 연수기간, 공연, 발표, 전시횟수 같은 구체적 문항)에 따라 후보자를 평가해야 한다. 평가 후, 조사위원이 평가서를 제출하면 무형문화재과에서는 조사위원이 제출한 평가서를 가지고 점수화하여 문화재위원에게 제출한다. 즉 현장 조사를 한 조사위원들은 그 후보자에 대해 평가서만 제출하지 그것이 몇 점으로 점수화됐는지 알 수 없다. 문화재위원들은 조사위원들이 평가한 후보자에 대한 점수를 가지고 심의한다. 필자도 평가지표에 의한 후보자 심의를 한 적이 여러 번 있었는데 각 조사위원의 점수가 비슷한 것에 놀랐다. 이 평가지표로 심사한 후에는 평가에 대한 불만과 민원이 현저히 줄어들었다고 당시 무형문화재과 김삼기 과장이 얘기해 주었다.

무형유산 평가지표 개발의 성과와 과제*

엄승용**

- 목차 -

1. 서론
2. 현황
3. 운영제도의 변천
4. 개발과정
5. 성과와 한계
6. 결론
참고문헌

1. 서론

「국가유산기본법」은 국가유산을 '인위적이거나 자연적으로 형성된 국가적, 민족적 또

* 필자는 이 객관적인 평가지표 개발을 기획하고 마무리한 엄승용 국장에게 그 과정을 소개해 달라고 부탁했다. 한국 무형문화재 제도에 큰 획을 그은 기획이기 때문이다. 엄승용 국장은 시간이 오래 지났는데도 흔쾌히 허락하여 그 과정을 자세히 써 주었다. 깊은 감사를 드리는 바다.

** 엄승용 박사는 '무형문화재 종목 지정 및 보유자 · 보유단체 인정 조사에 관한 규정'을 제정할 당시 문화재청 문화재정책국장으로서 실무 작업을 총괄했다. 그는 정책과 학문의 융합을 통해 문화유산 행정의 새로운 방향을 제시한 행정가이자 연구자다. 영국 뉴캐슬대학교에서 정치학 박사학위를 취득한 그는, 사회과학 연구방법론을 인문학 분야에 접목하는 데 주력하며, 학문적 탐구와 정책 실무를 유기적으로 연결하는 데 앞장서 왔다. 그는 1989년 행정고시를 통해 공직을 시작하였고 공보처, 대통령비서실, 뉴욕 UN 대표부 등 다양한 공직을 거치며 국제정치와 행정, 정책 기획 전반에 걸친 풍부한 경험을 쌓은 후 2011년 문화재청에서 퇴직하였다. 퇴직 후에는 정치 현장에서 국민과 직접 소통하며 국회의원 및 지방자치단체장 선거를 경험하면서, 정책 실행의 최전선에서 민주주의와 지역 발전의 가능성을 모색했다. 또한, 2015년부터 한국국제협력단(KOICA) 자문관으로 활동하며, 베트남 정부의 고등교육기관 컨설팅을 수행하였으며, 교육 · 문화 교류와 국제 협력의 가교 역할을 해왔다. 현재 그는 사단법인 문화자원진흥원 이사장으로서 지역문화자원의 창의적 활용과 국제화에 앞장서며, 문화유산과 현대 사회를 연결하는 지속가능한 모델을 연구 · 추진하고 있다.

는 세계적 유산으로서 역사적, 예술적, 학술적 또는 경관적 가치가 큰 문화유산, 자연유산, 무형유산'이라고 정의하고 있다. 이러한 정의는 국가가 국가유산을 보호하는 제도를 운용하는 기준이 된다. 이 글이 다루고자 하는 무형유산*은 기존 제도의 무형문화재를 개정된 법령에 따라 표기한 것으로 '여러 세대에 걸쳐 전승되어, 공동체·집단과 역사·환경의 상호작용으로 끊임없이 재창조된 무형의 문화적 유산'을 의미한다.

국가유산은 역사적, 예술적, 학술적, 경관적 가치를 인정받음으로써 국가에 의해 보존될 수 있다. 전문가의 연구조사와 국가유산위원회나 무형유산위원회 심의 절차를 거쳐 지정 국가유산의 가치를 검증한다. 그 과정을 거쳐 해당 문화유산의 상징적 가치뿐만 아니라 물질적인 가치가 상승한다. 그에 따라서 유형문화유산의 경우 '진품' 여부를 둘러싼 갈등이 이어져 왔다. 육안 평가에 관한 다양한 전문성이 축적되었고 탄소연대측정, DNA 분석 등 여러 가지 과학적 검증 방법을 적용하고 있다.

무형유산은 지정 과정이 더욱 복잡하고 어렵다. 무형유산 보존대상은 육안으로 확인할 수 있는 물건이 아니라 개인이 보유하거나 집단이 공유한 지식, 기술, 기능, 관습 등이기 때문에 무형유산은 보존 가치의 실체를 객관적으로 확인하기 어려운 경우가 많다. '여러 세대에 걸쳐 전승·유지되고 구현되어야 하는 기법, 형식, 지식' 등을 확인하기도 어렵고 그 전형대로 체득·실현할 수 있는 전승 주체를 인정하는 과정도 쉬운 일이 아니다.

그동안 보존 가치의 지정과 전승 주체 인정과 관련하여 무형유산 당사자들이 정부의 결정을 수용하지 않거나 이의를 제기하는 경우가 다수 발생해 왔다. 예를 들어서 부산 영산재 보유단체 측은 불교 의식인 범패를 다른 종교인이 평가했다는 점을 들어 정부의 무형문화재 보호 제도를 비판하였다.** 불교 의식은 불교를 이해하고 불교 의식 과정에 대한 전문적 식견을 가진 전문가가 평가해야 한다는 것이다. 이에 앞서 2019년 문화재청의 무

* 문화재 보존 관련 제도의 변화와 법령 개정으로 용어들이 대폭 바뀌었다. 무형문화재가 무형유산으로 국가유산의 하위 개념이 되었다. 이 글에서는 시점을 기준으로 과거에 이루어졌던 작업을 지칭할 때 '무형문화재', '무형문화재분과' 등 당시의 용어를 사용하기로 한다.

** "부산무형문화재 영산재 평가 방법 개선 절실", 『현대불교』, 2022. 5. 22., 〈http://www.hyunbulnews.com/news/articleView.html?idxno=405114〉(최종검색일:2025년 4월 21일).

용 분야 무형문화재 보유자 인정 절차에 대한 불만을 제기하는 무용계 인사들이 소위 '무용 분야 무형유산 보유자 인정 불공정 심사에 대한 비상대책위원회'를 구성하여 집단행동에 들어가기도 하였다.*

이러한 갈등이 2011년에 문화재청 훈령 제225호로 「중요무형문화재 지정, 보유자(보유단체) 인정, 전수교육조교 선정에 관한 운영 규정」이 제정되어 객관적 지표를 적용한 후에 발생한 것이니 그전에는 얼마나 많은 갈등이 빚어졌을지 짐작이 간다.

2021년에 개정되어 현재 국가유산청이 운영하고 있는 「국가무형유산 지정 및 보유자 인정 등의 조사·심의에 관한 규정」은 국가무형유산 조사 및 심의의 공정성 제고를 목적으로 삼고 있다. 무형유산 보호에 관한 국가 제도를 운용하는 데 있어서 공정성과 합리성은 매우 중요하다. 무형유산의 전형을 올바로 발굴하여 전승 체계에 편입시키는 것이 무형유산 보존 과정의 출발점이라고 볼 수 있기 때문이다.

문화재청이 공정성 문제를 해결하고자 여러 가지 노력을 해왔으나 2009년 이전에는 방법론의 한계를 벗어나기 힘들었다. 문화재위원회 무형문화재분과 위원들과 전문위원 중심으로 논의했던 공정성 제고 방안은 해당 분야 안에서 해법을 찾고자 했다. 종목 지정과 보유자 인정 과정의 공정성은 자체의 전문성과 더불어 평가 과정의 객관성, 타당성, 신뢰성을 제고하는 보편적 문제의식과 결합하는 학제적interdisciplinary 연구조사 과정이 필요했기 때문이다.

객관성은 사전적인 정의대로 말하자면 사물이나 생각, 상황, 대상을 자기 생각에서 벗어나 제삼자의 관점으로 보는 것이다. 그러나 무형유산 지정과 인정에 있어서 제기되는 공정성 문제와 연관하여 객관성을 생각해 볼 때 단순히 제삼자의 관점만을 의미하기보다 자신의 이해관계, 친소관계, 편견과 오해 등으로부터 탈피하는 것을 의미한다고 볼 수 있다.

신뢰성은 평가 또는 조사 대상을 반복적으로 측정했을 때 일관성이 있는 결과를 보여주는 정도를 의미한다. 신뢰성을 갖추면 안정성과 일관성이 있는 평가 결과를 도출할 뿐만

* "문화재청과 무형문화재위원 시험대 될 '무용분야 무형문화재 선정 기준과 절차'", 『서울문화투데이』, 2019. 7. 26., 〈http://www.sctoday.co.kr/news/articleView.html?idxno=30587〉(최종검색일: 2025년 4월 21일).

아니라 미래의 예측 가능성을 높일 수 있다.

타당성은 조사하고자 하는 가치를 정확하게 파악하여 측정할 수 있는 정도이다. 측정하는 방식이 조사하고자 하는 본질적 가치를 드러나게 해야 하는데, 그 연관성이 부족하면 타당성이 없는 조사가 된다.

이러한 객관성, 신뢰성, 타당성을 갖춘 무형유산 평가 방법론을 개발하기는 쉬운 일이 아니다. 2009년 문화재청과 문화재위원회 무형문화재분과는 평가방식을 개선하지 않은 채 무형유산 행정의 혁신이 불가능하다는 문제의식 속에서 새로운 접근방식을 택하기로 했다. 즉 무형유산 분야 전문가들과 평가 분야 전문가들이 협업하여 무형유산 종목 지정과 보유자 인정 과정을 면밀하게 분석하고 표준화된 평가지표를 개발하기로 한 것이다.

당시 문화재청의 행정 혁신을 도왔던 컨설팅 그룹 '퍼포먼스웨이'가 평가 분야의 전문가들로 구성되어 있었다. 퍼포먼스웨이는 무형문화재분과 위원들과 집중적인 토론을 여러 차례 이어가면서 무형문화재 지정과 인정에 관한 행정과정을 분석했고 보다 체계적인 모델을 만들어 제시하였다. 무형문화재분과 위원들은 민속, 예능, 공예 등 각 분야에 대한 전문성을 바탕으로 컨설팅 그룹이 제안한 새로운 평가모델을 수정하고 인문학적, 민속학적 가치를 평가지표에 반영하는 의견 절충을 진행하였다. 서로 다른 분야 전문가들이 서로의 전문성을 존중하면서 이견을 조율하는 과정은 쉬운 일이 아니었다.

이 소고의 목적은 학술적 연구조사 결과를 발표하는 것이 아니라 과거의 무형문화재 평가모델 개발 노력을 소개하고 평가모델 개선을 위한 지속적 노력이 중요하다는 점을 강조하는 데 있다. 무형문화재 종목 지정과 보유자 인정을 위한 조사지표 개발을 위해 2009년 무형문화재분과 위원들이 관계전문가와 협업했던 과정에 초점을 두고, 그러한 2009년도 노력의 산물이었던 2011년 규정과 그 뒤 여러 차례 개정을 거쳐 수정된 2021년 규정을 비교하며 문제의식을 공유해보기로 한다.

2. 현황

먼저 현행 '2021년 규정'을 중심으로 지표를 어떻게 운영하고 있는지 살펴보기로 한다.

조사단의 구성과 지표 운영 방식

규정에 따라서 3인 이상으로 조사단을 구성하는데 무형문화재분과 전문위원, 해당 분야 관련 조교수 이상 재직자, 해당 분야 국가 및 공공기관 10년 이상 재직 공직자, 무형유산 해당 분야 전문가 등으로 편성된다. 단, 관련 분야 학회, 단체, 기관 등에 의뢰하여 조사를 진행할 때 조사단 구성을 생략할 수 있다.

조사단은 '중요무형문화재 지정 및 보유자 인정 등의 조사지표'를 사용하여 공정하게 조사를 진행하되 필요한 경우 조사내용 및 조사지표의 적용 여부, 기·예능 조사 방법, 조사 현장의 공개 여부 등에 관한 세부 사항을 결정할 수 있다. 또한 문화재청장은 조사 대상에 적용할 조사지표의 적정성 여부를 검토하여 무형문화재 지정, 보유자 등의 인정 조사에 적용하지 않는 조사지표가 발생할 경우, 이를 조사대상자에게 알려야 한다. 조사지표 중 실기 능력은 문화재청장이 고시한 「중요무형문화재 지정 및 보유자 등의 인정 조사기준」의 실기 능력 조사지표에 따라야 한다. 중요무형문화재 신규 지정에 따른 보유자 등의 인정 조사 시 적용되는 실기 능력 정도에 관한 조사지표는 지정조사 결과를 바탕으로 조사단이 정하여 적용하며 지정 후 문화재청장이 고시한다.

중요무형문화재 지정, 보유자 등의 인정 조사는 규정이 정하고 있는 조사지표 측정 산식에 따른다. 조사자가 5명 이상일 경우에는 조사자의 지표별 점수 가운데 최고점과 최저점을 제외한 나머지 점수를 합산하여 평균한 점수를 최종 점수로 한다. 단, 최고점 또는 최저점이 중복될 때 조사자 1명의 점수만 제외한다. 조사과정에서 특정 지표를 적용하지 않을 때 그 조사지표는 배제하고, 나머지 조사지표의 점수를 합산하여 100퍼센트로 환산하여 최종 점수를 산정한다.

중요무형문화재 지정 관련 조사자는 조사지표별 점수와 함께 그 근거를 서술 형태로 작성한 조사 결과를 조사를 완료한 후 30일 이내에 문화재청장에게 제출하여야 한다. 다만,

관련 학회 또는 기관, 단체에 의뢰하여 조사를 진행할 때는 예외로 한다.

중요무형문화재 보유자 등의 인정 관련 조사자는 조사지표별 측정 산식에 따른 조사 결과를 조사 완료 즉시 작성하여 제출하여야 한다. 다만, 조사지표별 점수 부여에 대한 근거를 작성할 때는 조사 완료 후 3일 이내에 제출할 수 있다.

지표의 배점 기준

중요무형문화재 종목 지정조사 지표는 전승 가치에 70점, 전승 환경에 30점을 배정한다. 단, 지식, 생활관습 분야 종목의 경우에는 각각 65점과 35점을 배정한다.

첫 번째로 전승 가치는 역사성, 학술성, 예술성 및 기술성, 대표성의 네 분야 지표로 나뉜다. 단, 지식, 생활관습에 관한 종목은 이들 지표 중에서 예술성 및 기술성이 제외된다.

역사성은 '전승된 기간', '역사적 근거의 신뢰성 정도' 두 지표로 구성하여 정량, 정성평가를 한다. 학술성은 '한국문화연구에 대한 기여 가능성의 수준', '학술연구 자료로서의 가능성'의 두 정성 지표로 구성된다. 예술성 및 기술성은 '형식미, 내용미, 표현미 수준', '기능성 정도'의 두 정성 지표로 평가된다. 대표성은 '고유성의 정도', '한국 전통문화로서의 대표성'을 평가한다. 이 중에서 두 번째 지표, 한국 전통문화로서의 대표성은 지식, 생활관습 관련 종목에서 한국 전통문화로서의 기능성으로 바뀐다.

두 번째로 전승 환경은 사회문화적 가치와 지속 가능성 두 분야로 나뉜다. 사회문화적 가치 분야는 '무형유산 형태의 지속성 정도', '관련 공동체 · 집단의 문화적 정체성에 대한 기여도', '문화적 다양성 및 창의성에 대한 기여도' 세 지표로 평가된다. 지식, 생활관습에 관한 종목에서는 '무형유산 형태의 지속성 정도'가 제외된다. 지속 가능성에 관한 평가지표는 '종목의 이행 빈도와 범위', '전승 주체의 전승 활성화'로 구성되는데 지식, 생활관습 분야 종목의 지속 가능성은 '전승 주체의 전승 활성화 정도'를 평가한다.

중요무형문화재 보유단체와 보유자 인정 조사의 조사지표와 배점은 다음과 같다. 보유단체 인정에 있어서 전승 능력은 75점, 전승 환경은 20점, 전수 활동 참여도는 5점을 배정한다. 보유자 인정의 경우에는 전승 능력 70점, 전승 환경 20점, 그리고 전수 활동 기여도는 10점을 배정한다.

보유단체 인정을 위해 전승 능력, 전승 환경, 전수 활동 참여도를 조사한다. 전승 능력은 전승 기량과 전승 활동으로 나누어 전승 기량은 '해당 종목의 실기 능력'과 '해당 종목에 대한 이해 정도'의 두 지표로 구성되어 있고, 전승 활동은 '전승 단체가 운영된 기간의 지속성', '전승 단체 내 전승 활동의 활성화 정도', '전승 활동 실적'의 세 지표로 조사한다. 전승 환경은 전승 기반과 전승 의지 두 분야 지표로 구성되는데 먼저 전승 기반은 '전승 단체의 시설 수준', '전승 단체가 보유하고 있는 장비 수준', '전승 단체의 인적 기반'의 세 지표로 조사하고 전승 의지 분야는 '전승 주체의 전승 의지'를 조사한다. 전승 활동 참여도는 '보유단체 구성원의 전수 활동에 대한 참여도'를 조사한다.

개인 보유자 인정을 위해 전승 능력, 전승 환경, 전수 활동 기여도를 조사한다. 첫째, 전승 능력은 전승 기량, 전승 역량, 전승 활동 세 분야에서 조사가 이루어진다. 전승 기량은 '해당 종목의 실기 능력'을 조사하고, 전승 역량은 '해당 종목의 이해도', '리더십 및 교수 능력'을 조사하며, 전승 활동 분야는 '전승 교육자 및 이수자 경력', '전수 교육 참여 실적', '공개행사 참여 실적'을 조사한다. 둘째, 전승 환경은 전승 기반과 전승 의지를 조사한다. 전승 기반 조사는 '조사대상자에 대한 평판', '조사대상자의 건강 상태'의 두 지표를 통해 이루어진다. 전승 의지는 '조사대상자의 전승 의지'를 조사한다. 셋째, 전수 활동 기여도는 '해당 종목 및 관련 분야의 전수 활동에 대한 기여도'를 조사한다.

3. 운영제도의 변천

2011년 제정된 규정과 2021년 개정된 규정을 비교해 보기로 한다.

2011년 규정의 중요무형문화재 종목 지정조사 지표 항목은 '전승 가치', '전승 능력', '전승 환경'으로 구분하였다. '전승 가치'는 역사성, 예술성, 학술성, 지역성에 해당하는 11개 세부 지표로 구성된다. '전승 능력'은 전승 기량과 전승 활동에 해당하는 5개 세부지표로 구성된다. '전승 환경'은 전승 상황, 전승 기반, 전승 의지에 해당하는 7개 세부 지표로 구성된다.

2021년 규정의 평가지표는 '전승 가치'와 '전승 환경' 두 분야로 나누어 '전승 가치'는 역사성, 학술성, 예술성, 기술성, 대표성에 해당하는 8개 세부 지표로 구성된다. '전승 환경'은 사회문화적 가치, 지속 가능성 두 분야의 5개 세부 지표가 있다.

전승 가치 조사와 관련하여, 2011년 규정의 지역성이 2021년 규정에는 대표성으로 표현되어 있다. 2011년 규정의 역사성 지표의 세부 지표 중 '무형유산 형태의 지속성 정도'가 2021년 규정에서는 제외되었다. 예술성 지표에서 2011년 규정에서는 '고유성의 수준'이 2021년 규정에는 '대표성'으로 조정되었고 2011년 규정의 '형식미, 내용미의 수준'과 '표현미의 수준'이 2021년 규정에서 통합되어 '형식미, 내용미, 표현미의 수준'으로 통합되었다. 2011년 규정의 지역성 지표에서 '지역 전통문화로서의 대표성'이 2021년 규정에는 제외되었다. 결국 2011년 규정의 세부 지표 중에서 '무형유산 형태의 지속성 정도'와 '지역 전통문화로서의 대표성'이 2021년 규정에서는 삭제되었다.

2021년 규정의 특징은 지식, 생활관습 분야 지표가 추가된 점이다. 지식, 생활관습 분야의 중요무형문화재 종목 지정조사는 '전승 가치'와 '전승 환경' 두 분야로 이루어진다. 먼저 '전승 가치'는 역사성, 학술성, 대표성 세 분야의 6개 지표로 구성된다. 역사성은 '전승된 기간'과 '역사적 근거의 신뢰성 정도'의 2개 지표, 학술성은 '한국문화 연구에 대한 기여 가능성의 수준', '학술연구 자료로서의 가능성'의 2개 지표, 대표성은 '고유성의 수준'과 '한국 전통문화로서의 기능성' 2개 지표로 구성된다. 두 번째로 전승 환경에 대한 조사는 '사회문화적 가치'와 '지속 가능성'의 2개 분야 3개 지표로 구성된다. 사회문화적 가치의 조사를 위해 '관련 공동체·집단의 문화적 정체성에 대한 기여도', '문화적 다양성 및 창의성에 대한 기여도' 2개 지표가 있다. 지속 가능성에 관해서는 '전승 주체의 전승 활성화' 지표를 적용한다.

전승 능력 조사와 관련하여, 2011년 규정에서 전승 능력 분야의 전승 기량과 전승 활동 지표는 2021년 개정 규정에서 제외되었고, 보유단체와 보유자 인정 지표체계에 포함되어 있다.

전승 환경 분야 조사는 2011년 규정에서 전승 상황, 전승 기반, 전승 의지의 3개 지표에 해당하는 7개 세부 지표로 구성된다. 2021년 개정 규정에서는 사회문화적 가치와 지속 가능성 두 분야의 5개 지표로 구성된다.

전체적으로 볼 때, 2021년 개정 규정은 종목 지정과 보유자 인정 조사의 차별성을 명확히 하고 있다. 즉, 종목 지정은 전승 가치와 전승 환경에 주목하고, 보유자와 보유단체 인정에서는 전승 능력, 전승 환경, 전승 활동 참여도 또는 기여도에 관한 조사에 높은 비중을 두고 있다. 2011년 규정에서 명확하게 구별하지 않은 종목 지정과 보유자 인정의 차이점을 분명하게 정리한 것이라고 본다. 평가항목 조정은 제도적으로 평가지표를 적용하면서 발견된 문제점을 시정하고 새롭게 도입한 무형유산 법체계에 부응하기 위해 불가피했을 것이다.

4. 개발과정

당초 무형유산 지표개발에 대한 필요성은 종목 지정과 보유자 인정에 관한 민원을 근본적으로 해결해야 한다는 현실적 목적에서 제기된 것이다. 그때까지 보존대상의 무형유산 종목 지정과 보유 주체 인정은 세 사람 이상으로 구성된 평가단의 기량 평가와 현장 실사, 무형문화재분과 심의 등을 통해 결정되었다. 이 과정에서 의사 결정의 투명성과 객관성을 두고 이해당사자들 사이에 불만과 갈등이 제기되어 왔다.

무형유산 종목 지정과 보유자 인정 과정에서 발생하는 여러 가지 갈등과 민원을 줄이는 것은 무형유산 제도 개선에 있어서 선결 과제였다. 한국민속학회, 한국국악학회, 한국무용사학회 등 관련 학계가 평가 방식의 개선을 지속해서 요구해 오던 중 2009년 4월부터 문화재청이 집중적인 작업을 시작하였다. 당시 추진했던 작업이 기존 방식과 다른 점은 무형문화재 분야 외부에서 평가지표 개발을 전문적으로 수행해 온 전문가들이 참여하였다는 점이다. 그들은 평가방식에 대한 전문성을 가지고 민속, 전통무용, 전통음악, 전통공예 등 전문 학자들과 공동으로 작업을 진행하였다.

이들 전문가를 개입시킨 목적은 객관성과 투명성을 확보하기 위한 것이었다. 체계적인 평가 도구를 개발하여 무형유산의 가치와 재현 능력을 최대한 계량화하는 것이었다. 모든 평가항목에 정량적 데이터를 확보할 수는 없더라도 평가자의 판단을 척도에 따라서 계층화하면 오차를 줄일 수 있다는 기대도 있었다. 복수의 평가자를 투입하여 동일 대상을 평가한 결과를 종합하는 단계에서 최고점수와 최소점수 양극단 점수를 배제하고 나머지 점수를 종합하는 방식으로 공정성을 높이기도 했다.

지표개발이 첫 번째 과제가 된다. 무형유산 종목 지정에 필요한 가치와 여건을 평가하고, 그 가치를 구현하거나 재현할 수 있는 개인이나 단체 인정에 필요한 데이터를 확보하여 평가 모델을 개발하는 것이다. 모델은 상관관계나 인과관계를 이루는 데이터의 집합이다. 역사성, 학술성, 예술성, 향토성 등 법령에 명시된 무형유산의 가치 기준으로 설정하였다. 평가 대상이 이들 가치 기준을 얼마나 충족하는가 보여줄 수 있는 데이터를 도출하는 과정이 무형유산 종목 지정과 보유자 인정에 관한 평가 모델의 핵심이다.

[도표 1] 조사 · 평가 지표개발 방법론

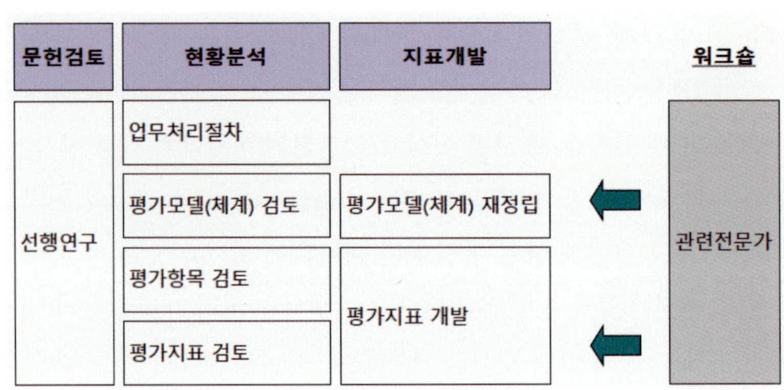

위 도표는 외부의 지표개발 전문가 그룹과 무형문화재위원 · 전문위원들의 협업을 통해 무형유산 종목 지정과 보유자 인정 조사평가 지표개발 작업을 진행하는 과정을 보여주고 있다. 우선 문화재청 무형문화재과 담당 직원들의 설명과 기존 관련 자료를 분석하여 문제점을 도출하는 작업부터 시작하였다. 이 과정에서 외부 전문가들이 발견한 문제점은 다음과 같다.

- 예능 종목인 음악과 무용, 기능 종목인 공예, 놀이, 의식 등 종목을 평가하는 방식을

파악해본 결과, 분야별 평가 모델의 표준화가 미흡했다. 즉 평가 단계가 서로 상이했고 단계별 평가 요소도 서로 달랐다.

- 평가지표의 정의, 세부 지표, 측정 산식, 결과종합 방법 등이 구체적으로 정해지지 않았다.
- 이수자 심사 평가는 보유자 또는 보유단체가 자율적 평가방식을 채택하고 있었다.

이러한 문제점을 해결하기 위해서는 새로운 모델을 제시하기보다, 먼저 기존의 평가 체계를 보완하여 모든 종목에 적용할 수 있는 공통지표를 도출하기로 했다. 다음으로 종목의 성격에 따라서 공통지표로 측정할 수 없는 부분은 특별한 지표를 설정하기로 하였다. 평가항목의 용어를 통일하고 각 평가항목에 해당하는 지표 설정과 지표 정의가 중요한 과제였다.

[도표 2] 평가모델 개발 방향 (출처: 퍼포먼스웨이, 『최종보고서』, 2010)

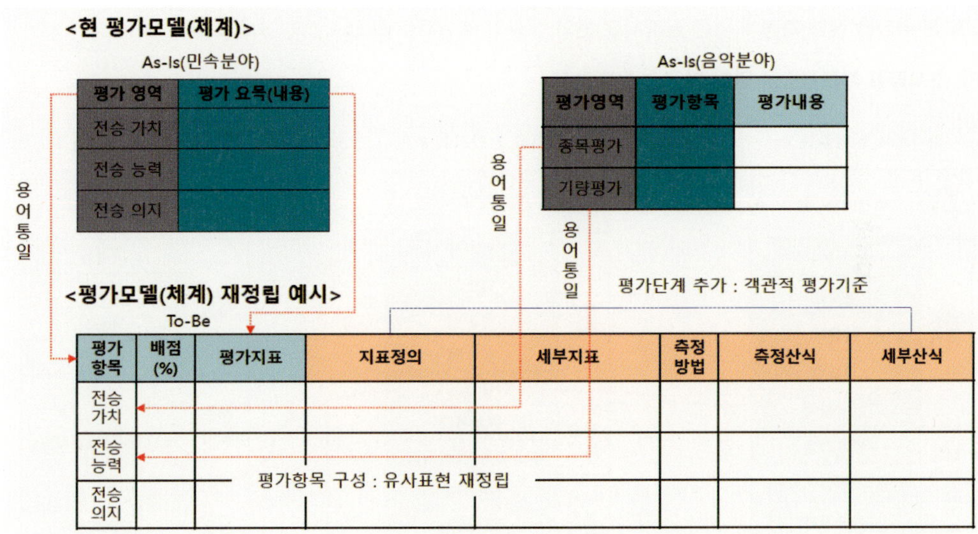

현실적으로 다양한 의견을 종합하여 주어진 기간 동안 무형문화재 지표를 개발하는 작업이 순탄하게 진행되기 힘들었다. 그러나 전공 분야가 서로 다르고 객관적인 평가 방식에 익숙하지 않았지만, 워크숍에 참가한 무형문화재분과 위원들과 전문위원들이 적극적

으로 협력하여 관점과 의견의 차이를 하나씩 줄여 나갔다.

예를 들어 첫 번째 워크숍에서 전승 가치를 평가하는 지표로서 역사성, 예술성, 학술성, 향토성 외에 '전승 실태'를 추가하여 현재의 보존상태가 전승 가치 평가에 중요하다는 의견이 제기되었다. 두 번째 워크숍에서는 전승 실태가 지나치게 포괄적이고 모호한 면이 있어서 직접적인 표현으로 '인멸 가능성'으로 교체하기로 하였다. 그 다음 워크숍에서는 전승 상황을 전승 환경 평가항목으로 옮기고 '향토성'을 '지역성'으로 명칭을 바꾸는 데 의견을 모을 수 있었다.

다양한 분야 전문가들의 집중 토론 과정을 거쳐 상당한 양의 작업을 비교적 효과적으로 진행하였다. 우선 신규종목 조사평가 지표를 3개 항목, 9개 평가지표, 28개 세부 지표로 구성된 평가조사 모델이 제시되었다. 28개 세부 지표 중에서 8개 지표만이 정량평가 지표이고 나머지는 정성평가 지표이다.

[도표 3] 워크숍 진행 과정에 따른 평가지표 논의 상황의 예 (출처: 퍼포먼스웨이, 『최종보고서』, 2010)

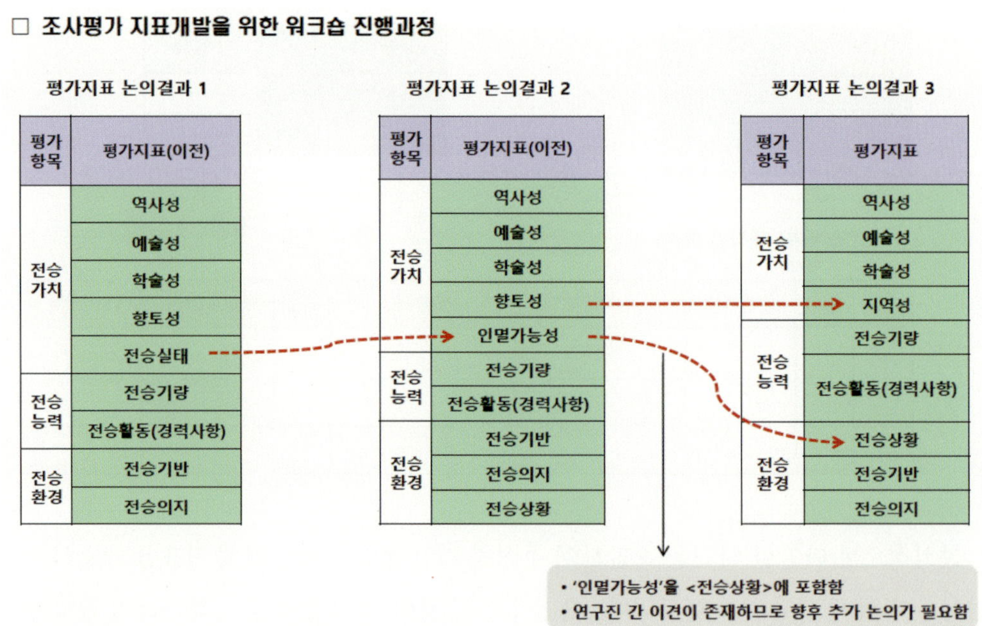

지정된 종목의 보유자와 보유단체 인정 조사평가는 전승 능력에 대한 조사를 받게 된다. 보유자 추가인정을 위한 조사에서 전수 조교 출신일 때 전수 활동 실적 지표 평가를 위해 전수 교육 실적, 전시 및 발표 등 공개행사 참여율, 관련 분야 입상 실적, 전수교육조교 활동 기간, 실기 능력이 평가 대상이 된다.

실기 능력 평가는 종목에 따라서 평가 기준과 평가 기준의 정의, 세부 기준 등이 다르다. 예를 들면 음악, 무용 등 예능 종목의 경우 실기 능력 평가 기준은 전통에 근거한 표현 정도와 예술적 완성도 및 기술적 숙련도가 된다. 공예 종목 기술재현 능력은 재료의 정확성, 공정재현 능력, 기능성, 견실도, 협업의 적정성 등이 세부 기준이 된다. 민속 분야의 놀이, 연극, 무예의 경우는 전통에 근거한 표현 정도, 예술적 완성도 및 기능적 숙련도, 특수성이 평가 기준이다.

표준화된 조사·평가지표는 각 종목의 특성을 반영하여 배점 비율을 서로 달리하였다. 예를 들어, 전승 가치 평가에서 음악과 공예 종목의 역사성 배점 비율(40%)이 무용과 민속 종목 배점 비율(30%)보다 높다. 그 반대로 지역성에 대한 평가에서 음악과 공예 종목 배점 비율(10%)이 무용과 민속 종목 배점 비율(30%)보다 낮다.

위에서 예로 든 몇 가지 사항은 작업 과정을 진행하면서 전문가들이 서로 이견을 조율하며 정리해 나갔던 중요 이슈의 일부이다. 당시 무형유산 평가지표 개발 작업의 특징은 기존의 연구개발 용역과 달리 문화재청 담당 부서가 직접 개발과정을 진행하였다는 점이다. 무형문화재분과 위원들과 전문위원, 민속학회·무용학회 등 연관 학술단체 회원들이 평가 전문가 집단과 문화재청 담당 직원과 장시간 토론과 발표를 이어갔다.

무형문화재분과 위원 등 전문가들이 적극적으로 참여했고 문화재청 담당 직원들이 집중적으로 지원을 하였다. 이처럼 참여자들의 헌신적 노력으로 시행착오를 줄였고 사실상 비용을 낮출 수 있었다.*

이 평가도구 개발 작업 과정을 거쳐 제정된 것이 「중요무형문화재 지정, 보유자(보유단

* 무형문화재 평가지표 개발 사업에 투입된 예산이 21,900,000원으로 확인되었다. 이 예산은 토론참가자 수당이 포함된 비용으로 평가도구 개발자들에게 돌아간 용역비는 약 15,000,000원 정도이다.

체) 인정, 전수교육조교 선정에 관한 운영 규정」(문화재청 훈령 제225호)이다. 문화재청은 2010년 4월 9일 국립고궁박물관 대강당에서 '중요무형문화재 지정과 인정을 위한 조사·평가 방안'을 설명하고 각계의 의견을 수렴하기 시작했다. 무형문화재 보호 시스템의 혜택을 받고자 하는 다양한 이해당사자들이 무형유산 종목 지정과 보유자 지정에 관심이 높았기 때문에 공개적인 의견수렴이 필요했다.

당시 발표된 평가지표 체계는 무형유산에 대한 포괄적 접근을 기반으로 하였다. 일차적으로 당시 「문화재보호법」이 정한 역사성, 예술성, 학술성 기준에 추가하여 전승 기량, 전승 활동, 전승 기반 등 실질적 전승 여건을 다양하게 분석할 수 있도록 구성했고 각 지표에 대한 정의와 세부 하위지표도 포함되어 있다. 평가 척도는 상당 부분 계량화하였고 정성 지표도 표준화된 평가등급을 부여했다.

당시 정리된 중요무형문화재 평가 모델은 전승 가치, 전승 능력, 전승 환경의 세 가지 항목에 따라 역사성, 예술성, 학술성 등 9개 상위 지표와 전승 기간 등 28개의 세부 평가지표로 이루어져 있다.

[표 1] 중요무형문화재 지정, 보유자(단체) 인정, 전수교육조교 선정에 관한 운영 규정 (2011년)

항목	조사지표	세부지표	측정산식
전승 가치	역사성	전승된 기간	ㅇ 전승된 연수(年數)
		무형유산 형태의 지속성 정도	ㅇ 현재의 무형유산 형태의 지속성 정도
		역사적 근거의 신뢰성 정도	ㅇ 유물, 문헌, 구술 등 역사적 근거의 신뢰성 수준
	예술성	고유성의 수준	ㅇ 고유성 수준(독특성)의 정도
		형식미 · 내용미의 수준	ㅇ 형식미와 내용미의 수준 정도
		표현미의 수준	ㅇ 표현미의 수준 정도
		기능성 정도	ㅇ 기능적 활용도와 가치
	학술성	한국문화 연구에 대한 기여 가능성의 수준	ㅇ 한국 문화 이해에 필요한 자료적 가치 정도
		학술연구 자료로서의 가능성	ㅇ 학술적 연구 자료로서의 가능성 수준
	지역성	지역 전통문화로서의 대표성	ㅇ 지역 전통문화로서의 대표성 정도
		한국 전통문화로서의 대표성	ㅇ 한국 전통문화로서의 대표성 정도
전승 능력	전승기량	해당 종목의 실기 능력	ㅇ 분야별 실기능력 평가 결과

		해당 종목에 대한 이해 정도	ㅇ 해당 종목의 역사와 내용에 대한 이해는 어느 정도인가?
	전승활동	전승단체가 운영된 기간의 지속성	ㅇ 전승단체가 설립되어 운영된 기간은 얼마나 되는가?
		전승단체 내 전승 활동의 활성화 정도	ㅇ 전승단체 내 전수교육, 모임 주기, 단체의 합리적 운영 여부
		대외적 전승 활동 내용	ㅇ 대외적 공연 · 발표 등 활동 내용은?
전승 환경	전승상황	전승되는 교육 형태	ㅇ 현대적 공교육 체계에 편입되어 있는 정도는?
		사회적인 관심 정도	ㅇ 사회적 관심과 지원 정도는?
		동일 종목에서의 전승 단체의 수 (전국에 존재했던 단체 적용)	ㅇ 동일 종목에서의 전승단체의 수는?
	전승기반	전승단체의 시설 현황	ㅇ 필수적인 시설의 충족 수준은?
		전승단체가 보유하고 있는 장비 현황	ㅇ 필요 장비를 구비한 비율은?
		전승단체의 인적 기반	ㅇ 단체의 필수 인원에 대한 충족도는?
	전승의지	전승주체의 전승 의지	ㅇ 전승주체의 전승 의지와 향후 전승 계획은?

5. 성과와 한계

평가지표 개발의 성과

무형문화재분과 위원들은 각자 민속, 예능, 공예 등 다양한 분야에서 최고의 권위를 지닌 전문가들이다. 그들은 자신들이 고수해온 방식만을 고수하지 않고 평가 도구의 신뢰성과 객관성을 확보하기 위해서 무형유산에 대한 이해도는 떨어지더라도 평가 분야에 있어서는 전문성을 지닌 외부인과 협업하겠다는 열린 자세를 보여줬다.

평가 기준을 보다 체계적으로 정립하기 위해 문화재위원들은 외부 전문가들과 깊이 있는 논의를 거쳤으며, 평가방식에 정량적, 정성적 요소를 균형 있게 반영하도록 설계하였다. 무형문화재분과 문화재위원들이 외부 평가 전문가들과 협업하며 이루어낸 성과는 무형유산 평가모델의 신뢰성을 크게 높였다.

이와 같은 노력이 2009년에 6개월 넘게 진행되었다. 그 과정을 거쳐 문화재청은 2011년에 「중요무형문화재 지정, 보유자(보유단체) 인정, 전수교육조교 선정에 관한 운영 규정」을 제정하였다. 물론 이들 지표로 무형유산의 전승 가치, 전승 능력, 전승 의지를 얼마나 적절하게 평가할 수 있을지에 대하여 회의적 의견이 있을 수 있다. 그러나 무형유산 행정의 원칙을 세우고 표준화된 기준을 통해 예측 가능성과 공정성을 높이는 계기를 마련했다고 본다.

과거에는 무형유산 종목 지정과 보유자 인정 과정에서 개인적 영향력을 동원하여 유리한 결과를 얻고자 하는 사람들도 있었고 종목 지정과 보유자 인정 심사 결과에 불복하는 사람들도 많았다. 그러나 표준화된 평가지표를 적용한 이후에는 평가 결과를 부정하기 힘들게 되었다. 투명하게 공개된 원칙과 예정된 평가방식을 적용함으로써 조사·평가과정의 정당성과 신뢰성을 상당 부분 확보한 것이다.

그러나 여기에서 무형유산 지정과 인정을 위한 평가의 성격에 대하여 검토해볼 필요가 있다. 여기에서 '평가'는 무형유산의 종목 지정과 보유 주체 인정에 관한 조사과정에서 이루어지는 활동으로 문화재위원들의 심의를 돕기 위한 '데이터 수집 행위'라고 볼 수 있다. 무형문화재분과 회의는 현실적으로 현장에서 평가 활동을 수행하는 평가자들이 취사선택한 데이터와 해석 결과에 의존할 수밖에 없다. 무형문화재분과의 중요무형문화재 종목 지정과 보유자 인정의 타당성은 평가모델의 신뢰성과 타당성에 의존하게 된다.

과거에는 무형문화재분과 문화재위원들은 평가자의 전문성과 주관적 판단에 의존해야 했다. 그러나 표준화된 평가지표를 도입함에 따라서 평가항목을 세부적으로 나누고 어느 정도 구조화된 평가 척도를 적용함으로써 평가의 모호성을 상당히 줄일 수는 있다. 그리고 복수의 평가자가 동일 지표와 척도에 따라서 평정을 하고, 극단적 점수를 배제하는 등 정성평가의 문제점을 줄이기 위한 고려가 이루어져 왔다.

평가모델의 성격

이 평가의 성격이 교육 분야 평가방식인 평정assessment과 평가evaluation 중 어느 것에 해당하는지 검토할 필요가 있다. 우선 이들 용어의 차이점에 대하여 살펴보면, 전자는 학습 과정이 잘 진행되고 있는지 점검해보기 위한 것으로 문제점을 파악하고 향후 개선사항을 도출하는 데 목적이 있다. 이에 대하여 후자는 이미 성취한 학습 결과가 일정한 수준에 도달했는지 판단해보는 것이다. 따라서 전자는 학습 과정에서 이루어지고 후자는 학습이 종료된 상태에서 이루어진다. 전자는 약점과 문제점을 제시하여 평가 대상자가 향후 학습성과를 높일 수 있도록 도와줄 수 있어야 한다. 후자는 도달하고자 하는 학습목표를 설정하고 성취 여부를 판단하는 것이다.

이러한 관점에서 볼 때 무형유산 종목 지정 평가는 후자의 평가evaluation에 해당한다고 볼 수 있다. 지표의 충족 여부, 성취한 학습 수준 등이 무형유산 종목 지정과 보유자 등 인정 조사의 목적이기 때문이다. 즉, 해당 종목의 전승 가치, 전승 능력, 전승 환경의 세 항목별 지표에 따라서 충분한 점수를 확보해야 문화유산위원회 심의를 거쳐 무형유산 신규종목으로 지정받거나 보유자로 인정을 받을 수 있기 때문이다.

그러나 보유자와 보유단체 인증을 위한 조사는 전자의 평정에 해당될 수 있다. 해당 무형유산 종목을 지정하는 단계에서 해당종목의 전형이 밝혀지고 구체적으로 기술되면 보유자와 보유단체 인정 조사 단계에서 구현·재현할 수 있는 기량과 기술을 평가하면서 부족한 부분이나 미래에 보완이 필요한 부분을 제시할 수 있을 것이다. 이것이 이론적으로는 가능하지만, 현실적으로 힘들 것이다. 그러나 이러한 논의를 제기하는 목적은 종목 지정을 위한 조사와 보유주체 인정을 위한 조사는 어느 정도 접근방식을 달리해야 한다는 것이다.

타당성과 신뢰성의 문제

모든 분야의 평가 도구에는 신뢰성과 타당성이 필수적으로 요구되며, 무형유산 평가 모델에서도 이는 핵심적인 의미를 갖는다. 신뢰성과 타당성을 확보하는 것은 무형유산 평가 모델이 공신력을 갖추고, 문화유산 보호 및 정책 수립에서 실질적인 역할을 수행하기 위한 필수 조건이다. 그러나 무형유산의 속성상 이러한 요건을 완전히 충족하기는 쉽지 않다. 무형유산은 종목마다 서로 다른 전형적 속성을 지니며, 이를 공정하고 일관되게 평가하기 위해서는 평가자의 전문성이 다방면에서 요구되기 때문이다.

타당성이란 평가자가 측정하고자 하는 속성을 정확하게 측정하는 정도를 의미하며, 이는 평가 도구의 설계뿐만 아니라 그 도구의 적용 방식에도 영향을 받는다. 타당성은 일반적으로 세 가지 측면에서 논의된다. 첫째, 논리적 타당성logical validity은 평가하고자 하는 내용을 충실히 포함했는지를 검토하는 것이다. 둘째, 경험적 타당성empirical validity은 평가 도구와 평가 결과 간의 연계성을 분석하며, 상당 규모의 통계적 데이터가 필요하다. 셋째, 구조적 타당성construct validity은 평가 도구가 이론적 토대와 얼마나 밀접한 관계를 맺고 있는지를 검토하는 것으로, 평가 모델과 평가 결과 간의 연관성을 입증하는 것이 핵심 과제이다.*

2009년 무형유산 관련 다수 학회 전문가 및 무형문화재분과 문화재위원들이 협업하여 평가의 타당성을 확보하고자 노력하였다. 그 결과, 논리적 타당성은 상당 부분 확보되었다고 평가된다. 그러나 경험적 타당성과 구조적 타당성을 보다 확실하게 보장하기 위해서는 대규모의 통계적 분석과 체계적인 검증 절차가 필요하다. 특히, 구조적 타당성을 높이기 위해서는 평가 모델이 이론적 기반과 정합성을 이루고 있는지를 지속적으로 검토해야 한다.

이러한 다양한 타당성 문제에 대한 연구는 학술적 관심이 지속적으로 요구되는 분야이다. 실질적인 평가 시나리오를 정립하고 평가의 객관성과 체계성을 높이는 데 필요한 가이드라인을 마련하는 연구들이 더욱 활성화될 필요가 있다. 기존 연구들을 검토한 결과, 몇 가지 주목할 만한 연구 성과가 확인되었다. 예를 들어, 전통무용의 평가지표 개발과 관련된 연구가 꾸준히 이루어지고 있다. 윤승혜(2021)는 태평무 평가를 위한 평가지표를 제안하였으며**, 장효진 · 전순희(2018)는 대학 내 전통무용 지도자가 학생들의 학습 성과를 평가하는 모델의 타당성과 신뢰성을 높이기 위한 평가지표를 개발하였다.*** 이처럼 특정 종목의 타당성을 높이려는 개별적 연구들이 이루어지고 있지만, 이를 보다 포괄적이고 통합적인 무형유산 평가 모델로 확장하는 작업이 필요하다.

한편, 신뢰성이란 동일한 평가를 반복적으로 시행했을 때 일관된 결과가 도출되는 정도를 의미한다. 즉, 평가 도구가 안정적이고 예측 가능한 결과를 제공해야 하며, 평가자의 주관적 개입을 최소화해야 한다. 일반적으로 신뢰성은 타당성을 확보하기 위한 전제조건

* 김해동, 「측정 및 측정도구의 타당성과 신뢰성」, 『행정논총』 Vol. 20, No. 1, 1982, 76~99쪽.

** 윤승혜, 「한국 전통춤의 류파별 실기능력 평가지표 개발을 위한 특성요소 추출: 『태평무』를 중심으로」, 『한국스포츠학회지』 제19권 제1호, 2021, 153~164쪽.

*** 장효진 · 전순희, 「대학 한국무용수업 평가표 개발사례 연구」, 『한국무용연구』 36권 4호, 2018, 265~294쪽.

일 뿐만 아니라, 상대적으로 확보가 용이한 요소로 간주된다. 신뢰성은 평가 시스템이 얼마나 안정적으로 작동하는지를 보여주며, 평가 과정에서 나타나는 데이터 차이가 평가 도구의 불완전성에서 비롯된 것이 아니라 외부 요인에 기인한 것임을 검증하는 역할을 한다. 신뢰성을 높이기 위해서는 평가 시스템의 개선과 평가자의 역량 강화가 필수적이다. 평가 과정의 기술적 측면을 지속적으로 보완하고, 평가자들이 일관된 기준과 해석을 적용할 수 있도록 훈련하는 것이 신뢰성 확보의 핵심적인 방안이 될 것이다.

무형유산 평가 모델의 완성도는 신뢰성과 타당성을 확보하는 학문적 노력뿐만 아니라, 정책 및 실무 현장에서의 실질적인 적용 가능성을 고려하는 데서 결정될 것이다. 따라서 향후 연구에서는 평가의 이론적 타당성을 정교화하는 한편, 평가 시스템의 신뢰성을 높이기 위한 실질적 방안을 모색하는 것이 중요하다. 이를 통해 무형유산 평가 모델이 보다 공신력 있는 도구로 자리 잡고, 무형유산 보호 및 전승 과정에서 실질적인 역할을 수행할 수 있을 것이다.

6. 결론

기존의 문화재 보존관리 제도가 혁신적으로 바뀌었다. 우선 주무 부처가 문화재청에서 국가유산청으로 바뀌었고, 법령체계도 1962년 「문화재보호법」 제정 이래 변화된 문화재 정책 환경을 반영하고 유네스코 등 국제기준에 부합하는 국가유산 체계로 전환하기 위해 지난 2023년 「국가유산기본법」을 제정하였다.

1962년 「문화재보호법」에 포함된 무형문화재 보호 규정에서 출발하여 2015년 「무형문화재 보전 및 진흥에 관한 법」으로 확대되었다. 2011년 최초로 제정된 「중요무형문화재 지정, 보유자(보유단체) 인정, 전수교육조교 선정에 관한 운영 규정」은 그 이전 「문화재보호법」 체제에서 제정되어 이후 14회 개정이 이루어졌다. 현행 「국가무형유산 지정 및 보유자 인정 등의 조사·심의에 관한 규정」은 지난 2025년 1월 17일부터 시행되었다.

2015년 제정된 「무형문화재 보전 및 진흥에 관한 법률」은 무형유산의 범위를 대폭 확대했다. 이에 따라 전통 공연·예술·공예·미술 등의 전통 기술뿐만 아니라, 한의약·농경·어로와 같은 전통 지식, 구전전통 및 표현, 의식주 생활관습·민간신앙 등 사회적 의식儀式, 그리고 전통 놀이·축제·기예·무예까지 포함되었다. 이러한 확장으로 인해 무형유산 평가모델 역시 보다 다양한 종목의 특성을 반영하여 개선될 필요성이 커졌다.

이러한 변화 속에서, 2009년 무형문화재분과 문화재위원들과 관련 학회 전문가, 평가지표 개발 전문가들이 공동으로 연구하여 새로운 평가모델을 도출하였고, 2011년부터 문화재청이 이를 제도적으로 적용하기 시작하였다. 그 결과, 무형유산 종목 지정과 보유자·보유단체 인정 과정에서 평가의 객관성과 공정성이 크게 향상되었다. 평가모델의 타당성과 신뢰성을 더욱 강화해야 할 필요성이 여전히 존재하지만, 무형유산 각 종목의 전형을 객관화하고 이를 체득·실현할 수 있는 사람이나 단체를 인정하는 체계적이고 표준화된 평가 시스템이 점진적으로 정착되고 있다.

현재 이러한 평가모델은 중앙부처 훈령 형식으로 운영되고 있으며, 무형유산 종목 지정과 보유자 인정에 관한 민원이 감소한 것으로 평가된다. 비록 평가모델 도입의 효과성을 계량적으로 분석할 필요가 있지만, 현장 행정가들이 체감하는 민원 감소 효과는 의미 있는 변화로 볼 수 있다. 그러나 서문에서 언급한 바와 같이, 여전히 평가의 공정성과 객관성에 대한 의문이 제기되고 있다. 특히, 종교적 편견, 해당 종목에 대한 전문성 부족 등의 문제로 인해 평가의 신뢰성을 의심하는 목소리가 존재한다. 이는 평가모델의 지속적인 개선과 함께, 행정청의 적극적인 피드백과 관련 학계의 연구가 보다 활발히 이루어져야 함을 시사한다. 국가유산청이 무형유산 평가와 관련하여 체계적인 워크숍과 피드백 절차를 충분히 운영하고 있는지에 대한 의문도 제기된다.

무형유산의 범위가 점차 확대되고, 이를 둘러싼 사회적 환경이 변화하는 상황에서, 국제기구(예: UNESCO)에서 제정하는 국제 표준과의 정합성을 갖추면서도 한국의 무형유산이 지닌 독창적인 가치와 정체성을 유지하는 것이 중요하다. 이를 위해서는 국제적 규범과 국내 사회적 요구를 균형 있게 고려하면서, 무형유산 평가를 담당하는 전문가들의 전문성과 평가 역량을 지속적으로 강화할 필요가 있다. 단순히 특정 종목에 대한 학문적 지식이나 행정 경험만으로는 무형유산 평가모델의 객관성, 타당성, 신뢰성을 효과적으로 개선하기 어렵다.

이러한 맥락에서, 무형유산 평가의 질적 향상을 위해 연례적인 워크숍 및 세미나의 정례화를 제안한다. 이를 통해 평가자와 피평가자가 평가 과정에 대한 정보를 공유하고, 다양한 이해당사자들이 평가모델의 타당성과 신뢰성을 향상하는 데 기여할 수 있을 것이다. 특히, 이러한 집단적 노력이 필요한 이유는 다음과 같다.

첫째, 기존 평가자뿐만 아니라 향후 특정 무형유산 종목 평가에 참여할 잠재적 평가자들에게 전문성을 강화할 수 있는 교육 기회를 제공할 수 있다. 평가자의 역량 강화를 위해서는 평가지표의 정의에 대한 정확한 이해, 평가 척도의 적용 방식, 평가 참여자의 윤리성과 책임성 제고가 필수적이다.

둘째, 평가를 받는 피평가자들이 평가방식과 과정에 대한 이해도를 높이고, 평가 시스템에 대한 신뢰감을 가질 수 있도록 지원할 수 있다. 현재 국가유산청이 피평가자들에게 사후 피드백을 제공하는 것으로 알려져 있지만, 보다 체계적인 워크숍이나 세미나를 통해 개인적 불만을 해소하고 평가 시스템을 발전적·긍정적 방식으로 개선하는 기회를 제공할 수 있을 것이다.

셋째, 무형유산 평가 관련 워크숍과 세미나는 단순히 평가기법을 다루는 것을 넘어, 각 무형유산 종목의 특성을 입체적으로 이해하는 장이 될 것이다. 종목별 이해당사자들이 의견을 교환하고, 서로 다른 시각과 견해 차이를 수용함으로써 문화유산 행정의 포용성을 확대할 수 있다. 또한, 이를 통해 무형유산의 기록화 방식 및 디지털 융합 방안 등에 대한 논의도 활발하게 이루어질 수 있을 것이다.

마지막으로, 무형유산 보존을 위한 플랫폼 구축을 제안한다. 무형유산 평가는 단순히 해당 종목의 보유 여부를 결정하는 행정 절차에 그쳐서는 안 된다. 평가는 전승 과정 전체와 연계되어 신중하고 공정하게 이루어져야 하며, 평가자는 평가지표를 적용할 때 해당 종목의 지속가능성을 염두에 두어야 한다. 미래 세대가 이를 어떻게 수용할 것인지, 어떤 가치로서 삶을 더욱 의미 있게 만들 수 있는지, 해당 종목이 문화국가 발전에 어떠한 기여를 할 수 있는지를 고려해야 한다. 따라서 평가모델은 하향식top-down 방식으로 일방적으로 적용되는 것이 아니라, 합의와 협력 속에서 '진정한 전형'을 도출하는 과정이어야 한다. 이를 위해서는 데이터의 왜곡을 방지하는 상호 신뢰, 소모적인 경쟁이 아닌 전통 가치의 공유, 그리고 지속가능한 무형유산 보존을 위한 공동체 의식이 형성될 필요가 있다. 이러한 협력과 신뢰의 기반이 마련될 때, 무형유산 평가 관련 워크숍과 세미나는 단순한 행사에 그치지 않고, 지속가능한 무형유산 보존을 위한 가상적 플랫폼으로 발전할 수 있을 것이다.

결론적으로, 2009년 무형유산 평가지표 개발을 위해 문화재위원회 무형문화재분과 위원, 전문위원, 관련 학회 전문가들이 기울인 노력은 무형유산 행정의 역사에서 중요한 의미를 가진다. 그 결과 2011년 훈령이 제정되었으며, 이후 아홉 차례 개정을 거치면서 타당성과 신뢰성을 제고하기 위한 노력이 지속되었다. 국가유산청의 행정적 개선 노력을 높이 평가하지만, 무형유산 평가의 특성상 여전히 해결해야 할 과제가 남아 있다. 따라서 무형유산 평가모델의 타당성과 신뢰성을 지속적으로 강화하기 위해 워크숍, 포럼, 세미나를 정례화하고, 평가자와 피평가자를 포함한 이해당사자들이 투명하게 정보를 공유하며 협업할 수 있는 구조를 마련할 것을 제안한다. 이를 통해 무형유산 보존이 보다 체계적이고 지속가능한 방향으로 나아갈 수 있을 것이다.

참고문헌

김해동, 「측정 및 측정도구의 타당성과 신뢰성」, 『행정논총』 Vol. 20, No. 1, 1982.

윤승혜, 「한국 전통춤의 류파별 실기능력 평가지표 개발을 위한 특성요소 추출: 『태평무』를 중심으로」, 『한국스포츠학회지』 제19권 제1호, 2021.

장효진 · 전순희, 「대학 한국무용수업 평가표 개발사례 연구」, 『한국무용연구』 36권 4호, 2018.

퍼포먼스웨이 컨설팅, 『무형유산 조사 · 평가 지표 및 개발 용역(최종보고서)』, 2010.

『서울문화투데이』, “문화재청과 무형문화재위원 시험대 될 ‘무용분야 무형문화재 선정 기준과 절차’”, 2019. 7. 26.

『현대불교』, “부산무형문화재 영산재 평가 방법 개선 절실”, 2022. 5. 22.

〈법령〉

「중요무형문화재 지정, 보유자(보유단체) 인정, 전수교육조교 선정에 관한 운영 규정」, 제정 2011년 1월 1일 문화재청 훈령 제225호.

「국가무형문화재 지정 및 보유자 인정 등의 조사 · 심의에 관한 규정」, 개정 2021년 12월 17일 문화재청 훈령 제583호.

제2장

2015년 「무형문화재 보전 및 진흥에 관한 법률」과 무형문화재 정책의 변화

1. 2015년 「무형문화재 보전 및 진흥에 관한 법률」과 무형문화재 제도 개정

유네스코 「무형문화유산보호협약」(2003)이 본격적으로 실시되고, 한국도 협약에 가입하게 됨에 따라 한국의 무형문화재 제도와 유네스코 협약 간의 차이점이 논의되기 시작하였다.

그중에서도 가장 큰 쟁점은 전승 방식에 관한 인식의 차이였다. 한국의 무형문화재 제도는 한번 지정된 유산은 인간문화재가 지정받은 당시의 모습을 변화 없이 그대로 유지하면서 후학에게 가르친다는 '원형原形' 중심의 개념을 가지고 있다. 그동안 많은 민속학자들은 원형 유지가 문화재의 박제화를 가져온다는 점을 들어 비판해 왔다. 반면, 2003년 유네스코 협약은 무형유산이란 공동체 안에서 끊임없이 변화하고, 재창조re-creation되는 살아있는 유산임을 강조하며, 전승의 동적이고 유연한 성격을 중시한다. 이러한 개념적 차이와 전승 방식에 대한 비판 그리고 기타 제도적 필요에 따라, 문화재청(현 국가유산청)은 기존의 「문화재보호법」에서 무형문화재 관련 조항을 분리하여 「무형문화재 보전 및 진흥에 관한 법률」을 새로 제정하기에 이른다.

1) 법률 제정의 배경 및 과정

문화재청은 「무형문화재 보전 및 진흥에 관한 법률」 제정을 위해 토론회와 공청회 등 다양한 의견 수렴 절차를 거치며 제도 개선에 지속적인 노력을 기울였다.

2011년 12월 6일 오후 2시, 국립고궁박물관 별관 강당에서 문화재청 주최로 중요무형문화재 제도 개선 학술토론회가 개최되었다. 이 학술토론회는 당시 무형문화재과 황권순 과장의 주도하에 기획되었으며, 개회사는 김찬 문화재청장이 했다. 그날 제1부 '중요무형문화재 단체 종목 운영 방안'에서 임장혁 중앙대 교수가 「중요무형문화재 단체 종목 전수교육 관련 현안」에 대해 발표를 하고, 정상우 인하대 교수가 「중요무형문화재 보유단체 운영 방안」을 발표하였다. 제2부는 '무형유산 보존 및 진흥에 관한 법률 제정 연구'를 주제로 논의가 이루어졌다. 좌장은 무형문화재분과 위원장인 필자가 맡았고, 서울대 법학전문대학원장이면서 문화재위원인 정종섭 교수가 「제정 법률의 취지 및 내용」에 대해서 자세하게 발표하였다.[1] 이날 배포된 자료집의 『(가칭)무형문화유산 보전 및 진흥에 관한 법률 제정 연구의 결과를 요약』에 정리된 내용은 다음과 같다.[2]

(1) 입법 배경

무형유산 단독 입법의 배경으로 다음과 같은 사항들을 제시하고 있다.

첫째, 무형문화유산에 대한 전 세계적 관심의 증대다. 그간 유네스코는 1989년 '전통문화 및 민속 보호에 관한 권고'와 1993년 인간문화재 제도를 채택했으며, 1997년에는 '인류 구전 및 무형유산 걸작 선언' 프로그램을 창설하기로 합의했다. 그리고 2001년에는 '문화다양성 선언'을 채택하고, 2003년 10월 17일 「무형문화유산보호협약」을 채택했다. 이러

---

1) 정종섭, 「제정 법률의 취지 및 내용」, 『(가칭)무형문화유산 보전 및 진흥에 관한 법률 제정 연구의 결과를 요약』, 중요무형문화재 제도 개선 학술토론회 발표집, 문화재청, 2011.

2) 문화재청, 『(가칭)무형문화유산 보전 및 진흥에 관한 법률 제정 연구의 결과를 요약』, 중요무형문화재 제도 개선 학술토론회 발표집, 2011, 1~4쪽.

한 유네스코의 무형유산에 대한 관심과 인식을 제고해 온 노력이 그 배경으로 작용했다.

둘째, 무형문화유산 보호를 둘러싼 국제적 경쟁이다. 중국은 2011년 2월 25일 「비물질문화유산법」을 제정하고 조선족의 구전문학, 전통미술, 기예 잡기, 전통의약, 명절민속 등을 자국의 무형유산으로 범주화하였다. 아리랑, 씨름, 농악무, 그네뛰기 및 널뛰기, 전통혼례 등 16개 종목을 중국의 국가 대표목록으로 발표하기도 하였다.

그리고 국내외적으로 전통 지식, 전통 문화 표현물을 둘러싼 잦은 지식재산권 분쟁 발생 및 국내법으로 「지식재산기본법」 제정 시행, 2011년 7월 19일 국제기구 WIPO(World Intellectual Property Organization, 세계지식재산권기구)에서 지식재산권 보호에 관한 국제협약 논의가 본격화되고 있는 점도 그 배경이라 할 수 있다.

셋째, 무형문화유산 보호가 국가적 체제의 보호에서 전 지구적 보호 체제로, 즉 무형문화유산 보호의 글로벌화가 이루어졌다는 점이다. 그리고 협약 가입 당사국으로서 국내적으로 유네스코 협약을 이행해야 한다는 것이다.

넷째, 우리나라 무형문화재 제도가 갖고 있는 한계다. 현행 무형문화재 제도에 적용되는 기본 원칙은 원형 보존주의, 중점 보호주의, 인적 전승주의, 국가 보호주의로 일정한 성과도 있었지만 동시에 한계도 드러내고 있다. 현행 「문화재보호법」은 산업화 시기에 사라질 위험에 처했던 문화재 보존에 일정한 기여를 하였으나 원형 보존 형식의 문화재 보호 패러다임은 그 수명을 다했다고 할 수 있다. 현행 「문화재보호법」이 유형문화재 중심인 점은 무형문화유산의 발전 가능성에 오히려 장애가 되고 있다. 현행 「문화재보호법」 시행 과정에서 나타나고 있는 지정 체계의 문제점, 전승 단절 위기 해소 미흡, 전수 교육 활성화 부족, 공예 종목의 전승 기반 약화, 무형문화재의 진흥 활성화 전략 부재 등의 문제점을 해소할 필요가 있다.

향후 무형문화재 보호는 무형문화유산의 전통성, 다양성, 창조성, 자생력을 발전시키는 방향으로 전환되어야 한다. 개인별 도제식 전수 교육을 축소하고 전승이 보다 대중화되고 문화적으로 활용될 수 있어야 한다. 즉 사람에 의한 무형문화유산의 전승 체계는 유지되어야 하지만 불투명한 전승 체계는 개선되어야 한다.

(2) 무형유산 단독 입법 제정 방향

이러한 무형문화재 보호를 위한 법률 제정 배경 속에서 무형유산보호법 개정의 방향성이 제시되었다.

- 무형문화재라는 용어 대신에 무형문화유산이라는 용어를 사용한다. 현행 「문화재보호법」 상의 원형 보존 원칙은 유형문화재에 적합한 원칙으로 무형문화재에 대해서는 박제화할 위험, 원형에 대한 논란, 무형문화유산 향유에 대한 제약 등의 한계가 제기되었다.
- 현행 「문화재보호법」에 문화재위원회가 설치되어 있으나 무형문화유산의 특수성을 고려하고 각 종목 간 분과별 운영 등을 고려하면 문화재위원회에서 무형문화유산위원회를 독립시켜 별도로 운영하는 것이 바람직하다고 판단한다.
- 문화유산의 지정 체계와 방식이 변경될 필요가 있다. 종전의 방식대로 국가문화유산과 시도문화유산으로 나누어 지정하되, 유네스코 협약에 맞추어 긴급한 보호가 필요한 경우 긴급보호목록을 작성하도록 한다. 이 경우 중요무형문화재라는 용어 대신에 지정 주체에 따라 국가무형문화유산, 시도무형문화유산으로 지칭한다. 국가무형문화유산은 시도지정무형문화유산 가운데 무형문화유산위원회의 심의를 거쳐 지정하는 것을 원칙으로 하되 가치가 매우 뛰어난 경우 등에는 국가에서 직접 지정할 수 있다.
- 무형문화유산 가운데 특히 소멸할 위험에 처한 무형문화유산을 긴급 보존하기 위한 긴급보호목록을 작성할 수 있도록 하였다. 이는 유네스코 「무형문화유산보호협약」에 따른 것이다.
- 현행 「문화재보호법」은 보유자 인정을 사실상 의무로 하고 있다. 무형문화재의 전승 주체는 결국 사람이어야 하므로 보유자 인정이 무형문화재 보호의 실질적인 방법이었으며, 그동안 많은 역할을 한 것도 사실이다. 그러나 무형문화유산 보호가 전 세계적 차원에서 이루어지기 위해서는 목록과 인적 전승 체계는 별도로 발전할 필요가 있다. 인적 전승 체계를 보다 탄력적으로 지원하기 위해서라도 목록과 인적 전승 체계는 별도의 것이 되어야 한다. 이렇게 하면 전승자 교육 활용을 확대할 수 있고, 전승자의 범위도 확대가 가능할 것으로 기대된다. 따라서 국가무형문화유산 지정에 따른 목록과 보유자 인정

은 별개의 것이므로 이를 재량 사항으로 전환할 필요가 있다. 또한 무형문화유산의 성격상(예: 김치, 사투리) 보유자 또는 보유단체를 인정하기 어려운 경우 '전승 공동체'를 인정 또는 명기하는 것이 필요하다.

- 현행 「문화재보호법」에서는 보유단체 인정 요건이 시행령에 규정되어 있으나 관행상 보유단체 내 보유자를 인정해 왔다. 그러나 보유단체 인정 제도를 도입한 취지는 원칙상 종목의 성격상 개인 보유자를 인정하기 어려운 경우여서(예로 차전놀이와 같은 축제성 놀이) 논란이 되곤 하였다. 실제 1982년 「문화재보호법」 개정 시 문화재위원회 회의록이나 법제처 관련 논문에서는 보유단체 인정 시 보유자는 인정하지 않는 것으로 되어 있다. 하위 법령에서도 보유자와 보유단체의 권한은 동일한 것으로 나타난다. 따라서 법령 해석상으로는 보유단체 내 보유자를 인정할 필요가 없는 것이 원칙이다.
- 보유자와 전수교육조교(전수교육사)의 인정 기간은 전승 교육 활동 가능 시기를 고려하여 80세까지로 하는 것이 고려되어야 한다.
- 국가무형문화유산의 지정, 보유자 및 보유단체, 전수교육조교(전수교육사) 인정 등의 절차에 대한 기본적인 내용은 법률에서 규정하여야 하고, 특히 보유자 인정 절차가 공정성, 객관성, 투명성이 강화되는 방향으로 개선되어야 한다.
- 전수교육 이수증은 종래 문화재청장이 교부하던 것을 보유자 및 보유단체에 교부권을 준 것인데, 이를 다시 문화재청에서 환수하여 이수증의 공신력과 투명성을 높일 필요가 있다.
- 현재의 전수교육조교의 능력을 고려하여 전수교육조교를 전수교육사로 명칭을 개선하고, 향후 무형문화유산의 교육에 보다 더 기여할 수 있는 전수교육을 실시할 수 있도록 하여야 한다.
- 무형문화유산의 전승이 대학에서 이루어질 수 있도록 대학에서의 전수교육 제도를 신설할 필요가 있다.
- 학교에서의 무형문화유산 교육과 공공기관의 행사에 무형문화유산이 보다 활용될 수 있도록 지원하는 규정을 신설한다.
- 무형문화유산의 보존 및 전승을 위해 기록화가 매우 중요한 정책이므로 이를 의무화하였고 향후 디지털 아카이브를 구축하도록 한다.

• 최근 무형문화유산과 지식재산권과의 충돌 문제가 제기되고 있는바, 무형문화유산으로 인정된 것은 국내외에서 지식재산권에 의해 침해받지 않도록 예방하기 위한 규정을 신설한다. 물론 이러한 경우에도 무형유산을 기반으로 한 2차적 저작물이나 독창적 기술은 특허 등 지식재산권으로 인정받는 것을 방해받지 않는다.

2) 법률안 발의 및 제정

第19대 국회에서 조해진 의원 등 11인의 의원들이 2012년 11월 7일 「무형문화유산 보전 및 진흥에 관한 법률안」을 발의하였다.[3] 그러나 발의 후 4년이 지난 2015년에야 「무형문화재 보전 및 진흥에 관한 법률」[법률 제13248호, 2015. 3. 27. 제정, 2016. 3. 28. 시행]이 제정되었다. 법률 제정 이유와 내용은 다음과 같다.[4]

(1) 제정 이유

2003년 10월 17일 유네스코 「무형문화유산보호협약」이 제정됨에 따라 회원국으로 가입한 우리나라의 무형문화재 보호 제도 및 정책의 틀을 새롭게 마련해야 할 필요성이 제기되고 있었다. 그러던 중 2011년 5월 중국이 조선족의 '아리랑'을 자국의 무형문화유산으로 지정하여 발표하는 등 대외적으로 무형문화재를 둘러싸고 국제적 경쟁이 치열해지고 있다.

1962년 1월 10일 「문화재보호법」이 제정된 이래 한민족의 전통생활 방식에 녹아있는 무형문화재를 보호하기 위한 각종 정책을 시행한 결과, 도시화·산업화의 격랑 속에 사라

---

3) 정상우, 「무형문화유산 독립입법의 의의와 향후 과제」, 『무형문화재 보전 및 진흥에 관한 법률의 비판적 검토』, 2015년 무형유산학회 제1회 학술심포지엄 발표집, 무형유산학회 · 전북대학교 무형문화연구소, 2015, 14쪽.

4) 국가법령정보센터, 〈http://www.law.go.kr/%EB%B2%95%EB%A0%B9/%EB%AC%B4%ED%98%95%EB%AC%B8%ED%99%94%EC%9E%AC%EB%B3%B4%EC%A0%84%EB%B0%8F%EC%A7%84%ED%9D%A5%EC%97%90%EA%B4%80%ED%95%9C%EB%B2%95%EB%A5%A0/(13248,20150327)〉(최종검색일: 2023년 11월 1일).

질 위기에 처한 우리 전통문화를 보호하는 데에 일정한 성과를 거두었음은 분명한 사실이다. 그러나 무형문화재 범위의 협소화와 무형문화재의 원형 유지 원칙으로 인한 창조적 계승·발전 저해, 전통공예품의 사회적 수요 저하로 인한 공예 기술의 전승 단절 위기 고조, 사회 환경 변화로 인한 도제식 전수 교육의 효용성 부족, 지식재산권을 둘러싼 무형문화재 분야의 사회적 갈등 발생 등 무형문화재의 보전 및 진흥을 위한 새로운 제도적·법적 뒷받침이 절실히 요구되는 상황에 직면했다.

이에 무형문화재 보전 및 진흥의 원칙을 전통과 현대의 조화를 꾀하는 방향으로 변경하는 한편, 대학을 통한 무형문화재 전수교육 제도를 도입하여 전통 기술은 물론 현대적 디자인, 경영기법, 지식재산권 등에 관한 지식을 함께 학습함으로써 전통문화의 창조적 계승·발전이라는 법 제정의 목적을 달성할 수 있을 것으로 기대된다.

또한 전통공예품 인증·은행제 도입, 전승자의 창업·제작·유통 지원, 해외 전시·공연 등 국제 교류 지원, 지식재산권의 적극적 보호 등 무형문화재의 사회적 수요를 진작시킬 수 있는 각종 진흥 정책을 마련함으로써 무형문화재 전승자의 전승 의욕을 고취하고, 전통문화의 자생력을 높이는 한편 세계무형문화유산의 등재 확대를 통해 우리의 우수한 전통문화를 세계 속에 널리 알리는 기반을 공고히 하기 위하여 이 법을 제정하고자 한다고 밝히고 있다.

(2) 주요 변경 내용

「무형문화재 보전 및 진흥에 관한 법률」(이하 「무형문화재법」)은 여러 가지 중요한 변화를 가져왔다. 다음 제2조(정의) 조항을 살펴 보면, 이 법률이 기존 제도에 비해 어떤 변화를 가져왔는지를 가늠할 수 있다. 우선, 제2조에서는 본 법률에서 사용하는 주요 용어의 뜻을 다음과 같이 명시하고 있다.

1. "무형문화재"란 「문화재보호법」 제2조 제1항 제2호에 해당하는 것을 말한다.
2. "전형典型"이란 해당 무형문화재의 가치를 구성하는 본질적인 특징으로서 대통령령으로 정하는 것을 말한다.

3. "보유자"란 제17조 제1항 또는 제32조 제2항에 따라 인정되어 무형문화재의 기능, 예능 등을 대통령령으로 정하는 바에 따라 전형대로 체득 · 실현할 수 있는 사람을 말한다.
4. "보유단체"란 제17조 제1항 또는 제32조 제2항에 따라 인정되어 무형문화재의 기능, 예능 등을 대통령령으로 정하는 바에 따라 전형대로 체득 · 실현할 수 있는 단체를 말한다.
5. "전수교육조교"란 제19조 제1항에 따라 인정되어 보유자 또는 보유단체의 전수교육을 보조하는 사람을 말한다.
6. "이수자"란 제26조 제1항에 따라 전수교육 이수증을 받은 사람을 말한다.
7. "전승자"란 제3호부터 제6호까지의 어느 하나에 해당하는 사람 또는 단체를 말한다.
8. "명예보유자"란 국가무형문화재의 보유자 중에서 제18조 제1항에 따라 인정된 사람을 말한다.
9. "전수교육"이란 제25조 또는 제30조에 따라 보유자 및 보유단체, 전수교육대학이 실시하는 교육을 말한다.
10. "전승공예품"이란 무형문화재 중 전통기술 분야의 전승자가 해당 기능을 사용하여 제작한 것을 말한다.
11. "인간문화재"란 제17조 또는 제18조에 따라 인정된 보유자 및 명예보유자를 통칭하여 말한다.

위에 언급한 「무형문화재법」의 제2조 정의에 명시된 용어 정의를 보면 기존의 「문화재보호법」에서 진일보한 변화를 확인할 수 있다.

첫째, 과거의 「문화재보호법」에 비해 새로 제정된 「무형문화재법」은 무형유산 범위를 확대했다. 위 제2조 제1항 제2호에 따르면, 그 범주는 다음과 같다.

가. 전통적 공연 · 예술,
나. 공예, 미술 등에 관한 전통기술,
다. 한의약, 농경 · 어로 등에 관한 전통지식,

라. 구전전통 및 표현,

마. 의식주 등 전통적 생활관습,

바. 민간신앙 등 사회적 의식儀式,

사. 전통적 놀이·축제 및 기예·무예

구전전통 및 표현, 한의약, 농경·어로 등에 관한 전통지식 등이 새로 추가되었다. 이는 다분히 유네스코 협약의 유산 범위를 참조하여 확대한 것이라 본다. 2003년 유네스코 협약, 이전의 「문화재보호법」 그리고 새로 제정된 「무형문화재법」에서 정의하는 무형문화유산의 범주를 비교한 아래 표(표 1-2-1)를 보면 어떻게 변화되었는지 확인할 수 있다.

[표 1-2-1] 2003년 협약, 「문화재보호법」, 「무형문화재법」의 무형문화유산 범주[5)]

유네스코 「2003년 협약」 (제2조 제2항)	개정 전 「문화재보호법」 (제2조 제1항 제2호)	2015년 「무형문화재법」 제정 후 「문화재보호법」 (제2조 제1항 제2호)
언어를 포함한 구전전통 및 표현	-	구전전통 및 표현
공연예술	연극, 음악, 무용	전통적 공연·예술
사회적 관습·의식 및 제전	의식	민간신앙 등 사회적 의식儀式, 의식주 등 전통적 생활관습, 전통적 놀이·축제 및 기예·무예
자연과 우주에 대한 지식 및 관습	-	한의약, 농경·어로 등에 관한 전통지식
전통 공예기술	공예기술, 기타 항목에서 규정한 예능의 성립 또는 구성상 중요한 요소를 이루는 기법이나 그 용구 등의 제작·수리 등의 기술	공예, 미술 등에 관한 전통기술

둘째, 이제까지는 무형문화재 전승과정에서 원형 법칙을 고수하였으나 「무형문화재법」에서는 변화를 인정하는 전형으로 바뀌었는데 이것도 유네스코 협약에서 "무형문화유산은 공동체 및 집단이 환경에 대응하고 자연 및 역사와 상호작용하면서 끊임없이 재창조되

5) 김지현, 「유네스코 「무형문화유산보호협약」과 한국의 「무형문화재법」에 대한 비교 분석적 고찰」, 『문화정책논총』 Vol. 35, No. 2, 2021, 42쪽.

고"라는 정의에 따라 재창조와 변화를 인정했다고 볼 수 있다.

셋째, 인간문화재를 법적인 용어로 인정했다는 점이다. 「문화재보호법」에서는 보유자만이 법적인 용어였으나, 인간문화재 제도가 유네스코에서 바람직한 무형유산보호 방안으로 채택되고 세계어로 등장하였기 때문에 법적인 용어로 인정하게 된 것 같다.

넷째, 이수증 발급 주체가 보유자, 보유단체에서 문화재청장으로 바뀌었다.

다섯째, 도제식교육에서 대학교육 같은 공적 교육제도를 모색한다는 것이다.

여섯째, 전승공예품 인증제, 전승공예품 은행제 등 진흥정책을 위시하여 다양한 정책이 신설되었다(표 1-2-2 참조).

[표 1-2-2] 「문화재보호법」 및 「무형문화재법」의 전수 관련 제도 조항 비교[6)]

<table>
<tr><th colspan="2">주요 변경 사항</th><th>「문화재보호법」</th><th>변화유형</th><th>「무형문화재법」</th><th>비고(목적)</th></tr>
<tr><td colspan="2">이수증 심사 발급 주체</td><td>보유자(단체)</td><td>변경</td><td>문화재청장</td><td>기량 강화</td></tr>
<tr><td colspan="2">전수교육제도</td><td>도제식 전수교육</td><td>변경</td><td>대학을 통한 전수교육 추가
(전수대학 선정, 재정지원 등)</td><td>시대적 변화 반영</td></tr>
<tr><td rowspan="4">진흥 정책</td><td>전승공예품 인증제</td><td>-</td><td>신설</td><td>전승자가 제작한 전승공예품 국가 인증</td><td>시장 신뢰성 증대</td></tr>
<tr><td>전승공예품 은행제</td><td>-</td><td>신설</td><td>전승공예품 은행에서 체계적인 작품 구입, 수요기관 대여, 현지 전시 지원</td><td>공예품 수요증대</td></tr>
<tr><td>창업 · 제작 · 유통 지원</td><td>-</td><td>신설</td><td>무형문화재 전승자 창업 지원
전통공연 브랜드화 사업 지원
전승공예품 유통망 구축 지원 등</td><td>자생력 확대,
관광자원화</td></tr>
<tr><td>국제교류 지원</td><td>-</td><td>신설</td><td>무형문화재 국제교류(공연, 전시 등) 지원, 전승공예품 해외판로 개척 및 지원</td><td>해외선양</td></tr>
<tr><td colspan="2">지식재산권</td><td>-</td><td>신설</td><td>무형문화재에 대한 국제특허취득 예방, 전래된 기술체계 지식재산권 불인정 및 창조된 영역 지식재산권 인정</td><td>공유 확대
창작의욕 고취</td></tr>
<tr><td colspan="2">전승자 권리</td><td>-</td><td>신설</td><td>지정무형문화재의 보유자, 보유단체 외에 제 3자의 명칭 사칭 금지</td><td>전승질서 확립</td></tr>
<tr><td colspan="2">무형문화재 진흥사업 지원</td><td>한국문화재재단 일부 기능 수행</td><td>변경</td><td>한국문화재재단 내 한국무형문화재 진흥센터 신설</td><td>무형문화재 진흥정책 집행기관</td></tr>
</table>

6) 김지현, 「유네스코 「무형문화유산보호협약」과 한국의 「무형문화재법」에 대한 비교 분석적 고찰」, 『문화정책논총』 Vol. 35, No. 2, 2021, 46쪽.

일곱째, 무형문화재위원회가 문화재위원회의 한 분과에서 독립하여 신설된 것이다. 과거 문화재위원회의 한 분과였던 제2분과위원회(무형문화재분과)에서 무형문화재위원회라는 독립적인 지위를 획득한 것이다. 동 법 제9조는 위원회 설치 목적 외에 위원회 조직 및 구성, 위원의 자격 등에 대해서도 규정하고 있다. 그리고 동 법 제9조에 따라 위원회는 문화재청장이 위촉하는 위원장 1명을 포함하여 30명 이내의 위원으로 구성하며, 임기는 2년으로 연임할 수 있다. 그리고 「무형문화재 보전 및 진흥에 관한 법률 시행령」 제11조 2(분과위원회 구성 및 운영)에 따라 무형문화재위원회 내에 전통예능, 전통기술, 전통지식 3개 분과를 두고 있으며 각 분과위원회 위원은 10명 이내로 구성된다.

[표 1-2-3] 무형유산위원회 구성[7)]

분과	전통예능	전통기술	전통지식	합계
무형유산위원회 위원	9	9	10	27*
무형유산위원회 전문위원	14	14	13	41

※ 2025년 2월 현재 무형문화재위원회는 무형유산위원회로 명칭이 변경됨. * 1명은 겸직이어서 총 인원은 27명임.

그러나 「무형문화재법」에서는 공동체와 NGO의 참여와 역할에 대해서는 언급하고 있지 않다. 2003년 유네스코 협약에는 공동체가 무형유산의 보호와 전승 관리의 주체로서 국가목록작성 및 국가목록등재 작업에 참여할 것을 권장하고 있지만 「무형문화재법」에는 그러한 공동체의 역할이 반영되어 있지 않다.[8)]

7) 국가유산청 홈페이지, 〈https://www.khs.go.kr/html/HtmlPage.do?pg=/seek/commission3.jsp&mn=NS_03_04_03〉(최종검색일: 2025년 2월 11일).

8) 김지현, 「유네스코 「무형문화유산보호협약」과 한국의 「무형문화재법」에 대한 비교 분석적 고찰」, 『문화정책논총』 Vol. 35, No. 2, 2021, 48쪽.

「무형문화재법」 제정 배경 및 추진 경과*

황권순**

- 목차 -

1. 서론
2. 전승자와의 만남, 현장 문제점 파악
3. 전승자 정책토론회 개최 및 주요 이슈
4. 전승자 처우개선
5. 「무형문화재법」 주요 내용
6. 「무형문화재법」 심의 경과 및 문제점
7. 종합적 평가 및 향후 전망

1. 서론

1962년 「문화재보호법」이 제정된 이후 무형문화재 지정, 보호, 관리의 틀이 자리잡았

* 2015년의 「무형문화재 보전 및 진흥에 관한 법률」은 무형유산에 있어서는 매우 주요한 법 제정이다. 황권순 국장은 2011년 5월 무형문화재과 사무관으로 근무한 후 2012년 2월부터 2013년 5월까지 무형문화재과 과장으로 근무했다. 필자는 그 당시 문화재위원회 무형문화재분과 위원장으로 황과장과는 2년 남짓 무형문화재 관련 일을 함께 담당했다. 황권순 국장은 탁월한 능력에 열정, 그리고 성실함을 겸비한 분으로 기억된다. 아리랑을 유네스코에 등재하기 위해 같이 힘을 모아 열심히 일한 시간이 특히 생각난다. 황권순 국장은 당시 무형문화재과 과장으로 책임을 맡으면서 「무형문화유산의 보전 및 진흥에 관한 법률」을 개정하는 일에 착수했다. 필자는 황권순 국장에게 이 중요한 법률을 제정하는 과정을 원고로 써 줄 것을 부탁했다. 고맙게도 흔쾌히 허락을 하여 귀한 원고를 받게 되었다.

** 황권순 국장은 고려대학교 행정대학원 공공정책학과 석사를 취득했으며 한국전통문화대학교 문화유산융합학과 박사과정 중에 있다. 주요활동으로는 「매장문화재의 조사 및 보호에 관한 법률」, 「무형문화재 보전 및 진흥에 관한 법률」, 「자연유산의 보존 및 활용에 관한 법률」 등 주요 법률 제정과 국립무형유산원, 세계유산해석설명센터, 국립자연유산원 등 주요기구 마련에 참여했다. 아리랑, 한국의 산사, 한국의 서원, 씨름 등 유네스코 세계유산, 인류무형문화유산 등재에도 참여했다. 문화재청 무형문화재과장, 유형문화재과장, 세계유산팀장, 문화재청 문화재보존국장 등을 역임했다. 현재는 국가유산청의 기획조정관이다.

으나 시행 과정에서 발생한 여러 가지 문제점과, 새로운 시대적 수요에 부응한 무형문화재 정책과 제도가 필요하다는 열망이 높아가는 시기였던 2011년 5월경 무형문화재과 담당사무관으로 발령을 받았다.

그 시기 중국은 2011년 2월 「중화인민공화국 비물질문화유산법」을 제정하고 난 뒤, 조선족의 아리랑을 '중국 국가급 비물질문화유산 제1차 대표목록'으로 지정하였고, 곧이어 유네스코 인류무형문화유산으로 등재하고자 시도하고 있었으며, 북한도 「비물질문화유산법」 제정을 완료한 상황이었다.

문화재청에서도 그에 앞서 여러 차례 「무형문화재법」 분법을 위한 연구용역을 실시하였으나 전승제도 개선 방향에 대하여 전승자 간 합의를 끌어내지 못하였고, 신법 제정과 전승자 처우개선을 둘러싸고 문화재청과 전승자 간 갈등이 최고조에 달해 법령 입안까지 나아가지 못하고 있었다. 당장 언론에서는 중국에게 '아리랑'을 빼앗긴다는 비판적인 기사가 보도되었으나, 당시 「문화재보호법」을 통해서는 아리랑을 우리나라 중요무형문화재로 지정할 수 없는 입법적 구조를 가지고 있었다. 보유자를 인정할 수 있어야만 종목을 지정할 수 있는 체제였기 때문이다. 아리랑, 씨름, 김장문화 등 특성상 특정인에게 기·예능을 부여할 수 없는 종목은 이런 연유로 중요무형문화재로 지정할 수 없었던 시절이다.

이러한 행정환경 아래 아리랑의 중요무형문화재 지정 및 중국보다 앞선 유네스코 인류무형문화유산 등재, 전승 활성화를 위한 제도 개선 방향 수립 및 이를 통한 무형문화재법안 마련, 전승 환경 및 전승자 처우개선을 통한 문화재청 - 전승자 간 갈등 해소 등의 업무가 주어졌다.

2. 전승자와의 만남, 현장 문제점 파악

무형문화재과는 전승자와의 갈등에 늘 긴장감이 높았다. 종목지정 수요, 보유자 등 전승자 충원 수요, 특히 단체종목 내 개별 보유자 인정 요청, 월정전승지원금 인상 요청, 공예종목 활로 모색 요청, 단체종목 내부 갈등 조정 요청, 공개행사비 등 각종 활동비 증액

요청 등 현장에서 요구하는 사항은 그 양이나 난이도 측면에서 담당공무원이 해결하기에는 벅찬 내용들로 가득했다.

즉시 문제를 해결해 내지 못한 까닭에 전승자들은 문화재청을 불신하게 되었고 대신 장벽의 담을 높이 쌓아 올렸다. 이러한 상황을 타개하기 위해서는 무언가 특단의 노력이 있어야 했다. 「무형문화재법」 제정을 이유로 수많은 전승자들을 만나서 면담하고 방향을 제시하고 해결책을 찾아보는 과정을 끊임없이 진행하였다. 되는 것과 안 되는 것, 지금 할 수 있는 것과 시간이 필요한 것, 문화재청이 할 수 있는 것과 외부의 도움이 필요한 것들을 구분하고 전승자들에게 이해를 구하고 구체적인 실천 전략을 마련해 나갔다.

만남을 거듭할수록 몇 가지로 문제점이 압축되었다. 그리고 그 해결책은 안건마다 상호 연동되어 있음을 알게 되었다. 그간 문화재청이 행해온 무형문화재 제도 개선 내용들이 때로는 담당과장의 교체에 따라 달라지고 일관성이 결여되어 신뢰를 잃는 결과를 초래했음도 알게 되었다. 어떤 해결책을 제시하여도 담당과장이 바뀌면 전부 리셋되는 경험을 오랜 기간 동안 학습한 결과였다. 전수 교육에 대한 반대급부로 지급되는 월정전승지원금이 지난 10년간 동결되어 그에 따른 불만이 가장 많았으며, 단체종목 내 개별 보유자를 인정할 것인지 여부는 가장 큰 현안이자 갈등의 원인이 되는 이슈로 확인되었다.

당시 「문화재보호법」 문구를 충실히 해석하면 종목을 지정할 경우에는 보유자 또는 보유단체를 인정할 수 있도록 했고, 보유단체는 그 정의에서 종목 특성상 보유자를 인정할 수 없거나 다수의 보유자를 인정해야 하는 경우 그를 대체하여 보유단체로 인정하는 것이었기에 보유단체 내부에는 해석상 개별 보유자를 인정할 수 없다는 것이 주된 불인정 논리였다. 그러나 1962년 「문화재보호법」 제정 이후 운영 과정에서 단체종목에서도 개별 보유자를 인정해 왔었고, 보유단체는 하나의 '집'이지 전수교육을 실시할 수 있는 실체가 아니기 때문에 보유자를 인정해야 한다는 현실적 이유가 있기도 하였다. 법 해석과 현실이 상충하는 상황이었다.

또 하나, 전통적인 전수교육 방식인 도제식 전수교육이 현대사회와 맞지 아니하여 특히 공예종목의 경우 신규 전승자를 구할 수 없는 상황이 장기화되는 현상을 타개하는 한편, 다양한 방식의 전승자 신규 충원을 장려해야 한다는 판단에 따라 학교 정규과정을 통한 제도권 전수교육방법을 찾는 것도 중요한 요구사항이었다. 기존 전승취약종목을 선정하여 별도의 전수장학생을 선발, 소정의 장학금을 지급하는 형태로 유인체계를 마련한 것은 신규 진입을 늘리는 데에 한계가 있었다.

쪽 염색이나 유기장과 같은 특정 종목에서는 지식재산권 분쟁이 화두로 떠오르기도 하였다. 전승체계에 있지 아니한 일반인이 쪽 염색과 유기 제작에 있어 필요한 지식을 특허청으로부터 특허를 출원받아 오히려 전승자들이 이들에게 특허료를 납부하거나 전통기법으로의 제작을 방해받는 상황이 발생한 것이다. 특허청 담당자들을 만나 전통공예품 제작 과정에 관한 기술이나 지식은 특허출원 대상이 아님을 주지시키고 관련 특허는 말소토록 요청하였다. 더불어 향후에도 무형문화재에 관한 특허는 내어주지 않는 것으로 협의를 하였다. 해외에서의 국제특허에도 대항할 수 있도록 특허청이 마련한 전통문화포털에 우리나라 무형문화재 종목 정보를 입력하는 등의 조처를 하였다. 다만, 더 나은 기법이나 기술 발전은 장려해야 하기에 그 부분은 국가가 나서서 독려하는 것으로 정책방향을 설정하였다.

그 밖에도, 기능과 예능 분야에 한정되어 있는 우리나라 무형문화재의 범주를 2003년 유네스코 「무형문화유산보호협약」의 범주와 맞추는 것과, 학문적으로 무형문화재에는 성립하지 않는 원칙인 "원형 유지"의 원칙을 대체하는 새로운 보호 원칙을 마련하는 것, 보호·전승에서 나아가 진흥 정책을 적극 개발하여 무형문화재의 자생력을 높이는 등의 활로를 모색하는 것, 그리고 이런 일들을 책임지고 끌고 갈 공공기관 성격의 법정법인이 필요하다는 것까지 폭넓은 정책대안을 발굴하였다.

3. 전승자 정책토론회 개최 및 주요 이슈

2012년 10월 가칭 「무형문화유산의 보전 및 진흥에 관한 법률」 제정안에 담길 핵심 내용이자 가장 갈등이 높았던 이슈를 묶어 전승자와의 정책토론회 자리를 마련하였다. 국립고궁박물관 대회의실에서 개최된 토론회는 오후 2시에 개회하였으나 전승자들의 열띤 참여와 질의 속에 오후 6시까지로 예정된 시간을 한참 넘긴 밤 9시가 넘어서야 마무리되었다. 약 200명이 넘는 참석자 전원에게 급히 저녁 도시락을 공수하는 상황까지 연출되었다. 그날 논의된 안건과 토의 결과는 다음과 같으며 성안중이었던 「무형문화유산법」 제정안에 충실히 담았다.

1) 전수교육조교 선정 필요성 및 이수자 심사권한 문화재청 환원 건

보유자의 전수교육을 보좌하는 역할로 전수교육조교를 선정해 왔으나, 종목별로 실제 전수교육 보좌가 불가능한 사례*가 많으며, 불필요한 경우**도 많아 이에 대한 정비가 필요하였으며, 1994년부터 보유자에게 이수자 심사 권한이 이관***된 이후 지속적으로 불미스러운 사례가 발생하고 이로 인해 전체 전승 질서를 해치는 결과를 초래할 뿐 아니라 기량의 질적 하락을 초래하는 부정적 결과를 낳고 있는 상황이었다.

토론 결과, 전수교육조교의 경우 예능분야 개인종목에는 추가적인 전수교육조교 인정을 지양하고 현재 조교는 보유자로 조속히 충원, 확대해 가는 정책을 펴기로 하였으며, 공예종목과 단체종목은 그 특성상 조교를 유지하는 방향으로 합의를 하였다. 이수자 심사 권한의 문화재청 환수는 참석자 일치의 의견으로 찬성하였으며, 그간의 문제점을 시정하고 공정하고 합리적인 방법으로 이수심사를 해줄 것을 요청하였다.

2) 보유자 인정대상 심사범위 확대 건

기존에는 관행상 보유자 신규충원 심사 시 전수교육조교 또는 이수자에 한정****하여 응

* 유파를 구분하여 보유자를 선정하지 아니하였으나, 전승현장에서 유파별로 나뉘어 운영되는 까닭에 유파 상호간에 전수교육 보좌를 하지 않음. 보유자가 작고하는 경우 법 해석상 당연히 전수교육조교에서 해제되어야 하나 실제로는 해제를 하지 않음.

** 예능분야 개인종목의 경우 전수교육조교가 보유자를 보좌하여 전수교육을 실시할 이유가 없음.

*** 그 이전에는 문화재관리국에 이수심사 권한이 있었음.

**** 해당 종목에 전수교육조교가 없는 경우.

시기회를 부여한 까닭에 가르치는 스승이 보유자가 아닌 경우 그 제자들은 심사 기회가 원천박탈되어 기존 보유자 계보로 모두 옮겨가는 문제점이 있었다. 이는 무형문화재의 인력풀을 협소화시키고 무형문화유산의 다양성을 침해, 획일화시키는 등의 문제를 낳았다. 또한 국악고, 국악과 등 학교를 통해 배출되는 역량있는 인재들을 무형문화유산 제도권으로 끌어들이지 못하는 장벽으로 작동하고 있기도 하였다.

토론 결과, 보유자 인정심사 대상에 아무런 제한을 두지 아니한 현행법의 입법 취지를 존중하고, 실력있는 제3의 전승자에게도 충분히 기회를 부여하는 것이 바람직하다는 데에 의견을 모았다. 이에 해당분야 실력있는 사람은 누구든지 신청을 하여 심사를 받을 수 있도록 개방형으로 진행하기로 하였다. 오랫동안 도제식 전수교육을 받은 사람이 제3자보다 실력이 떨어진다는 것은 전승자 자존심의 문제이기도 하였기에 흔쾌히 동의를 얻었다.

3) 유파, 째, 바디 등 각 계보별 보유자 인정 건

가장 의견 대립이 심한 주제였다. 이 문제는 지금도 현장에서 갑론을박이 진행되는 건이기도 하나, 논리적으로는 분명한 방향이 정해진 주제이기도 하다.

대체로 전승자들은 한 종목 내에서 복수의 보유자가 인정되는 경우 해당 보유자별로 유파 또는 째, 바디를 형성하고 있으므로 그 전승체계 내에서만 보유자 심사가 진행되어야 하고 유파별로 각각 보유자를 충원해야 한다는 입장을 가지고 있다. 가령 예를 들면, 경기민요나 대금산조에 여러 명의 보유자가 있는 경우, 기존 보유자가 작고하여 신규 보유자를 충원할 때에는 기존 보유자 라인(보유자 - 전수교육조교 - 이수자)에서만 심사를 받게 하고, 또 그 라인 개수(계보 수)만큼 행정적으로 칸막이로 구분해서 충원해야 한다고 주장한다.

그러나 이렇게 유파별로 구분하여 인정을 하는 경우 심각한 문제가 발생한다. 현재 기준으로 구분 인정된 유파만 살아남고 새로운 제3의 유파는 영원히 발생하지 않게 된다. 현재 인정된 유파로 들어가야만 보유자가 될 기회가 생기기 때문이다. 같은 논리로 만약 오래전에 그렇게 유파별로 구분하여 인정했다면 지금 인정을 요구하는 그 유파는 생겨나지도 않게 된다. 무형문화유산은 전승의 다양성이 생명이다. 유파별 구분인정 요구는 전승환경을 획일화하는 것이며 더구나 보유자 심사 대상을 일반 제3자에게까지 개방형으로 진행해야 한다는 앞서의 토론 결과와도 상충된다.

유파별 구분인정은 행정의 영역은 아니며 학문적, 전승현장의 영역이라는 점을 공유하였고, 실력이 있다면 한 종목의 보유자를 유파별 구분없이 복수로 폭넓게 인정하는 한편 유파 간 통섭, 이를 통한 더 나은 새로운 유파 창출, 실력있는 보유자를 각 계보에서 경쟁적으로 양성해낼 수 있는 방향으로 정책을 펴기로 하였다.

4) 공예기술 종목의 지정/인정 기준 및 조사방식 개선 건

공예기술 분야의 지정/인정 심사 시 기존에는 모양, 디자인, 규격, 재질 등 물리적/형태적 요소에 집중된 심사 관점을 가짐으로써 상대적으로 제작과정에 대한 기술습득 정도, 재료준비 과정에서의 숙련도, 완성품의 기능성, 실용성, 사용 가능성 등에 대해서는 소홀한 것이 사실*이었다.

토론 결과, 공예품 제작 과정에 장기간이 소요된다는 점과 특정 시기, 특정 재료 의존도가 크다는 점을 감안하여 지정/인정 심사 기간을 단기가 아닌 장기간으로 설정하고, 모든 과정을 CCTV로 촬영하여 기록화하는 한편, 제작 중요공정에 전문가가 참관하여 실견하는 방법으로 심사과정 전반을 모니터링하기로 하였으며, 지나치게 형태적 요소에 치우치지 않도록 완성품에 대한 기능성 테스트를 병행하기로 하였다. 제작기법의 경우 전통기법을 원칙으로 하되, 시대변화에 따라 기술발전이 있는 경우 어느 정도 신기술을 접목하는 것도 종목에 따라 허용하기로 하였다. 기술변천 발달은 장려되어야 하기 때문이었다.

5) 보유자 없는 보유단체 및 대동축제성 놀이종목의 전승 공동체 전환 건

연등회, 법성포단오제, 구례잔수농악, 면천두견주 등 보유자를 인정하지 않는 종목과,

* 주철장 보유자에 대한 기량보유 시비가 발생한 원인이 되었으며, 이를 증명하는 데에 많은 행정력이 투입되었다.

안동차전놀이, 기지시줄다리기, 강릉단오제 등 대동축제성 놀이종목을 전승 공동체*로 전환하자는 주제이다. 이 같은 종목의 경우 마을단위, 주민 전체가 그 대상인 경우가 많고 특별한 기능과 예능에 관한 전수교육 필요성이 낮으며, 기량의 난이도, 숙련도 자체가 보유자를 특별히 인정하여야 할 만큼의 정도가 타 종목대비 현저히 낮으므로 차별화된 다른 정책수단이 필요하다는 판단에 따른 것이었다. 달리 말하면 특별한 전수교육이 필요하다는 판단이 서는 종목의 경우 보유단체에 개별 보유자를 인정해야 한다는 취지와 맥락을 같이한다.

토론 결과, 농악, 탈춤 등의 전통적 개념의 보유단체와 구분하여 해당 종목은 전승 공동체로 전환하고 전승 공동체 활동을 장려하는 행사비를 상향 지원하는 방향으로 추진하기로 하였다.

6) 전승 활성화 정도에 따른 탄력적 보유자 인정 건

판소리, 경기민요, 승무, 대금산조 등 예능 7종목과 대목장, 단청장 등 공예 11종목 총 18개 종목의 경우 전승자 수는 많으나 보유자 복수인정에 소극적인 현실을 개선할 필요가 있다는 논의이다. 소수의 보유자가 독점적 지위에서 우월적 권한을 행사하는 것에 대한 비판이 있으며, 반대로 다수의 전승취약 종목인 공예 종목의 경우 보유자를 추가 인정하여 정책 목적으로 전승을 활성화시켜야 한다는 필요성이 커지고 있는 상황이었다.

토론 결과, 전승 활성화 종목에는 복수의 보유자를 인정하여 내부경쟁을 유도하고, 전승취약 종목은 정책 목적으로 복수의 보유자를 인정하는 것으로 의견을 모았다.

7) 지정종목 확대 방안 건

당시 중요무형문화재 지정기준이 전승가치, 전승환경, 전승능력을 고려하여 문화재청

* 무형문화재를 전승해온 주민, 마을 또는 단체를 묶어서 부르는 새로운 전승주체.

장이 정하도록 하였으나 역사성을 지나치게 강조한 나머지 전승계보와 전승역사에 치중하였고, 특히 종목을 지정하는 경우 특정 보유자를 반드시 인정하도록 규정되어 있어 지정가치 있는 종목도 중요무형문화재로 지정하지 못하는 걸림돌로 작용한 것이 사실이었다.

이에, 역사적 연원뿐만 아니라 무형문화재의 현재 사회문화적 기능과 가치 부분도 균형있게 살펴보게 하고, 사라져 가는 세시풍속, 궁중의례, 민속악, 전승단절 위기의 공예 종목 확대발굴 등의 정책을 집중적으로 추진하기로 하였다. 더불어 보유자를 인정하지 않더라도 지정가치가 있는 종목인 경우 종목만 지정할 수 있도록 법을 개정하여 무형문화재 지평 확대에 노력하기로 하였다.

8) 지정, 인정심사의 공정성 제고방안 건

조사계획 수립, 현지조사, 보고서 작성, 위원회 심의 단계를 거치는 심사과정에 학술전문가만으로 조사단이 구성되어 실기능력 보유한 전문가 참여가 부족하다는 지적이 제기되었고, 조사자 간의 담합으로 특정인, 특정단체에 치우친 결과보고서를 제출하는 경우가 간혹 있다는 민원, 종목 특성상 피조사자와 조사자를 이해관계에서 분리하는 것이 불가능한 경우가 있다는 현실적 어려움이 전체 무형문화재의 신뢰성을 떨어뜨리는 요인이 되고 있었다.

토론 결과, 피조사자와 조사자의 이해관계 분리가 완벽하게 진행되기 어려운 경우 블라인드 테스트를 실시할 수 있도록 하고, 조사지표를 더욱 세분화하여 각 지표 간 최고점, 최저점을 뺀 평균값을 산출하도록 지표 정교화를 실시하고, 조사자 상호 간의 참여 여부를 알 수 없도록 하여 담합의 여지를 차단하는 한편, 차후 부정의 소지가 드러나면 해당 조사를 무효화하고 조사자를 전면 교체하여 재조사를 실시하는 것으로 변경하기로 하였다. 실기 전문가의 참여를 점차 확대하되 공정성 시비에 우려가 없는 운영의 묘를 살리기로 하였다.

9) 공예기술 분야 공개행사 개선방안 건

기존 공개행사가 완성품의 전시에 그쳐 제작 과정 전반에 대한 실제 제작 능력 보유 여부, 원재료를 다듬는 기술 보유 여부, 기존 완성품 재활용 의혹 등의 문제가 있는 것이 사실이었다.

토론 결과, 매년 7~8개 종목을 선정하여 집중적으로 재료 준비 단계부터 완성품까지 제작 과정 전반을 모니터링하는 것으로 변경하고, 완성된 작품은 정부가 구입하여 공예품 은행제 제도로 활용함으로써 전승자의 재정적 부담을 줄여주는 것으로 변경하기로 하였다.

10) 보유단체의 비영리법인 전환 및 보유자 기량 평가 점검 강화 건

기존 보유단체의 법적 지위가 불안정하고 조직력이 민간 '계모임' 수준에 그치는 곳도 있어 단체 내부의 갈등조정 기제가 부족하고 전횡이 자주 발생하는 구조적 문제가 있어 왔다. 더불어, 보유자의 기량에 대해 엄격하게 정기점검하거나 평가하는 시스템이 갖춰지지 아니하여 문제성 있는 개인, 단체가 발생하고 있다는 지적이 있었다.

토론 결과, 정기조사, 공개행사 모니터링을 강화하여 보유자의 기량평가를 상시화하고 조사결과에 따라 엄격하게 행정처분을 적용하기로 하였다. 또한 전승 공동체 전환 종목이 아닌 종목의 보유단체를 문화재청 소관 비영리법인으로 전환하여 이사회, 총회 개최를 의무화하고 중요 안건을 민주적 의사결정 절차에 따라 처리하도록 하는 한편, 의사록을 문화재청에 제출하도록 함으로써 함부로 법인운영을 하지 못하게 방지하는 조치를 하기로 하였다. 특정인의 친소관계, 알력에 따라 보유단체 내부 갈등 확산, 전횡을 막고 단체 자율적/민주적 운영을 제도적으로 유도하기 위한 정책전환인 셈이다.

공개행사비, 각종 지원금, 전승지원금을 법인 대표자 명의 통장으로 지급하고, 그 사용에 있어 회계상 문제가 발생하지 않도록 감독을 철저히 하는 한편, 문제가 발생할 경우 전승지원금 등을 지급 중단하는 등 고강도 조치를 취할 것임을 공지하여 부정의 소지를 없애고자 하였다.

11) 전승지원의 차등화 방안 건

월정전승지원금을 소득수준에 따라 차등하여 지급해야 한다는 의견, 보유단체에 지급하는 지원금을 보유자가 없는 단체에 추가로 더 지급하는 것에 대한 불만, 보유단체의 규모 수준이 단체별로 매우 상이함에도 동일금액을 지원하는 것에 대한 민원, 갈수록 보유자, 보유단체의 기량이 떨어진다는 지적 등에 대하여 해결책을 마련할 필요성이 있었다.

토론 결과, 월정전승지원금은 법에서 정한 전수교육 의무사항에 대한 반대급부로 지원하는 것이니 소득수준에 따라 차등하는 것은 바람직하지 않다는 것에 의견을 모았고, 보유단체의 회원 규모에 따라 3등급으로 차등하여 지급하는 것이 합리적이라는 것과 보유자 없는 보유단체는 전승 공동체로 전환하기로 하였으므로 추가금을 지급하는 것은 바람직하지 않다는 데에 의견을 모았다. 더불어 공개행사 모니터링 결과에 따른 우수 보유자, 보유단체에는 포상금을 지급하는 것으로 선량한 경쟁을 유도하기로 하였다.

12) 지정, 인정 심사 종목 결정의 건*

2012년 무형문화재과장이 된 후 가장 먼저 고친 제도가 올해 조사할 종목을 선정하는 부분이었다. 조사인력, 조사기간, 조사예산 등이 한정된 상황에서 올해 어떤 종목을 조사할 것인지는 대단히 중요한 이슈였다. 1년에 조사할 수 있는 총량이 정해져 있는 상황에서 전체 종목의 수를 생각해 보면 평균적으로 약 20년 이상이 걸려야 한 순환을 돌 수 있기 때문이다. 사정이 그러하다 보니 조사종목을 결정하는 담당과장의 권한은 막강한 것이 될 수밖에 없었고, 각종 부조리가 싹트는 시발점이 되고 있었다.

과장의 모든 권한을 내려놓고 조사종목을 선정하는 기준을 세웠다. 첫째, 현재 보유자가 없는 종목, 둘째, 전승자 수가 많은 종목, 셋째, 보유자가 있으나 고령인 종목 등을 기준으로 세우고, 이를 바탕으로 지자체, 관련기관, 전승자에게 신청을 받아 매년 말 문화재위

* 전승자 정책토론회 상정 안건은 아니었으나, 투명성, 객관성 제고를 위해 담당과장 직권으로 제도 변경.

원회의 심의를 거쳐 최종 확정한 후, 그 다음해 1월 문화재청 홈페이지에 조사종목을 공고하는 절차를 마련하였다.

전승자의 예측가능성을 높이고, 종목 선정의 타당성, 객관성을 담보하며 공고된 이후에는 어떤 정치적 압력이 들어와도 공고된 내용대로 조사가 진행되도록 하여 행정의 신뢰성을 높이고자 하였다.*

4. 전승자 처우개선

「무형문화재법」 제정, 제도 개선 등 일련의 과정은 전체 전승자의 참여와 호응, 행정체계와의 정합성이 동시에 이루어져야 가능한 일이었다. 앞서 이야기한 대로 그간 문화재청과 전승자 간의 사이는 썩 좋지는 않았다. 전승자의 기대에 부응하지 못한 문화재청의 잘못이 컸으며, 전승자분들의 입장에 서서 행정을 펴려는 노력이 부족했던 것이 사실이었다. 이런 상태로는 한걸음도 앞으로 나가기 어려운 상황이었다.

2012년 2월, 과장으로 부임한 이후 주말마다 지방 곳곳에서 개최되는 공개행사에 특별한 일정이 없는 한 모두 참석하였다. 현장에서 전승자들의 어려움을 듣고, 지자체 관계자에게 협조 부탁을 하고, 행사의 면이 설 수 있도록 과장으로서의 역할에 충실하였다. 무형문화재과장이 아닌 양 몰래 공개행사 준비시간 내내 옆에서 행사준비를 돕고, 줄다리기 줄을 어깨에 메고 목청 높여 행진하면서 직접 참여하기도 하였다. 본 행사가 시작되고 무형과장을 호출하는 사회자 소리에 조용히 앞으로 나서면 주변에서 깜짝 놀라기도 하였다.

대한민국탈춤제, 대한민국농악축제 등 각종 행사에도 빠짐없이 참석하였다. 2012년 부산 정관신도시 한 공원에서 개최된 대한민국탈춤제 행사는 내게 엄청난 자괴감과 부끄러움을 느끼게 하였다. 명색이 중요무형문화재 탈춤종목 13개 단체가 연합하여 "대한민

* 그해 조사종목, 전승지원금 지급금액, 각종 행사비 지원금액 등을 모두 묶어 "00년 중요무형문화재 전승지원 계획"을 공고함으로써 전승자 누구나 알 수 있도록 관련정보를 공개하였다.

국탈춤제"라는 간판을 내걸고 진행하는 행사가 동네잔치마냥 초라하기 그지없었고, 그 원인이 턱없이 부족한 정부지원금에 있다는 것을 안 순간 쥐구멍에라도 숨고 싶은 심정이었다. 고작 2천만 원을 지원하는 행사에 참여하는 전승자 수를 생각하면 그럴 수밖에 없는 구조였던 것이다. 그날 행사를 마치고 전승자들과 저녁을 같이하는 자리에서 내년에는 지원금을 대폭 인상해 드리겠다는 약속을 했다.

월정전승지원금은 무려 10년째 100만원으로 동결인 상황이었다. 문체부나 교육부에서 운영하는 예술원과 학술원 회원들이 받는 회의 참여 수당의 절반에도 미치지 않는 금액이었다. 이런 대접을 하면서 '인간문화재'라는 명칭 하나에 각종 전승의무를 부과해온 지난 과오가 내겐 부끄러움 그 자체로 다가왔다. 기재부 예산담당부서에 도움을 요청했으나 쉽지 않았다. 하는 수 없이 청와대 교육문화수석님을 찾아뵈었다. 그간의 사정을 말씀드리고 도움을 요청드렸다. 충분히 공감하셨고 곧 지원예산 증액이 이루어졌다.

어느 인간문화재 한 분이 내게 신분증을 보여주었다. 문화재관리국 시절에 발급한 보유자증이었다. 노란색 행정용지를 주민등록증 크기로 잘라서 사진과 인적사항을 적어 양면을 비닐로 코팅한 신분증이었다. 얼굴이 화끈거렸다. 즉시 국내에서 가장 디자인을 잘하는 업체를 물색했다. 전체 보유자, 전수교육조교, 명예보유자 분들에게 지금 쓰고 있는 공무원증과 비슷한 품질의 신분증*을 다시 발급해 드렸다. 누가 봐도 무형문화재 전승자라는 품위를 느낄 수 있게끔 만들어 드렸다. 더불어, 한지를 사용하여 전체 전승자의 명함도 한 분 한 분에게 한 곽씩 만들어 드렸다.

신규 보유자 인정서, 전수조교 인정서, 보유단체 인정서도 디자인을 다시 만들었다. 초중등학교 상장과 똑같은 기존 디자인에서 벗어나 족자 형태로 배접하여 오동나무 상자에 담아드리는 것으로 변경했다. 평생을 이 인정서 하나를 받기 위해 헌신하신 세월을 감안하면 충분히 예우를 해드려야 할 사항이었다. 그리고 또 하나, 청장님께 건의를 드려 인정서 전달식을 개최하여 가족과 친지들을 모시고 청장님이 직접 전달해 드리는 것으로 제도

* 부산에 거주하는 한 전수조교 선생님이 서울역에서 기차표를 줄서서 예매하기 어려운 상황에 이 신분증을 보여주고 긴급히 표를 구매했다고 자랑스럽게 후일담을 들려주기도 하였다.

화하였다. 꽃다발을 준비하여 증정하였고, 가족과 친지들이 박수치는 가운데 명예를 드높일 수 있도록 개선하였다. 예전에는 심지어 우편으로 배달하기도 하였다고 하며 인정서를 해당 부서로 찾으러 오라고 한 적도 있었다는 이야기를 들었다. 참으로 부끄러웠다.

이러한 노력 끝에 전체 전승자들의 박수와 기대 속에 앞서 토론회에서 결정된 내용을 충실히 반영하여 무형법 문구가 작성되었고 2012년 11월 7일 조해진 국회의원 대표발의로 「무형문화유산의 보전 및 진흥에 관한 법률」이라는 이름으로 국회에 제출되었다.

5. 「무형문화재법」 주요 내용

1) 용어의 변경

'무형문화재'는 풀이하면 무형문화 + 재財로서, 사람에 의해 전승되는 기능/예능의 역량을 뜻하는 본래의 의미를 담기에 적합하지 아니한 단어이다. 결과물로서 재화의 의미를 지니기 때문이다. 국제적으로도 유네스코는 '무형문화유산intangible cultural heritage'이라고 표현하여 유산의 의미를 강조하고 있는 것과 비교되었다. 선조에게서 전해 내려온 것으로서 후대에 전해주어야 할 지식, 기술, 기량이라 본다면 무형문화유산이 더욱 적합한 용어임을 알 수 있다. 이에 법률명에서부터 법안의 모든 부분을 유산으로 일괄 변경하여 발의하였다.

기존 보유자는 전승교수로 변경하였다. 보유단체는 전승단체로 변경하였다. 이는 보유자와 보유단체를 동격으로 간주하였던 기존 「문화재보호법」의 규정에 따라 보유단체 내부에 별도의 보유자를 두는 것이 맞지 않다는 문제의식을 감안하여, 전승교수, 전승단체로 변경함으로써 전승단체에도 전승교수를 둘 수 있게끔 하고자 한 것이다. 전승자 토론회에서 가장 민감하고 중요하게 다뤄진 사항을 법적으로 반영하기 위한 제도적 변경이었다.

기존 중요무형문화재를 국가무형문화유산으로 변경하였다. 「문화재보호법」에서는 무형문화재 중 중요한 것을 중요무형문화재로 지정하고, 시도에서는 시도명을 붙여 가령

경상남도무형문화재로 지정하도록 규정하고 있었다. 시도에 상대되는 말은 중요가 아니라 국가이다. 더불어 중요한 것을 중요무형문화재로 지정한다고 규정한 법문구는 동어반복이라 보았다. 이러한 시도는 향후 민속문화재에도 동일하게 적용되어 중요민속문화재 명칭이 국가민속문화재로 변경되는 것으로 이어졌다. 기존의 '문화재'를 '국가유산'으로 명칭 변경하는 논의의 첫 출발점이라 할 수 있겠다.

2) 보전원칙의 변경

기존 「문화재보호법」은 유형문화재, 무형문화재 등 모든 문화재를 망라하여 '원형 유지' 원칙을 내세웠다. 많은 비판을 받은 부분이다. 유형문화재조차도 원형에 대하여 논란이 많은데 하물며 형태가 없어 무형인 유산에 원형을 유지하라는 것은 어불성설이다. 무형문화유산은 그 속성상 태동할 때부터 조금씩 가감을 거치며 시대와 대중의 호흡 속에 변화와 발전을 거쳐서 이어오는 유산이다. 어느 것이 원형인지 불분명하고 심지어 원형을 유지하는 것이 가능하지도, 바람직하지도 않은 유산임을 감안하면 보전원칙 변경이 한참 늦었다고 해야 할 것 같다.

제정법에서는 '민족정체성 함양', '전통문화의 계승 및 발전', '무형문화유산의 가치의 구현과 향상' 3가지를 내세웠다. 무형문화유산을 보전하는 목적이라 할 수 있겠다. 그리고 이러한 보전원칙을 관통하는 한 단어를 선택하였는데 이른바 '전형典型'이 그것이다. '법전의 기본틀'이라 직역할 수 있겠는데 무형문화유산 각 종목의 본질적 속성, 기본적 요소 정도로 설명할 수 있겠다. 무수히 변화하는 무형적 속성을 인정하되 그 중에서도 변하지 않고 지켜가야 할 본질적 요소, 기본형식을 의미하는 단어이다. 누군가 인위적, 의도적으로 변화를 시도해서는 안되는, 오랜 기간에 걸쳐 변화하는지도 인식하지 못하는 사이에 사회대중과 교감하면서 시대상을 반영해가는 변화를 나타내는 가장 적절한 단어 선택이 아니었나 생각된다.

전형이라는 단어를 사용하면서 전승현장에서 많은 오해가 벌어지는 것을 목격한다. 윗대 선생님에게서 배운 것이 원형인데 그것을 버리고 어떻게 하라는 것이냐, 원형을 버리면 무한대 변화를 해도 된다는 것이냐, 아무렇게나 창작하고 멋대로 해도 된다는 것이냐 등등…

전혀 그렇지 않다. 윗대 선생님에게 배운대로 그대로 따라할 수도 없거니와 그래서도 아니된다. 더 나은 방향으로 발전해야 하며 혹 잘못된 오류는 바로잡아야 한다. 오타임을 알면서도 그대로 대사를 읊을 수는 없는 일*이며 스승의 최고 전승기 기량을 넘어서는 기량을 후대에 이어가야 하는 것이기에 항상 청출어람靑出於藍 자세로 임해야 하는 것이 전형의 본질적 뜻이다. 시대와 세월 속에 동화하고 공동체와 함께 호흡하면서 부지불식간에 조금씩 변화하는 것이어야 하기에 특정인 누군가가 의도적으로 일으키는 변화는 지양해야 한다. 이 글로써 더이상 원형, 전형에 관한 불필요한 논란은 없어졌으면 한다.

3) 범위의 확장

기존 「문화재보호법」상 무형문화재는 크게 기능분야, 예능분야로 나누었으며, 보유자를 특정할 수 있는 종목만을 지정할 수 있었기에 2003년 유네스코 「무형문화유산보호협약」에서 채택한 무형문화유산의 범주보다 훨씬 좁은 범주였다. 유네스코 협약 제정 당시 우리나라 무형문화재 보호법제를 참고해 만들었다는 것을 감안하면 이제 역으로 우리가 유네스코 체제를 받아들여야 하는 상황이 발생한 것이다. 그 사이 중국과 북한도 유네스코 분류체계를 받아들인 「비물질문화유산법」을 2011년 엇비슷한 시기에 제정한 상태라 오히려 우리나라가 후발주자인 상황이었다. 서둘러야 했다.

유네스코, 중국, 북한의 분류기준을 모두 참조한 후 관계전문가 토론회를 개최하였다. 주지하다시피 어느 한 종목도 완벽하게 상호배타적인 체제로 분류할 수는 없었다. 예를 들어 탈춤이라 하여 예능에만 해당하는 것은 아니다. 탈 제작은 기능에, 공연 중간중간 삽입되는 의식과 제사, 등장인물이 내뱉는 대사는 구전전통 및 표현에 해당할 수 있는 것처럼.

* 어느 지자체에서 예전 작성된 대본 문구가 명백한 오타임에도 불구, 원형대로 전승해야 한다는 의견을 제시하여 전승자에게 오타대로 실연할 것을 강제하고 있다는 이야기에 놀라움을 금할 수 없다.

그러나 생각보다 관계전문가 토론회에서는 의사합일을 쉽게 보지 못하였다. 각자마다 생각이 달랐고, 주장에 균형이 부족했다. 몇 번을 시도하였으나 합의에 실패하였고, 결국 다음 회의를 마지막 회의로 하고 문화재청에서 안을 가지고 올테니 그때 그것보다 나은 대안을 가진 분들은 말씀을 하시고 아니면 동의해 달라는 멘트를 하고 회의를 종료하였다. 그리고 며칠 뒤 현재 무형유산법에 규정된 7가지 분류체계를 가져가서 원안 동의를 받아 법안에 반영하였다. 신속하고 정확한 판단이 요구되는 상황이었다.

4) 지정제도 추가

첫째, 전승교수를 인정하는 개인종목, 둘째, 전승단체(전승교수 별도인정 포함)를 인정하는 단체종목, 셋째, 전승 공동체를 인정하는 종목, 넷째, 전승교수/전승단체/전승 공동체 모두를 인정하지 않고 종목만 지정하는 종목 등 크게 4가지 유형으로 지정제도를 구성하였다. 신법에서 7가지 범주로 넓어진 무형문화유산 종목을 포괄하여 보호하려는 의도적 조치였다.

전승 공동체라는 개념을 새롭게 추가하였다. 그 개념을 가장 쉽게 설명하자면, 가령 당산제의 경우 그 마을 구성원 모두가 당산제 종목의 구성원이 되어야 하기에 기존의 보유단체(비영리법인으로 전환되는 단체종목) 성격으로는 적합하지 않으며, 이사, 이동 등에 따른 진입과 탈퇴가 상시적으로 일어나는 것을 인정하면서도 공간적으로는 어느 정도 구성원의 범위가 특정될 수 있는 종목이다. 그러한 특성에 가장 부합한 형태로서 전승주체의 이름을 '전승 공동체'로 규정한 것이다.

그리고 종목 특성에 따라 전국민을 대상으로 하거나, 특정인, 특정단체, 특정공동체를 예상하기 어려운 종목의 경우에는 종목 자체만 지정할 수 있도록 고안하였다. 김장문화, 온돌문화, 세시풍속 등이 그런 종목에 해당하였다.

또 한 가지, 중요한 제도적 틀을 도입하였다. 지금 당장 국가무형문화유산으로 지정하기에는 그 역사성이 짧아 지정할 수 없으나 우선 보전하여 장기적으로 훗날 지정가치를 살펴볼 필요성이 있는 유산을 대상으로 한 '국가긴급보호무형문화유산' 제도를 신설하였다.

이미 유네스코 「무형문화유산보호협약」에 존재하는 보전방식이다. 미래에 무형문화유산으로 지정할 가치가 있는 유산을 선제적으로 보호할 수 있는 방안을 긴급보호라는 제도로 녹여내었다. 지금은 돌아가신 공옥진 선생님의 춤사위 등이 당시 논의의 대상이었다.

5) 이수증 발급주체 변경 및 전수교육 방법 확대

전승자 토론회에서 이미 의견수렴을 한 바와 같이, 기존 보유자에게 있던 이수심사의 권한을 문화재청장으로 환원하였다. 공정성, 객관성을 높이는 데 중점을 둔 개선이다. 이것만으로도 전승현장에서 발생하는 갖가지 부조리를 개선할 수 있었다. 일부 보유자의 독선적 행태를 막고 전승질서를 바로잡는 계기가 된 제도 변경이었다.

대학, 예술분야 고등학교 등 학제에 기반한 제도권 교육 체계 내에 권한을 부여하여 전수교육을 실시하는 제도를 신설하였다. 갑자기 도입된 것은 아니며 이전 몇 년간의 연구용역을 거쳐 전수교육 개선방안을 도출한 결론으로서 제도화에 이르렀다. 갈수록 전승자 구하기가 어려워지고 도제식 교육으로는 변화하는 사회에 적응할 수 없는 문제점을 극복하고자 무형문화유산 전수교육을 희망하는 각종 학교의 신청을 받아 일정한 심사(커리큘럼, 강사진, 교육시설 등)를 거쳐 선정된 학교를 '전수교육학교'로 지정하고, 각종 예산적 지원을 통해 제도권에서 전수교육을 담당할 수 있게 하려는 의도로 도입되었다.

6) 전승단절 위기 전통공예 활로 모색

공예기술 종목 전승자의 경우 더이상 시장논리에 맡기고 전승활동을 이어가게 둘 수는 없었다. 1년에 한 개도 팔리지 않는 종목이 대다수이다. 활통을 의미하는 전통, 말꼬리로 만드는 갓, 주물을 녹여서 만드는 금속활자, 묘자리를 찾는 데 사용되는 윤도, 곰방대를 의미하는 백동연죽 등… 이미 우리 사회에서 수요가 단절된 공예품들이다.

그나마 시장에서 팔리는 공예품이라 하여 사정이 나은 것은 아니다. 나전칠기, 소목가구, 화각가구, 은입사, 조각, 소반 등도 그 수요는 많지 않으며 고가의 작품이라 쉽게 살

수도 없고 심지어 사고자 하는 사람이 있어도 어디서 살 수 있는지 판매점 정보도 쉽게 구하기 어려운 상황이었다.

이에 과감한 진흥정책을 펼 수 있도록 갖가지 장치가 고안되었다. 우선 전통공예품 인증제를 살펴보자. 선뜻 고가의 공예품을 구입하기 망설여지는 소비자를 위해 국가가 나서서 전통재료, 전통기법, 공인받은 전승자가 제작하는 등 일련의 기준을 만들고 이를 통과한 경우 국가인증 표식을 부여한다. 사용 중 고장이 나거나 훼손이 발생하였을 경우 수리, 보존처리까지 책임지는 방법으로 시장의 신뢰를 얻도록 하는 정책이다. 명품을 대를 이어 소장할 수 있도록 하여 가격의 장벽을 넘어서서 수요를 창출코자 의도하였다.

전통공예품 은행제는 국가가 나서서 명품을 대량 매입하고 이것을 필요로 하는 기관(해외공관, 대기업고객센터, 공공기관 전시공간, 해외 바이어 상담 장소 등)에 대여하는 정책을 말한다. 공예품 단품을 대여할 수도 있으며, 한 공간을 가장 한국적인 공간으로 리모델링하는 공간대여 사업도 포함하는 개념이다. 이를 통해 부족한 전통공예품의 사회적 수요를 높여가려는 의도를 담았다.

전통공예품을 제작 판매하는 활동을 장려하기 위해 전승자의 창업을 지원하고, 원재료를 쉽게 구입할 수 있도록 하며, 완성품의 유통을 위해 유통거점을 전국에 마련하는 방안도 법안에 담았다. 실제 구매하고자 하는 사람이 있어도 어디서 살 수 있는지 정보가 없는 상태이다 보니 제작자와 구매자를 연결시켜 줌과 동시에 전통공예품 전시공간, 구매후 A/S공간 역할까지 겸하는 다목적 유통센터를 마련할 필요성이 컸다.

7) 전통공연 브랜드화 및 세계화 촉진

실제 우리나라 무형문화유산 공연을 세계 무대에 노출시키면서 상당히 좋은 반응을 얻고 있다. 동양적 매력, 낯설지만 신선한 공감대, 높은 음악적 완성도 등이 그 이유일 것이다. 그럼에도 불구하고 실제 전승자들이 해외에 나갈 수 있는 기회나 브랜드화된 기획은 전무한 실정이다. 아이돌 그룹이 간간이 무형유산을 모티브로 현대적 해석을 가미한 영상이나 가무를 선보이는 정도가 전부라 할 수 있다.

우리의 것을 우리의 전승자가 해외에 브랜딩할 수 있는 기획상품 마련, 공연기회 확대, 프로모션 지원 등의 과감한 정책이 필요했기에 법률안에 정부가 할 수 있는 최대한의 약속을 담아내었다.

8) 지식재산권 보호 및 진흥

앞서 기술한 바와 같이 우리의 것을 타인이나 외국에서 도용하거나 독점적 권리설정을 방지하고 나아가 기술적 진보를 장려하기 위한 정책적 뒷받침으로 지식재산권 보호 조항을 삽입하였다. 실제 이 법 제정 이후 특허청에서는 더 이상의 특허는 내어주지 않고 있다.

예를 들면, 작고한 이매방 보유자의 삼고무, 오고무를 그의 사위가 저작권위원회에 저작권을 등록한 사건이 있었다. 이후 학교에서 저작권 침해를 우려하여 삼고무, 오고무를 가르치지 않는 방향으로 진행되는 모습을 본다. 저작권은 신청한 사람이 진정한 저작권자인지의 여부와는 별개로 신청하는 것만으로 등록이 되는 시스템이다. 그것이 적정한지, 적정 저작권자인지의 여부는 재판을 통해 법원의 판단을 받아서 확정되는 체계이다.

9) 한국무형문화유산진흥원의 설립

당초 발의된 법안에는 위에서 상술한 갖가지 정책적, 제도적 사항을 집행하는 기구로서 공공기관 성격의 법정법인 한국무형문화유산진흥원을 설립하도록 규정하였다. 정부기관으로서의 역할과 법인으로서의 역할을 구분하여 당시 전주에 건립 중이었던 '아태무형문화유산의 전당'은 문화재청 소속 정부기관으로, 각종 진흥정책을 집행하는 역할은 "한국무형문화유산진흥원"에 맡기는 그림을 그렸다.

기존 문화재보호재단에서 맡고 있던 무형문화재 관련 기능을 신설하는 진흥원으로 이관하여 무형문화재에 특화된 전문기관으로 육성코자 하는 방향을 담았다. 당시 문화재보호재단이 모든 문화재 업무를 도맡아 처리하는 문어발식 경영에서 벗어나 특화된 영역을 찾아가도록 유도하는 목적도 같이 고려하였다.

6. 「무형문화재법」 심의경과 및 문제점

2012년 11월 7일 발의된 「무형문화유산법」은 아쉽게도 2015년 3월 3일이 되어서야 최종 의결되었다. 오랜 기간 논의가 진행되지 못한 채 방치되었으며, 논의과정에서 많은 부분이 당초 발의된 취지를 이해하지 못하고 잘못된 방향으로 수정의결되면서 목적했던 것과는 달리 상당부분이 변형된 상태로 통과되었다.

먼저 용어부터 살펴보자. 무형문화유산은 원래대로인 무형문화재로, 전승교수는 보유자로, 전승단체는 보유단체로 되돌아왔다. 이로써 전승단체에 개별 전승교수를 별도로 두도록 하겠다는 전승자와의 약속은 깨지고 말았으며, 보유단체에 개별 보유자를 둘 것인지 말 것인지에 대한 논의가 재발하게 되었다. 제도 개선의 취지를 살리지 못하고 논의를 원점으로 되돌리고 말았다. 이 여파는 지금까지도 이어져 전승자와 문화재청 간의 갈등관계를 형성하는 원인이 되고 말았다.

무형유산의 범위가 기존 2가지에서 7가지로 넓어짐에 따라 필연적으로 요구되었던 전승 공동체가 삭제되고 말았다. 그러다보니 전승 공동체를 인정하면 될 종목이 무리하게 전승주체를 인정하지 않고 종목만 지정하는 형태로 변형 지정하게 되었고, 그만큼 전승활동을 책임지고 활동할 주체가 사라지는 모습을 낳고 있다. 앞서 설명한 대로 4가지 형태의 지정유형 중 전승 공동체 인정 종목 유형이 없어짐에 따라 4번째 형태의 지정유형이 과도하게 현실에 맞지 않는 상태로 지정되는 문제점을 만들었다.

국가긴급보호 제도는 당초 제도 도입의 이유를 망각하고 국가무형문화재로 기지정된 종목 중 전승취약 종목을 국가긴급보호무형문화재로 중복 지정하는 행태로 운영하고 있다. 참으로 안타깝기 짝이 없다. 앞서 살펴봤듯이 긴급보호는 기지정된 취약 종목을 염두에 둔 것이 아니었다. 해당 조항의 시행령에서 긴급보호 대상을 국가무형문화재로 한정시켜 버리면서 국가무형문화재이자 국가긴급보호무형문화재로 이중 지정되도록 법이 운용되고 있다. 제도 도입의 취지를 훼손시키고 말았다. 조속히 바로잡아야 할 일이다.

무형유산의 진흥을 위해 역점적으로 넣었던 한국무형문화유산진흥원은 보호재단 내 무형문화재진흥센터로 축소되고 말았다. 현재 진흥센터의 인력구성과 역량은 당초 목적했던 진흥원의 기능을 수행하기에 역부족이다. 전통공예품 인증제, 은행제가 제자리를 잡지 못하는 까닭이 여기에 있다. 전통공예품 유통센터 또한 마련하지 못하고 있다. 그렇지 않아도 열악한 상황인 무형유산을 전담하여 진흥시켜야 할 역할을 맡았던 진흥원이 재단 내 센터로 격하되어 오늘에 이르게 된 상황은 안타깝기 짝이 없다.*

7. 종합적 평가 및 향후 전망

2012년은 무형문화유산 분야에 정책적 대전환을 가져온 해였다. 결국 그해 12월 아리랑은 유네스코 인류무형문화유산으로 등재되었고, 전승자의 축하와 기대 속에 무형문화유산법이 발의되었으며, 전주에 건립된 건물은 문화재청 소관 국립무형유산원**으로 자리를 잡게 되었다.

이런 성과를 얻기까지 많은 사람들의 노력과 도움이 있었다. 당시 무형문화재분과 문화재위원, 무형문화재과 동료들, 요로에 계셨던 정책결정권자 그리고 무엇보다 한마음으로 응원, 지지를 보내주신 전체 전승자들의 공이 컸다.

여기서 한 사람을 특별히 강조해서 기록하려 한다. 바로 당시 문화재청장이셨던 김 찬 청장님이다. 재직하시는 동안 유독 무형분야에 많은 애정과 관심을 기울여 주셨다. 전국을 돌며 한 달에 한 번씩 전승자와의 만남 행사를 가지셨고, 꼭 대외 행사에는 무형문화재 보유자가 만든 한복과 소품을 챙기셨으며, 무형문화재과에 근무할 동료 선택권을 내게 백지위임***하셨던 그리고는 무한한 응원을 보내주셨던 청장님이셨다. 그분이 계셨기에 2012년 모든 일을 성공적으로 수행할 수 있었다. 그럼에도 이것도 부족하다고 더 잘하라는 당부를 아끼지 않으셨다.

* 의사결정권자의 판단과 혜안이 얼마나 중요한지 알려주는 반면교사로 삼아야 할 것이다.

** 법인 '아태무형유산전당', 국가기관 '국립무형유산원' 갈등 속에 후자로 결정. 요로의 도움을 얻어 현재 고위공무원 나급 조직으로 확대·개편되었다.

*** 2011.1월 말 필자를 불러 같이 일할 직원명단을 적어오라는 지시를 하시고는 그 명단대로 인사발령을 내주셨다.

이제 다시금 문화재 체제에서 국가유산 체제로 전환을 맞고 있다. 「무형문화재법」도 제 이름을 되찾아 「무형유산법」으로 변경되었다. 이참에 2012년 발의된 원안대로의 법률개정도 준비해야 할 것이다. 전승현장이 예사롭지 않다. 인구소멸 시대 무형유산은 그 직격탄을 맞을 것이다. 훗날 영상기록과 문헌 속에서만 남아있지 않도록 지금부터라도 제대로 된 진흥정책과 전승시스템 재구축에 나서야 한다.

지금 우리의 무형유산 제도는 비유하자면, 11명의 히딩크로 구성된 축구대표팀에게 월드컵 우승을 바라는 것과 같다. 2002년의 히딩크 감독은 훌륭하고 노련한 조련사였다. 그러나 필드에서 뛸 선수는 아니지 않는가? 우리의 무형유산 제도는 고령의 경험 많은 보유자에게 전수교육과 함께 현장의 전승활동을 모두 맡기고 있다. 물론 종목에 따라 가능한 종목도 있을 것이다. 그러나 이제 발전적 체제로 변화해야 한다. 보유자에게는 최고의 제자를 길러내는 전수교육에 집중할 수 있도록 하고, 절정의 기량을 지닌 전승자에게는 세계를 무대로 한국의 우수한 무형유산을 널리 전파하고 알릴 수 있는 폭넓은 전승활동 기회의 장을 열어야 한다. 이제 역할을 구분해서 새로운 활로를 모색해보자.

월드컵 우승은 11명의 히딩크가 아닌 11명의 손흥민으로 구성된 팀이 해낼 수 있을 것이기 때문이다.

2. '공동체'와 '전형' 담론

1) 2015년 「무형문화재법」의 '공동체'와 '전형' 논의

한국의 무형유산 정책에서 '공동체'와 '전형'의 개념은 가장 논쟁적인 담론 중 하나이다. 2015년에 제정된 「무형문화재 보전 및 진흥에 관한 법률」은 이러한 측면에서 여러 문제점을 안고 있다. 이러한 문제점을 인식한 필자는, 당시 무형유산학회장으로서 2015년 가을 학술대회에서 이 쟁점을 주요 의제로 부각시켰다.

> **무형유산학회 2015년 가을 학술대회에 초대합니다.**[9)]
>
> 「무형문화재 보전 및 진흥에 관한 법률」이 2015년 3월 27일 제정되고 2016년 3월 28일 시행될 예정입니다. 이 개정 이유로서 "2003년 10월 17일 유네스코 「무형문화유산보호협약」이 제정됨에 따라 회원국으로 가입한 우리나라의 무형문화재 보호 제도 및 정책의 틀을 새롭게 마련해야 할 필요성이 제기되던 중…", 즉 1962년 1월 10일 「문화재보호법」에 의해 보존되었던 무형문화재를 이제는 유네스코의 무형유산 협약을 감안해 고친다는 것이 새 법률의 개정 이유입니다.
>
> 그러나 이 새 법률은 유네스코 무형유산보호협약을 반영하지 않은 점이라는 데 문제가 있습니다. 유네스코 협약에서는 무형유산을 다음과 같이 정의하고 있습니다.
>
> The "intangible cultural heritage" means… that communities, groups and, in some cases, individuals recognize as part of their cultural heritage. This intangible cultural heritage, transmitted from generation to generation, is constantly recreated by communities and groups in response to their environment, their interaction with nature and their history, and provides them with a sense of identity and continuity, thus promoting respect for cultural diversity and human creativity…

9) 임돈희, 「학회장 초대장」, 『2015 가을 정기 학술대회 및 총회 프로그램』, 무형유산학회, 2015.

유네스코 협약에 따르면 세 가지 중요한 키워드가 있습니다.

첫째 무형유산이라는 개념이고 두 번째는 공동체 안에서 무형유산이 보호되어야 한다는 점, 세 번째는 무형유산이란 변화하고 재창조된다는 점을 강조하고 있습니다. 그런데 새 법률에서는 무형유산이란 용어 대신에 구법의 무형문화재란 용어를 바꾸지 않고 그대로 썼으며[10] 공동체 안에서의 무형유산의 보호가 아니라 구법의 종목 위주의 보호를 그대로 사용하고 있습니다. 무형유산의 변화를 인정하지 않은 구법의 원형 대신에 전형으로 용어를 바꾸었지만 전형의 개념은 "전형典型이란 해당 무형문화재의 가치를 구성하는 본질적인 특징으로서 대통령령으로 정하는 것을 말한다"라고 「무형문화재법」에 쓰여 있고 시행령에는 "해당 무형문화재를 여러 세대에 걸쳐 전승하는 데 구현되고 유지되어야 하는 고유한 가치, 기법 또는 지식을 말한다"라고 정의한바 변화와 재창조에 대한 언급은 전혀 없습니다.

무형유산 전문가로 구성된 무형유산학회에서는 위와 같은 구법과 다르지 않은 신법의 문제점을 심각하게 생각하고 이 문제점을 집중적으로 논의하고자 합니다. 무형문화유산의 선진국이라고 자부하는 대한민국의 신법이 글로벌 스탠다드인 유네스코의보호협약과 상충하지 않도록 무형유산 전문가들의 지혜를 모아야 할 때라고 봅니다.

2015년 10월

무형유산학회장 임돈희

필자는 우리나라 무형유산 정책에 있어 앞으로 두 가지 쟁점이 있다고 생각했다. 하나는 '전형' 문제고, 다른 하나는 '공동체' 문제다. '원형' 문제는 모두가 인식하는 문제, 한국

---

10) 2011년 12월 6일 오후 2시 국립고궁박물관 별관 강당에서 문화재청 주최로 중요무형문화재 제도 개선 학술토론회가 있었다. 이 학술토론회는 당시 무형문화재과 황권순 과장의 기획으로 이루어졌다. 그 당시 「무형유산 보존 및 진흥에 관한 법률 제정 연구」를 발표했는데 무형문화재 대신에 무형유산이란 용어를 사용했으나 막상 2015년 법 개정에는 무형유산 대신에 무형문화재라는 용어가 들어갔다. 그 이유는 모법인 「문화재보호법」이 아직도 문화재란 용어를 쓰고 있으므로 무형문화재만 무형유산으로 쓸 수 없었기 때문이다. 마침내 2024년에 「국가유산법」이 발효됨에 따라 무형문화재란 용어가 무형유산으로 바뀌었다.

의 무형문화재 정책에서 50여 년간 유지해 온 정책인데 그 문제를 인식해 「무형문화재 보전 및 진흥에 관한 법률」에서도 원형 대신 전형으로 정책을 바꾸었다. 그러나 이 전형은 이름만 바뀌었을 뿐이지 그 실체가 알려진 바가 없다. 전형이란 무엇인가? 전형은 원형에 비해 무형유산의 전승에서 변화를 인정한다는 것밖에 알려진 것이 없다. 한번도 논의된 적이 없는 전형은 변화를 인정한다면 어떤 부분에서 변화를 인정하는가, 그 변화는 의도적인 변화인가, 누구에 의해 변화가 이루어지는가 등 많은 논의가 요구되는 개념이다.

공동체 문제 또한 그동안 한국의 무형유산 정책에서는 거의 논의된 적이 없다. 한국의 무형유산 정책은 종목 위주의 정책이었고, 그 종목의 보유자 및 보유단체에게만 관심이 집중되었다. 2003년 유네스코 협약에서 지칭하는 공동체와는 매우 다른 양상이다. 한국의 무형유산 정책에서 공동체는 어떤 식으로 인식되고 논의되어야 하는가가 가장 당면한 문제다.

필자는 당시 무형유산학회 회장으로서 '전형'과 '공동체'의 문제에 대해 학계가 더욱 관심을 갖고 본격적으로 논의해야 한다는 문제의식을 가지고, 이 주제를 네 차례의 학술대회 주제로 선정하였다. 이를 통해 많은 무형유산 연구자들 간의 활발한 토론과 학술적 논의를 이끌어냈다.

[표 1-2-4] '공동체' 및 '전형'을 주제로 한 무형유산학회 학술대회

일시	주제
2015. 8. 29.	제1회 학술심포지움 "무형문화재 보전 및 진흥에 관한 법률에 관한 배경과 의의"
2015. 11. 14.	추계학술대회 "무형문화재 보전 및 법률에 관한 생산적 재고"
2016. 4. 16.	춘계학술대회 "실제 현장 사례를 통한 무형유산의 전형의 양상 및 변화"
2016. 11. 12.	추계학술대회 "무형유산 공동체의 개념과 실상"

(1) '공동체' 논의

무형유산학회에서 '공동체' 개념을 중심으로 개최한 학술대회와 그 자리에서 발표된 주요 관련 논문은 다음과 같다.

[표 1-2-5] '공동체'를 주제로 한 무형유산학회 학술대회

2015	추계학술대회 "무형문화재 보전 및 법률에 관한 생산적 재고"	
	함한희	「공동체를 외면한 무형문화재법」
	정형호	「공동체의 변화와 현대 무형유산 공동체의 주체」
	최종호	「무형문화유산의 공동체 의미와 역량 구축 방안」
2016	추계학술대회 "무형유산 공동체의 개념과 실상"	
	박상미	「유네스코 무형문화유산보호협약과 무형문화유산의 공동체」
	강정원	「마을 신앙 공동체와 무형유산」
	김신효	「마을 공동체에 따른 동해안 별신굿의 변화」
	정성미	「줄다리기 당산제 공동체의 구성과 주요 특징 - 정읍시 산외면 원정마을 사례를 중심으로」
	유목화	「낙안 읍성 민속마을 공동체 문화의 지속과 변화 - 정월 대보름 민속을 중심으로」
	오정심	「소셜네트워크 분석을 통한 무형유산 공동체 연구 - 국가무형문화재 판소리 종목을 중심으로」
	권혁희	「도시 개발에 따른 마을 공동체의 해체와 마을 의례 전승 공동체의 형성 - 서울 강남구 사례를 중심으로」

공동체에 대한 개념을 정의하는 것은 쉽지 않은 작업이다. 특히 유네스코 「무형문화유산보호협약」에서 핵심 개념으로 사용되는 공동체 개념은 더욱 그러하다. 공동체에 대한 정의나 개념 그리고 실상에 대한 합의는 이루어지지 않았다는 것이 협약의 실정이다. 우리나라의 경우, 공동체에 기반한 무형유산 보호는 생소한 개념일 수 있다. 왜냐하면, 「문화재보호법」상 공동체 안에서 무형유산의 보호에 대한 규정은 없으며, 보유자와 보유단체를 중심으로 한 종목 위주의 보전 정책을 유지해 왔기 때문이다. 따라서 본 학회에서는 무형유산 공동체를 개념화하고, 공동체 기반의 무형유산 보호 문제에 대한 논의의 장을 마련하여 공동체 개념을 좀 더 명확하게 하고자 했다. 이 학술대회를 통해 공동체는 무형유산의 전승 집단 및 향유층을 포괄하는 의미로서, 기존 공동체 논의를 포함할 뿐 아니라, 무형유산 보존회, 동호인 집단 등을 포괄하는 개념으로 보았다. 기존의 공간적 개념의 공동체, 즉 마을이나 지역사회를 포함해서 도시 속 무형유산 공동체, 인위적 집단, 심지어 상상의 공동체까지 모두 포괄한다는 점을 명기했다.[11]

11) 임돈희, 「무형유산학회 2016년 가을학술대회에 초대합니다」, 『무형유산 공동체의 개념과 실상』, 2016년 무형

함한희는 2015년 무형문화재 신법을 '공동체를 외면한 무형문화재법'이라고 규정하고 공동체 문제에 대한 논의를 시작했다.

> 무형문화재법에서는 전승 공동체에 대한 언급이 별도로 없다. 단지, 무형문화재의 전승은 보유자와 보유단체에 의해서 이루어지는 것으로 보고 있을 뿐이다(「무형문화재법」 제2조). 즉 개인과 단체가 아닌 지역 기반의 공동체의 존재를 인정하지 않고 있다. 물론 예외 조항을 두어서 보유자, 보유단체가 아닌 경우에도 국가무형문화재로 지정될 수 있다(「무형문화재법」 제17조 1항). 다시 말해서 보유자를 지정하기 어려운 경우도 국가무형문화재로 지정할 수 있다는 뜻이다. 그러나 여전히 이 조항이 지시하는 뜻이 무엇인지는 뚜렷하지 않다. 전례에 따르면, 이 조항은 유네스코 인류무형문화유산 대표목록 등재를 준비하기 위한 것으로 보유자가 없는 종목, 즉 전승 공동체의 존재를 제한적으로 인정한다는 뜻이다.
>
> 반면 협약에서는 공동체가 무형문화유산의 전승에서 중요한 위치를 차지한다는 점을 명시하고 있다. 공동체, 집단, 그리고 어떤 경우에는 개인이 자신들의 문화적 유산이라고 인정하는 것이 무형문화유산이라고 정의하는바, 무형문화유산의 전승은 공동체, 집단, 개인에 의해 이루어진다고 보고 있다. 나아가서 협약에서는 공동체가 무형유산의 생산, 보존, 전승의 주체라고 본다. 그러나 우리나라 「무형문화재법」에서는 이 공동체를 지목하지 않는다는 점에서 차이가 두드러진다.[12)]

박상미는 유네스코가 주관한 공동체 개념에 대한 전문가 회의에서 논의된 공동체 개념을 소개했다.

유산학회 추계학술대회 발표집, 무형유산학회, 2016.

12) 함한희, 「전승공동체 보호의 문제와 무형문화재법」, 『무형유산학』 제1권 1호, 무형유산학회, 2016, 14쪽.

공동체란 무형유산을 연행하고 전승하고 그것과의 관련성에서 기인한 공유된 역사적 관계로부터 나오는 정체성과 연결성을 가진 사람들의 네트워크이다.

집단이란 단일한 하나의 공동체 또는 여러 공동체에 속해 있는 사람들로 이루어져 있는데, 이들은 공통적으로 현재와 미래의 무형유산의 수호자, 연행자 또는 배우는 사람의 자격으로 유산의 연행, 재창조 또는 전승에 있어 기술, 경험, 특별한 지식을 가지고 특정한 역할을 수행하는 사람들이다.

개인이란 역시 한 집단 안에 있거나 여러 집단에 분산된 이들로 특별한 기술, 지식, 경험이나 그 외의 특성을 지니고 현재와 미래의 무형유산의 연행, 재창조 또는 전승에 있어 문화의 수호자, 연행자 또는 배우는 사람의 자격으로 특정한 역할을 수행하는 사람들이다.

이러한 공동체, 집단, 개인들이 무형유산의 의미 부여, 전승 보호 그리고 유네스코 목록 등재에 있어 주체적인 역할을 수행해야 한다는 것이 2003년 무형유산보호협약의 근간을 이루는 것이다.[13]

공동체에 관한 개념 정의는 복잡하고 어려운 일이다. 학문적으로도 공동체는 학자들 간에 논란의 대상이다.[14] 유네스코에서도 협약에서 사용된 공동체에 관한 정의를 내리고자 몇 차례 전문가 회의를 했지만,[15] 합의를 이루지는 못했다. 한국의 무형문화재는 대부분 종목과 해당 종목의 전승자 중심으로 지정되고 있다. 반면, 무형문화재를 전승하는 공동체가 명확한 종목은 많지 않다. 공동체는 사라지고 무형유산만 전해지는 경우도 많다.

---

13) 박상미, 「유네스코 무형유산보호협약과 무형유산의 공동체」, 『무형유산 공동체의 개념과 실상』, 2016년 무형유산학회 추계학술대회 발표집, 무형유산학회, 2016.

14) Benedict Anderson, *Imagined Communities: Reflection on the Origin and Spread of Nationalism*(revised edition), London and New York: Verso, 2006(orig.1983).

15) UNESCO and Asia/Pacific Cultural Centre for UNESCO (ACCU), "Report of the Expert Meeting on Community Involvement in Safeguarding Intangible Cultural Heritage: Towards the Implementation of the 2003 Convention," Tokyo, Japan, 13-15 March 2006, 〈https://ich.unesco.org/doc/src/00034-EN.pdf〉(최종검색일: 2025년 3월 25일).

무형유산 종목만 연구되고 있고 그 무형유산이 전승되는 공동체 연구는 거의 없다고 볼 수 있다. 따라서 공동체 논의는 구체적인 내용 없이 이론적인 담론으로만 논의되고 있다.

따라서 한국의 경우 공동체 안에서 전승되는 무형유산 가운데 가장 모범적인 무형유산을 논의함으로써 유네스코가 정의하는 공동체와 그 안에서 전승되는 무형유산의 모습을 살펴보고자 한다. 유네스코 협약은 무형유산이 공동체 안에서 보호 전승되어야 한다는 점을 강조하고 있다. 강릉단오제는 이런 측면에서 가장 모범적인 경우라고 볼 수 있다.

강릉단오제는 강릉 시민들이 '우리 것'이라고 인식할 뿐만 아니라 한국의 다른 지역 사람들도 강릉단오제는 강릉 시민의 것이라고 인식하고 있다. 강릉단오제는 강릉의 대표적인 축제로서, 강릉단오제에 대한 강릉 시민들의 열정은 어느 지역에서도 볼 수 없을 정도로 대단하다. 강릉단오제는 유구한 역사를 가지고 있다. 천 년의 역사를 가지고 있다고 많은 강릉 주민들은 말한다. 그만큼 오랫동안 강릉단오제를 행했다는 자부심이 있다. 우리나라의 전통축제 중 많은 지역의 축제가 일제 강점기나 그 후 근대화, 산업화 과정에서 소멸된 곳이 많은데 강릉단오제는 단절되지 않고 계속 이어져 왔다. 2015년 메르스 사태로 인해 강릉단오제에서 행해지는 무형문화재로 지정된 굿, 제례, 관노가면극의 실연 외에 모든 행사가 취소되자 많은 강릉 시민들은 강릉단오제를 하지 못한 것에 대해 매우 실망하고 아쉬워했다. 1950년 한국전쟁 중에도 해왔던 강릉단오제를 2015년 행하지 못한 것에 대한 아쉬움을 두고두고 강릉 사람들에게서 들을 수 있었다.

강릉단오제는 강릉의 일부 대표적인 유지들뿐만 아니라 대부분의 강릉 시민들이 적극 참여한다는 데 그 의의가 있다. 물론 단오장에 나와서 굿도 보고, 씨름도 보고, 장도 보고 하는 구경꾼으로서의 참여도 하지만 좀 더 적극적인 참여도 하고 있다. 예로 강릉단오제에 쓸 제주祭酒는 강릉 시민들의 신주미 봉정으로 만들어진다. '시민은 3kg의 쌀을 가지고 강릉시청 21개 읍면동 주민센터, 강릉단오제위원회 및 칠사당 등을 방문해 신주미 자루에 쌀을 담고, 소원지를 함께 적어 내면 신주 교환권을 받을 수 있다. 이 신주 교환권으로 강릉단오제 기간에 신주로 교환하여 맛볼 수 있다. 즉 이와 같은 신주미 봉정은 시민의 자발적인 참여로 이루어지고 있다. 2015년에는 신주미 5,000여 포대가 시민들로부터 답지했다고 한다. 2024년에는 6,689세대가 참여했으며, 204가마(1가마당 80kg 기준)가 답지했

다고 한다.[16]

강릉단오제에는 이렇게 폭 넓은 시민들의 참여뿐만 아니라 각계 각층의 집단이 직간접적으로 참여하고 있다. 강릉시청에는 단오제를 담당하는 공무원이 있으며, 강릉시장은 강릉단오제 때 초헌관을 맡을 정도로 관심을 보이고 있다. 재정적인 지원을 하는 것은 물론이다. 민간의 여러 단체도 단오제에 적극 참여하고 있다. 가장 활발한 활동을 하는 곳이 강릉단오제위원회와 강릉단오제보존회다. 단오문화관이라는 전용 건물도 있다. 뿐만 아니라 강릉의 수많은 민간단체, 예술단체, 학술단체 그리고 여성단체 등도 강릉단오제에 참여하고 있다. 즉 강릉단오제는 강릉 시민들의 정체성을 규정하는 대표적인 축제이며 역사적으로 오랜 기간 동안 단절 없이 전승된 살아있는 문화유산으로, 다른 지역의 축제에서 보는 것처럼 일부 주민만 참여하는 것이 아닌 강릉 시민의 전폭적인 지지와 참여로 이루어지는 그런 축제다.

강릉단오제가 유네스코가 바라는 모범적 유산으로 평가되는 이유는, 협약이 강조하는 '재창조'의 측면을 잘 보여주기 때문이다. 2003년 유네스코 협약에는 "세대를 통해 전해오는 무형문화유산은 공동체와 집단이 그들의 환경, 자연, 역사와의 상호작용에 맞추어 끊임없이 재창조되었으며 이들에게 정체성 및 지속성을 제공해 문화적 다양성과 인류의 창조성에 대한 존중을 증진한다"라고 정의되어 있다. 즉 유네스코는 무형유산은 공동체 안에서 끊임없이 변화하며 재창조되는 것임을 강조한다. 1962년 제정된 우리나라 「문화재보호법」에서는 원형을 고수하며 변화를 인정하고 있지 않다. 그러나 강릉단오제는 오랜 전승과정에서 끊임없이 변화하고 재창조되었다. 협약에서 정의한 대로 환경, 자연, 역사와의 상호 작용에 의해 변화해 왔다. 의도적으로 변화를 시도한 것도 있고 불가피하게 변화된 요소도 있다. 예로 일제 강점기에 중앙시장 상인들이 주축이 되어 전승되었던 단오

16) "'스무 살, 단오' 2025 강릉단오제 시작 … 신주미 봉정 진행", 『연합뉴스』, 2025년 4월 9일. 〈https://www.yna.co.kr/view/AKR20250409136800062〉(최종검색일: 2025년 4월 9일); "강릉시 공무원, '강릉단오제' 신주미 봉정 참여", 『연합뉴스』, 2025년 4월 22일. 〈https://www.yna.co.kr/view/AKR20250422078700062〉(최종검색일: 2025년 5월 1일).

제는 이제는 중앙시장 상인들이 공개적으로 참여하는 일은 없다.[17)]

강릉단오제 내용 중 의도적인 변화를 예로 들어보고자 한다. 유네스코 등재 전인 2005년 이전의 강릉단오제에는 '신통대길'이라는 길놀이가 없었다. 그런데 2011년부터 '신통대길'이라는 새로운 길놀이가 추가되었다. 이는 강릉시 관내의 주민자치 단체가 주가 되어 만든 길놀이를 말하는 것으로 그 마을이나 동의 전통문화의 특성을 보여준다. 이러한 새로운 시도는 아마도 강릉단오제에 더 많은 시민들이 단지 구경꾼으로 참여하는 것이 아니라 직접 문화를 만들고 참여하는 것을 장려하기 위해 기획된 것이라고 본다.

강릉단오제가 유네스코가 바라는 모범적인 무형유산인 또 다른 이유는 강릉 지역의 청소년을 대상으로 강릉단오제의 전승을 위한 교육에 특히 많은 노력을 기울인다는 점이다. 2003년 유네스코 협약에도 "특히 청소년 세대에게 무형문화유산 및 이의 보전의 중요성에 대한 인식을 고취할 필요성을 인정하고"라는 문구가 있다. 무형유산은 전통문화로서 옛날의 생활양식에 익숙한 노년들에게는 친밀한 문화유산이지만 젊은 세대에게는 외면당하는 경우가 많다. 무형유산이 다음 세대에 전승되기 위해서는 어렸을 때부터 자기 지역의 무형유산에 익숙해지는 경험이 필요하다. 강릉단오제 기간이 되면 학교는 휴일로 정해 학생들이 강릉단오제에 참가할 수 있도록 한다. 뿐만 아니라 강릉단오제에 대한 전문 강사를 양성해 이 강사들이 초등학교에 가서 강릉단오제에 대해 교육한다. 이와 같은 강릉단오제에 대한 청소년 교육은 매우 중요한 것이고, 다른 지역에서도 배워야 할 점이다.[18)]

종목 위주의 무형문화재를 보존해 왔던 한국 무형문화재 제도는 앞으로 강릉단오제처럼 공동체 안에서 무형유산의 지속가능한 보호 방안을 모색해야 할 것이다.

---

17) 황루시, 「강릉단오제 유네스코 등재 이후의 변모에 따른 몇 가지 현안 진단」, 『강릉단오제 유네스코 선정 10주년 회고와 전망』, 강릉단오제 유네스코 인류무형문화유산 선정 10주년 기념 학술세미나 발표집, 2015, 19쪽.

18) 임돈희, 「강릉단오제: 유네스코가 바라는 모범적인 무형유산의 모습」, 기조강연, 『강릉단오제 유네스코 선정 10주년 회고와 전망』, 강릉단오제 유네스코 인류무형문화유산 선정 10주년 기념 학술세미나 발표집, 2015.

(2) '전형' 논의

2015년 개정된 「무형문화재법」은 그동안 고수되어 왔던 원형 유지 전승 방법을 전형유지라는 정책으로 변경했다. 전승에 있어 변화를 인정한 주요한 정책이다. 그러나 이 전형의 실체가 무엇인가 하는 것은 학계에서 다루어야 할 중요한 주제다.

무형유산학회는 전형 개념의 중요성을 감안하여 전형을 주제로 학술대회를 여러 차례 개최하였다. 전형과 관련된 주제로 열린 무형유산학회 학술대회와 발표 논문은 다음과 같다.

[표 1-2-6] '전형'을 주제로 한 무형유산학회 학술대회

<table>
<tr><td rowspan="4">2015</td><td colspan="2">제1회 학술심포지엄 "무형문화재 보전 및 진흥에 관한 법률에 관한 배경과 의의"
무형문화재 보전 및 진흥에 관한 법률의 비판적 검토</td></tr>
<tr><td>정상우</td><td>「무형문화재 보전 및 진흥에 관한 법률 제정의 의의」</td></tr>
<tr><td>최종호</td><td>「무형문화재 유형별 분류체계에 관한 연구」</td></tr>
<tr><td>허용호</td><td>「'원형'에서 '전형'으로, 그 지향과 한계」</td></tr>
<tr><td rowspan="4">2015</td><td colspan="2">추계학술대회 "무형문화재 보전 및 법률에 관한 생산적 재고"
무형문화재법의 '원형'에서 '전형'으로의 변화에 따른 의미와 문제점</td></tr>
<tr><td>허용호</td><td>「원형의 신화, 전형의 논리 - 발탈에서의 원형과 전형 논란을 중심으로」</td></tr>
<tr><td>유철인</td><td>「전형과 경향, 그리고 원형과 전형」</td></tr>
<tr><td>최원오</td><td>「이야기 문학에서의 원형과 전형」</td></tr>
<tr><td rowspan="11">2016</td><td colspan="2">춘계학술대회 "실제 현장 사례를 통한 무형유산의 전형의 양상 및 변화"</td></tr>
<tr><td>권혁희</td><td>「마을의례의 창출과 무형문화재 지정 과정을 통해 본 '원형'과 '전형' 담론의 지형 - 서울 우이동 '삼각산도당제'를 중심으로」</td></tr>
<tr><td>조순자</td><td>「현장사례로 본 중요무형문화재 제5호 〈판소리〉 전승 및 전형의 변화 양상」</td></tr>
<tr><td>조영배</td><td>「민요 음악의 원형 · 전형의 양상 및 변화실태 - 무형문화재로 지정된 제주도 소재 · 민요들의 현장사례를 중심으로」</td></tr>
<tr><td>최종호</td><td>「은산별신제의 원형 · 전형의 양상 및 변화에 관한 연구」</td></tr>
<tr><td>정상박</td><td>「오광대의 변화 실상과 수용」</td></tr>
<tr><td>유철인</td><td>「제주해녀의 지속과 변화 - 살아있는 유산과 전형 유지」</td></tr>
<tr><td>정형호</td><td>「전통연희의 생명력과 원형 · 전형 논의의 한계 - 가면극과 남사당놀이를 중심으로」</td></tr>
<tr><td>허용호</td><td>「무형유산 정책 당국을 위한 변명 - 정형호 선생님의 「전통연희의 생명력과 원형 · 전형 논의의 한계」에 부쳐」(토론문)</td></tr>
<tr><td>서해숙</td><td>「달집태우기의 전통과 현대적 변화」</td></tr>
<tr><td>이병옥</td><td>「송파산대놀이의 변모양상을 통한 원형 · 전형의 문제」</td></tr>
</table>

전형에 관해서는 많은 학자들이 관심을 피력했다. 원형 위주의 문화재 개념에서 원형은 한 번 지정된 무형문화재는 변하지 않고 그대로 유지, 전승되어야 한다는 개념으로 그동안 많은 학자들의 비판을 받아왔다. '문화재의 박제화'를 가져온다는 것이 주요 비판 중 하나였다. 그리고 2003년 유네스코 협약에 명시된 "무형유산은 끊임없이 재창조되고 변화한다"는 개념과 정면으로 상치되었다. 따라서 「무형문화재법」에서 '원형' 대신 '전형'이라는 용어를 채택한 것은 변화의 존재를 인정한 것으로 평가된다. 「무형문화재법」 제2조 2항 '전형典型'이란 해당 무형문화재의 가치를 구성하는 본질적인 특징으로서 대통령령으로 정한다 라고 법문화되어 있다. 하지만 전형이 무엇인가는 대통령령으로 정해질 수는 없고 결국 학자들에 의해 그 실체가 파악되어야 한다.

이 전형이라는 단어를 소개한 학자의 의견은 다음과 같다.

> ① 무형문화재 종목의 한 시대적 형태를 지정하고, 그 지정된 형태를 유지하기 위한 개념으로 사용되는 '원형原形(original form)'의 개념 대신에 '전형典型(typifier)'의 개념을 사용할 것을 제안한다. '어떤 부류의 본질적 특색을 나타내는 틀'이라는 사전적 정의를 갖는 '전형典型(typifier)'은 특정 시기의 한 형태만을 규정하는 원형原形의 개념과는 달리 무형문화유산의 속성인 순간성과 공간성 그리고 변화의 속성인 내발적 역동성을 모두 포괄할 수 있기 때문이다. 원형原形의 개념은 원래 유일성을 바탕으로 하고 있고, 전형典型은 동일한 원리가 반복 적용될 때 발생하는, 내부적인 변화를 인정하는 개념이다.[19]

> ②'원형'이라는 용어 대신에 전형 또는 전범이라는 용어를 사용함으로써 완화하는 방식이다. 이 경우 과거의 원형이라는 개념 요소까지는 아니지만 다소 완화된 개념을 적용해 무형문화유산이 박제화되는 것을 방지할 수 있을 것이다.[20]

---

19) 송준, 「무형문화유산의 보존과 활용에 대한 소고」, 『남도민속연구』 제17집, 남도민속학회, 2010, 225쪽.

20) 정종섭 · 정상우 외, 『(가칭)무형문화유산 보전 및 진흥에 관한 법률 제정 연구』, 문화재청 · 인하대학교 산학협력단, 2011, 65쪽.

그러나 변화를 인지한다는 전형의 개념이 원형과 다른 점이 과연 무엇인가 하는 반론이 전개되었다.

① '전형'이 무엇인가 하는 점은 여전히 모호하다. 더구나 그것은 실체가 있는 것이 아니라, 추론되는 것이기에 더욱 그러하다. 송준의 논의에 좀 더 기대어 본다면, '전형'은 "표현된 형태" 보다는 그 형태를 창출하는 '원리'에 중심을 두고 있는 개념으로 설명되고 있다. 이는 어떤 현상들의 배후에서 그것들을 현출시키는 원리를 말하고 있는 것 같기도 하다. 그렇다면 그것은 원형과 전혀 다른 것이라기보다는 또 다른 얼굴을 한 원형일 수 있다. 추상 개념으로서의 원형으로 볼 수 있는 것이다. 결국 전형이라는 개념은 가면을 쓴 원형인 것이다. 사소하고 주변적이며 중요하지 않은 변화는 인정하지만, 중요하고 핵심적인 원리는 여전히 철칙화시키고 절대화시킬 여지가 다분한 것이다. 더욱이 그것이 추론되는 것임을 염두에 둘 때 당연하게 나타나는 주관성 역시, 「무형문화재 보전 및 진흥에 관한 법률」의 운용에 장애로 작용할 가능성이 크다.

이렇게 '전형' 앞에는 산적한 여러 문제가 있다. 새롭게 도입되었지만, '전형'은 결국 '원형'의 또 다른 얼굴일 수 있다. '원형'이 가졌던 또 다른 한계를 여전히 '전형' 이 내포하고 있다. '전형'이라는 것이 무형문화유산의 보전과 진흥의 기준이 되고, 무형문화재 지정이나 '인간문화재' 지정의 평가 기준이 되었을 때, 그것은 고정되고 고착될 수밖에 없다.[21)]

② 변화를 인지하는 전형의 개념은 많은 논란을 불러일으키는 개념이다. 전형은 법령에서 지적한 "유지되어야 하는 고유한 가치" (변하지 않는) 뿐만 아니라 재창조되고 변화하는 양상은 어떤 것이냐 하는 것도 같이 고려해야 할 것이다. 즉, 공동체 안에서의 무형유산의 변하지 않는 모습과 변화하는 모습이 어떤 것이어야 하느냐 하는 점이 분석되어야 하고 그 변화와 변하지 않는 무형유산의 요소는 누가 왜 어떤 상황에서 어떤 의

---

21) 허용호, 「'원형'의 신화, '전형'의 논리: 발탈에서의 '원형'과 '전형' 논란을 중심으로」, 『무형유산학』 제1권 1호, 무형유산학회, 2016, 29~49쪽.

도로 전개하는지가 밝혀져야 할 것이다. 즉 무형유산을 만들고 유지하고 전승하는 공동체 "사람들"에 초점을 맞추어 분석할 때 전형의 모습이 밝혀질 것이라고 본다.[22)]

전형은 원형과 같은 것이 아닌가 하는 의견에서부터 변화와 재창조를 허용하는 전형이라면 변화의 모습이 분석되어야 한다는 의견까지 다양한 전형의 모습을 알기 위한 논의가 이어졌다. 2016년 4월 16일 열린 춘계학술대회에서는 2015년 추계학술대회에서 논의된 원형과 전형의 논의를 연장시켜서 '실제 현장 사례를 통한 무형유산의 원형과 전형의 양상'에 대해 논의했다. 원론적인 논의가 아니라, 각 무형유산 분야별로 현장에서 부딪히는 원형 논란에 대해 구체적인 사례를 중심으로 한 논의가 이루어졌다. 이러한 구체적인 사례 중심의 논의를 통해 현대 사회에서 실제로 일어난 변화 양상을 드러내고 그 전형성을 재검토해 보고자 했다. 굿, 민속극(가면극, 인형극, 재담 등), 농악, 놀이, 동제, 춤, 노래(민요, 판소리, 잡가 등), 공예 등 각 분야가 모두 망라되어, 각각의 구체적인 무형유산에서 전형의 모습을 밝혀내고자 하는 노력이었다.

결론적으로, 한국 무형유산 정책에서 원형 개념이 전형 개념으로 바뀐 것은 이론적으로 보나 유네스코 협약과의 관계에서 보나 환영할 만하다. 그런데 문제는 전형의 실체를 어떻게 밝히느냐가 관건이다. 유네스코 협약에 보이는 변화와 재창조를 전형에서 어떻게 구현하느냐를 밝혀야 한다. 한 가지 방법은 각 무형유산이 속한 공동체에서 어떤 변화가 일어나는지를 구체적인 점검을 통해 밝히는 것이 타당하다고 본다.

2) 2015년 이후 '공동체'와 '전형' 논의

2015년 「무형문화재 보전 및 진흥에 관한 법률」 제정 후 10년이 지났다. 그 후 가장 주요한 두 문제, 공동체와 전형 문제는 어떻게 되었는가? 10여 년 동안 이 주요한 문제가 학

---

22) 권혁희, 「마을의례의 창출과 무형문화재 지정 과정을 통해본 '원형'과 '전형' 담론의 지형 - 서울 우이동 '삼각산 도당제'를 중심으로」, 『무형유산학』 제2권 1호, 무형유산학회, 2017, 7~34쪽.

계나 현장에서 어떻게 논의되었는지 두 분의 전문가에게 원고를 부탁했다. 전형 문제에 대해 가장 많은 연구를 한 허용호 교수와 공동체 문제의 전문가인 함한희 교수께서 과거 10여 년간 이 문제에 대한 학계의 논의가 어떻게 진전되었는지 정리해 주셨다. 흔쾌히 응해 주신 두 분께 감사를 표한다.

무형문화유산 공동체에 대한 일고찰

함한희*

- 목차 -

1. 머리말
2. 무형문화유산 협약의 탄생
3. 무형문화유산 공동체의 특징
4. 무형문화유산 공동체 중심의 보호사례
5. 공동체 기반의 목록화
6. 한국의 전승 공동체
7. 맺음말
참고문헌

1. 머리말

우리나라에서 무형문화유산 '공동체community'에 대해서 주목하기 시작한 것은 2003년 유네스코 「무형문화유산 보호를 위한 협약Convention for the Safeguarding of the Intangible Cultural Heritage」(이하 '유네스코 협약' 또는 '무형문화유산 협약')에 조인한 후부터이다. 그 이전까지 공동체는 마을, 촌락, 지역 등을 단위로 하는 일정한 공간적 범위에서 공동생활을 하는 조직을 의미하는 것으로 사회학이나 문화인류학 등의 영역으로만 여겼다. 유무형의 문화

* 전북대학교 명예교수이자 무형문화연구원 원장으로 재직 중이다. 무형유산학회 회장을 역임했으며, 무형문화유산의 학문적 토대 구축을 위해서 노력하고 있다. 국내외 무형문화유산의 기록화 사업, 교육 및 연구 활동을 수행 중이다. 연구 성과로는 「전승 공동체 보호와 무형문화재법」, 「무형문화유산 담론의 형성과 발전과정」, 「동아시아 무형문화유산의 보호활동에 관한 비교연구」 등의 논문이 있다. 미국 컬럼비아대학교 인류학과 대학원에서 석 · 박사 학위를 받았다.

재를 다루는 문화유산의 영역과는 다소 거리가 있다는 생각이 지배적이었다. 공동체의 존재양식은 매우 다양하지만, 일반적으로 국내에서는 전통사회 공동체는 동일한 생업에 종사하는 사람들이나 같은 혈연들인 동족同族집단이 모여 사는 마을을 일컫기 때문이었다.

공동체는 영어의 'community'의 번역어이며, 이 용어의 사전적 정의는 일정한 지역에 거주하면서 공동의 관심사, 이익, 권리를 공유하는 사람들의 집합체를 의미한다. 이러한 정의는 지리적 근접성을 기반으로 한 사회적 결속을 전제로 한다. 그러나 이 개념은 공간적 경계를 넘어 확장되어, 공통의 역사적 경험이나 사회적·경제적·정치적 관심과 지향을 공유하는 집단 또는 국가들까지 포괄하기도 한다. 예컨대 '국제사회international community'라는 표현은 이러한 확장된 의미에서의 공동체 개념을 반영하는 대표적인 사례이다.*

우리나라에서 사용되는 공동체共同體는 사전적 정의로는 커뮤니티와 동일하지만, 한국인들의 인식 속에는 전통적인 마을공동체를 연상하는 경우가 많다. 이러한 점을 감안해서 공동체를 좀 더 정확하게 구분해 보면, 전통사회의 마을공동체는 공동의 활동 속에서 조직력을 갖추고 운영 상 규율과 규범이 엄격하게 작동되는 법인체적 커뮤니티corporate community의 성격을 갖는다. 이는 일반 커뮤니티보다 공동생활의 조직과 운영에 있어서 공동 소유, 공동 분배, 심리적·감성적 협동체의 성격을 강화시키는 것이 바로 법인체적 커뮤니티의 특징이다.

전통사회에서는 공동체 생활이 일상생활의 기본을 이루었다. 그러나 산업화 시대에 이르러서는 농어촌 마을을 중심으로 살던 사람들이 대거 산업지대와 도시로 이주해 갔다. 젊은층이 마을을 떠나서 새로운 일거리를 찾아 이주하는 현상이 두드러지다가, 마침내는 전 가족이 마을을 떠나게 되었다. 이러한 이주 가족이 늘어나면서 마을공동체는 붕괴되기 시작했다.** 산업화 시대를 겪으면서 지금까지의 공동체 관련 연구는 사회구조와 조직

* community의 사전적 의미에 대한 참고는 Merriam-Webster Dictionary를 참고하였으며, 공동체共同體의 사전적 의미는 국립국어원 표준국어대사전을 참고하였다.

** 공동체에 대한 체계적인 연구를 수행한 독일의 사회학자인 퇴니스F. Tőnnies에 따르면, 게마인샤프트Gemeinschaft는 공동사회, 협동체이며, 이는 유기적 · 본원적 의지로 형성된 사회 유형의 하나로 가족, 마을, 촌락이 대표적이라고 주장한다. 이에 반하는 이익사회, 즉 게젤사프트Gesellschaft는 여러 면에서 대조를 이루며, 주로 산업사회에서 나타나는 사회적 유형으로 본다.

의 측면에서 일어난 변화와 그 변화의 원인 및 결과를 분석하는 것이 주요 과제였다. 이같은 사회학적 공동체 연구가 대세인 우리나라에서는 무형문화유산 협약에 등장하는 '공동체community'가 낯설게 다가올 수밖에 없었다. 특히 종목을 중심으로 보전해온 무형문화재법과 제도의 입장에서 보면, 협약이 중시하는 커뮤니티를 받아들이기 어려웠다.

그러나 우리나라에서도 이제는 유네스코 무형문화유산 협약이 강조하는 커뮤니티 개념에 대한 이해가 선행되어야 한다. 이러한 인식의 전환을 바탕으로 공동체 중심의 무형유산 보호체계를 수립하는 것이 가능하며, 이는 지속가능한 유산 보존의 토대를 마련하는데 기여할 수 있을 것이다. 유네스코 협약에서는 커뮤니티를 중심으로 무형문화유산의 보호가 기본 전제이며, 집단이나 개인도 그 커뮤니티의 구성원으로서 활동한다고 보고 있다. 본고는 유네스코 「무형문화유산 협약」의 '커뮤니티'에 대한 정확한 이해를 위해서 작성되었으며, 이를 위해서 체계적인 설명을 해보고자 한다.

2. 무형문화유산 협약의 탄생

20세기에 들어서면서 시작된 세계 대전으로 인류사회는 총체적인 파국으로 치닫게 되었다. 전쟁에 직접 개입되었던 서방의 강대국들은 전쟁의 폐해를 목도하면서 더 이상의 불행을 방지하기 위한 국제적인 노력을 기울이게 되었다. 첫 번째 성과가 유엔United Nations을 창설하면서 국제적 평화와 안전에 대한 유엔헌장을 만들었고, 인권과 기본적 자유에 대한 존중을 촉진시키기 위한 국제적 협력을 모색하기 시작했다. 한편, 정치와 안보 외에도 국제사회는 서로 협력해서 해결해야 될 문제가 산적했다. 무엇보다도 전쟁은 교육시스템을 파괴했고 이를 회복시키는 일도 정치나 경제 분야 못지않게 중요하다는 점이 부각되었다. 향후 국제사회가 진정한 평화를 이룩하기 위해서는 인류의 지적, 도덕적 연대가 시급했던 것이다. 이러한 인식 아래서 교육, 과학, 문화 분야에서 국제적인 협력을 다질 기구인 유네스코UNESCO를 1945년 11월에 창설한 것이다.

유네스코에서는 창설 이후 교육과 과학 분야에서 괄목할 만한 성과를 이룩했다. 나아가서 문화, 커뮤니케이션, 정보 분야에서도 국제적 협력을 통해서 인류사회의 지속가능한 발전에 기여해 오고 있다. 1970년대 들어서 유네스코에서는 문화유산 분야에 진출해서 국제적인 협력프로젝트를 활발하게 진행해 오고 있다. 가장 먼저 시작한 것은 「세계유산협약」(1972 World Heritage Convention)이었다.* 세계가 산업화와 경제개발 사업 등에 뛰어들면서 인류의 소중한 자산인 문화유산이 직·간접적으로 파괴, 훼손되기 시작했다. 인류 역사의 산물이자 조상들이 남겨준 문화유산들을 보호해서 미래세대로 전승해야 한다는 사명을 국제사회에 널리 알리고자 세계문화유산협약을 제정하게 된 것이다. 1970년대 이후 유네스코를 중심으로 일련의 국제적인 규범이 되는 협약 및 선언이 공포되면서 유산보호에 대한 경각심이 발동되었다. 1972년 「세계문화 및 자연유산보호협약」에 이어서, 2001년에는 「수중문화유산보호협약」, 2003년에는 「무형문화유산보호협약」이 공포되기에 이르렀다.

유네스코에서는 문화유산 정책의 실행을 위한 조직과 표준화된 협치 과정을 정비하면서 주도적으로 유산체제heritage regime를 가동하게 되었다. 초기에는 주로 유형유산(물질유산, material heritage)에 초점을 두고 보호제도를 만들었으나 2000년대를 전후해서는 무형문화유산intangible cultural heritage(ICH)에 대한 논의가 활발하게 진행되었다.** 본고에서는 유네스코의 문화유산 보호활동과 관련해서 진행된 많은 협약, 결의, 권고 등 유산체제의 형성과 관련된 활동에 대한 소개는 줄이기로 한다.***

* 1972년 「세계유산협약」은 5C를 내세우고 있다: Credibility(신망), Conservation(보전), Capacity-building(역량강화), Communication(소통), Communities(공동체). 세계유산 선정 목록에 대한 신뢰, 효과적인 보전책 마련, 역량 강화, 공공의 인식 증진, 그리고 협약 이행에 있어서 커뮤니티의 역할 증진을 말한다. 「세계유산협약」을 이끌어 낸 결정적 계기는 수몰 위기에 처했던 이집트 누비아 유적 보호 운동이었다. 1959년 국제사회에서 벌어졌던 '누비아 캠페인' 당시 유네스코와 50여 개국의 지원으로 약 8천만 달러를 모금하였으며, 20년에 걸쳐 유적의 이전과 복원이 이루어졌다. 이 과정에서 인류사적 중요성을 지닌 유산을 상시적으로 보호하기 위한 체제의 필요성이 대두되었고, 1972년 11월 유네스코 총회에서 '세계문화 및 자연유산보호협약(세계유산협약)'이 채택되었다.(UNESCO World Heritage Convention: https://whc.unesco.org/en/convention/).

** 무형문화유산은 본래는 비물질유산non-material heritage으로 불렸다. 영어사용국에서는 물질유산material heritage에 상응하는 일반적인 용어이기 때문이다.

*** 유네스코 홈페이지 및 관련 논문과 보고서 등을 참고하면 어떤 활동이 있었는 지를 간략하게나마 알 수 있다. 유산체제에 대한 보다 자세한 글은 졸고(2015)를 참고한다.

2003년도「무형문화유산 보호를 위한 협약」이 공표되면서 무형문화유산체제가 새롭게 출범하였다. 이를 위해서 사전에 전문가, 행정가, 활동가들을 주축으로 해서 무형문화유산의 개념, 범주, 보호 활동 등에 관한 범국제적인 위원회가 구성되어 심도 있는 논의가 진행되었다. 많은 전문가들의 의견 수렴이 있었고, 특히 비서구권의 전통문화, 토착문화, 민속을 포괄하는 문화담론이 중심을 이루었다. 유네스코는 이미 인간문화재, 인류 구전 및 무형유산 걸작 선정과 같은 선행 프로그램을 시행해 온 바 있다. 따라서 이러한 개별 사업들을 보다 포괄적이고 체계적인 범지구적인 협약 체제로 통합·발전시킬 필요성이 제기되었던 것이다. 2003년도 협약은 총 47개국의 비준을 얻어서 2006년 4월 20일 발효되었다. 2003년도 협약과 짝을 이루는「문화적 표현의 다양성 보호와 증진에 대한 협약 Convention on the Protection and Promotion of the Diversity of Cultural Expressions」이 2005년에 발표되면서 무형문화유산 보호에 대한 인식이 더 높아졌고, 이후 무형문화유산 협약 회원국들의 수도 꾸준히 증가해서 현재 협약 회원국은 183개국이다.*

인류가 오랫동안 이룩해 온 문화유산이 전쟁, 무분별한 개발, 무관심으로 인한 방치 등으로 파괴되고 훼손되었다는 사실을 인식하는 데 오랜 시간이 걸렸다. 뒤늦게나마 대처를 하게 되면서, 문화유산의 보호를 위하여 국제적으로 통용될 수 있는 규칙이나 규범을 정하는 데에 뜻을 모은 것이다. 즉 국제적 차원에서의 체제international regime의 필요성이 공감되기에 이르렀다. 원래 '레짐'이라는 개념은 국가차원에서 정부와 국민들 사이에서 만들어지는 규율과 규범을 말하지만, 국제사회에서도 다자적 협상 과정을 통해 규칙과 원칙을 수립하려는 노력이 전개되어 왔다. 주로 무역, 노동, 정보기술, 공중보건, 환경 등의 분야에서 국제적인 공동대응을 위한 협약convention이나 조약treaty이 체결되어 왔다. 이 같은 국제적인 규약은 이해 당사자들 사이에서 상호 혜택을 나누게 된다고 보기 때문에 국가와 비정부기구의 관계자들은 협상 테이블로 모이게 된다. 최근 들어서 국제사회에서 일어나는 문제가 점점 더 복잡해지고, 한 국가의 영역을 넘어서는 일이 많아지자 국제 레짐의 비중 또한 커지고 있다.

* 2024년 12월 기준, 협약회원국은 183개국으로 유네스코 내 제반 협약 중에서 회원국을 가장 많이 확보하고 있다.

3. 무형문화유산 공동체의 특징

인류의 공동자산이자 인류의 삶의 토대이고 창조성의 원천인 무형문화유산을 보호하려는 목적을 가지고 협약이 출범하였다. 이 협약에는 무형문화유산에 대한 정의를 필두로 범주의 설정 및 보호방법에 대한 구체적인 제안이 포함되어 있다. 무형문화유산에 대한 협약의 정의는 다음과 같다.

"무형문화유산은 커뮤니티*나 집단 때로는 개인이 자신들의 문화유산의 일부로 보는 관습, 표상, 표현, 지식, 기술 및 이와 관련한 도구, 사물, 공예품 및 문화적 공간을 말한다. 세대를 거쳐 전승되는 이러한 **무형문화유산은 커뮤니티와 집단이 자신들의 환경, 자연 및 역사와 상호작용을 하면서 끊임없이 재생산되며, 정체성과 연속성의 감각을 부여한다.** 그렇게 됨으로써 문화적 다양성과 인간의 창조성이 존중되어야 함을 널리 알릴 수 있다." (Text of the Convention for the Safeguarding of the Intangible Cultural Heritage I. General Provisions, Article 2 - Definition)**

유네스코 협약에서 언급한 커뮤니티는 지역이 기반이 된 개념이 일차적이고, 퇴니스의 게마인샤프트적인 요소를 암묵적으로 내포하고 있다. 무형유산을 토대로 역사와 문화를 공유하는 지역 기반의 조직체를 상정하고 있기 때문이다. 또한 커뮤니티나 집단이 대대로 전승해서 그 구성원들이 충분히 자신들의 것으로 인식하고 있는 것이 무형문화유산이

* 2003 무형문화유산 협약의 원문에 충실하려고 커뮤니티를 공동체로 번역하지 않고 그대로 씀.

** 원문은 다음과 같다: The "intangible cultural heritage" means the practices, representations, expressions, knowledge, skills - as well as the instruments objects, artefacts and cultural spaces associated therewith - that communities, groups and, in some cases, individuals recognize as part of their cultural heritage. This intangible cultural heritage, transmitted from generation to generation, is constantly recreated by communities and groups in response to their environment, their interaction with nature and their history, and provides them with a sense of identity and continuity, thus promoting respect for cultural diversity and human creativity (UNESCO, Intangible Cultural Heritage, www.unesco.org/culture/ich/index.php?pg=00002).

며, 이는 끊임없이 변화된다는 사실도 간과하지 않는다. 협약에서는 오랜 세월 동안 자연과 상호작용 속에서 또한 생활 속에서 부단히 변화를 거듭해서 창조된 문화의 기본 명제를 중시하고 있다.

두 번째로 커뮤니티의 개념에서 중요한 것은 협약에서 언급하고 있는 집단groups과 개인individuals과의 관계이다. 이 두 주체는 커뮤니티communities의 소속일 때에 한해서만 무형유산 보유자 또는 보유집단으로 인정된다. 개인이나 집단이 보유하고 있는 무형유산이라고 하더라도 그것은 원래 개인 또는 집단이 속한 공동체의 무형문화유산으로서 전승될 때 의미가 있음을 강조한다. 이처럼 무형문화유산의 주체를 언급할 때는 커뮤니티가 중심에 서 있다는 점을 인식하여야 한다.

협약의 '커뮤니티'는 누대에 걸쳐 전승된 무형문화유산을 자신들의 것으로 여기고 있다는 점과 이를 살아있는 문화로 실천하고 있다는 점 때문에 그 중요성이 인정되고 있다. 전승성, 정체성 그리고 살아있는 문화로서의 가시성을 가진다는 점에서 협약의 핵심적 내용을 압축한 것이 바로 커뮤니티의 실체이다. 이러한 무형문화유산 커뮤니티의 특성이 정리되어 공표될 수 있었던 배경에는 유럽 사회가 문화유산을 바라보는 패러다임의 변화가 있었기 때문이다.

유럽위원회에서는 과거와 다르게 커뮤니티를 새롭게 해석하면서 보호를 위한 정책을 준비하였다. "문화유산 커뮤니티는 그들이 원하는 문화유산 가운데 특정한 측면의 가치를 인정해서 공적인 활동을 통해서 그 유산을 유지시키고 후손들에게 물려주려는 사람들"이라고 정의를 내렸다(Council of Europe 2005; Adell, et al. 2015: 8). 이 정의에서 보면, 문화유산 커뮤니티는 전승의 의지가 높으며, 유산의 가치부여에서도 적극적이다. 다시 말해서 조상으로부터 물려받은 것 가운데 특정한 측면의 가치를 부각시켜서 그것을 자신들의 정체성으로 연결하는 적극성에 방점이 두어졌다. 문화유산을 지키고 전승하는 주체로서의 커뮤니티는 몰가치적이거나 수동적인 사람들의 집합이 아니라는 점이 분명하다. 유·무형을 막론하고 유산을 보유하고 전승하는 사람들이 그 가치를 결정하는 데 주체적이어야 하며, 공론화나 공적인 활동에서 중요한 역할을 해야 한다는 점을 강조한 것이다. 무형문화유산 협약뿐만 아니라, 세계유산협약에서도 커뮤니티가 자신들의 유산 보전을 위한 협약 이행에 적극적으로 참여해야 함을 명시하고 있다.*

다음으로는 유네스코 무형문화유산 협약이 규정하는 커뮤니티의 역할에 대해서 알아본다. 먼저 협약의 전문前文을 살펴보면, "토착 커뮤니티, 집단 또는 개인이 **무형문화유산의 생산 · 보호 · 유지 및 재창조에 중요한 역할**을 하여 문화적 다양성 및 인간의 창조력을 풍부하게 하는데 기여함을 인식"**해야 한다고 되어있다. 또한 위에서도 언급한 협약의 본문 제2조에서는 **커뮤니티, 집단 또는 개인**이 무형유산의 주체이며, 이를 유지, 전승, 재창조하는데 중요한 역할을 하고 있음이 다시 한번 강조된다. 그리고 제 15조에서도 커뮤니티의 역할에 대한 언급이 있는데, "**무형문화유산의 생산 · 보호 및 전승의 주체가 토착 커뮤니티 및 집단이라는 점**을 감안하여 무형문화유산의 보호와 관련하여 가능한 한 이들의 폭넓은 참여를 확보하기 위하여 노력하여야 한다."***고 되어 있다. 협약에서는 커뮤니티가 무형문화유산을 담지하는 주체이며 이를 보호하고 전승하는 데 적극적인 역할을 수행해야 함을 규범적으로 천명하였다.

무형문화유산협약 운영지침Operational Directives에서도 인류무형문화유산 대표목록 및 긴급보호목록 등 등재 신청 서류를 작성함에 있어서 공동체와 집단의 참여가 필수적임을 분명하게 밝히고 있다.

> "신청서류를 제출하는 당사국은 그 **서류의 준비에 있어 관련된 커뮤니티, 집단, 어떤 경우에는 개인을 참여**시켜야 한다."****

* UNESCO World Heritage Convention에서 내세운 5C 정신 가운데 하나가 Communities이며, 이는 협약 이행에 있어서 커뮤니티의 역할을 강조하고 있다는 점을 다시금 고려해야 한다(UNESCO World Heritage Convention: https://whc.unesco.org/en/convention/).

** Recognizing that communities, in particular indigenous communities, groups and, in some cases, individuals, play an important role in the production, safeguarding, maintenance and re-creation of the intangible cultural heritage, thus helping to enrich cultural diversity and human creativity,

*** Within the framework of its safeguarding activities of the intangible cultural heritage, each State Party shall endeavour to ensure the widest possible participation of communities, groups and, where appropriate, individuals that create, maintain and transmit such heritage, and to involve them actively in its management.

**** 「Operational Directives for the Implementation of the Convention for the Safeguarding of the Intangible

협약에서는 무형문화유산의 보유 주체가 커뮤니티, 집단 그리고 개인이며, 집단과 개인인 경우라도 커뮤니티의 일원임을 입증해야 한다. 다음의 자료를 통해서 그 사실을 보다 명확하게 알게 된다. 유네스코에서는 관련 이슈가 있을 때 전문가 연석회의를 개최한다. 커뮤니티와 관련한 전문가 회의에서 그 개념을 다음과 같이 정리한 바 있다(UNESCO, ACCU 2006: 4-5)*

"**커뮤니티**는 무형문화유산의 실행과 전승 또는 참여를 통해서 공유된 역사적 관계 속에서 정체성과 연대의식의 감성을 나누는 사람들의 네트워크이다."**

"**집단**은 기술, 경험과 특별한 지식 같은 특성을 공유하고 그들의 무형문화유산의 현재와 미래의 실행, 재창조와 전승에 있어 특수한 역할을 수행하는 커뮤니티 안에 있는 예를 들면 문화 관리자, 실행자와 전수생 등의 사람들로 구성된다."***

"**개인**은 독특한 기술과 지식, 경험 또는 특성을 갖고 있고, 그들 무형문화유산의 현재와 미래의 실행, 재창조와 전승에 있어 특수한 역할을 수행하는 관리자, 실행자, 전수생 등 커뮤니티 안에 있는 이들을 말한다."****

Cultural Heritage」(2012), 제23조의 내용은 다음과 같다: Submitting States Parties shall involve the communities, groups and, where applicable, individuals concerned in the preparation of their files."

* 이 자료는 유네스코 무형문화유산 웹사이트에서 인용한 것이다. 출처: "Report of the Expert Meeting on Community Involvement in Safeguarding Intangible Cultural Hertage: Towards the Implementation of the 2003 Convention," organized by UNESCO and Asia/Pacific Cultural Centre for UNESCO (ACCU); 김용구, 「무형문화유산보호협약에 있어 공동체의 의의」, 『한국문화인류학회 추계학술대회 발표집』, 2013에 수록된 발표문에도 게재되어 있다.

** Communities are networks of people whose sense of identity or connectedness emerges from a shared historical relationship that is rooted in the practice and transmission of, or engagement with, their ICH;

*** Groups comprise people within or across communities who share characteristics such as skills, experience and special knowledge, and thus perform specific roles in the present and future practice, re-creation and/or transmission of their intangible cultural heritage as, for example, cultural custodians, practitioners or apprentices.

**** Individuals are those within or across communities who have distinct skills, knowledge, experience or

유네스코의 전문가 회의를 통해서 정리된 개념에 따르면, 무형문화유산의 보유자로서 집단과 개인이란 커뮤니티 안의 내부 관계망 안에 있는 존재들이고 커뮤니티가 또 집단과 개인이란 형식으로 구현된 것으로 보고 있다. 이러한 개념의 정리는 우리나라의 전승 공동체 개념과는 많은 차이가 있는 것으로 보인다. 이 점에 대해서는 다음 장에서 논의해 보기로 한다.

4. 무형문화유산 공동체 중심의 보호사례

1) 우리나라 사례

지금까지 전승 공동체를 중심으로 대표목록에 오른 종목은 아리랑(2012), 김장문화(2013), 농악(2014), 해녀문화(2016), 연등회(2020), 탈춤(2022) 등이다. 아리랑은 전 국민들 - 외국에 나가있는 동포들까지도 - 이 애창하는 노래로, 김장은 대부분 한국 가정에서 전승되는 음식문화로, 농악은 마을 단위의 공동체 음악, 춤 그리고 의례라는 점이 등재신청서를 작성할 때 대단히 중시되었다.* 아리랑과 김장의 전승 공동체는 국가 전체가 되고, 농악은 마을이 기초 공동체가 된다.

이 종목 중 특히 아리랑과 김장문화의 등재 선정 건은 전승 공동체를 왜 보호해야 하는지에 대한 기본 명제를 다시금 돌아보게 한다. 민족이나 국가를 단위로 전승되며 민족이

other characteristics, and thus perform specific roles in the present and future practice, re-creation and/or transmission of their intangible cultural heritage as, for example, cultural custodians, practitioners and, where appropriate, apprentices.

* 농악을 유네스코 인류무형문화유산 대표목록으로 등재할 때의 명칭은, “농악, 대한민국의 공동체 합주 음악, 춤 그리고 의례Nongak, community band music, dance and rituals in the Republic of Korea”였다. 농악이 우리나라 전역에서 행해지는 대표적인 민족예술이며 합주, 춤, 연극, 기예가 함께하는 종합예술로 발전한 점도 특징으로 꼽혔다. 농악은 마을공동체의 여러 행사에서 연주되며, 신명을 끌어내고 화합과 단결을 하게 만드는 역할을 한다는 점을 강조했다.

나 국가의 정체성으로 여겨지는 무형문화유산은 쉽게 사라지지 않는다. 생명력이 강하다고 볼 수 있다. 그러나 소외 지역이나 소수민족/집단이 가지고 있는 무형문화유산의 전승성은 단절될 위험에 쉽게 노출되어 있기 마련이다. 후자의 전승 공동체를 우선적으로 보호해야 하는 정책 대신에 국가 이미지 홍보에 적절한 무형문화유산을 찾는 데 온 힘을 기울이는 정부의 정책은 재고되어야 마땅하다. 이러한 점을 유의해서 마을을 중심으로 전승해 온 농악에 대해서 한국이 내세운 무형유산 공동체성에 대해서 알아본다.

(1) 농악 (Nongak, community band music, dance and rituals in the Republic of Korea, 2014년 등재)

2014년 유네스코 인류무형문화유산 대표목록으로 등재된 농악은 음악, 춤, 의례를 통해서 마을 공동체의 화합과 마을 주민의 안녕을 기원하기 위한 한국을 대표하는 민족예술이라는 점이 강조되었다. 농악은 꽹과리, 징, 장구, 북, 소고 등 타악기를 합주하면서 행진하거나 춤을 추며 연극을 펼치기도 하는 기예가 함께하는 종합 예술이라 점과 특정 지역의 전유물이 아니라 전국에 걸쳐서 연행되고 있다는 점도 강조했다. 농악의 공동체성과 전승성이 강조되었고, 이 점을 유네스코에서도 높이 산 것으로 보인다. 등재 선정의 이유를 간추리면, 첫째, 농악이 무형문화유산으로서 살아있는 공동체의 문화이며, 공동체가 자신의 문화로 인식하고 있기에 정체성의 준거가 된다는 점, 둘째, 인류문화의 창조성과 다양성에 기여한다는 점, 셋째, 정부와 농악공동체가 협조해서 농악을 보호한다는 점, 넷째, 농악보존회의 자주적인 참여와 이들이 각자 사전에 관련 정보를 인지한 후 신청한다는 동의서가 작성되어 제출된 점, 다섯째, 국가 내 여러 농악팀이 협동해서 등재를 신청한 점 등을 들고 있다.*

문화재청에서 유네스코가 제시한 형식적 요건에 맞추어서 신청서를 작성하여 제출했다는 점을 감안하더라도, 농악은 유네스코 무형유산위원회의 심의 과정에서 전원 일치로

* 유네스코 무형문화유산 대표목록 심의위원회 검토서, 〈www.unesco.org/culture/ich〉(최종접속일: 2016년 1월 20일).

그 가치를 인정받아 등재 결정이 이루어졌다. 중국이 조선족의 농악무Farmers' Dance of China's Korean Ethnic Group를 2009년 인류무형문화유산으로 등재해 놓은 상황이어서 국내에서는 다소 걱정이 없었던 것은 아니었다.* 민족이동에 따른 유사한 문화유산이 여러 국가에 걸쳐서 나타나는 경우가 적지 않다. 이러한 경우, 유네스코에서는 다국가 무형문화유산으로 등재할 것을 권고하고 있지만, 2014년 농악 등재에서는 농악의 다국가적 특성 대신에 농악이 마을공동체의 삶이 녹아있는 무형문화유산이라는 점을 크게 강조하였다. 말하자면 무형문화유산의 공동체성을 강조하기 위해서 종목의 명칭에서도 'community'를 앞세웠던 것이다. 농악農樂이라는 본래의 명칭에 충실하려면, 'farmer,' 'agrarian,' 'folk,' 'rustic' 등 농촌을 배경으로 하는 음악과 춤을 가리키는 표현이 들어가야 하지만, 등재신청서에서는 이를 포함시키지 않았다. 공동체 정신으로 협력, 단합 그리고 마을공동체로서의 정체성을 강조한 것이 바로 농악이다.

농악의 경우는 아리랑이나 김장문화와는 달리 농업을 기반으로 했던 마을공동체가 해체되면서 농악도 전승 위기에 처해 있다는 인식이 널리 확산되어 있다. 그렇기 때문에 농악 전승 공동체를 보호해야 한다는 명분은 협약의 정신과 잘 부합한다고 볼 수 있다. 그러나 유네스코 대표목록 등재용으로 농악의 공동체성을 강조했을 뿐 정부가 농악 전승집단의 현재 처한 상황에 대한 실질적 이해와, 이를 기반으로 한 보호 대책에 대해 어느 정도의 진정성과 심층적 고민을 가지고 있었는지는 등재신청서의 서술만으로는 분명하게 확인되기 어렵다.

전승 공동체를 단순히 유네스코 대표목록 등재신청을 위한 대상으로만 이용하는 사태를 줄이기 위해서라도 하루속히 무형문화유산 공동체에 대한 다각적인 연구가 필요하다. 겨우 생명을 연명해가는 다양한 무형문화유산 공동체를 대상으로 그 구성원들의 삶의 지

* 2009년 중국은 조선족뿐만 아니라, 티벳, 몽골, 만주 및 기타 소수민족의 무형문화유산을 포함해서 22종목을 등재시킨 바 있다(유네스코 무형문화유산 사이트 참고, www.unesco.org). 그리하여 국내에서는 중국 측의 이의 제기를 우려하기도 했지만, 그런 일은 일어나지 않았다. 앞으로 인류무형문화유산 등재 시 무형문화유산을 둘러싸고 민족, 국가, 해당 유산의 공동체 사이에 일어나는 복잡한 상황을 어떻게 풀어나갈지가 숙제로 남겨져 있다. 한편 한국 농악공동체도 조선족 농악무까지를 포함시켜야 하는지를 고민해 보아야 할 것이다.

식과 지혜, 사회 교류의 구조, 의례의 상징 등에 주목해서 그 특성을 파악하고 보호 방책도 마련했으면 한다. 기존의 종목 전승의 체제 아래서는 공동체 전승의 무형문화유산을 지정하거나 보호하기 위한 방안을 만들어 내기는 힘들기 때문이다. 하나의 종목으로만 보기 힘든 공동체 구성원들의 삶 속에 자연스럽게 녹아들어 있는 사례를 발굴하는 일이 급선무이다.

단일한 종목으로 범주화하기 어려울 만큼 공동체 구성원들의 일상적 삶 속에 깊이 스며든 제주해녀의 사례를 고찰한다.

(2) 제주해녀문화 (Culture of Jeju Haenyeo(women divers), 2016년 등재)

정부에서는 유네스코 등재를 추진하기 위해서 사전에 철저한 준비에 돌입한다. 해녀문화의 경우도 예외는 아니었다. 문화재청 내 담당 부서에서는 여러 차례의 논의 끝에 2013년 제주도 해녀를 등재 후보 종목으로 결정했다. 이 과정에서 제주도의 자체적인 노력도 큰 몫을 하였다. 해녀문화 보존 및 전승에 관한 조례를 제정하고, 2011년에는 제주해녀문화 세계화 5개년 기본계획을 확정했다. 2012년에는 국가목록을 작성하는 등, 유네스코 등재를 위해서 필요한 절차를 밟아 나갔다. 이듬해 유네스코 등재 신청 대상 종목으로 선정됨과 동시에 신청서를 유네스코에 제출하였다(2014년 3월). 유네스코에서는 제출된 등재 신청서를 심의 평가한 후, 해마다 열리는 정부간위원회에서 최종 결정을 하게 된다. 해녀문화는 2016년 제11차 정부간위원회 회의에서 인류무형문화유산 대표목록으로 선정되었다.

유네스코 무형문화유산 협약에서는 대표목록 선정을 할 때 모든 종목에 대해서 5가지의 기준을 적용한다. 종목의 명확한 성격과 정의, 가시성과 인식의 제고, 보호방책, 공동체의 자발적인 참여와 동의, 목록화 여부 등이다. 해녀문화의 경우는 이 다섯 가지 요건을 충분히 갖추어서 무난히 등재 결정을 받을 수 있었다. 제주의 대표적인 문화적 상징이며, 해녀공동체 스스로가 자신들의 독특한 문화를 오래도록 전승하면서도 살아있는 문화로 만들어 온 점 등을 높이 샀다. 또한 자연친화적인 방법의 해산물 채취가 해양생태계의 지속 가능성을 담보해 주고 있다는 점도 주목했다. 해녀공동체의 운영이 독특해서 이 점이 높은 평가를 받기도 했다. 예를 들면, 공동채취, 잠수기술의 전수, 상군의 리더십을 통한 상호부조의 문화 등이 결정문에 적시되었다.

국제 체제 아래서의 이러한 노력은 다시 국내의 무형문화재 정책의 보완으로 이어졌다. 대표목록으로 등재된 후 제주도 해녀는 국내의 「무형문화재법」에 의거해서 보호조치가 이루어졌다. 이전의 「문화재보호법」 아래서는 해녀를 지정할 수 있는 법적 근거가 마련되어 있지 않았기 때문이다. 그래서 해녀문화와 관련이 있는 노래, 의례, 도구 등을 중심으로 국가·시도무형문화재 또는 민속문화재로 지정했던 것이다. 예를 들면, 해녀노래는 시도무형문화재로, 제주칠머리당영등굿은 국가무형문화재이자 유네스코 인류무형문화유산 대표목록으로 등재되었다. 제주해녀의 물옷과 물질도구 15점은 2008년도 제주도 민속문화재 제10호로 지정되었다. 보유자와 단체를 인정하지 않는다는 조건을 달고 신법의 시행 이후 해녀는 국가무형문화재 종목(제132호, 2017년 5월)으로 지정될 수 있었다.

이러한 조치는 문화재청에서도 새로운 유산정책의 시작이라는 의미를 부여한 바 있다. 또한 기존의 예능과 기능분야에 집중되어 있던 무형문화재의 범위를 전통지식, 생업지식과 기술 등으로 확대했다. 무형문화재를 담당하는 정책담당관, 전문가 그리고 관계 집단에서도 이를 고무적으로 받아들이면서 전승과 활성화 방안을 더 고심하기 시작했다. 보유자나 보유단체가 인정되지 않고, 공동체나 국내 전역에 확산되어 있는 무형문화유산에 대한 보호와 활성화 방안 마련에 새로운 시각이 필요함을 깨닫게 된 것이다.

국가나 지자체가 앞장서서 해녀와 해녀문화의 보전에 대한 최근의 노력은 충분히 인정된다. 국가무형문화재가 된 해녀는 제주특별자치도 내 해녀문화유산과가 발족할 만큼 보전 정책에 커다란 진전이 있었다. 이 부서의 담당 업무는 전반적인 해녀정책지원 업무이다. 해녀어업 안정적 조업 활동 지원 및 소득 보장 강화, 해녀문화 홍보콘텐츠 개발 및 국내외 교류 확대, 제주해녀문화 가치 활성화사업, 해녀조사자료집 발간 등과 같은 해녀문화 및 해녀공동체 전승·보전, 제주해녀 축제 육성 및 해녀박물관 운영 강화 등 다채롭다.*

이러한 각종 조치에도 불구하고, 해녀와 관련해서 현재까지 가장 심각한 문제는 해녀

* 자료출처: 제주특별자치도 해녀문화유산과.

인구의 감소에 따른 전승의 위기라고 생각한다. 제주 현직 해녀 인구는 3,613명으로 추산되며, 대부분 활동 중인 해녀들의 나이가 고령이다.* 고령의 해녀들이 아직도 물질을 하고 있어서 바다에서 사망하는 사고가 늘고 있다고 모두가 걱정이다. 그래서 마을 해녀회와 지자체에서도 고령자들이 물질을 하지 않도록 여러 가지 조치를 취하고 있다. 최근에는 소득보존 정책도 마련되어서 고령의 해녀들에게 일정 금액을 지원하게 되었다.

해녀문화는 등재 이후, 신법과 조례에 따른 해녀와 해녀문화의 보전과 활용 정책이 활발해졌지만, 해녀들의 공동체 강화를 위한 보호 정책이라기 보다는 개별 해녀의 지원 정책적인 성격이 강한 것으로 보인다. 이는 등재 이후 해녀문화의 '유산화' 과정의 특징 가운데 하나라고 볼 수 있다. 두 번째로는 무형유산 제도 체제에서는 여전히 유네스코가 강조하는 공동체 중심의 무형문화유산 보호에 대한 정책적 의지가 약해 보인다. 2003년도 무형문화유산 협약에서는 무형문화유산을 전승하고 있는 공동체 - 개인과 집단을 포함한다 - 의 주체성과 위상을 특별히 강조하고 있다. 이 유산 공동체가 세대를 걸쳐서 전승하고 있는 살아있는 문화가 공동체의 정체성이 되기 때문에 그 구성원들 모두에게 중요하다는 점을 함축한다. 그러나 흥미로운 것은 협약의 이행국의 일환으로 작성한 등재신청서에서는 표면적으로는 공동체성이 강조되지만, 실제 내용을 들여다보면 상이한 가치 기준과 국가 중심의 의도가 교차하고 있다는 점이다. 유네스코 협약 체제가 일정 부분 국가의 문화적 헤게모니를 강화하는 방향으로 작동해 왔다는 점은 부인하기 어렵고, 결과적으로 공동체 주도적 보호라는 협약의 핵심 취지가 국내 정책과 실행 단계에서는 충분히 실현되지 못하고 있는 현실 또한 분명하다.

세 번째로는 등재 이후 해녀와 공동체에 새로운 임무가 부여된다는 점이다. 그것은 '유산만들기'에 많은 시간과 힘을 기울여야 하는 일이어서 이들에게는 과거와는 다른 새로운 국면이 펼쳐지고 있다. 해녀의 경우, 과거에는 마을 단위의 공동체가 중심이었으나, 유산 체제 아래서는 제주도 권역을 다 묶는 해녀공동체가 만들어지게 되었다. 이는 효율성을 따지는 측면에서는 긍정적인 성과로 꼽히지만, 시간이 지나면 마을 단위 해녀공동체의 실

* 2020년 기준, 50세 이상이 97.8%이다(자료출처: 제주특별자치도 해녀문화유산과).

제 운용력, 상군의 지도력 등이 정부의 상명하달식 정책으로 대체될지도 모른다. 자발적이고 자체적인 운용의 힘 대신 정책적 의존도가 높아질 것을 우려하게 된다. 나아가서 해녀문화가 제주도 전체의 문화적 상징과 정체성으로 부상하면서 해녀공동체에는 새로운 역할이 부여되었다. 홍보, 관광, 교육, 공연 등 생업 이외의 대외 활동에 나서야 하는 일이 많아지기 시작했다.

2) 외국 사례

유네스코 인류무형문화유산 대표목록과 모범사례로 등재된 외국 사례 중에서 남아메리카의 페루와 아프리카의 케냐 사례를 기술해 본다. 공동체를 중심으로 전승된 전통 관습을 인류의 무형문화유산으로 등재시키게 된 배경을 알아보면서 공동체 전승의 핵심이 무엇인지를 파악해 본다.

(1) 페루의 퀘스와차카 다리 재건과 관련된 지식, 기술 그리고 의례 (Knowledge, skills and rituals related to the annual renewal of the Q'eswachaka bridge, 2013년 등재)*

퀘스와차카 다리는 안데스산맥 남쪽 Apurimac 강 계곡 위에 밧줄로 설치된 현수교이다. 이 다리는 전통적인 잉카의 기술과 재료들을 사용해서 해마다 재건한다. 퀘추아 언어를 사용하는 농민들의 공동체인 Huinchiri, Chaupibanda, Choccayhua and Ccollana Quehue에서는 이 다리를 단순히 교통로라고 보지 않고 사회적 연결을 강화시키는 수단으로 본다. 다시 말해서 이 다리는 자연, 전통 그리고 역사를 나누어 온 공동체적 단합의 표상으로 여기고 있다. 마을 사람들은 해마다 다리를 놓으면서 여러 의식을 공동으로 거행한다. 다리 놓기와 직접 관련된 의식은 통상 삼일 정도 진행되지만, 일 년에 걸쳐서 준비를 한다. 온 마을주민들이 참여하는 이 준비과정 자체가 실상은 마을 간 상호소통의 장이

* 이 자료는 유네스코 홈페이지의 무형문화유산 사이트를 참고함: 〈https://ich.unesco.org/en/RL/knowledge-skills-and-rituals-related-to-the-annual-renewal-of-the-q-eswachaka-bridge-00594〉

되는 것은 물론이고, 수세기 동안 지속해 온 마을 간 공동체적인 정체성을 확인하는 기재가 되기도 한다.

다리 놓기를 위해서 가정마다 다음과 같은 준비를 한다. 먼저, 각 가정마다 약 70m 길이의 얇은 밧줄을 만든다. 이를 위해서 짚을 자르고 꼬는 일을 하기 시작한다. 그리고 나서 이 얇은 밧줄을 모아서 중간크기의 밧줄을 꼬게 되는데 이때는 두 명의 다리 만드는 전문가들의 지도를 받는다. 이것을 가지고 다시 여섯 개의 대형 밧줄을 꼬는 작업을 공동으로 한다. 밧줄이 완성되면 남자들은 돌로 된 기둥에다가 밧줄을 동여매는 작업을 한다. 그리고 나서 기술자들이 다리를 엮어 가는데, 양쪽에서 동시에 시작한다. 다리가 완성되면 마을은 축제를 연다. 이 다리축조 기술은 기술자들만이 가지고 있는 것이 아니라 온 마을의 가정이 참여하게 되고 또 가정 안에서 전승된다.

(2) 케냐의 전통음식 홍보 및 전통음식문화 보호 성공 사례

(Success story of promoting traditional foods and safeguarding traditional foodways in Kenya, 2021, Register of Good Safeguarding Practices)

케냐에서는 현대적인 생활양식으로 인해서 전통음식문화가 사라지기 시작했다. 전통음식이 폄하되었고, 가난과 후진의 상징으로까지 여겼다. 이는 우리나라의 김치나 장과 같은 운명이었다고 볼 수 있다. 김치, 간장, 된장이 고약한 냄새가 나는 음식으로 여겨졌던 시절이 있었다. 가난한 시절을 연상시키는 음식이어서 홀대를 받았다. 케냐가 국가단위로 이 사례를 유네스코의 모범사례로 등재시키게 된 이유는 사라져가던 전통음식을 활성화시킨 성공케이스라는 점이다. 작은 공동체에서 시작된 이 일이 마침내는 전국적인 캠페인으로 확산되었기 때문이다.

2007년 케냐의 과학자들과 지역공동체가 협력하여 두 가지 선도적인 운동을 시작하였다. 첫 번째는 전통적인 채소를 재료로 한 식품 목록을 작성하는 일이었다. 이 프로젝트로 인해서 생산지가 명확한 약 850개의 토착 식물이 기록되었다. 여기에는 가축과 야생 식물의 목록을 작성하는 일도 포함되었다. 전국적인 조사를 통해서 현재는 케냐 국립박물관의 KENLINK DB에서 유지 관리되고 있다. 이 자료는 지역사회에서 식량획득·저장·가

공의 방법, 책임의 문제, 계절 변화를 포함한 지역지식, 신앙, 금기 및 관행 등으로 구성되었다. 키투이주州의 여성들은 호리병박으로 만드는 지역음식을, 킬리피 우타마두니에서는 토착 채소에 중점을 두고 기록하였다. 두 번째 선도적인 운동은 유네스코가 문화부, 케냐 주요 박물관과 협력하여 초등학교 어린이들에게 전통 음식 기록화 프로젝트를 시행한 것이었다. 어린아이들에게 전통음식에 대한 인식을 높이기 위한 파일럿 프로젝트였다. 어린 시절부터 전통 음식의 소중함을 일깨워야 한다는 점을 강조한 이 프로젝트는 케냐를 넘어서서 에티오피아, 부르키나파소 등으로 확산되었다.

이 프로젝트의 긍정적인 영향으로는 발굴된 지역음식이 널리 홍보되었고, 전통음식에 대한 인식이 바뀌기 시작했다. 홍보의 방법으로는 요리 시연, 거리 및 미디어를 통한 캠페인, 전통음식의 요리법과 영양상의 이점을 제공하는 포스터 및 전단지를 만들어서 뿌렸다. 이 프로젝트는 현대생활 양식이 가져온 전통 음식문화의 위협을 극복하기 위해서 설계되었는데, 마침내 성공적인 결과를 가져왔다. 그뿐 아니라, 음식의 세대 간의 교류가 일어났다. 지역사회에서 음식박람회를 개최해서 어린 학생들이 수행한 기록을 전시했는데, 어른들로부터 조언을 듣기도 하고 아이들에게 음식 관련한 전통 지식을 전달하는 등 세대 간의 교류가 활발하게 일어났다.

위에서 간략하게 소개한 바와 같이 전승 공동체의 특징을 보여주는 이러한 사례들은 주민들 스스로 협력을 통해서 발생하는 문제를 해결해 나가고 있음을 알 수 있다. 서로를 연결해 주는 다리 재건을 통해서 공동체임을 확인하거나, 전통음식의 재료가 되는 토종 가축이나 채소의 중요성을 재확인하면서 공동체임을 확인하게 된다. 다리를 해마다 새로 놓으면서 상호단합의 중요성을 재확인하고, 토종 식용 재료에 대한 기억과 지식을 공유하기 위해서 상호단합을 이룬다. 이 다리축조를 위한 준비 과정, 재료의 선정, 축조 기술 및 관련된 의례는 총체적인 분석을 통해서 공동체성이 더욱 잘 드러난다. 식재료 수집의 경우도, 채집, 조리법 및 영양학적 지식이 단지 음식에 국한된 정보 수집이 아니라 식생활 전반은 물론이고 나아가서 사회와 문화에 대한 포괄적인 이해에 도달하게 된다. 이 사례들은 다리축조 그리고 전통음식을 근간으로 해서 가족, 이웃, 마을 그리고 마을과 마을이 통합적 구조를 가지게 된다는 점에 있어서 전승 공동체의 특징을 잘 보여주고 있는 사례이다.

5. 공동체 기반의 목록화

협약에 따르면 무형문화유산을 보호하기 위한 첫 번째 단계로 목록화(inventory, 인벤토리)를 꼽고 있다. 목록화 또는 목록 만들기는 무형문화유산 기록 방법의 일종인데, 무형문화유산의 특정한 종목을 대상으로 상세한 정보를 수합하며, 특히 종합적이고 총체적인 정보를 바탕으로 기록하는 것이다.* 한국의 문화재보호 제도 아래서도 무형문화재 기록화를 의무 조항으로 만들었고, 유네스코 협약에서도 목록 작성을 포함한 기록화를 중시하고 있다. 기록화가 중시되는 이유는 간단하다. 기록의 과정은 무형문화유산의 가치를 재확인하는 절차이며, 특히 그것을 보유한 사람·집단·공동체가 자신들이 가진 문화유산의 중요성을 자각하게 되는 계기가 될 수 있다는 점을 든다. 기록 과정에서 보유자·집단·공동체가 적극적으로 참여할 경우 그 효과는 배가된다. 그리고 기록의 성과, 즉 기록물은 무형문화유산의 보호와 전승의 근거자료가 되기 때문에 필수적이라고 여겨진다. 기록을 수행할 때는 무형문화유산 보유자(집단·공동체), 전문가, 대학의 연구기관, 시민단체, 중앙과 지방정부의 관계부서 등과의 협업이 바람직하다고 본다. 지금까지는 해당 무형문화유산의 보유자·집단·공동체가 수동적이고 제한적인 역할에 머물렀다면, 이들을 능동적인 주체로 참여시켜서 기록하는 방법을 개발하는 것이 바람직하다.** 현장의 삶 속에서 전승되는 무형문화유산을 기록하기 위해서는 이들의 삶이 기록의 주 대상이며 이들이 기록의 주인공이라는 인식이 필요하다는 뜻이다.*** 즉 전승 주체들이 informant(정보제공자)에서 머무는 것이 아니라 기록의 주체가 된다는 점에서 기존의 조사와는 다른 틀을 세워야 한다.

무형문화유산이 급속히 사라지고 있는 상황은 어느 나라나 지역을 막론하고 공통적으로 당면하고 있는 문제이다. 유형문화재는 형체로 남아 있어서 훼손을 쉽게 찾아내고 이

* 이와 관련해서 목록inventory이나 목록화inventory-making은 졸고를 참고한다(함한희 외, 2012, 27~45쪽).

** 위에서 소개한 '케냐의 전통음식 홍보 및 전통음식문화 보호 성공 사례'에서 지역민들이 참여하는 인벤토리 방법을 참고한다.

*** 지금까지는 정부와 지방자치단체가 앞장서서 지정된 무형문화재에 대해서 기록을 해 오고 있다. 우리나라가 일찍이 지정무형문화재를 대상으로 기록을 해왔다는 점에서는 다른 나라보다 앞서 있다. 다만, 기록의 대상, 과정, 그리고 내용이 종목 중심이라는 점이 문제이다.

에 대한 경각심도 쉽게 불러일으킬 수 있다. 그렇기 때문에 보호방책을 세우기도 수월한 편이다. 반면에 무형문화유산이 우리 주변에서 사라지거나 변화되어도 얼른 인식하는 일이 많지 않다. 그러므로 무형문화유산의 기록 과정이 보호 내지는 전승의 한 방법이 될 수 있다고 본다.

공동체 기반 목록 작성의 두 번째 혁신은 새로운 관점의 활용과 관련이 깊다. 즉 총체적이고 통합적인 관점을 가지고 전승 공동체의 무형유산을 기록하는 것이다. 총체적인 접근holistic approach이란 하나의 항목이 지역 사람들의 삶 속에서 다양한 사회·경제·정치·문화적 영역과 어떻게 연결되어 있는가를 살피는 것이고, 통합적 접근integrated approach이란 공동체 구성원들의 삶을 다양한 무형문화유산의 항목을 통해서 포괄적으로 체계적으로 연동해서 기술할 수 있는 방법을 말한다. 아래 그림 1과 2는 진주의 무형문화유산을 조사하면서 실제로 적용해 본 방법이다(함한희 외 2015). 그림 1은 총체적인 접근으로 특정한 종목이 공동체 구성원들의 정치, 경제, 사회 문화의 영역의 삶과 어떻게 긴밀히 연결되어 있는지에 접근하여 기술하는 방법을 그림으로 표시한 것이다. 그림 2는 통합적 접근으로 다양한 종목들 사이의 연관관계를 꿰뚫어 보는 방법이다. 종목을 중심으로 기록하거나 보전하고자 할 때 나타나는 한계를 극복하려면 이러한 통합적 접근이 필요하다. 지금처럼 하나의 종목을 독립된 것으로 바라보는 관점을 지양하고 다른 분야와의 연결고리를 찾는 방법을 적극 활용해야 한다. 예를 들면, 마을신앙, 의례, 전통공예 등이 구비전승, 생

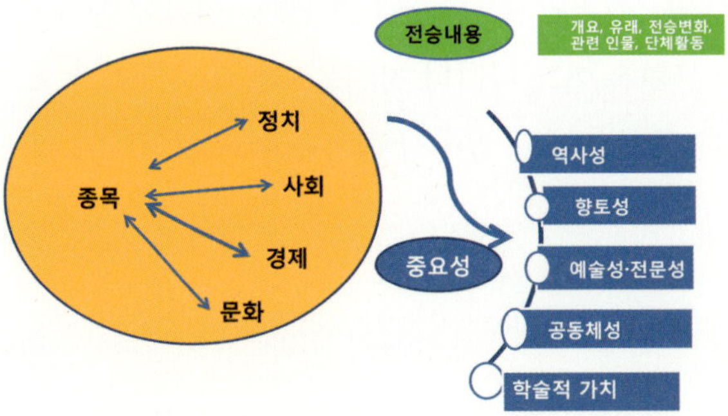

[그림 1] 공동체기반의 목록화 방법: 총체적 관점
(출처: 김신효 외, 2015)

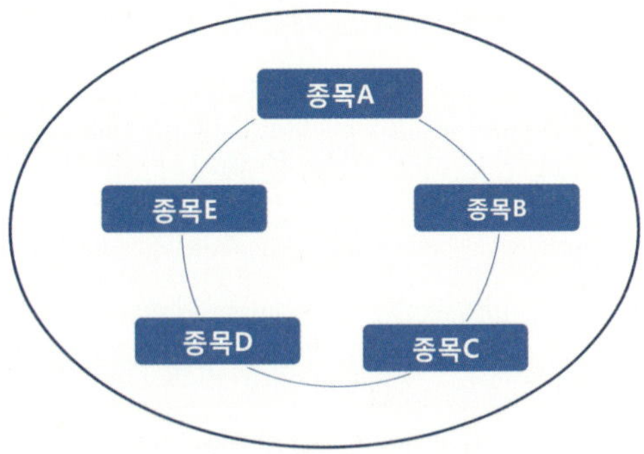

[그림 2] 공동체 기반의 목록화 방법: 통합적 관점
(출처: 김신효 외, 2015)

태환경, 가치관, 사회적 관계와 별개가 아니라 어떻게 긴밀한 연결고리를 가지는지를 보여줄 수 있다.

6. 한국의 전승 공동체

문화재청에서는 2015년 사회문화적 변화를 반영해서 무형문화재 보호를 위한 새로운 법을 제정하였다. 이 법은 「무형문화재 보전 및 진흥에 관한 법률」(이하 '무형문화재법' 또는 '신법')이라는 명칭으로 2016년 3월부터 시행되었다. 1962년 제정된 「문화재보호법」 이후, 처음으로 무형문화재의 특수성을 반영하면서도 시대적 변화에 부응하기 위한 새로운 보호 제도와 정책의 기틀이 만들어진 것이다. 2011년부터 시작된 신법 제정 노력이 4년 만인 2015년 3월에서야 결실을 보게 되었다. 그러나 「문화재보호법」으로부터 독립한 것이 아니기에, 획기적이고 발전적인 보전 제도를 마련하는 데는 한계가 있어 보인다. 문화재청에서는 반세기를 지속해 온 기존제도와의 완전한 결별이 불가능했으며, 그래서 제도의 연속성을 고려했을 것으로 판단된다. 그러면서도 유네스코의 무형문화유산 보호 정책을 수용해야 한다는 점이 당면 과제였다. 결국 「무형문화재법」은 기존 제도의 틀을 유지하면서 부분적으로 유네스코 협약을 수용하는 쪽으로 큰 틀을 잡은 것이다. 이 법의 테두리 안에서 마련된 전승 공동체 관련 보전 정책에 대해서 알아보면서 전승 공동체의 개념과 범위가 유네스코 협약의 공동체와는 어떤 점에서 같고, 다른지를 알아본다.

1) 「무형문화재법」과 전승 공동체

새로운 틀을 가지고 제정된 「무형문화재법」이 유네스코 협약에서 가장 중요한 공동체 중심의 보호를 수용하는 데는 다소 소극적이었다고 판단된다. 새로운 용어가 등장하면, 가장 우선시해야 하는 일은 그 용어에 대한 점검이다. 용어의 뜻이 무엇인지를 정확하게 파악하고, 그것이 외국어인 경우, 번역의 문제도 심도 있게 다루어져야 할 것이다. 개념에 대한 연구와 번역의 중요성을 간과하면, 시간이 갈수록 혼란이 가중되기 때문이다. 예를 들면, 현재 우리나라에서 사용되는 무형문화재, 무형문화유산, 무형유산이 서로 동의어처럼 쓰이기도 하지만, 차이가 있는 것이 분명한데, 그 차이에 대한 정확한 규명 없이 사용되고 있다. 무형문화유산 협약에서의 커뮤니티community(공동체로 번역)와 전승 공동체 역시도 같은 문제에 직면해 있다. 이 둘은 같은 뜻의 전문 용어인지 아니면 다른 뜻을 가진 용어인지 등을 먼저 정확하게 짚어보아야 할 것이다. 이를 위해서 전승 공동체에 대한 정의와 보호 정책의 일단을 알아본다.

문화재청에서는 2020년부터 매년 2건 이상의 보유자와 보유단체가 없는 '전승 공동체'를 지정했다. 그 상황은 [표 1]과 같다. 문화재청이 정의한 전승 공동체는 '보유자·보유단체를 인정하기 어려운 경우로서 무형문화재를 지역적 또는 역사적으로 공유하며 일정한 유대감 및 정체성을 가지고 자발적으로 무형문화재를 실현·향유함으로써 전승하고 있는 공동체'로 설명된다.

전승 공동체의 정의는 유네스코 무형문화유산 협약에서 정의한 무형문화유산 커뮤니티와 유사한 부분과 전혀 다른 부분으로 구분할 수 있다. 유사한 부분은 "무형문화재를 지역적 또는 역사적으로 공유하며 일정한 유대감 및 정체성을 가지고 자발적으로 무형문화재를 실현·향유함으로써 전승하고 있는 공동체"라는 점이다. 즉 같은 지역에 사는 사람들이 또는 역사를 공유하는 사람들이 무형문화재/유산을 통해서 유대감을 가지고 있거나 관습으로 지키고 있는 것을 말할 때는 전승 공동체와 무형문화유산 공동체가 동일한 의미이다. 그러나 협약에서는 공동체 구성원들이 개인 또는 집단을 포함하여 무형문화유산 보유자라는 점을 분명히 하고 있다. 공동체란 사람들이 집합체이므로 이러한 규정은 당연하다. 반면에 국내에서 전승 공동체에는 보유자와 보유단체를 인정하기 어려울 때, 전승 공동체로 지정한다고 규정하고 있다.

이 두 용어의 차이는 바로 여기에 있다. 보유자와 보유단체와 전승 공동체는 배타적인 관계인 반면, 협약에서의 공동체는 보유자와 보유단체를 포함하는 포괄적인 개념이다. 용어의 정의를 자세히 살펴보면, 전승 공동체와 협약의 공동체가 그 성격이 매우 다르다는 것을 알 수 있다.

위의 비교를 다시 정리하면, 전승 공동체와 협약의 공동체 개념의 가장 큰 차이는 전승 공동체를 보유자와 보유단체가 아닌 제3의 전승주체로 규정한다는 점에서 그러하다.* 이 용어가 법률 및 행정적 처리를 위한 제한적이면서도 조작적인 정의operational definition라는 점을 감안하더라도, 과연 보유자·보유단체와 변별력을 가진 제 3의 전승주체로 인정하는 것이 옳은 가를 다시 생각해 보아야 한다. 반면에, 협약에서 정의한 공동체는 무형문화유산의 전승주체이며, 그 구성원의 자격으로 개인과 단체가 인정된다. 다시 말해서 개인과 단체가 무형문화유산 보유자로 인정받기 위해서는 무엇보다도 먼저 공동체의 구성원이라는 사실이 입증되어야 한다.

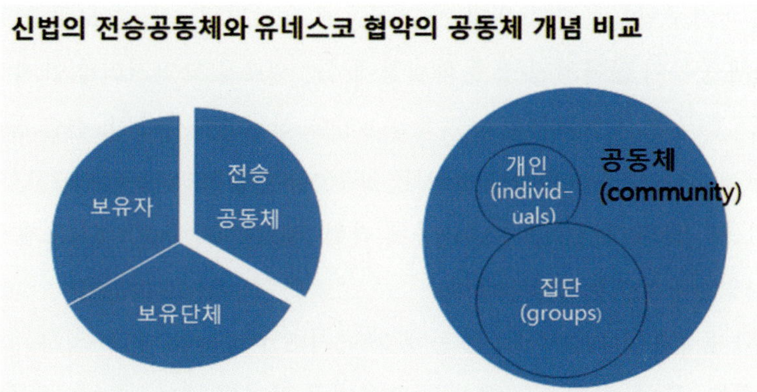

[그림 3] 신법의 '전승 공동체'(좌)와 유네스코 협약의 '공동체'(우) 개념 비교

문화재청에서는 아리랑을 최초의 전승 공동체 종목으로 소개하고 있다. 그러나 이는 「무형문화재법」 시행 이전에 지정된 사례로, 엄밀히 말하면 '전승 공동체'라는 용어가 생기기 전의 일이다. 실제로 아리랑은 보유자가 없는 종목도 지정할 수 있도록 한 개정된 법 조항에 따라 지정되었다. 아리랑은 유네스코에 등재될 만큼 한국을 대표하는 무형유산이지만, 당시 국내 「문화재보호법」 상으로는 무형문화재로 지정될 수 없었다. 기존 법에 따르면, 무형문화재로 인정받기 위해서는 반드시 전승자가 존재해야 했기 때문이다. 이러

* 김용구(2021)의 논문을 참고한다.

한 문제는 2014년 「문화재보호법」 개정을 통해 해결되었으며, 전승자가 없어도 지정할 수 있는 새로운 무형문화재의 범주가 도입되었다.*

2016년 신법이 시행된 이후로 범위를 좁히면, '제다' 종목이 최초로 보유자 · 보유단체가 없는 전승 공동체로 지정을 받았다. 이어서 씨름 · 해녀 · 김치 담그기가 전승 공동체 종목이 되었다. 이 종목들은 유네스코 인류무형문화유산 대표목록 등재 이후 또는 등재 신청을 목전에 두고 국내 지정이 이루어진 것이다. 2018년에도 온돌문화, 제염, 장 담그기 세 종목이, 2019년에는 전통어로방식 - 어살이, 2020년에는 활쏘기, 인삼재배와 약용문화가, 2021년에는 막걸리 빚기, 떡 만들기, 갯벌 어로가, 2022년에는 한복생활과 윷놀이, 2023년에는 설과 대보름, 한식, 단오, 추석, 동지가 전승 공동체 종목으로 지정되었다. 현재까지(2025년 현재) 국가무형문화재 가운데 전승 공동체로 지정된 종목은 모두 21종목이다.

전승 공동체 종목이 많아지면서, 문화재청에서는 새로운 고민거리를 안게 되었던 것 같다. 신법 제25조(국가무형문화재의 보호 · 육성) 6항을 신설하면서까지, 전승 공동체 보호에 나선 것이다(2022. 1. 18. 신설).** [표 1]에서는 2015년 아리랑으로부터 2023년 동지에 이르기까지 총 21종목의 세부 분류, 전승 공동체 범위, 지정일 및 유네스코 등재 종목 여부 등을 정리해 보았다.

한복생활과 윷놀이 사례는 '전승 공동체' 개념의 또 다른 특징을 분석하는 데 유의미한 단서를 제공한다. 특히, 한민족 전체 또는 대한민국 전역의 국민을 '전승 공동체'로 간주하는 경향은 민족주의 또는 국가주의적 담론을 강화하는 효과를 낳는다. 예를 들어, 윷놀이

* 「문화재보호법」 제24조 2항 문화재청장은 제 1항에 따라 중요무형문화재를 지정하는 경우 해당 중요무형문화재의 보유자(보유단체를 포함한다. 이하 같다)를 인정하여 한다. 다만, 대통령령으로 정하는 바에 따라 중요무형문화재의 특성상 보유자를 인정하기 어려운 중요무형문화재를 지정하는 경우에는 그러하지 아니한다. (개정 2014. 1. 28.)

** 「무형문화재 보전 및 진흥에 관한 법률」은 2022년 1월 18일 일부 개정하였다. 제 25조 6항에는 "국가는 전승 공동체에 대하여 예산의 범위에서 필요한 지원을 할 수 있다. 7항에는 제 6항에 따른 전승 공동체에 대한 지원 등에 필요한 사항은 대통령령으로 정한다."고 되어 있다. 「무형문화재 보전 및 진흥에 관한 법률 시행령」(2022. 7. 19. 시행, 대통령령 제 32706호, 2022. 6. 21., 일부개정) 제22조의 3(전승 공동체에 대한 지원) 내용은 다음과 같다: 문화재청장은 법 제25조 제6항에 따라 전승 공동체에 다음 각 호의 사항에 필요한 지원을 할 수 있다. 1. 공연 · 전시, 체험 · 교육활동, 학술대회, 경연대회 등 전승 공동체가 추진하는 전승활동 2. 전승 공동체 간의 국내외 교류 및 협력체계 구축 3. 그 밖에 문화재청장이 전승 공동체의 전승활동 활성화를 위하여 지원이 필요하다고 인정하는 사항.

는 "한반도 전역에서 온 국민이 전승·향유하는 문화"로 정의되며, 이로 인해 특정 보유자나 보유단체를 지정하지 않는 '공동체 종목'으로 분류되었다고 명시되어 있다.* 이러한 서술에서 주목할 점은 전승 공동체의 지리적 범주가 '한반도' 전체로 설정되었다는 점이다. 이는 남북한 모두에 걸쳐 전승되고 있다는 함의를 포함하며, 문화유산의 보편적 속성을 민족 단위로 확장하는 방식으로 해석할 수 있다.

한복생활 역시 유사한 맥락에서 이해될 수 있으며, 이 역시 전승 공동체의 범위를 '국가' 혹은 '민족' 단위로 설정하는 경향을 보인다. 본 연구에서는 현재까지 전승 공동체로 지정된 21개 종목을 [표 1]로 정리하였으며, 각 항목에는 '한반도', '전국', '우리나라', 또는 보다 지역적으로는 어촌, 차단지, 갯벌 등 특정 공간이 명기되어 있다.

'한반도'라는 용어는 남한과 북한 양측 모두에서 문화가 전승되고 있다는 의미를 내포하며, '전국', '우리나라'라는 표현은 전승 공동체를 하나의 통합된 국가 단위로 규정하는 서술 전략을 반영한다. 이는 무형유산의 공동체성을 강조하면서도, 동시에 문화유산의 지정과 관리가 특정한 정치·지리적 정체성과 맞물려 작동하고 있음을 시사한다.**

[표 1] '전승 공동체'로 지정된 종목 리스트(국가유산청 제공)

종목명	세부 분류 [전승 공동체 범위]*	지정 일	유네스코 대표목록 등재 명칭 및 연도
아리랑	전통공연·예술/음악 [전국적인 기반]	2015. 9. 22.	아리랑, 2012
제다	전통 생활관습/식생활 [한반도 남부지방 차단지 지역]	2016. 7. 14.	
씨름	전통놀이·무예/놀이 [한반도 전역]	2017. 1. 4.	씨름(남북한 공동등재), 2018
해녀	전통지식/생산 지식 [해녀공동체]	2017. 5. 1.	제주해녀문화, 2016
김치 담그기	전통생활관습/식생활 [우리나라 전역]	2017. 11. 15.	김장문화, 2013
온돌문화	전통생활관습/주생활 [한반도 전역]	2018. 4. 30.	
제염	전통지식/ 생산지식 [갯벌지역]	2018. 4. 30.	

* 국가유산청 국가유산포털 문화유산 종목별 검색, 국가무형유산 설명 참조.

** 이와 관련해서는 김용구의 발표문(2021)을 참고한다.

장 담그기	전통 생활관습/식생활 [우리나라 전역]	2018. 12. 27.	한국의 장 담그기 문화, 2024
전통어로방식	전통지식/생산지식 [어촌 전역]	2019. 4. 3.	
활쏘기	전통 놀이 · 무예/무예 [국민 전체]	2020. 7. 20.	
인삼재배와 약용문화	전통지식/그밖의 전통지식 [한반도 전역]	2020. 12. 1.	
막걸리 빚기	전통생활관습/식생활 [한반도 전역]	2021. 6. 15.	
떡 만들기	전통생활관습/식생활 [한반도 전역]	2021. 11. 1.	
갯벌어로	전통지식/생산지식 [서남해안 지역]	2021. 12. 20.	한국의 갯벌, 세계자연유산, 2021
한복생활	전통 생활관습/의생활 [한반도 전역]	2022. 7. 20.	
윷놀이	전통 놀이 · 무예/놀이 [한반도 전역]	2022. 11. 11.	
설과 대보름	전통 생활관습/절기풍속 [한반도 전역]	2023. 12. 18.	
한식	전통 생활관습/절기풍속 [한반도 전역]	2023. 12. 18.	
단오	전통 생활관습/절기풍속 [한반도 전역]	2023. 12. 18.	
추석	전통 생활관습/절기풍속 [한반도 전역]	2023. 12. 18.	
동지	전통 생활관습/절기풍속 [한반도 전역]	2023. 12. 18.	

* 전승 공동체의 범위는 국가유산청 국가유산포털에서 제공하는 문화유산 설명을 그대로 인용한 것임. (https://www.heritage.go.kr/main/?v=1681108682658)

7. 맺음말

현대 사회의 소용돌이치는 변화 속에서 점차 사라지고 있는 무형문화유산의 보호와 지속가능성을 위한 담론이 무성하다. 특히 유네스코 무형문화유산 협약을 중심으로 한 보호 활동이 여러 회원국들에게 미치는 영향이 매우 크다. 우리나라의 경우도 예외는 아니다. 국가유산청에서는 2005년 협약에 가입한 이래 국내 「문화재보호법」을 개정하면서 유네스코의 문화유산 보호 방향에 맞추어 가고 있다. 2015년에는 「무형문화재법」을 공표하였고, 2023년에는 「국가유산기본법」을 만들기에 이르렀다. 2024년부터는 「국가유산기본법」에 의거하여 무형유산 보호 정책을 시행하고 있다.

유네스코 협약과 국내의 무형유산 보호에 대한 정책은 동일한 목표를 가지고 이행되고 있음은 분명하다. 즉 무형문화재/유산의 보전과 보호를 통해서 그 소중한 가치가 후대에도 지속적으로 이어져 나가게 하는 것이다. 이를 통해서 창의적이고 다양한 문화가 공존하게 하고, 인류사회가 평화롭게 번창해 가는 것이다. 그러나 이러한 동일한 목표를 향해 나간다고 해도 보호 정책과 실천 방법에 따라서 그 결과는 크게 달라질지도 모를 일이다.

본고에서는 유네스코 협약의 공동체 보호 정책과 국내 무형문화재 전승 공동체 지원 정책을 검토하였다. 좋은 성과가 지속되기를 바라지만, 현재 진행 중인 전승 공동체 보전 정책이 여전히 종목 중심의 보전 철학을 기반으로 하고 있어, 사람 · 집단 · 공동체의 역할을 충분히 반영하지 못하고 있다는 점에 우려를 표명했다. 전승 공동체의 중요성과 보전의 핵심은 특정 종목을 단순히 계승하는 것이 아니라, 이를 자신들의 일부로 여기며 소중히 가꾸어 가는 사람들과 그들의 삶의 양식을 존중하는 데 있다. 무형유산의 지속과 전승을 가능하게 하는 주체는 다름 아닌 사람들이므로, 이들이 활동하는 문화생태계를 보호하고 지원하는 것이 무엇보다 중요하다. 종목에 따라서 다양한 문화생태계가 존재하겠지만, 마을을 중심으로 형성된 문화생태계야말로 우리나라 무형유산의 주요 기반이라는 점은 의심할 여지가 없다.

또한 국내법과 제도의 개정이 유네스코 협약의 이행을 위해 불가피하다는 전제나, 인류무형문화유산 대표목록 등재를 위한 절차적 · 전략적 방법 개발에만 몰두하는 태도는 근본적인 관점의 전환을 요한다. 그보다는 무형문화유산과 전승 공동체에 대한 보다 심층적인 조사와 연구가 절실한 시점이다. 전승 공동체 저마다의 특수한 현황이 제대로 파악되어야 하고, 그에 따른 접근 방법과 보호 방책도 달라져야 한다. 유네스코 대표목록 등재 여부를 떠나서 공동체 기반의 보호정책이 중요한 이유는 종목의 전승이 목적이 아니라 공동체와 구성원들의 지속가능한 삶이 목표라는 점에서 그러하다. 또 전승 공동체 내부의 다양성과 창조성을 존중하는 관점은 구성원들의 문화적 정체성이 살아 숨 쉬게 하는 핵심적인 조건이 된다. 그러기 위해서는 이들의 삶을 통합적이고 총체적으로 접근하는 방법으로 무형문화유산을 이해하는 일이 우선되어야 할 것이다. 이러한 인식의 전환과 실천은 정부와 정책 입안자, 학계 전문가뿐 아니라, 보유 공동체 및 단체, 개인 등 모든 관련 주체들이 공동으로 숙의하고 협력하는 과정을 통해 가능하다. 이는 무형문화유산 보호의 실질적 의미를 되살리고, 보다 지속가능하고 포용적인 문화정책으로 나아가기 위한 필수적 조건이라 할 수 있다.

참고문헌

국립문화재연구소, 기획연구보고서 중요무형문화재 전승자 구술채록, 2011.

김신효 외, 『진주의 무형문화유산』, 국립무형유산원, 2015.

김용구, 한국무형문화유산정책 개편방안연구, 동국대학교 문화예술대학원 석사학위논문, 2006.

______, 「무형문화유산보호협약에 있어 공동체의 의의」, 『한국문화인류학회 2013년도 추계정기학술대회 발표집』, 2013.

오창현, 「유네스코 무형문화유산 협약의 가치와 실현수단에 관한 연구 - 공동체, 보호, 참여 개념을 중심으로」, 『무형유산』 vol. 10, 국립무형유산원, 2021.

임돈희, 「유네스코 세계무형문화유산 제도와 그 의미」, 『비교민속학』 26, 2004.

임돈희 · 로저 L. 자넬리, 「무형문화재의 전승실태와 개선방안」, 『비교민속학』 28, 2005.

정수진, 『무형문화재의 탄생』, 역사비평사, 2008.

함한희, 「무형문화유산 담론의 형성과 발전과정」, 『무형유산연구』 창간호, 2015.

함한희 편, 『미완의 기록-새만금사업과 어민들』, 아르케, 2013.

함한희 외, 『무형문화유산의 이해 - 전승, 보전, 그리고 인벤토리』(편저), 무형문화유산 총서 1, 20세기민중생활사연구소, 흐름, 2012.

Adell, Nicolas, Regina F. Bendix, Chiara Bortolotto & Markus Tauschek (eds.), "Between Imagined Communities and Communities of Practice: Participation, Territory and the Making of Heritage." *Göttingen Studies in Cultural Property*, Vol. 8, Universitätsverlag Göttingen. 2015.

Kaufman Ned, "Putting Intangible Heritage in its Place(s): Proposals for Policy and Practice." *International Journal of Intangible Heritage* 8, 2013.

Kurin, Richard, "Safeguarding Intangible Cultural Heritage: Key Factors in Implementing the 2003 convention." *International Journal of Intangible Heritage* 2, 2007.

Rudolff, B. & S. Raymond, "A Community Convention? An Analysis of Free, Prior and Informed Consent given under the 2003 Convention." *International Journal of Intangible Heritage* 8, 2013.

〈인터넷 자료〉

문화재청, "무형문화재 보전 및 진흥에 관한 법률, 제정이유," www.cha.go.kr

제주특별자치도 해녀문화유산과, https://www.jeju.go.kr

UNESCO Intangible Cultural Heritage, www.unesco.org/culture/ich

UNESCO World Heritage Convention, https://whc.unesco.org/en/convention/

ICHPEDIA, 전북대학교 무형문화연구소 무형문화유산 지식기반, www.ichpedia.org

〈법령집 및 공고문〉

무형문화재 보전 및 진흥에 관한 법률, 국가법령정보센터 〈http://www.law.go.kr〉

문화재보호법, 국가법령정보센터 〈http://www.law.go.kr〉

'전형'의 전형 구성을 위한 시론*

허용호**

- 목차 -

1. '전형 체제'의 형성과 그 양상 추적의 이유
2. '전형' 논의의 백가쟁명
3. 무형문화재 관계자들의 '전형' 인식 양상
4. '전형'의 전형 구성을 위한 제언
참고문헌

1. '전형 체제'의 형성과 그 양상 추적의 이유

2015년 3월 27일 제정된 법률 제13248호 「무형문화재 보전 및 진흥에 관한 법률」(약칭: 「무형문화재법」) 제3조 기본원칙에 "무형문화재의 보전 및 진흥은 전형 유지를 기본원칙으로" 한다고 규정하고 있다. 유형문화재에서의 '원형 유지'와 달리 무형문화재는 '전형 유지'가 기본원칙임이 법률로 명문화되었다. 2015년 「무형문화재법」 제정과 2016년 3월

* 이 글은 2023년 4월 15일 목포대학교에서 개최된 무형유산학회에서 발표한 내용을 바탕으로 한다. 따라서 관련 정책이나 제도 및 관련 용어의 시점은 2023년 4월이 된다. 그 이후로도 여러 주목할 만한 정책이나 제도 및 관련 용어가 등장하고 변화가 이루어졌지만, 이 글에서는 반영하지 않았다.

** 허용호는 고려대학교 민족문화연구원 HK연구교수와 한국예술종합학교 전통예술원 객원교수를 역임했으며, 현재 한국민속학회장 그리고 국가유산청 무형유산위원이다. 저서로는 『전통연행을 보는 또 하나의 시각』(고려대 민족문화연구원, 2022), 『탈춤』(영문,국문)(공저, 한국문화재재단, 2019), 『연행론의 학문적 연행에 대한 반성적 고찰』(민속원, 2015) 등이 있으며 나손학술상(2003), 비교민속학회 최우수학술상(2009), 월산민속학술상(2015)을 수상하였다.

28일 시행을 전후로 해서 흥미로운 양상이 벌어진다. 관련 학계에서 무형유산 관련 법률에 관심을 두고 논의가 시작된 것이다.

물론 이전에도 무형유산 관련 법률이나 관련 정책에 대한 논의가 없었던 것은 아니다. 하지만 그 논의는 대부분 무형유산 관련 정책의 거시적 혹은 추상적 접근에 그쳤다. 하지만 2015년을 전후해서 무형유산과 관련한 구체적인 법률 조항, 그리고 용어나 개념에 관심이 집중되기 시작했고 논의 대상이 되었다. 무형유산의 핵심 당사자인 무형유산 전승자들 역시 무형유산 관련 법률에 관심을 두기 시작한다. 이러한 현상은 이전에 찾아볼 수 없었다. 무형유산 관련 제 주체들이 정부 정책에 관심을 가지고, 나름의 의견 표명을 하는 양상이 나타났다.

사실상 2015년을 기점으로 무형유산과 관련한 '장field'에서는 '전형 체제'가 형성되었다고 할 수 있다. 이에 필자는 이 글에서 2015년 전후에 형성되어 현재에 이른 전형 체제의 양상을 살펴보려 한다. 전형 체제의 양상 고찰의 방법은 '전형'*과 관련한 논의와 실천 양상 곧, '전형 담론의 지형도'를 만들어 보는 것이다. 전형 담론의 지형도는 공시적 관점에서 무형유산 전승의 주요 주체(정책 당국, 관계 전문가, 전승자)의 행보 추적을 통해 만들어질 것이다. 또한 이 지형도를 만드는 과정에서 '전형' 관련 논의와 정책 실천에 대한 몇 가지 제안을 할 수 있을 것으로 생각한다. 필자는 이 제안이 학계에서 이루어지는 관련 논의 방향의 조정과 심화에 일조하고, 무형유산 관련 당국의 정책 기획이나 실천에도 이바지할 수 있을 것으로 생각한다.

이러한 필자의 논의는 결국 '전형'의 전형을 구성하려는 궁극의 목적을 갖는다. 여기에는 새롭게 등장한 '전형'이라는 법률 용어가 전혀 새로운 것이 아니라는 관점이 전제되어 있다. 필자는 '전형'이 새로운 것이 아니라고 생각한다. 이미 무형문화재 전승 과정에서 이루어져 왔던 것을 포괄하는 용어일 뿐이다. 그동안 '원형'이라 잘못 표현되었던 것을 이제 좀 더 전승 현상에 걸맞은 용어로 대체한 것이라는 인식을 필자는 갖고 있다. 이러한

* 이 글에서는 무형문화재 관련 법률 혹은 정책 차원에서 사용하는 전형이라는 용어를 '전형'이라고 유표화시켜 표현한다. 이는 학술적, 일상적으로 사용하는 사례와는 다른 방식으로 사용하고 있다고 생각하기 때문이다.

인식을 바탕으로 '전형'의 전형을 시론적으로 구성하고 제안하려는 것이 이 글의 목적이라 할 수 있다.

2. '전형' 논의의 백가쟁명

1) 무형문화재의 '원형 유지' 정책 비판

1960년대에 무형문화재 정책이 본격적으로 시작된 이래,* 우리의 무형유산은 괄목할 만한 변화를 보여 왔다. '중점보호주의'**로 정리할 수 있는 그동안의 무형유산 정책은 그 폐해가 적지 않게 지적되었다. 하지만 그 성과 역시 무시하지 못한다.*** 전국에 산재한 농악대의 수는 이루 다 헤아릴 수 없다. 수백 명 아니 수천 명이 줄을 옮기고, 당기는 모습을 그리 어렵지 않게 볼 수 있기도 하다. 대학에서 정규 교과 과정으로 배울 수 있는 무형유산도 적지 않다. 1960년대 정책을 시행할 때와 비교해 본다면, 커다란 변화가 일어난 것은 분명하다. 한두 명의 전승자가 그야말로 '인멸의 위기'에서 전전긍긍하거나, 이미 그 전승이 끊어졌음에도 무관심하던 때를 생각해 보면 더욱 그러하다. 오늘날 우리가 무형유산을 그리 어렵지 않게 접할 수 있게 된 것도, 어찌 보면 무형문화재 정책의 영향이 적지 않다고 할 수 있다. 물론 모든 것이 문제가 없고 평화롭기만 한 것은 아니다. 상황은 무형유산

* 1962년 1월 10일 「문화재보호법」이 제정되었다. 같은 해 6월 26일 「문화재보호법시행령」이 제정되고, 1964년 2월 15일에 「문화재보호법시행규칙」이 제정된다. 1964년 12월 7일에는 종묘제례악이 중요무형문화재 제1호로 지정된다. 그 앞선 논의 과정까지 염두에 둔다면, 우리나라 무형문화재 관련 정책의 시작은 1960년대 초반이라 말할 수 있다.

** 문화재 보호 혹은 관리 제도는 각국의 역사적 · 정치적 · 사회적 여건에 따라 차이를 보인다. 그 차이를 정리해 보면, '중점보호주의'와 '대장주의'로 대별할 수 있다. 중점보호주의란 '한정된 재원과 인력으로 문화재를 효율적으로 보호하고 관리하기 위하여 특히 중요하다고 인정되는 문화재를 중심으로 지정 또는 등록하는 제도'를 말한다. 김창규, 『개정증보판 문화재보호법개론』, 동방문화사, 2005, 67쪽 참조.

*** 「무형문화재 보전 및 진흥에 관한 법률」의 '제정 이유'를 보면 "1962년 1월 10일 「문화재보호법」이 제정된 이래 한민족의 전통 생활 방식에 녹아있는 무형문화재를 보호하기 위한 각종 정책을 시행한 결과, 도시화 · 산업화의 격랑 속에 사라질 위기에 처한 우리 전통문화를 보호하는 데 일정한 성과"를 거두었다고 자평하고 있다.

정책의 또 다른 변화를 요구하기 시작했다. 변화의 바람은 안과 밖에서 동시에 일어났다.

먼저 밖에서 일어난 대표적인 변화의 바람은 '유네스코 체제UNESCO regime'*라 불리는 상황의 전개이다. 2003년 「무형문화유산 보호를 위한 협약Convention for the Safeguarding of the Intangible Cultural Heritage」 체결과 2006년 협약 발효로 이어지는 일련의 움직임은 전 지구적으로 무형유산에 관한 관심을 고조시켰다. 특히 우리나라의 경우 무형유산에 관한 "국가 차원의 관점과 세계 차원의 관점을 조화시켜야 하는"** 과제가 제기되었다. 유네스코 체제가 "한국의 문화 정책에 있어서 제도적 변화를 가져왔을 뿐 아니라 문화적 대상을 새롭게 규정하고 인식하게"***한 것이다. 유네스코 체제가 내세우는 무형유산의 범위, 보호 방식, 목적 등은 우리의 무형문화재 제도와는 거리가 있었다. 이에 따라 유네스코의 '너른 무형유산 범위', '대장주의臺帳主義',**** '살아있는 무형유산의 강조', '미래 활용' 등을 염두에 두는 정책을 마련할 필요가 생겼다. 여기에 동아시아에서 유네스코 인류무형문화유산 대표목록Representative List of the Intangible Cultural Heritage of Humanity 등재 경쟁이 더해지면서 정책 변화의 요구는 더욱 높아졌다.

안에서 일어난 대표적인 변화의 바람은 '원형 유지'에 대한 문제 제기였다.***** 그동안 무형문화재로 지정된 무형유산의 전승과 보존에 적용되었던 기본 원칙은 '원형 유지'였고

* '유네스코 체제'라는 개념은 '유네스코 차원에서 국가 사이의 협상을 통해 형성된 무형유산 관련 논의와 실천의 규칙과 규범 및 절차'를 의미한다. 체제regime라는 것은 "국가와 사회 간 관계를 규정하는 일련의 규칙과 규범"이다. 이 체제, 특히 유네스코 차원의 체제 생성은 "국가 간 층위에서 행위자들actors 간의 협상을 통해" 이루어진다는 점에 주목할 필요가 있다. 이러한 유네스코 체제가 근래 전 지구적으로 강한 영향력을 발휘하고 있다. 개별 국가 차원에서 유네스코 차원의 무형유산 관련 논의와 인식이 그 영향력을 넓혀가고 있는 것이다. Regina F. Bendix, Aditya Eggart and Arnika Peselmann, eds., *Heritage Regimes and the State*, Göttingen: Universitätsverlag Göttingen, 2012, pp. 12~13; 허용호, 「유네스코 체제와 한국의 무형문화유산」, 『비교민속학』 75, 비교민속학회, 2022, 154쪽.

** 신동욱, 「무형문화유산 가치 변화 연구 - 한국 인류무형문화유산 등재과정을 중심으로」, 한양대학교 박사학위 논문, 2019, 3쪽.

*** 위의 글, 3쪽.

**** 정상우, 「무형문화유산 독립입법의 의의와 향후 과제」, 『2015년 무형유산학회 제1회 학술심포지엄: 무형문화재 보전 및 진흥에 관한 법률의 비판적 검토』, 무형유산학회, 2015, 13쪽.

***** 이하의 원형 유지에 대한 논의는 필자의 다음 글을 요약한다. 허용호, 「'원형'의 신화, '전형'의 논리」, 『무형유산학』 제1권 1호, 무형유산학회, 2016, 31쪽.

'원형대로'였다. 이 원칙이 지향했던 바는 민족문화의 보존이다. 근현대 시기의 우여곡절을 겪으면서 사라질 위기에 처한 근대 이전의 전통문화를 우리 민족의 원래 모습으로 여겨 되찾고 보존하고자 하는 것이었다. 그런데 이러한 '원형 유지'와 '원형대로'의 기조에 대한 비판이 만만치 않았다. 이와 관련한 주목할 만한 연구 성과들을 시대순으로 정리해 보면 다음과 같다.

이경엽, 「무형문화재와 민속 전승의 현실」, 『한국민속학』 40, 한국민속학회, 2004.

정수진, 「무형문화재 제도의 성립, 그 역사성의 재고」, 『한국민속학』 40, 한국민속학회, 2004.

임재해, 「마을민속, 무엇을 어떻게 연구할 것인가」, 『마을민속연구 어떻게 할 것인가』, 민속원, 2005.

이장렬, 「한국 무형문화재정책 연구: 중요무형문화재를 중심으로」, 고려대학교 박사학위논문, 2005.

한양명, 「중요무형문화재 예능분야의 원형과 전승 문제에 대한 반성적 검토」, 『한국민속학』 44, 한국민속학회, 2006.

정수진, 「원형의 기록화, 기록의 원형화: 무형문화재의 기록」, 『한국민속학』 44, 한국민속학회, 2006.

임재해, 「무형문화재의 가치 재인식과 창조적 계승」, 『한국민속학』 45, 한국민속학회, 2007.

송 준, 「무형문화유산의 보존과 활용에 대한 소고-전형의 개념을 중심으로」, 『남도민속연구』 17, 남도민속학회, 2008.

정수진, 『무형문화재의 탄생』, 역사비평사, 2008.

허용호, 「무형문화유산으로서 민속극의 전승과 보존」, 『비교민속학』 39, 비교민속학회, 2009.

남근우, 「복원주의 민속학의 아이러니: '강릉단오제'의 곤경을 중심으로」, 『한국민속학』 52, 한국민속학회, 2010.

정수진, 「무형문화재에서 무형문화유산으로-글로벌 시대의 문화 표상」, 『동아시아문화연구』 53, 한양대학교 동아시아문화연구소, 2013.

허용호, 「가면극 속의 장애인들」, 『구비문학연구』 37, 한국구비문학회, 2013.

남근우, 『한국민속학 재고』, 민속원, 2014.

허용호, 「움직이는 전통, 변화하는 시선 - 밀양백중놀이 장애표현과 그 형상화 시선 연구」, 『공연문화연구』 28, 2014.

무형유산은 실증적 문헌자료가 희박하고, 형성 시기를 알 수 없다. 더구나 무형유산은 시간의 흐름과 환경에 따라 변화하는 것이다. 이러한 무형유산에서 원형을 찾는다는 것은 문제가 있으며, '원형 유지'를 지향한다는 것은 마치 시·공간의 환경을 무시한 채 문화를 고정해 버리는 부당한 정책이라는 것이 비판의 핵심이었다. 덧붙여 그러한 원형을 정의하고 판단하는 권력화된 주체의 문제 역시 만만치 않게 제기되었다. 무형문화재 정책과 관련한 '원형 유지' 정책 비판은 크게 두 가지로 정리할 수 있다. '무형유산의 속성과는 맞지 않는 개념'과 '무형유산 박제화의 원흉'이라는 비판이 그것이다.* 필자 역시 원형 개념이 가지고 있는 한계에 대해 비판한 적이 있다.** 그런데 비판적 입장을 공유한다고 해서, 그 과정과 내용까지 전적으로 일치하는 것은 아니다.

필자는 무형유산의 박제화라는 비판에는 동의하지 않는다. 무형문화재로 지정된 종목의 전승 주체들이 갖는 원형에 대한 강박이나, 일부 전승자나 전문가들이 원형을 철칙으로 여기는 행태에도 불구하고, 원형대로 전승된 사례는 흔치 않다. '원형 유지'나 '원형대로'는 관념에서만 존재했다. 무형문화재로 지정된 종목 하나하나를 구체적으로 살펴볼 때, 이른바 박제화된 것은 쉽게 찾아볼 수 없다. 그 변화 폭의 크고 작음의 차이가 있고,

* 송준, 「무형문화유산의 보존과 활용에 대한 소고」, 『남도민속연구』 제17집, 남도민속학회, 2008; 정종섭 · 정상우 외, 『(가칭) 무형문화유산 보전 및 진흥에 관한 법률 제정 연구』, 문화재청 · 인하대학교 산학협력단, 2011.

** 필자의 비판은 주로 민속극을 중심으로 이루어졌다. 그 논의는 '원형 보존이라는 개념의 폐기', '원형 전승의 불가능성', '동태적인 변화를 읽어내는 연구의 제기' 등으로 요약할 수 있다. 허용호, 「무형문화유산으로서 민속극의 보존과 전승」, 『비교민속학』 제39집, 비교민속학회, 2009.

변화 속도의 빠르고 느림의 편차가 있을지언정, 지정된 종목은 변화해 왔다. '원형 유지'가 기본 원칙이고 '원형대로'가 지정과 해제의 기준이었음에도 변화는 지속되었다.* 박제화라고 비판해 왔지만, 실제로는 변해온 것이다. 이는 '원형 유지' 혹은 '원형대로'라는 기본 원칙이 실제 무형문화재로 지정된 종목에서 마저 관철되지 못했음을 말하는 것이다. 결국 '원형 유지'라는 원칙은 무형유산의 속성에 걸맞지 않은 것이었다고 할 수 있다.

2) 무형문화재 '전형 유지' 정책의 등장과 '전형 담론' 형성

2015년을 전후해서 앞에서 살핀 '원형 유지'에 대한 오랜 비판과 문제 제기가 공론화되고 정책 당국에 의해 수용된다. 2015년 「무형문화재 보전 및 진흥에 관한 법률」 제정이 그 대표적 사례이다. 「무형문화재법」 '제2조(정의)'와 '제3조(기본원칙)'을 보면 '전형'이라는 새로운 용어가 등장한다.

> 제2조(정의) 이 법에서 사용하는 용어의 뜻은 다음과 같다. <개정 2016. 12. 20., 2018. 12. 24., 2020. 6. 9.>
> 1. "무형문화재"란 「문화재보호법」 제2조 제1항 제2호에 해당하는 것을 말한다.
> 2. **"전형典型"이란 해당 무형문화재의 가치를 구성하는 본질적인 특징으로서 대통령령으로 정하는 것을 말한다.**
> 3. "보유자"란 제17조 제1항 또는 제32조 제2항에 따라 인정되어 무형문화재의 기능, 예능 등을 대통령령으로 정하는 바에 따라 **전형대로 체득 · 실현할 수 있는** 사람을 말한다.
> 4. "보유단체"란 제17조 제1항 또는 제32조 제2항에 따라 인정되어 무형문화재의 기능, 예능 등을 대통령으로 정하는 바에 따라 **전형대로 체득 · 실현할 수 있는** 단체를

* 이와 관련된 구체적인 연구는 다음을 참조. 허용호, 「가면극 속의 장애인들」, 『구비문학연구』 제37집, 한국구비문학회, 2013; 허용호, 「움직이는 전통, 변화하는 시선 - 밀양백중놀이 장애표현과 그 형상화 시선 연구」, 『공연문화연구』 제28집, 한국공연문화학회, 2014.

말한다.

제3조(기본원칙) 무형문화재의 보존 및 진흥은 **전형 유지를 기본원칙**으로 하며, 다음 각 호의 사항이 포함되어야 한다.

1. 민족정체성 함양 2. 전통문화의 계승 및 발전 3. 무형문화재의 가치 구현과 향상

'전형'이라는 용어를 사용하는 이 조항들은 이전 「문화재보호법」 '제3조(문화재보호의 기본원칙)'의 "문화재의 보존·관리 및 활용은 원형 유지를 기본원칙으로 한다."라는 내용과 다르다. '원형 유지'를 기본 원칙으로 하던 것에서 '전형 유지'로 바뀐 것이다. 여기서 '전형'이라는 표현은 이전에는 전혀 사용하지 않았던 용어이다. 그러기에 새롭게 시행될 「무형문화재 보전 및 진흥에 관한 법률」 2조 2항에 '전형'을 정의하는 조항이 있는 것이다. "해당 무형문화재의 가치를 구성하는 본질적인 특징"이라 규정된 '전형'은 "대통령령으로 정한다"고 해서, 그 실체가 모호하다. 「무형문화재 보전 및 진흥에 관한 법률 시행령」 '제2조'에 "전형典型이란 해당 무형문화재를 여러 세대에 걸쳐 전승하는데 구현되고 유지되어야 하는 고유한 가치, 기법 또는 지식을 말한다"고 정의되어 있지만, 모호함은 여전하다.

하지만 '전형'이라는 새로운 무형문화재 보전 및 진흥에 관한 기본 원칙의 등장은 관련 연구자의 흥미를 불러일으켰다. 새로운 「무형문화재법」의 제정에 즈음하여 가장 먼저 반응한 학회는 무형유산학회였다. 2015년 8월 새롭게 제정한 「무형문화재법」에 대한 "비판적 검토"를 다음과 같이 시작한다.

2015년 무형유산학회 제1회 학술심포지엄

무형문화재 보전 및 진흥에 관한 법률의 비판적 검토

정상우, 「무형문화재 보전 및 진흥에 관한 법률 제정의 의의」.

최종호, 「무형문화재 유형별 분류체계에 관한 연구」.

허용호, 「'원형'에서 '전형'으로, 그 지향과 한계」.

위의 학술대회에서는 「무형문화재법」 전반에 대한 검토를 시도했는데, '전형'이라는

용어에 대한 논의가 주목받는다. 이에 대해서는 필자가 초점화시켰는데, 관련 논의를 정리해 보면 다음과 같다.*

그런데 '원형' 개념이 갖고 있는 그러한 모호함을 '전형' 역시 갖고 있는 것으로 보인다. 앞에서 살폈듯이, 현재로서는 '전형'의 실체와 마주한 이는 없다. '전형'이 어떠한 모습으로 우리 앞에 다가올지는 아직은 모른다. 하지만 2절에서 논의했듯이, '전형'이라는 개념의 도입 의도와 지향은 어느 정도 파악할 수 있다. 그것은 무형문화유산의 속성을 고려한 것으로 추정해 볼 수 있다. 무형문화유산의 생성과 소멸이라는 변화 과정을 품으려 한 의도와 지향이 있는 것이다. 이러한 의도나 지향점은 무형문화유산의 박제화를 방지하기 위해서라기보다는 무형문화유산의 속성을 염두에 둔 도입이라 하는 것이 적절하다. 그렇게 의도와 지향을 추측해 볼 수는 있지만, 여전히 그 실체의 모호성은 남아 있다.

물론 학계에서는 '전형'이라는 개념을 사용해 왔다. 특히 민속극을 중심으로 조동일, 채희완, 서연호 등이 이 용어를 사용했던 것으로 기억한다. 흥미롭게도 일본에서는 문화재와 관련해서 '전형'이라는 용어를 사용하고 있다. 1975년 신설된 중요무형민속문화재를 "유래, 내용 등에서 일본국민의 기반적인 생활문화의 특색을 나타내주는 것으로 전형적인 것"**이라 정의하고 있는 것이다. 여기서 '전형적'이라는 표현은 "자연적으로 발생되어 소멸해가는 민속자료의 성질"***을 감안한 것으로, 무형문화유산의 생성과 소멸이라는 변화 과정을 품으려 '전형' 개념을 도입한 「무형문화재 보전 및 진흥에 관한 법률」의 의도와 부합한다.

그런데 '전형'이라는 개념은 해당 무형문화유산의 복수적인 존재를 전제로 하는 것이

* 허용호, 「'원형'에서 '전형'으로, 그 지향과 한계」, 『2015년 무형유산학회 제1회 학술심포지엄: 무형문화재 보전 및 진흥에 관한 법률의 비판적 검토』, 무형유산학회, 2015, 75~77쪽 참조.

** 日本文部省, 「重要無形民俗文化財指定基準」, 『文化財保護關係法令集』, ぎょうせい, 2009(정수진, 「무형문화유산의 문화정치학」, 『실천민속학연구』 제26집, 실천민속학회, 2015, 301~302쪽에서 재인용).

*** 文化財保護委員會, 「文化財保護法の一部改定についてて」, 『文化財保護關係法令集』, ぎょうせい, 2009, 238쪽(정수진, 위의 논문, 302쪽에서 재인용).

다. 송준이 제시한 개념에 따른다면, 해당 무형문화유산의 여러 존재 양태 가운데 '반복 적용되는 동일한 원리'가 '전형'이다.* 이러한 유일성 혹은 단일성이 아니라 복수적 존재를 전제로 하는 것은, 그동안 이루어져 왔던 학계의 연구에서도 찾아볼 수 있다. 효키俵木 悟 역시 '무엇이 전형적인 것인가 하는 것은 그 자료들을 시간 축을 따라 배열한 후 자료들 간의 비교와 체계화를 통해 포착될 수 있는 문제'라 언급하면서 그 복수성을 언급하고 있다.** 이 복수성은 곧 상대적 가치를 말하는 것으로 보인다. '원형'이 갖고 있는 절대적 가치에 대응되는 상대적 가치를 '전형'은 추구하고 있는 것이다.

그런데 그 전형이 무엇인가 하는 점은 여전히 모호하다. 더구나 그것은 실체가 있는 것이 아니라, 추론되는 것이기에 더욱 그러하다. '전형'의 정체를 살펴볼 수 있는 현재의 유일한 간접 자료인 송준의 논의에 좀 더 기대어 본다면, '전형'은 "표현된 '형태'보다는 그 형태를 창출하는 '원리'에 중심을 두고 있는 개념"으로 설명되고 있다. 이는 어떤 현상들의 배후에서 그것들을 현출시키는 원리를 말하고 있는 것 같기도 하다. 그렇다면 그 원리는 변하는 것인가 아닌가? 그 원리의 가변성이 인정되는 것인가? 필자의 판단으로는 그 원리는 변치 않는 초월적이고 절대적인 것으로 보인다. 그렇다면 그것은 원형과 전혀 다른 것이라기보다는 또 다른 얼굴을 한 원형일 수 있다. 추상 개념으로서의 원형으로 볼 수 있는 것이다. 결국 전형이라는 개념은 가면을 쓴 원형인 것이다. 사소하고 주변적이며 중요하지 않은 변화는 인정하지만, 중요하고 핵심적인 원리는 여전히 철칙화시키고 절대화시킬 여지가 다분한 것이다. 더욱이 그것이 추론되는 것임을 염두에 둘 때 당연하게 나타나는 주관성 역시, 「무형문화재 보전 및 진흥에 관한 법률」의 적용에 장애로 작용할 가능성이 크다.

이렇게 '전형' 앞에는 산적한 여러 문제가 있다. 새롭게 도입되었지만, '전형'은 결국 '원형'의 또 다른 얼굴일 수 있다. '원형'이 가졌던 또 다른 한계를 여전히 '전형'이 내포하

* 송준, 앞의 논문, 225~226쪽.

** 俵木 悟, 「文化財として民俗藝能-その經緯と課題」, 『藝能史硏究』 160, 2003, 55쪽(정수진, 앞의 논문, 302쪽에서 재인용).

고 있다. '전형'이라는 것이 무형문화유산의 보전과 진흥의 기준이 되고, 무형문화재 지정이나 '인간문화재' 인정의 평가 기준이 되었을 때, 그것은 고정되고 고착될 수밖에 없다. 여전히 변치 않은 그 무엇이나 원리 등이 기준이 될 수밖에 없다. 복수의 자료들을 대상으로 비교하고 체계화한 이후에 구성되는 그 무엇이 '전형'이 되고, 그것이 평가의 기준이 되는 것이다. 그것 이외의 즉흥적인 것, 상황에 따른 변개, 지역이나 시대에 따른 변개 등을 「무형문화재 보전 및 진흥에 관한 법률」에서는 문제시하지 않고 받아들이겠다고 하지만, 여전히 변치 않는 그 무엇을 기준으로 삼게 되는 것이다. 결국 '전형'은 추상적인 과정을 통해 구성되는 것이지만, 하나의 실체가 될 가능성이 농후한 것이다. 유일하고 절대적인 가치 추구의 완화 혹은 유연화를 지향하고 있지만, 실제는 그렇지 못할 가능성이 높다. 이것은 어쩌면 제도화 혹은 법의 운영이 갖는 구조적 문제일 수 있다. 실제 제도를 운영하기 위해서는 어쩔 수 없는 것일 수 있는 것이다.

설사 그렇다 할지라도, 무형문화유산을 논의하는 학계에서는 보다 치열해져야 한다. 여전히 관련 전문가들을 양성하는 모체가 학계인 이상, 「무형문화재 보전 및 진흥에 관한 법률」에서의 '전형'을 구성하고 평가하는 핵심 주체는 학계 혹은 학계의 전문가들이기 때문이다. 학계에서 제대로 된 '전형' 관련 논의가 이루어지지 않는다면, 그 애매모호함 혹은 일천함이 그대로 무형문화재 지정이나 인간문화재 인정 기준이 되어버릴 가능성이 크다. 그래서 어쩌면 '원형'을 기준으로 한 제도 운영에서 가해졌던 비판보다 더한 비판이 가해질 수 있다.

현상적으로 볼 때, '원형'에서 '전형'으로 바뀌었음에도 상황은 그대로이다. 원형이 가지고 있었던 한계와 비판거리는 그대로 유효하다. 논란은 계속될 것이다. 아니 가중될 가능성이 높다. 제도의 운영과 관련해서는 그 논란이 어떤 역할을 할지 필자로서는 알 수 없지만, 학문의 세계에서는 권장할 만한 일이다. 제대로 된 논의를 할 수 있었으면 한다. 그래서 필자는 신이 난다. '전형'을 대통령령으로 어떻게 정할까? 벌써부터 기대된다. 아니 좀 더 정확히, 필자는 벼르고 있다.

이렇게 허용호가 피력한 문제의식은 이어지는 학술대회에서 전경화된다. "무형문화재법의 '원형'에서 '전형'으로의 변화에 따른 의미와 문제점"이라는 주제로 논의가 이루어지게 되는 것이다. 이 학술대회에서 주목할 만한 발표는 다음과 같다.

2015년 무형유산학회 추계학술대회

「무형문화재법」의 '원형'에서 '전형'으로의 변화에 따른 의미와 문제점

허용호, 「원형의 신화, 전형의 논리 - 발탈에서의 원형과 전형 논란을 중심으로」.

유철인, 「전형과 경향, 그리고 원형과 전형」.

최원오, 「이야기 문학에서의 원형과 전형」.

그리고 2016년 봄에 더욱 다양하고 구체적인 사례를 중심으로 전형 관련 논의가 이루어지게 된다. 아래 발표 제목에서 예상할 수 있듯이, 무형유산의 다양한 영역과 범주, 장르 등을 사례로 전형과 관련한 나름의 견해를 피력한다. 전형 관련 논의의 백가쟁명 양상이 나타나고 있음을 확인할 수 있다.

2016년 무형유산학회 춘계학술대회

실제 현장 사례를 통한 무형유산의 전형의 양상 및 변화

권혁희, 「마을의례의 창출과 무형문화재 지정 과정을 통해 본 '원형'과 '전형' 담론의 지형 - 서울 우이동 '삼각산도당제'를 중심으로」.

조순자, 「현장사례로 본 중요무형문화재 제5호 〈판소리〉 전승 및 전형의 변화 양상」.

조영배, 「민요 음악의 원형 · 전형의 양상 및 변화실태 - 무형문화재로 지정된 제주도 소재 · 민요들의 현장사례를 중심으로」.

최종호, 「은산별신제의 원형 · 전형의 양상 및 변화에 관한 연구」.

정상박, 「오광대의 변화 실상과 수용」.

유철인, 「제주해녀의 지속과 변화 - 살아있는 유산과 전형 유지」.

정형호, 「전통연희의 생명력과 원형 · 전형 논의의 한계 - 가면극과 남사당놀이를 중심

으로」.

허용호, 「무형유산 정책 당국을 위한 변명 - 정형호 선생님의 「전통연희의 생명력과 원형, 전형 논의의 한계」에 부쳐」(정형호, 「전통연희의 생명력과 원형 · 전형 논의의 한계」 토론문).

서해숙, 「달집태우기의 전통과 현대적 변화」.

이병옥, 「송파산대놀이의 변모양상을 통한 원형 · 전형의 문제」.

「무형문화재법」이 제정된 이후 '전형'과 관련한 논의를 주도한 것은 무형유산학회이다. 학회 심포지엄이나 정기 학술대회를 통해 '전형'과 관련한 다양한 견해가 펼쳐지는 장을 마련했다. 그런데 '전형'과 관련한 논의는 무형유산학회 내부에서만 이루어지지는 않았다. 아래 제시한 논문 목록을 본다면, 다양한 전공의 연구자들을 중심으로 관련 논의가 이루어지고 발표되었음을 확인할 수 있다. 그리고 관련 박사학위논문까지 발표되었다.* 나아가 문화재청 관계 공무원이 관련 견해를 논문으로 밝히기도 했다.** 이는 그만큼 '전형'이 2015년 이후 뜨거운 학술 연구 주제가 되고 있음을 말하는 것이다. 여기에 무형유산 전승자들의 '전형'에 관한 관심과 실천까지 염두에 둔다면, 그야말로 '전형 담론'이 형성되고 활발한 의견 개진이 이루어지고 있다고 말할 수 있다.

개별 발표 논문

이재필, 「무형문화재 '원형규범'의 이행과 의미 고찰」, 『무형유산학』 49-1, 국립문화재연구소, 2016.

서유석, 「원형에서 전형으로 - 무형문화재 제도의 변화와 판소리」, 『판소리연구』 41, 판소리학회, 2016.

* 김철은, 「전형(典型)을 적용한 한국 가면극의 계승 원리와 교육적 수용 연구 - 〈양주별산대놀이〉를 중심으로」, 한국교원대학교 대학원 박사학위논문, 2020.

** 이재필, 「무형문화재 '원형규범'의 이행과 의미 고찰」, 『무형유산학』 49-1, 국립문화재연구소, 2016.

이창식, 「줄다리기의 원형 · 전형 · 변형」, 『남도민속연구』 34, 남도민속학회, 2017.

박　미, 「무형문화재 원형과 전형에 대한 고찰 - 무용을 중심으로」, 『무형유산학』 3-1, 무형유산학회, 2018.

이한승, 「옹기장을 통해 본 무형문화재의 '전형'에 대한 논란과 기준 제안」, 『민속연구』 36, 안동대학교 민속학연구소, 2018.

송　준, 「무형문화유산 '전형' 개념의 적용 현황과 문제점」, 『남도민속연구』 39, 남도민속학회, 2019.

김철은, 『전형典型을 적용한 한국 가면극의 계승 원리와 교육적 수용 연구 - <양주별산대놀이>를 중심으로」, 한국교원대학교 대학원 박사학위논문, 2020.

김형근, 「무형문화유산의 전승, 그 원형과 전형 사이 - 부산시무형문화재 기장 오구굿을 대상으로」, 『동남어문논집』 51, 동남어문학회, 2021.

3) '전형' 관련 논의의 흐름과 경향

2015년을 전후해서 '전형'과 관련해서 이루어진 논의는 '원형과 원형 유지 정책 비판', '전형 논의의 등장', '전형 유지 정책의 문제점 지적과 논란의 확산' 등의 양상으로 전개된다. 그 과정에서 논의 내용의 전반적 틀은 '원형에서 전형으로 전환되었는데 환영할 일이다. 그런데 전형은 또 다른 원형이 될 수도 있다.' → '그래서 전형 개념 정립이 필요하다. 무형유산 전승자들은 전형에 대해 잘 모르거나 관심이 없다. 그렇기에 개념 정립과 이에 대한 교육이 필요하다.' → '전형은 변화의 인정과 당대성 주목이라는 측면에서 중요하고 의미가 있지만, 자칫 마구 바꾸어도 된다는 식의 오해가 발생할 수 있다.' → '종목별 특성을 염두에 둔 전형에 관한 구체적인 점검이 이루어져야 한다.'로 요약할 수 있다.

자유로운 토론과 연구는 장려할 만하지만, 그 장려는 그것이 적절한 방향으로 이루어져야 할 때 유의미하다. '전형' 관련 논의의 백가쟁명이 그저 양적인 수준에서 머물고, 어떤 혼선이 있다고 한다면 문제가 있는 것이다. 그런데 적지 않은 '전형' 관련 논의에서 공통으로 나타나는 어떤 혼선이 있다. 그 혼선은 개념 논의 층위에서 나타난다. 학술 전통에서의 원론적 논의와 제도 운용상의 논의가 혼재되어 나타나는 것이다. 원형과 전형 개념 자체와 관련한 원론적 논의를 하다가, 어느 순간 제도 운용을 위한 개념인 '원형'과 '전형' 관련 논의로 넘어가는 양상이 적지 않게 나타난다.

사실 2015년 이전에는 학계나 정책 당국에서 두 개념 층위(학술 전통과 제도 운용) 구분을 하지 않았다. 굳이 그 필요성을 느끼지 못한 것 같다. 관련 논의 인식 지평에 존재하지 않았다. 이러한 양상은 2015년 이후의 '전형' 관련 논의에서도 그대로 반복된다. 일부 연구자만이 2015년 이후 구분하고 있다.* 학술 전통과 제도 운용 차원에서 전형 개념이 다를 수 있다는 것을 인식하는 것이 필요하다. 두 층위 차원의 혼선이 현 담론장의 혼란을 가져온 주요 이유라는 점을 염두에 둔다면 더욱 그 필요성이 높아진다. 더구나 이러한 혼선이 실제 정책이나 제도와 관련된 것일 때, 나타나게 될 혼란은 또 다른 문제를 파생시킬 가능성이 크다. 따라서 혼선을 정돈하고 정리하는 일이 시급하다. 이와 관련한 심화 논의는 뒤에서 다시 한번 하기로 한다.

3. 무형문화재 관계자들의 '전형' 인식 양상

1) 무형문화재 전승자들의 '전형' 개념 인지 현황

필자는 2022년 문화재청에서 의뢰한 '국가무형문화재 예능 분야 전형 개념 적용기준 마련 연구 용역'을 수행했다. 연구책임자로 연구를 수행하면서 무형문화재 전승자들에 대한 설문조사를 했는데, 최종 응답 현황은 다음과 같다.**

* 몇 가지 사례를 들어보면 다음과 같다. 정수진, 앞의 논문; 허용호, 「'원형'의 신화, '전형'의 논리 - 발탈에서의 '원형'과 '전형' 논란을 중심으로」; 허용호, 「무형유산 정책 당국을 위한 변명 - 정형호 선생님의 「전통연희의 생명력과 원형, 전형 논의의 한계」에 부쳐」(정형호, 「「전통연희의 생명력과 원형 · 전형 논의의 한계」 토론문」, 『2016년 무형유산학회 춘계학술대회: "실제 현장 사례를 통한 무형유산 전형의 양상 및 변화"』, 무형유산학회, 2016; 이재필, 앞의 논문.

** 한국민속학회 국가무형문화재 예능 분야 전형 개념 적용기준 마련 연구단, 『국가무형문화재 예능 분야 전형 개

〈최종 응답 현황〉

무용	음악		연희		합계
290명	195명		107명		592명
	정악 63명	민속악 132명	탈춤 79명	기타 연희 28명	
개인 종목 327명 (55.2%)			단체 종목 265명 (44.8%)		

보유자	전승교육사	이수자	전수자
8명 (1.4%)	30명 (5.1%)	227명 (38.3%)	327명 (55.2%)

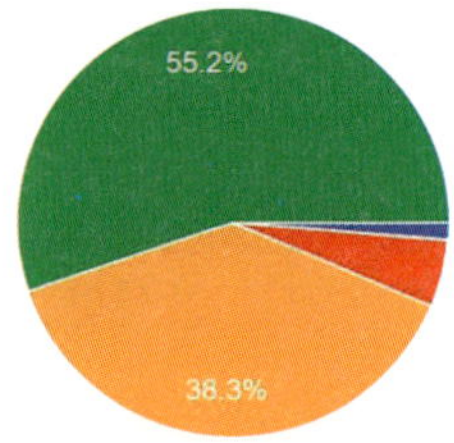

20년 이상	7-20년	3-7년	3년 미만
109명 (18.4%)	118명 (19.9%)	147명 (24.8%)	218명 (36.8%)

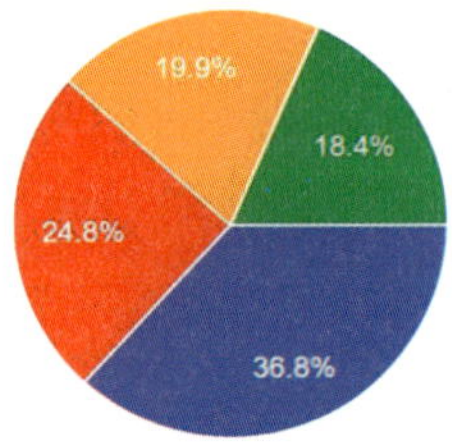

전승자들을 대상으로 한 설문조사의 내용은 '전형/원형 개념 인지 현황', '전형 교육 경험', '2016년 이후의 변화 유무와 이유', '조사지표의 인지 여부', '전승 종목과의 조사지표 부합 여부', '문화재 지정 당시와 현재 연행의 비교', '변화에 대한 긍정도', '전형의 판단과 가이드(안내) 주체', '외부에서 가해진 변화 요구에 대한 의견' 등 9개 주제였다.* 여기서 '전형' 개념의 인지 양상이 주목할 만했다. 관련 설문조사 결과를 분석해 보면, 응답자 본인이 전형의 개념을 안다고 생각하는 경우가 상당히 많았다. 이를 정리해 보면 다음과 같다.

념 적용기준 마련 연구 용역 최종보고서』, 문화재청, 2022, 9~10쪽.

* 9개 주제에 대한 설문조사 결과와 분석 내용은 다음을 참조. 위의 보고서, 10~15쪽.

<'전형'과 '원형' 개념 인지 현황>*

확실 인지	구별 가능	모름	들어본 적 없음
206명 (34.8%)	221명 (37.3%)	138명 (23.3%)	27명 (4.6%)

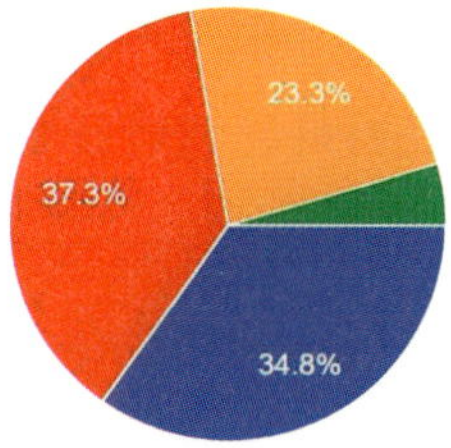

* 2022년 5월 18일~9월 30일까지 온라인 설문 방식으로 조사(조사 응답자 592명)

위의 <'전형'과 '원형' 개념 인지 현황>을 보면 '원형'과 '전형' 구분이 가능하다는 답변이 기대 이상으로 많이 나타나고 있음을 확인할 수 있다. '확실 인지'와 '구별 가능'한 전승자의 수가 전체 조사 응답자의 72.1%나 된다. 이는 전승자들이 전형에 대하여 많은 의문을 품고 있을 것이라는 예상과는 차이가 있는 결과이다. 그런데 그들의 주관식 답변을 보면 "지정 당시를 원형", "그것에서 조금씩 대중화한 현재의 모습"이 전형이라 인식하고 있다. 기존의 '원형' 전승과는 전혀 다른, 창작을 가미하는 것으로 '전형' 전승을 이해한다. 나아가 자유 의견 등의 다른 답변들까지 겹쳐본다면, '원형'과 '전형' 개념을 확실히 인지하고 구별이 가능하다는 답변의 실체를 확인할 수 있다. 답변자 대부분이 '원형'과 '전형'을 병행이 가능한 연속적 개념으로 알고 있다. '변화가 없는 순수상태 또는 지정 당시의 것'이 '원형'이며, '시간에 따라 변화된 현재의 것'을 '전형'으로 인식하고 있다. 이러한 인식에서 우리가 확인할 수 있는 것은 적지 않은 수의 전승자들이 '원형'과 '전형'을 공존하는 개념으로 인식하고 있다는 점이다.

2) 무형문화재 관계자들의 '전형' 인식 범위와 영역

필자가 전통연희 전승 현장에서 주로 확인한 전승자들의 '전형' 인식 양상은 크게 4가지

* 위의 보고서, 10~11쪽.

양상으로 나타났다.* '전형'으로의 전환에도 상관없이 여전히 '원형' 논쟁이 이루어지고 있는 경우가 첫 번째 양상이다. 봉산탈춤이나 발탈의 일부 전승자들이 이에 해당한다. 그들은 문자화된 재담을 반드시 고수해야 할 '원형'으로 생각한다. 그들이 고수하고자 하는 '원형'으로 내세우는 문자화된 재담은 무형문화재 지정 당시의 조사 채록본이거나 이른 시기의 채록본의 모습을 띤다. 이와는 달리 무형문화재 지정 당시의 조사 채록본을 대폭 수정한 새로운 연희본을 전승의 '원형' 혹은 '전형'으로 삼은 보존회도 존재한다. 새로운 '원형' 혹은 '전형'의 정립이라는 두 번째 양상이다. 송파산대놀이보존회나 하회별신굿탈놀이보존회가 이에 해당한다.

세 번째 양상은 '원형'과 '전형' 구분을 보존회 자체에서 논의하고 구별하려는 모습을 보이는 경우이다. 하회별신굿탈놀이보존회에서 이러한 양상을 찾아볼 수 있었다. 그들은 '원형 전승은 보존회 차원에서 정립한 연희본을 중심으로 전승하는 것'이며, '전형 전승은 공연 상황에 따라 이루어지는 변화'를 의미하는 것으로 구분한다. 이렇게 '원형'과 '전형'이 공존하는 것으로 인식하는 경우는 예상외로 많다. '전형'과 '원형'을 구분하는 전승자 대부분이 이러한 인식 경향을 보인다.

네 번째 양상은 좀 특이한 모습을 보이는 경우이다. 양주별산대놀이 전승자들이 그러하다. 그들은 춤·재담·소리를 기본 축으로 '전형'에 접근한다. 물론 그들은 이를 '원형'이라 부르지만, '양주식 춤', '양주말로서의 재담', '양주의 특징이 나타나는 소리' 등으로 접근한다. 뒤에서 다시 논의하겠지만, '전형'이 구체화한 형태로서 이러한 방식의 접근은 주목할 만하다.

2절에서 살핀 무형문화재 관련 연구자들의 '전형' 인식, 그리고 위에서 살핀 설문조사와 면담조사를 통해 파악한 무형문화재 전승자들의 '전형' 인식을 아울러 정리해 보기로 한다. 지금까지 살펴본 무형문화재 관계자들의 '전형' 인식의 범위와 영역은 다음과 같이 펼칠 수 있다.

* 필자가 2017년에서 2022년까지 전통연희 분야 무형문화재 전승자들과 의견을 나누었던 경험을 바탕으로 정리한 것이다.

몰이해/무관심 혹은 오직 원형	원형이 곧 전형	전승의 핵심인 원형과 공존하는 대중화의 한 양상으로서 전형	무형유산 속성에 걸맞은 대체 개념으로서의 전형	자율적 · 창조적 변화를 용인하는 개념으로서의 전형
← 완고한 '원형주의'적 인식				
				개방적 전형 인식 →

무형유산 관련 연구자들과 무형문화재 전승자 사이에는 '전형'에 대한 인식 경향성 측면에서 차이가 존재한다. 연구자들은 '전형을 원형의 대체 개념'으로 보지만, 전승자들은 대체로 '문화재 지정 당시의 형태를 원형, 공연을 진행하면서 대중화한 현재 모습을 전형'으로 인식한다. 연구자들은 '전형'이라는 용어가 함축하고 있는 '인식 변화'에 관심을 두지만, 전승자들은 전승과 연행에서 '변화가 가능하다'라는 점에 주목한다. 무형문화재 전승자들의 요구는 '전형' 관리에 있어 종목의 특수성에 대한 이해와 실천적 가이드라인 제시에 집중된다. 반면에 정책 당국과 전문가들은 전승자들의 자율성을 강조하고, 보편 차원의 전형 논의에 치중하는 경향이 있다. 이상의 무형문화재 연구자들과 전승자들의 차이를 정리해 보면 다음과 같다.*

연구자	무형문화재 전승자
'원형'의 대체 개념으로 '전형' 인식	'원형'과 병행하는 개념으로 '전형' 인식
무형유산에 대한 인식 변화 측면에 집중	연행 현장의 변화 측면에 집중
'전형' 구성에 전승자들의 자율성, 능동성 강조	'전형' 관리를 위한 실천적 가이드라인 요구

3) '전형' 인식 관련 쟁점과 유의 사항

지금까지의 전형 관련 논의와 인식 양상 등을 바탕으로 쟁점과 유의 사항을 정리해 보기로 한다. 필자가 정리하는 '전형' 인식 관련 쟁점과 유의 사항은 네 가지이다. '원형과 전

* 위의 보고서, 32~33쪽.

형의 차이', '전형과 창조적 변이의 차이', '규범 용어로서 전형의 유연성 정도', '규범화된 전형과 구성되는 전형의 인식 정도' 등이 그것이다.* 이것 이외에도 '전형을 규정하는 이는 누구인가?', '지속과 변화, 전형의 훼손 등의 판별을 어떻게 누가 하는가?' 등의 쟁점이 제기될 수 있다. 그런데 이 두 쟁점은 앞의 네 쟁점과는 다른 차원의 것이다. '전형'에 대한 발본적 비판이라 할 수 있는 문제의식을 담고 있기 때문이다.

필자가 이 글에서 첫 번째로 제기하는 쟁점은 '원형'과 '전형'의 차이이다. 이와 관련한 주장들은 '전형은 원형과 사실상 차이가 없다'와 '전형은 원형과는 또 다른 그 무엇이다'로 대별할 수 있다. 또한 그 영역과 범위까지 염두에 둔다면, '전형은 원형이라 잘못 명명한 무형유산의 특징'이라는 주장과 '전형은 즉흥성·현장성에서 창조적 변화까지 아우르는 것'이라는 견해로 나눌 수 있다.

두 번째 제기하는 쟁점은 '전형'과 '창조적 변이'의 차이이다. 이 쟁점은 '전형'의 유연성 정도와 연관된다. 무형문화재 전승에서 변화를 인정한다는 점에서 같은 맥락에 있기 때문이다. 이 쟁점은 변화를 수용하고 인정할 수 있는 유연성의 정도 문제로 귀결된다. 적지 않은 무형문화재 전승자들이 이에 대해 궁금해한다. 변화 인정의 폭 혹은 '전형'의 유연성의 경계가 어디까지인가 하는 점을 궁금해하는 것이다.

세 번째 쟁점은 '규범 용어로서의 전형'의 유연성 정도이다. '전형'은 이미 「무형문화재법」에 존재하는 법률 용어이다. 하나의 규범으로서 성격을 가진 용어이다. 그런데 여기서 모순이 나타난다. 변화와 포용이라는 유연성을 함축한 '전형'이 법률로 완고해져 버리는 것이다. 그럴 경우 '원형'이라는 용어와 그 운용이 초래했던 상황이 반복될 가능성이 있다. '전형'이 또 하나의 '원형'이 되어버릴 수 있다.

네 번째 쟁점은 '규범화된 전형'과 '구성되는 전형'의 인식 정도이다. '법률로 규정된 규범화된 전형'과 '전승자들의 능동적인 참여와 논의를 통해 구성하는 전형' 간의 논란, '또 하나의 원형으로서의 전형'과 '합리적 변화 용인, 전승자의 능동성 강조하는 전형'이라는 인식 차이, '완고한 전형'과 '유연한 전형'이라는 평가 차원의 차이 등에서 발생하는 쟁점

* 위의 보고서, 34쪽 참고. 관련 내용 역시 34쪽을 바탕으로 정리한다.

혹은 논란 등이 네 번째 쟁점의 범주에 해당한다.

이상의 쟁점과 유의 사항을 해결할 방안은 여러 가지가 있을 수 있다. 그 방안에 하나로 필자는 '전형', '핵심 기·예능', '전승자 실기능력 조사지표' 등의 관계 설정을 염두에 두고 있다. 각각의 개념 규정과 역할 분담을 통해 '전형 유지' 정책의 지향점과 실효성을 높이려는 것이다. 그것은 '전형'은 넓고 유연한 채로 두고, 그 완고함은 '핵심 기·예능'이나 '전승자 실기능력 조사지표' 등으로 넘기는 방법이다. 그것은 변화를 인정하는 가장 너른 개념으로서의 '전형', '전형 유지'를 가능하게 하는 다소 완고한 운용 개념으로 '핵심 기·예능'과 '전승자 실기능력 조사지표'를 활용하는 방안이다. 이에 대해서는 4절에서 구체적으로 제안해 보기로 한다.

4. '전형'의 전형 구성을 위한 제언

1) '전형' 관련 논의의 또 하나의 길

학계에서의 '원형'이나 '전형'과 관련한 일련의 논의를 볼 때, 아쉬운 것이 있다. 그 아쉬움의 실체는 그 '개념 자체에 대한 학문적 논의'와 '제도 운용상의 논의'가 어느 순간에 혼재되어 버린다는 점이다. 원형이나 전형의 개념 자체와 관련된 원론적 논의를 하다가, 어느 순간 제도 운용을 위한 개념인 '원형'이나 '전형' 관련 논의로 넘어가서 문제가 있다고 비판하는 식의 논의가 바로 그러한 예에 해당한다.

이러한 혼란 혹은 아쉬움을 극복하는 데 필요한 것이 '계보학적 접근'이나 '개념사 고찰'일 것이다. 하지만 '전형' 관련 대부분의 논의는 그러한 방식을 취하지 않고, 필자가 우려한 아쉬움을 그대로 드러내고 있다. 주로 문학사나 예술사 차원에서 논의되던 전형 개념을 검토하는 원론적 접근을 시도한 후, 곧바로 제도 운용을 위한 개념인 '전형' 관련 논의로 넘어간다. 이러한 방식의 논의를 할 경우, 예상되는 결론은 '본래 그 개념의 쓰임새에 걸맞지 않다', '혼란스러운 개념 설정이다' 정도이다. 그리고 이러한 지적은 그동안의 논의에서

적지 않게 피력되어 '상투화'되어 버렸다.

필자는 이러한 방식과는 다르게 접근할 필요가 있다고 생각한다. 그 접근법은 '무형문화재법에서 제기한 전형이라는 것은 제도 운용상의 조작적operational 개념이다. 그 개념은 변화, 가변성, 역동성 등을 염두에 둔 개념이다. 따라서 유의미한 논의는 전형이라는 조작적 개념의 경계와 범주를 어떻게 유연하게 설정할 것인가 하는 점이다'라고 요약할 수 있다. 물론 이러한 접근에서도 '전형'이라는 용어가 적절한 것인가 여부를 따질 수는 있다. 그런데 필자의 제안에서 애써 강조하려는 것은 '개념 사용의 적절성'과 '제도 운용을 위해 사용한 용어가 조작적으로 함축한 내용'의 구분이다.

그렇지 않을 경우, 정책 운용과는 거리가 있는 논의만이 반복될 우려가 있다. 나름의 함의를 가진 조작적 개념을, 원론적이고 절대적인 개념으로 인식하면서 비판하게 되는 양상이 반복되는 것이다. 정책 운용과 관련된 논의를 한다고 하면, 논의의 구체성을 위해서라도 전형이라는 새로운 조작적 개념의 경계와 범주를 구체적으로 정하는 것이 효율적인 논의가 될 것이다. 무형문화재 전승자들이 요구하는 '전형의 가이드라인' 역시 이러한 관점에서 본다면, 달리 해석할 수 있다. 그 요구가 오랫동안 길들여지거나 관성화 된 무형문화재 전승자들이 수동성에 기인하는 것으로 볼 수 있기도 하지만, 오히려 논의의 효율성과 실천성을 염두에 둔 요구라고 볼 여지도 있는 것이다.

이러한 필자의 제안에서 지적하고자 하는 것은 논의의 목적과 범주를 혼동하지 말아야 한다는 점이다. 물론 그 용어가 '전형'이든 '원형'이든 간에 무형유산을 하나의 제도 혹은 법령으로 운용하겠다는 발상 자체의 문제점 혹은 무모함을 지적할 수도 있다. 혹은 그 이면에 작동하는 문화정치학적 함의 자체를 비판거리로 삼을 수도 있다. 이는 앞서 '전형 인식 관련 쟁점과 유의 사항'에서 언급했던 '전형을 규정하는 이는 누구인가?', '지속과 변화, 전형의 훼손 등의 판별을 어떻게 누가 하는가?' 등의 문제 제기와도 연관된다. 그리고 이러한 시각은 이미 몇몇 연구자들을 중심으로 제기되어 있기도 하다. 하지만 이 글에서는 이와 관련한 논의는 하지 않기로 한다. 이와 관련해서는 최근의 강정원의 주장*을 곁들

* 강정원은 문화가 관리될 수 있다고 본다. 그는 관리된 문화가 문화를 고정하고 표준화하지만, 이 관리가 문화를

여서 따로 논의할 예정이다.

2) '전형' 관련 문화재청 고시와 국립무형유산원 내규의 보완

법률로써 '원형 유지'가 아닌 '전형 유지'로 무형문화재 보전 및 진흥의 기본 원칙을 변경했지만, 무형문화재 전승 현장에서는 여전히 '원형'이라는 용어를 사용하거나, 그 바뀐 취지를 모르고 있다.* 여전히 전승 현장에서는 '문화재 지정 당시의 형태'에서 하나라도 바꾸면 안 된다는 이른바 '원형주의'에서 벗어나지 못하는 사례가 적지 않다. '전형'으로의 전환 취지를 이해하는 전승자 또는 전승단체에서도 그 변화의 인정 범위에 대한 기준이 없는 현 상황에서 어떤 움직임을 보여주고 있지 않다. 혹 임의로 바꿀 때 있을 수 있는 불이익을 염두에 두고, 지금까지의 관성대로 전승 활동을 하는 것이 현 실정이다.

무형문화재 정책 운용의 현장에서 종목 심사를 하고, 연구하는 학자나 전문가 역시 서로 무형문화재를 바라보는 관점이 달라서 합의된 '전형'의 기준이 없다. 정책 혹은 법령 속의 개념임에도 불구하고, 학계의 전통적 개념으로 이해하거나 혹은 개개인의 지향에 따라 이해하고 있다. 문제는 이렇게 개별적·개인적 의견을 현장 전승자들에게 피력하고 있다는 점이다. 현장 전승자들에게 전해지는 다양한 '전형'에 대한 인식은 전승 현장을 혼란스럽게 만들고 있기도 하다. 2023년 기지시줄다리기 공개행사에서 벌어진 강릉단오굿 예능보유자의 무속 의례 주관이나, 강릉단오제에서 벌어진 강릉관노가면극 연행의 달라진 양상은 그 혼란의 대표적인 사례이다.

이렇게 '전형'에서 기인한 혼선과 논란은 지속되고 있다. 그런데 '전형 유지'로 정책 전환 이후에도 전승 현장에서 이수자·전승교육사·예능보유자 등의 전승자 심사와 종목 지정

지속시키면서 진흥시키고 발전시키기도 하는 점에 주목한다. 강정원의 '문화관리주의'와 '문화자연주의'의 구분과 이에 입각한 기존 논의 검토는 흥미롭다. 필자는 이러한 강정원의 견해를 포함하여 '전형 유지'라는 국가 차원의 관리 운영 제도에 대한 근본적 비판론자에 대한 '비판적 논의'를 이후 수행할 예정이다. 강정원의 논의는 다음을 참조. 강정원, 「문화관리와 무형문화유산」, 『아시아의 무형문화유산』, 진인진, 2022, 19~46쪽.

* 이하 이 대목의 논의는 다음 보고서를 바탕으로 재정리한 것이다. 한국민속학회 국가무형문화재 예능 분야 전형 개념 적용기준 마련 연구단, 앞의 보고서, 405쪽.

논의는 이전과 동일하게 이루어지고 있다. '전형'과 관련된 세부 규범이나 정책들이 정돈되지 않은 상태에서 이루어지고 있다. 전승자 심사와 종목 지정 과정에서 사용되는 것이 '핵심 기·예능'과 '전승자 실기능력 조사지표'이다. 그런데 이것들은 전형으로 전환이 이루어졌음에도 그 내용이나 기준 정비는 이루어지지 못했다. 한편으로는 이것들이 전형의 구체적인 양상으로 이해되기도 했다. 특히 핵심 기·예능은 사실상 '전형'이 구체화한 것으로 인식되고 있기도 하다.* 이는 핵심 기·예능과 전승자 실기능력 조사지표가 전형의 실체를 이해하게 하는 매개로 자리를 잡을 수 있음을 말하는 것이다.

그런데 핵심 기·예능이나 전승자 실기능력 조사지표는 2015년 '전형'으로의 전환 이후 개선이나 보완이 이루어지지 않았다. 핵심 기·예능은 2014년에 만들어졌다. 그런데 종목별로 만들어진 핵심 기·예능은 그 자체로도 오류가 있다. 더구나 2015년 '전형'으로의 전환 이후의 인식 변화가 반영되어 있지 않다. 따라서 오류를 보완하고 인식 전환의 양상을 반영할 필요가 있다. 핵심 기·예능의 정비가 필요한 것이다.

〈현 양주별산대놀이의 핵심 기·예능〉

내용	설정 이유
연희(과장별 재담, 춤사위)·가면 제작	양주별산대놀이의 과장별 재담, 춤사위 등은 연희 분야를 구성하는 핵심 기·예능 요소임.
	양주별산대놀이의 가면은 연희자들에 의해 제작되어왔으므로, 양주별산대놀이의 핵심 구성요소임. 다만, 가면 제작 기술은 연희자들이 연희와 함께 보유해야 할 기·예능임.
악사	양주별산대놀이의 음악은 삼현육각의 음악적 특성이 강한 중부, 북부 지방의 가면극 음악으로서 연희 분야와 대등한 핵심 기·예능임.

전승자 실기능력 조사지표 역시 개선이 필요하다. '전형'으로의 전환을 반영한 정비와

* 이재필에 따르면 "최근 무형문화재 제도개선의 일환으로 진행한 '종목별 핵심 기·예능 설정작업'이 그것이다. 이것은 종목을 지정하여 무형문화재를 전승할 경우, 어떠한 가치를 전승하고 보존할 것인가에 대한 물음에서 시작된 것이다. 이에 따라 지정 당시부터 현재의 시점을 기준으로 지정된 무형문화재가 지니고 있는 다양한 전승요소 중에 가장 핵심적인 기·예능을 설정하는 것으로 구체화되었다. 이 핵심 기·예능은 종목 지정 및 보유자 인정조사의 평가기준이 되고 지정된 종목이 지속적으로 보존·전승해야 할 기준이 된다. 따라서 무형법의 '전형유지' 원칙의 시작은 종목의 지정·인정 행위임을 감안할 때 핵심 기·예능의 설정 작업과 전형의 기준을 설정하는 일은 서로 연결하여 볼 필요가 있는 것"이라 한다. 이재필, 앞의 논문, 159쪽.

개선이 요구된다. 무형문화재 전승 현장에서 심사를 앞둔 전승자들이 가장 예민하게 살피는 것이 전승자 실기능력 조사지표이다. 이는 전승자들이 전형으로의 전환을 실감하게 되는 구체적인 사례가 바로 전승자 실기능력 조사지표일 수 있다는 의미이다. 따라서 전형으로의 전환이 구체화하고 실감이 나게 느껴질 수 있도록 개선과 보완이 필요하다.

〈현 탈춤 · 산대놀이 계통 가면극의 전승자 실기능력 조사지표〉

○ 문화재청 고시 : 〈국가무형문화재 지정 및 보유자 등의 인정 조사기준 고시〉

-'국가무형문화재 종목별 실기능력 정도 조사지표 및 조사지표 산식'

분야	구분	조사지표	측정기준	배점 (100점)
연희 · 가면제작	전통에 근거한 표현 정도	대본 구연 능력과 춤동작의 전통성 정도	대본 구연 능력과 춤동작의 전통성 정도	50
	예술적 완성도 및 기능적 숙련도	가면 제작 및 소도구 제작 능력	가면 제작 및 소도구 제작 능력의 수준	50
악사	예술적 완성도 및 기능적 숙련도	가락 · 장단의 정확도	가락과 장단의 정확성 정도	30
		연주의 구사력 수준	연주의 구사력 수준	40
		피리 연주 능력	피리 연주 능력 수준	30

○ 국립무형유산원 고시 : 〈국가무형문화재 이수심사 및 이수증 발급에 관한 규정〉

· 이 규정에는 ① 춤 · 대사 등의 연행자, ② 가면 · 소도구 제작자, ③ 악기 연주자로 구분하고 있으나 양주별산대놀이, 봉산탈춤, 송파산대놀이, 강령탈춤, 은율탈춤에서는 '① 춤 · 대사 등의 연행자'와 '② 가면 · 소도구 제작자'를 통합하여 운영하고 있음. 악기 연주자는 독립적으로 인정하지만, 가면 제작자의 경우 독립시켜 인정하지 않음.

·'이수심사 평가 항목 및 배점_연극분야 (2) 단체 종목'에서 춤 · 대사 등의 연행자

심사 항목	심사지표	세부지표	측정산식	배점 (60점)
실연 능력	실연능력 (개인)	대사의 구연 능력의 정도	○ 대사의 구연 수준	10점
		대사 구연과 가 · 무 · 악(歌舞樂)의 일체화된 연행 능력	○ 표현의 조화와 일체감 정도	10점
		춤 동작의 정확성과 표현 정도	○ 춤 동작의 정확성과 표현성의 정도	10점
	단체협연 능력	타 연행자와 일체화된 연행능력	○ 다른 연행자와 일체감, 어울림의 정도	30점

- 여기에 가면 제작 역량을 넣어서 실질적으로 이수심사를 운영하고 있음.

·'이수심사 평가 항목 및 배점_연극분야 (2) 단체 종목'에서 악기 연주자

심사 항목	심사지표	세부지표	측정산식	배점 (60점)
실연 능력	실연능력 (개인)	연주법의 전통성	ㅇ 연주법의 전통성	10점
		장단의 정확도	ㅇ 장단의 정확도	10점
		가락 · 연주의 구사력 수준	ㅇ 가락 · 연주의 구사력 수준	10점
	단체협연 능력	타 연행자와 일체화된 연행능력	ㅇ 다른 연행자와 일체감, 어울림의 정도	30점

- 여기에 가면 제작 역량을 넣어서 실질적으로 이수심사를 운영하고 있음.

결국 '전형'의 구체화를 위해서, 그리고 이와 관련된 핵심 기 · 예능과 전승자 실기능력 조사지표의 정비와 개선이 요구되는 상황이다. 법률상의 선언이 아니라 구체적인 정책 실천의 시기인 것이다. 많이 늦었지만, 그래서 더 늦출 수 없는 것이 '전형' 관련 정책의 구체화이다. 더 이상 뒤로 미룰 수 없는 당면 과제이다.

3) '전형', '핵심 기 · 예능', '전승자 실기능력 조사지표'의 관계 설정

앞에서도 살폈지만 이미 「무형문화재법」에 '전형 유지'라는 언급이 존재한다. 그런데 '전형'으로의 전환 취지에 나타난 그 변화 포용이 갖는 유연함이 법령으로 규정되면서 완고해져 버리는 모순이 나타난다. 완고해질 때, 그것은 또 하나의 '원형'이 되어버린다. 이를 극복할 방안으로, '전형'은 넓고 유연한 채로 두고, 그 완고함은 핵심 기 · 예능이나 전승자 실기능력 조사지표로 넘기는 방안을 설정할 수 있다.

현재 국가무형문화재 주변에 떠다니는 3가지 연관 개념은 '전형', 핵심 기 · 예능, 전승자 실기능력 조사지표이다. 그동안 '전형'만이 주목받았지만, 이제 핵심 기 · 예능과 전승자 실기능력 조사지표 역시 함께 고려하고 논의 중심에 자리를 잡아야 한다. 그리고 3가지 개념의 관계 설정을 통해 '전형' 설정 목적 유지와 유연화가 가능하게 해야 할 필요가 있다. '변화를 인정하는 가장 너른 개념으로서의 전형', '전형 유지를 가능하게 하는 다소 완고한 운용 개념으로 핵심 기 · 예능과 전승자 실기능력 조사지표'를 활용하는 방안이 그것이다. 이를 위해 3가지 연관 개념에 대한 메타 정의를 시도해 보면 다음과 같다.

〈전형, 핵심 기 · 예능, 전승자 실기능력 조사지표의 메타 개념 정의〉

전형	· '핵심 기 · 예능'을 구체적 종목 용어로 추상화한 것. · 지역, 주체, 핵심 기 · 예능, 장르 등의 핵심어를 중심으로 정의. · 해당 종목이 갖추고 전승해 나가야 할 너른 개념 정의.
핵심 기 · 예능	· '전승자 실기능력 조사지표'를 종목별로 구체화한 것(전승 체계와 연관).
전승자 실기능력 조사지표	· '핵심 기 · 예능'을 항목화하거나 수치화한 것.

이러한 메타 개념 정의에 따라 양주별산대놀이 예로 삼아 정리를 시론적 정리를 해보면 다음과 같다.

〈양주별산대놀이의 전형, 핵심 기 · 예능, 전승자 실기능력 조사지표〉

<table>
<tr><td>양주별산대놀이
전형</td><td>경기도 양주 지역에서 전통적으로 전해오는 가면과 복장, 대소도구 등을 갖추고 짧게 끊어지는 양주의 말, 소리, 춤을 중심으로 연행하는 가면극</td></tr>
<tr><td>양주별산대놀이
핵심 기 · 예능</td><td>현행 핵심 기 · 예능 준용(앞의 '〈현 양주별산대놀이의 핵심 기 · 예능〉' 참조.
<table>
<tr><th>내용</th><th>설정 이유</th></tr>
<tr><td rowspan="2">연희
(과장별 재담, 춤사위)
·
가면 제작</td><td>양주별산대놀이의 과장별 재담, 춤사위 등은 연희 분야를 구성하는 핵심 기 · 예능 요소임.</td></tr>
<tr><td>양주별산대놀이의 가면은 연희자들에 의해 제작되어왔으므로, 양주별산대놀이의 핵심 구성요소임. 다만, 가면 제작 기술은 연희자들이 연희와 함께 보유해야 할 기 · 예능임.</td></tr>
<tr><td>악사</td><td>양주별산대놀이의 음악은 삼현육각의 음악적 특성이 강한 중부, 북부 지방의 가면극 음악으로서 연희 분야와 대등한 핵심 기 · 예능임.</td></tr>
</table></td></tr>
<tr><td>양주별산대놀이
전승자 실기능력
조사지표</td><td>· 연희자
<table>
<tr><th>심사지표</th><th>세부지표</th><th>계산식</th><th>배점</th></tr>
<tr><td rowspan="2">실연능력
(개인)</td><td>연희 역량</td><td>○ 대사의 암기와 구현 능력
○ 춤과 몸짓 등의 실연능력</td><td>50</td></tr>
<tr><td>가면 제작 역량</td><td>○ 가면 제작 능력</td><td>15</td></tr>
<tr><td>단체협연
능력</td><td>타 연행자와 일체화된
연행능력</td><td>○ 다른 연행자와 일체감, 어울림 정도</td><td>35</td></tr>
</table></td></tr>
</table>

· 악사

심사지표	세부지표	계산식	배점
실연능력 (개인)	연주법의 전통성과 정확도	○ 연주법의 전통성과 정확도	40
	연주의 구사력 수준	○ 연주의 구사력 수준	40
단체협연 능력	타 연행자와 일체화된 연행능력	○ 다른 연행자와 일체감, 어울림 정도	20

이러한 3가지 개념의 관계 설정을 통해 '전형' 설정의 취지를 유지하고, 유연화하는 것이 가능할 수도 있다. '법률 용어로서의 특징과 추상성을 지키는 전형'과 '무형문화재 관리를 위한 운용 개념으로서의 핵심 기·예능과 전승자 실기능력 조사지표'라는 관계가 만들어지는 것이다. 앞에서 '전형' 관련 문화재청 고시와 국립무형유산원 내규의 보완이 시급한 당면 과제라 말한 이유가 여기에 있다. 그 개선과 정비가 이루어져야 3가지 개념의 연관과 역할 분담이 가능하기 때문이다. '전형'과 관련한 혼선을 정돈할 수 있게 하는 전제 작업인 것이다.

참고문헌

강정원, 「문화관리와 무형문화유산」, 『아시아의 무형문화유산』, 진인진, 2022.

김창규, 『개정증보판 문화재보호법개론』, 동방문화사, 2005.

김철은, 「전형典型을 적용한 한국 가면극의 계승 원리와 교육적 수용 연구 - 〈양주별산대놀이〉를 중심으로」, 한국교원대학교 대학원 박사학위논문, 2020.

송 준, 「무형문화유산의 보존과 활용에 대한 소고」, 『남도민속연구』 제17집, 남도민속학회, 2008.

신동욱, 「무형문화유산 가치 변화 연구 - 한국 인류무형문화유산 등재과정을 중심으로」, 한양대학교 박사학위논문, 2019.

이재필, 「무형문화재 '원형규범'의 이행과 의미 고찰」, 『무형유산학』 49-1, 국립문화재연구소, 2016.

정종섭 · 정상우 외, 『(가칭) 무형문화유산 보전 및 진흥에 관한 법률 제정 연구』, 문화재청 · 인하대학교 산학협력단, 2011.

정상우, 「무형문화유산 독립입법의 의의와 향후 과제」, 『2015년 무형유산학회 제1회 학술심포지엄: 무형문화재 보전 및 진흥에 관한 법률의 비판적 검토』, 무형유산학회, 2015.

정수진, 「무형문화유산의 문화정치학」, 『실천민속학연구』 제26집, 실천민속학회, 2015.

한국민속학회 국가무형문화재 예능 분야 전형 개념 적용기준 마련 연구단, 『국가무형문화재 예능 분야 전형 개념 적용기준 마련 연구 용역』, 문화재청, 2022.

허용호, 「무형문화유산으로서 민속극의 보존과 전승」, 『비교민속학』 제39집, 비교민속학회, 2009.

______, 「가면극 속의 장애인들」, 『구비문학연구』 제37집, 한국구비문학회, 2013.

______, 「움직이는 전통, 변화하는 시선 - 밀양백중놀이 장애표현과 그 형상화 시선 연구」, 『공연문화연구』 제28집, 한국공연문화학회, 2014.

______, 「'원형'에서 '전형'으로, 그 지향과 한계」, 『2015년 무형유산학회 제1회 학술심포지엄: 무형문화재 보전 및 진흥에 관한 법률의 비판적 검토』, 무형유산학회, 2015.

______, 「'원형'의 신화, '전형'의 논리 - 발탈에서의 '원형'과 '전형' 논란을 중심으로」, 『무형유산학』 제1권 1호, 무형유산학회, 2016.

______, 「무형유산 정책 당국을 위한 변명 -정형호 선생님의 「전통연희의 생명력과 원형, 전형 논의의 한계」에 부처」 (정형호, 「전통연희의 생명력과 원형 · 전형 논의의 한계」 토론문), 『2016년 무형유산학회 춘계학술대회: "실제 현장 사례를 통한 무형유산 전형의 양상 및 변화"』, 무형유산학회, 2016.

______, 「유네스코 체제와 한국의 무형문화유산」, 『비교민속학』 75, 비교민속학회, 2022.

Bendix, Regina F., Aditya Eggert and Arnika Peselmann (eds.), *Heritage Regimes and the State*, Göttingen: Universitätsverlag Göttingen, 2012.

3. '공동체'와 '전형' 연구를 위한 제언

2015년 이후 10여 년 동안 진행된 학계의 공동체 연구와 전형 연구의 흐름은 앞서 살펴본 바와 같이 함한희 교수의 공동체 연구와 허용호 교수의 전형 개념에 대한 분석을 통해 개괄할 수 있었다. 다음으로는 이 두 주제에 대한 연구 방법론적 접근에 관해 몇 가지 제언을 하고자 한다.

1) 현지조사를 통한 공동체 연구

함한희 교수는 10여 년이 지난 지금까지도 아직 한국 학계에서는 공동체에 관한 논의가 충분히 이루어지지 않고 있으며 공동체에 대한 합의에도 이르지 못했다고 보고 있다. 그 이유는 한국의 무형유산 보호 정책이 종목 위주로 지정하여 보호하고 있기 때문이다. 즉, 종목을 지정하고 해당 종목을 실연할 보유자, 그리고 보유단체를 지정하기 때문이다. 2015년에 제정된 「무형문화재법」에 '전승 공동체'라는 개념이 추가되었는데, '전승 공동체'는 '보유자·보유단체를 인정하기 어려운 경우로서 무형문화재를 지역적 또는 역사적으로 공유하며 일정한 유대감 및 정체성을 가지고 자발적으로 무형문화재를 실현·향유함으로써 전승하고 있는 공동체'라고 정의하고 있다. 아리랑, 김치 담그기처럼 전국민이 행하고 있거나 어떤 특정의 보유자나 보유단체를 지정할 수 없는 경우에 전승 공동체란 개념을 쓰고 있다. 그러나 「무형문화재법」에서 정의하고 있는 보유자, 보유단체, 그리고 전승 공동체는 유네스코가 이야기하는 공동체의 개념과는 상당히 다르다.

결론적으로 함한희 교수는 공동체에 대한 조사와 연구가 필요하다고 주장하고 있다. 함한희 교수의 주장을 인용하면 다음과 같다.

> 무형문화유산과 전승 공동체에 대한 보다 심층적인 조사와 연구가 필요한 시점이다. 전승 공동체 저마다의 특수한 현황이 제대로 파악되어야 하고, 그에 따른 접근 방법과 보호방책도 달라져야 한다. 유네스코 대표목록 등재 여부를 떠나서 공동체 기반의 보호

정책이 중요한 이유는 종목의 전승이 목적이 아니라 공동체와 구성원들의 지속가능한 삶이 목표라는 점에서 그러하다. 또 전승 공동체 내부의 다양성과 창조성을 존중하는 관점은 구성원들의 문화적 정체성이 살아 숨 쉬게 하는 핵심적인 조건이 된다. 그러기 위해서는 이들의 삶을 통합적이고 총체적으로 접근하는 방법으로 무형문화유산을 이해하는 일이 우선되어야 할 것이다. 이러한 인식의 전환과 실천은 정부와 정책 입안자, 학계 전문가뿐 아니라, 보유 공동체 및 단체, 개인 등 모든 관련 주체들이 공동으로 숙의하고 협력하는 과정을 통해 가능하다. 이는 무형문화유산 보호의 실질적 의미를 되살리고, 보다 지속가능하고 포용적인 문화정책으로 나아가기 위한 필수적 조건이라 할 수 있다.[23)]

필자는 공동체에 대한 조사와 연구가 필요하다는 함한희 교수의 주장에 전적으로 찬성하는 바다. 그렇다면 어떻게 공동체를 조사하고 연구해야 하는가? 필자는 현지조사에 의한 공동체 연구가 이루어져야 한다고 본다. 우리가 공동체의 개념을 이해하기 힘든 것은 우리나라에서 무형유산 종목에 대한 현지조사가 제대로 이루어지지 않았기 때문이다. 공동체 연구란 해당 무형유산이 속한 커뮤니티에 관한 연구인데, 우리의 경우는 그냥 종목 자체만을 연구하고 해당 유산이 실연되고 전승되는 기반이자 맥락이 되는 공동체에 대한 연구는 등한시했다. 우리가 무형유산의 공동체를 알기 위해서는 현지조사라는 방법을 통해서 연구해야 공동체의 진정한 모습이 밝혀지리라고 생각한다.

그렇다면 현지조사는 어떻게 하는가? 장기거주 현지조사에 의한 연구를 해야 한다고 본다. 장기거주 현지조사란 연구자가 장기간 연구 지역에 살면서 인터뷰와 참여관찰을 통해 조사하는 인류학, 민속학적인 방법이다. 예를 들어 한지 만들기 종목 연구를 한다면, 우선 한지장으로 지정된 보유자가 속한 마을을 대상으로 현지조사를 해야 된다는 것이다. 우선 그 마을에서 지금 현재 한지장으로 지정된 보유자가 있다면 이 보유자가 한지를 만

23) 이 책에 실린 함한희, 「무형문화유산 공동체에 대한 일고찰」의 '7. 맺음말' 내용 일부 인용.

드는 여러 가지 기술과 과정에 대해 조사해야 한다. 그런데 한지장에 대한 기술과 제작과정은 많은 연구가 축적되어 있다. 종목에 관한 연구는 대체적으로 한국 무형유산연구에서는 충실히 잘 이루어지고 있다. 따라서 우리가 현지조사해야 할 부분은 이 한지장이 속해 있는 마을에 관한 연구다. 한지장이 그 마을에서 어떤 위치에 있는지, 마을 주민들은 한지장과 어떠한 관계를 갖고 있는지, 한지장과 마을 사람들과의 품앗이 관계는 어떻게 되며, 어떤 측면에서 한지장과 마을 사람들의 관계가 형성되는지, 그 다음에 제작된 한지를 유통하는 네트워크는 있는지 등을 자세히 조사했을 때 한지 공동체가 제대로 연구되었다고 할 수 있다. 유네스코에서 요구하는 것도 바로 그러한 공동체의 모습이다.

그런데 여태까지 우리나라의 한지장 연구는 공동체에 대한 연구가 아니라 한지장 종목위주, 즉 기술과 제작 과정에 집중해서 연구되어 왔기 때문에 한지를 만드는 공동체의 모습을 잘 알 수가 없다. 유네스코는 등재신청서에 "신청서류를 제출하는 당사국은 그 서류의 준비에 있어 관련된 공동체, 집단, 개인을 참여시켜야 한다"고 요구하고 있으나 사실상 우리나라의 경우 공동체의 한 구성원인 한지장의 참여 동의서만 얻는 데 그쳤다. 그러나 공동체는 다양한 형태로 존재한다. 한지 만드는 공동체를 예를 들어보면, 마을 주민도 있고, 마을 주민 가운데서도 한지 만드는 데 직접적으로 참여하는 사람이 있는가 하면 참여하지 않은 사람들도 있다. 사실, 이러한 모든 사람의 의견이 바로 공동체의 의견이다. 그리고 공동체 구성원이라고 해서 모두 해당 종목의 유네스코 등재를 찬성하는 것이 아니며 반대 의견도 있을 수 있다. 그런데 공동체에 대한 연구가 충분히 이루어지지 않으면 그 상황을 제대로 알 수가 없다.

또 공동체에 대한 현지조사가 중요한 이유는 우리의 무형유산이 공동체 안에서 살아있는 그리고 지속가능한 유산으로 전승되고 있는지를 파악하기 위함이다. 많은 한지장의 경우, 한지장의 대를 이을 후계자가 없는 경우도 있고 마을에서의 한지 생산이 여러 가지 이유로 단절될 위기에 있는 경우도 있다. 한지 공동체에 관한 연구가 있어야 한지 생산이 단절된 원인이 무엇인지, 지속가능한 방법은 무엇인지 알 수가 있다.

우리는 그동안 무형유산의 종목에만 관심을 두고 그 무형유산이 행해지는 공동체에 대한 연구는 소홀히 했다. 현재 23건의 무형유산을 유네스코 대표목록에 등재했지만, 각 무형유산의 공동체에 대한 연구는 행하지 않았다. 무형유산이 속한 공동체에 대한 현지조사가 이루어져야 공동체의 실상을 파악할 수 있다. 연구자가 장기간 그 지역에 가서 살면서 인터뷰와 참여관찰을 통해 마을에서 일어나는 여러 가지 행사에 참여함으로써 그 마을의 무형유산 공동체의 모습을 밝힐 수 있을 것이다. 이러한 것이 밝혀지지 않으면 우리는 공동체의 실상을 알 수가 없다. 그래서 현지조사를 통한 공동체 연구를 해야 된다는 것을 강력하게 주장하는 바다.[24)]

공동체는 천의 얼굴을 가지고 있다. 모든 무형유산의 공동체는 각기 다른 모습을 가지고 있다. 향후 유네스코 인류무형문화유산 등재를 추진하고자 하는 경우, 해당 무형유산의 공동체에 대한 심층적인 연구를 필수적으로 첨부하는 제도적 장치가 마련되어야 할 것이다. 우리나라 무형유산에 대한 공동체 연구가 현지조사라는 방법론을 통해 수행된다면, 그동안 추상적으로만 언급되어 온 한국 무형유산의 공동체적 실체가 보다 구체적으로 밝혀질 수 있을 것이다.

2) '전승과정의 민속지'를 통한 전형 연구

무형유산을 전승할 때는 무형유산을 지정할 당시의 모습을 그대로 후세에 전승한다는 한국의 '원형' 전승의 원칙은 1962년부터 2015년 「무형문화재 보전 및 진흥에 관한 법률」이 제정될 때까지 유지되었다. 한국의 이 원형 정책은 변화를 인정하는 유네스코의 무형유산 정책과 정면으로 충돌하고 있다. 2001년에 필자가 인류 구전 및 무형유산 걸작 선정 국제심사위원으로 심사할 당시 유네스코는 무형유산은 세대에서 세대로 전해지면서 변화하는 것이 자연스럽다는 원칙을 갖고 있었으며 이는 우리나라의 무형유산 정책의 원칙

---

24) 가장 최근에 현지조사에 의한 무형유산의 공동체 연구가 시도되었다. 함한희, 「진관사 수륙재의 사회문화적 의미: 민족지적 접근을 통한 분석」, 김지영, 「진관사 국행수륙재 의례공동체의 변화와 의례공간의 재구성」, 이상 두 논문 모두 『수륙재와 인류무형유산의 공동체성』, 제1회 수륙재 유네스코 무형유산 등재를 위한 세미나 발표집, 진관사, 2025, 87~171쪽.

이라 할 수 있는 원형과는 정반대적인 입장을 가지고 있다는 것을 알게 되었다. 필자는 2004년에 논문에서 유네스코와 우리나라의 무형유산 전승에 대한 인식의 차이가 있음을 이미 밝힌 바 있다.[25)]

유네스코는 무형유산의 전승에 있어 변화를 인정하는 것은 당연하다는 입장이지만 한국의 민속학자들 사이에서는 이러한 유네스코의 무형유산 전승에 대한 입장이 나오기 이전부터 이미 '원형'이 개념적으로도 문제가 있고 무형유산을 박제화한다는 비판이 꾸준히 제기되어 왔다.[26)] 그런데 문화재청은 한국의 학자들이 비판적 주장을 했을 때는 아무런 반응을 보이지 않다가 유네스코 협약에 무형유산은 재창조되고 변화하는 것으로 정의하자 국제적 기준에 맞추어 2015년에 「무형문화재 보전 및 진흥에 관한 법률」을 제정하면서 '원형'이라는 용어 대신에 변화를 인정하는 '전형'이라는 용어와 개념을 가져오게 되었다.

'변화를 인정하는 전형'이란 문제는 단순한 개념으로 다루기 어렵다. 이는 개념적으로 정의하기도 쉽지 않을 뿐 아니라, 정책적으로 실행하기는 더 복잡한 과제를 내포하고 있다. 실제 무형유산 정책을 수립하는 현장에서는 원형 전승을 기준으로 한 정책이 상대적으로 간편한 방식으로 간주되곤 한다. 이는 지정 당시의 모습을 후학들에게 그대로 전승하면 되기 때문에, 전승의 효율성 측면에서는 매우 용이할 것이다.

그러나 변화를 인정하는 '전형'은 그렇지가 않다. 변화를 인정한다면 어느 정도까지 변화를 인정할 것인가, 변화의 주체는 누구인가, 즉 연희자인가 청중인가, 그리고 의도적인 변화인가 아니면 자연스런 변화인가 등의 문제가 제기된다. 전형의 실체를 파악하기 위하여 필자는 무형유산학회 회장으로 있을 때 세 번(2015년 8월과 11월, 그리고 2016년 4월)에 걸쳐 전형 개념을 주제로 학술대회를 개최했다. 그만큼 전형의 개념은 한국 무형유산학계에서 매우 중요한 문제로 부각되었기 때문이다. 그러나 많은 학자들이 논의한바, 변화

---

25) 임돈희 · 로저 L. 자넬리, 「유네스코 세계무형문화유산 제도와 그 의미」, 『비교민속학』 제26집, 비교민속학회, 2004, 509쪽.

26) Dawnhee Yim, "Living Human Treasures: Experiences and Challenges in the Preservation and Transmission of Korea's Intangible Cultural Heritage," Keynote Speech presented at the ICOM General Conference, Seoul, 2004.

를 인정하는 전형의 개념은 학문적으로는 타당하다는 점을 인정하나, 여전히 전형의 개념을 정의하기 모호하다는 관점을 보이고 있다. 따라서 학술적으로 모호한 개념인 전형의 실체가 무엇인지 우선적으로 논의되어야 한다는 점을 밝히고 있다. 또한 전형의 개념을 각 무형유산 종목이 전승되는 실제 현장에서 검토하고자, 어떤 요소는 변하지 않고 지속적으로 유지되는 반면, 어떤 부분은 시대적 변화에 따라 변화가 가능한지를 종목별로 분석하여 전형의 구체적인 양상을 규명하려는 시도도 해 보았다. 그러나 이러한 논의에도 불구하고, 전형에 대한 명확한 합의에는 도달하지 못했다.

그로부터 10여 년이 지난 현재에도 학자들의 전형 담론은 별 진척이 없는 것으로 보인다. 그러나 전형을 학문적인 논의 대상으로 보는 학자들과 달리 문화재청의 입장에서는 제도 운영상의 논의가 필요한 것이었다. 그래서 문화재청은 2022년 '국가무형문화재 예능 분야 전형 개념 적용기준 마련' 연구 용역을 허용호 교수에게 의뢰하였다. 이 용역 연구에서 허용호는 무형문화재 전승자들이 전형에 대해 가지는 인식에 대해 다음과 같이 분석하였다. 즉, 전승자들은 변화가 없는 순수한 상태, 혹은 지정 당시의 모습을 '원형'으로 이해하고 있으며, 그에 비해 시간의 흐름에 따라 변형된 현재의 모습을 '전형'으로 인식하고 있는 것으로 나타났다. 또한, '전형'의 개념이 모호한 현실 속에서, 전승 현장에서 실질적으로 적용 가능한 '전형' 관리를 위한 실천적 가이드라인의 마련이 필요하다는 요구가 제기되고 있음을 지적하였다. 실제로 '전형 유지'로 정책이 전환된 이후에도 전승 현장에서 이수자 · 전승교육사 · 예능보유자 등의 전승자 심사와 종목 지정 논의는 이전과 동일하게 이루어지고 있다는 점도 지적하였다.

결과적으로 10여 년 동안 전형의 개념에 대한 학자들의 논의는 더 이상 진전이 되지 않아서 아직도 학자들 간에 전형의 정의에 대한 합의점이 있다고는 볼 수 없다. 국가유산청의 제도 운영상의 입장에서도 핵심 기 · 예능, 그리고 전승자 실기능력 조사지표에서도 변화에 대한 구체적인 예시나 언급이 없는 것으로 보아 변화를 의미하는 전형의 개념이 운영적인 면에서 반영되고 있지 않는 상황이다. 단기간에 전형에 대한 학술적 개념의 일치를 본다는 것은 쉽지 않은 일이고, 또 구체적인 자료 없이 개념적인 논의만 할 수도 없다. 또한 학술적인 연구 없이 제도 운영상의 정책이 나올 수도 없다.

필자가 생각할 때 이 전형의 문제는 앞으로 다음과 같이 연구해 나가야 한다고 생각한다. 즉, 전형 연구는 전승 과정의 민속지를 꾸준히 연구함으로써 구체적인 자료가 쌓이면 전형의 실체가 밝혀지지 않을까 한다. 그렇다면 무형유산의 전승 과정의 민속지 작성은 어떻게 연구되어야 하는가? 학자들은 현장에서 전승자들이 무형유산을 전승하는 모습을 꼼꼼히 조사해야 할 것이다. 무형유산의 전승 과정에서 과거와 다른 변화나 변이가 발생했을 경우, 그 원인과 배경에 대한 면밀한 분석이 필요하다. 그 변화가 전승자의 자율적인 선택에 의한 것인지, 수용자인 청중의 반응에 의한 것인지, 혹은 외부의 환경 변화나 사회적 관계망의 재편과 같은 구조적 요인에 의한 것인지 등을 구체적으로 구분하여, 전승의 변화 양상을 세밀하게 분석할 필요가 있다. 즉 '전승 과정의 민속지'를 만들 것을 제안한다. 이런 민속지가 쌓일 때 우리는 그 구체적인 자료를 통해 변화를 의미하는 전형의 개념을 파악할 수 있다. 나아가 이러한 전형의 실체를 파악해야만 제도 운영상의 정책을 세울 수 있다.

공동체와 전형의 문제는 한국 무형유산학계에서 여전히 핵심적인 화두로 자리하고 있다. 특히 지난 10여 년 동안 이 두 주제에 대한 이론적 정립과 실증적 연구는 제한적으로 이루어졌으며, 그로 인해 주목할 만한 학문적 진전도 크지 않았던 것이 현실이다. 이러한 상황에서 공동체와 전형에 대한 연구는 앞으로도 지속적으로 다루어져야 할 중요한 학술적 과제이자, 무형유산 정책과 실천을 근본적으로 성찰하게 만드는 핵심 분야라 할 수 있다.

결론적으로, 무형유산에서 공동체의 실체를 올바로 이해하기 위해서는 장기적이고 심층적인 현지조사가 반드시 필요하고, 전형 개념에 대한 이해는 '전승과정의 민속지' 자료의 축적과 지속적인 분석을 통해 가능하다고 본다. 이러한 연구들이 축적될 때 비로소 공동체의 실체를 파악할 수 있고, 전형의 구체적인 양상도 알 수 있게 된다. 이는 향후 정책 수립의 실증적 토대로 기능할 수 있다. 무형유산 정책은 추상적 기준이나 행정적 편의가 아닌, 현장 기반의 실증 연구에 근거한 방향성 위에서 마련되어야 할 것이다.

제3장

2024년 국가유산청의 출범

1. 조직 구성과 주요 업무

1962년 제정된 「문화재보호법」이 2023년 「국가유산기본법」으로 개정되어 2024년 5월 17일부터 발효되면서 '문화재청'은 '국가유산청'으로 이름을 바꾸어 새롭게 출범했다. 「국가유산기본법」 시행에 따라 기존 문화재 개념 체계에서 국가유산 체계로 대대적인 정책 전환을 알리는 국가유산청 출범식이 2024년 5월 17일 정부대전청사 대강당에서 거행되었다.

「문화재보호법」은 1962년에 제정되어 60여 년간 시행되어 왔다. 그러나 그동안 많은 학자들은 '문화재'라는 용어가 재화로서의 물질적 성격이 강하며, 자연유산을 포함하지 않는다는 점에서 적절하지 않다는 비판을 꾸준히 제기해 왔다. 또한 유네스코에서 '유산heritage'이라는 용어를 사용하는 국제적 관행에 맞추고자 하는 흐름도 이러한 용어 변화의 배경이 되었다.

문화재청을 중심으로 2005년부터 관련 체계 전반의 개편 논의 끝에 '국가유산' 체계로의 전환이 결정됐고, 「국가유산기본법」이 제정됐다.

[표 1-3-1] 국가유산 체계 변화 및 대응

이전	
"문화재" (문화재보호법)	• 유형문화재
	• 기념물 - 사적지류
	• 민속문화재
	• 기념물 - 명승, 천연기념물류
	• 무형문화재 - 전통공연, 전통기술 등

⇒

현행		
"국가유산" (국가유산기본법)	• 문화유산 - 유형문화유산 - 기념물(사적지류) - 민속문화유산	문화유산법* (개정 예정)
	• 자연유산 - 명승, 천연기념물류	자연유산법 (제정: '23. 3. 21.)
	• 무형유산 - 전통공연, 전통기술 등	무형유산법 (개정 예정)

(출처: 국가유산청, 「국가유산기본법」 시행에 따른 국가유산 체계 전환 및 주요 명칭 변경 내용)

국가유산 체계의 변경에 따라 기존의 명칭과 분류 체계가 크게 바뀌었다. 문화재 아래 그 유형에 따라 유형문화재·무형문화재·기념물(사적·천연기념물·명승)·민속문화재로 분류하던 것을 이제 국가유산 아래 '문화유산', '자연유산', '무형유산'으로 나눈다.

'문화유산'은 국보·보물 같은 유형문화유산과 민속문화유산·사적을, '자연유산'은 천연기념물·명승을, '무형유산'은 전통 예술·기술, 의식주 생활관습, 민간 신앙 의식 등을 포함한다. 관련 용어도 '국가무형문화재'는 '국가무형유산', '등록문화재'는 '등록문화유산', '매장문화재'는 '매장유산', '비지정문화재'는 '비지정유산' 등으로 변경되었다.

이에 따라 국가유산의 보존·관리·활용 등 정책 기조도 보존·규제 중심에서 활용과 산업적 진흥으로 전환된다. 국가유산청 관계자는 "국가유산 정책이 기존 과거 지향적에서 미래 지향적으로 전환하는 것"이라며 "국가유산의 미래 가치를 창출·증진해 국민들에게 편익을 주고, 이른바 'K-헤리티지'를 국제적으로 알리고 공유하는 정책들이 개발·집행될 것"이라고 밝혔다.

문화재청은 국가유산청으로 새로 출범하면서 조직·업무가 재편되었다. 그리고 국가유산청을 지칭하는 영문 명칭이 기존 'Cultural Heritage Administration'(CHA)에서 관리보다 활용 서비스를 강조하는 'Korea Heritage Service'(KHS)로 바뀌었다.

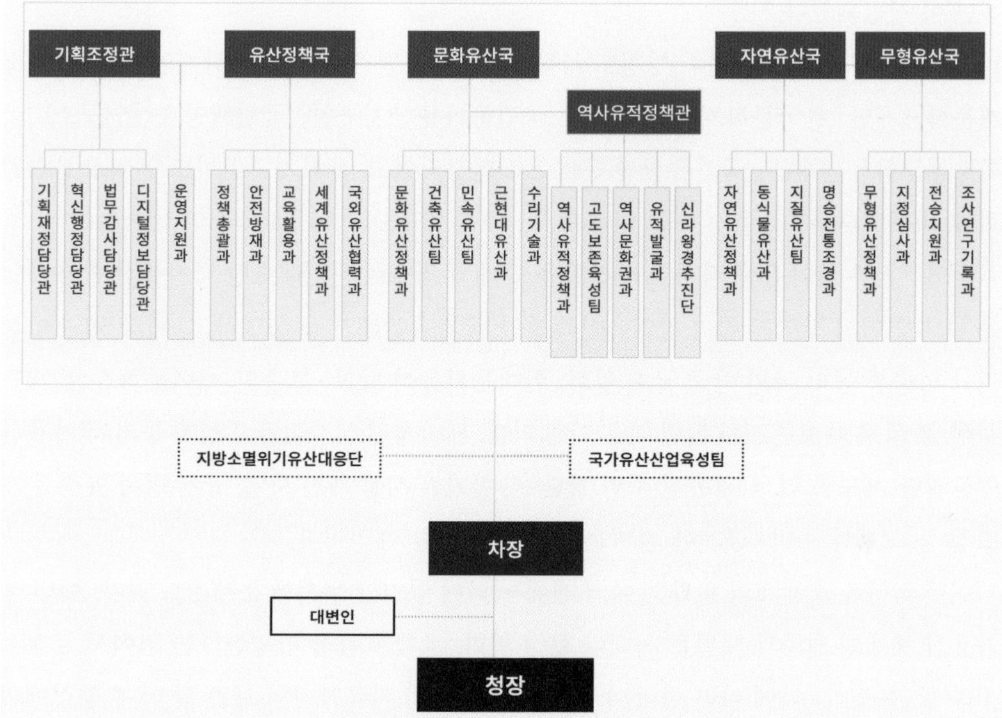

[그림 1-3-1] 국가유산청의 주요 조직도[1)]

조직은 문화재 정책국·보존국·활용국 중심의 1관3국19과(본청 기준)에서 1관4국24과로 개편되었다. 국가유산청의 핵심 조직은 '문화유산국', '자연유산국', '무형유산국', 그리고 안전·방재, 세계유산, 국외유산 등을 총괄하는 '유산정책국' 등 4개 국局으로 구성되어 있다. 이와 함께 정책과 행정 조정 기능을 담당하는 기획조정관이 설치되었으며, 각 국의 산하 과課들도 이에 맞춰 재편되었다. 특히 국가유산과 연계한 일자리 창출 등을 담당하는 '국가유산산업육성팀', 소멸위기의 유산 보호·관리를 담당하는 '지방소멸위기유산대

---

1) 국가유산청, 〈https://www.khs.go.kr/html/HtmlPage.do?pg=/introduce/organization_info.jsp&mn=NS_05_05_01〉(최종검색일: 2025년 2월 3일).

응단'이 신설되었다.

국가유산청 산하 기관들의 명칭도 국립문화재연구원 · 국립해양문화재연구소 · 국외소재문화재재단 · 한국문화재재단이 각각 '국립문화유산연구원', '국립해양유산연구소', '국외소재문화유산재단', '국가유산진흥원'으로 변경되었고, 문화재위원회도 '문화유산위원회'로 바뀌었다.

문화재청은 국가유산 체계로의 전환을 맞아 지역별로 운영해오던 국가유산 활용사업을 한데 엮어서 광역 단위의 지역유산축전인 '국가유산주간'을 운영하고, 제작 50년 이상 지난 미술품 등의 국외 반출 규제 완화, 현대문화유산 발굴 · 보존의 '예비문화유산' 제도 시행, 발굴 유적 보존조치 관련 비용 지원 확대, 개발행위 허가절차 일원화 등의 '국가유산영향진단' 제도 도입, 국가유산 주변 경관 · 생활기반 시설 개선 사업, 규제 범위 합리적 재조정 등 그동안 준비 · 공개한 정책들을 본격 추진할 예정이다.

이번 국가유산 체계의 변화는 여러 면에서 의미 있지만 동시에 문제점도 있다. 이번 국가유산 체계의 전환과 개편은 시대나 환경 변화, 국제 흐름을 반영한다는 점에서 긍정적이라 할 수 있다. 이에 따라 한국의 국가유산 정책이 지금까지의 보존 및 규제 중심에서 활용 및 산업 진흥으로 균형추가 이동했다. 이로써 문화유산의 미래 가치를 발견하고 문화산업 증진에 큰 기여를 할 수 있게 되었다. 그리고 생활 속의 유산, 국민 누구나 향유할 수 있는 유산이 되었다는 것은 매우 고무적이라 할 수 있다.

그러나 이러한 긍정적 변화에도 불구하고 몇가지 문제점도 함께 지적할 수 있다. 그 중 하나가 바로 국가유산 체계에서의 분류 체계 문제이다. 현재 국가유산법상 국가유산은 문화유산, 자연유산, 무형유산으로 분류된다(표 1-3-2 참조). 이는 분류상 문제가 있다.

[표 1-3-2] 현행 국가유산 분류체계

<table>
<tr><td rowspan="3">국가유산
(국가유산기본법)</td><td>• 문화유산
- 유형문화유산
- 기념물(사적지류)
- 민속문화유산</td><td>문화유산법</td></tr>
<tr><td>• 자연유산
- 명승, 천연기념물류</td><td>자연유산법</td></tr>
<tr><td>• 무형유산
- 전통공연, 전통기술 등</td><td>무형유산법</td></tr>
</table>

즉, 문화유산, 자연유산 그리고 무형유산을 동일한 단계로 구분하고 있는데 엄밀히 말하면 유산에는 문화유산과 자연유산이 있고, 문화유산에 유형유산과 무형유산이 포함되어야 하는 것이다(그림 1-3-2 참조). 따라서 현재의 국가유산법의 유산 분류와 그에 따른 국가유산청의 조직 체계의 분류는 문제가 있다고 본다.

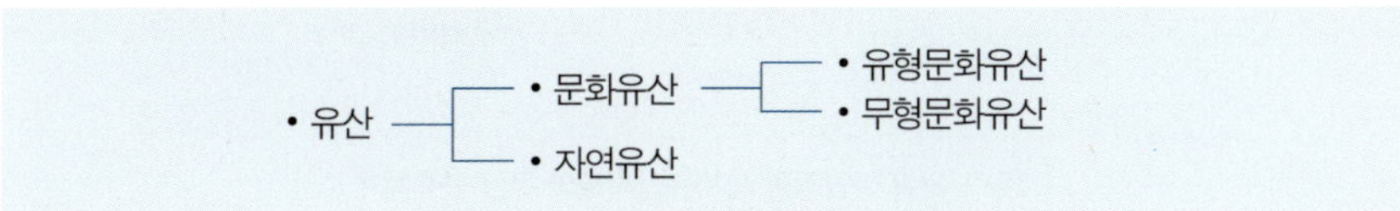

[그림 1-3-2] 바람직한 국가유산의 분류체계

이러한 분류 체계상의 혼란은 유네스코의 세계유산 제도와 인류무형문화유산 제도의 도입으로 인해 비롯된 것으로 보인다. 특히 1972년 출범한 「세계유산협약」이 유산을 '문화유산'과 '자연유산'으로 이분화한 데에서 그 원인을 찾을 수 있다. 이는 서구 중심의 유산 인식과 분류 방식을 따르면서 생긴 문제라고 생각된다. 이때 세계유산에 무형유산은 포함되어 있지 않았다. 이후 무형유산 보호에 대한 관심이 높아지고, 세계유산에 포함되지 않았던 무형유산의 보호를 위한 협약이 2003년 별도로 제정되면서 이러한 체계가 우리나라의 국가유산법에도 그대로 반영된 결과라 할 수 있다.

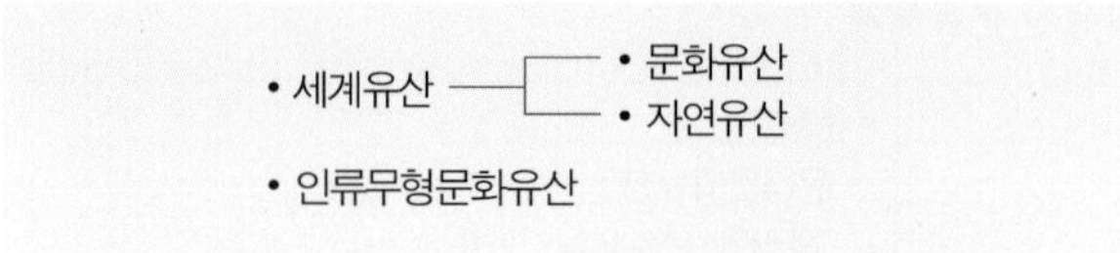

[그림 1-3-3] 현행 세계유산제도의 유산 분류와 인류무형문화유산

따라서 필자는 우리가 유네스코의 체계를 그대로 받아들일 것이 아니라, 유네스코에 그러한 문화유산 체계의 문제점을 지적하고 바로 잡으려는 노력을 하는 것이 바람직하다고 본다. 사실 필자는 인류 구전 및 무형유산 걸작 심사위원으로 있을 때부터 세계유산은 문화유산과 자연유산으로 나누고, 문화유산은 유형유산과 무형유산으로 분류하는 것으로 바뀌어야 한다고 주장해 왔다(그림 1-3-4 참조). 그 후 많은 논문에서 '세계무형유산'이라는 용어를 자주 쓰는 것도 이러한 이유에서다.

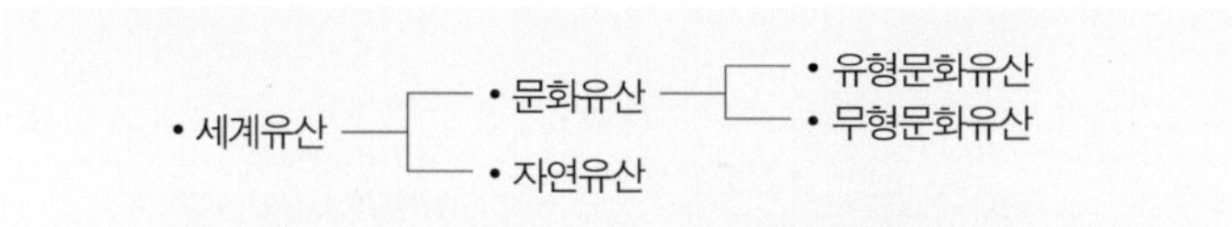

[그림 1-3-4] 바람직한 세계유산제도의 유산 분류체계

2. 무형문화유산 정책 방향과 기본계획

2015년 3월 「무형문화재 보전 및 진흥에 관한 법률」과 시행령이 제정, 시행되면서 국가유산청은 이에 의거하여 기본계획을 수립했다. 제1차 「무형문화재 보전 및 진흥 기본계획(2017~2021)」을 수립하여 시행했으며, 현재 2022~2026년도 제2차 「무형문화재 보전 및 진흥 기본계획(2022~2026)」을 시행 중이다. 국가유산청은 이 기본계획을 바탕으로 5년간의 연도별 시행계획도 수립했다. 다음에서는 제1차와 제2차 국가유산 기본계획을 중심으로, 국가유산청의 무형유산 정책 방향과 그에 따른 구체적인 추진 과제 및 전략을 살펴보고자 한다.

1) 제1차 「무형문화재 보전 및 진흥 기본계획」[2)]

제1차 기본계획은 「무형문화재법」이 제정되면서 무형문화재 보전 및 진흥을 위한 중장기적 정책 수립의 방향성을 제시할 필요성에 따라 수립되었다. 무형유산의 보전 및 전승에 있어 새로운 패러다임의 전환에 맞추어 기존의 개인 및 단체 중심의 종목 지정 정책에서 종목만 지정하고 보유자 없는 보유단체, 전승 공동체로 지정 대상을 확대하는 등 무형문화재 정책도 변화해야 할 필요성이 커지고 있었다. 전승 체계에서 전승자 인정제도 개선, 보유자 중심의 전승 구조 개선 등 변화가 필요하고 전승 지원 역시 생계지원 등 직접적인 지원에서 탈피하여 자생력 강화 및 전승활동의 활성화 등 간접지원 확대 요구도 커졌다. 또한 무형문화유산의 전승 활성화를 통한 국민의 문화향유권을 증진하고 일상에서 사회교육을 통한 전통문화의 생활화를 촉진하는 정책적 수요가 증가하고 있다.

[표 1-3-3] 무형유산 정책의 시대별 변화[3)]

구분	제도	주요 내용
1960년대	지정제도 시작	• 「문화재보호법」 제정('62. 1.), 중요무형문화재 보호 실시 * 중요무형문화재 제1호로 '종묘제례악' 지정
1970년대	인정제도 도입	• 중요무형문화재 기예능 보유자 인정제도 도입 * 보유자 인정 의무화('70. 8.), 전수교육관 건립('73.)
1980년대	전수교육 실시 전승지원금 지급	• 보유단체 인정, 전수교육 실시 규정 신설('82. 12.) • 전수교육 의무화 및 지원 관련 전수교육제도 신설('83. 7.)
1990년대	전수교육 자율화 복수인정 확대	• 전수교육 자율화 조치 시행('94.) * 전승취약종목의 특별장려금 지급, 보유자의 이수자 양성 • 보유자 복수 인정 확대('99. 12.)

2) 문화재청(현 국가유산청)의 「무형문화재 보전 및 진흥 기본계획」(2017. 1.)을 요약, 정리했다. 〈https://www.khs.go.kr/gosi/selectGosiView.do;jsessionid=CrNUVjmIUVpTglnqXI1vgEgyDPyGmaJzxau1uSqnhhtGedVczgT0JsEFJPW9PaRh.cha-was01_servlet_engine1?id=702&pageIndex=106&schWhere=&schDirect=&strWhere=&strValue=&flag=&sdate=&edate=&ctcd=&kdcd=&asno=&mnm1=&mn=NS_03_01_05〉(최종검색일: 2025년 3월 31일).

3) 위의 기본계획(2017~2021) 2쪽 표 인용.

2000년대	명예보유자 도입 유네스코 가입	• 명예보유자 인정제도 도입('01. 3.) • 유네스코 「무형문화유산보호협약」 가입('05. 2.)
2010년대	국립무형유산원 개원	• 아태무형유산센터 설립('11. 7.), 국립무형유산원 개원('14. 10.) • 무형문화재 조사심의 방식 개선('14. 12.) • 「무형문화재 보전 및 진흥에 관한 법률」 제정('15. 3.)

(1) 기존 무형문화재 정책의 성과와 한계 및 정책 방향

① 성과

1960년대 이후 국가유산청은 무형유산의 보호와 전승을 위해 수많은 노력을 기울여 왔다. 특히 최근 5년간은 무형유산 분야의 선도국으로서 선진적인 무형유산 관리체계와 전승체계의 기반을 구축해온 시기였다. 「무형문화재 보전 및 진흥에 관한 법률」을 제정 공포하여 무형문화재의 범위를 확대하고 긴급보호무형문화재 제도를 도입하는 등 정책적 노력을 강화했다. 그리고 신규 종목을 발굴하고 전승자를 확충하였으며 전승자의 안정적 생활을 위한 전수교육지원금을 확대함으로써 전승체계의 안정화를 이루었다.

그리고 무형문화재 보전 및 전승을 위한 연구 조사 실시, 자료 수집 등 기초자료 아카이브를 구축했다. 작고한 보유자, 보유단체, 유관기관의 자료 50,404건을 수집했으며 아카이브를 통해 자료에 대한 국민의 접근성을 강화했다. 2016년 현재, 영상과 음원 등 46,488건이 서비스되고 있다.

마지막으로 무형문화재에 대한 교육과 교류를 통해 전승 역량을 제고하고 대내외적 협력을 강화했다. 무형문화재 교육과정을 운영하여 전승자의 역량 강화, 사회 교육 및 학교 연계 교육을 실시하고 있으며, 올해의 무형문화재 도시 선정, 국제협력 및 재외동포 무형문화재 전승 지원 등 보호협력 체계도 구축했다.

② 한계와 문제점

현재까지 무형유산 보호를 위한 다양한 정책과 지원을 실시해왔고 많은 성과를 거두었다. 그럼에도 불구하고 기존의 무형유산 보호와 전승 정책 실시 과정에서 한계와 문제점도 드러났다.

첫째, 무형유산에 대한 관점이 전승 단절을 막고 보호한다는 개념에서 벗어나, 문화다양성 및 문화산업에 전승·활용되는 자원의 개념으로 전환되어야 할 필요성이 대두되었다. 또한 무형유산이 전승자가 보유하는 것이 아닌 전 국민이 향유하는 것이 되도록 정책 방향이 개선되어야 했다. 이에 따라 '원형 유지'에서 탈피하여 무형유산을 창조적으로 계승, 발전시키고 전통과 현대를 조화시키는 정책 마련이 시급해졌다.

둘째, 종목과 해당 종목 보유자를 중심으로 이루어지는 정책은 보유자에게 권한을 집중시켰고, 그 결과 경쟁이 과열되고 갈등이 격화되는 일이 발생했다. 게다가 다양한 무형유산의 특성이 반영되지 못하고 단편적으로 분류, 관리되면서 종목 간 양극화를 초래했다. 따라서 종목별 특성에 맞추어 선택과 집중을 통한 맞춤형 지원 체계를 마련해야 한다.

셋째, 무형유산을 둘러싼 사회, 경제 및 기술 환경이 변화하면서 이에 부합하는 정책이 마련되어야 했다. 무엇보다 산업화와 보유자의 고령화 등 사회적, 인구학적 변화에 따라 전승단절 위기에 처한 무형유산의 지속가능성과 자생력 제고가 시급한 문제가 되었다.

넷째, 문화다양성의 시대가 되면서 지역문화를 위한 정책이 수립되고 새로운 무형유산의 발굴, 다양한 수요계층을 위한 사회교육이 확대되면서 관계기관의 협력이 중요해졌다.

③ 시사점 및 정책 방향

이러한 기존의 무형유산 정책에 대한 성과와 문제점을 검토한 결과, 향후 정책 방향에 대한 몇 가지 시사점을 도출했다.

첫째, 무형유산의 창조적 전승과 활용을 통한 문화자원화의 필요성이다. 문화기술 및 소프트파워 강화를 통해 무형유산을 문화자원화하고 이의 지속가능성을 보장하는 생태계를 구축하는 것이다. 생활 속의 문화자원을 발굴하고 기록보존을 통해 지식을 자원화하는 것이다.

둘째, 무형유산 제도의 자율성, 공공성, 합리성을 강화하는 것이다. 특히 무형유산의 복잡하고 다양한 특성을 반영한 종목 특성별로 관리하는 체계를 구축한다. 권력 분산을 통해 전승자의 역할을 재정립하고, 전승자를 예우하는 방안을 마련하고, 무형유산을 둘러싼 사회적 갈등을 해소하기 위한 전승체계의 개선과 종목의 자율성을 강화하는 정책을 마련할 필요가 있다.

셋째, 국민의 문화 향유권을 존중하고 문화유산의 가치를 공유하고 일상화하는 것이다. 무형유산의 교육, 체험 기회를 확대하여 국민의 삶의 질을 향상하는 데 기여할 수 있도록 한다.

(2) 제1차 「무형문화재 보전 및 진흥 기본계획」의 추진 전략

기존 무형유산 정책에 대한 분석과 시사점을 통해 정책 방향을 설정하고 아래와 같이 기본 원칙과 추진 전략을 수립했다(표 1-3-4 참조).

[표 1-3-4] 기본 원칙 및 추진 전략[4)]

기본원칙	무형문화재의 다양성을 인정하고 다음 세대로의 온전한 계승을 위한 맞춤형 전승체계 확립	
추진전략	무형문화재의 생태계 구축	• 다양한 무형문화재 보전 • 문화자원 기반 구축 • 무형문화재 네트워크 조성
	시대변화에 적합한 전승체계 개편	• 종목 특성별 맞춤형 관리 • 무형문화재 관리 고도화
	무형문화재의 향유 기회 확대	• 무형문화재의 가치 공유 • 무형문화재 교육 확대

(3) 제1차 「무형문화재 보전 및 진흥 기본계획」의 성과[5)]

5년에 걸쳐 시행된 제1차 「무형문화재 보전 및 진흥 기본계획」은 무형유산 보호와 전

4) 위의 기본계획, 11쪽 표 인용.

5) 문화재청, 「무형문화재 보전 및 진흥 기본계획[2022~2026]」(2022. 1.). 본문 내용은 해당 문서의 주요 내용을 요약 · 정리한 것이다.
〈https://www.khs.go.kr/gosi/selectGosiView.do;jsessionid=CrNUVjmIUVpTglnqXI1vgEgyDPyGmaJzxau1uSqnhhtGedVczgT0JsEFJPW9PaRh.cha-was02_servlet_engine1?id=1401&pageIndex=39&schWhere=&schDirect=&strWhere=&strValue=&flag=&sdate=&edate=&ctcd=&kdcd=&asno=&mnm1=&mn=NS_03_01_05〉(최종검색일: 2025년 3월 30일).

승체계를 재정립하는 데에 많은 성과를 거두었다. 첫째, 전승체계를 개편하여 전통적인 도제식 전수교육과 더불어 대학 등에 '전수교육학교'를 새롭게 설립하여 전승자들의 유입 경로를 다양화했다. 2017년 한국전통문화대학교를 시작으로 2021년 충북대학교, 안동대학교로 '전수교육학교'를 확대했다.[6] 또한 전수교육조교를 '전승교육사'로 변경하고, 전승교육사도 전수교육을 할 수 있도록 하여 전승기반을 강화했다. 구체적으로 75세 이상, 20년 이상 전승교육에 공헌한 전승교육사를 명예보유자로 전환하는 법 개정을 이루었다.[7]

둘째, 유네스코 보호체계에 맞추어 무형문화재의 범위 및 전승자를 지속적으로 확충하여 전승체계를 강화했다. 특히 전통지식과 생활관습 등 공동체 종목을 적극 발굴, 지정함으로써 종목의 수가 2016년 135개 종목에서 2021년 153개 종목으로 약 14% 증가했다. 신규 종목 중에는 씨름, 김치 담그기, 막걸리 빚기 등 공동체 종목이 12개나 지정되었다. 그리고 긴급보호무형문화재(가사, 줄타기, 발탈)를 지정하여 지원체계를 마련한 것도 중요한 성과 중 하나다.

셋째, 무형문화재위원회의 분과위원회를 신설하여 전문적인 조사·심의 기능을 강화했다. 이에 전통예능, 전통기술, 전통지식 3개 분과위원회가 신설되었다.

넷째, 무형문화재 조사·평가방식 및 이수심사 체계를 대폭 개선했다. 보유자 인정 시 단계별 조사(1단계 → 3단계) 및 정량적 조사지표를 강화하고 2016년 이수심사 권한을 보유자 단체에서 문화재청으로 변경하여 공정성을 강화했다.

다섯째, 전수교육관 문화예술교육사 신규 배치 및 운영 활성화, 전승공예품 판로기반 확대, 관련 가치 확산을 추진했다. 특히 전승공예품 인증제로 공신력과 상품성을 강화했다. 그리고 전승자와 디자이너의 협업을 통해 전통을 현대적으로 재해석하는 디자인을 개발했다.

---

6) 2017년 한국전통문화대학교에 단청장, 목조각장, 사기장, 한산모시짜기 4종목 51명, 2021년에 단청장, 한지장, 삼베짜기 등 6종목 184명으로 증가했다(위 기본계획, 3쪽).

7) 2018년 법 개정 및 2019년 시행령 개정을 통해 2021년까지 총 29명을 명예보유자로 전환했다.

여섯째, 정부 기관과의 협업을 통해 전승인프라를 확충하고 전승기반을 공고화했다. 특히 국토교통부와의 협업으로 밀양과 전주에 '무형문화재 예술마을' 조성을 추진 중이다. 또한 영남권에 국립무형유산원 분원 건립 타당성 조사 및 기본계획을 추진하고 있다.

일곱째, 무형유산 기초조사 및 연구로 원천자원 발굴 및 가치를 제고했다. 무형문화재 조사 연구 및 학술연구 기반 조성과 무형유산 조사연구자료 등 온라인 서비스를 강화하는 사업도 진행했다.[8)]

마지막으로 무형유산 가치 확산 및 대내외 협력을 강화했다. 무엇보다 유네스코 인류무형문화유산 등재 확대로 문화적 자긍심을 강화했으며 유네스코 정부간위원회 위원국으로 선출되면서 국제적 영향력도 확대했다. 그리고 지역 무형유산 보호를 위한 사업으로 '올해의 무형유산 도시'를 운영했다.[9)] 대외적으로는 재외 공관에서 '한국무형문화재주간'을 운영하여 해외 공연과 전시를 추진했다.

2) 제2차 「무형문화재 보전 및 진흥 기본계획」[10)]

문화재청(현 국가유산청)은 「무형문화재 보전 및 진흥에 관한 법률」 7조에 따라 수립한 제1차 기본계획 종료 후, 2022년 새로이 제2차 5개년 기본계획(2022~2026)을 수립했다. 제1차 기본계획의 실시 결과, 인구감소, 인구의 도시 집중, 다문화 가정 증가 등의 사회환경의 변화, 4차 산업혁명, 국민의 문화적 욕구 증가 및 K-Culture의 확산, 무형문화유산 보호

---

8) 문화재청, 「무형문화재 보전 및 진흥 기본계획[2022~2026]」, 6쪽. 2017~2021년에 136 종목의 정기 조사, 『무형유산』 발간 10회(KCI 등재학술지 선정) 및 학술대회 7회를 개최했다.

9) 위의 제2차 기본계획, 6쪽. 2017년 전주시, 2018년 강릉시, 2019년 통영시, 2020년 평창군, 2021년 충주시 등 5곳이 선정되었다.

10) 문화재청의 「무형문화재 보전 및 진흥 기본계획[2022~2026]」(2022. 1.)을 요약, 정리했다. 〈https://www.khs.go.kr/gosi/selectGosiView.do;jsessionid=CrNUVjmIUVpTglnqXI1vgEgyDPyGmaJzxau1uSqnhhtGedVczgT0JsEFJPW9PaRh.cha-was02_servlet_engine1?id=1401&pageIndex=39&schWhere=&schDirect=&strWhere=&strValue=&flag=&sdate=&edate=&ctcd=&kdcd=&asno=&mnm1=&mn=NS_03_01_05〉(최종검색일: 2025년 3월 30일). 제2차 「무형문화재 보전 및 진흥 기본계획」은 국가유산청으로 변경되기 전 제정되었기 때문에 무형유산이 아니라 무형문화재로 되어있다.

를 위한 국제적 협력 필요성의 증가 등 무형문화유산을 둘러싼 여러 환경이 변화하고 있음을 확인했다. 더불어 국제적으로 해외의 여러 나라들이 다양한 법규와 사업을 통해 자국의 무형유산 보호 정책을 강화하여 문화경쟁력을 제고하고 있다.

지난 제1차 기본계획 종료 후, 제1차 기본계획의 문제점을 보완하고 이를 반영한 제2차 기본계획을 수립했다. 다음으로 제2차 기본계획과 2025년도 시행계획을 살펴보겠다.

(1) 제2차 기본계획의 정책 방향과 추진 과제 및 전략 수립

제2차 기본계획은 제1차 기본계획의 성과 및 문제점 분석에 따라 다음과 같은 정책적 시사점을 도출했다.

- 급속한 인구감소 등으로 소멸 위험에 처한 지역의 무형유산에 대한 보호 대책을 마련하고 미래 무형유산 자원에 대한 보전 방안 마련 필요
- 사회 패러다임 변화에 대응하여 공동체 종목 지정과 전승 공동체 육성을 강화하고 전승자 유입 경로 확대를 위한 전수교육체계 다양화
- 무형문화재 종목별 특성에 따른 맞춤형 지원으로 지속가능한 전승 환경을 조성하고, 전승자 유형별 역량 강화를 통하여 전승기반 강화
- ICT 및 4차 산업혁명에 기반한 무형유산 자원의 디지털화, 가상현실 기술을 활용한 콘텐츠 제작 등 무형유산 "문화자원화"
- 위드코로나 등에 대응하여 비대면 공연 · 전시 · 체험 기회를 활성화하여 국민의 문화향유권을 증진하고 신산업으로 육성 및 일자리 창출
- 인류무형유산 보호를 위한 국제적 역할을 강화하여 국가의 위상을 제고하고 K-무형유산의 가치 홍보 강화로 "신新한류" 확산 촉진[11]

---

11) 문화재청, 「무형문화재 보전 및 진흥 계획[2022~2026]」(2022. 1.), 13쪽.

그리고 이러한 시사점을 바탕으로 무형문화재 보전 및 진흥 미래 정책 방향을 다음 [표 1-3-5]와 같이 설정했다.

[표 1-3-5] 제2차 무형문화재 보전 및 미래 정책 방향[12)]

구분	현행	향후	7대 전략 방향
방향	• 전승자 중심 보호	• 일반 국민 중심 확산	1. 국민들이 누리고 느끼며 미래 가치 인식 확인
지원	• 보편성, 형평성 지원	• 맞춤형, 활동형 지원	2. 전승활동 성과와 노력을 기반으로 하는 전승지원
지정	• 개인, 단체 기반 지정	• 공동체, 생활, 지역기반 지정	3. 공동체 및 전통생활문화, 지역기반 신규종목 발굴
관리	• 전형 유지 관리	• 가치 창출 관리	4. 무형문화재 가치 창출과 가치 공유 및 확산
정책	• 보호 및 지원 중심	• 향유 및 활용 중심	5. 일상에서 접하고 공감할 수 있는 생활체험 플랫폼 구축
보호	• 취약 종목 중점 보호	• 종목 특성 맞춤 보호	6. 종목별 특성 및 현황 기반 보호체계 구축
보전	• 지정 종목 중점[집중] 보전 [중점 보전주의]	• 비지정 종목 보전[확대] [대장주의]	7. 비지정 무형문화재 목록화 및 등록화 체계강화

⇩

환경분석, 실태분석, 설문분석, Needs 분석(전문가 인터뷰, 워크숍 인터뷰, 내부 이해관계자 인터뷰), 벤치마킹 분석

그리고 이러한 미래 정책 방향에 따라 제2차 기본계획의 비전, 방향, 추진전략 및 핵심 과제를 아래 [표 1-3-6]과 같이 설정했다.

12) 앞의 기본계획 43쪽 표 인용.

[표 1-3-6] 기본 원칙 및 추진 전략[13]

비전	함께 보전하여 모두가 누리는 무형문화재		
방향	[보호대상] 개인 · 단체에서 공동체로 [지원체계] 보편성 지원에서 맞춤형 지원으로 [지향가치] 보호 · 보전을 넘어 가치창출 · 대국민 향유로		
추진 전략	모두가 함께하는 무형문화재보전	지속적이고 창조적인 무형문화재 전승	일상에서 공감하는 무형문화재
핵심 과제	• 미래 지향적 무형문화보호체계 마련 • 무형유산자원의 가치 발굴 및 확산 • 지역 문화유산 보호 기반 강화 • 다양한 전승 공동체 육성	• 종목별 · 전승자별 특성화된 지원 • 무형문화재 공개 및 교류 기반 강화 • 시대에 부흥하는 전승체계 구축 • 무형유산 산업화 및 다양한 일자리 창출	• 국민 친화형 무형유산 체험 · 교육 기반 강화 • 무형유산 콘텐츠 및 향유 기반 강화 • 세계가 공감하는 K-무형유산

핵심과제 설정과 이의 세부과제 및 주요 사업과 예산은 다음 [표 1-3-7]과 같다.

[표 1-3-7] 주요 사업 및 예산 내역[14]

전략과제	핵심과제	세부과제	주요사업	예산 ('22.~'26. /원)
모두가 함께하는 무형문화재 보전	미래 지향적 무형문화재 보호체계 마련	무형문화재 보전체계 합리적 개편	• 대장주의 도입 추진 • 전형 개념 정립 • 무형문화재 용어 개선(비예산)	3억
		등록문화재 도입 등 비지정 무형문화유산 보호체계 구축	• 무형 분야 등록문화재 제도 도입 • 미래 무형문화유산 발굴 · 육성 • 보호자원 확대	150억
		국민 공감형 신규종목 지정 확대 및 홍보강화	• 대국민 공모전 정례화 • 공동체 종목 확대 • 홍보 다각화	10억
		국가무형문화재 지정 및 인정체계 개선	• 지정가치 조사 강화 • 인정체계 개선 추진	5억
	무형유산 자원의 가치 발굴 및 확산	무형유산 체계적 학술연구 강화	• 한국 무형유산종합조사 • 정기조사 내실화	50억

13) 앞의 기본계획 14쪽 표 인용.

14) 위의 계획 40~42쪽 표 인용.

전략과제	핵심과제	세부과제	주요사업	예산 ('22.~'26. /원)
			• 학술연구 및 교류 강화 • 불교무형유산 조사연구	
		무형문화재 기록 고도화 및 개방 확대	• 기록화 대상 확대 • 신기술 활용 기록 고도화 • 디지털 아카이브 서비스 확대 • 무형유산 아카이브 건립 추진	320억
		해외 · 남북한 무형유산 네트워크 구축 및 제도 연구	• 세계무형유산 포럼 개최 • 해외 무형문화재 보호제도 조사 • 남 · 북한 교류협력 강화 • 국내 북한 무형문화재 보호	35억
	지역 문화유산 보호 기반 강화	지역 무형문화유산 보호 역량 제고	• 올해의 무형유산도시 활성화 • 지자체 관리역량 강화	50억
		국립무형유산원 분원 설립	• 영남권 분원 건립	421억
	다양한 전승 공동체 육성	전승 공동체 관리체계 구축	• 전승 공동체 개념 법제화(비예산) • 전승 공동체 관리체계 마련	5억
		전승 공동체 관리체계 구축	• 창의적 활동 지원 • 단계별 지원	100억
		한국형 전승 공동체의 국제 위상 제고	• 유네스코 모범사례 등재 추진	비예산
지속적이고 창조적인 무형문화재 전승	종목별 · 전승자별 특성화된 지원	종목별 맞춤형 관리체계 마련	• 관리체계 패러다임 전환 • 활성화 정도에 따른 분류 및 지원	3억
		전승취약 종목 지원 내실화	• 취약 종목 인큐베이팅 시스템 구축 • 전승취약 종목 졸업제도 도입	30억
		전승자 역할 재정립으로 건강한 전승체계 구축	• 전승자 역할 재정립 • 전승자 예우강화 • 전승 현장 윤리 강화	비예산
		역량 있는 이수자 발굴 및 육성	• 이수심사 확대 • 경쟁력 있는 이수자 양성 • 이수자 활동 지원 강화	100억
	무형문화재 공개 및 교류기반 강화	무형문화재 브랜드가치 제고	• 무형문화재대전 고품격 브랜드화 • 무형문화재 기념일 제정	50억
		공개행사를 무형유산 대표 관광자원으로 육성	• 공개행사 테마별 통합 • 공개행사 모니터링과 정기조사 연계	130억

전략과제	핵심과제	세부과제	주요사업	예산 ('22.~'26. /원)
		시 · 도무형문화재와의 교류 활성화	• 지역별 전승자 모임 활성화 • 합동 공연 · 전시 확대 • 시 · 도무형문화재 보유자 의료 지원 추진(비예산)	25억
	시대에 부응하는 전승체계 구축	전수교육학교 확대 및 운영 활성화	• 전수교육학교 확대	30억
		전수교육시설 확충 및 개선	• 전수교육관 확충 및 시설 개선 • 전수교육관 운영 활성화 • 전통공예 공방 개선	700억
		전승활동 지원 인프라 구축	• 권역별 통합지원센터 지정 • 전승지원 통합플랫폼 고도화 • 전승자 맞춤형 교육 제공 • 개방형 교육공간 마련	60억
	무형유산 산업화 및 다양한 일자리 창출	전승자 창업 · 구직 활동 지원 및 사회적 기업 육성	• 전승자 창업 지원 • 사회적 기업 육성 • 문화재산업전 참가 지원	100억
		전승공예품 부가가치 제고 및 판로 기반 확대	• 전승공예품 우선구매제도 추진(비예산) • 상품성 강화 및 판로 기반 확대 • 인증제 브랜드 가치 제고 • 전승공예품은행 활성화	150억
		무형문화재 중심 복합 문화공간 조성	• 무형문화재 예술마을 조성 • 전국 확대	356억
일상에서 공감하는 무형문화재	국민 친화형 무형유산 체험교육 기반 강화	국민 생애주기 무형유산 접근 전략 마련	• 연령별 향유 콘텐츠 기본계획 수립	비예산
		수요자 맞춤형 무형유산 체험교육 확대	• 학교 연계교육 확대 • 성인 평생교육 강화 • 사회적 약자 교육 강화	70억
	무형유산 콘텐츠 및 향유 기반 강화	무형문화재 정수가 깃든 전통 공연 · 전시 활성화	• 전통공연 상설화 • 기획공연 확대 • 전승자 공연 품질 제고 • 전시 콘텐츠 강화	175억
		무형문화재 체험형 콘텐츠 다양화	• 메타버스 활용 콘텐츠 개발	55억
		국립무형유산원 관람환경 및 인지도 제고	• 국민 · 전승자 친화적 공간 조성 • 대국민 홍보 강화	57억

전략과제	핵심과제	세부과제	주요사업	예산 ('22.~'26. /원)
	세계가 공감하는 K-무형유산	K-무형유산 가치 제고 및 확산	• K-무형유산 바로 알리기 추진 • 한국무형문화재 주간 내실화 • K-무형유산 페스티벌 개최 • 재외동포 교육 · 체험 확대	50억
		인류공동유산 보호를 위한 역할 강화	• 국제협력 근거 법제화(비예산) • 인류무형문화유산 등재 확대 • 국제 교류 · 협력 증대	50억

(2)「2025년도 무형유산의 보전 및 진흥 시행계획」[15)]

2025년도 시행계획은 제2차 기본계획의 비전과 방향에 맞추어 3가지 중점과제와 각각의 중점과제에 대한 세부과제를 설정했다. 미래지향적 무형유산 보호체계 마련, 무형유산 자원의 가치 발굴 및 확산 그리고 무형유산 전승 인프라 강화라는 중점과제와 각 중점과제별 세부과제 및 성과목표는 다음과 같다.

[표 1-3-8] 2025년도 무형유산 보전 및 진흥 시행계획의 중점과제 및 세부과제[16)]

	중점과제	세부과제
1	무형유산 미래 역량 강화	• 미래지향적 무형유산 보호체계 마련 • 무형유산 자원의 가치 발굴 · 확산 • 무형유산 전승 인프라 강화
2	지속가능한 무형유산 전승 기반 구축	• 종목별 · 전승자별 특성화된 지원 • 지역문화 거점 활성화 및 향유집단 확산 • 전통공예 산업 육성 및 지원 강화
3	일상에서 누리는 K-무형유산	• 고품질 전시 · 공연 · 교육 대국민 향유 확대 • K-무형유산 가치 확산 · 대외 홍보 • 세계가 함께하는 K-무형유산 협력 강화

15) 이 단락의 내용은 국가유산청의「2025년도 무형유산의 보전 및 진흥 시행계획」(2025. 2.)을 요약, 정리했다. 국가유산청, 〈https://www.khs.go.kr/multiBbz/selectMultiBbzView.do?id=20928&no=27588&bbzId=newpublic&mn=NS_01_01〉(최종검색일: 2025년 3월 28일).

16) 국가유산청,「2025년도 무형유산의 보전 및 진흥 시행계획」(2025. 2.), 7쪽.

① 무형유산의 미래 역량 강화

가. 미래지향적 무형유산 보호체계 마련

무형유산의 지속가능성을 보장하기 위한 보호체계로 무형유산 자원 확대, 무형유산 지원체계 강화, 그리고 포괄적 보호체계를 마련하도록 한다.

첫째, 무형유산 자원을 확대하기 위해 신규종목을 조사하여 지정하는 것을 검토한다. 이러한 조사와 지정은 학술조사와 연계하여 체계적으로 전승조사를 실시한다. 이를 통해 무형유산의 다양성을 확보하고 소외된 종목의 가치를 발굴한다.

둘째, 무형유산 지원체계를 강화한다. 고령 전승자 증가에 따른 적체를 해소하고 전승자 예우 강화 및 선순환 체계를 구축하기 위한 제도 개선을 추진한다. 구체적으로 2025년 상반기에 국가무형유산 전승자 인정체계 개선 및 예우 확대 방안 마련을 위한 용역을 추진한다. 그리고 '무형유산 명인(가칭)' 제도를 도입하고, 전승 공헌도가 높은 전승자 선정 및 예우·지원을 확대하는 방안을 마련하며, 전승교육사 인정 자격을 개방하여 현행 5년 이상 이수자에서 일반 전승자까지 확대하는 법을 개정한다.

셋째, 포괄적 보호체계를 마련한다. 우선, 미래 가치가 있는 지역의 무형유산을 발굴 지원한다. 일례로 11억의 예산을 책정하여 강원도 삼척시 '땅설법 발굴 육성 사업' 등 9개 지자체 사업을 실시한다. 이와 더불어 다양한 전승자들이 충원될 수 있도록 전승체계 유입 규제를 개선하여 무형유산 전승체계를 다양화하도록 한다. 그리고 한국무형유산종합조사 수집 종목, 근현대 종목, 미래 무형유산 지원 종목 등 일상 생활문화를 포괄하는 비지정 무형유산을 목록화하여 보전하는 방안을 마련하도록 한다.

나. 무형유산 자원의 가치 발굴 및 확산

국가유산청은 무형유산 자원 발굴을 위해 무형유산 원천자료 기반 강화, 무형유산 기록화 내실화, 아카이브 대국민 서비스 확대를 주요 사업으로 설정했다.

첫째, 분야별, 그 중에서 생활관습 분야의 목록, 전통놀이 분야의 심화 연구 및 관련 보고서(4건) 발간을 추진하고 갓일 등 국가무형유산 28종목의 정기조사를 실시한다.

둘째, 기록화 및 기록물 보존관리의 내실화다. 전승 공동체 종목별 특성에 맞춘 기록체계를 확립하고 활용 콘텐츠 기반을 마련하는 것이다. 그리고 무형유산기록관 보유의 전체 보유기록물 27,885점 중 11철은 국가기록원으로 이관하고, 5,000철은 평가 폐기 진행하는 등 무형유산 아카이브 음원, 영상 데이터를 재정비한다. 특히 재난 대비 무형유산 데이터 50개(LTO테이프)를 백업 및 소산疏散한다.

셋째, 다양한 플랫폼을 활용하여 국민들이 아카이브에 접근할 수 있도록 한다. 종가 제례 및 불교 의례에 관한 자료를 포함하여 국민에게 자료를 공개했다. 2024년 100,270건 공개되었던 것이 2025년에는 107,633건이 공개되어 전년 대비 7,393건, 약 5%가 증가했다. 그리고 무형유산 디지털 자료를 활용한 콘텐츠 제작 및 홍보를 강화한다.

다. 무형유산 전승 인프라 강화

이는 무형유산 전승을 위한 하드웨어를 구축하는 사업이다. 유네스코 인류무형유산, 근현대 및 비지정 무형유산 등을 복합적으로 다루는 국립무형유산융합원(가칭)을 밀양에 건립하기로 하여 시설설계를 완료하고 하반기 착공 예정이다.[17] 그 외에 어린이와 청소년을 대상으로 한 복합문화공간으로 전주 어린이전당 건립을 추진한다. 또한 수도권의 전승 공간을 분산하고 국민향유 거점을 확충하기 위해 제2호 국가전수교육관을 건립할 계획이다. 지역민의 무형유산 향유를 위한 전수교육관의 경우, 평택을 비롯해 5개소의 신축 및 증축과 경기 구리 등 11개소의 개보수 사업을 지속하고 있다. 그리고 계속 사업으로 밀양과 전주에 무형유산을 기반으로 하는 지역경제 및 문화생활의 활성화를 위한 예술마을을 조성하고 있다. 조계종, 서울시 협업으로 연등회 전수교육관 설립을 위해 희망부지(서울소재 '충정사') 우선 검토 및 수도권 내 대안 부지 선정을 검토 중이다.

17) 국립무형유산융합원은 부지 6,647㎡에 연면적 8,678㎡로 지상3층/지하1층 규모로 총 사업비 457억원으로 공사기간은 2022~2027년이며 2027년 개원 예정이다(「2025년 무형유산의 보전 및 진흥 시행계획」, 11쪽).

② 지속가능한 무형유산 전승기반 구축

가. 종목별 · 전승자별 특성화된 지원

소멸 위기에 처한 무형유산 자원의 자생력 강화와 활성화를 위해 재료비, 공연 및 전시 비용 등 전승취약 종목[18]의 안정적 전승 활동을 지원하고 국가긴급보호무형유산[19]도 지원한다. 기존 전승자도 전문 컨설팅과 수행실적에 따라 활동비를 지원하고 전승자 인정조사 응시요건을 완화한다. 특히 보유자 충원에 어려움을 겪고 있는 바디장은 대국민 공모로 예비 전승자를 선발해 교육 지원 프로그램을 운영할 계획[20]이다. 보유단체의 전승 환경 파악 및 전승 역량 저하 요인 분석, 전승 역량 강화 방안을 마련하기 위한 연구용역을 하반기에 실시하여 2026~2028년에 연간 5개 단체에 단체별 맞춤형 지원을 실시할 예정이다. 그리고 역량 있는 이수자에게 공연 · 전시 지원을 확대하고, 이수자 이수 심사를 안정적으로 운영하여 이수 심사에서 응시자의 편의를 제고한다. 이수자 심사의 경우 종목별로 격년으로 시행하되 긴급보호 및 취약 종목은 심사 수요가 있을 시 매년 시행하도록 한다. 그 외에도 당해연도 이수 심사 합격자 중에 뛰어난 역량을 갖춘 인재를 올해의 이수자로 선발하는 제도를 실시하며 신규 전승자 및 전수교육 취약 종목의 전수교육 관리를 강화한다. 그 외에 전승자의 역량을 강화하기 위한 체계적인 전문교육을 운영한다.

나. 지역문화 거점 활성화 및 향유집단 확산

전 국민이 즐길 수 있는 전승 공동체 종목 발굴 지정을 확대한다. 공동체 종목을 자율적, 주도적으로 전승하고 있는 지역 공동체를 선정, 지원하여 공동체 종목을 활성화하고 공동체 중심의 전승체계를 구축한다. 특히 지역의 문화원과 민간단체 주관의 다양한 행사를 지원한다. 또한 유네스코 대표목록에 등재된 23개 종목에 대한 홍보, 전시, 교육 활동도 지원하고 관련 홍보 행사를 추진하며, 지역 주민의 적극적인 참여를 촉진하고 지역사회와

---

18) 현재 전통기술 20종목, 공연 예술 5종목이 전승취약 종목으로 되어 있다.

19) 국가긴급보호무형유산('23. 7월 지정): 나주 샛골나이, 백동연죽장, 바디장, 악기장(편종 · 편경)

20) 2025년 1월 공모를 추진하여 2~3월 선발하고 2025~2027년 연중 종목 교육을 실시할 예정이다.

의 연계를 강화한다. 지역 특화 프로그램의 개발, 지역 기반의 공연, 공모전 등의 프로그램을 확대하여 관련 종목의 활성화를 도모하고 지역 중심, 지역 특화의 문화복지를 확대하고 지원한다.

다. 전통공예 산업 육성 및 지원 강화

전통기술 분야의 제도적 기반을 강화하기 위한 사업이 추진된다. 우선 전통공예에 필요한 재료 수급 실태 조사와 보호기반 마련 연구가 진행된다. 그리고 궁궐프로젝트를 통해 전승취약 종목 전승자가 경복궁 생과방 공간 조성 및 물품을 제작하게 하여 전승취약 종목에 대한 인지도를 제고한다. 전수교육관 입주가 어려운 공예, 미술 분야의 경우에는 공방 리모델링 및 개축 등 시설개선 지원을 지속한다. 또한 전승공예품의 지속가능성을 강화하기 위해 전승공예품은행을 활성화하여 공예품 판로를 다양화하고 국내외 대여기관을 확대한다. 이에 일본대사관, 도쿄 및 오사카의 한국문화원 등 대여 기관을 신규로 추진하고 있다. 더불어 전승공예품 경쟁력을 확보하기 위한 지원 방안으로 공예품의 개발·상품화 및 국내 프로모션 전시 참여를 지원하고 온오프라인의 판매 기반을 확대한다.

③ 일상에서 누리는 K-무형유산

가. 고품질 전시·공연·교육 대국민 향유 확대

다양한 상설 및 기획 전시를 통해 무형유산에 대한 인식을 제고하고, 최신의 디지털 기술을 적용한 콘텐츠를 제작, 활용하여 무형유산의 미래 가치를 확산한다. 그리고 무형유산의 정수를 보여주는 수준 높은 공연을 기획하여 이를 통해 전승자를 발굴 지원하고 무형유산에 대한 대중의 접근성을 강화한다.

대국민 문화 향유 기회 확대를 위해 다양한 관객 맞춤형 체험 교육과 강의, 학교와 연계된 교육을 제공한다. 특히 취약계층의 문화 향유와 복지 증진을 위한 맞춤형 프로그램을 확대 운영한다. 예를 들면, 2024년도에 52회 실시했던 방문형 특수 체험 교육을 2025년도에도 50~60회 실시할 계획이다.

나. K-무형유산 가치 확산 및 대외 홍보

무형유산 공연, 전시, 영상 체험 등 다양한 무형유산을 즐길 수 있는 무형유산축전 '화락연회和樂宴會'를 10월에 개최한다. 특히 이를 광복 80주년 기념 공연과 연계하여 역사와 기억을 담은 무형유산을 공연할 계획이다. 그리고 무형유산의 가치와 위상을 강화하고 홍보하기 위한 다양한 체험 및 홍보 프로그램을 운영하여 이를 통해 무형유산의 가치를 홍보하고 진흥한다. 특히 일반인과 청소년을 대상으로 하는 숏폼 공모전을 지원·홍보하고, 지역사회와 연계된 무형유산 투어, 체험 프로그램을 운영하여 무형유산에 대한 인지도를 제고한다.

다. 세계가 함께하는 K-무형유산 협력 강화

이러한 국내적 가치 확산 및 홍보 프로그램과 더불어 세계에 K-무형유산을 알리려는 협력 활동을 추진한다. 유네스코 인류무형문화유산 등재 종목의 공연 및 전시를 통해 무형유산의 가치와 의미를 확인하는 기회를 제공하고 한국의 무형유산을 경험할 수 있는 공연, 전시 등을 개최한다. 또한 세계무형유산포럼을 비롯한 학술교류를 통해 무형유산 보호 활동에 대한 경험과 연구결과를 공유하고 교류를 확대한다.

제2부

유네스코의 무형유산 보호 정책

제1장

유네스코 무형문화유산 보호 정책의 태동

유네스코UNESCO(United Nations Educational, Scientific and Cultural Organization)는 1945년 11월, 제2차 세계대전 직후 군사적, 경제적 개입을 통해서가 아니라 국제 평화를 지적·문화적 방식으로 유지하기 위해 창설된 유엔 산하의 교육·과학·문화 기구이다. 같은 해 11월, 영국과 프랑스 공동주최로 영국에서 열린 창설 준비위원회에 44개국 정부 대표가 참석했으며, 이 자리에서 유네스코 헌장이 채택됨으로써 유네스코는 최초의 유엔 전문기구로 출범하게 되었다. 유네스코 본부는 프랑스 파리에 있다.

2025년 1월 현재, 가입국은 총 194개국이다. 2018년 탈퇴했던 미국이 2023년 7월 재가입함으로써 다시 정회원국 수에 포함되었고, 준회원국은 12개국이다. 한국은 1950년에 유네스코에 가입하였으며, 유네스코한국위원회 본부는 서울 명동에 위치하고 있다.

유네스코가 문화 분야에서 이룬 가장 대표적이자 성공적인 프로그램은 1972년에 채택된 「세계문화 및 자연유산의 보호에 관한 협약Convention Concerning the Protection of the World Cultural and Natural Heritage」[1]이다. 이 협약은 인류의 '탁월한 보편적 가치Outstanding

1) UNESCO World Heritage Centre, 〈https://whc.unesco.org/en/conventiontext/〉(최종검색일: 2024년 1월 2일). 한국은 1988년 9월 14일, 104번째로 협약에 가입했다.

Universal Value'를 지닌 각국의 유물, 유적 및 자연유산을 등재해 보호하기 위한 제도이다. 세계유산의 종류에는 문화유산, 자연유산 그리고 문화와 자연의 가치를 함께 담고 있는 복합유산이 있다. 그러나 이 제도는 잘 알려진 바와 같이 만리장성이나 피라미드 같은 역사적 유물, 유적 등 유형적인 유산과 뛰어난 자연환경에 한하고 있다.[2] 즉, 이 세계유산제도에는 노래, 춤, 의례와 같은 무형문화유산이 포함되어 있지 않다.[3]

1972년 협약이 무형유산을 포함하지 않았기 때문에, 이후 많은 유네스코 회원국들은 전통문화와 민속에 대한 보호제도를 마련할 것을 지속적으로 촉구해 왔다. 특히 1982년 멕시코시티에서 열렸던 'World Conference on Cultural Policies(MONDIACULT)'에서는 문화유산의 개념을 확대하여 무형유산도 그 범주에 포함되어야 한다고 선언하였다.[4] 이 선언은 유네스코의 무형문화유산 보호 정책의 기초를 마련하는 데 기여하였으며, 이후 1989년의 '전통문화 및 민속 보호에 관한 권고'와 2003년의 「무형문화유산보호협약」으로 이어지는 정책 발전의 중요한 전환점이 되었다.

이러한 흐름 속에서 유네스코는 1989년 '전통문화 및 민속의 보호에 관한 권고'를 채택하고, 1993년에는 '인간문화재Living Human Treasures' 제도의 설치를 권고하였다. 특히 한국의 인간문화재 제도는 1989년 권고에 대한 성찰과 새로운 관점을 제시하였다. 그리고 마침내 1997년 11월, 유네스코는 무형문화유산 보호 정책의 본격적인 서막을 여는 '인류구전 및 무형유산 걸작 선언' 프로그램을 창설하기로 합의하고 이듬해 관련 규약을 채택하였다. 이어 1999년, 유네스코와 미국 스미소니언 연구소는 공동으로 '1989년 전통문화

---

2) 한국의 세계유산은 2025년 현재 17개이다. ① 석굴암 · 불국사(1995) ② 해인사 장경판전(1995) ③ 종묘(1995) ④ 창덕궁(1997) ⑤ 화성(1997) ⑥ 경주역사유적지구(2000) ⑦ 고창 · 화순 · 강화 고인돌 유적(2000) ⑧ 제주 화산섬과 용암동굴(2007) ⑨ 조선 왕릉(2009) ⑩ 한국의 역사마을 : 하회와 양동(2010) ⑪ 남한산성(2014) ⑫ 백제역사유적지구(2015) ⑬ 산사, 한국의 산지 승원(2018) ⑭ 한국의 서원(2019), ⑮ 한국의 갯벌(2021), ⑯ 가야고분군(2023), ⑰ 반구천의 암각화(2025).

3) 임돈희 · 로저 L. 자넬리, 「유네스코 세계무형문화유산 제도와 그 의미」, 『비교민속학』 제26집, 비교민속학회, 2004.

4) UNESCO, Mexico City Declaration on Cultural Policies, paragraph 23. 〈https://unesdoc.unesco.org/ark:/48223/pf0000050419〉(최종검색일: 2025년 5월 16일).

와 민속 보호 권고에 대한 글로벌 평가: 지역의 역량 강화와 국제 협력' 회의를 개최하였으며, 이 자리에서 1989년 권고의 한계와 문제점, 무형유산의 보호 방향에 관해 심도깊은 논의가 이루어졌다.

이 장에서는 유네스코의 무형문화유산 보호 정책의 태동 과정을 상세하게 살펴보고자 한다.

1. 전통문화 및 민속 보호에 관한 권고Recommendation on the Safeguarding of Traditional Culture and Folklore, 1989년

1989년 11월 15일 프랑스 파리에서 열린 제25차 유네스코 총회에서 마침내 '전통문화 및 민속 보호에 관한 권고'가 채택되었다.[5] 이 권고는 다음과 같은 핵심 내용을 담고 있다.

문화표현으로서 민속은 집단의 정체성을 나타내는 것으로 집단(가족, 직업군, 국가, 지역, 종교 또는 종족집단 등을 일컫는다)에 의해, 집단을 위해 보호되어야 하며, 이 목적을 위해서 각국은 국가적, 지역적 그리고 국제적 단위에서 연구, 조사, 수집하도록 격려해야 한다.

다음 세 가지 사항이 구체적으로 제시되어 있다.

첫째, 지역적 그리고 지구촌 차원의 등록을 포함한 국가 단위의 민속 목록을 위한 기관을 설치해야 한다.

둘째, 민속에 관한 확인 작업과 녹음 작업(수집, 카탈로그 작업, 녹취 풀기), 그리고 이미 출판된 자료, 수집된 자료의 모델 카탈로그를 만들고 서로 다른 기관에서 사용되는 분류 방법이 서로 호환되도록 만들어야 한다.

셋째, 국제적으로 사용될 수 있도록 민속의 일반적인 개요, 민속의 포괄적인 등록, 그리

---

5) 이 권고의 국문 번역문은 다음 링크에서 확인할 수 있다. 〈https://unescokor.cafe24.com/assets/data/standard/3o4cBUN7JyQvLRtSEfD2vLnykvHqAu_1217948400_1.pdf〉(최종검색일: 2024년 9월 1일).

고 현지 조사를 통한 지역 민속의 분류를 포함한 표준적인 민속의 유형을 만들어야 한다.

유네스코의 이러한 조치는 각 회원국에게 전통문화와 민속에 관한 확인, 보호, 전승, 보존, 그리고 국제적인 협력 등을 촉구하는 것이었다. 국제 협력에 관해서도 회원국들이 전쟁, 분쟁 등을 비롯해 전통문화와 민속이 위험에 처해 있는 상황에서 적절한 조치를 취할 것과 상호 협력할 것을 강조했다.

오늘날 급속한 세계화로 인해 많은 비서구 사회는 서구의 문화적 영향을 받게 되면서 자신들의 전통 생활방식과 점점 멀어지게 되었다. 전 세계 수많은 민족이나 부족은 그들 자신의 정체성의 상징으로 여기는 전통문화와 민속이 빠르게 사라지고 있는 상황에 맞닥뜨리고 있다. 이러한 이유로 유네스코는 전통문화와 민속 보호의 중요성과 이해를 촉구함으로써 각 회원국의 전통문화와 민속에 대한 인식을 강화했다.

유네스코는 지속적으로 전통문화와 민속에 대한 일반 대중의 관심을 불러일으키고 또 그의 확인, 보존 그리고 전승을 위해 여러 방면에서 다양한 프로그램을 기획해 왔다. 그동안 유네스코는 회원국을 대상으로 한 전통문화와 민속 보존 훈련 프로그램의 실시, 전통문화와 민속 목록 작성하기, 소수 민족과 원주민들의 전통문화와 민속의 보존, 활성화, 전승 등을 위한 계획 수립을 비롯해, 전통문화축제 조직, 아프리카 언어 보존을 위한 다국적 조직, 민속자료의 연결망 조직, 유네스코 민족 음악 수집 및 CD 발간, 민족 음악 수집을 위한 지침서 발간, 사라져 가는 언어 지도 출판 그리고 『상업적 요인으로부터 민속과 전통문화의 보호 방안』, 『도덕과 전통문화』와 같은 책자 발간 등의 사업을 수행해 왔다.

그러나 1989년 유네스코의 권고는 법적인 구속력이 없기 때문인지 회원국들의 호응이 저조했다. 1990년 유네스코 사무총장이 회원국에 이 권고에 따라 행한 모든 활동을 보고하도록 통보했는데, 겨우 6개국만 회답을 보내왔다고 한다.[6)]

1989년 '전통문화 및 민속 보호에 관한 권고'가 선포된 지 10년 후인 1999년에 이 권고에 대한 유네스코와 스미소니언의 글로벌 평가가 행해졌다.[7)]

---

6) 남근우, 「유네스코 무형문화유산 체제의 성립과 전략적 수용 - 한중일의 동아시아 삼국을 중심으로」, 『비교민속학』 제63집, 비교민속학회, 2017, 121쪽.

유네스코와 미국 스미소니언 연구소는 1999년 6월 27일~30일까지 미국 워싱턴에서 '1989년 전통문화 및 민속 보호 권고에 대한 글로벌 평가: 지역의 역량 강화와 국제 협력 A Global Assessment of the 1989 Recommendation on the Safeguarding of Traditional Culture and Folklore: Local Empowerment and International Cooperation'이라는 주제로 회의를 공동 주최했다.[8] 1989년 권고의 효력에 대해 유네스코가 설문조사를 한바, 100여 개국 이상 국가들의 반응을 보면 이 권고가 대개 무시되거나 효력이 없다는 점이 밝혀졌다.[9]

이 회의에서 1989년의 권고는 민속과 전통문화를 전승의 과정process이 아니라 수집, 출판의 대상으로서 최종 결과물end product로 보고 있다는 점이 지적되었다. 많은 인류학자와 민속학자들은 전통과 민속은 'practitioner-community(무형유산 연행자 - 공동체)'가 주체가 되어 전승하는 것이어야지 학자들의 연구 대상이 되어서는 안 된다는 전통문화와 민속에 대한 패러다임의 전환을 주장했다.[10] 즉 민속은 연구자의 연구 대상으로서 기록되는 것이 아니라는 점이다. 이러한 민속은 고정된 민속이다. 회의 참석자들은 권고문에 담긴 민속에 대한 관점을 담당 주체들이 공동체 안에서 과거로부터 전승받고 재창조되는 변화하는 과정으로서 살아있는 민속으로 바꾸어야 한다는 점을 강조했다.[11] 민속을 담당하

---

7) 이 유네스코 · 스미소니언 공동 회의는 스미소니언 박물관, 일본외교통상부, 미국무부, 록펠러재단, 미국국립예술기금으로부터 지원을 받아서 이루어졌다.

8) Samantha Sherkin, "A Historical Study on the Preparation of the 1989 Recommendation on the Safeguarding of Traditional Culture and Folklore," in *Safeguarding Traditional Cultures: A Global Assessment*, ed. Peter Seitel, Paris and Washington D.C.: UNESCO and Smithsonian Center for Folklife and Cultural Heritage, 2001, pp. 42-56.

9) Richard Kurin, "The UNESCO Questionnaire on the Application of the 1989 Recommendation on the Safeguarding of Traditional Culture and Folkore: Preliminary Results," in *Safeguarding Traditional Cultures: A Global Assessment*, ed. Peter Seitel, Paris and Washington D.C.: UNESCO and Smithsonian Center for Folklife and Cultural Heritage, 2001, pp. 20-35.

10) Peter Seitel, "Final Conference Report," in *Safeguarding Traditional Cultures: A Global Assessment*, ed. Peter Seitel, Paris and Washington D.C.: UNESCO and Smithsonian Center for Folklife and Cultural Heritage, 2001, pp. 272-275.

11) 공동체 내에서 민속이 살아있는 유산으로 전승되도록 하는 연행자의 중요성을 강조하는 한국의 인간문화재 제도는 이러한 민속에 대한 관점의 전환에 큰 영향을 미쳤다.
Peter Seitel, "Proposed Terminology for Intangible Cultural Heritage: Toward an Anthropological and

는 공동체, 담당 주체들의 상호작용, 재창조의 과정을 중시해야 한다는 관점은 2003년의 「무형문화유산보호협약」에 그대로 반영되었다.

또한 이 회의에서 '민속folklore'[12]라는 용어가 비하적 의미를 담고 있는 것으로 느낄 수 있다는 이유로, 새로운 규범을 위해서는 새로운 용어를 사용할 것을 권고했다.[13] 이에 '무형문화유산'이라는 단어가 인간의 학습 과정, 즉 인간에게 전해지고 인간이 만든 지식, 기술, 창의성, 생산물, 인간의 지속가능성에 필요한 자원, 공간 등 사회적·자연적 맥락의 여러 측면을 가리키는 데 좀 더 적합한 용어로 제시되었다.

2. 인간문화재Living Human Treasures 제도, 1993년

1) 유네스코에 소개된 한국의 인간문화재 제도

유네스코는 무형문화유산 보호를 위해 다양한 노력을 기울여 왔으나, 유형문화유산과 달리 무형문화유산은 그 성격과 내용이 복잡해 마땅한 보호 방안을 찾기가 쉽지 않았다. 이러한 상황 속에서, 1993년 제142차 집행위원회의 결정에 따라 유네스코 사무총장은 각 회원국에게 'Living Human Treasures(인간문화재)' 제도[14]를 설치하도록 촉구했다. 이는

Folkloristic Common Sense in a Global Era," *International Round Table "Intangible Cultural Heritage" -Working Definitions*, Piedmont, Italy, 14-17 March 2001, UNESCO.

12) 'folklore'란 단어는 서구에서는 뒤처지고 뒤떨어진 사람을 연구한다는 비하적인 의미를 갖고 있다. 그러나 한국에서 민속이란 전통을 의미하는 것으로 부정적인 개념이 없다. 오히려 민족 고유의 문화라는 자긍심 있는 단어로 이해되고 있다.

13) Anthony McCann et al, "The 1989 Recommendation Ten Years On: Towards Critical Analysis," in *Safeguarding Traditional Cultures: A Global Assessment*, ed. Peter Seitel, Paris and Washington D.C.: UNESCO and Smithsonian Center for Folklife and Cultural Heritage, 2001, p. 59.

14) UNESCO, 142nd session of the Executive Board(1993), Decision 142 EX/18. Agenda item 5.5.5 'Establishment of a system of 'Living Cultural Properties'(Living Human Treasures) at UNESCO'에서 「유네스코 살아있는 인간문화재 제도화 제안」("A Proposal to Institute 'Living Human Treasures' at UNESCO")이 채택되었다.

유네스코가 기획한 가장 획기적인 제도 중 하나라고 할 수 있다.

유네스코의 'Living Human Treasures' 제도는 한국의 인간문화재 제도에서 따온 것이다. 주지하다시피 한국은 1962년부터 무형문화재 보존 정책을 펴오면서 무형문화재 보유자 제도를 시행해 오고 있다. '인간문화재'는 법률상으로는 '무형문화재 보유자'로 명시되어 있으나, 대중적으로는 '인간문화재'라는 용어로 더 잘 알려져 있다.

당시 박상식 주유네스코 한국대사(재임: 1992. 2.~1994. 8.)는 한국의 인간문화재 보호 제도를 소개하고 이 제도를 유네스코의 다른 회원국들도 채택할 것을 건의한 결과,[15] 이 제안이 공식적으로 추진되었다.[16] 이 건의안은 많은 회원국의 열렬한 호응을 얻었으며, 약 50여 회원국들이 한국의 인간문화재 제도를 도입할 의사를 밝혔다.[17]

인간문화재는 영어로 'Living Human Treasures'로, 이는 한국의 인간문화재를 영어로 번역한 것이고 한국의 인간문화재라는 지적 재산이 국제적으로 전파된 대표적 사례라 할

〈https://unesdoc.unesco.org/ark:/48223/pf0000095831?posInSet=18&queryId=5a9d1825-dcf0-4b71-b3a4-1f67de8a6e38〉(최종검색일: 2024년 9월 1일).

15) 필자는 인간문화재를 유네스코에 소개하신 박상식 대사를 만나 당시 상황에 대해 대담한 적이 있었는데, 이때 인간문화재제도를 소개한 과정을 설명해 주었다. 뿐만 아니라 박상식 대사는 한국의 세계유산 등재에 관한 이야기도 해 주었다. 박 대사가 유네스코 한국대표부 대사로 취임했는데 우리나라의 유산은 하나도 유네스코 세계유산에 등재가 돼있지 않았다고 한다. 그래서 세계유산센터에 가서 한국도 석굴암과 같은 훌륭한 유산이 많은데 왜 등재가 안 되었느냐고 항의했더니 세계유산센터에서 한국은 후보 신청을 한번도 하지 않았기 때문이라고 답해 주었다는 것이다. 이에 박 대사는 한국에 연락하여 등재 후보를 제출할 것을 촉구하였으나 인력과 예산부족으로 신청 불가하다는 답이 왔다고 하였다. 그 후 한국은 유네스코 본부의 재정적 지원과 신청서 작성 도움으로 마침내 1995년 처음으로 한국의 석굴암과 불국사, 해인사 장경판전, 창덕궁이 세계문화유산으로 등재되었다. 1972년 「세계유산 및 자연유산의 보호에 관한 협약」이 채택된 지 23년이 지나서야 등재된 것을 보면 당시 한국은 세계유산 등재에 관심을 보이지 않은 것을 알 수 있다. 1995년에 한국이 처음 세계유산에 등재하는 과정에서 유네스코의 재정지원을 받았다는 사실에 관하여는 "'韓 세계유산 30년' 17건 보유했지만… 등재후보 바닥 '숙제'", 『동아일보』, 2025년 8월 26일 기사 참조.
〈https://www.donga.com/news/Culture/article/all/20250826/132253047/2〉(최종검색일: 2025년 8월 26일).

16) Noriko Aikawa-Faure, "Excellence and Authenticity: 'Living National [Human] Treasures' in Japan and Korea," *International Journal of Intangible Heritage*, Vol. 9, 2014, pp. 47-48.

17) Noriko Aikawa, "The UNESCO Recommendation on the Safeguarding of Traditional Culture and Folklore(1989) : Actions Undertaken by UNESCO for Its Implementation," in *Safeguarding Traditional Cultures: A Global Assessment*, ed. Peter Seitel, Paris and Washington, D.C.: UNESCO and Smithsonian Center for Folklife and Cultural Heritage, 2001, pp. 15-16.

수 있다. 인간문화재가 일본에서 온 것이라고 주장하는 학자도 있다. 일본에도 무형문화재 제도가 있고, 보유자[18] 제도도 있다. 그리고 이 보유자를 일본에서는 '인간국보'라는 속칭으로 부르고 있다. 그러나 일본의 인간국보는 'Living National Treasures'라고 번역이 된다. 일본의 인간국보보다는 한국의 인간문화재라는 명칭이 국제적으로 더욱 포괄적이고 긍정적인 개념이다. 그 이유는 무형문화유산 중에는 한국이나 일본처럼 국가적 차원에서 행해지는 것도 있지만, 어떤 무형문화유산은 국가 내부의 특정 종족과 지역 공동체에서만 전승되는 경우도 있기 때문이다. 예를 들어, 중국의 소수 민족 전통문화가 그 대표적인 사례이다. 그래서 'Living Human Treasures'는 'Living National Treasures'보다 훨씬 포괄적인 의미가 있으며 더 적합한 용어라 할 수 있다.

또한 일본에서는 노能, 가부키歌舞伎 등과 같이 국가 중요무형문화재에는 보유자를 인정하지만, 중요무형민속문화재에는 보유자를 인정하고 있지 않다. 즉 무형문화재에 대한 위계와 차별이 있다. 반면 한국은 모든 지정 무형문화재에 보유자를 인정하고 있다. 따라서 한국의 '인간문화재'는 일본의 '인간국보'보다 국제적 개념으로 확장되기에 더 적합한 모델이며, 유네스코가 이를 영어로 'Living Human Treasures'라고 명명한 데에도 이러한 배경이 반영되어 있다고 볼 수 있다.

그 후 유네스코는 한국의 인간문화재 제도를 소개할 책자를 만들기 위해 한국 정부에 책자를 담당할 전문가를 파견해 줄 것을 요청했다. 1996년에 문화재관리국 무형문화재과의 임장혁이 파리로 파견되어 일주일 동안 당시 유네스코 무형유산과 과장인 아이카와 Noriko Aikawa 씨와 만나 책자에 대해 논의를 했다.[19] 한국은 유네스코와 함께 1998년부터

18) 일본에서는 '보지자保持者'라는 용어를 쓴다.

19) 임장혁 교수의 회고담에 의하면, 1995년에 유네스코는 한국 전문가를 파견해 줄 것을 요청했다. 그래서 문화재관리국에서 예용해, 임장혁, 그리고 무형문화재과장 이렇게 세 사람이 가려고 계획을 세웠는데 문화재청 예산에 해외 출장비가 없었다는 것이다. 그때까지만 해도 해외로 나갈 일이 없으니 관련 예산이 편성되지 않아서다. 다른 기관에 알아보기도 했으나 출장비를 마련하지 못해 못 갔고, 다음 해에는 예산을 마련했지만 넉넉지 않아 임장혁 교수 혼자 다녀왔다는 말을 전해 주었다. 그 당시 우리나라 문화재관리국의 유네스코 활동은 전무했던 것 같다. 유네스코 회의에 수십 명이 참가하는 현재와 비교할 때 격세지감이 있다. 위의 경험담을 얘기해 주신 임장혁 교수께 감사를 드리는 바다. (2024년 4월 5일 대담)

4년간 각 나라에서 온 문화 전문가들에게 한국의 인간문화재 제도에 대한 연수를 실시했다.[20] 필자는 이 연수 프로그램에 참여해 각국의 문화 전문가에게 한국의 인간문화재 제도에 대해 강의했다. 그리고 이 연수가 시행된 첫해에 신문기자와 인터뷰를 한 기억이 난다. 필자는 인터뷰 당시 인간문화재 제도야말로 한국 최초의 지적 재산권 수출이라는 점을 강조한 바 있다. 당시 인터뷰 기사의 전문은 다음과 같다.

"인간문화재 제도가 전 세계로 수출된다."

우리나라의 무형문화재 보유자 제도가 전 세계로 수출될 전망이다. 유네스코 한국위원회는 문화재관리국과 함께 13~20일 서울과 경주 등에서 '무형문화재 보유자 제도'를 주제로 한 제1회 유네스코 국제연수워크숍을 개최한다.

지금까지는 서구인들의 시각에 따라 유형문화재만을 세계문화유산으로 인정해온 추세였으나 지난 5월 프랑스 파리에서 열린 제 154차 유네스코 집행위원회에서 세계구전무형문화유산제도 도입을 논의한 것을 계기로 무형문화재도 인류의 중요한 문화유산이라는 목소리가 높아지고 있다.

1993년 제 142차 유네스코 집행위원회에 '인간문화재 제도 보급을 위한 결의문'을 제안했던 유네스코 한국위원회는 96년 서울에서 '무형문화재 보존방법론 개발 국제정책회의'를 연 데 이어 지난해 11월 제 29차 유네스코 총회에서 워크숍 한국 개최 결의를 이끌어냈다.

세계 여러 나라의 문화전문가들은 우리나라의 무형문화재 보유자 제도에 큰 관심을 갖고 있으며 유네스코 차원에서는 물론 이 제도를 각국에 도입할 움직임을 보이는 것으로 알려져 있다.

---

20) *The 1st UNESCO International Training Workshop on the Living Human Treasures System*, Seoul, Oct 13-20, 1998. 제1회 워크숍에는 콜롬비아, 그리스, 헝가리, 이탈리아, 몽골, 우즈베키스탄의 문화 전문가들이 참여했다. 그 후 1999년, 2000년, 그리고 2001년에 서울, 남원, 강릉에서 워크숍이 개최되었다. 따라서 총 4번에 걸쳐 인간문화재 국제 연수가 이루어졌다.

> 서울 중구 명동 유네스코회관, 강남구 삼성동 중요무형문화재 전수회관, 이천 도예촌 및 목아불교박물관, 안동 하회마을, 경주 민속공예촌과 불국사 등에서 진행될 이번 워크숍은 무형문화유산 보존의 당위성 및 보급방안에 대한 강의와 함께 사례 발표, 현장 견학 등으로 이뤄진다.
>
> 그리스의 램프로스 리아바스 전통민속악기박물관장, 이탈리아의 조세피나 데 니콜라 나폴리 동양학대학 연구원, 몽골의 소노미신 윤덴바트 국립무형문화센터 소장, 콜롬비아의 모리치오 파드로 인류학연구소 사회인류학과장, 헝가리의 미할리 호팔 유럽전통문화센터 소장 등 10개국 대표들이 참가할 예정이다. (李熙鎔 기자)[21)]

이에 한국이 2002년에 전 세계 회원국과 대학 및 연구소에 발송한 영문판 *Guidelines for the Establishment of National Living Human Treasures Systems*[22)]는 문화 분야에서 한국의 제도를 전 세계에 보급한 최초의 사례이기도 했다. 무형문화유산 분야에서 한국의 이러한 선도적인 활동은 이후 한국이 유네스코 아태무형유산센터를 국내에 설치하는 데도 큰 힘이 됐다.

필자들은 한국 무형문화재 제도 대신에 인간문화재 제도라는 용어를 기회가 있을 때마다 사용했다. 그 이유는 '인간문화재'란 용어가 한국에서 만들어져 이미 국제적으로 통용되는 세계어가 되었을 뿐만 아니라, 무형문화재 보유자들도 '인간문화재'로 불리는 것을 자랑스럽게 여긴다고 보기 때문이다.

그런데 한국에서는 인간문화재라는 용어는 속칭이며 공식적으로는 법적 명칭인 '보유자'를 사용하고 있어서 인간문화재란 단어를 사용하는 것을 금지해 왔다. 필자들은 이미 2005년에 인간문화재를 공식 용어로 사용할 것을 촉구하는 논문을 발표한 바 있다.

---

21) "인간문화재 제도가 전 세계로 수출된다", 『연합뉴스』, 1998년 10월 10일.

22) Korean National Commission for UNESCO, UNESCO Section of Intangible Heritage, *Guidelines for the Establishment of Living Human Treasures System*, Updated version(2002). 〈https://unesdoc.unesco.org/ark:/48223/pf0000129520〉(최종검색일: 2024년 9월 1일).

'인간문화재'라는 용어 사용을 앞으로는 적극 사용할 것을 촉구하고 싶다. 문화재청의 『문화재 관계법령집』에는 '중요무형문화재 기예능보유자'로 되어 있기 때문에 보유자라는 명칭이 적법한 명칭이라고 하지만 다음과 같은 이유로 인간문화재라는 명칭이 자주 사회적으로 학술적으로 써지기를 바란다. 첫째는 인간문화재라는 명칭이 많은 일반인들에게 더욱 알려진 명칭이기 때문이다. 두 번째는 많은 보유자들이 인간문화재라는 명칭으로 불리기를 원하고 있다. 그리고 세 번째는 인간문화재라는 명칭은 이미 'Living Human Treasures'라는 명칭으로 UNESCO에 소개되어 국제적 용어로도 통용되고 있다. 네 번째 이유로는 보유자가 일본 무형문화재 보지자保持者의 번역이란 점도 들 수 있다. 이와 더불어 문화재cultural property라는 말도 문화유산cultural heritage이라는 용어로 바꾸기를 제안한다. 국제적으로 문화유산이라는 용어가 보편적으로 사용되고 있기 때문이다. 따라서 우리나라의 문화재청도 문화유산청으로 바꾸는 것이 좋다고 본다. 학술 용어란 고정된 것이 아니고 시대에 따라 상황에 따라 융통성 있게 변화해야 한다고 본다.[23)]

2015년에 제정되어 2016년부터 시행된 「무형문화재 보전 및 진흥에 관한 법률」(약칭: 「무형문화재법」) 제2조(정의)에 이 법에서 사용하는 '인간문화재'라는 용어의 뜻을 다음과 같이 명시하였다.

11. '인간문화재'란 제17조 또는 제18조에 따라 인정된 보유자 및 명예 보유자를 통칭해 말한다.

이로써 '인간문화재'는 처음으로 법률적 용어로 공식 인정받게 되었다.

---

23) 임돈희 · 로저 L. 자넬리, 「무형문화재의 전승실태와 개선방안」, 『비교민속학』 제28집, 비교민속학회, 2005, 438쪽. 한국의 문화재청은 한국어 명칭으로는 문화재청을 그대로 사용하고 있으나, 영문 명칭은 2004년을 기점으로 기존의 'Cultural Properties Administration'에서 'Cultural Heritage Administration'으로 변경하였다.

그러나 2023년 8월 다시 개정되어 2024년 5월 시행된[24) 「무형유산의 보전 및 진흥에 관한 법률」에는 무형문화재라는 용어가 무형유산으로 공식적으로 변경되면서[25) 11조의 '인간문화재' 조항은 삭제되었다.

'문화재'란 명칭이 '문화유산'으로 전부 변경됨에 따라 '인간문화재'란 명칭을 어떻게 하느냐에 따른 고민이 있었다. 문화재청에서 여론조사를 했는데, '인간문화유산'으로 하자는 제안도 있었지만 결국 인간문화재를 삭제하는 것으로 결론을 지은 것 같다.

필자의 견해로는 '인간문화재'는 고유한 명사이고 현재는 세계에 잘 알려진 세계어가 됐고 또 한국의 인간문화재분들이 계속 자랑스럽게 사용하는 명칭이니 그대로 법적인 명칭으로 사용하는 것이 바람직하다고 본다. 한편 문화재청의 명칭은 국가유산청으로[26) 변경되었다.[27)

24) 국가법령정보센터, 「무형유산의 보전 및 진흥에 관한 법률」(2023년 8월 개정, 2024년 5월 시행). 〈https://www.law.go.kr/lsSc.do?section=&menuId=1&subMenuId=15&tabMenuId=81&eventGubun=060101&query=%EB%AC%B4%ED%98%95%EB%AC%B8%ED%99%94%EC%9E%AC+%EB%B3%B4%EC%A0%84+%EB%B0%8F+%EC%A7%84%ED%9D%A5%EC%97%90+%EA%B4%80%ED%95%9C+%EB%B2%95%EB%A5%A0#undefined〉(최종검색일: 2024년 9월 1일).

25) 그리고 제2조(정의)에 무형유산의 종류를 '국가유산기본법' 제3조 제4호에 해당하는 유산으로, 가) 전통적 공연, 예술, 나) 공예, 미술 등에 관한 전통기술, 다) 한의약, 농경 · 어로 등에 관한 전통지식, 라) 구전 전통 및 표현, 마) 의식주 등 전통적 생활관습, 바) 민간신앙 등 사회적 의식(儀式), 사) 전통적 놀이 · 축제 및 기예 · 무예로 명시하고 있다. 또한 새롭게 '전승 공동체'에 대한 정의가 포함되었다. 여기에는 "전승공동체란 제17조 제1항 단서에 따라 보유자, 보유단체를 인정하기 어려운 경우로서 무형유산을 지역적 또는 역사적으로 공유하며 일정한 유대감 및 정체성을 가지고 자발적으로 무형유산을 실현 · 향유함으로써 전승하고 있는 공동체를 말한다"라고 명시하고 있다.

26) 문화재청의 명칭은 자연유산 측에서 오래 전부터 유산청으로 바꾸자는 의견이 있었다. 문화재청의 천연기념물과는 문화재가 아니고, 또 자연유산도 문화재가 아니므로 자연유산, 천연기념물을 다 포함하는 유산청으로 명칭을 바꿀 것을 요구해 왔다. 2024년 「정부조직법」 일부개정 법률안이 국회 본회의에서 의결됨에 따라 문화재청은 국가유산청으로 변경되었다.

27) 문화재청의 영문 명칭은 이미 2004년 "Cultural Properties Administration of Korea"에서 "Cultural Heritage Administration of Korea"라고 해서 이전에 Properties(문화재)가 아닌 Heritage(유산)로 변경되었음에도 불구하고 국문 명칭은 문화재청이었으나 2024년에 문화재청이 국가유산청으로 변경되면서 영문명도 "Korean Heritage Service"로 변경되었다.

2) 한국의 인간문화재 제도가 유네스코에 미친 영향

한국의 인간문화재에 대한 지식을 얻게 된 유네스코는 무형문화유산 정책 방향을 획기적으로 변화시켰다. 사실 유네스코는 1972년의 유형유산 위주의 「세계유산협약」 이래 무형유산의 보호에도 관심을 가져왔다. 그러나 무형유산을 어떻게 보호해야 하는지 방향 설정이 쉽지 않았다. 그런 가운데 나온 것이 1989년 '전통문화 및 민속 보호에 관한 권고'였다.

한마디로 얘기해서 이 권고는 민속과 전통문화의 보존이란 학자들이 현장에 가서 민속과 전통문화가 사라지기 전에 수집하는 행위, 예를 들면, 민요 수집, 민담의 수집 등이 민속과 전통문화를 보존하는 것이라는 생각을 담고 있다. 즉, 학자의 연구 결과물end product을 보존하는 것을 의미한다. 이렇게 수집된 민속과 전통문화는 고정된 형태이며, 사회적, 환경적, 경제적 측면에서 지속적으로 변화해 가는 민속과 전통문화를 보호하는 것과는 거리가 있다.

그런데 한국의 무형유산 보호 정책인 인간문화재 제도에서 전통과 민속의 담당자인 인간문화재는 공동체 안에서 세대에서 세대로 전해져 내려오는 전통과 민속을 전승하는 주체다. 인간문화재에 의해 전통과 민속은 공동체 안에서 실연되며 다음 세대로 전승된다. 그들의 전통과 민속은 실연되는 과정으로서process, 그리고 살아있는 민속과 전통으로 존재한다. 인간문화재에 의해서 무형유산 공동체의 개념, 전승 과정으로서의 무형유산개념이 형성되었고 무형유산이 어떻게 보호되어야 하는지 그 방안이 제시되었다고 볼 수 있다.

다시 말해서 1989년의 권고와 1993년의 인간문화재 제도의 차이는 권고에서는 전통문화와 민속이란 용어를 쓰나, 인간문화재 제도에서는 무형문화유산이라는 개념으로 바뀌며, 권고에서는 전통문화와 민속이 학자들에 의해 수집된 최종 결과물end product이지만, 인간문화재 제도에서 인간문화재는 공동체 안에서 살아있는 무형유산을 전승하는 과정process을 의미한다. 이러한 인간문화재 제도에 기반한 발상의 전환으로 '무형유산', '공동체', '살아있는 유산', '세대 간 전승'이라는 개념이 도입되었으며, 이는 2003년 「무형문화유산보호협약」의 핵심 개념으로 자리잡게 되었다.

유네스코는 이 인간문화재 제도에 대단히 열광했다. 유네스코는 인간문화재 제도를 소개하면서 한국의 인간문화재를 'LIVING CULTURAL PROPERTIES'로 직역하는 정성까지 보이며 인간문화재의 세계 등재까지 제안했다.

이에 대한 원문은 다음과 같다.

> II. THE SYSTEM OF LIVING HUMAN TREASURES (LIVING CULTURAL PROPERTIES)[28)]
>
> A. National list(국가 목록)
>
> 6. Member nations would then submit the list of living human treasures to the UNESCO Secretariat, which will compile an integrated list and publish it. The persons on the list enjoy the UNESCO label.
> (회원국은 인간문화재 목록을 유네스코 사무국에 제출하면 사무국은 통합 목록을 작성하여 발간한다. 목록에 등재된 인간문화재에게는 유네스코 표식이 부여된다.)
>
> B. World list(세계 등재)
>
> 1. UNESCO can establish its own Committee on Living Human Treasures, whose functions are similar to those of the World Heritage Committee. This Committee can be integrated into the World Heritage Committee as a subcommittee.
> (유네스코는 세계유산위원회처럼 인간문화재위원회를 만들 수 있다. 이 위원회는 세계유산위원회의 하위 위원회로 통합될 수도 있다.)
>
> 2. The Committee on Living Human Treasures can institute a World Living Human

28) UNESCO, Establishment of a system of 'Living Cultural Properties'(Living Human Treasures) at UNESCO, 142nd session Executive Board, 1993.
〈https://unesdoc.unesco.org/ark:/48223/pf0000095831?posInSet=1&queryId=03bc779e-1174-4fde-897f-178b30933424〉(최종검색일: 2024년 12월 24일).

Treasures List, similar to the World Heritage List.
(인간문화재위원회는 세계유산목록처럼 세계인간문화재 목록 제도를 도입할 수 있다.)

유네스코는 각 회원국에게 각기 국가 인간문화재 목록을 작성해서 유네스코로 제출할 것을 제안했다. 뿐만 아니라 한국 정부에 요청해 인간문화재 제도 소개서를 요청했다. 이에 유네스코한국위원회는 『인간문화재 제도 실무지침서』를 작성해 주었다. 뿐만 아니라 유네스코는 한국에서 1998년, 1999년, 2000년, 그리고 2001년까지 4년에 걸쳐 인간문화재 제도에 대해 유네스코 회원국들을 대상으로 연수 기회를 제공했다.

남근우는 한국의 인간문화재 제도가 유네스코에서 환영받는 이유를 다음과 같이 설명하고 있다.

> 위의 가이드라인에는 일본의 중요무형문화재 지정·인정 제도가 한국의 것보다 선행되었다는 언급이 보인다. 물론 그것은 익히 알려진 사실로, 여기서 우리가 짚고 넘어갈 것은 양국의 무형문화재 보호제도가 명칭은 동일하지만 그 범주가 다르다는 점이다. 요컨대 일본보다 한국 쪽이 훨씬 '융통성' 있고 포괄적이다. 이와 관련해 임돈희·자넬리는 일본의 속칭 '인간국보Living National Treasures'보다 한국의 '인간문화재Living Human Treasures'가 "국제적으로 더욱 긍정적인 개념"이라고 주장한다. 무형문화유산 중에는 국가 단위뿐만 아니라 "국가 안의 어떤 특정 종족과 지역에 한해 행해지는" 경우도 있는데, 그럴 경우 인간'국(國)'보는 "적합한 용어"가 될 수 없어 한국의 인간문화재가 "훨씬 포괄적인 의미"를 갖기 때문이라고 한다.
>
> 일본의 경우 예술적 가치가 탁월한, 이른바 고전적 기·예능에 국한하는 데 비해, 한국의 경우 고전적 기·예능은 물론 무형의 민속자료(민속문화재)까지도 폭넓게 포함하기 때문이다. 사토 나오코佐藤直子의 지적처럼 "그때까지 '포클로어folklore'를 무형문화 개념의 중핵으로 삼아, 그 보유자와 커뮤니티의 권리를 중시해온 유네스코" 처지에서

볼 때, 후자의 '포괄적' 범주 및 그것에 기초한 무형문화재의 보유자 인정제도는 "매우 소중한 것"이었다고 생각된다. "인간문화재를 '포클로어의 상징이 되는 인물'로 이해하는" 유네스코 관계자가 있었을 정도로, 이 프로젝트는 이후 유네스코 당국과 그 가맹국들의 무형문화유산 인식과 접근에 적지않은 영향을 미치게 된다.[29)]

앞서 언급했듯이, 한국의 무형문화재 제도는 그보다 앞선 일본의 무형문화재 보호 제도를 본받아 시행되었다. 일본에서 실시하고 있는 보유자 제도는 예술적 가치가 탁월한, 이른바 고전적 기·예능, 예를 들면 노, 가부키 같은 고급예술인 경우에만 보유자를 지정하고 민속예술인 경우에는 보유자를 지정하지 않는다. 반면 한국의 무형문화재 제도는 일본의 무형문화재 제도와 달리 고급예술뿐만 아니라 민속과 전통문화 보유자도 인간문화재로 지정하여 해당 무형유산의 보호와 전승을 지원하고 있다.

그간 서구 학계는 민속과 전통문화의 보호라고 하면 학자들이 민속 현장에 가서 민담을 채록하거나 민요를 녹음하는 것으로 생각해 왔다. 그런 가운데 한국이 전 세계에서 처음으로 40여 년간 공동체 안에서 인간문화재가 주축이 되어 살아있는 민속과 전통문화를 보호, 전승해온 인간문화재 제도를 소개한 것이었다. 유네스코 무형유산과 과장인 아이카와는 "인간문화재 프로그램은 무형유산에 대한 인식 제고에 기여했으며 또한 처음으로 무형유산의 practitioners/bearers에 대해서 알려준 공헌이 있다"[30)]고 했다.

이는 바로 유네스코가 추구하는 공동체 안에서 살아있는 무형유산을 전승하는 방법인 것이다.

---

29) 남근우, 「유네스코 무형문화유산 체제의 성립과 전략적 수용 - 한중일의 동아시아 삼국을 중심으로」, 『비교민속학』 제63집, 비교민속학회, 2017, 122~123쪽.

30) Noriko Aikawa-Faure, 「UNESCO Convention for the Safeguarding of Intangible Cultural Heritage and Republic of Korea」, 『무형유산학』 제1권 1호, 무형유산학회, 2016, 84쪽.

3. 인류 구전 및 무형유산 걸작 선언Proclamation of Masterpieces of the Oral and Intangible Heritage of Humanity, 1997년

1989년의 '전통문화 및 민속 보호에 관한 권고'만으로는 전통문화의 보존에 한계가 있다는 경험을 바탕으로 유네스코는 많은 전문가 회의를 거쳐 1997년 유네스코 제29차 총회에서 '인류 구전 및 무형유산 걸작 선언' 프로그램을 창설하기로 합의했다.[31] 그리고 1998년 제155차 집행위원회에서 인류 구전 및 무형유산 걸작 선정에 대한 규약이 채택되었다.[32]

이 걸작 선언 프로그램이 채택되기까지 각 나라의 이해관계에 따라 의견이 첨예하게 대립되었다. 세계유산 등재 건수가 많은 유럽 중심의 서구 국가들은 무형유산이 과연 보호할 만한 가치가 있는지에 대해 회의적인 태도를 보였다. 반면, 세계유산 등재 건수가 상대적으로 적은 비서구 국가들, 특히 아프리카 지역의 국가들은 이 프로그램을 세계유산에 버금가는 제도로 보고 적극적으로 지지했다.

한편 다양한 원주민들이 있는 나라는 원주민의 정체성인 무형유산이 유네스코가 인정

---

31) 유네스코 한국대표부 유정희 공사는 무형문화유산이라는 용어가 들어가게 하는 데 결정적인 역할을 했다. 원래 서양 회원국들은 무형문화유산 프로그램에 대해 호의적이지 않았다고 한다. 그 이유는 그 당시 유네스코가 너무 사업을 방만하게 벌이는 것에 대해 부정적인 시각이라 새로운 사업을 추진하는 것에 반대하는 입장이었기 때문이라고 한다. 그리고 또 다른 이유는 많은 서양 민속은 이미 고급 예술화되었기 때문에 무형문화유산에 관해 관심이 저조하지 않았을까 추정했다. 그런데 그동안 중동지역에서 여러 번 지역 회의를 거쳐 'Masterpieces of Oral Heritage of Humanity'라는 프로그램이 제안되었고 집행이사회에 상정되었다는 것이다. 그래서 유정희 공사가 구전만 할 것이 아니라 무형문화유산도 포함해야 한다는 의견을 내놓았고 다른 나라는 가부 간의 의견을 표하지 않는데 중국이 적극 찬성 의견을 내놓아 그렇게 결정이 되었다고 했다(유정희 공사와의 대담, 2004년 7월 19일, 파리). 유네스코의 무형문화재 과장인 아이카와 씨도 필자에게 유정희 공사가 무형문화유산을 제안해 'Masterpieces of the Oral and Intangible Heritage of Humanity'로 명칭이 바뀌게 되었다고 얘기해주었다. 사실 구전은 무형유산의 일부이기 때문에 Masterpieces of Intangible Heritage of Humanity여야 했다고 필자들은 생각한다. 결국 2003년에 마련된 협약(Convention for the Safeguarding of the Intangible Cultural Heritage)에는 구전이 빠진 무형유산만 들어가 있다.
Noriko Aikawa-Faure, 「UNESCO Convention for the Safeguarding of Intangible Cultural Heritage and Republic of Korea」, 『무형유산학』 제1권 1호, 무형유산학회, 2016, 84~85쪽.

32) UNESCO, 〈https://ich.unesco.org/en/proclamation-of-masterpieces-00103〉(최종검색일:2024년 9월 4일).

하는 세계무형유산으로 등재되면 원주민들이 문화적으로 독립적인 정체성을 갖는 것을 염려해 반대 입장에 섰다.[33] 이러한 논란 속에 '무형유산'이란 용어와 개념이 회원국에 확산되기 시작했다.[34]

2001년에 처음으로 19개의 무형유산이 인류 구전 및 무형유산 걸작에 선정되었고, 이어서 2003년에 28개, 2005년에 43개의 무형유산이 선정되어 총 90개의 세계무형문화유산이 선정되었다.

이 제도는 국제적으로 많은 관심과 호응을 불러일으켰다. 2001년 선정 때는 총 34개국이 응모했으나 2005년에는 90여 개국이 후보 유산을 제출할 정도로 단기간에 무형유산에 대한 관심이 고조되었다. 그리고 이 무형유산 걸작 선정에 대한 관심은 「무형문화유산보호협약」을 마련하는 데 큰 역할을 했다. '인류 구전 및 무형유산 걸작' 규약은 이 제도의 목적을 다음과 같이 규정했다.

- 구전 및 무형유산의 중요성과 보호의 필요성에 대한 인식을 제고한다.
- 인류 구전 및 무형유산을 평가하고 목록화 한다.
- 각국이 국가목록을 구축하도록 장려하고 구전 및 무형유산의 보호를 위한 법적, 행정적 조치를 취하도록 장려한다.
- 전통 예술가 및 지역 실무자들의 참여를 촉진하기 위해 무형유산을 발굴하고 활성화하는 데 있어 전통 예술가 및 지역 연행자들의 참여를 촉진한다.[35]

---

33) Noriko Aikawa-Faure, "From the Proclamation of Masterpieces to the Convention for the Safeguarding of Intangible Cultural Heritage," in *Intangible Heritage*, eds. L. Smith and N. Akagawa, London: Routledge, 2008, pp. 14-22; Valdimar Tr. Hafstein, "Intangible Heritage as a List: From Masterpieces to Representation," in *Intangible Heritage*, eds. L. Smith and N. Akagawa, London: Routledge, 2008, p. 103.

34) 무형유산의 개념에 대한 자세한 논의는 남근우, 「유네스코 무형문화유산체제의 성립과 전략적 수용 - 한중일의 동아시아 삼국을 중심으로」, 『비교민속학』 제63집, 비교민속학회, 2017, 123~124쪽.

35) UNESCO, *Masterpieces of the Oral and Intangible Heritage of Humanity: Proclamations 2001, 2003 and 2005*, p. 4.
〈https://unesdoc.unesco.org/ark:/48223/pf0000147344〉(최종검색일: 2024년 1월 6일).

또한 『인류 구전 및 무형유산 걸작 선언: 실행 지침서 *Proclamation of Masterpieces of the Oral and Intangible Heritage of Humanity: Implementation guide*』에는 다음과 같이 말하고 있다.

> 이 제도의 목적은 각 정부, NGO, 또는 지역 사회가 그들의 공동유산이며 그들을 다른 집단과 구별하는 독특한 문화인 구전 및 무형문화를 확인하고 보존하며 또 계승 발전시킬 것을 장려하는 것이다. 인류 구전 및 무형유산 제도는 바로 개인이나, 단체, 기관 또는 조직이 그들의 문화유산을 유네스코 목적에 부합되게 그 지역에서 관리, 보존, 그리고 발전시키기 위해 제정되었다.[36)]

또한 이 지침서에는 인류 구전 및 무형유산에 대해서 다음과 같이 정의했다.

> 한 문화 공동체의 전통에 기반한 창작물의 총체를 말한다. 이는 한 집단 또는 개인에 의해 표현되고 그 공동체의 문화와 사회 정체성을 반영하며 그 집단 성원으로부터 인정받는 것이어야 한다. 또한 그 기준과 가치는 구전, 모방 또는 기타 수단을 통해 전승되며, 언어, 문학, 음악, 무용, 놀이, 신화, 의식, 관습, 수공예, 건축 및 기타 예술 등의 형태를 띤다. 이밖에 전통적인 형태의 커뮤니케이션과 정보도 고려된다.[37)]

이러한 규약과 실행 지침서에 따라 처음으로 인류 구전 및 무형유산 걸작 선정이 이루어지게 되었다.

---

36) UNESCO, *Proclamation of Masterpieces of the Oral and Intangible Heritage of Humanity: Implementation guide*, 2000.
〈https://ich.unesco.org/doc/src/Proclamation_guide-2000_version-EN.pdf〉(최종검색일: 2024년 1월 7일).

37) UNESCO, 위의 지침서.

1) 인류 구전 및 무형유산 걸작 선정

(1) 제1차 인류 구전 및 무형유산 걸작 선정(2001)

① 국제심사위원 선정

'인류 구전 및 무형유산 걸작 선언' 프로그램을 시행하기 위해서는 인류 구전 및 무형유산 걸작 목록에 등재될 무형유산을 선정하는 심사위원이 필요했다. 필자는 개인적으로 1999년 11월에 유네스코 사무총장으로부터 인류 구전 및 무형유산 걸작 선정 국제심사위원으로 위촉하려고 하니 허락해 달라는 편지를 받았다. 무형유산은 내 관심사이고 전공 분야이기 때문에 기꺼이 참여한다고 답장을 보냈다.

2000년 6월 15일, 처음으로 국제심사위원들과의 만남이 파리 유네스코 본부에서 이루어졌다. 필자는 심사위원이 많은 줄 알았는데 9명에 불과해 놀랐던 기억이 난다. 당시 심사위원은 남미 대표 한 명, 북미 대표 한 명, 아프리카 대표 한 명 등 한 대륙에 한 명씩 배정되었다고 볼 수 있다. 아시아 대표로는 중국, 인도, 일본을 제치고 한국의 필자가 심사위원으로 선정되었다.

[표 2-1-1] 2001년 제1차 인류 구전 및 무형유산 걸작 선정 국제심사위원 명단

국제심사위원	국가	국제심사위원	국가
유가(Zulma Yugar)	볼리비아	임돈희(Dawnhee Yim)	대한민국
쿠린(Richard Kurin)	미국	레겐바누(Ralph Regenvanu)	바누아투
율치에바(Munojat Yulchieva)	우즈베키스탄	알 나부다(Hasan M. Al-Naboodah)	아랍에미리트
카르벨리스(Ugne Karvelis)	리투아니아	고이티솔로(Juan Goytisolo)	스페인
케티아(J.H.Kawabena Nketia)	가나		

6월 15일 오전에는 9명의 국제심사위원과 유네스코 사무총장인 고이치로 마츠우라Koichiro Matsuura, 문화담당 책임자 모우니르 부세나키Mounir Bouchenaki, 그리고 무형유산과 과장 노리코 아이카와Noriko Aikawa 등이 참석한 가운데 인류 구전 및 무형유산 걸작

선정에 관한 제반 사항이 논의되었다. 걸작이라는 단어의 의미의 합당성, 일정, 심사기준 등의 여러 문제에 대해 심도 있는 논의와 의견 교환이 이루어졌다.

그런데 당시 유네스코 사무총장은 일본의 고이치로 마츠우라였다. 그는 동양인으로는 처음으로 유네스코 사무총장이 되었고 1999년부터 2009년까지 유네스코 총장직을 맡았다. 또 당시 유네스코 무형유산 과장 역시 노리코 아이카와라는 일본인이었으며 그 외 유네스코 무형유산과에는 다수의 일본인 직원이 있었다. 고이치로 마츠우라 총장은 사무총장에 막 취임한 상태였는데, 매우 의욕적으로 무형유산 프로그램을 이끌어 가고 있었다. 필자가 짐작하기로는 아마도 그가 유네스코 사무총장으로서 일본이 처음으로 무형문화재란 말을 만들었고 또 문화재보호법(무형문화재 포함)도 1950년에 제정하여 시행했기 때문에 이 일본의 법 제도를 세계화하려고 한 것 같았다. 무형문화재란 말은 일본에서 처음 만들어진 말이고 그것을 영어로 번역한 것이 'Intangible Heritage'이기 때문이다.

실제로 그는 "내가 1999년에 유네스코에 왔을 때, 나는 무형유산 보호가 유네스코가 해야 할 최우선 분야라고 생각했다. 사실 나는 사라질 위기에 처한 무형유산을 보존하기 위해 긴급히 조치해야 한다고 생각했다"라고 그의 견해를 밝혔었다.[38)]

그런데 이 국제심사위원 회의에서 필자를 유네스코 사무총장 바로 옆자리에 앉게 했는데 필자가 느끼기에 특별한 대우를 하는 것 같았다. 그게 왜 그렇게 필자를 중시했나 지금 와서 생각해 보니 결국은 무형유산 제도를 유네스코에 도입해야 되겠는데 전 세계적으로 무형문화재 보호 제도를 가지고 있는 나라는 일본과 한국 두 나라밖에 없었기 때문에 일본의 고이치로 마츠우라 총장 입장에서는 한국의 절대적인 지지가 필요하지 않았는가 그런 짐작을 하게 되었다.

당일 오후에는 유네스코 대강당에서 200여 명에 달하는 유네스코 대사들과의 만남이 이루어졌다. 유네스코 측은 새로운 '인류 구전 및 무형유산 걸작 선언' 프로그램을 대사들에게 소개하고 질의 응답시간을 가졌다. 많은 질문과 논의가 있었다. 그리고 2001년부터

---

38) Koichiro Matsuura, "Preface," *Masterpieces of the Oral and Intangible Heritage of Humanity, Proclamations 2001, 2003 and 2005*, UNESCO, 2005, p. 2.

[사진 2-1-1] 2000년 6월 15일 파리에서 열린 국제심사위원회 회의
(필자 옆 오른쪽이 유네스코 사무총장 고이치로 마츠우라) (사진: 필자 제공)

등재를 시작할 예정이니 각국은 등재 후보를 2000년 12월 말까지 제출할 것을 부탁했다. 각국 대사에게는 유네스코에서 2000년에 발간한 실행 지침서인 *Proclamation of Masterpieces of the Oral and Intangible Heritage of Humanity: Implementation Guide*가 배포되었다. 이는 무형유산 등재신청서 작성을 위한 지침서였다. 무형유산 등재는 2년에 한 번씩 이루어지며, 각국은 2년에 1개의 무형유산 후보를 제출한다. 그러나 두 나라 이상이 포함된 공동등재는 추가로 등재 신청할 수 있게 했다.

유네스코 사무총장은 각국 대사에게 9명의 국제심사위원을 일일이 소개한 후에 각 심사위원에게 한마디씩 해 달라고 요청했다. 제일 먼저 필자에게 부탁했다. 필자는 "한국은 무형유산 보호 제도를 1962년부터 40여 년 동안 실시해 사라져 가는 많은 무형유산을 보호한 경험이 있다. 만약 무형문화유산 보호 제도가 실시되지 않았다면 많은 무형유산이 사라져 갔을 것이다. 그러나 다른 한편 문화의 권력화와 서열화의 문제점이 발생한다. 무형문화는 다양한 모습으로 전승되어야 하는데 한 무형유산이 지정되면 다른 변이version의 무형유산은 전승되지 않는 현상이 일어난다. 앞으로 유네스코에서 무형유산 등재 제도가 실시되면 한국의 무형유산 보호 경험의 장단점을 감안해 단점을 보완하는 방안을 강구해야 한다"는 논지로 이야기했다. 회의 후, 저녁에는 파티가 있었는데 필자는 깜짝 놀랐다. 많은 유네스코 대사들이 필자에게 다가와 "한국은 무형유산 제도를 40년이나 실시하고 있었느냐?", "한국은 무형유산의 선진국이다", "한국의 제도를 알고 싶다" 등 한국의 무형유산 보호 제도에 지대한 관심을 표했기 때문이다. 아마 많은 대사들은 무형유산이란 개념을 처음 듣는 매우 낯선 상황에서 한국이 40년 동안 실시해 왔다는 데에 그런 반응을 보인 것으로 생각한다. 필자는 한국이 무형유산 보호의 경험이 풍부한 나라로서 무형유산 분야에서는 선도적인 위치에 있음을 인식하고 앞으로 국제적으로 많은 일을 해야겠다는 점을 절실히 느꼈다.

② 응모

인류 구전 및 무형유산 걸작을 선정하기 위해 유네스코는 다음과 같은 지침을 준비했다. 각 회원국은 2년에 한 후보작만 응모할 수 있으며 두 나라 이상에 걸쳐있는 무형문화유산은 각 나라에 배당된 1개의 후보 신청과는 별도로 응모할 수 있다.

후보 신청을 주관하는 곳은 다음과 같다.

ㄱ. 회원국이나 회원 연합국

ㄴ. 정부간 기구 (각 회원국의 유네스코와 협력)

ㄷ. 유네스코와 공식적인 관계를 갖고 있는 비정부기구로서 각 회원국의 유네스코와 협의할 것.

제출할 때는 후보작에 대한 설명, 비디오, 녹음 등을 함께 제출해야 하며 연희자 개인과 해당 무형문화유산을 담당하는 공동체의 동의서가 첨부되어야 한다. 우선, 응모신청서 작성 방법과 기본 제출 서류는 다음과 같다.

ㄱ. 후보 무형문화유산에 대한 향후 보호계획이 첨부되어야 한다. 적어도 앞으로 10여 년간에 걸친 보존, 보호, 그리고 전승 계획을 첨부한다.

ㄴ. 위의 계획을 작성할 때는 유네스코의 이상과 합치되도록, 그리고 '전통문화 및 민속 보호에 관한 권고'에 부합되게 작성하기를 요청한다.

ㄷ. 이러한 무형문화유산 보호계획은 해당 무형유산을 행하는 단체나 집단과 긴밀한 관계에서 계획되어야 한다.

ㄹ. 후보 무형문화유산으로 제출된 서류에 명시된 명단은 향후 보호계획의 명단과 부합해야 한다.

그리고 각 후보 무형문화유산은 평가를 받기 위해 가능한 다음과 같은 자료를 제출해야 한다. 지도, 사진, 슬라이드, 시청각 자료와 더불어 참고문헌을 첨부해야 한다. 후보 신청서에는 다음과 같은 내용이 포함되도록 한다.

ㄱ. 종목명

ㄴ. 후보 유산에 대한 정의

ㄷ. 설명

ㄹ. 관리

ㅁ. 사진, 비디오, 녹음 제출하기

각 회원국은 후보 유산에 대한 해당 지역 주민들의 동의를 얻어 유네스코에 제출한다. 그리고 앞으로 십 년간에 걸쳐 제출할 무형유산의 잠정목록도 함께 제출한다. 유네스코 실무자는 신청서를 검토하고 앞으로의 보호계획도 함께 검토해야 한다. 특히 심사위원들이 참고할 수 있도록 향후 계획에는 다음과 같은 사항이 포함되어야 한다.

ㄱ. 공공기관이나 비정부기구가 무형유산의 가치를 보호, 보존, 법적인 보호, 그리고 전승 및 전파를 반드시 행할 것인가.

ㄴ. 해당 무형유산을 보호하기 위한 효과적이고 행정적인 뒷받침이 이루어지는가.

ㄷ. 이 무형유산이 속하는 집단의 사람들에게 중요성과 보호의식을 고취하는가.

ㄹ. 보호 계획에 대한 그 지역 사람들의 역할이 있는가.

ㅁ. 무형유산 보유자의 역할

ㅂ. 또한 다음과 같은 조치가 이루어져야 한다.

- 이 문화유산에 대한 지역 차원에서 보호와 선양 방안
- 이 문화유산을 자세히 기록해 국가적으로 또는 국제적으로 공개해 이 문화유산이 보호되는 데 도움이 되는 연구에 이용되도록 할 것.
- 이 무형유산 보유자가 관련된 기술, 재주 등을 함양하도록 할 것.
- 이 문화유산 보유자가 가지고 있는 기술 및 예술을 후학이나 젊은이에게 전수할 방안

필자는 귀국하자마자 우리나라도 후보작 신청을 준비해야 한다는 점을 관계 전문가들과 상의했다. 문화재청, 유네스코한국위원회 관계자 등이 참여한 것으로 기억된다. 하지만 12월 말까지 신청서를 준비하는 것은 생각보다 쉽지 않았다. 신청서의 가이드에 따라 신청서 준비를 했다. 가장 힘든 작업은 5분용, 30분용 비디오를 만드는 것이었다. 필자가 귀국하자마자 또 한가지 행한 일은 강연을 통해 무형문화재에 관심이 있는 학자들이나 문화재청 관계자에게 한국이 무형문화유산 선진국임을 알리는 것이었다.

③ 전문가의 평가

후보 신청서가 접수되면 유네스코 총장은 신뢰할 수 있는 비정부기구Non-Governmental Organization(이하 NGO)나 그 분야의 전문가에게 평가를 요청한다. 2001년 무형유산 후보작을 평가하는 자문기구는 세계전통음악협회International Council for Traditional Music (ICTM)였다. ICTM은 무형유산 후보 신청을 받은 후 협회 회원 중에 해당 무형유산 전문가에게 의뢰해서 평가서를 받았다. 물론 신청한 무형유산이 속한 국가의 전문가는 해당 무

형유산 평가에 참여할 수 없다.

전문가는 다음 사항에 유의해 평가한다.

ㄱ. 간단한 역사적, 지리적 서술

ㄴ. 후보 유산이 선택된 이유

ㄷ. 신청 무형문화유산과 유사한 같은 지역의 다른 문화유산과의 비교

ㄹ. 추천 아니면 거부 여부[39)]

④ 심사경위

2001년 5월 15일부터 18일까지 파리에서 후보 유산에 대한 심사가 이루어졌다. 그러나 그동안 9명의 심사위원은 너무 적다는 집행위원회의 권고에 따라 유네스코 사무총장은 다시 9명을 추가로 선정해 총 18명의 심사위원이 심사에 참가하게 되었다. 추가로 선정된 심사위원은 모로코 유네스코 대사, 요르단의 공주, 프랑스 파리 국립사회과학대학원 인류학 교수, 전 주프랑스 멕시코 대사, 일본 국립과학박물관장, 말리 대통령, 자메이카 민족 음악가, 우간다 국왕 등 다양한 분야와 지위의 전문가들이었다.

[표 2-1-2] 추가 국제심사위원 명단

국제심사위원	국가	국제심사위원	국가
베나니(Aziza Bennani)	모로코	빈트 타랄(HRH Basma Bint Talal)	요르단
콘도미나스(Grorges Condominas)	프랑스	푸엔테스(Carlos Fuentes)	멕시코
뮤테비 2세(HRH Ronald Muwenda Mutebi II)	우간다	코나레(Alpha Oumar Konare)	말리
르윈(Olive Lewin)	자메이카	에르코마이치빌리(Anzor Erkomaichvili)	조지아
하야시다(Hideki Hayashida)	일본		

39) UNESCO, *Proclamation of Masterpieces of the Oral and Intangible Heritage of Humanity: Guide for the Presentation of Candidature Files*, UNESCO, October 2001 version. 〈https://unesdoc.unesco.org/ark:/48223/pf0000124628〉(최종검색일: 2024년 1월 2일).

2001년 5월 15부터 18일까지 있었던 심사과정은 다음과 같은 절차로 이루어졌다. 제출된 후보작은 총 34개였으며 한 후보작 심사에 30분씩 주어졌다. 먼저, 평가 의뢰를 받은 ICTM 심사자문기구(비정부기구)의 대표자가 나와서 한 후보작마다 5분여에 걸쳐 심사위원들에게 그들의 평가 결과를 발표했다. 그리고 이어서 5분 길이의 비디오를 감상하고 나머지 10분 동안 선정 여부에 대해 심사위원들 간에 논의가 이루어졌다. 여기서 질문이 있을 경우 비정부기구 ICTM의 대표자에게 질문을 하고 또 해당 유산에 대한 전문가가 심사위원 중에 있다면 답변을 하기도 했다. 그런 다음 무기명으로 투표하여 3분의 2 이상의 표를 획득한 후보 유산을 걸작으로 선정했다.

⑤ 선정기준

심사위원은 걸작 선정 시, 인류가 창조한 뛰어난 가치를 갖는 걸작으로서 해당 무형유산은 역사적, 예술적, 사회학적, 인류학적, 언어학적, 그리고 문학적으로 뛰어난 가치를 갖고 있어야 한다는 유네스코의 기준을 참조했다. 또한 다음과 같은 증거를 갖고 있어야 한다.

ㄱ. 한 지역에서 오랜 문화적, 역사적 전통이 있었다는 점이 증명된 유산.

ㄴ. 이 유산의 역할이 그 지역민에게 긍정적인 정체성을 부여하고 지역민을 하나로 묶는 역할을 하며 과거뿐만 아니라 현재에도 그 지역민에게 사회적, 문화적 기능을 하는 것.

ㄷ. 가장 훌륭하고 기술이 뛰어난 것임을 증명할 것.

ㄹ. 그 유산이 현재도 생생히 살아있는 가치가 있음을 증명할 것.

ㅁ. 또한 이 무형문화유산이 보존과 보호의 미흡으로 인해 급속히 사라져 가는 위험에 처한 상태이거나 아니면 급격한 변화, 예를 들어 도시화나 문화적 동화(서구화의 영향)에 의해 사라져 가는 상태라는 증거가 있어야 한다.

그러나 실제 심사에 들어갔을 때, 위의 선정기준은 후보작들의 구체적인 상황을 수렴하는 데는 너무 추상적이고 포괄적이라 한계가 있었다. 심사위원들이 심사하면서 위의 선정기준 이외에 논의했던 선정기준은 다음과 같은 것들이 있었다.

첫째, 필자는 'Masterpieces(걸작)'이라는 용어에 반대 의사를 표명했다. 문화상대주의 입장에서 어느 공동체의 무형유산이 다른 공동체의 무형유산보다 더 가치 있다고 판단해서는 안 된다는 생각을 밝혔다. 다른 심사위원도 이에 동의하였으며, 심사 과정에서는 '걸작'의 의미를 '그 지역민들이 뛰어나다고 생각하는 무형문화유산'이라는 인류학적인 개념을 도입해 이해하고자 하였다. 걸작이라는 용어에 대해 그 후 많은 비판이 있었다. 이러한 노력에 힘입어 2003년 「무형문화유산보호협약」에서는 '대표목록'으로 바뀌었다.

둘째, '구전과 무형유산oral and intangible heritage'의 정의에 대해서도 무형문화유산을 고정된 것으로 볼 것인지 아니면 지속적인 변화 과정으로 볼 것인지를 놓고 논쟁이 있었다. 하지만 유네스코는 무형유산은 유형유산과 달리 사람에 의해 행해지는 것이고 살아 있는 전통living tradition이므로 변화하는 과정으로 정의내렸다.

셋째, 또 한 가지 논란의 대상이 된 것은 유네스코의 정신에 위배되지 않는, 특히 1948년 UN이 채택한 '세계인권선언Universal Declaration of Human Rights'에 저촉이 되지 않는 무형유산이어야 한다는 점이었다. 2001년 후보 유산 중에서도 인권 문제와 충돌하여 선정이 거부된 유산이 몇 개 있었다. 하나는 어떤 지역의 전통적인 법 관행에 관한 것인데 여성 억압에 관한 관습이 논란이 되었다. 그러나 여성 억압과 여성의 참여 배제는 구별하기로 했다. 많은 사회의 전통적인 관습이 남녀가 분리되어 행해지고 있기 때문이다. 우리나라의 종묘제례도 남자만 참여하는 의례이나 이것은 여성의 참여를 배제하기는 해도(지금의 기준으로 보면 남녀 차별이기는 하지만) 여성에게 해를 가하는 행위는 아니기 때문이다. 또 다른 후보 유산의 경우에는 그 사회에서 전통적인 노래를 부를 때 약물을 사용하는데, 아무리 그 노래가 훌륭하고 좋은 전통이라도 약물을 사용하는 것은 유네스코의 정신에 위배된다고 생각했기 때문이다.

사흘간에 걸쳐 34개의 후보를 심사한 결과 19개의 무형유산이 선정되었다. 한국에서는 종묘제례 및 종묘제례악을 출품했는데 심사위원의 압도적인 지지로 선정되었다.

⑥ 선포

심사위원의 심사 결과를 받은 유네스코 사무총장은 2001년 5월 18일 선정된 19개의 유산을 인류 구전 및 무형유산 걸작으로 선포했다. 이 선포식에서 유네스코 사무총장이 각국 대사에게 인류 구전 및 무형유산 걸작 증서를 수여하고 선정된 무형유산의 비디오 일부를 일반에게 공개했다.

2001년 제1차 인류 구전 및 무형유산 걸작에 선정된 나라와 무형유산 목록은 다음과 같다.[40)]

[표 2-1-3] 2001년 제1차 인류 구전 및 무형유산 걸작

번호	국가	종목명
1	Belize	Garifuna language, dance and music
2	Benin	Oral heritage of Gelede
3	Bolivia	Oruro carnival
4	China	Kunqu opera
5	Cote d'Ivoire	Gbofe of Afounkaha: the music of the transverse trumpets of the Tagbana community
6	Dominican Republic	Cultural space of the Brotherhood of the Holy Spirit of the Congos of Villa Mella
7	Ecuador, Peru	Oral heritage and cultural manifestations of the Zápara people
8	Georgia	Georgian polyphonic singing
9	Guinea	Cultural space of Sosso-Bala
10	India	Kutiyattam, Sanskrit theatre
11	Italy	Opera dei Pupi, Sicilian puppet theatre
12	Japan	Nôgaku theatre
13	Lithuania	Cross crafting and its symbolism
14	Morocco	Cultural space of Jemaa el-Fna Square
15	Philippines	Hudhud chants of the Ifugao
16	Republic of Korea	Royal ancestral rite and ritual music in Jongmyo shrine
17	Russia Federation	Cultural space of the Semeiskie
18	Spain	Mystery play of Elche
19	Uzbekistan	Cultural space of the Boysun District

40) UNESCO, *First Proclamation of Masterpieces of the Oral and Intangible Heritage of Humanity*, UNESCO, 2001. 2001년, 2003년, 2005년에 걸쳐 총 세 차례 선정된 인류 구전 및 무형유산 걸작 90종목은 2008년 인류무형문화유산 대표목록으로 일괄 통합되었다. 그 과정에서 일부 종목의 명칭과 표기 방식이 변경되었다. 이에 선정 당시 종목명 대신 변경된 종목명을 따랐다.

위의 19개 무형유산 중에는 도미니크 공화국의 '비야 메야 지역 성령형제단의 콩고스 문화 공간Cultural space of the Brotherhood of the Holy Spirit of the Congos of Villa Mella'처럼 무형유산이 아닌 장소가 목록에 포함되어 있다. 그것은 인류 구전 및 무형유산 걸작 프로그램이 탄생하는 계기가 된 모로코의 '문화공간 제마 엘프나 광장Cultural space of Jemaa el-Fna Square' 보존 때문이었다. 마치 세계유산제도가 이집트의 아부심벨 신전 이전을 계기로 수립된 것과 마찬가지인 셈이다.

모로코의 제마 엘프나 광장은 뱀장수, 이야기꾼, 그리고 많은 민속놀이가 행해지는 광장인데 모로코 정부가 철폐하려는 것을 알고 이 광장을 지키려는 움직임이 일어났다. 즉 어떤 무형유산이 연행되는 맥락과 환경으로서 공간의 중요성이 제기되었다. 공간이 사라지면 그 공간에서 이루어지던 많은 무형유산이 그 의미와 맥락을 상실하게 된다. 따라서 무형유산을 지키려면 그 유산이 연행되는 공간도 함께 보호해야 하는 것이다. 그래서 이 걸작 목록에 '문화공간 또는 문화적 표현 형식cultural spaces or forms of cultural expression'이라는 문구가 나오게 되었다.

2001년 문화공간이 무형유산으로 등재된 이후 지속적으로 문화공간이 목록에 등재되고 있다. 말리의 '야랄과 데갈의 문화 공간Cultural space of the Yaaral and Degal, 2008(2005년 걸작 선정)', 요르단의 '페트라와 와디 룸의 베두 문화공간Cultural space of the Bedu in Petra and Wadi Rum, 2008(2005 걸작 선정)', 우루과이의 '칸돔브와 그 사회문화적 공간: 공동체 관습Candombe and its socio-cultural space: a community practice, 2009', '싱가포르의 호커 문화, 다문화 도시 환경에서의 커뮤니티 다이닝 및 요리 관행Hawker culture in Singapore, community dining and culinary practices in a multicultural urban context, 2020' 등이 그것이다.

(2) 엘체Elche 특별회의(2001)

2001년 9월 21일부터 23일까지 스페인 엘체에서 심사위원들의 특별회의가 있었다. 이 회의는 5월 제1차 인류 구전 및 무형유산 걸작 심사과정에서 있었던 문제점을 보완하기 위한 것이었다. 즉 이번 심사에서 통과되지 않은 15개의 후보 유산에 대한 재평가, 심사기준에 대한 토론, 비정부기구와 전문가의 평가 과정에 대한 개선 방향, 다국적 후보에 대한 문제점, 심사과정에 대한 점검 등이 심도 있게 논의되었고 그 논의 결과를 2003년 심사 때 적용하기로 합의를 보았다.[41] 따라서 새로운 기준이 추가된 안내서[42]가 새롭게 마련되어 각국에 배포되었다.

엘체 특별회의는 스페인 엘체시의 후원으로 이루어졌다. 엘체시는 스페인 발렌시아 지역에 있는 작은 도시이다. '엘체의 신비극Mystery play of Elche'은 2001년 5월, '인류 구전 및 무형유산 걸작'으로 선정되었다. 이 무형유산에 대한 엘체 시민들의 애정은 각별했으

[사진 2-1-2] 2001년 스페인 엘체회의에서 국제심사위원들 (첫 번째 줄 오른쪽 세 번째가 필자) (사진: 필자 제공)

---

41) UNESCO, *Final Report: International Jury for the Proclamation by UNESCO of Masterpieces of the Oral and Intangible Heritage of Humanity*, Extraordinary Meeting(Elche, Spain, 21-23 September 2001), 2002. 〈https://ich.unesco.org/doc/src/04594-EN.pdf〉(최종검색일: 2024년 2월 20일).

42) UNESCO, *Proclamation of Masterpieces of the Oral and Intangible Heritage of Humanity : Guide for the Presentation of Candidature Files*, UNESCO, October 2001 version. 〈https://unesdoc.unesco.org/ark:/48223/pf0000124628〉(최종검색일: 2024년 1월 2일).

며, 등재 소식이 전해지자 도시 전체가 축제 분위기에 휩싸였다. 온 시민들이 유네스코 등재를 축하하는 분위기였고 자랑스러워했다. 엘체 시민들은 이 무형유산이 그들의 정체성이라고 생각하며 각별한 애정을 표시하였다.

엘체의 신비극은 매년 8월 14일과 15일에 공연되며 300명 이상의 자원봉사자 시민들이 연기자, 가수 등으로 연기한다. 물론 국제심사위원인 우리들을 위하여 이 장대한 무형유산을 공연해 주었다. 공연을 하는 동안 그들의 정성과 애정을 깊이 느낄 수 있었다. 뿐만 아니라 필자가 새벽 2시쯤 엘체공항에 도착했는데 필자를 기다렸다가 숙소로 안내한 사람도 엘체시의 자원봉사자였다. 우리가 회의하는 동안 지극한 정성으로 환대해 주었다. 이 자리를 빌어 엘체 시민들께 감사의 말씀을 전하고 싶다.

(3) 제31차 유네스코 총회(2001)

제31차 유네스코 총회가 2001년 10월 15일(월)부터 11월 3일(토)까지 프랑스 파리 유네스코 본부에서 개최되었다. 총회는 전체 회의, 일반 위원회, 분야별 5개 사업분과, 즉 일반 및 사업지원분과, 교육분과, 자연과학 및 인문사회과학분과, 문화분과, 커뮤니케이션분과, 그 밖에 행정위원회, 신임장 위원회, 지명위원회, 법률위원회 등으로 구성되며 각기 분과별, 위원회별로 회의가 진행되었다.

그중 문화분과위원회는 10월 25일부터 10월 29일까지 열렸다. 문화분과위원회에서 상정된 안건은 8개였지만 무형문화유산 관련 안건은 「무형문화유산보호협약」에 관한 심의였다. 이에 대한 안건 심의는 2001년 10월 27일 오후 3시부터 8시까지 이루어졌다. 「무형문화유산보호를 위한 국제 협약International Convention for the Safeguarding of the Intangible Cultural Heritage」 안이 상정되었고 50여 개국이 이 안을 지지하는 발언을 했다. 그러나 영국을 비롯해 벨기에, 프랑스 등 일부 국가는 이 제도가 매우 복잡하고 어려운 민감한 사안이라는 점에서, 그 추진 방향을 신중하게 설정해야 한다는 우려를 표명하였다. 그럼에도 불구하고 많은 국가들은 이 제도의 도입이 필요하다는 점에는 인식을 같이했고, 마침내 일부 수정 과정을 거쳐 상정안이 최종적으로 통과되었다.

(4) 제1차 인류 구전 및 무형유산 걸작 선정 축하 공연(2001)

제31차 유네스코 총회에서는 5월에 선정된 인류 구전 및 무형유산 걸작 중 일부 종목이 공연되었다. 10월 16일에는 인도의 '쿠티야탐, 산스크리트 연극Kutiyattam, Sanskrit theatre'과 기니Guinee의 '문화공간 사쏘 발라Cultural space of Sasso-Bala in Nyagassola'가 공연되었고, 10월 22일에는 일본의 '노가쿠Nogaku theatre', 모로코의 '문화공간 제마 엘프나 광장Cultural space of Jemaa el-Fna square', 그리고 10월 29일에는 중국의 '곤곡Kunqu opera'과 베닌의 '겔레데 구전 유산Oral heritage of Gelede'이 공연되었다.

필자는 10월 29일의 공연만 관람했는데 저녁 8시부터 8시 45분까지는 중국의 '곤곡'이, 9시부터 9시 45분까지는 베닌의 '겔레데 구전 유산'이 공연되었다. 이들 무형유산은 유네스코의 Room X에서 공연되었는데 각국 대사, 대표 및 기타 인사로 공연장은 만원이었으며 공연에 대한 호응이 매우 열렬했다. 그리고 개인적으로 여러 나라의 대사와 대화를 나눌 기회가 있었다. 그들은 다음 2003년 무형유산 선정 때에는 자국의 무형유산도 후보로 출품하겠다는 의사를 내보여 2003년 심사에는 많은 나라가 참가할 것으로 예상되었다. 이 선정 축하공연은 무형유산 등재에 대한 커다란 관심을 불러왔으며 이를 홍보하는 데도 큰 역할을 했다.

(5) 「무형문화유산보호협약」 채택 및 조인(2003)

제32차 유네스코 총회가 2003년 9월 29일부터 10월 17일까지 파리에서 열렸다. 10월 17일, 많은 회원국의 지지를 얻어 「무형문화유산보호협약」이 통과되었다. 이 협약은 그동안 권고사항으로만 보호됐던 무형문화유산이 이제는 국제법으로서 법적인 효력을 갖는 것을 의미한다. 이 협약이 통과됨으로써 앞으로 세계무형문화유산은 회원국들의 긴밀한 협조와 감시 아래 보호·보존될 수 있게 되었다.

11월 3일 오후 3시에 유네스코 세계무형유산 선정 국제심사위원들이 참석한 가운데 유네스코 사무총장과 유네스코 총회 회장이 10월 17일 유네스코 총회에서 채택된 「무형문화유산보호협약」에 사인했다. 「무형문화유산보호협약」은 회원국 중 30개국 이상이 비준하게 되면 효력을 발생하게 된다.

(6) 제2차 인류 구전 및 무형유산 걸작 선정(2003)

제2차 인류 구전 및 무형유산 걸작 선정 작업은 다음과 같이 진행되었다. 우선 각 회원국은 2002년 6월 30일까지 자국의 후보 무형문화유산 신청서와 비디오를 유네스코 본부에 제출해야 했다. 유네스코는 각 회원국에 엘체회의 결과를 반영한 새로운 신청서 작성 안내서를 배포했고 회원국은 그 안내서에 따라 신청서와 비디오를 제출했다. 한국은 판소리를 후보로 제출했다.

유네스코에 제출된 신청서는 국제심사위원의 신청서 심사 전에 ICTM 전문가에게 보내 먼저 검토과정을 거쳤다. 검토 후, ICTM 전문가의 평가서와 비디오가 국제심사위원에게 송부되고 국제심사위원의 심사회의가 열리면 ICTM 사무총장이 참석해 국제심사위원의 질문에 대답하는 과정을 거쳐 최종적으로 걸작이 선정되었다.

제2차 선정 심사는 2003년 11월 2일부터 6일까지 파리에서 이루어졌다. 이 심사에서는 18명의 심사위원 중 한 명의 사망과 3명의 불참으로 14명이 참가했다.

[표 2-1-4] 2003년 제2차 인류 구전 및 무형유산 걸작 선정 국제심사위원 명단

국제심사위원	국가	국제심사위원	국가
유가(Zulma Yugar)	볼리비아	임돈희(Dawnhee Yim)	대한민국
쿠린(Richard Kurin)	미국	레겐바누(Ralph Regenvanu)	바누아투
율치에바(Munojat Yulchieva)	우즈베키스탄	알 나부다(Hasan M Al-Naboodah)	아랍에미리트
하세가와(Yoshikazu Hasegawa)	일본	고이티솔로(Juan Goytisolo)	스페인
케티아(J.H.KawabenaNketia)	가나	빈트 타랄(HRH Basma Bint Talal)	요르단
베나니(Aziza Bennani)	모로코	푸엔테스(Carlos Fuentes)	멕시코
콘도미나스(Georges Condominas)	프랑스	코나레(Alpha Oumar Konare)	말리
뮤테비 2세(HRH Ronald Muwenda Mutebi II)	우간다	에르코마이치빌리(Anzor Erkomaichvili)	조지아
르윈(Olive Lewin)	자메이카		

제2차 무형유산 걸작 선정 심사는 11월 2일부터 11월 6일까지 닷새 동안 진행되었다. 이미 서류 내용은 검토했기 때문에 심사과정은 5분 길이의 비디오를 보고 비디오와 서류 내용에 대한 논의가 이루어졌다. 총 56개국의 무형유산(이 중 5개는 다국적)이 제출되었으며

최종 28개국의 무형유산이 심사위원 3분의 2 이상의 찬성을 받아 걸작으로 선정되었다. 한국의 판소리는 심사위원 만장일치로 선정되었다. 6일 오후 국제심사위원들은 유네스코 사무총장에게 선정된 28개의 무형유산 목록을 전달했다. 그리고 11월 7일 오후 3시에 유네스코 사무총장은 28개의 인류 구전 및 무형유산 걸작 선포식을 가졌다. 새로 선정된 무형유산의 비디오를 상영하고 각국의 대사에게 인류 구전 및 무형유산 인증서를 수여했다.

2003년 제2차 인류 구전 및 무형유산 걸작에 선정된 나라와 무형유산 목록은 다음과 같다.

[표 2-1-5] 2003년 제2차 인류 구전 및 무형유산 걸작

번호	국가	종목명
1	Belgium	Carnival of Binche
2	Turkey	Arts of the Meddah, public storytellers
3	Azerbaijan	Azerbaijani Mugham
4	Estonia	Kihnu culture space
5	Bolivia	Andean cosmovision of the Kallawaya
6	Brazil	Oral and graphic expressions of the Wajapi
7	Colombia	Carnival of Barranquilla
8	Cuba	La Tumba Francesa, Music of the oriente brotherhood
9	Jamaica	Maroon heritage of Moore Town
10	Mexico	Indigenous festivity dedicated to dead
11	Cambodia	Royal ballet of Combodia
12	China	Art of Guqin and its music
13	India	Tradition of Vedic chanting
14	Indonesia	Wayang puppet theatre
15	Japan	Ningyo Johruri Bunraku puppet theatre
16	Kyrgyzstan	Art of Akyns, Kyrgyz epic tellers
17	Mongolia	Traditional music of Morin Khuur
18	Republic of Korea	Pansori epic chant
19	Tonga	Lakalaka, dances and sung speeches of Tonga
20	Vanuatu	Vanuatu sand drawings
21	Vietnam	Nha Nhac, Vietnamese court music

22	Egypt	Al-Sirah Al-Hilaliyya epic
23	Iraq	Iraqi Magam
24	Yemen	Songs of Sana'a
25	Madagascar	Woodcrafting knowledge of the Zafimaniry
26	Central African Republic	Polyphonic singing of the Aka Pygmies of Central Africa
27	Latvia, Estonia and Lithuania	Baltic song and dance celebrations
28	Tajikistan and Uzbekistan	Shashmaqom music

(7) 제3차 인류 구전 및 무형유산 걸작 선정(2005)

제3차 인류 구전 및 무형유산 걸작 선정을 위한 심사는 2005년에 이루어졌다.

[표 2-1-6] 2005년 제3차 인류 구전 및 무형유산 걸작 선정 국제심사위원 명단

국제심사위원	국가	국제심사위원	국가
아란테스(Antonio A. Arantes)	브라질	바카(Egil Bakka)	노르웨이
베나니(Aziza Bennani)	모로코	빈트 타랄(HRH Basma Bint Talal)	요르단
콘도미나스(Georges Condominas)	프랑스	에코마이치빌리(Anzor Erkomaichvili)	조지아
푸엔테스(Carlos Fuentes)	멕시코	하세가와(Yoshikazu Hasegawa)	일본
하우오파(Epeli Hau'ofa)	피지	코나레(Alpha Oumar Konare)	말리
쿠니나(Elvira Kunina)	러시아	르윈(Olive W.M. Lewin)	자메이카
리함바(Amandina Lihamba)	탄자니아	모르시(Ahmed Morsi)	이집트
파블리코바(Martina Pavlicova)	체코	야이(Olabiyi B.J. Yai)	베닌
자카리아스(Ana Zacarias)	포르투갈	장(Zhentao Zhang)	중국

2005년에는 43개 종목이 걸작에 등재되었다. 2003년「무형문화유산보호협약」발효 후, 2005년 걸작 선정을 마지막으로 인류 구전 및 무형유산 걸작 90개 종목은 2008년 인류 무형문화유산 대표목록에 통합되었다.

[표 2-1-7] 2005년 제3차 인류 구전 및 무형유산 걸작

번호	국가	종목명
1	Albania	Albanian folk iso-polyphony
2	Algeria	Ahellil of Gourara
3	Armenia	Duduk and its music
4	Bangladesh	Baul songs
5	Belgium, France	Processional giants and dragons in Belgium and France
6	Bhutan	Mask dance of the drums from Drametse
7	Brazil	Samba de Roda of Recôncavo of Bahia
8	Bulgaria	Bistritsa Babi, archaic polyphony, dances and rituals from the Shoplouk region
9	Cambodia	Sbek Thom, Khmer shadow theatre
10	China	Uyghur Muqam of Xinjiang
11	Colombia	Cultural space of Palenque de San Basilio
12	Costa Rica	Oxherding and oxcart traditions in Costa Rica
13	Czech Republic	Slovácko Verbuňk, recruit dances
14	Dominica Republic	Cocolo dance drama tradition
15	Guatemala	Rabinal Achí dance drama tradition
16	India	Ramlila, the traditional performance of the Ramayana
17	Indonesia	Indonesian Kris
18	Italy	Canto a tenore, Sardinian pastoral songs
19	Japan	Kabuki theatre
20	Jordan	Cultural space of the Bedu in Petra and Wadi Rum
21	Malawi	Vimbuza healing dance
22	Malawi, Mozambique, Zambia	Gule Wamkulu
23	Malaysia	Mak Yong theatre
24	Mali	Cultural space of the Yaaral and Degal
25	Mongolia, China	Urtiin Duu, Traditional folk long song
26	Morocco	Moussem of Tan-Tan
27	Mozambique	Chopi Timbila
28	Nicaragua	El Güegüense
29	Nigeria	Ifa divination system
30	Palestine	Palestinian Hikaye

31	Peru	Taquile and Its textile art
32	Philippines	Darangen epic of the Maranao people of Lake Lanao
33	Republic of Korea	Gangneung Danoje festival
34	Romania	Căluş ritual
35	Russian Federation	Olonkho, Yakut heroic epos
36	Senegal, Gambia	Kankurang, Manding initiatory rite
37	Slovakia	Fujara and its music
38	Spain	Patum of Berga
39	Türkiye	Mevlevi Sema ceremony
40	Uganda	Barkcloth making in Uganda
41	Vietnam	Space of gong culture
42	Zambia	Makishi masquerade
43	Zimbabwe	Mbende Jerusarema dance

2) '인류 구전 및 무형유산 걸작 선언' 제도의 의미

「무형문화유산보호협약」이 발효된 후, '인류 구전 및 무형유산 걸작 선언' 프로그램은 종료되고, 2009년 처음으로 협약에 따라 76개 종목의 대표목록 등재가 결정되었다. 이에 따라 2001~2005년에 인류 구전 및 무형유산 걸작으로 선정된 90개 종목을 더해 총 166개 종목이 인류무형문화유산 대표목록에 등재되었다.

인류 구전 및 무형유산 걸작 선정 프로그램은 무형문화유산 보호에 있어서 세계인의 인식을 전환하는 중요한 계기가 되었다. 비록 2001년, 2003년 그리고 2005년 세 차례에 걸쳐 90개의 세계무형유산을 선정하고 중단되었지만, 그 영향은 막대하다고 볼 수 있다. 당시 무형유산이란 용어가 매우 생소했던 국제사회에서 각국의 무형유산을 등재함으로써 국제사회의 관심을 무형유산에 집중시키는 결과를 가져왔다. 이는 마치 세계유산제도가 각국의 유형문화유산과 자연유산을 등재함으로써 가장 주목받는 유네스코 문화정책이 된 것과 비슷하다고 볼 수 있다.

여러 측면에서 인류 구전 및 무형유산 걸작 프로그램은 1972년 「세계유산협약」을 본보기로 했다는 비판을 받아왔다. 그 중 첫 번째는 걸작Masterpieces이라는 개념의 사용이다. 세계유산에서는 '탁월한 보편적 가치Outstanding Universal Value(OUV)'가 유산을 선정하는 기준이다. 이 두 개념 모두 인류 문화에서 뛰어난 가치가 있다는 점을 강조한다. 그러나 무형유산은 문화 간 위계나 우열을 설정하지 않으며, 모든 문화는 고유한 맥락에서 그 나름의 가치를 지닌다는 상대적 관점에 기반한다. 이는 어느 한 문화가 다른 문화보다 더 우수하거나 더 가치 있다고 판단하지 않는, 문화다양성과 상호존중의 철학을 반영한 것이다. 따라서 2003년에 채택된 「무형문화유산보호협약」에는 'Masterpieces(걸작)'라는 용어 대신 'Representative List(대표 목록)'라는 용어가 사용되었다.

두 번째는 심사 방법에 있어 세계전통음악협회ICTM를 자문기구로 활용한 점이다. 세계유산의 경우, 국제기념물유적협의회ICOMOS와 국제자연보전연맹IUCN이 각각 문화유산과 자연유산에 대한 자문기구 역할을 맡고 있다. 무형유산의 경우에도 세계전통음악협회ICTM가 자문기구 역할을 수행하였다.

그러나 무형유산은 음악뿐만 아니라 춤, 의례, 관습 등 다양한 영역을 포함하고 있어, 유형유산 및 자연유산과 달리 세계전통음악협회ICTM가 모두 담당하기에는 한계가 있다. 따라서 2003년 유네스코 협약 이후에는 다양한 무형유산 전문가와 NGO가 참여하는 심사기구를 구성하게 된다. 이로써 무형유산 걸작 프로그램은 무형유산의 등재 작업을 통해 가장 짧은 시간 내에 무형유산에 대한 세계인의 관심을 효과적으로 높이는 데 크게 기여하였으며, 나아가 2003년 「무형문화유산보호협약」이 채택되는 데에도 지대한 역할을 하였다.

제2장

유네스코 「무형문화유산보호협약Convention for the Safeguarding of the Intangible Cultural Heritage」, 2003년

2003년 9월 29일부터 10월 17일까지 파리에서 열린 제32차 유네스코 총회에서는 10월 17일, 찬성 120개국, 기권 8개국으로 반대하는 국가 없이 「무형문화유산 보호를 위한 협약Convention for the Safeguarding of the Intangible Cultural Heritage(이하 「무형문화유산보호협약」)」이 통과되었다.[1] 「무형문화유산보호협약」의 채택 당시, 반대표를 던진 국가는 없었으나 영국, 호주, 뉴질랜드, 덴마크, 러시아연합, 미국, 캐나다, 스위스 등 8개 국가는 기권을 하였다. 반면, 한국, 중국, 일본을 비롯한 아프리카의 여러 국가는 협약을 적극적으로 지지했다.[2] 이 협약은 그동안 권고 사항으로만 보호됐던 무형문화유산이 이제는 국제적으로 법적인 효력을 갖는 것을 의미한다.[3] 이 협약이 통과됨으로써 앞으로 세계 무형문화유산

---

1) Noriko Aikawa, "An Historical Overview of the Preparation of the UNESCO International Convention for the Safeguarding of the Intangible Cultural Heritage," *Museum International*, Vol. 56, No. 1-2(nos. 221-222), 2004, pp. 137-149.

2) Noriko Aikawa-Faure, 「UNESCO Convention for the Safeguarding of Intangible Cultural Heritage and Republic of Korea」, 『무형유산학』 제1권 1호, 무형유산학회, 2016, 88쪽.

3) Mounir Bouchenaki, "A Major Advance Towards a Holistic Approach to Heritage Conservation: The 2003 Intangible Heritage Convention," *International Journal of Intangible Heritage*, Vol. 2, 2017, pp. 106-109.

은 회원국들의 긴밀한 협조 그리고 감시하에 보호된다고 볼 수 있다.[4)]

유네스코의 「무형문화유산보호협약」은 2003년 10월 17일에 통과되었지만, 이 협약이 발효되기 위해서는 회원국 30개국이 비준해야 했다. 2006년 1월 20일에 루마니아가 30번째 나라로 이 협약을 비준함으로써 그로부터 3개월 후인 4월 20일 마침내 협약이 정식으로 발효되었다. 당시 고이치로 마츠우라 유네스코 사무총장은 "2003년 10월 총회에서 협약이 통과된 지 3년도 채 되지 않은 짧은 기간에 이례적으로 빠른 속도로 발효 요건을 갖추게 된 것은 무형유산에 대한 전 세계의 지대한 관심, 그리고 현대 생활과 세계화 과정에서 위협받고 있는 무형유산에 대한 국제적인 보호 조치가 시급하다는 전 세계적인 공감을 보여준 것"이라는 견해를 밝힌 바 있다.[5)]

1. 협약의 개요와 의미

1) 협약의 주요 내용

다음에서는 유네스코의 「무형문화유산보호협약」(2003) 중에서 협약의 의의, 목적, 무형유산의 정의 및 범위에 관한 핵심 내용을 소개하고자 한다.

---

4) UNESCO, 〈http://www.unesco.org/confgen/2003/intangibl〉(최종검색일: 2024년 1월 2일).

5) 한국은 2005년 2월 9일 11번째 국가로 협약에 가입하였다. 1972년 통과된 「세계유산협약」에 한국은 16년이 지난 1988년에 104번째 국가로 가입한 것에 비하면 무형유산에 대한 한국의 관심이 얼마나 지대한지 알 수 있다. 그리고 한국이 세계유산으로 첫 등재를 한 해는 1972년 협약이 통과된 지 23년이 지난 1995년이었지만, 무형문화유산을 첫 등재한 것은 유네스코가 무형문화유산 등재를 시작한 2001년부터였다.

2003년 9월 29일부터 10월 17일까지 파리에서 개최된 제32차 국제연합교육과학문화기구(이하 "유네스코"라 한다) 총회는,

기존의 인권관련 국제문서, 특히 1948년 세계인권선언, 1966년 경제적, 사회적 및 문화적 권리에 관한 국제규약 및 1966년 시민적 및 정치적 권리에 관한 국제규약을 참조하고,

"1989년 전통문화 및 민속 보호에 관한 유네스코 권고"·"2001년 문화적 다양성에 관한 유네스코 세계선언" 및 제3차 문화장관원탁회의에서 채택된 "2002년 이스탄불 선언"에서 강조된 바와 같이, 문화적 다양성의 원동력이자 지속가능한 개발의 보장수단인 무형문화유산의 중요성을 고려하며,

무형문화유산과 유형문화 및 자연유산 간의 깊은 상호의존 관계를 고려하고,

세계화 및 사회변화의 과정이 공동체간 새로운 대화를 위한 조건을 조성함과 동시에, 특히 무형문화유산의 보호를 위한 자원의 부족으로 말미암아, 불관용 현상이 그러하듯이, 이러한 유산의 쇠퇴·소멸 및 파괴라는 심각한 위협을 또한 초래함을 인정하며,

인류의 무형문화유산을 보호하고자 하는 보편적 의지와 공통의 관심사를 인식하고,

공동체, 특히 토착 공동체·집단과 때로는 개인이 무형문화유산의 창출·보호·유지 및 재창조에 중요한 역할을 하여 문화적 다양성 및 인류의 창조성 제고에 기여함을 인정하며,

1972년 세계문화유산 및 자연유산의 보호에 관한 협약 등 문화유산 보호를 위한 규범적 문서의 성립에 유네스코의 활동이 광범한 영향을 미침에 주목하고,

나아가 현재까지 무형문화유산 보호를 위한 구속력 있는 다자간 문서가 존재하지 않음에 주목하며,

문화 및 자연유산에 관한 기존의 국제협정·권고 및 결의가 무형문화유산에 관한 새로운 규정으로 효과적으로 강화되고 보충될 필요성이 있음을 고려하고,

특히 젊은 세대에게 무형문화유산 및 이의 보호의 중요성에 대한 인식을 고취할 필요성을 고려하며,

국제공동체가 이 협약의 당사국과 함께 협력 및 상호 원조의 정신으로 이러한 유산의 보호에 기여하여야 함을 고려하고,

"인류 구전 및 무형문화유산 걸작 선포" 등 무형문화유산과 관련된 유네스코의 프로그램을 상기하며,

사람 사이를 더욱 긴밀히 하고 사람 사이의 교류와 이해를 보장하는 요소로서 무형문화유산의 중요한 역할을 고려하면서,

2003년 10월 17일 이 협약을 채택한다.

Ⅰ. 일반 규정

제 1 조 협약의 목적

이 협약의 목적은 다음과 같다.

가. 무형문화유산의 보호
나. 관련 공동체·집단 및 개인의 무형문화유산에 대한 존중의 보장
다. 지방·국가 및 국제적 수준에서 무형문화유산의 중요성 및 이러한 유산에 대한 상호 존중을 보장하는 것의 중요성에 대한 인식 제고
라. 국제적 협력 및 원조 제공

제 2 조 정 의

이 협약의 목적상,

1. '무형문화유산'이라 함은 공동체·집단과 때로는 개인이 자신의 문화유산의 일부로 보는 관습·표상·표현·지식·기능 및 이와 관련한 도구·물품·공예품 및 문화공간을 말한다. 세대간 전승되는 이러한 무형문화유산은 공동체 및 집단이 환경에 대응하고 자연 및 역사와 상호작용하면서 끊임없이 재창조되고 이들이 정체성 및 계속성을 갖도록 함으로써 문화적 다양성과 인류의 창조성에 대한 존중을 증진한다. 이 협약의 목적상 기존 인권에 관한 국제문서와 공동체·집단·개인간 상호 존중 및 지속

가능한 개발에 대한 요청과 양립하는 무형문화유산만이 고려된다.

2. 위 제1항에서 정의된 '무형문화유산'은 특히 다음의 분야에서 명시된다.
   가. 무형문화유산의 전달 수단으로서의 언어를 포함한 구전 전통 및 표현
   나. 공연 예술
   다. 사회적 관습·의식 및 제전
   라. 자연과 우주에 대한 지식 및 관습
   마. 전통 공예 기술

3. '보호'라 함은 특히 무형문화유산의 감정·기록·연구·보존·보호·증진·고양, 특히 공식적·비공식적 교육을 통한 전수 및 이러한 유산의 다양한 면모의 활성화 등 무형문화유산의 생명력을 보장하기 위한 조치를 말한다.

4. '당사국'이라 함은 이 협약에 구속되고 이 협약이 발효되어 있는 국가를 말한다.

5. 이 협약은 제33조에 규정된 조건에 따라 이 협약의 당사자가 된 동 조에 언급된 영역에 대하여 준용된다. 이러한 한도 내에서 당사국이라 함은 이러한 영역을 포함한다.[6]

「무형문화유산보호협약」은 다른 어떤 협약보다도 공동체를 비롯해, 단체 및 개인의 참여를 강조하는 협약으로, 이들이 무형문화유산의 의미 부여, 전승, 보호 그리고 유네스코 목록 등재에 있어 주체적인 역할을 수행해야 한다는 것이 2003년 「무형문화유산보호협약」의 근간을 이루고 있다.[7]

위의 협약 서문에는 "공동체, 특히 토착 공동체·집단과 때로는 개인이 무형문화유산

---

6) 유네스코한국위원회, 「무형문화유산 보호를 위한 협약」 국문 일부 인용본. 〈https://kncu70.cafe24.com/wp-content/uploads/2024/05/%EB%AC%B4%ED%98%95%EB%AC%B8%ED%99%94%EC%9C%A0%EC%82%B0-%EB%B3%B4%ED%98%B8-%ED%98%91%EC%95%BD.pdf〉(최종검색일: 2025년 5월 28일).

7) "Final Report: International Jury for the Proclamation by UNESCO of Masterpieces of the Oral and Intangible Heritage of Humanity. Extraordinary Meeting (Elche, Spain, 21-23 September 2001)," 〈https://ich.unesco.org/doc/src/00034-EN.pdf〉(최종검색일: 2025년 3월 25일).

의 창출·보호·유지 및 재창조에 중요한 역할을 하여 문화적 다양성 및 인류의 창조성 제고에 기여함을 인정하며"라고 하여 무형문화유산 보호 과정에서 관련 공동체, 집단 및 개인의 중요성을 선언하고 있다. 그리고 협약 제15조에는 공동체, 집단 및 개인의 참여에 대해 명시되어 있으며, 협약 이행을 위한 운영지침 등 여러 문서에도 반복적으로 강조되고 있다. 협약의 운영지침 제3장 1절에는 공동체의 참여에 대해 기술되어 있는데, 이에 따르면 공동체는 지역 내 현존하는 다양한 무형문화유산의 확인 및 정의, 목록 작성, 프로그램, 프로젝트 및 활동의 기획과 시행 등의 과정에 참여하고 해당 유산의 창조와 유지, 전승뿐만 아니라 보호와 관리에도 중요한 역할을 해야 함을 명시하고 있다.[8] 즉, 무형문화유산은 공동체와 집단, 개인에 의해 끊임없이 생산 및 전승된다는 사실에 기반하여 무형문화유산 보호에 있어서 전승 주체로서 공동체의 중요성과 역할을 강조한 것이다.

위 협약의 정의에 따르면, 무형문화유산의 "'보호'란 확인identification, 기록documentation, 조사research, 보존preservation, 보호protection, 증진enhancement, 전승transmission, 유산의 활성화revitalization 등 유산의 생명력viability을 보장하기 위한 모든 조치"를 뜻한다. 무형문화유산은 인권과 상호 존중의 원칙에 부합해야 하고, 나아가 지속가능발전 측면에서 공동체에 경제적 이익을 가져다 주어야 하며, 보호와 지원이라는 이유로 공동체에 주체적 전승활동에 불필요하게 개입하거나 간섭해서는 안 된다는 점도 강조하고 있다.

그렇다면 공동체, 집단, 개인은 어떻게 정의할 수 있는가? 이 공동체라는 말은 천의 얼굴을 가진 모습이라고 할 수 있다. 사실 협약에서도 공동체에 대한 정의는 없다. 그것은 공동체를 정의하기가 쉽지 않기 때문이다. 그동안 여러 차례 전문가 회의에서 공동체에 관해 논의했지만 정의내리기 힘들다는 결론에 이르렀고 결국 협약에 공동체에 관한 정의는 포함되지 못했다. 그럼에도 불구하고 협약에서 정의한 바는 아니지만 많은 전문가 회의에서 논의된 공동체의 개념은 다음과 같다.

공동체란 무형문화유산을 연행하고 전승하고 그것과의 관련성에서 기인한 공유된 역

8) Janet Blake, *Commentary on the UNESCO 2003 Convention on the Safeguarding of the Intangible Cultural Heritage*, Leicester: Institute of Art and Law, 2006, p. 76.

사적 관계로부터 나오는 정체성과 연결성을 가진 사람들의 네트워크다. 즉, 공동체란 스스로 연결되어 있다는 느낌을 공유하는 사람들이라고 규정된다. 이는 정체성, 의식, 공통의 행동, 그리고 활동이나 영역을 통해서도 드러날 수 있다.[9)]

집단이란 단일한 하나의 공동체 또는 여러 공동체에 속해 있는 사람들로 이루어져 있는데, 이들은 공통적으로 현재와 미래의 무형문화유산의 수호자, 연행자 또는 배우는 사람의 자격으로 유산의 연행, 재창조 또는 전승에 있어 기술, 경험, 특별한 지식을 가지고 특정한 역할을 수행하는 사람들이다.

개인이란 역시 한 집단 안에 있거나 여러 집단에 분산된 이들로 특별한 기술, 지식, 경험이나 그 외의 특성을 지니고 현재와 미래의 무형문화유산의 연행, 재창조 또는 전승에 있어 문화의 수호자, 연행자 또는 배우는 사람의 자격으로 특정한 역할을 수행하는 사람이다.

이러한 협약의 목적과 정의는 무형문화유산에 대한 이해의 기본이 되었으며, 이는 세계의 문화유산에 대한 인식을 새롭게 하는 데 크게 기여하게 된다.

2) 협약의 의미[10)]

공동체 안에서 끊임없이 변화, 재창조되는 살아있는 유산임을 강조하는 2003년 「무형문화유산보호협약」은 그간의 문화유산에 대한 인식을 크게 전환시킨 중요한 의미를 갖는다.

---

9) Janet Blake, "UNESCO's 2003 Convention on Intangible Cultural Heritage: The Implications of Community Involvement in Safeguarding," in *Intangible Heritage*, eds. L. Smith and N. Akagawa, London: Routledge, 2008, p. 51.

10) 유네스코의 「무형문화유산보호협약」이 가져올 영향에 대해 많은 학자들이 담론을 펼쳤다.
George Condominas, "Researching and Safeguarding the Intangible Heritage," *Museum International*, Special Issue: Intangible Heritage, Vol. 56, No. 1-2, Paris: UNESCO, 2004, pp. 221-222; B. Kirshenblatt-Gimblet, "Intangible Heritage as Metacultural Production," *Museum International*, Special Issue: Intangible Heritage, Vol. 56, No. 1-2, Paris: UNESCO, 2004, pp. 231-242.

첫째, 공동체를 중시한다는 것이다. 유네스코의 「무형문화유산보호협약」은 공동체 중심의 협약이라고 부를 만큼 '공동체'는 협약에 있어 핵심적인 개념이다. 이렇게 「무형문화유산보호협약」이 공동체를 강조하는 이유와 그 의미를 파악하려면 먼저 이 협약이 나오는 과정과 배경에 대한 설명이 필요하다.

1980년대와 1990년대에 문화유산 분야 관련 학계에서 패러다임의 전환이 이루어지면서, 1972년 「세계유산협약」의 서구 중심의 엘리트적 문화유산 개념은 비판을 받게 되었다. 「세계유산협약」에서는 서구중심적 가치관을 가진 전문가들이 문화의 가치를 평가했다면, 2003년 「무형문화유산보호협약」은 공동체의 구성원들이 자신의 문화적 가치를 평가한다고 볼 수 있다. 「세계유산협약」은 '탁월한 보편적 가치(OUV)'를 강조한다. 이는 서구의 전문가들이 제시한 문화유산의 가치로서, 엘리트적인 고급 문화유산을 보편적 가치를 지닌 유산으로 인식하게 만들었다. 이로 인해 「세계유산협약」이 엘리트적이고 서구중심적이라는 비판을 받아 왔다. 그러나 2003년의 「무형문화유산보호협약」은 「세계유산협약」이 인류의 보편성을 강조하는 것과 달리 공동체 또는 집단을 중시하고 문화 다양성을 강조한다. 즉, 서구 중심의 유형문화유산 관점에서 벗어나 다양한 공동체의 무형문화유산의 가치를 인식하고 이를 보호하는 것에 중점을 둔다.

2003년 협약이 협상되던 시기에 공동체는 유산의 창조자이자 유지·전승의 주체로서 중요하게 여겨지게 되었다. 이러한 국제적 인식 변화가 2003년 협약의 초안 작성에 공동체의 중요성을 강조하는 데 영향을 끼쳤다고 볼 수 있다.[11] 동시에 원주민 공동체의 유산에 대한 권리를 인정하는 부단한 노력도 이루어졌다. 이 노력은 2007년 'Declaration on the Rights of Indigenous Peoples (UNDRIP)(유엔 원주민 권리선언)' 채택으로 귀결되었다.

원주민 공동체의 유산에 대한 권리를 인정하는 계기가 된 여러 사건 중 하나가 바로 호주 울룰루-카타 추타Uluru-Kata Tjuta의 세계자연유산 등재와 관련된 것이다. 호주의 울룰

---

11) Rudolff Britta and Susanne Raymond, "A Community Convention? An Analysis of Free, Prior and Informed Consent given under the 2003 Convention," *International Journal of Intangible Heritage*, Vol. 8, 2013, pp. 153-164.

루-카타 추타 국립공원 내에 울룰루라는 큰 바위산이 있는데, 호주 정부가 이 바위산을 1987년에 '에이어스 록-올가산 국립공원Ayers Rock-Mount Olga National Park'이라는 명칭으로 유네스코 세계자연유산에 등재하였다. 호주 정부의 입장에서는 울루루는 단순한 자연 경관이다.

그러나 이 울루루 바위산 일대에는 아난구Anangu라 불리는 토착 원주민 공동체가 오랜 세월에 걸쳐 살아 왔다. 이들은 이 바위를 단순한 자연 지형이 아닌, '울룰루-카타 추타' 라고 부르며 자신들의 조상의 영혼이 깃들어 있는 신성한 장소로 인식하였다. 또한 이 바위가 자기들의 삶의 뿌리이고 문화의 중심이라고 생각했다. 아난구 원주민의 조상이 여기 살면서 동굴 안에 그림 등 많은 흔적을 남겼고 전통 풍습으로 관리하고 살았기 때문에 이 울룰루는 아난구 원주민에게는 삶의 문화가 있는 곳이다. 이러한 원주민들의 주장은 유네스코 세계유산위원회에서 받아들여지게 되고, 마침내 1994년에 이 울룰루 바위는 자연유산만이 아닌 복합유산, 즉 자연과 문화 경관이 있는 유산으로 등재되었다. 유산 이름도 아난구 원주민의 명칭을 따서 '울룰루-카타 추타'라고 변경하였다. 뿐만 아니라 아난구 원주민의 입장에서는 이 울룰루 바위가 자기들의 조상의 영혼이 깃든 곳이라 신성하게 생각하는데 관광객들이 계속 등산을 하는 것은 조상들을 공경하는 일이 아니라는 점을 부각하여 마침내 2019년부터는 울룰루 바위 등산을 금지했다.[12)]

[표 2-2-1] 울룰루-카타 추타 유산을 바라보는 공동체 내부와 외부의 관점 차이

호주정부	• 자연경관	• 종목명: 에이어스 록-올가산 • 1987년 자연유산으로 등재
아난구 원주민	• 원주민의 삶, 종교, 문화터전 • 조상의 영혼이 깃든 신성한 곳	• 종목명: 울룰루-카타 추타 • 1994년 문화자연복합유산으로 등재 • 2019년부터 등산 금지

12) 유네스코한국위원회, 『유네스코유산, 평화를 품다』, 2023, 15~19쪽.

이러한 배경하에서 공동체가 2003년 유네스코 협약의 핵심 개념으로 강조되었다. 위의 사례에서 보는 것처럼 세계유산의 가치를 평가하고 부여한 것은 외부 전문가, 많은 경우 유럽 학계의 전문가들이었다. 그러나 무형문화유산의 경우, 자기들을 평가하고, 그 가치를 부여하는 사람들은 외부 전문가가 아닌 그 무형문화유산을 소유하고 있는 공동체 사람들임을 명확히 하고 있다.

하지만 여전히 공동체 참여 부분은 많은 국가에서 어려운 과제로 남아 있다. 2015년 정부간위원회에서도 이 문제가 논의되었다. 특히 등재신청서 작성 과정에는 해당 공동체의 사전 동의를 받았는지, 그리고 공동체가 등재신청서 작성 과정에 어떻게 참여했는지를 기술하는 부분이 있는데, 심사기구 평가서에는 많은 신청서가 여전히 등재를 위해 형식적인 동의서만 첨부한 경우가 대부분이었으며, 실제로 공동체에 충분히 설명하고 사전 동의를 구한 것인지, 그리고 공동체가 어떻게 해당 유산의 등재신청서 작성 과정에 참여했는지에 대한 자세한 설명은 부족했다는 지적이 있었다. 앞으로 무형문화유산 보호 활동에서 어떻게 공동체 참여를 강화할 것인지에 대해서는 보다 많은 논의가 필요할 것으로 본다.

그럼에도 불구하고 중요한 것은 무형문화유산의 가치와 의미는 공동체 밖의 외부자의 관점으로 평가되는 것이 아니라, 유산 소유자로서 공동체가 주체가 되어 평가되어야 한다는 것이다. 다시 말하면 공동체는 자신들의 무형문화유산의 진정한 의미와 가치를 완전히 이해하는 주체로서 등재신청서 작성은 물론 궁극적으로는 유산의 보호 및 보존에 단순히 동의하거나 참여하는 것이 아니라 핵심적인 존재로서 적극적으로 참여해야 한다는 것이다.

둘째, 무형문화유산은 현재 살아있는 유산, 즉 과거의 것으로 이미 단절된 것이 아니라 공동체의 삶 속에서 행해지는 것임을 강조한 점이다. 즉, 무형문화유산의 주요 구성 요소는 무형문화유산의 영역이나 최종 결과물을 의미하는 것이 아니다. 유산이 민요, 영상 기록, 민간 지식 관련 논문으로, 박물관에 전시된 유물로만 존재한다면 무형문화유산이라고 볼 수 없다.[13] 공동체 안에서 끊임없이 변화, 재창조되는 것이어야 한다. 즉, 세대 간 전승되는 무형문화유산은 공동체와 집단이 환경, 자연 및 역사와 교감하며 지속적으로 재창조되는 것이다. 「무형문화유산보호협약」 제2조 제1항에는 어떻게, 그리고 어떤 상황에서 유산이 계속 살아서 유지되어야 하는지, 그리고 계속 살아 유지되도록 어떤 조치를 취해야 하는지 기술되어 있다. 따라서 「무형문화유산보호협약」은 무형문화유산이 공동체 안에서 발전되어야 한다고 간주하고 있으며, 여기서 공동체는 자연적 변화와 사회적, 역사적 흐름에 맞춰 자신들을 맞춰나가는 공동체를 의미한다.[14] 즉, 무형문화유산의 지속가능성은 유산 전승을 위한 사회, 경제적 환경을 조성하고 자연재해 및 재난 등 위기 상황에서 공동체의 회복탄력성을 강화함으로써 공동체 안에서 공동체에 의해 살아 있는 유산으로서 그들의 삶 속에서 기능할 때 확보될 수 있다는 것을 의미한다.

셋째, 무형문화유산은 세계의 지속가능발전에도 기여해야 한다는 점을 강조한다. 유엔UN이 post-2015 아젠다로 지속가능발전목표를 설정한 가운데 문화와 지속가능한 발전은 유네스코에서 지속적으로 강조해 오고 있는 화두다. 무형문화유산 분야에서도 무형문화유산 보호와 지속가능한 발전과의 연관성을 규명하고자 하는 시도의 중요성이 점점 강조되고 있다. 주요 내용은 "지속가능한 발전의 동력이자 보장으로서 무형문화유산의 역할을 인정하고 강화하며, 무형문화유산의 보호와 지속가능한 발전, 평화와 안보의 상호 의존성을 인지하고, 무형문화유산의 보호 과정에서 지속가능한 발전의 세 가지 요소, 경제, 사회, 환경 간 균형을 유지하도록 노력한다"는 것이다. 즉, 무형문화유산에 포함되는 전통 지식과 지혜, 사회적 관습, 가치, 전통, 기술, 예술 등이 경제적, 사회적, 환경적으로 인류의 지속가능발전에 기여할 수 있다는 것을 의미한다.[15] 유네스코 차원에서도 무형문화유산 보호의 경제적 측면, 무형문화유산 보호와 기후변화, 도시 맥락에서의 무형문화유산 보호의 세 가지 주제별 이니셔티브를 추진하고 있음을 밝혔다.[16]

---

13) Richard Kurin, "Safeguarding Intangible Cultural Heritage: Key Factors in Implementing the 2003 Convention," *International Journal of Intangible Heritage*, Vol. 2, 2007, p. 12.

14) 노리코 아이카와-포르, 「2003년 무형유산보호협약 이행 관련 이슈와 과제」, 『정보와 네트워킹 어떻게 할 것인가』, 무형유산보호에 관한 국제회의 발표집, 아태무형유산센터, 2009, 127~128쪽.

15) 정민영, 「10차 유네스코 무형유산보호협약 정부간위원회 주요이슈」, 『무형유산학』 제1권 2호, 무형유산학회, 2016, 263쪽.

16) UNESCO ICH website, LHE/24/19.COM/Decisions, 〈https://ich.unesco.org/en/19com〉(최종검색일: 2025년 2월 14일) 제19차 정부간위원회(파라과이 아순시온, 2024).

2. 협약의 조직

2003년 유네스코 「무형문화유산보호협약」을 운영하기 위해서는 다양한 기구들이 필요하다. 이들 기구는 협약의 이행과 무형문화유산 보호를 위한 관련 행정업무를 비롯해, 교육, 역량 강화 프로그램 등을 운영하고 무엇보다도 협약의 핵심이라 할 수 있는 긴급보호목록과 대표목록 등재, 모범사례 등록 및 국제원조와 같은 중요한 문제를 검토하고 결정하는 일을 수행한다. 이러한 일을 담당하는 협약 이행 기구로는 협약 당사국과 회원국이 참가하는 당사국 총회, 협약 이행의 중요 사안을 논의하고 결정하는 정부간위원회, 정부간위원회의 운영과 진행을 지원하는 위원회 사무국, 그리고 무형유산관련 행정업무와 네트워크 및 다양한 프로그램을 담당하는 사무국이 있다. 특히 정부간위원회는 대표목록, 긴급보호목록, 모범사례 등 여러 중요 사안을 심사하기 위한 심사기구를 별도로 두고 있으며 관련해 자문을 해주는 NGO를 인가하는 일을 담당한다. 이번 절에서는 이러한 협약 이행 조직에 대해 살펴보겠다.

1) 당사국 총회General Assembly of States Parties

당사국 총회(이하 총회)는 협약 제4조[17]에 따라 설치된 협약 최고 의결 기구다. 2025년 현재 협약에 가입한 국가는 183개국이며[18] 한국은 2005년 2월 9일 11번째로 「무형문화유

17) UNESCO, “Convention for the Safeguarding of the Intangible Cultural Heritage,” in *Basic Texts of the 2003 Convention for the Safeguarding of the Intangible Cultural Heritage*, 2022 Edition. 〈https://ich.unesco.org/doc/src/2003_Convention_Basic_Texts-_2022_version-EN_.pdf〉(최종검색일: 2023년 12월 22일). 「무형문화유산보호협약」 제4조. “1. A General Assembly of the States Parties is hereby established, hereinafter referred to as ‘the General Assembly’. The General Assembly is the sovereign body of this Convention. 2. The General Assembly shall meet in ordinary session every two years. It may meet in extraordinary session if it so decides or at the request either of the Intergovernmental Committee for the Safeguarding of the Intangible Cultural Heritage or of at least one-third of the States Parties. 3. The General Assembly shall adopt its own Rules of Procedure.”.

18) 영국과 북아일랜드 연합왕국United Kingdom of Great Britain and Northern Ireland은 2024년 4월 12일 유네스코 「무

산보호협약」에 가입했다. 총회는 2년마다 정기총회를 개최하는데, 개최 시기는 6월이며 대개 파리 본부에서 회의를 갖는다. 필요하다고 판단되거나 위원회 또는 당사국 3분의 1 이상의 요청이 있을 경우 임시 총회를 소집할 수 있다.

총회의 가장 중요한 임무는 협약 이행을 위한 전략적 방향을 제시하고, 정부간위원회의 24개 위원국을 선출하는 것이다. 그 외 협약 이행을 위한 운영지침 개정 방향을 제시하고 긴급보호목록과 대표목록 등재, 무형유산 등재기준, 무형유산기금 사용지침, 정부간위원회 자문기구로 활동할 비정부기구Non-Governmental Organization(이하 NGO) 인가, 정부간위원회에서 논의되었던 사항들을 최종 승인한다.

다음에서는 제6차(2016), 제9차(2022), 제10차(2024) 협약 당사국 총회의 사례를 중심으로 총회의 구성과 운영 방식, 주요 안건 및 그 역할을 구체적으로 살펴보고자 한다.

(1) 제6차 협약 당사국 총회(2016. 5. 30.~6. 1., 프랑스 파리)[19]

최근 총회 중 중요한 지침 개정이 있었던 2016년 제6차 협약 당사국 총회 의제를 살펴보겠다. 무엇보다 전체 의제를 보면 총회가 어떤 기능을 하는지 알 수 있다(표 2-2-2 참조). 위에 언급한 바와 같이 정부간위원회 위원국 선출 및 위원회 구성을 위한 그룹별 좌석 수 할당, 위원회 및 사무국의 활동 보고, 협약 이행 운영지침 개정, 비정부기구 인가, 기금 운용 및 회계보고임을 확인할 수 있다.

형문화유산보호협약」을 비준함으로써, 183번째 협약 당사국이 되었으며 6월 7일부터 협약 적용 국가가 되었다. 〈https://www.unesco-ichcap.org/board.es?mid=a20501020000&bid=A212&act=view&list_no=20412〉(최종검색일: 2025년 1월 25일); UNESCO website, 〈https://www.unesco.org/en/legal-affairs/convention-safeguarding-intangible-cultural-heritage#item-1〉(최종검색일: 2025년 1월 25일).

19) 이 부분은 박희진의 다음 글을 요약했다. 박희진, 「유네스코 무형유산보호협약 정신과 제6차 당사국 총회(2016. 6.) 주요이슈」, 『무형유산 공동체의 개념과 실상』, 2016년 무형유산학회 추계학술대회 발표문, 무형유산학회, 2016, 353~361쪽.

[표 2-2-2] 제6차 협약 당사국 총회

의제	구분
의제 1	개회
의제 2	의장단 선출
의제 3	의제 채택
의제 4	선거그룹별 위원국 좌석 수 할당
의제 5	위원회 보고
의제 6	사무국 활동 보고
의제 7	협약 이행을 위한 운영지침 개정
의제 8	위원회 자문기구로 활동하는 비정부기구 인가
의제 9	무형유산기금사용
	재무보고
	자발적 분담금 납부 리스트
의제 10	정부간위원회 위원국 선출
의제 11	기타 사안
의제 12	폐회

2016년 총회에는 당시 168개 협약 당사국 중 106개 회원국이 참가했고, 23개 NGO 대표, 관련 전문가 등 약 500여 명이 참가했다. 한국에서는 대표단 및 자문단 13명이 참가했다.

제6차 총회의 주요 의제는 운영지침Operational Directives에서 국제원조 신청금을 미화 25,000달러에서 미화 100,000달러로 증액하는 것, 두 번째는 정보 보완 결정referral option을 대표목록뿐만 아니라 모든 신청서로 확대 적용하기로 한 것이었다.

하지만 제6차 총회의 가장 중요한 논의는 2000년대 후반부터 중요한 개념으로 부상한 '지속가능발전'에 대한 것이었다. 초기에는 주로 경제, 환경, 사회적 차원에서 논의되던 '지속가능발전'은 문화 분야까지 확대되었다. 특히 2015년 국제연합(UN)에서 '지속가능발전목표Sustainable Development Goals(SDGs)'[20]가 채택되면서 이 개념은 유네스코의 문

20) 이는 2000년부터 2015년까지 유엔에서 시행했던 밀레니엄개발목표Millennium Development Goals(MDGs)가 끝나고 2016년부터 2030년까지 새로 시행하는 공동 목표를 말한다. 모두 17가지 주목표와 169개의 세부 목표로

화 정책에서도 중요한 키워드로 자리 잡았다. 따라서 유네스코는 수 년 전부터 「무형문화유산보호협약」 이행지침에 무형문화유산 보호와 지속가능한 발전에 관한 새로운 장을 추가하기 위해 오랜 논의를 거쳐 준비해 왔다. 마침내 여러 차례의 전문가 회의와 최소한 두 차례의 정부간위원회 회의에서 검토를 거쳐 초안이 마련되었고 '무형문화유산 보호와 지속가능한 발전'에 관한 신규 장을 삽입하기로 했다.[21] 이에 협약 이행 운영지침에 '제6장 국가 차원의 무형문화유산의 보호와 지속가능한 발전'이 추가되었다. 당사국이 무형문화유산 보호와 관련된 발전 정책과 전략을 입안하고 그것들을 이행하는 데 지속가능한 발전이 잘 통합될 수 있도록 가이드라인을 제시하며, 다양한 이해관계자가 살아있는 유산의 가시성을 저해하지 않도록 예방하고자 했다.[22]

제6장의 내용을 구체적으로 살펴보면, 당사국이 무형문화유산 보호와 지속가능한 발전을 위해 해야 할 노력과 조치에 대해 명시하고 있다. 지속가능한 발전의 원동력으로서 무형문화유산의 중요성을 인식하고 그 역할을 강화하며, 무형문화유산의 보호를 모든 수준의 개발 계획, 정책 및 프로그램에 완전히 통합하기 위해 노력해야 한다고 선언하고 있다. 또한 당사국은 무형문화유산 보호와 지속가능한 발전의 상호의존성을 인정하면서, 무형문화유산 보호 노력에 있어 지속가능한 발전의 세 가지 차원, 즉 포괄적 사회 발전, 포괄적 경제 발전, 환경적 지속가능성과 평화 그리고 이 세 가지 차원의 상호의존성 사이의 균형을 유지하기 위해 노력하며, 이를 위해 참여적 접근을 통해 관련 전문가, 문화중개자 및 중재자들과의 협력을 촉진해야 한다. 아울러 도시와 농촌의 맥락에서 무형문화유산의 역동적인 특성을 인정하고, 기존의 국제인권조약은 물론 공동체, 집단 및 개인 간의

이루어져 있다. 17개 목표는 1. 빈곤 퇴치, 2. 기아 해소, 3. 건강과 웰빙, 4. 양질의 교육, 5. 양성평등, 6. 깨끗한 물과 위생, 7. 저렴하고 깨끗한 에너지, 8. 양질의 일자리와 경제성장, 9. 산업, 혁신 및 인프라, 10. 불평등 완화, 11. 지속가능한 도시와 공동체, 12. 책임 있는 소비와 생산, 13. 기후변화 대응, 14. 해양 생태계, 15. 육상 생태계, 16. 평화, 정의 그리고 강력한 제도, 17. 파트너십이다.

21) 박희진, 앞의 논문, 358쪽; 차보영, 「유네스코 무형유산보호협약 정신과 제6차 협약당사국 총회 주요 이슈 토론문」, 『무형유산 공동체의 개념과 실상』, 2016년 무형유산학회 추계학술대회 발표문, 무형유산학회, 2016, 373~374쪽.

22) 차보영, 위의 글, 373~374쪽.

상호 존중과 지속가능한 발전의 요건과 양립할 수 있는 무형문화유산에 대해서만 보호 노력을 기울여야 한다고 덧붙이고 있다. 그 세부 내용은 국제연합의 지속가능 발전목표 17개 과제와 연계한 국가적 차원의 무형문화유산 보호 조치를 장려하고 있다(표 2-2-3).[23)]

[표 2-2-3] 협약 운영지침 '제6장 국가 차원의 무형문화유산 보호와 지속가능한 발전'

포괄적 사회적 발전	• 식량안보 • 보건 • 양질의 교육 • 양성평등 • 깨끗하고 안전한 물에 대한 접근과 지속가능한 물 활용
포괄적 경제적 발전	• 소득 창출과 지속가능한 생계 • 생산적 고용과 양질의 일자리 • 무형문화유산과 관광의 상호영향
환경적 지속가능성	• 자연과 우주에 관한 지식과 관행 • 무형문화유산 보호에서 환경의 영향 • 자연재해와 기후변화에 대한 공동체 기반의 회복력
무형문화유산과 평화	• 사회 화합과 공정 • 분쟁 예방과 해결 • 평화 회복과 안보 • 지속적인 평화

새로 추가될 장의 내용을 작성하던 초기에는 이행지침 내용이 모호하다거나 선언적인 내용이 많아 채택에 대해 우려하는 목소리가 있었지만, 일부 사소한 부분을 수정한 것 말고는 거의 원안대로 채택되었다고 한다. 새롭게 추가된 내용이 앞으로 더 발전되고 추가될 가능성이 있다는 점을 주지하더라도 현장의 분위기와 향후 발전 방향에 대해 당사국

23) UNESCO, '제6장 국가 차원의 무형문화유산 보호와 지속가능한 발전Safeguarding Intangible Cultural Heritage and Sustainable Development at the National Level'(단락 170~197), "Operational Directives for the Implementation of the Convention for the Safeguarding of the Intangible Cultural Heritage," in *Basic Texts of the 2003 Convention for the Safeguarding of the Intangible Cultural Heritage*, 2022 Edition. 〈https://ich.unesco.org/doc/src/2003_Convention_Basic_Texts-_2022_version-EN_.pdf〉(최종검색일: 2023년 12월 22일).

대표들이 어떤 의견을 피력했는지 공유할 수 있도록 해준다면 무형문화유산 보호와 지속 가능한 발전의 상호 관계를 이해하고 다양한 보호 주체 간의 협력을 증진하는 데 도움이 될 것이다.[24)]

(2) 제9차 협약 당사국 총회(2022. 7. 5.~7., 프랑스 파리)[25)]

제9차 총회는 2022년 7월 5일부터 7일까지 프랑스 파리 유네스코 본부에서 개최되었다. 회의는 코로나19 이후 대면 회의로 개최되었으며, 180개 당사국 대표와 전문가, 비정부기구 관계자가 참석했다.

[표 2-2-4] 협약 당사국 지역별 분포(2024. 4. 기준)

구분	1그룹 (서유럽)	2그룹 (동유럽)	3그룹 (남미 및 캐리비안)	4그룹 (아태)	5(a)그룹 (아프리카)	5(b)그룹 (아랍)
당사국수	24	24	32	40	44	19

제9차 총회 당시 비준 당사국은 총 180개 국가였지만, 이후로 산마리노(2022, 1그룹), 리비아(2023, 5(b) 그룹), 영국(2024, 1그룹)이 추가로 협약에 가입했다. 총회는 2006년 1차 총회가 개최된 이래 2022년까지 총 9번의 정기 회의와 1번의 특별 회기가 개최되었다.

총회 의장단은 필리핀 대사(Mme. Junever M. Mahilum-West)가 의장을 맡고, 부의장국으로 벨기에, 크로아티아, 베네수엘라, 마다가스카르, 시리아가 결정되었다. 그리고 콜롬비아의 다니엘라 로드리게즈 우리베Mme. Daniela Rodriguez Uribe가 서기를 담당했다. 총 15

24) 차보영, 앞의 글, 373~374쪽.

25) 무형유산 제도에서 중요한 쟁점들이 논의되었던 2022년 제9차 협약 당사국 총회의 내용은, 제9차 총회에 참가한 아태무형유산센터 차보영의 발표문을 요약 정리했다. 차보영, 「유네스코 무형유산보호 국제동향과 이슈: 제9차 협약 총회를 중심으로」, 『국가유산체제 전환과 무형유산 패러다임의 변화』, 2024년 무형유산학회 춘계학술대회 발표집, 무형유산학회, 2024, 51~58쪽. 제9차 협약총회 회의문서는 유네스코 무형문화유산 웹사이트에서 확인이 가능하다. 〈https://ich.unesco.org/en/functions-00710〉(최종검색일: 2024년 4월 8일).

개 의제가 검토되었는데 세부적인 내용은 주요 의제별로 살펴보도록 하겠다.

① 정부간위원회 및 사무국 활동

가. 정부간위원회 활동보고

총회에서는 해마다 개최되는 정부간위원회의 주요 활동을 보고받는다. 이번 총회에서는 제15차, 제16차 정부간위원회의 주요 성과를 검토했다. 특히 목록 메커니즘에 대한 국제적 성찰과 유네스코 내부감독실(IOS)에서 제안한 협약 개선안에 따른 건전한 거버넌스 구축 활동과 무형유산 보호 역량 및 모범사례 강화 활동에 대한 보고가 있었다.

그리고 우크라이나가 등재한 보르쉬 요리 문화와 관련해서 몬테네그로, 알바니아 등 총 40여 개 국가[26]가 러시아를 규탄하는 공동성명을 발표하고, 우크라이나 사태로 인해 긴급 상황에 처한 해당 유산의 등재를 지지했다. 등재가 위기에 처한 공동체에게 희망을 줄 수 있는 조치라고도 평가했다.

협약 이행 역량 강화 사업과 관련해 글로벌 역량 강화 프로그램의 중요성을 강조하고, 유네스코가 운영하고 있는 퍼실리테이터facilitator 및 인가 NGO가 유용하다고 강조했다. 하지만 등재와 관련해서는 지난 회기 등재 신청한 80개 종목 중 64개 종목이 대표목록일 정도로 대표목록과 긴급보호목록 간 심각한 불균형에 대한 우려와 함께, 특히 모범 사례의 적극적인 활용이 필요하다는 데에 의견을 모았다.

나. 사무국 활동보고

협약 사무국은 2020년 1월부터 2021년 12월까지의 사무국 활동에 대해 보고했는데, 주요 성과로 ① 당사국 역량 강화와 무형유산교육사업 우선 이행, ② 커뮤니케이션과 소통 프로그램 고도화, ③ 주제별 이니셔티브(무형유산과 기후변화, 무형유산과 상업화, 도시 맥락에

---

26) 스위스, 튀르키예, 영국, 우크라이나 및 EU 회원국(오스트리아, 벨기에, 불가리아, 크로아티아, 사이프러스, 체코, 덴마크, 에스토니아, 네덜란드, 핀란드, 프랑스, 독일, 그리스, 헝가리, 아일랜드, 이탈리아, 라트비아, 리투아니아, 룩셈부르크, 몰타, 폴란드, 포르투갈, 루마니아, 슬로바키아, 슬로베니아, 스페인, 스웨덴) 등.

서의 무형유산) 경과를 소개했다.

협약 거버넌스와 관련해 회기보고 체계가 변경된 것을 강조하고, 새로운 지역 베이스 회기 보고체제를 도입한 후 첫 사이클인 남미와 유럽 지역의 보고서 제출이 비약적으로 개선되었다고 밝혔다. 하지만 여전히 보고서 양식의 간소화 등 다수의 문제도 지적되었다.

목록(등재) 메커니즘 개편과 관련하여, 지난 2년간 여러 차례에 걸쳐 진행된 자문 회의와 개방형 전문가 회의 등을 통해서 운영 지침 개정안이 마련되었고, 기후 변화 등 글로벌 이슈 영역으로 협약 당사국의 관심이 확장되고 있는 점이 주목할 만하다.

② 정부간위원회 관련

가. 선거그룹별 위원회 의석 배분

협약 당사국 총회는 총 24개의 정부간위원회 의석을 당사국 비율에 따라 선거 그룹당 최소 3개 의석 이상씩 배분한다.[27] 따라서 이번 총회에서 결정된 선거그룹별 위원회 의석은 아래 [표 2-2-5]와 같다. 정부간위원회는 격년으로 개최되는 총회 사이에 열려 등재 결정 등 협약에 관한 주요 사항을 심의 의결한다. 따라서 정부간위원회 위원국 선출 역시 매우 치열하게 이루어지므로 의석 배분에 관심이 매우 높다. 지난 총회 이후 소말리아와 앙골라가 신규로 당사국이 되었지만, 의석 배분에는 영향을 미치지 않았다. 위원회 선출은 총회 기간 중 별도 선거를 통해서 비밀 투표로 최종 위원국이 결정된다.

[표 2-2-5] 선거 그룹별 정부간위원회 의석 분포

선거그룹	당사국수	비율	최종의석 수
I	22	12.22%	3
II	24	13.33%	3

27) 협약당사국 총회 의사규칙(Rules of Procedure of the General Assembly of States Parties to the Convention for the Safeguarding of the Intangible Cultural Heritage) Rule 35.1과 35.2. 〈https://ich.unesco.org/doc/src/2003_Convention_Basic_Texts-_2022_version-EN_.pdf〉(최종검색일: 2025년 3월 24일).

III	32	17.78%	4
IV	40	22.22%	5
V(a)	44	24.44%	6
V(b)	18	10.00%	3
합계	180	100%	24

나. 정부간위원회 위원국 선출

앞서 살펴본 위원회 의석 배분 결과에 따라 총회 둘째 날 정부간위원회 신규 위원을 선출하는 비밀투표를 실시했다. 무경합 지역인 1그룹(서유럽)과 3그룹(남미 및 캐리비안), 5(a)그룹(아프리카)을 제외한 나머지 3개 그룹, 즉 2그룹(동유럽)과 4그룹(아태지역), 5(b)그룹(아랍)은 투표로 새로운 위원국이 결정되었고, 결과는 아래 [표 2-2-6]과 같다.

[표 2-2-6] 정부간위원회 위원국 투표 결과

선거그룹	신규 의석수	후보	선출	비고
I	1	독일	독일	무경합
II	2	슬로바키아(94표) 우즈베키스탄(105표) 보스니아-헤르체고비나(9표) 불가리아(26표) 에스토니아(69표)	슬로바키아 우즈베키스탄	
III	1	파라과이	파라과이	무경합
IV	4	방글라데시(97표) 인도(110표) 말레이시아(110표) 베트남(120표) 캄보디아(95표) 태국(75표)	방글라데시 인도 말레이시아 베트남	
V (a)	3	앙골라 부르키나파소 에티오피아	앙골라 부르키나파소 에티오피아	무경합
V (b)	1	모리타니(82표) 이라크(70표)	모리타니	

다. 정부간위원회 자문을 위한 NGO 인가

2022년 현재, 148개 NGO가 협약의 정부간위원회 자문을 위한 기구로 활동하고 있으며, 대부분의 기관이 '인가 NGO포럼' 멤버로 활동하고 있다. 포럼 의장(Mr. Laurier Turgeon, 캐나다 민속학협회)은 보고서를 통해 총 7개의 NGO 대표(선거그룹별 위원 6명 및 국제 NGO 1명)가 조정위원으로 선출되어 정기회의와 포럼 운영 전반에 관여하고 있다고 설명했다. 또한 포럼은 워킹 그룹을 설치해 ① 연구, ② 협약이행체계(ORF), ③ 지역 간 NGO 대표성 불균형 개선, ④ 윤리 이슈, ⑤ 정보기술 분야 활동을 이어가고 있다고 밝혔다. 인가 NGO 포럼은 협약 이행에 있어 지역적, 국제적 차원에서 공동체와의 대화 증진, 등재 심사기구 참여 등 역할이 확대되기를 희망하고 있으며, 인가 NGO의 지역 불균형 해소 방안을 마련하기 위해 노력하고 있다고도 했다.

인가 NGO의 지역적 불균형에 대해 추가적으로 팔레스타인은 당사국 의무를 이행하지 않는 국가의 NGO는 심사기구에 참여할 수 없도록 제한하는 한편 협약 당사국이 아닌 국가에서 활동하고 있는 NGO가 심사기구 선거에 입후보하지 못하도록 제한하는 안을 제출했다. 이러한 팔레스타인의 제안은 지역별로 찬반이 나뉘면서 콜롬비아는 이를 절충하기 위해서 협약 사무국이 당사국, 유네스코 국가위원회, 인가 NGO 등과 함께 지역적 균형 달성을 위한 계획을 제출할 것을 요청했으며, 팔레스타인은 선거그룹별 인가 쿼터 도입 가능성을 검토하도록 추가 수정 제안했다. 팔레스타인의 지역 제한과 관련해 유네스코 법무보좌관은 인가 NGO 소재지가 협약 당사국이어야 하는가 여부는 현행 제도상 인가 필수조건은 아닌 것으로 해석했으나, 최종 결정은 총회가 어떻게 해석할 것인지에 달려 있다고 설명했다.

지역별 입장차를 조율하기 위해 본회의와 별도로 선거그룹별 2~3개 국가가 참여하는 특별 컨설테이션 회의(2022. 7. 7., 공동의장: 일본, 에티오피아)가 진행되었는데, 크게 두 가지 의견으로 나뉘었다. 주로 1, 2그룹은 국적이 아닌 기관의 전문성을 바탕으로 결정해야 하며 NGO의 경우 당사국과 분리해서 판단해야 하므로 심사기구로 선출하는 것에 문제가 없다는 입장을 확인했다. 반대로 3, 5그룹을 중심으로 심사기구의 경험이 당사국 역량 강화와 직결되기 때문에 당사국으로서 의무를 이행하는 국가에 직접적으로 기회가 돌아가야 한다는 주장을 했다.

이러한 입장차를 확인한 후, 총회 문서에는 향후 심사기구 구성원 선출 시 "인가 NGO의 주소지domicle에 유념하도록 한다"는 문구로 정리해서 채택했다.

③ 협약 이행 지침 관련

가. 아이티 '주무 수프Joumou Soup' 대표목록 등재 후속 절차 승인

사무국은 아이티 정부 요청에 따라 제16차 정부간위원회(2021)에서 예외적으로 패스트트랙을 적용해 등재신청서 심사를 추진했다고[28] 설명했다. 하지만 당시 일부 위원국에서 패스트트랙 절차 타당성에 대한 문제를 제기했기 때문에 협약 제7조에 따라 위원회가 등재 관련 결정 권한을 갖고 이를 총회가 승인할 수 있다는 법무보좌관 해석에 따라 토론을 거쳐 최종적으로 "해당 등재를 승인하되 제9차 총회에서 이를 검토하도록 요청한다"는 수정안으로 통과되었다. 그에 따라 이번 총회 안건으로 상정되어 당사국의 의결이 요청되었다.

보츠와나, 사이프러스, 베트남 등 많은 국가에서 '주무 수프'의 대표목록 등재는 아이티에 대한 연대 표시이자 협약 체계가 지닌 유연성을 보여주는 모범 사례였다는 점에서 강력한 지지를 표명했지만, 여전히 일부 국가는 절차적 타당성 문제를 확인해 줄 것을 요청했다. 특히 프랑스는 향후 발생할 수 있는 갈등을 방지하기 위해서 명확한 절차 확립이 필요하다고 발언했으며, 팔레스타인은 긴급 상황에 대한 법적 근거를 명시할 것을 요청했다. 당사국 질의에 법무보좌관은 협약이나 현행 운영 지침상 예외적 등재 처리에 대한 절차가 명시되어 있지 않더라도, 협약 제7조에 따라 위원회가 목록 등재 및 제안 관련 권한을 가지고 있다고 설명하면서 이번 안건은 총회가 절차를 승인하는 것이 아니라 지난 위원회의 결정 자체를 승인하는 것이라고 설명했다. 따라서 아이티에서 "예외적으로 절차를 승인한다Endorses, on an exceptional basis, the procedure"로 수정한 결정문이 총회의 지

28) 원래 다음 해인 17차 위원회에서 심사를 받는 사이클이었지만, 같은 해 8월 자연 재해로 인해서 예외적으로 패스트트랙을 적용받아 등재하게 된 케이스임.

지를 받아 최종 승인되었다.

나. 협약 목록 메커니즘에 대한 국제적 성찰 및 협약 이행 운영 지침 수정 제안

협약 목록 메커니즘에 대한 국제적 성찰을 목표로 구성된 개방형 정부간 워킹 그룹은 주유네스코 일본 특명전권대사(H.E. Mr Atsuyuki Oike Ambassador)를 의장으로 2021년 5월 설문조사와 이후 전문가 회의 등을 통해 목록 메커니즘 개편 방향에 있어 미세조정형, 리포지셔닝형 접근법에 합의했고, 워킹 그룹의 권고안을 바탕으로 작성한 운영 지침 개정안을 제16차 위원회에서 승인받았으며, 그에 따라 운영 지침의 개정이 이루어졌다. 운영 지침 개정안은 개방형 회의 권고문 외에도 제16차 위원회에서 추가적으로 검토 요청한 이슈를 다루기 위해서 워킹 그룹의 기한을 연장하여 2022년 4월 회의를 개최해 추가 권고안으로 작성되어 제5차 특별 회기 정부간위원회 승인 후 협약 총회 안건으로 상정하게 되었다. 사무국은 워킹 그룹에서 논의된 사항을 이행하기 위해서는 인력과 예산이 추가적으로 필요하다고 설명했고, 해당 예산안을 포함한 계획을 2024년 개최되는 제10차 총회에서 결정하기로 정했다. 결정문 채택에 앞서 워킹 그룹 의장은 장시간 여러 차례에 걸쳐 이루어진 논의인 만큼 토론 없이 결정문을 채택해 달라고 요청했으며 다수 국가의 지지를 받아 최종 결정되었다.

한편, 벨기에, 일본, 덴마크, 오스트리아, 브라질, 폴란드, 아제르바이잔, 노르웨이, 필리핀 등은 추가적으로 협약 제18조 관련 추가 이니셔티브가 필요하다고 강조했고, 팔레스타인, 에스토니아, 사우디아라비아에서 예외적 상황에 대한 명확한 정의와 함께 운영 지침을 개정할 것을 요청했다. 아울러 등재 신청을 결과가 아닌 과정으로 인식해 기록 등 기타 보호 활동이 중요하다고 언급했다. 그리고 사무국의 업무 효율성 제고를 위한 재정 지원 필요성이 다시 한 번 강조되었다.

④ 제9차 총회 마무리

협약 총회는 최고 결정 기구로서 협약의 이행과 관련된 주요 사항을 논의하고 결정한다. 총회에 상정되는 많은 의제들은 이미 약 2년의 기간 동안 정부간위원회, 사전 컨설테이션 미팅, 전문가 회의 등을 거쳐 여러 번 논의되어 총회에서 다뤄지기 때문에 총회에서 결정이 바뀌는 경우는 많지 않다. 이번 총회의 가장 중요한 이슈는 등재와 관련한 메커니즘의 변화이다. 물론 처음 제안에 대한 토론이 시작될 때 기대했던 것과는 변화 수준과 범위에 있어서 각 당사국이 받아들이는 정도는 다를 수 있다. 하지만 지난 20년 가까이 협약이 이행되어 오면서 가장 집중 조명을 받는 등재 방식에 변화가 필요하다는 데 많은 국가들이 인식을 같이하고 있는 것으로 보인다. 또한 '예외적인'이라는 조건이 붙기는 하지만 초기에 미처 고려하지 못한 상황, 다시 말해서 현행 이행 지침에서 다루지 않고 있는 상황이 등재와 심사 과정에서 발생하면서 이것을 단편적인 해프닝(또는 인도적 연대 활동)으로 처리할 것이 아니라 명확한 절차에 근거해 처리할 수 있도록 제도 정비가 필요하다는 데에 의견이 모아지고 있다. 등재 메커니즘과 관련해서는 여러 번의 전문가 회의를 통해 작성된 권고문에 따라 결정문이 총회에서 승인되었다. 그동안 논의되었던 여러 이슈 중 일부는 이행 지침에 근거를 마련하는 등 어느 정도의 정리는 이루어진 것으로 보인다. 그렇지만 여전히 당사국의 피드백을 모두 수용하기에는 시간과 인력, 재원이 추가적으로 필요해 보인다.

목록 메커니즘 이후 다음 주제는 모범 사례의 활성화 방안에 맞춰질 것으로 보인다. 등재 자체가 가지고 있는 긍정적인 효과에도 불구하고, 목록 간 심각한 불균형 해소 방안에 대해서도 심도 깊은 토론이 이루어질 것으로 희망한다.

(3) 제10차 협약 당사국 총회(2024. 6. 11.~12., 프랑스 파리)[29)]

2024년 6월 11일(화)부터 12일(수)까지 양일간 프랑스 파리의 유네스코 본부에서 제10차 협약 당사국 총회가 개최되었다. 제10차 당사국 총회의 주요 내용은 다음과 같다.

---

29) 제10차 유네스코 무형문화유산보호협약 당사국 총회 보고서는 ICHCAP의 서진영 전문관이 제공한 보고서 자료를 활용하였다. 총회 보고서를 제공한 서진영 전문관께 깊이 감사드린다.

① 사무국 관련 보고

가. 사무국 의장단 및 의석 배분

협약 당사국 총회 의사규칙 제11조에 따라 아래와 같이 의장단을 선출했다(표 2-2-7 참조).

[표 2-2-7] 당사국 총회 의장단

의장	Mr. Mauriusz Lewicki (폴란드)
부의장	룩셈부르크, 엘살바도르, 베트남, 에티오피아, 모로코
서기	Mr. Souleymane Konate (말리)

또한 협약 당사국 총회 의사규칙 제35조 2항에 의거하여 위원회 의석 24석은 선거그룹별로 배분했는데, 선거그룹 당 최소 3개 의석을 배분하되, 각 그룹당 당사국 수에 비례하여 배분했다. 그리고 10.GA 4 단락 4에 따라, 최근 당사국이 된 산마리노, 리비아, 영국 포함 183개국이 5개 선거그룹으로 나뉘었다. 그러나 협약 당사국이 증가했음에도 불구하고 의석 배분 수에는 변동이 없었다.

나. 사무국 활동 보고

• 협약 이행 지원에 대한 내용으로 거버넌스 구축

2022년 1월~2023년 12월까지 사무국의 주요 활동은 협약 이행 지원에 대한 내용으로 거버넌스 구축을 위해 다양한 활동이 이루어진바, 특히 '협약 목록 메커니즘에 대한 국제적 성찰'과 '협약 제18조의 광범위한 이행을 위한 국제적 성찰' 전문가 회의, 워킹 그룹 회의를 진행하였다. 그리고 사무국은 '긴급상황에 처한 무형문화유산 보호에 관한 운영지침 및 방식'에 의거, 아제르바이잔의 무형문화유산기금 지정 공여를 통해 분쟁 및 강제 이주 상황에서 무형문화유산을 보호하기 위한 새로운 역량 강화 자료가 개발되어 카메룬 난민캠프에서 이행될 예정이다. '태평양·캐리비안 지역 SIDS의 긴급상황에 처한 무형문화유산 보호를 위한 역량 강화'사업이 진행중이다.

• 서울비전

향후 방향성에 대하여 '서울비전'을 언급하면서 '서울비전' 선언에 대한 후속조치로 사무국은 협약과 이해관계자의 집중 활동 영역 파악 및 2026~2029 사업 방향성 설정을 위해 당사국을 대상으로 설문조사를 실시했는데, 그 결과는 H(성평등) - F(디지털 기술) - G(다양성) - I(데이터 및 지식 공유) - A(청년) - E(정책) - C(경제) - B(이해관계자간 대화) - D(교육)의 순으로 나타났다고 보고했다.

• 전쟁과 무형문화유산

가자전쟁으로 인해 가자지역의 박물관, 모스크, 역사지구 등 문화유산이 파괴되고 있으며, 전쟁의 지속은 결국 유산의 파괴를 넘어 소멸에 이르게 할 것임을 언급하면서 무형문화유산을 보호하고 무고한 사람을 보호할 것을 호소했다. 또한 우크라이나에 관해서 독일의 대표 발언으로 42개국(대한민국, 알바니아, 오스트리아, 벨기에 등)이 우크라이나 지지 성명을 발표했다. 전쟁으로 회복탄력성, 지속성이 위협받고 있다는 것을 서두에 밝히며, 유네스코의 긴급 지원에 대해 감사를 표했다.

② 정부간위원회 관련

가. 정부간위원회 위원국 선출

협약 당사국 총회 의사규칙 제13조에 의거해 유네스코 선거그룹에 따라 선거를 실시하여 선거그룹별 의석수를 기반으로 위원국을 선출했다. 6월 10일자 제7차 수정안에 따라 전 선거그룹을 무경합으로 선출했다.

[표 2-2-8] 선거그룹별 신규 위원국(득표수)

1그룹	2그룹	3그룹	4그룹	5(a)그룹	5(b)그룹
프랑스(무경합) 스페인(무경합)	우크라이나 (무경합)	바베이도스 (무경합) 도미니카공화국 (무경합) 아이티(무경합)	중국(무경합)	나이지리아(무경합) 우간다(무경합) 잠비아(무경합)	알제리(무경합) 아랍에미리트 (무경합)

나. 정부간위원회 활동보고

2022년 1월부터 2023년 12월까지 제17차(2022), 제18차(2023) 정부간위원회 정기회의 및 제5차 위원회 비정기회의(2022)에 관한 보고가 있었다. 특히 제17차 정부간위원회는 코로나 이후 대면으로 개최된 첫 정부간위원회로, '유네스코 헌장'에 반영된 창설 원칙인 존엄, 평등, 상호존중 등을 위배하여 종목 삭제 절차가 최초로 이루어졌으며, 제5차 비정기 회의는 협약 제17조 3항을 최초로 적용, 우크라이나의 긴급 상황에 처한 무형유산 보호를 위해 신속 등재를 결정하였음을 언급했다.

그리고 제18차 정부간위원회는 협약 20주년을 기념하는 행사가 연간 이루어졌음을 소개했고 등재 메커니즘 개선을 위한 글로벌 성찰의 결과로서 운영지침 수정안을 검토했다. 특히 제18차 정부간위원회에서는 등재 신청 유산 전체가 등재되었음을 강조하였다. 주제별 이니셔티브의 일환으로 만들어진 지침서는 미래 방향성을 제시하는 문서로 활용될 수 있을 것에 대한 기대를 표했다. 추가적으로 문화 사무총장보는 협약 이행에 있어 역량 강화는 주요 활동 중 하나임을 강조하였다. 글로벌 기금운용 우선순위인 '다중모드 접근방식을 활용한 지속가능한 발전을 위한 무형문화유산 보호 역량 강화'와 '공식·비공식 교육에서의 무형문화유산 보호'에 30개 원조 신청 접수와 지원을 진행했으며, 미화 3,492,482달러가 기금에서 집행되었다고 보고했다.

③ NGO 관련

가. 위원회 자문을 위한 NGO 인가

제18차 정부간위원회는 73개 NGO의 신규 인가 신청을 검토하고 그중 58개 NGO의 인가를 총회에 권고했다. 특히 사무국은 2022년 제9차 총회에서 채택된 결정문 9.GA 7에 따라 신규 인가신청 검토 시 유네스코 지역사무소의 협력을 구하고 있으며, 인가신청 NGO 목록을 지역사무소에 제공하고 관련 정보를 수집하기 위한 양식을 작성하였음을 언급했다.

나. 인가 NGO 불균형 문제

토고, 브라질, 파라과이 등은 지리적 불균형 문제 해결을 위한 대응 방안을 사무국에 촉구하였으며, ICH NGO 포럼은 미인가 NGO를 포함하여 지리적 연계가 우선 과제임을 재확인함이었다고 언급했다. 그리고 워크숍, 단계별 접근방식, 다양한 자료를 통한 인식 제고와 NGO의 인가를 장려하기 위하여 사무국과 긴밀하게 협력해 나갈 것을 약속했다.

사무국은 협약 제9조에 비추어, 협약 집행기구는 위원회에 자문 서비스를 제공하도록 인가된 NGO가 선거그룹 대비 지리적으로 균형 잡힌 대표성이 부족하다는 점에 우려를 표했으며 ICH NGO 포럼 워킹그룹을 중심으로 지리적 균형을 보장하기 위한 논의를 지속해왔음도 밝혔다.

그리고 이를 실질적으로 확인하기 위해 2024년 4월 26일부터 5월 15일까지 온라인 설문조사를 실시했다. 모든 협약 당사국(대표부 및 국가위원회 포함)에 의견을 제출하도록 요청하였으며 질의의 내용은 지리적 불균형을 개선하기 위해 우선적으로 고려해야 할 조치가 무엇인지에 초점을 맞추었다. 37개 당사국으로부터 받은 답변은 다음 [표 2-2-9]와 같다.

[표 2-2-9] 지리적 불균형 개선을 위해 우선 고려해야 할 조치에 대한 설문조사 결과

가능한 조치	답변[30]
대표성이 낮은 지역의 인가/비인가 NGO 모두를 위한 역량 강화 이니셔티브 이행	23(62%)
인가 제도와 그 이점에 대한 인식 제고 이니셔티브(예: 온라인 정보 세션, 정보 키트) 이행	17(46%)
카테고리 2 센터, 유네스코 지역사무소, ICH NGO Forum이 과소 대표 지역의 NGO와 함께 협약 참여 확대 장려	17(46%)
NGO가 당면하고 있는 다양한 어려움을 더 잘 이해하기 위한 연구 수행	8(22%)
신청 절차를 보다 쉽게 이용할 수 있도록 인가 양식 ICH-09 수정	5(14%)
인가 NGO를 위한 할당 시스템 적용	3(8%)

30) 37개 참여 당사국 중 해당 조치를 택한 응답자 수(백분율). 각 당사국은 최대 2개의 가능한 조치를 선택할 수 있었음.

다. NGO 포럼 활동 보고

ICH NGO 포럼은 과소 대표된 지역의 NGO 수를 늘리고 유네스코 내외에서 새로운 파트너십을 구축하기 위해 노력하고 있음을 언급했다. 특히, 인가 NGO 정보 공유를 위한 온라인 워크숍 및 정보 세션을 개최했으며, 커뮤니케이션 확대를 위해 #HeritageAlive를 포함한 간행물 등의 게시물을 지속적으로 공유하고 있다는 것도 강조했다.

ICH NGO 포럼과 무형유산분야 카테고리 2 센터의 경험과 설문조사 결과를 결합하여, 인가 요청서 제출 마감 전 몇 달간 인가 과정과 이점에 대한 정보 제공 및 공유, 역량 강화 워크숍을 통한 역량 있는 NGO 모집, ICH NGO 포럼 및 카테고리 2 센터와의 협력 강화, 과소 대표 지역의 비인가 NGO 목표 설정이라는 4가지 주요 축을 중심으로 실천을 권고했다.

인가 NGO의 지리적 분포 불균형은 여전히 심각한 문제로 남아 있으나, 과소 대표 지역의 인가 요청을 장려하기 위한 협약 이해당사자들의 노력이 최근 회기에 반영되면서 추세가 개선되고 있음을 보여준다는 점에도 주목해야 함을 강조했다. 통계적으로, 만약 금번 총회에 상정된 58개 인가 요청이 모두 승인된다면, 선거그룹 I의 인가 NGO 비율은 인가 제도가 도입된 이래 처음으로 전체 인가 NGO 수의 50% 아래로 떨어질 것이며 새롭게 착수될 실천들은 이러한 긍정적인 상황에 기반하여 이뤄질 것으로 기대감을 표하기도 했다.

④ 협약 이행 지침 관련

가. 협약 이행을 위한 운영지침 개정안

제18차(2023) 정부간위원회는 워킹그룹의 권고사항 3에 기초하여 목록 선정기준 조정을 위해 아래에 요약된 바와 같이 운영지침 7단락의 개정을 고려하기로 했다.

a. 목록 등재신청은 모든 등재기준을 충족해야 한다는 점을 이해시키기 위해 7단락의 머리 문구 변경(영문에서 'best', 국문에서 '가장 잘' 삭제)
b. 기준 P.2 및 P.8의 삭제, 기준 P.1/P.3의 병합, 기준 P.6/P.7의 병합을 통한 등재기준의 단순화
c. 기존 등재기준과 구별하기 위해 새로운 등재기준 명칭을 G.1, G.2, G.3 등으로(기존

의 P.1, P.2, P.3 등 대신) 변경

나. 목록 등재 불균형 문제

제17차 정부간위원회는 준비지원의 범위 확대를 재차 고려하여, 사무국에 "무형문화유산 대표목록 등재종목이 없는 회원국이 최초 등재신청 준비를 위해 준비지원을 신청할 수 있도록 운영지침 개정안을 구체화"하도록 요청했다. 이에 따라 공동등재종목 보유 여부와 상관없이 대표목록 등재종목이 없는 회원국이 준비지원을 활용할 수 있게 되었다. 현재 등재 현황에 따라 총 47개국이 준비지원을 받을 수 있다. 대표목록에 등재된 개별 종목을 보유하지 않은 당사국은 새로운 양식을 사용해 다음 제출기일인 2025년 3월 31일까지 준비지원을 요청할 수 있음을 상기시켰다.

⑤ 2023년 협약 20주년 기념 보고

협약 20주년 기념 대표 행사로 2023년 7월 25~26일 대한민국 서울에서 '지속가능발전과 평화를 위한 무형문화유산의 영향력 제고'를 주제로 국제회의가 개최되었다. 그 결과로 채택된 '지속가능한 발전과 평화를 위한 무형유산 보호의 미래를 위한 서울비전'은 첫째, 무형문화유산과 생계, 둘째, 기후 행동 및 도시 맥락, 셋째, 긴급상황에 처한 무형문화유산, 넷째, 교육에서의 문화 통합, 다섯째, 디지털 환경에서의 무형문화유산에 관하여 협약의 향후 발전 방향을 제시했다.

유·무형문화유산 보호에 관한 시너지를 모색하기 위해 2023년 11월 27~29일 이탈리아 나폴리에서는 국제회의 '21세기 문화유산에 관한 나폴리 컨퍼런스'가 개최되었다. 이 회의 결과, 보호정책 및 프로그램에 관한 향후 비전의 11대 원칙을 제시한 '나폴리 정신 행동 촉구'를 채택했다.

위 세 가지 형식의 총회 보고서를 통해 총회에서 논의되고 있는 주제와 현안 그리고 총회가 진행되는 과정을 자세히 살펴볼 수 있다. 또한 총회의 논의 과정과 그 과정에서 어떤 국가가 어떤 발언을 하고 무엇을 중요시하는지, 그리고 그 내용이 어떻게 기록되고 보고서가 작성되는지도 함께 알 수 있다.

2) 정부간위원회Intergovernmental Committee

정부간위원회는 「무형문화유산보호협약」을 이행하기 위한 다양한 이슈를 다루는 가장 중요한 의사 결정기구다. 정부간위원회(이하 위원회)는 24개국으로 구성된다. 위원국의 선출은 그룹별 위원국 수에 따라 공석이 발생하면 선거를 통해 새로 선출한다. 선거그룹은 총 6개(표 2-2-10 참조)로 나뉘어 있는데 선거그룹별 위원국 수는 그룹별 회원국 수에 비례해 할당된다.

[표 2-2-10] 선거그룹별 위원국 수

제1그룹	제2그룹	제3그룹	제4그룹	제5a그룹	제6b그룹
서유럽 3개국	동유럽 3개국	남미 및 캐리비안 4개국	아시아 태평양 5개국	아프리카 6개국	아랍 3개국

위원회 위원국은 발언권 및 의사 결정권은 가지며, 위원국이 아닌 다른 회원국들은 특별한 사안의 경우 발언권을 얻을 수 있지만 의제에 대한 결정권은 갖지 못한다. 위원회는 매년 11월 말에서 12월 초에 열리는데, 위원회 유치를 희망하는 회원국이 있는 경우 해당 국가에서 예산을 부담해 개최하게 되며 희망국이 없을 시에는 프랑스 파리 유네스코 본부에서 개최된다. 위원회에서 결정된 안건은 2년마다 열리는 협약 총회에서 최종적으로 승인된다. 위원회에서는 매년 중요한 이슈들이 결정되기 때문에 위원국이 아니더라도 많은 회원국 및 전문가, NGO 등이 참가하는데, 참가자 규모는 대략 7백 명에서 천 명 정도다. 우리나라에서도 매년 위원회에 참가하고 있으며, 국가유산청과 외교부 담당자, 유네스코 아태무형유산센터, 유네스코한국위원회, 유네스코 인가 NGO,[31] 전문가 등이 참여하고

31) 한국의 유네스코 인가 NGO는 모두 4개로, 무형문화연구원, 세계탈문화예술연맹, 국가유산진흥원, 세계무술연맹이다.

있다. 우리나라는 제4그룹인 아시아·태평양 지역에 속해 있으며, 2008~2012년, 2014~2018년 그리고 2020~2024년에 위원국으로 활동했다.[32)]

(1) 위원회 역할, 기능 및 임무

위원회는 총회가 위임하고 있는 주요 사항들을 검토하고 결정하는 역할을 한다. 위원회의 역할과 임무는 협약 제7조[33)]에 규정되어 있는데 이에 따르면, 위원회의 가장 중요한 기능은 첫째, 협약 목적의 증진, 협약 이행의 장려 및 모니터링, 둘째, 무형문화유산 보호를 위한 모범사례에 대한 지침 제공 및 보호 조치에 대한 권고, 셋째, 협약 제25조에 따른 기금 재원 사용에 대한 계획 초안 작성 및 승인받기 위해 총회 제출, 넷째, 제25조에 따른 기금의 재원 확충 방안 모색 및 필요 조치 취하기, 다섯째, 협약의 이행을 위한 운영지침 작성 및 승인받기 위해 총회에 제출, 여섯째, 제29조에 따라 당사국이 제출한 보고서 검토 및 내용 요약 후 총회 제출, 일곱째, 위원회가 작성하고 총회가 승인한 객관적인 선정 기준에 따라 당사국이 제출한 무형문화유산 목록 등재 신청, 모범사례 신청, 프로그램 및 프로젝트 제안(제16, 17, 18조에 언급된 목록 등재 및 제안과 제22조에 따른 국제원조 공여) 검토, 심사 및 결정이다. 그 외에 협약 이행 운영지침 개정안 준비, 당사국 보고서 검토 등도 포함되어 있다.

(2) 위원회 구성

위원회 위원국은 6개 그룹별로 대표국을 선출해 구성된다. 위원국 구성에 관해서는 협약의 제5조와 제6조에 규정되어 있다.[34)]

---

32) 정민영, 「10차 유네스코 무형유산보호협약 정부간위원회 주요이슈」, 『무형유산학』 제1권 2호, 무형유산학회, 2016, 254~255쪽.

33) UNESCO, “Convention for the Safeguarding of the Intangible Cultural Heritage,” in *Basic Texts of the 2003 Convention for the Safeguarding of the Intangible Cultural Heritage*, 2022 Edition. 〈https://ich.unesco.org/doc/src/2003_Convention_Basic_Texts-_2022_version-EN_.pdf〉(최종검색일: 2023년 12월 22일).

위원회 위원국은 공평한 지리적 대표성 및 순환 원칙에 따라 총회에서 당사국들이 선출한다. 협약 제5조에 따라 협약 당사국의 수가 50개국에 달해 위원회 위원국의 수는 24개국이다. 24개국의 선출은 협약 제6조 제1항에 명시된 바와 같이 전 세계 공평한 지리적 대표성의 원칙에 따라 지역별 6개 그룹의 협약 당사국 수에 비례해 결정된다. 이는 전 세계 무형문화유산에 관한 다양한 의견과 보호조치를 반영하기 위한 것이다. 따라서 24개 위원국으로 구성된 위원회에서 각 그룹은 최소 3석이 배분된다. 위원국은 총회에서 선출되며 임기는 4년이다. 그리고 2년마다 총회에서 위원국의 1/2이 교체되며 연속으로 위원국으로 선출될 수 없다. 위원회의 위원국은 협약 제6조에 따라 무형문화유산의 다양한 분야에서 자격을 갖춘 사람을 대표로 선출해야 한다.

[표 2-2-11] 정부간위원회 선거그룹별 위원국 및 임기(2025. 2. 기준)[35]

선거 그룹(지역)	국가	임기
1그룹 (서유럽)	독일	2022-2026
	프랑스	2024-2028
	스페인	2024-2028
2그룹 (동유럽)	슬로바키아	2022-2026
	우즈베키스탄	2022-2026
	우크라이나	2024-2028
3그룹 (남미 및 캐리비안)	파라과이	2022-2026
	바베이도스	2024-2028
	도미니카 공화국	2024-2028
	아이티	2024-2028
4그룹 (아시아 · 태평양)	방글라데시	2022-2026

34) UNESCO, "Convention for the Safeguarding of the Intangible Cultural Heritage," in *Basic Texts of the 2003 Convention for the Safeguarding of the Intangible Cultural Heritage*, 2022 Edition. 〈https://ich.unesco.org/doc/src/2003_Convention_Basic_Texts-_2022_version-EN_.pdf〉(최종검색일: 2023년 12월 22일).

35) UNESCO ICH website, 〈https://ich.unesco.org/en/members-00028〉(최종검색일: 2025년 2월 28일).

	인도	2022-2026
	말레이시아	2022-2026
	베트남	2022-2026
	중국	2024-2028
5(a)그룹 (아프리카)	앙골라	2022-2026
	부르키나파소	2022-2026
	에티오피아	2022-2026
	나이지리아	2024-2028
	우간다	2024-2028
	잠비아	2024-2028
5(b)그룹 (아랍)	알제리	2024-2028
	모리타니	2024-2028
	아랍에미리트	2024-2028

(3) 위원회의 운영 방법

협약 제8조는 위원회의 운영 방법에 관해 규정하고 있다.[36] 첫째, 위원회는 협약 이행과 관련된 모든 활동과 결정에 대해 총회에 보고해야 하며, 위원회의 모든 결정은 총회에서 승인을 받는다. 둘째, 위원회는 재적 위원 3분의 2 이상의 찬성으로 자체 절차 규칙을 채택한다. 셋째, 위원회는 업무 수행을 위해 필요하다고 판단되는 임시 협의체를 한시적으로 설치할 수 있다. 이에 따라 대표목록, 긴급보호목록 및 국제원조 요청을 검토하고 심사하는 심사기구Evaluation Body를 두고 있다. 마지막으로 위원회는 특정 사안에 대해 자문을 구하기 위해 무형문화유산의 다양한 분야에서 역량을 인정받은 공공 또는 민간 기관과 민간인을 회의에 초청할 수 있다.

---

36) UNESCO, "Convention for the Safeguarding of the Intangible Cultural Heritage," in *Basic Texts of the 2003 Convention for the Safeguarding of the Intangible Cultural Heritage*, 2022 Edition. 〈https://ich.unesco.org/doc/src/2003_Convention_Basic_Texts-_2022_version-EN_.pdf〉(최종검색일: 2023년 12월 22일).

(4) 위원회의 활동

협약 제18조에는 무형문화유산 보호를 위한 프로그램, 프로젝트 및 활동에 관한 위원회의 활동 내용에 대해서도 명시하고 있다.[37)]

먼저, 위원회는 당사국이 제출한 제안에 기초해 위원회가 정하고 총회가 승인하는 기준에 따라 개발도상국의 특별한 필요를 고려해 이 협약의 원칙과 목적을 가장 잘 반영한다고 판단되는 무형문화유산 보호를 위한 국가, 소지역 및 지역 프로그램, 프로젝트 및 활동을 주기적으로 선정하고 추진한다. 둘째, 이를 위해 위원회는 그러한 제안을 준비하기 위해 당사국으로부터 국제 지원 요청을 접수, 검토 및 승인한다. 셋째, 위원회는 위원회가 결정하는 수단을 사용해 모범사례를 전파함으로써 그러한 프로젝트, 프로그램 및 활동의 이행을 동반한다. 즉, 위원회의 활동은 무형문화유산의 보호에 필요한 인적 자원 양성, 역량 강화 및 교육에 집중하고 당사국이 관련 신청서를 작성하는 데 필요한 지원을 제공한다.

(5) 비정부기구의 자문기구 인가

협약 제9조[38)]에 따라 위원회는 무형문화유산의 관련 분야에서 능력을 인정받은 비정부기구가 자문 자격으로 활동할 수 있도록 이러한 기구의 인가를 총회에 제안할 수 있으며 비정부기구 인가의 기준 및 양식을 총회에 제안한다.

(6) 위원회 회의

2003년 「무형문화유산보호협약」을 채택한 후, 위원회는 협약의 규정에 따라 정부간위

37) UNESCO, "Convention for the Safeguarding of the Intangible Cultural Heritage," in *Basic Texts of the 2003 Convention for the Safeguarding of the Intangible Cultural Heritage*, 2022 Edition. 〈https://ich.unesco.org/doc/src/2003_Convention_Basic_Texts-_2022_version-EN_.pdf〉(최종검색일: 2023년 12월 22일).

38) UNESCO, "Convention for the Safeguarding of the Intangible Cultural Heritage," in *Basic Texts of the 2003 Convention for the Safeguarding of the Intangible Cultural Heritage*, 2022 Edition. 〈https://ich.unesco.org/doc/src/2003_Convention_Basic_Texts-_2022_version-EN_.pdf〉(최종검색일: 2023년 12월 22일).

원회를 구성하고 2006년 제1차 위원회 회의를 시작으로 2024년까지 총 5차례의 임시회의와 19차례의 정기회의를 개최했다. 그동안 위원회의 회의 개최년도와 개최 장소는 다음 [표 2-2-12]와 같다.

[표 2-2-12] 정부간위원회 개최 연혁

회기	기간	개최지	한국의 대표목록 등재 종목[39]
제1차 회의	2006. 11. 18.~ 19.	알제리 알제	
제1차 임시회의	2007. 5. 23.~27.	중국 청두	
제2차 회의	2007. 9. 3.~ 7.	일본 도쿄	
제2차 임시회의	2008. 2. 18.~22.	불가리아 소피아	
제3차 임시회의	2008. 6. 16.	프랑스 파리	
제3차 회의	2008. 11. 4.~8.	튀르키예 이스탄불	
제4차 회의	2009. 9. 28.~10. 2.	UAE 아부다비	• 인류 구전 및 무형유산 걸작인 종묘제례 및 종묘제례악(2001), 판소리(2003), 강릉단오제(2005) 포함. • 강강술래, 남사당놀이, 영산재, 제주칠머리당영등굿, 처용무 등재
제5차 회의	2010. 11. 15.~19.	케냐 나이로비	가곡, 대목장, 매사냥(공동) 등재
제6차 회의	2011. 11. 22.~29.	인도네시아 발리	줄타기, 택견, 한산모시짜기 등재
제4차 임시회의	2012. 6. 8.	프랑스 파리	
제7차 회의	2012.12.3.~7.	프랑스 파리	아리랑 등재
제8차 회의	2013. 12. 2.~7.	아제르바이잔 바쿠	김치와 김장문화 등재
제9차 회의	2014. 11. 24.~28.	프랑스 파리	농악 등재
제10차 회의	2015. 11. 30.~12. 4.	나미비아 빈트후크	줄다리기(공동) 등재
제11차 회의	2016. 11. 28.~12. 2.	에티오피아 아디스아바바	제주해녀문화 등재
제12차 회의	2017. 12. 4.~9.	대한민국 제주	

39) 한국의 대표목록 등재유산 종목명은 국가유산청의 인류무형문화유산 종목표기 방식을 따랐다. 따라서 유네스코 대표목록의 영문 종목명과 다를 수 있다.
국가유산청,
〈https://www.heritage.go.kr/heri/html/HtmlPage.do?pg=/unesco/korInCulHeritage.jsp&pageNo=5_3_2_0〉(최종검색일: 2025년 8월 31일).

제13차 회의	2018. 11. 26.~12. 1.	모리셔스 포트루이스	씨름(공동) 등재
제14차 회의	2019. 12. 9.~14.	콜롬비아 보고타	
제15차 회의	2020. 12. 14.~19.	프랑스 파리	연등회 등재
제16차 회의	2021. 12. 13.~18.	온라인(프랑스)	
제5차 임시회의	2022. 7. 1.	온라인(프랑스)	
제17차 회의	2022. 11. 28.~12. 3.	모로코 라바트	한국의 탈춤 등재
제18차 회의	2023. 12. 4.~9.	보츠와나 카사네	
제19차 회의	2024. 12. 2.~7.	파라과이 아순시온	한국의 장 담그기 문화 등재

위원회 회의는 정해진 의제에 따라 진행된다. 회의는 개회, 의제 채택, 옵저버 승인, 지난 위원회 요약문 채택, 당사국 보고, 사무국과 그간의 위원회 활동에 대한 보고에 이어 위원회의 중요한 기능이라 할 수 있는 대표목록, 긴급보호목록, 모범사례, 국제원조 요청에 대한 심사 보고가 이루어진다. 또한 무형문화유산 보호에 관한 현안과 다양한 주제도 논의된다.

다음에서는 정부간위원회 회의가 어떻게 진행되는지 그리고 주요 의제 논의 과정과 그 논의 내용을 소개하려고 한다. 우선 초기 제1~3차 위원회와 그 사이에 있었던 제1~3차 위원회 임시회의를 간략하게 살펴보고, 이후 2003년 「무형문화유산보호협약」에서 중요한 변화를 가져온 논의나 결정이 있었던 정부간위원회 중에서 첫 대표목록 심사가 있었던 2009년 제4차 위원회, 단일 심사기구에 의한 목록 심사가 있었던 2015년 제10차 위원회, 대화 프로세스가 처음 시행되었던 2019년 제14차 위원회, 2022년 제17차 위원회 그리고 가장 최근인 2024년 제19차 위원회에 대해서는 구체적인 논의 사항을 함께 소개함으로써 정부간위원회에서 어떤 논의가 이루어지는지 자세히 알아보고자 한다.

다음에서 소개할 위원회 의제 논의 중, 2015년 나미비아 빈트후크에서 개최되었던 제10차 정부간위원회는 아태무형유산센터 정민영의 보고서, 2019년 콜롬비아 보고타에서 열린 제14차 정부간위원회와 2022년 모로코 라바트에서 열린 제17차 정부간위원회는 아태무형유산센터 차보영의 보고서, 그리고 가장 최근인 2024년 파라과이 아순시온에서 열린 제19차 정부간위원회는 아태무형유산센터 서진영의 보고서를 참고하여 정리했다.

① 제1차, 2차 정부간위원회 및 제1차~3차 정부간위원회 임시회의(2006~2008)

2006년 11월 18~19일까지 알제리 알제에서 열렸던 제1차 정부간위원회를 시작으로 2번의 정부간위원회 그리고 3번의 임시 위원회를 개최해 협약 이행을 위한 운영지침에 대해 논의했다. 가장 많은 관심을 끈 것은 대표목록 등재에 관한 사항이었다. 제일 먼저 고려한 사항은 등재 방식에 관한 것이었다. 많은 참석자들이 무형유산의 등재는 '탁월한 보편적 가치'를 중시하는 세계유산 등재 방식과는 다른 방식이어야 한다고 주장했다. 무형유산은 다양성, 문화상대주의적 관점을 지향하기 때문에 우열의 관점에서 봐서는 안 된다는 주장이었다. 그래서 무형유산의 등재는 세계유산처럼 한 번 등재되면 영원히 존재하는 축적 방식이 아닌 등재된 후 어느 정도 기간이 지나면 등재 목록에서 제외되는 일몰 방식을 채택하자는 견해가 많았다. 그러나 이러한 합의는 2007년 청두에서 진행된 제1차 임시회의에서 축적 등재 방식으로 결론이 났다.

또 다른 주요 논의 중 하나는 2001년, 2003년, 그리고 2005년에 인류 구전 및 무형유산 걸작으로 선정된 90개의 목록을 대표목록에 포함시키는 것에 대한 논의가 장시간 이어졌다. 대체로 통합하자는 데 의견이 모아졌지만, 그 걸작을 소유한 나라가 아직 「무형문화유산보호협약」에 가입하지 않았을 경우 해당 국가의 걸작을 제외할 것인가에 대한 논의도 전개되었다. 이외에도 많은 협약 이행 사안이 논의되었으며, 마침내 2008년 6월, 프랑스에서 열린 제3차 임시총회에서는 그동안 논의되었던 협약 이행 운영지침이 채택되었다.

② 제3차 정부간위원회(튀르키예 이스탄불, 2008)

2008년 11월 4일부터 8일까지 튀르키예 이스탄불에서 열린 제3차 위원회는 협약 이행 운영지침이 채택된 이후 처음으로 개최되는 정부간위원회로, 등재 심사를 담당할 기구를 선정했다. 한국을 포함해 6개 국가가 심사국으로 선정되었으며 에스토니아가 의장국이 되었다. 위원회는 2009년부터 2011년까지는 각국이 원하는 만큼 대표목록 후보를 신청하도록 했다. 제3차 위원회에서 「무형문화유산보호협약」 운영지침, 기구 구성이 완료됨에 따라 2009년부터 대표목록, 긴급보호목록 및 국제원조요청 심사를 진행할 수 있는 틀이 완비되었다.

③ 제4차 정부간위원회(아랍에미리트 아부다비, 2009)

2009년 9월 28일~10월 2일 사이에 UAE 아부다비에서 열린 제4차 위원회에서 첫 번째 대표목록 심사가 이루어졌다. 각 회원국은 제한 없이 후보작을 제출했다. 심사보조기구의 보고서에 의하면 협약 당사국들이 제출한 111개의 대표목록 등재신청서 중 5개의 신청서만 완성된 것이었고, 나머지 신청서들은 미완성 상태였거나 추가로 보완이 필요했다. 심사보조기구는 111개의 신청서를 심사했고, 2009년 목록에 76개의 신청 유산을 등재할 것을 권고했다. 제4차 위원회에서는 이 권고에 따라 2009년 무형문화유산 대표목록에 76개의 유산을 등재한다고 결정했다. 그 결과 「무형문화유산보호협약」 하에서 처음 시행된 이 대표목록에는 등재권고를 받은 76개 종목과 이전의 인류 구전 및 무형유산 걸작에 등재되어 있던 90개 유산을 포함해 총 166개의 유산이 대표목록에 오르게 되었다.

제출된 대표목록 등재신청서에 대한 노리코 아이카와-포르의 세부 분석에 따르면,[40)] 111개 등재신청서 중 35개의 신청 유산이 심사보조기구의 등재 권고를 받지 못했는데, 그 중 26개의 신청서는 협약 제2조에 명시된 무형문화유산의 정의[41)]에 부합해야 한다는 기준을 충족하지 못하고 있었다. 이는 무형문화유산의 정의가 협약 제1조의 협약의 목적과 함께 협약의 가장 중요한 근간을 이루는 부분인데도 불구하고 협약 당사국 대부분이 협약에 명시된 무형문화유산의 정의에 대해 아직 완전히 이해하지 못했다는 것을 의미한다.

---

40) 노리코 아이카와-포르, 「2003년 무형유산보호협약 이행 관련 이슈와 과제」, 『정보와 네트워킹 어떻게 할 것인가』, 무형유산보호에 관한 국제회의 발표집, 아태무형유산센터, 2009, 127~128쪽.

41) 유네스코 「무형문화유산보호협약」 제2조 제1항. The 'Intangible Cultural Heritage' means the practices, representations, expressions, knowledge, skills - as well as the instruments, objects, artifacts and cultural spaces associated therewith - that communities, groups and, in some cases, individuals recognize as part of their cultural heritage. This intangible cultural heritage, transmitted from generation to generation, is constantly recreated by communities and groups in response to their environment, their interaction with nature and their history, and provides them with a sense of identity and continuity, thus promoting respect for cultural diversity and human creativity. For the purposes of this Convention, consideration will be given solely to such intangible cultural heritage as is compatible with existing international human rights instruments, as well as with the requirements of mutual respect among communities, groups and individuals, and of sustainable development.

협약은 통과되고 발효되었으나 무형문화유산의 정의와 의미, 특히 무형문화유산은 살아 있는 그리고 공동체 안에서 전승, 재창조된다는 정의를 완전히 파악하지 못한 국가들이 많았다고 볼 수 있다.[42)]

또 하나 주목해야 하는 문제는 이번 회기에 제출된 대표목록 등재신청서는 111개인 반면, 긴급보호목록은 15개뿐이라는 것이었다. 이러한 큰 차이가 의미하는 것은 무엇인지, 왜 이런 현상이 일어났는지에 대해 노리코 아이카와-포르는 다음과 같이 말한다.

> 협약은 대표목록에 대한 정의는 물론이고 '대표representative'라는 용어도 정의하지 않고 있다. 그럼에도 불구하고, 무형문화유산의 정의를 고려해 봤을 때 '대표'라는 용어는 '공동체를 대표하는 것'을 의미하는 것으로 이해되어야 할 것 같다. 협약 당사국들은 대표목록을 제목이 내포하는 것처럼 인류 전체를 대표하는 것으로 '대표'라는 용어를 잘못 해석함으로써 대표목록이 더욱 명성이 높은 것으로 이해할 수도 있다. 더욱이 일부 협약 당사국들은 대표목록의 무형문화유산에 등재되면 등재된 유산에 대한 인식과 인지도가 높아질 것이라고 생각했다(ITH/09/4.COM/CONF.209/13, para. 22). 또 다른 이유로는 협약 당사국들이 주요 기준이 '탁월한 보편적 가치universal and outstanding value'에 있는 명성 높은 세계유산목록에 대한 작업을 35년 이상 해오면서 익숙해졌기 때문이다. 협약 당사국에게 1972년 협약하의 세계유산목록에 유산이 등재된다는 것은 그 국가의 명성이 높아지는 것을 의미하기도 한다. 협약 당사국들은 위험에 처한 세계유산목록인 소위 '위험목록Endangered List'에 자국의 유산이 포함될 경우 '불명예dishonour'라고 생각하는 논리에 익숙해져 있고, 무형문화유산 협약의 긴급보호목록에 오르는 것 역시 세계유산목록의 위험에 처한 목록에 오르는 것과 비슷하다고 간주했다. 그러나 무형문화유산 협약 상의 긴급보호목록은 주요 목적 자체가 국제적인 틀 안에서 유산에 대한 보호를 증진하고자 하는 데 있기 때문에 '불명예'와 관련된 개념이 아니다. 여기서 중요한 것은 협약 당사국들이

42) 적지 않은 국가가 현재는 단절되어 행해지지 않는 무형문화유산을 신청한 경우가 많았다. 이것으로 미루어 보아 무형문화유산의 정의를 충분히 이해하지 못했다고 볼 수 있다.

긴급보호목록의 진정한 의미에 대한 인식 및 두 협약 사이의 차이에 대한 인식을 제고해야 한다는 것이며, 성공할 경우 현재의 불균형 상황이 해결될 수 있다.[43)]

처음 시행되는 유네스코 「무형문화유산보호협약」 하의 제4차 위원회(2009)에서 대표목록 후보로 제출된 111건의 무형유산 등재신청서 중 등재가 결정된 것은 76개이고, 여기에 이전의 인류 구전 및 무형유산 걸작에 등재되어 있던 90개가 통합되어 총 166개 종목이 대표목록에 등재되었다.[44)] 반면 긴급보호목록 후보 15개 중 등재된 것은 12개, 무형유산 모범보호사례는 5개 후보 중 3개가 등록되었다.

유네스코 대표목록 등재 건수의 제한 문제

협약 실시 이후 2009년에는 대표목록 등재 신청 건수가 111건이었다가 신청 건수가 점차 증가하여 2010년에는 146건에 이르게 되었다. 이 과정에서 대표목록 등재 신청수의 급증과 지역 편중 문제가 제기되었다. 대표목록 등재를 심사하는 심사보조기구와[45)] 유네스코 사무국은 처리능력의 한계를 경험하게 되어 등재 신청의 제한을 요청하게 된다. 또한 대표목록 등재의 지역 편중화도 큰 우려의 대상이 되었다. 2009년의 총 111건의 신청건 중에 61건이 아시아·태평양지역인 제 4그룹에서 신청되었고, 그중 3분의 2 이상이 한국, 중국, 일본의 무형유산이 차지하고 있어 이 3국의 편중 현상이 매우 심한 것을 알 수 있다. 이러한 업무과다, 지역 편중을 줄이고자 2012년부터는 한 나라당 1년에 1건만 신청하도록 했고 2015년부터는 한국, 중국, 일본 등 대표목록 등재수가 많은 나라는 2년에 1건으로 제약을 받았다. 그러나 등재수가 적은 나라는 이전과 마찬가지로 1년에 1건을 신청하도록 했다.

---

43) 노리코 아이카와-포르, 「2003년 무형유산보호협약 이행 관련 이슈와 과제」, 『정보와 네트워킹 어떻게 할 것인가』, 무형유산보호에 관한 국제회의 발표집, 아태무형유산센터, 2009, 128쪽.

44) 이때 우리나라의 경우, 강강술래, 남사당놀이, 영산재, 제주칠머리당영등굿, 처용무 등 5개의 무형유산을 대표목록에 등재시켰다.

45) 각국이 제출한 대표목록 등재신청서를 심사하는 기구가 심사보조기구였다. 심사보조기구는 유네스코 6개 그룹에서 각각 1개국씩 모두 6개국 대표가 대표목록 등재후보 심사를 담당하였다.

[사진 2-2-1] 2013년 아제르바이잔의 수도 바쿠에서 열린 제8차 정부간위원회에 참가한 필자 (사진: 필자 제공)

④ 제10차 정부간위원회(나미비아 빈트후크, 2015)[46]

아래는 제10차 정부간위원회의 의제목록이다. 이를 보면 이때 논의된 중요한 논의사항과 결정사항을 전체적으로 살펴볼 수 있다.

[표 2-2-13] 제10차 정부간위원회 진행 순서 및 의제목록

의제 1	개 회
의제 2	의제 채택
의제 3	옵저버 승인

46) 정민영, 「10차 유네스코 무형유산보호협약 정부간위원회 주요 이슈」, 『무형유산학』 제1권 2호, 무형유산학회, 2016, 256~268쪽에서 발췌 요약. 자세한 내용은 유네스코 제10차 정부간위원회 의제 및 관련 문서 참조. 〈https://ich.unesco.org/en/10com〉(최종검색일: 2023년 12월 25일).

의제 4	제9차 정부간위원회 요약문 채택
의제 5	비밀 투표 조항을 포함하는 절차 규정 개정
의제 6	당사국 보고
	a. 협약 이행 및 **대표목록 등재 종목 현황**에 대한 당사국 보고서 검토
	b. **긴급보호목록 등재 종목 현황**에 대한 당사국 보고서 검토
	c. **무형유산기금으로부터 국제원조**를 받은 당사국의 예산 사용 현황 보고
의제 7	위원회 및 사무국 활동 보고
	a. 위원회 활동 보고 (2014. 6.~2016. 6.)
	b. 사무국 활동 보고
의제 8	무형유산기금 사용 계획 보고 (2016~2017)
의제 9	무형유산기금에 대한 자발적 공여
의제 10	2015년 심사기구 활동 보고
	a. 긴급보호목록 등재신청서 검토
	b. 대표목록 등재신청서 검토
	c. 국제원조 신청 검토
의제 11	등재된 종목 이름 변경
의제 12	2016년 회기년도 위한 심사기구 구성
의제 13	2016년 회기에 제출된 신청서 개수 및 2017, 2018년 회기에 심사될 신청서 개수
의제 14	운영지침 개정
	a. 무형유산보호와 지속가능발전
	b. 정보보완 조치
	c. NGO 인가에 관한 스케쥴
의제 15	지난 정부간위원회 및 총회에서 결정된 사항에 관한 후속조치
	a. 모델 윤리강령(Model code of ethics)에 관한 전문가 회의
	b. 정기보고서 관련 서신 취급에 관한 가이드라인
	c. 감사 및 평가에 관한 후속조치
의제 16	신규 NGO 인가 및 인가된 NGO에 관한 검토
의제 17	제11차 정부간위원회 개최일자 및 장소
의제 18	제11차 정부간위원회 의장단 선출
의제 19	기타 사안
의제 20	결정 사항 채택
의제 21	폐회

가. 심사기구의 일원화[47)]

2015년 제10차 위원회는 제9차 위원회의 결정에 따라 심사보조기구Subsidiary Body(SB)[48)]와 심사자문기구Consultation Body(CB)[49)]로 이원화되어 있던 심사체계가 심사기구Evaluation Body(EB)로 단일화된 이후 무형유산 목록을 심사한 첫해였다. 심사기구는 제9차 위원회에서 투표를 거쳐 총 12명을 위원으로 선출했다. 이 중 6명은 국제 전문가, 6명은 NGO 대표로 구성되어 있다. 임기는 4년이며, 매년 3명의 위원을 교체하도록 되어 있다. 새로운 심사기구는 기대와 우려 속에서 출범했지만, 대체로 이전 심사기구의 원칙과 정신을 잘 승계해 협약의 일관성을 지켰다고 평가되었다.

나. 핵심 현안 논의[50)]

이 중에서 협약의 중요한 정신을 엿볼 수 있는 몇 가지 이슈에 대해서 언급하고자 한다.

• 공동체의 주체성 및 참여

「무형문화유산보호협약」은 다른 어떤 협약보다도 공동체를 비롯해, 단체 및 개인의 참여를 강조하는 협약이다. 무형문화유산 보호 과정에서 관련 공동체, 단체 및 개인의 동의와 광범위한 참여가 있어야 한다는 점은 협약 제15조 공동체, 집단 및 개인의 참여 부분에 명시되어 있으며, 그 외에 협약 이행을 위한 운영지침 등 여러 문서에서 반복적으로 강조

---

47) 2015년 제10차 정부간위원회 의제 10(ITH/15/10.COM/10). 의제 10에는 일원화된 심사기구의 구성, 2015년 제출된 등재신청서와 작업 방식 및 심사 원칙, 등재 기준, 심사 결과에 대한 총평이 상세히 정리되어 있다. 〈https://ich.unesco.org/en/10com〉(최종검색일: 2023년 12월 25일).

48) 2009년은 유네스코 무형문화유산 등재를 위한 등재 후보 심사가 처음으로 이루어진 해였다. 처음에 등재 후보 심사는 위원회 산하 심사보조기구와 심사자문기구가 각각 운영되는 이원적인 체계였다. 이 체계는 2015년 심사기구가 일원화되기 전인 2014년까지 유지되었다.

49) 심사자문기구는 대표목록을 제외한 긴급한 보호가 필요한 무형문화유산 목록(이하 긴급보호목록)과 무형문화유산 모범보호사례(이하 모범사례), 미화 25,000달러를 초과하는 국제원조신청서를 심사하는 기구로서 6명의 무형문화유산 전문가와 6개 그룹을 대표하는 6개 NGO로 구성되었다.

50) 유네스코 2015년 제10차 정부간위원회 의제 10(ITH/15/10.COM/10). 의제 10, 단락 33~48에 당시 글로벌 이슈에 대한 논의 내용이 상세히 기술되어 있다. 〈https://ich.unesco.org/en/10com〉(최종검색일자: 2023년 12월 25일).

되고 있다. 그럼에도 불구하고 공동체에 대해 명확한 설명이 부족한 까닭에 여전히 '공동체'에 대한 본질적이고 단일화된 개념이 모호하다. 따라서 당사국은 공동체, 단체 및 개인에 대한 상세하고 포괄적인 설명과 그 개요를 제공해야 한다.

협약의 운영지침 제3장 1절에는 공동체 참여에 대해 기술되어 있다. 이에 따르면 공동체는 지역 내 현존하는 다양한 무형문화유산의 확인 및 정의, 목록 작성, 프로그램, 프로젝트 및 활동의 기획과 시행, 협약의 운영지침 제1장 1~7절의 관련 조항에 따른 등재신청서 작성, 협약 운영지침의 단락 38~40에 언급된 무형문화유산 목록 해제 또는 다른 목록으로의 이전 등의 과정에 참여할 수 있다.

그러나 공동체의 참여와 관련하여 공동체가 등재신청서 작성과정에 어떻게, 어느 정도 참여했는지, 충분한 사전 고지와 자발적 동의가 있었는지 등에 대한 자세한 설명이 충분하지 않다는 지적이 있었다. 향후 공동체 참여 강화에 대한 논의가 더 이루어져야 할 것으로 보인다.

• 진정성 및 부적절한 용어 사용

「무형문화유산보호협약」에서는 유산의 서열화를 지양하며, 유산이 해당 공동체의 정체성을 보여준다고 인식한다면 그 자체로 중요한 가치를 지닌다고 본다. 이러한 협약의 정신에도 불구하고 여전히 많은 국가는 인류무형문화유산 대표목록 등재신청서에 세계유산 등재신청서에서 자주 사용하는 '고유한unique', '순수한pure', '진짜의original', '진정성authenticity' 혹은 '속성attributes of' 등과 같은 부적절한 용어를 사용하고 있다. 심사기구는 특히 진정성이라는 단어가 갖는 함축적 의미에 주목했는데, 이러한 단어의 사용은 단순히 용어 사용의 문제가 아니라 사고방식의 문제이며, 협약의 기본 원칙과는 상반되는 인식을 갖고 있음을 보여주는 예라고 할 수 있기에 각별히 조심해야 한다고 설명했다.

이 밖에도 계속해서 변화하는 특성, 살아있는 유산, 공동체의 주체성 등 협약이 강조하는 정신과 상반되는 유산의 고정된 특성, 원형 보존, 정부 주도의 보호 조치로 인한 공동체의 무력화와 같은 특성을 지니는 경우, 이는 등재신청서 기술 과정에도 고스란히 나타나기 때문에 협약에서 추구하는 가치와 정신이 무엇인지를 바로 알고 등재신청서를 작성해 줄 것을 당부했다.

• 탈맥락화와 관련된 공동체의 주체성

많은 국가의 경우 무형문화유산의 사회적 기능과 의미가 경제적, 사회적 변화에 따라 변화하는 경우가 종종 발견된다. 특히 농촌사회에서 행해지던 의례와 풍습, 공연, 예술 등에서 본래의 사회적 기능과 의미가 변화하는 경우가 더 많다. 이번 심사기구에서는 이러한 변화의 주체가 공동체가 되는 경우 해당 유산이 사회적 변화에 맞춰 대안적인 의미와 기능을 갖게 되는 것은 긍정적이라고 평가하지만, 공동체가 아닌 외부의 주체에 의해 탈맥락화되는 것은 올바른 경향이 아니라는 점을 분명히 했다. 이는 위에서 설명했듯이 협약에서 무형문화유산 연행과 보호의 주체를 공동체로 보고 있다는 점을 다시 한번 확인할 수 있는 대목이며, 사회적 변화에 따라 변화해 가는 무형문화유산의 특성을 인정하고 있다는 것을 알 수 있다.

• 무형문화유산과 유형적 요소

무형문화유산의 정의에는 문화적 공간과 같은 유형적 요소도 포함된다. 그러나 심사기구에 따르면 여전히 많은 신청서에서 무형문화유산의 범위에 유형적 요소를 포함할 수 있는가 하는 부분에 대한 혼란스러움이 드러난다. 또한 공예품과 같이 재화 그 자체를 강조한 신청서들을 많이 볼 수 있는데, 이러한 경우 공예품에 대한 보호 조치가 자칫 잘못하면 공예를 연행하는 공동체 자체를 보호하는 것이 아닌 공예품 생산만을 촉진하는 것이 될 수 있다는 점에 대해 우려를 표했다.

• 동물 권리

동물권과 관련된 문제는 지난 제9차 위원회에서부터 쟁점이 되었다. 지난 위원회에서 심사보조기구는 중국의 '이족의 횃불 축제Torch festival of Yi people' 신청서에 대해 정보 보완을 권고한 바 있는데, 그 이유는 신청서상 동물 싸움에 관해 서술된 부분이 다른 문화권의 오해를 불러일으킬 수 있고, 동물의 권리 존중 측면에서 자칫 동물을 학대하는 것으로 보일 수 있다는 것이었다. 이번 회기에는 키르기스스탄이 신청한 '콕보루Kok-boru'라는 전통 말타기 경기가 문제가 되었다. 해당 유산은 두 팀으로 나뉘어 말을 타고 하는 것으로 양의 시체를 잡아 상대편의 골자에 넣는 팀이 이기는 게임인데, 양의 시체를 이용하는 부분이 문제가 되었다. 심사기구는 동물을 음식, 의례로서 이용하는 경우와 단순한 재미, 오락, 구경거리 등으로 이용하는 경우는 반드시 구분되어야 한다는 이전 회의의 심사보조기구의 원칙을 그대로 승계해 해당 유산에 대해 정보 보완 권고를 내렸다. 심사기구는 무형문화유산의 등재 신청이 전 세계인을 대상으로 하는 것인 만큼 특정 이슈에 대한 타 문화의 민감성을 존중해 주기 바란다는 점을 분명히 했다.

다. 협약 운영지침에 '무형문화유산 보호와 지속가능한 발전' 포함

유엔이 post-2015 아젠다로 지속가능발전목표를 설정한 가운데, 문화와 지속가능한 발전은 유네스코에서 지속적으로 강조해 오고 있는 화두다. 무형유산 분야에서도 무형문화유산 보호와 지속가능한 발전과의 연관성을 규명하고자 하는 시도가 나타나고 있으며, 지난 제8차 정부간위원회(2013)에서는 무형문화유산 보호와 지속가능한 발전에 관한 내용을 운영지침의 새로운 장으로 추가할 것이 결정되었다.

이에 협약 사무국UNESCO Intangible Cultural Heritage Section에서는 관련 내용의 초안을 마련했고, 본 내용이 이번 위원회에서 채택되어 운영지침에 '제6장 국가 차원에서의 무형문화유산 보호와 지속가능한 발전'이라는 제목으로 추가되었다. 새로운 장의 주요 내용은 "지속가능한 발전의 동력이자 보장으로서 무형문화유산의 역할을 인정하고 강화하며, 무형문화유산의 보호와 지속가능한 발전, 평화와 안보의 상호 의존성을 인지하고, 무형문화유산의 보호 과정에서 지속가능한 발전의 세 가지 요소, 즉 경제, 사회, 환경 간 균형을 유지하도록 노력한다"는 것이다.

또한 당사국은 무형문화유산 보호가 식량 안보, 수준 높은 교육, 양성평등, 위생, 소득 창출, 관광산업, 고용 촉진, 자연재해와 기후 변화에 대한 대응, 분쟁 예방, 평화, 안보 등에 광범위하게 연관되어 있다는 점에 관한 연구를 강화하도록 장려한다.

지속가능한 발전이란 "미래 세대의 필요충족 능력을 해치지 않으면서 현 세대의 필요성을 충족시킬 수 있는 발전"을 의미한다. 무형문화유산에 포함되는 전통 지식과 지혜, 사회적 관습과 가치, 전통 기술과 예술 등이 경제적, 사회적, 환경적으로 인류의 지속가능한 발전에 기여할 수 있다는 것은 자명한 사실이다. 그러나 무형문화유산을 보호하는 것이 곧 전 인류의 공동 목표가 된 지속가능발전에 기여하는 것이라는 점을 문화 외적인 분야인 경제, 정치, 안보, 식량, 환경 분야까지 설득하기에는 아직 구체적인 연구와 사례들이 부족하다고 판단된다. 유네스코 주도로 이루어지고 있는 무형문화유산 보호와 지속가능한 발전의 연관성이 앞으로 더 많은 연구와 사례 등을 통해 입증되기를 바란다.

라. 비정부기구(NGO) 인가

협약에는 비정부기구 인가NGO accreditation 제도가 있다. 이는 무형문화유산 분야에서 역량과 전문성, 경험을 갖춘 비정부기구들을 인가하고 위원회의 자문 역할을 할 수 있도록 하는 것이다. 이전까지는 매년 사무국에서 인가 신청을 받아 위원회에 심사 요청을 했으나, 제10차 위원회에서 운영지침을 개정해 매 2년에 한 번(홀수 연도) 비정부기구 심사를 진행하는 것으로 변경되었다. 이는 매년 늘어나는 의제 수 및 사무국 업무량을 고려해 결정한 것이다. 비정부기구 인가 문제는 2003년 유네스코 협약의 주된 이슈 중 하나다. 그 이유는 2014년까지 178개의 비정부기구가 인가되었으나 그중 상당수의 기관이 인가만 받았을 뿐 실제로 활동이 저조했기 때문이었다. 비정부기구를 인가하는 주된 목적은 각 분야의 전문성 있는 비정부기구들이 위원회 업무에 자문을 제공함으로써 협약에 기여하도록 하기 위함이었으나, 많은 인가 비정부기구들이 그러한 본래의 취지와 맞지 않게 이름만 인가 NGO 명단에 올리고 있어 인가 NGO 제도의 실효성에 대해 많은 비판이 있어 왔다.

협약 이행을 위한 운영지침에는 인가된 비정부기구는 4년마다 활동을 보고하고 위원회는 제출된 보고서를 검토, 평가하게 되어 있다. 이에 따라 이번 위원회는 평가 대상이 되는 97개의 비정부기구 활동을 검토했다. 그중 59개의 비정부기구는 재인가가 권고되었으나, 38개의 비정부기구는 인가 종료가 권고되었다. 그중 10개 기구는 제출된 보고서 내용을 토대로 봤을 때 인가된 이후 활동이 위원회 업무에 대한 기여가 불충분하다고 판단되었기 때문이며, 나머지 28개 기구는 보고서조차 제출하지 않아 인가 종료가 권고되었다.

그와 별개로 이번 위원회에서도 54건의 새로운 비정부기구 인가 신청이 있었고 24개만 승인이 권고되었다. 그중 우리나라의 무형문화연구소The Center for Intangible Cultural Studies(CICS)가 포함되었다. 이로써 인가를 받은 우리나라의 인가 비정부기구는 총 4곳이 되었다. 인가 비정부기구들이 각각의 전문성을 바탕으로 위원회 활동에 기여할 수 있도록 보다 많은 연구와 활동 역량 강화가 이루어질 수 있기를 기대한다.

⑤ 제14차 정부간위원회(콜롬비아 보고타, 2019)[51)]

제14차 위원회는 2019년 12월 9일에서 14일까지 콜롬비아 보고타에서 개최되었다. 특히 이번 위원회에서는 대화 프로세스가 처음 실행되었으며 이를 통해 대표목록 등재의 효율성과 객관성 제고에 기여했다.

가. 사무국의 주요 활동

우선, 사무국은 2018년 11월 1일 이후, 무형문화유산과의 명칭을 살아있는 유산 분과Living Heritage Entity로 변경했다. 그리고 2018년 1월부터 2019년 6월까지 사무국의 핵심 활동은 2003년 협약 거버넌스, 역량 강화 및 무형문화유산과 교육 관련 활동 그리고 커뮤니케이션 및 아웃리치 활동에 초점을 맞추었다. 특히 교육 위기 상황에서 무형문화유산이라는 주제에 우선순위를 두고 활동했다. 그 결과 중국, 유럽 등지에서 훈련가를 위한 워크숍을 개최하고 이를 통해 신규 훈련가(50여 명)를 배출했으며, 고등교육기관인 대학교(60여 기관)와 협력해 무형문화유산 보호 활동을 전개했다.

---

51) 차보영, 제14차 유네스코 무형문화유산협약 정부간위원회 의제 정리 내용에서 발췌 요약. 자세한 내용은 유네스코 제14차 정부간위원회 의제 및 관련 문서 참조. 〈https://ich.unesco.org/en/14com〉(최종검색일: 2023년 12월 25일).

나. 무형문화유산 목록 심사와 대화 프로세스Upstream Dialogue Process 절차 도입

유네스코는 2019년부터 등재신청서 심사 시 간단한 보완이 필요한 신청서에 대해 신청국에게 소명 기회를 제공하는 대화 프로세스를 신규로 도입했다. 보완이 필요한 등재 신청국에게 문답 교환 형식의 신청서를 제공하고 이를 작성, 제출하도록 하는 방식이다. 대화 프로세스 운영을 통해 다양한 국가가 유네스코 무형유산 등재에 참여하고 등재 신청국의 등재 기회를 확대해 당사국들이 정부간위원회에서 겪는 갈등을 감소시키는 데 기여한다고 보고 있다. 신청서 양식과 질문 초안을 작성하고 대화 프로세스가 필요한 등재 신청국들에게 대화 프로세스 신청서를 제공했다. 대다수의 당사국들은 대화 프로세스 도입이 사소한 이유로 등재 불가 사례가 발생하는 것을 방지할 수 있다고 긍정적으로 평가했으며, 보다 확대 적용되기를 희망했다. 그리고 대화 프로세스 이후 수정된 등재신청서가 유네스코 홈페이지에 업로드되어야 한다고 주장했다.[52] 2019년 심사기구는 총 52건의 신청서를 심사했으며, 이 중 32건은 등재 권고, 12건은 정보 보완, 2건은 등재 불가, 6건은 대화 프로세스 권고를 내렸다.

긴급보호목록과 국제원조 신청이 결합된 신청의 경우, 관련 신청서 양식(ICH01bis)이 상당히 복잡해 당사국이 작성에 어려움을 겪고 있는 것이 확인된바, 결합 메커니즘의 적절성 및 효과성에 대한 추가 검토가 필요하다고 강조했다. 한편, 회원국들이 지속해서 등재신청서 작성 시 어려움을 겪고 있는 협약 이행 운영지침의 대표목록 등재 기준 2번째 항목(R2: 보호 노력의 유형)[53]의 개선을 요청했다.

---

52) 한국문화재재단, 『살아있는 유산을 찾아서: 한국문화재재단 유네스코 활동백서』, 2020, 174쪽.

53) Chapter Ⅰ, Ⅰ.2. Criteria for inscription on the Representative List of the Intangible Cultural Heritage of Humanity, R.2. “Inscription of the element will contribute to ensuring visibility and awareness of the significance of the intangible cultural heritage and to encouraging dialogue, thus reflecting cultural diversity worldwide and testifying to human creativity(해당 종목의 등재는 무형문화유산의 중요성에 대한 가시성과 인식을 제고하고 대화를 장려함으로써 전 세계의 문화적 다양성을 반영하고 인류의 창의성을 증언하는 데 기여할 것이다).” UNESCO, “Operational Directives for the Implementation of the Convention for the Safeguarding of the Intangible Cultural Heritage,” in *Basic Texts of the 2003 Convention for the Safeguarding of the Intangible Cultural Heritage*, 2022 Edition. 〈https://ich.unesco.org/doc/src/2003_Convention_Basic_Texts-_2022_version-EN_.pdf〉(최종검색일:

다. 인종차별 및 혐오 표현 문제

이미 등재된 인류 무형문화유산의 파기에 대한 당사국과 사무국 간 논의가 있었다. 2010년 등재된 벨기에의 알스트 카니발Aalst carnival에서 나치의 반유대주의 문제가 지속적으로 제기됐다. 알스트 카니발은 유럽에서 가장 유명한 카니발 가운데 하나로 가톨릭 사순절을 앞두고 사흘 동안 어떤 규제와 제약도 없는 무제한의 풍자와 유머를 표현하는 축제다. 여기에서는 유명 정치인과 세계 지도자들, 부자와 유명 인사들을 가리지 않고 풍자의 대상으로 삼아 무자비한 조롱이 허용된다. 그런데 문제는 유네스코를 비롯해 유럽연합, 그리고 유대인 단체가 축제의 노골적인 나치즘적인 요소가 1930년대 반유대 정서를 상기시킨다고 비난하며 강력하게 항의했다는 것이다. 급기야 1만 9천 개의 반대 서명이 접수되고 지속적인 문제 제기가 이어짐에 따라 유네스코는 알스트 카니발에 대한 후속조치를 논의하기에 이르렀다. 이에 대한 등재 철회 여론이 일어남에 따라 유네스코 무형문화유산 사무국이 제14차 정부간위원회 의제로 포함시켰다.

2019년 9월 19일 벨기에 측의 요청으로 심사기구와의 면담이 이루어졌다. 면담에는 심사기구 의장단, 무형문화유산과 과장을 포함한 유네스코 측 5명 등 총 8명과 알스트 시장과 벨기의 무형문화유산 전문가인 마크 제이콥스(벨기에 앤트워프 대학 교수) 등 벨기에 대표단 8명이 참석해 회의를 진행했다. 회의는 주로 벨기에 측의 변론을 듣는 시간이었으나 항변뿐 당사국의 개선 의지가 보이지 않았다. 벨기에 측은 해명을 하기보다는 오히려 사흘 동안 진행되는 알스트 카니발의 핵심은 자유로운 풍자라고 강조하면서 카니발의 역사적, 사회적, 문화적 맥락을 언급하며 앞으로 어떠한 형태의 검열도 고려하지 않을 것이라고 반발했다.

무형문화유산 사무국과 심사기구는 향후 나치즘과 반유대주의 등 혐오 행위가 재발하는 것을 막기 위한 알스트시의 개선 의지가 없음을 확인했다. 제14차 회의에서 심사기구는 상호 존중 위배, 지역사회 분열 조장 등 협약 정신에 위배된다는 위원국들의 지지에 힘

2023년 12월 22일).

입어 최종적으로 목록 삭제를 결정했다.[54)]

정부간위원회에서 오스트리아는 유럽에서 반유대주의, 인종차별주의를 조장하는 알스트 카니발을 유네스코 대표목록에 그대로 두는 것은 이를 지원하는 것으로 간주할 수 있다고 하면서 해당 종목을 즉시 삭제하도록 요청했다. 결국 알스트 카니발은 대표목록 등재기준 R1과 R2를 충족하지 못한다는 점을 들어, 위원국 만장일치로 대표목록에서 삭제하기로 했다.[55)]

라. NGO의 협약 이행 참여에 대한 성찰

사무국은 이 의제와 관련해, 2019년 4월 자문회의 진행 결과를 인가 NGO와 공유했다. 본 회의 결과로 NGO가 모니터링 역할을 담당하는 등 새로운 자문 기능이 제안되었다. 위원국은 인가 NGO 기구 내 불균형한 지리적 분배에 대한 지적이 있었고, ICH NGO 포럼(인가 NGO 협의회)은 이에 대해 지역별 대표를 1명 두는 등 지역별 균형을 위해 노력하고 있다고 했다.

⑥ 제17차 정부간위원회(모로코 라바트, 2022)[56)]

제17차 위원회는 2022년 11월 28일에서 12월 3일까지 모로코 라바트에서 팬데믹 이후 오랜만에 대면으로 개최되었다. 여기에는 24개 위원국 대표들 외에 여러 당사국 대표와 전문가, 비정부기구 대표 등이 참석했다. 제17차 위원회의 의장단은 의장국인 모로코와

---

54) 한국문화재재단, 『살아있는 유산을 찾아서: 한국문화재재단 유네스코 활동백서 』, 2020, 166~175쪽.

55) 벨기에의 알스트 카니발은 2010년 유네스코 대표목록에 등재됐다가 유대인을 비하하는 인형을 등장시켜 2019년 유산 목록에서 퇴출되었다. 대표목록에서 삭제된 첫 사례다. 이에 대한 학자들의 논란은 다음을 참조할 것. Marthe Van Damme, Dirk Jacobs, "UNESCO's Intangible Heritage and Its Polarizing Nature: A Case Study on Aalst Carnival," *International Journal of Intangible Heritage*, Vol. 17, 2022, pp. 115-121.

56) 차보영, 「유네스코 무형문화유산보호협약 제17차 정부간위원회(2022, 모로코) 동향과 이슈」, 『무형문화유산과 투어리즘』, 2023년 무형유산학회 추계학술대회(2023년 11월 25~26일) 발표집에서 발췌 요약. 자세한 내용은 UNESCO, 제17차 정부간위원회 의제 및 관련 문서 참조. 〈https://ich.unesco.org/en/17com〉(최종검색일: 2023년 12월 25일).

서기를 담당한 페루 대표, 그리고 부의장국으로 스위스, 체코, 파나마, 대한민국, 보츠와나 대표로 구성되었다. 제17차 위원회에서 다루어진 주요 의제를 간단히 살펴보겠다.

가. 당사국 회기 보고서

활동 보고 중 가장 중요한 보고는 당사국이 제출하는 회기 보고서다. 협약에 가입한 당사국 정부는 자국의 협약 이행 사항을 6년에 한 번씩 보고해야 할 의무가 있다.[57] 그런데 당초 개별 당사국이 협약 가입년도를 기준으로 6년마다 회기 보고서를 제출하게 되어 있었던 것을 제12차 위원회(2017)에서 새로운 지역 베이스 보고방식으로 변경하였다.[58] 이는 당사국의 국내 보호 활동이 공동 목표 달성에 얼마나 효과적으로 기여하는지 모니터링하기 위해서 도입된 협약이행체계Overall Result Framework(ORF)와 연계하는 데 목적이 있다. 이에 따라 1차 년도 라틴아메리카와 캐리비안 지역, 2차 년도 유럽, 3차 년도 아랍, 4차 년도 아프리카, 5차 년도 아시아 · 태평양 지역, 6차 년도 전반적인 프로세스에 대한 성찰의 순서로 6년 주기가 개편되어 시행되고 있다. 협약 사무국은 새로운 회기 보고 체계의 정착을 위해서 크게 4단계로 지원하고 있다. 먼저 1단계는 국가 포컬포인트 지정과 퍼실리테이터 훈련 실시, 2단계는 국가 퍼실리테이터 훈련 실시와 보고서 작성 및 제출, 3단계

---

57) 유네스코 협약 이행 운영지침 5장 1절 단락 152. States Parties submit their periodic reports to the Committee by 15 December every six years on the basis of a rotation region by region. The order of such rotation is established by the Committee at the beginning of the six-year periodic reporting cycle. States Parties use the periodic reporting process to enhance the monitoring measures, as well as active regional exchange and cooperation to ensure efficient safeguarding of the intangible cultural heritage. Form ICH-10 is used for such reports; it may be completed online by each State Party (https://ich.unesco.org), and is revised at appropriate intervals by the Secretariat(Operational Directives for the Implementation of the Convention for the Safeguarding of the Intangible Cultural Heritage); 유네스코 「무형문화유산보호협약」 제29조. The States Parties shall submit to the Committee, observing the forms and periodicity to be defined by the Committee, reports on the legislative, regulatory and other measures taken for the implementation of this Convention(The Convention for the Safeguarding of Intangible Cultural Heritage).

58) 회기 보고서에 대한 자세한 변경 내용은 제12차 정부간위원회 의제 10. 회기 보고에 관한 운영지침 수정 초안(Draft amendments to the Operational Directives on periodic reporting, ITH/17/12.COM/10)의 Annex 참조. 〈https://ich.unesco.org/en/12com〉(최종검색일: 2023년 12월 26일).

는 다음 연도 사무국 예비 분석 실시 및 분석 개괄 제출, 마지막 4단계는 분석 보고서 제출의 순서로 이루어진다. 사무국은 이러한 지원 활동을 통해서 얻은 경험을 다음 지역에 적용해 새로운 제도가 빠르게 정착할 수 있도록 노력하고 있다.

2022년은 두 번째 대상 지역인 유럽 국가 보고서의 검토가 이루어졌는데, 총 44개 대상국가 중 42개국이 2021년 보고서를 제출했다. 이번 회기에 가장 두드러진 것은 회기 보고서 제출률이 약 95%로 눈에 띄게 높아졌다는 것이다. 지역 베이스로 바뀌면서 지역 전체 훈련 활동 등을 통해 서로 도움을 받으면서 역량을 강화하고, 서로 적절한 자극을 줄 수 있는 환경이 만들어지면서 제출률이 높아진 것으로 보인다. 회기 보고서에 수록되는 내용은 국가별 보호 활동과 등재 종목의 보호 조치가 제대로 이행되고 있는가 등을 확인할 수 있는 가장 기본적인 자료다. 그렇기 때문에 위원회는 회기 보고서에 수록된 자료가 단순히 축적되는 데 그칠 것이 아니라 적절히 분석함으로써 지역과 나아가 국제적 수준의 보호로 활용될 수 있도록 방안을 강구할 것을 주문하고 있다.

한편 이해관계자들의 적극적인 참여가 중요함에도 불구하고 협의를 진행하기 위한 물리적인 시간이 부족하다는 점과 회기 보고서 양식이 너무 복잡하다는 의견이 제시되었다. 그런 이유로 보고서 작성의 품질이 균일하지 않고, 이로 인해 데이터 분석에도 어려움을 겪고 있다. 스위스, 스웨덴, 독일 등 유럽국가들은 발언을 통해 현행 양식이 복잡하기 때문에 공동체의 참여에도 영향을 미친다고 보고, 질문을 간소화할 방안을 검토해 달라고 요청했다. 이에 대해 사무국은 ORF에 기반하는 보고서의 구조상 무한정 간소화하는 것은 어려움이 있으므로 역량 강화 프로그램을 확대하는 것이 현실적인 대안이라는 점과 이를 위해서 당사국들의 자발적 공여가 필요하다고 부연했다.

회기 보고서와 관련한 정부 발언에서, 일부 국가들은 타 국가의 보고서에 이주 공동체 등 소외계층에 대한 인권 침해 소지가 있는 내용이 포함되었다는 점을 지적하였다. 이들은 앞으로 상호 존중과 문화 간 대화를 저해하는 표현을 사용하지 말 것과 유엔 헌장과 「무형문화유산보호협약」의 정신에 배치되는 정치적 언어의 사용을 금지해 줄 것을 촉구했다.

나. 무형문화유산 기금 재원으로 국제원조를 받은 당사국의 기금 사용 보고

사무국은 기금 사용률을 높이기 위해서 국제원조의 목표와 방식, 지원 신청 제출 절차 등을 담은 '무형문화유산기금 국제원조 툴킷'을 만들어 당사국에 제공했다. 현장에서 에티오피아, 페루, 부르키나파소, 세네갈, 감비아, 나미비아, 기니, 나이지리아, 세이셸, 캄보디아, 몽골, 우간다, 짐바브웨 등 다수의 국가가 국제원조를 통해서 등재신청서 작성과 보호조치 수립 등 역량 강화 프로그램 지원을 받고 있고, 이를 통해서 해당 국가의 무형문화유산 인식 제고에 크게 이바지했다고 밝히며 국제원조 제도의 중요성을 강조했다. 또한 목록 등재신청 지원과 관련해 현행 긴급보호목록과 모범사례 신청서 작성 준비 지원에만 그칠 것이 아니라 대표목록 신청까지 확대해야 한다는 의견이 나왔다. 이에 사무국은 현행 이행 지침상 등재 관련 지원은 긴급보호목록, 모범사례, 종목 간 이동, 등재 확장 또는 축소에 대한 준비만 가능하다고 설명하고, 대표목록 신청 준비까지 확장하기 위해서는 이행지침 개정이 필요하다고 설명했다. 또한 기금 활용과 관련해서 2018년 당시 국제원조 신청서가 다수 거절된 이유에 대한 문의가 있었는데, 사무국은 당시 인력부족과 미처리 파일의 증가로 인한 업무 과부하가 문제였으며, 2017~2018년 당시 국제원조 지원 전담부서가 설치되고 4년이 지난 지금은 안정화되었고 더불어 기금 사용 비율도 높아지고 있다고 답했다.

다. 심사기구 활동 보고 및 대표목록 등재신청 검토

위원회는 목록 등재 최종 결정 및 위원회 업무를 지원하기 위한 별도의 전문가로 구성된 심사기구를 설치해 운영한다. 심사기구는 총 6인의 전문가와 6인의 자문 인가 NGO로 구성된다. 심사기구가 심사해야 하는 신청서 건수는 위원회에서 결정하는데, 제15차 위원회(2020)에서는 협약 운영지침 단락 54에 따라, 한 주기 당 최소 55건[59]을 초과하는 것으로 결정했다. 2022년 주기 동안 심사기구는 우선순위를 고려해 총 59건의 신청서를 심사

---

59) 신청국이 2년간 최소한 한 건 이상을 심사받을 수 있어야 하고, 운영지침(단락 34)상 우선순위를 반영한 대략의 평균 건수임. 60건이 상한선이다.

하기로 했으나, 대상 신청서 중 아이티 정부가 신청한 '주무 수프' 신청서는 한 해 전인 제16차 위원회(2021)에서 긴급으로 처리되었고, 심사 과정에서 2건이 철회되면서 최종적으로는 56건을 심사했다. 목록 종류별로는 긴급보호목록 4건, 대표목록 46건, 모범사례 5건, 국제원조 1건이다.

여기서 논의된 주요 사안은 다음과 같다. 우선, 2019년부터 실시한 대화 프로세스에 대한 논의가 있었다. 이는 모든 신청 건에 적용하는 것은 아니고, 간단한 사실관계 확인만으로 심사기구의 의문이 풀릴 수 있는 내용일 경우에만, 그것도 1~2건 이내 질문일 경우에 심사기구가 당사국에 질의할 수 있는 절차다.[60] 이번 회기에는 11건의 대표목록 신청서에 대화 프로세스가 적용되었다. 심사 결과 심사기구는 40건의 등재 권고, 15건의 정보보완, 1건의 옵션 권고안을 위원회에 권고했다.

심사기구 활동 보고에서 라틴아메리카 3그룹 당사국을 중심으로 대화 프로세스 적용 기준에 대한 질의가 있었으며, 이의 확대 필요성이 지적되었다. 대화 프로세스는 심사기구와 신청국 간의 중요한 소통 도구임에도 일부 국가에는 기회조차 주어지지 않는다는 점을 지적하면서 해당 제도가 투명하게 운용될 필요가 있고, 공식적인 심사 절차 일부로 확대되어야 한다고 주장했다. 특히 일부 국가는 심사기구가 이를 확대 적용해서 질의 사항이 2건을 초과한다고 하더라도 대화 프로세스 기회를 줘야 한다고 주장하기도 했다. 그러나 반대로 해당 제도가 만들어진 배경을 강조하면서, 심사기구의 전문성에 기반한 판단과 결정을 존중하고 대화 프로세스는 단순 보완 기능만 해야 한다는 유럽국가를 중심으로 한 의견이 팽팽하게 맞서기도 했다.

심사기구는 대화 프로세스가 원칙적으로 신청서상 기술적 오류에 대한 간단한 질의 답변을 통해 문제 해결이 가능한 경우에만 제한적으로 적용할 수 있도록 만든 절차이지, 복잡한 이슈를 해결하기 위한 제도가 아님을 상기시켰다. 나아가 대화 프로세스의 적용 기준을 확대하는 것은 심사기구의 권한을 넘어서는 일이기 때문에 적용 확대 문제는 그 적

---

60) UNESCO, 『무형문화유산보호협약 이행 운영지침』, 단락 55. 〈https://ich.unesco.org/en/directives〉(최종검색일: 2025년 5월 27일).

정성을 위원회가 검토해야 한다고 덧붙였다. 또한 심사기구는 심사의 일관성, 객관성 및 투명성 확보를 위해 심사기구 구성원의 개인적인 경험이나 지식을 철저하게 배제하고 당사국이 직접 작성한 신청서상에 나타난 정보만 심사하고 있다고 강조했다.

다음으로, 공동체 참여와 관련해 방글라데시가 제안한 표준 동의서 양식 도입에 대한 논의다. 현재의 표준화 양식으로는 심사기구가 공동체와 그 대표가 관련 내용을 정확하게 숙지한 상황에서 자발적으로 등재신청서 작성에 참여했는지를 식별하는 것이 어려우므로 지양한다고 답변했다.

끝으로 위원회는 심사기구 보고서는 향후 등재신청서 작성에 중요한 기준점이 되기 때문에 심사기구가 내린 전문적 의견과 독립적 결정을 존중해야 한다는 데 동의했다. 그런데도 위원회에서 심사 결과가 상당수 번복되는 것은 당사국 스스로가 협약의 정신과 원칙을 훼손하는 행위라고 강력하게 규탄하는 목소리도 있었다. 같은 맥락에서 심사기구 의장은 심사기구의 결정이 객관적이자 기술적인 결정임을 강조하며, 위원회와 심사기구 간의 독립성을 유지하는 것이 중요하다고 강조했다.

이번 위원회에서 대한민국의 탈춤은 공동체 참여에 대한 긍정적 평가와 함께 인류무형문화유산 대표목록 등재가 최종 결정되었다.

라. 협약 목록 등재 종목에 대한 후속 조치

제13차 정부간위원회(2018)에서부터 등재 종목에 대한 후속 조치 방안에 대한 논의가 시작되었는데, 이번 회기에는 '벨기에와 프랑스의 거인과 용들의 행렬Processional giants and dragons in Belgium and France(2008)' 종목에 관한 논의가 있었다. 해당 종목은 협약이 발효되기 전인 2005년에 시행했었던 인류 구전 및 무형유산 걸작으로 선정되었던 종목으로, 2003년 유네스코 협약 이후 2008년 인류무형문화유산 대표목록에 통합된 종목이다. 해당 축제가 열리는 벨기에 아트Ath 지역의 뒤카스 다트Ducasse d'Ath 축제에 등장하는 '소바주Sauvage'[61] 캐릭터에 대해서 2019년 비정부기구와 개인들로부터 목록 삭제 요청이 있었으며 이에 대한 당사국의 대응 경과에 대한 보고가 있었다. 아트시 당국은 이해관계자를 소집해 지역 컨설테이션을 실시했는데, 해당 공동체는 본인들의 축제에는 어떠한 인종차별

의도도 없으며, 해당 캐릭터에 애착을 느끼고 있다고 설명했다. 이러한 공동체 의사를 존중해 2022년 축제에서도 소바주 캐릭터는 유지되었으나, 캐릭터의 일부 특징은 제외된 것으로 보고되었다.

위원회는 해당 종목을 협약의 대표목록에 유지할지 여부에 대해 토론했다. 독일, 보츠와나, 슬로바키아는 '소바주' 캐릭터가 인종차별주의와 식민주의를 보여주기 때문에 인권 침해 위험이 있다고 보고 즉각 삭제를 요청했으나, 체코와 벨기에 등은 당사국이 문제 해결을 위해 적극적으로 노력하고 있기 때문에 시간을 더 줘야 한다고 주장했다. 그러나 대다수의 위원국이 인권 침해 문제에 있어서는 무관용 원칙에 동의했고, 특히 지난 3년간 당사국이 구체적인 조치를 하지 않았다는 점을 지적했다. 다만 이러한 위원회의 결정이 특정 국가를 비난하는 수단이 되어서는 안 된다는 점을 분명히 했다. 결론적으로 제17차 위원회는 해당 종목에서 '뒤카스 다트'를 삭제하도록 요청하는 보츠와나의 수정안을 채택하고, 동시에 스위스는 목록 삭제 결정과 별개로 아트시가 당국 차원에서 '소바주' 캐릭터를 퍼레이드에서 삭제하기를 희망한다는 위원회의 당부를 적은 단락을 새로 추가해 결정문을 채택했다.

2005년 등재된 '벨기에와 프랑스의 거인과 용들의 행렬'은 벨기에와 프랑스 여러 지역에서 행하는 축제를 말한다. 이번에 삭제된 축제는 벨기에의 아트시에서 행해지는 뒤카스 다트 축제로, 여기에 등장하는 Le Savage(야만인)의 모습이 흑인을 비하한다는 점이 문제가 되어 삭제되었다. 다른지역에서 행하는 축제는 문제가 없어 대표목록에서는 삭제되지 않았다.

위에서 설명한 삭제 과정을 자세히 서술한 김용범 유네스코한국위원회 선임 전문관의 글이 있어 이를 소개하고자 한다.[62)]

---

61) '야만인, 미개하고 포악한 사람'이라는 의미로 흑인 노예를 연상시키는 험상궂은 이미지의 캐릭터 이름.

62) 김용범, 「유네스코는 왜 등재유산을 삭제했을까?」, 『주간경향』 1570호, 2024년 3월, 18~24쪽.

유네스코는 왜 등재 유산을 삭제했을까.

"의견 없으십니까?", "8번 의안 채택합니다."

의장이 엄숙한 목소리로 의사봉을 내리치자 회의장 곳곳에서 환희의 반응과 함께 우레와 같은 박수가 쏟아졌다. 무겁고 숙연하던 분위기는 한순간에 바뀌었다.

지난 12월 2일 모로코 수도 라바트에서 열린 제17차 유네스코 무형유산보호 정부간 위원회에서 벨기에의 도시 아트Ath에서 열리는 가장행렬(뒤카스Ducasse) 축제가 유네스코 유산목록에서 삭제됐다. 흑인 노예 캐릭터가 등장해 인종차별적이라는 비판이 제기된 후 3년 가까이 끌어 오던 문제가 결론을 찾는 순간이었다. 2003년 유네스코총회가 무형문화유산보호에 관한 협약을 채택한 이후 유네스코 무형유산에 등재된 유산이 그 지위를 박탈당한 두 번째 사례다. 첫 사례는 2010년 유네스코 무형유산에 등재됐다가 유대인을 비하하는 인형을 등장시켜 2019년 유산 목록에서 퇴출된 벨기에의 알스트 축제이다.

각국 대표단은 이날 뒤카스 축제를 단호한 어조로 비판했다. "이렇게 수치스러운 종목이 어떻게 14년간 유네스코가 부여한 무형유산의 지위를 유지할 수 있었습니까? 지금 당장 이 자리에서 삭제 결정을 해야 합니다." 인도 대표는 "검은색은 야만적이지 않습니다. 검은색은 아름답습니다. 검은색은 멋집니다. 검은색은 당당합니다"라고 말했다.

벨기에 수도 브뤼셀에서 남서쪽으로 60㎞ 떨어진 곳에 있는 아트는 매년 8월 넷째 주에 거인 조각상을 만들어 한바탕 축제를 연다. 중세 시대를 배경으로 하는 이 축제에는 얼굴과 손을 검정 물감으로 칠해 흑인 분장을 한 인물이 등장한다. 아프리카 추장을 연상케 하는 커다란 깃털 모자에 코와 귀에는 커다란 고리를 착용한 모습인데, 축제에 온 아이들에게 다가가 겁을 주고 급기야 아이들이 울음을 터뜨리는 모습을 보고 즐거워하는 행동을 한다. 가장행렬에 등장하는 이 캐릭터의 이름은 '야만인, 미개하고 포악한 사람'을 뜻하는 '소바주le Sauvage'다. 까맣게 페인트칠을 한 손이 닿으면 아이들 몸에 검은색 페인트가 묻기에 아이들에게는 소름 돋는 공포의 대상으로 각인된다.

2005년 프랑스와 벨기에는 공동으로 '벨기에와 프랑스의 거인과 용들의 행렬'을 유네스코 무형유산으로 등재했다. 벨기에 아트에서 열리는 가장행렬도 여기에 포함됐다. 벨기에 시민단체는 아프리카계 주민을 풍자하고 흑인에 대한 혐오와 인종차별을 조장하므로 유네스코 무형유산목록에서 아트의 축제를 삭제할 것을 요구하는 서한을 2019년 유네스코에 전달했다. 이후에도 지속적으로 유네스코 무형유산 지위의 박탈을 요구해왔다.

벨기에 아트시는 축제 관계자들을 대상으로 의견청취를 한 결과 인종차별 의도는 없다는 입장을 내고 해당 축제에서 '소바주 캐릭터'를 유지해왔다. 당사국인 벨기에 정부는 어떤 형태의 인종차별 행위도 강력히 반대한다는 원론적인 입장만 표명해왔다. 그간 유네스코와 무형유산 협약 당사국들도 당사자 간 대화로 원만한 해결을 장려한다는 입장이었다. 우리나라를 비롯한 위원국들은 소바주 캐릭터가 인간의 존엄성을 훼손하고 유네스코헌장과 무형유산 협약의 정신에 위배되므로 더 이상 유네스코 무형유산 목록에 포함되는 걸 용인해서는 안 된다는 데 공감했다.

유네스코 무형유산으로 등재된 유산의 구성 종목을 삭제한 결정이 모로코에서 열린 회의에서 나왔다는 점은 시사하는 바가 매우 크다. 모로코를 비롯해 노예무역의 아픈 역사, 제국주의의 인종혐오와 차별을 경험한 나라들은 사안을 중대하고 민감하게 받아들였다. 결코 쉽게 넘길 사안이 아니었던 셈이다.

'벨기에와 프랑스의 거인과 용들의 행렬' 유산의 하나로 유네스코 무형유산으로 분류됐던 벨기에 아트의 가장행렬은 결국 이번 위원회의 결정에 따라 유네스코 무형유산이라는 지위를 잃었다. 스위스는 한 발 더 나아갔다. 유네스코 무형유산 목록에서 벨기에 아트의 가장행렬이 삭제되는 데 그치지 않고, 소바주 캐릭터 자체가 해당 축제에서 더 이상 등장하지 않길 강하게 희망한다는 의견을 제시했다. 위원회는 결의문에 이 내용을 추가했다.

마. 새로 논의된 이슈

• 협약 제18조의 광범위한 이행에 대한 성찰 업데이트

협약 제18조는 모범사례에 관한 조항으로, 이와 관련하여 모범사례 메커니즘을 활성화하기 위해서 절차의 간소화 등 대안 마련이 필요하다는 논의가 진행되었다. 그 결과 모범사례 등재 기준 중에서 충족하기 어렵고 불필요하다고 판단한 9번째 기준[63]을 삭제하도

록 하는 규정 개정이 있었다.[64] 그리고 긴급보호목록에서 대표목록으로 종목을 이동할 때, 이것을 성공적인 경험으로 보고 모범사례로 등록할 수 있도록 연결고리를 찾자는 의견도 있었다. 추가로 2021년부터는 스웨덴의 자발적 공여로 협약 제18조의 광범위한 이행을 위한 성찰 프로세스가 개시되었다. 그간 관련 회의에서는 모범사례에 대한 접근성 개선 및 가시성 제고, 모범사례 공유를 위한 '전망대Observatory' 개설 등 다양한 이슈에 대한 논의가 이루어져 왔다. 2023년 4월 전문가 회의와 9월 개방형 정부간위원회 워킹그룹 회의가 진행되었고, 제18차 정부간위원회[65]에서 협약 이행 운영지침 개정안을 검토해[66] 내년 제10차 협약 당사국 총회에서 결정될 예정이다. 해당 주제는 당사국의 역량 강화는 물론 인류 무형문화유산 보호라는 협약의 목적을 달성하는 데 중요한 역할을 할 것이다. 또한, 모범사례 심사 기준 간소화와 공동체 필요를 기반으로 하는 정보 공유 플랫폼 구축 등을 통해서 공동체가 유네스코 원칙과 정보에 더 쉽게 접근할 수 있도록 지원할 것으로 기대한다.

• 무형문화유산과 지속가능한 발전 관련 주제 이니셔티브

제11차 정부간위원회(2016)에서 '무형문화유산과 지속가능한 발전'에 대한 새로운 장이 추가됨에 따라 제16차 정부간위원회(2021)는 무형문화유산의 보호와 지속가능한 발전에 대한 주제별 영역 연구를 시작했다. 주제별로는 무형문화유산 보호의 경제적 측면, 무형문화유산 보호와 기후 변화, 도시 맥락에서의 무형문화유산 보호 등 세 가지를 핵심 영

63) 협약 이행 운영지침 1장 3절 단락 7. P9. 해당 프로그램, 프로젝트 혹은 활동은 우선적으로 개발도상국의 특정한 상황에 적용될 수 있다.

64) 유네스코 제17차 정부간위원회 의제 10. '협약 제18조의 광범위한 이행에 대한 성찰 업데이트Update on the reflection on the broader implementation of Article 18 of the Convention' 참조. 〈https://ich.unesco.org/en/17com〉(최종검색일: 2023년 12월 26일).

65) 제18차 정부간위원회는 지난 2023년 12월 5일에서 8일까지 보츠와나의 카사네에서 개최되었다.

66) 제18차 정부간위원회 의제 11. '협약 제18조의 광범위한 이행에 대한 성찰 업데이트Update on the reflection on the broader implementation of Article 18 of the Convention' 참조. 〈https://ich.unesco.org/en/18com〉 (최종검색일: 2023년 12월 26일).

역으로 두고 있다. 이미 제14차 위원회는 무형유산의 탈맥락화와 상업화에 대응하기 위한 가이드라인 작성을 요청했고, 이를 위해 사무국은 과거 회의문서와 문헌자료 검토, 설문조사 결과(60개국 180개 회신)를 바탕으로 협약 사이트를 통해서 최종 지침을 공개할 예정이라고 설명했다. 또 기후 변화와 관련해서 제8차 협약 총회(2020년 9월 8일~10일)[67]에서 '위험 상황에 처한 무형유산 보호 운영 원칙과 세부 지침'을 채택했으며, 2022년에 실시한 무형문화유산 보호와 기후 변화 설문조사 결과도 개발 중인 지침에 포함할 예정이다. 그리고 협약 사무국은 도시적 맥락에서 무형문화유산 보호와 관련해 기본 원칙과 표준 개발을 위한 가이드라인 작업을 2021년 12월부터 진행하고 있다. 다만 아직 본 안건은 위원회의 주문 사항에 대한 사무국의 활동 보고 성격이 강하기 때문에 이후 개발되고 있는 가이드라인의 구체적인 내용 파악이 필요한 부분이다.

⑦ 제19차 정부간위원회(파라과이 아순시온, 2024)[68]

2003 협약 제19차 정부간위원회가 2024년 12월 2일부터 7일까지 파라과이 아순시온에서 개최되었다. 제19차 정부간위원회에는 58개의 부대행사가 예정되어 역대 최고 수치를 기록했다. 이 정부간위원회는 정부간위원회 운영 규칙 9조에 의거하여 20개의 의제를 채택했는데 다음에서 그중 중요한 논의 결과를 살펴보겠다.

가. 사무국 활동보고

사무국은 2024년 1월 1일~2024년 6월 30일의 기간 동안 사무국의 활동, 주요 성과 및 당면과제에 대한 개괄을 보고하면서 등재 메커니즘 개선을 위한 신규 양식 및 등재 절차

---

67) 유네스코 무형문화유산보호협약 제8차 총회 의제 및 관련 문서, 의제 9(LHE/20/8.GA/9) 참조. 〈https://ich.unesco.org/en/8ga〉(최종검색일: 2023년 12월 23일).

68) 제19차 정부간위원회 의제 요약본은 ICHCAP의 서진영 전문관의 보고서에 기반하여 작성되었다. 보고서를 제공해준 서진영 전문관에게 감사를 드리는 바다. 제19차 정부간위원회의 자세한 의제 및 내용은 제19차 정부간위원회 결정문을 참조 바란다. LHE/24/19.COM/Decisions, 〈https://ich.unesco.org/en/19com〉(최종검색일: 2025년 2월 14일).

도입, 국제원조, 협약 제18조의 광범위한 이행에 대한 진전, 주제별 이니셔티브 등에 대해 언급했다.

• 2003 협약 국제협력 및 원조 메커니즘 관련

국제원조는 특히 긴급상황에 처한 무형문화유산 보호와 관련하여 재난 위험 관리, 핸드북 개발, 우크라이나와 팔레스타인의 무형문화유산 보호를 위한 사업을 지속하였다. 그리고 협약 제18조의 광범위한 이행을 위해 모범적인 보호 경험을 공유하기 위한 새로운 온라인 플랫폼 구축의 측면에서 진전을 이루었다고 보고했다.

• 지역 협력 및 비상 대응 메커니즘에 대한 강력한 요구

많은 국가가 무형문화유산과 기후변화 및 지속가능발전 간의 상호 연관성을 강조하고 디지털 기술, 지속가능한 관광 등의 다양한 방법을 통해 글로벌 과제 해결에 기여하는 문화적 지식과 전통의 보존 필요성을 강조했다. 또한 팔레스타인, 아프가니스탄은 무력충돌과 자연재해가 무형유산에 미치는 영향에 대해 우려를 표명하며 취약한 지역에서 보호 필요성과 글로벌 연대를 강조했다.

나. 긴급보호목록 등재 종목 현황 당사국 보고서 검토

협약 이행 운영지침 160~164 단락에 의거하여 '긴급보호목록 등재 종목 현황에 대한 당사국 보고서'는 4년마다 제출해야 한다. 이번 회기에는 총 23건의 보고서가 제출 대상이었으며, 이 가운데 1차 보고서 2건, 2차 보고서 3건, 총 5건을 제외하고 15개국에서 18건의 보고서가 제출되었다. 사무국은 보고서 전반의 특징을 다음 세 가지로 나누어 설명했다.

• 보호조치의 효과성

공식·비공식 교육을 통한 전승의 중요성과 인식 제고 측면에서 지역 공동체를 위한 교육자료, 워크숍 운영 시 토착 언어의 중요성 그리고 공동체의 경제적 잠재력을 위한 윤리적 관광의 필요성이 언급되었다.

• 공동체 참여

다양한 사회적 배경을 가진 보유자와 연행자들이 늘어났음을 언급하였고, 특히 다각화된 성 역할과 여성의 기여가 부각되었음을 설명했다. 또한, 전통적 권위를 가진 공동체가 섹터 간 조직 구성에 크게 기여하였다는 점도 강조했다.

• 생명력과 위협요인

토착 언어를 활용한 소외 집단의 무형문화유산 전승이 보고되었으며, 기후·환경 위기, 채굴, 산림 전용, 자원의 착취 활동 등은 무형문화유산 전승에 위험 요소로 작용하고 있음을 언급했다.

다. 무형문화유산기금 국제원조 현황 보고

사무국은 2008년 운영 이래, 79개 당사국이 사업 154건에 대해 무형문화유산기금으로부터 미화 1,300만 달러의 재정지원을 받았다고 보고했다. 원조 메커니즘의 지역 분포를 보면, 수혜국이 SIDS 10개국 및 아프리카 지역 21개국을 포함하여 총 55개국으로 확대되었다. 선거그룹 I을 제외한 모든 선거그룹에 국제원조가 제공되었으며, 총 승인액 중 45%가 선거그룹 V(a)(아프리카)의 당사국에 제공되었다. 이는 '유네스코의 글로벌 우선순위 아프리카UNESCO's Global Priority Africa'와 맥을 같이함을 보여주었다.

그리고 협약 제20조에 의거, 다양한 목적의 사업에 국제원조가 제공되었는데, 해당 사업에는 긴급상황에 처한 무형문화유산 보호, 역량 강화 및 목록화를 위한 역량 강화, 인식 제고 또는 무형문화유산 보호를 위한 국가 정책 또는 법적 프레임워크 구축과 같은 보호 프로젝트가 포함되었다.

기금을 통해 이행된 사업의 결과로 종목의 생명력을 보장하고 공동체의 정체성을 인식하는 데 크게 기여하였으며, SIDS와 아마존 국가들이 당면한 자연재해를 포함한 여러 위기를 극복하는 데도 크게 도움을 주었음을 언급했다.

라. 2024년 심사기구 활동 보고

• 대표목록, 긴급보호목록, 모범보호사례 신청서 검토

이번 회기에 심사기구의 업무량은 2023년과 비교하여 거의 20%가 증가했다. 사무국으로부터 70건을 접수하여 67건의 심사 검토를 확정했다. 그러나 보고서 작성 전 1건의 철회로 최종적으로는 총 66건(긴급보호목록 2건, 대표목록 53건, 모범보호사례 3건, 목록 간 이동 3건, 확장 등재 5건)의 신청서를 심사하였고, 이는 회기 내 최고 검토 수를 기록하였다.

R2 평가와 관련하여 많은 신청서가 지속 가능한 발전과 간접적이거나 전혀 관계가 없는 항목과 연결지었고, 이에 대하여 심사기구는 대화 프로세스를 활용하거나 평가를 위해 보고서 안의 모든 정보를 활용했다. 향후, 운영지침 내 지속가능한 발전 부분을 참고하여 적합한 곳에 배치할 것을 주문했고, 관련하여 당사국의 역량 강화를 권고하였으며 향후 이를 보완하기 위해 시청각 자료를 제출할 것을 독려하였다.

• 2025년 심사기구 구성

2025년 심사기구 구성을 위해 공석인 3석(△선거그룹Ⅲ 전문가, △선거그룹Ⅳ 전문가, △선거그룹Ⅴ(b) NGO)을 선출했다. 최종 투표 결과는 아래 [표 2-2-14]·[표 2-2-15]와 같다.[69]

[표 2-2-14] 선거그룹Ⅲ, 선거그룹Ⅳ 전문가

선거그룹	전문가
I	Ms Evrim ÖLÇER ÖZÜNEL (튀르키예)
II	Mr Rimvydas LAUŽIKAS (리투아니아)
III	Ms Luciana Goncalves de Carvalho (브라질) (경합)
IV	Mr Nandadeva Bilinda Devage (스리랑카) (경합)
V(a)	Mr Herbert Chimhundu (짐바브웨)
V(b)	Ms Nahla Abdallah Eman (이집트)

* 위원회 위원국이 아닌 당사국 출신 개별 전문가 (23표 중 22표 획득)

69) UNESCO ICH website, LHE/24/19.COM/Decisions, pp. 116~117, 〈https://ich.unesco.org/en/19com〉(최종 검색일: 2025년 2월 14일).

[표 2-2-15] 선거그룹 V(b) NGO

선거그룹	NGO
I	Conseil quebecois du patrimoine vivant
II	Czech Ethnological Society
III	Daniel Rubin de la Borbolla Center, a.c.
IV	Aigine Cultural Research Center - Aigine CRC
V(a)	The Cross-Cultural Foundation of Ugada (CCFU)
V(b)	Saudi Heritage Preservation Society (SHPS) (무경합)

* 인가 NGO (23표 중 16표 획득)

마. 긴급보호목록, 대표목록 및 모범보호사례 등재신청서 검토

ㄱ. 긴급보호목록 등재신청서 검토

2건의 등록신청서가 모두 등재 권고를 받아 최종적으로 긴급보호목록에 등재되었다.

[표 2-2-16] 2024년 긴급보호목록 등재

심사기구	신청국	종목명	등재 여부
등재권고 (2)	보츠와나	워사나Wosana 의식과 관련 연행	O
	인도네시아	레오그Reog 포노로고 공연 예술	O

ㄴ. 대표목록 등재신청서 검토

이번 회기에 58건의 등재신청서 중 57건은 심사기구로부터 등재권고, 1건은 정보보완을 요청받았으나 정보보완을 받은 1건 역시 안건 논의와 당사국들의 지지를 받아 최종적으로 58건 모두 대표목록에 등재되었다. 대한민국의 '한국의 장 담그기 문화'도 대표목록에 등재되었다.

그리고 이번 등재목록 중 총 5건이 공동등재되었는데, 그 중 한 건은 아프리카-아시아 국가 간 공동등재로, 인도네시아는 대표 발언에서 이번 등재는 국경을 넘어 상호 이해와 연합을 의미하며, "첫 번째 아시아·태평양-아프리카 지역 간의 다리"가 되었음을 기쁘게 생각한다고 밝혔다.

알제리의 등재 종목과 관련하여 모로코는 공유유산을 통한 통합의 가치는 존중되어야 하나, 그 안에서 공동체의 정체성은 고유한 것으로 유용은 절대적으로 금지되어야 함에도 불구하고, 알제리가 등재신청서와 함께 제출한 사진과 동영상에 치명적인 문제가 있으며 이는 지식재산권의 문제이기에 사무국과 심사기구에 강하게 우려를 표했다.

[표 2-2-17] 2024년 대표목록 등재종목

심사기구	신청국	종목명	등재여부
등재권고 (57)	파라과이	과라니아, 파라과이 영혼의 소리	O
	포르투갈	포르투갈의 승마 예술	O
	대한민국	한국의 장 담그기 문화	O
	르완다	인토레Intore	O
	사우디 아라비아	타이프 장미 관련 문화적 관행	O
	세르비아	코바치차의 나이베 회화 관행	O
	스페인	아스투리아스 사과주 문화	O
	팔레스타인	팔레스타인의 나블루시Nablusi 비누 제조 전통	O
	스웨덴, 노르웨이	페보와 세떼르에서의 여름 농장: 외곽지 방목과 기예가적 식품 생산 관련 지식, 전통 및 관행	O
	시리아 아랍공화국	알레포 가르Aleppo Ghar 비누 공예	O
	타지키스탄-이란	메흐레간Mehregan 의식	O
	태국	똠얌꿍	O
	튀니지	그본텐족의 트와예프ṭwāyef 공연 예술	O
	우크라이나, 에스토니아	피산카Pysanka, 우크라이나의 달걀 장식 전통 및 예술	O
	아랍에미리트, 알제리, 바레인, 이집트, 이라크, 요르단, 쿠웨이트, 모리타니, 모로코, 오만, 팔레스타인, 카타르, 사우디아라비아, 수단, 튀니지, 예멘	헤나: 의식 · 미학적 · 사회적 관행	O
	베트남	삼Sam산의 바추아쓰Bà Chúa Xứ여신 축제	O
	잠비아	망웽웨Mangwengwe 춤	O
	아프가니스탄, 이란, 타지키스탄, 우즈베키스탄	루밥/라밥 제작 및 연주 기예	O
	알바니아	트로포예의 크치미K'cimi 춤	O
	알제리	알제리 동부 지역의 여성 의례복: '간두라Gandoura'와 '멜레파Melehfa' 제작 및 장식과 관련된 지식과 기술	O
	아제르바이잔	아제르바이잔의 탄디르 공예와 제빵	O

심사기구	신청국	종목명	등재여부
	벨라루스	비치난카Vytsinanka, 벨라루스 전통 전지 예술	O
	벨기에, 프랑스	순회 쇼 문화	O
	보스니아 헤르체고비나	세브달린카Sevdalinaka, 전통 도시민요	O
	브라질	미나스 제라이스의 기예적 미나스 치즈 전통 제조법	O
	브루나이 다루살람, 인도네시아, 말레이시아, 싱가포르, 태국	케바야Kebaya: 지식, 기술, 전통 및 관행	O
	캄보디아	캄보디아 전통 직물 크라마Krama 관련 문화적 관행과 표현	O
	카메룬	응온도Ngondo, 사와족 물 신탁 숭배와 관련 문화 전통	O
	중국	춘절, 전통적 새해를 기념하는 중국인의 사회적 풍습	O
	콜롬비아	수크레 주 갈레라스 지역의 살아있는 그림	O
	코트디부아르	코트디부아르 아티에케Attiéké 요리 관련 기술	O
	쿠바, 도미니카 공화국, 아이티, 온두라스, 베네수엘라	카사바 빵 만들기와 소비를 위한 전통지식과 관행	O
	북한	조선 옷차림 풍습: 북한의 전통 지식, 기술 및 사회적 관행	O
	이집트, 사우디 아라비아	셈세미아Semsemiah: 악기 제작 및 연주	O
	에스토니아	에스토니아 물기마Mulgimaa 지역의 으깬 감자와 보리를 곁들인 물기 푸더Mulgi puder 요리	O
	에티오피아, 지부티, 소말리아	헤르 씨세Xeer Ciise: 에티오피아, 지부티, 소말리아의 소말리-이사Issa 공동체 구전 관습법	O
	프랑스	파리의 아연 지붕공과 장식공의 기술	O
	가나	전통 직물 켄테Kente 직조술	O
	그리스	메소스포리티사Messosporitisa 축제(중간 파종기 성모마리아 축제), 고대 유적지에서의 성모 축일 행사	O
	그레나다	셰익스피어 마스Shakespeare Mas', 캐리아쿠 연례 카니발의 전통 구성 요소	O
	과테말라	과테말라 산티아고 사카테페케즈와 숨팡고의 대형 연 제작 기술	O
	헝가리	챠르다시 춤 전통	O
	자메이카	와트 타운Watt Town 순례	O
	일본	일본의 코지koji 누룩을 활용한 전통 사케 제조기법	O
	라오스	포네람봉라오(람봉라오) 춤Fonelamvonglao(lamvonglao)	O
	말레이시아	말레이시아 조식 문화 : 다민족 사회에서의 식사 경험	O
	모리타니	삼바 구엘라디오Samba Gueladio 서사시	O
	몽골	몽골 유목민의 이주와 관련된 관행	O

심사기구	신청국	종목명	등재여부
	미얀마	미얀마 전통 새해 아타 팅얀Atā Thingyan 축제	O
	나이지리아	카노의 두르바르Durbar	O
	북마케도니아, 튀르키예	전통 백파이프(가이다/툴룸Gayda/Tulum) 제작 및 연주	O
	노르웨이	노르웨이 전통 의상 관련 공예 및 사회적 관행	O
	스페인, 이탈리아	손으로 타종하기	O
	아랍에미리트, 오만, 카타르, 사우디아라비아, 요르단	너그러움의 상징, 아랍 커피	O
	아프가니스탄, 아제르바이잔, 인도, 이란, 이라크, 카자흐스탄, 키르기스스탄, 우즈베키스탄, 파키스탄, 타지키스탄, 튀르키예, 투르크메니스탄, 몽골	나우르즈, 노브루즈, 노우르즈, 노우르즈, 나우루즈, 나우르즈, 노루즈, 누루즈, 나브루즈, 네브루즈, 노우루즈, 나브루즈	O
	크로아티아, 키프로스, 프랑스, 그리스, 이탈리아, 슬로베니아, 스페인, 스위스, 안도라, 오스트리아, 벨기에, 아일랜드, 룩셈부르크	건식 석조 건축 예술, 지식과 기술	O
	말리, 부르키나파소, 코트디부아르, 인도네시아	말리와 부르키나파소, 코트디부아르, 인도네시아의 발라폰과 콜린탕 연주와 관련된 문화적 연행과 표현	O
정보보완	카자흐스탄	베타샤르Betashar, 전통 결혼 의식	O

ㄷ. 목록 간 이동신청서 및 모범보호사례 등록 신청서 검토

• 목록 간 이동 신청서

긴급보호목록에서 대표목록으로 첫 종목 이전 심사가 있었으며, 총 3건을 심사했다. 3건의 이동신청서 모두 2009년 중국의 긴급보호목록 등재종목으로, 심사기구의 이동 권고를 받아 긴급보호목록에서 대표목록으로 이동되었다. 해당 종목들이 긴급보호목록에 등재된 이후, 중국 정부와 지방 정부, 지역 공동체 등은 해당 종목의 전승을 위해 지속적으로 노력해왔고, 이번 결정은 그 노력에 대한 회복력 강화와 전승 활성화의 결과임을 대표 발언에서 공통적으로 언급하였다.

[표 2-2-18] 목록 간 이동 등재 종목

심사기구	신청국	종목명	결정 여부
이동 권고 (3)	중국	리족의 전통 직물 기술 : 방적 · 날염 · 방직 · 자수	O
	중국	창족의 신년 축제	O
	중국	중국 전통 목조 아치교의 설계 및 축조 기술	O

• 모범보호사례 등록신청서 검토

3건의 등록신청서가 모두 선정 권고를 받아 최종적으로 모범보호사례로 선정되었다. 슬로바키아는 해당 사례가 공동체 및 연행자들의 협력과 젊은 세대의 전승에 기여하고, 장애인에게도 열려있음을 언급하며 공동체의 화합에 기여함을 강조했다. 우크라이나의 모범사례 선정은 단순히 전통을 지키는 것을 넘어서 어려운 시기에 자유와 평화를 지키기 위한 노력으로, 많은 책임감과 자긍심을 느끼고 있음을 언급했다.

[표 2-2-19] 2024년 모범보호사례 등재 종목

심사기구	신청국	종목명	선정 여부
선정 권고 (3)	슬로바키아	울루브ÚĽUV 공예학교	O
	우크라이나	콥자kobza와 손돌림 리라wheel lyre 전통의 보호 연행	O
	오만	평화와 지속 가능한 문화 대화를 위한 오만 청소년 항해교육선Safinat Shabab Oman 프로그램	O

ㄹ. 2024~2025 제출 신청서 및 2026~2027 검토 예정 신청서

사무국은 접수된 등재신청서에 대하여 우선순위 시스템을 적용, 우선순위 0에 해당하는 수가 다수를 차지하고 있는 상황에서 2025년에는 30건의 신청서는 검토되지 못할 것으로 판단했다. 이에 따라, 공동등재신청서에도 우선순위 시스템을 적용하기로 결정하고 동일 주기 내 공동등재 제출 자제를 권고하였으며 우선순위 선택 등의 옵션을 제공함으로써 더 많은 기회를 확보하고자 했다.

2024~2025 주기에서 130개국 85건의 공동등재가 이루어졌고, 계속해서 증가 추세를 보이는바, 협약이 국가와 공동체 간의 국제협력을 촉진하는 촉매제로서 성공을 거두었다

고 볼 수 있다고 언급했다. 공동등재 및 목록 간 이동등재에 대하여 2026~27 주기에도 연간 심사한도를 초과하여 처리될 예정이며, 이 모든 상황을 모두 적용할 경우 최대 80건의 등재신청서를 처리할 수 있을 것으로 예측된다고 밝혔다.

바. 무형문화유산과 지속가능발전 관련 주제별 이니셔티브

사무국은 무형문화유산 보호의 경제적 측면, 무형문화유산 보호와 기후변화, 도시 맥락에서의 무형문화유산 보호의 세 가지 주제별 이니셔티브를 추진하고 있음을 밝혔다.

• 경제적 측면

생물다양성협약 사무국, FAO, UNWTO, UN Women, WIPO 등 여러 기관들과 협의를 진행했으며 지침서를 바탕으로 관광, 농업 등 특정 부문 맞춤형, 사용자 친화적 인식 제고 자료 개발과 토착민과 공동체를 위한 역량 강화 전략 개발을 진행할 계획임을 밝혔다.

• 기후변화

다양한 지역, 배경을 가진 전문가로 구성된 회의를 두 차례 진행했고 이를 바탕으로 지침서 초안을 작성, 본 의제의 부속문서로 제시했다. 특히, 어떻게 협약이 기후변화에 기여할 수 있는지 주요 목표에 대해 상술했다.

• 도시 맥락

무형문화유산 전문가와 도시 계획 전문가가 협력하여 역량 강화 접근 방식을 추가 예산사업으로 진행했는데, 이는 도시 개발 정책 프레임워크와의 시너지 효과를 탐구하는 측면에서 실용적인 도구로 작용할 것으로 보인다.

사. 인가 NGO 포럼 보고

사무국은 2020년부터 매년 ICH NGO 포럼의 보고서를 독립 의제로 검토하고 있음을 재상기하며, 인가 NGO 전문역량 영역 매핑 프로젝트 1단계의 연장선상에서 곧 2단계를

개시할 예정임을 공유했다. ICH NGO 포럼 의장은 보고서 발표를 통해 현재 264개의 인가 NGO가 활동 중이며, 협약 이행 정책 자문 활동, 인가신청서 양식 작성 가이드 제공 및 워크숍 진행, 기후 행동, 지속가능한 무형유산 관광, 참여 접근법, ORF 및 회기보고서, 지식재산권, 위기 상황에서의 무형유산 등 다양한 주제를 기반으로 하는 워킹그룹의 활동을 소개했다. 슬로바키아, 브라질은 ICH NGO 포럼의 활동을 높이 평가했으며, 포럼의 중요한 역할 중 하나는 다양한 공동체의 목소리를 담아내고 과소평가 지역의 지리적 불균형을 해소하는 것임을 강조했다.

아. 제20차 정부간위원회 일정 및 장소, 의장단 선거

ㄱ. 일정 및 장소

- 장소 : 인도 뉴델리
- 일자 : 2025년 12월 8일~13일, 6일간

ㄴ. 의장단 선거

- 의장국 : 인도(의장 미지정)
- 부의장 : 프랑스(그룹 I), 슬로바키아(그룹 II), 바베이도스(그룹 III), 에티오피아(그룹 V(a)), 모리타니(그룹 V(b), 연임)
- 서기: 아이샤 카말리Ms. Aisha Kamali(아랍에미리트)
- 단, 의장국(인도)에서 의장을 지정하지 않은바, 2020년과 2021년 16.COM 18을 상기하며 세부 결정사항은 2025년 1월 31일까지 유예.

(7) 결론

유네스코 「무형문화유산보호협약」에서 정부간위원회는 가장 핵심적인 기구다. 2006년 제1차 회의가 열린 이후 2024년에 제19차 정부간위원회가 열렸다. 이외에도 5번의 임시 정부간위원회가 열려 도합 24번의 정부간위원회 회의가 개최되었다. 이 정부간위원회 회의를 통해 세계 무형유산 정책이 실행되고 무형유산 정책 방향의 철학, 미래의 방향 등

이 제시되기 때문에 우리는 정부간위원회에 적극 참여하여 무형유산의 세계적 담론을 파악하고 분석해야 한다.

정부간위원회의 의제 내용은 시대에 따라 다르다. 우선 가장 관심있는 대표목록 등재에 대한 이해도에 따라 논의 내용도 달라졌고, 그러한 논의와 보완을 통해 이해도가 향상되어 왔다. 대표목록이 처음으로 심사된 제4차 정부간위원회(2009)에서는 대표목록으로 제출된 후보 무형유산이 111개였지만 당사국들이 제출한 111개의 대표목록 등재신청서 중 5개의 신청서만 완성된 것이었고, 나머지 신청서들은 미완성 상태였거나 추가로 보완이 필요했다. 111개 등재신청서 중 35개의 신청 유산이 심사보조기구의 등재 권고를 받지 못했는데, 그중 무형유산의 정의가 무엇인지도 모르는 후보가 26개나 되었다. 지금은 단절된 행해지지 않는 과거의 유산을 후보로 제출한 것이 그 예다. 정부간위원회가 거듭되면서 지금은 무형유산 정의에 맞게 제출하는 무형유산 후보작이 대부분이다. 2024년 제19차 정부간위원회에서는 등재신청한 모든 무형유산이 등재되었다. 이제는 많은 회원국들의 무형유산에 대한 이해도가 그만큼 높아졌다고 볼 수 있다. 그리고 등재신청서 심사 시 간단한 보완이 필요한 신청국에게 소명 기회를 제공하는 대화 프로세스를 도입함으로써 등재 업무의 효율성을 높이기도 했다.

대표목록으로 등재된 무형유산이 취소되는 사례도 두 건 있었다. 2010년 대표목록에 등재된 벨기에의 알스트 카니발Aalst carnival에서 나치 반유대주의 문제가 지속적으로 제기되어, 결국 알스트 카니발이 2019년 제14차 정부간위원회에서 대표목록 삭제가 결정되었다. 또한 2022년 모로코 라바트에서 열린 제17차 정부간위원회에서는 2005년 등재된 '벨기에와 프랑스의 거인과 용들의 행렬'에서 아트시의 소바주 캐릭터가 아프리카계 주민을 풍자하고 흑인에 대한 혐오와 인종차별을 조장하므로 인간의 존엄성을 훼손하고 유네스코 헌장과 「무형문화유산보호협약」의 정신에 위배된다는 결론을 내리고 아트시의 축제만 삭제했다. 우리에게는 소중한 무형문화유산일지라도 이것이 인권에 위배되거나 인종 차별 또는 다른 문화의 비하 등을 담고 있다면 인류의 무형유산이 될 수 없다는 점을 염두에 두어야 할 것이다.

그러나 아직도 공동체 참여 부분은 어려운 문제로 남아있다. 많은 국가에서 등재신청서 작성 과정에서 해당 공동체의 사전 동의를 받았는지 그리고 공동체가 등재신청서 작성 과정에 어떻게 참여했는지를 기술하는 부분이 있는데, 많은 신청서가 여전히 등재를 위해 형식적인 동의서만을 첨부한 경우가 대부분인 것으로 나타나고 있다. 공동체 문제는 앞으로도 많은 논의가 필요한 부분이다.

위원회는 무형문화유산의 보호와 지속가능한 발전에 대한 주제별 영역 연구도 시작했다. 2022년부터 주제별로는 무형문화유산 보호의 경제적 측면, 무형문화유산 보호와 기후 변화, 도시 맥락에서 무형문화유산 보호 등 세 가지를 핵심 영역으로 두고 있다.

2003년 「무형문화유산보호협약」이 통과된 후 20년이 지난 지금 유네스코 무형문화유산 정책은 많은 변화를 가져오고 있고, 세계 각국의 무형문화유산 정책에도 영향을 끼치고 있다. 매년 개최되는 정부간위원회는 무형문화유산 정책의 최신 동향과 이슈를 개진하는 장소이기도 하다. 우리가 유네스코 무형문화유산 정부간위원회에 적극 참여하고 담론을 제기해야 하는 이유다.

3) 위원회 사무국Bureau of the Committee[70)]

위원회 사무국은 정부간위원회 절차 규칙의 사무국 관련 규정에 따라 정부간위원회의 원활한 운영과 진행을 위해 필요한 업무를 수행하는 기관이다. 이 절차 규칙 12.1[71)]에 따르면 위원회 사무국은 공평한 지리적 대표성 원칙에 따라 위원장, 부위원장 1명 이상, 보고관 1명으로 구성된다. 위원회 사무국의 업무는 절차 규칙 12.2에 규정되어 있는데, '위원회의 업무를 조정하고 회의의 날짜, 시간 및 업무 순서를 정하고, 그 밖에 위원회가 위임

---

70) UNESCO ICH website, 〈https://ich.unesco.org/en/functions-of-the-bureau-00803〉(최종검색일: 2023년 12월 25일).

71) Rules of Procedure of the Intergovernmental Committee for the Safeguarding of the Intangible Cultural Heritage Ⅴ. Bureau, Rule 12.1 The Bureau of the Committee shall consist of the Chairperson, one or more Vice-Chairpersons and a Rapporteur, in conformity with the principle of equitable geographical representation. 〈https://ich.unesco.org/en/rules-com#TOC5〉(최종검색일: 2023년 12월 25일).

한 업무를 수행한다'[72]고 명시되어 있다.

그리고 운영지침 49항[73]은 사무국을 최대 미화 10만 달러의 국제 지원 요청을 승인할 권한이 있는 기관으로 지정하고 있다. 또한 운영지침 50항[74]에 의거, 사무국은 미화 10만 달러 이상의 긴급 요청을 심사하고 승인하는 권한도 위임받았다. 또한 운영지침 32항[75]의 극도로 긴급한 경우와 기준 U.6에 준거하여 위원회 사무국은 해당 당사국에 긴급보호가 필요한 무형문화유산 목록 등재신청서를 빠른 일정에 따라 제출하도록 요청할 수 있다.

위원장이 소집하는 위원회 사무국 회의는 의장이 적절하다고 판단하는 경우 수시로 개최할 수 있고, 위원회 회기 사이에 유네스코 본부에서 회의를 개최한다. 다만 위원장이 적절하다고 판단하면 전자적 협의를 포함한 서신으로 협의할 수 있다.[76] 그리고 위원회 사무국의 별도 결정이 없다면 위원회 위원국과 당사국이 옵저버로 참가할 수 있다. 다만 옵서버는 의장의 사전 동의가 있는 경우에만 사무국에서 발언할 수 있다.[77]

---

72) 앞의 절차 규칙. Rule 12.2 The Bureau shall coordinate the work of the Committee and fix the dates, times and order of business of meetings. It shall exercise as well the tasks foreseen in the Operational Directives and any other task assigned by the Committee through its own decisions.(이하 생략) 〈https://ich.unesco.org/en/rules-com#TOC5〉(최종검색일: 2023년 12월 25일).

73) UNESCO, "Operational Directives for the Implementation of the Convention for the Safeguarding of the Intangible Cultural Heritage," Paragraph 49. Requests up to US$100,000, including preparatory assistance, are examined and approved by the Bureau of the Committee.(이하생략)

74) UNESCO, "Operational Directives for the Implementation of the Convention for the Safeguarding of the Intangible Cultural Heritage," Paragraph 50. Emergency requests, regardless of the amount are examined and approved by the Bureau of the Committee.(이하 생략)

75) UNESCO, "Operational Directives for the Implementation of the Convention for the Safeguarding of the Intangible Cultural Heritage," Paragraph 32. In case of extreme urgency, and in conformity with Criterion U.6, the Bureau of the Committee may invite the State(s) Party(ies) concerned to submit a nomination to the List of Intangible Cultural Heritage in Need of Urgent Safeguarding on an accelerated schedule.(이하생략)

76) 위의 절차 규칙. Rule 12.3 The Bureau, convened by its Chairperson, shall meet as frequently as it deems necessary. Between the sessions of the Committee it shall meet at UNESCO Headquarters. The Bureau may, if the Chairperson deems it appropriate, consult by correspondence, including electronic consultation. 〈https://ich.unesco.org/en/rules-com#TOC5〉(최종검색일: 2023년 12월 25일).

77) 위의 절차 규칙. Rule 12.4 Meetings shall be open to Committee Members and States Parties as observers, unless decided otherwise by the Bureau. Observers may address the Bureau only with the prior consent of the Chairperson. 〈https://ich.unesco.org/en/rules-com#TOC5〉(최종검색일: 2023년 12월 25일).

위원회 사무국의 회의는 정부간위원회의 원활한 진행을 위해 정기 정부간위원회가 열리기 전까지 여러 차례 회의를 여는 등 중요한 업무를 처리한다. 2024년에는 현재까지 정기회의를 비롯해 긴급 및 요청에 따른 회의가 총 5번[78] 열렸다. 그 중 다음은 2024년 제19차 정부간위원회가 열리기 전 위원회 사무국의 제2차와 제3차 사무국 회의의 의제목록이다(표 2-2-20, 21 참조). 아래 표를 보면 정부간위원회 절차 규칙에 명시된 사무국의 업무 내용과 논의 주제가 무엇인지 알 수 있다.

[표 2-2-20] 제19차 정부간위원회 제2차 사무국 회의 의제목록[79]

<table>
<tr><th>일자</th><th>결정문</th><th>의제</th></tr>
<tr><td rowspan="6">2024년 6월 4일</td><td rowspan="6">19.COM 2.BUR</td><td>1. 개회</td></tr>
<tr><td>2. 의제 채택</td></tr>
<tr><td>3. US$100,000 이상의 국제지원 요청 검토</td></tr>
<tr><td>4. 긴급보호목록 신청 준비 지원 요청 검토</td></tr>
<tr><td>5. 기타 사업
i) 2024년 법정 회의 일정
ii) 2025년 주기 등재후보 신청
iii) 시급한 사안
iv) 기타 사안</td></tr>
<tr><td>6. 폐회</td></tr>
</table>

[표 2-2-21] 제19차 정부간위원회 제3차 사무국 회의 의제목록[80]

<table>
<tr><th>일자</th><th>결정문</th><th>의제</th></tr>
<tr><td rowspan="3">2024년 10월 1일</td><td rowspan="3">19.COM 3.BUR</td><td>1. 개회</td></tr>
<tr><td>2. 의제 채택</td></tr>
<tr><td>3. US$100,000 이상의 국제지원 요청 검토</td></tr>
</table>

78) 5번의 사무국 회의는 2024년 3월 5일, 6월 4일, 10월 1일, 10월 30일, 그리고 12월 1일에 열렸다.

79) UNESCO ICH website, LHE/24/19.COM 2.BUR/Decisions, 〈https://ich.unesco.org/en/19com-bureau〉 (최종검색일자: 2024년 12월 27일).

80) UNESCO ICH website, LHE-24-19.COM_3.BUR/Decisions, 〈https://ich.unesco.org/en/19com-bureau〉 (최종검색일: 2024년 12월 27일).

		4. 국제지원 프로젝트 행정관리
		5. 위원회의 19차 회의 잠정시간표 채택
		6. 무형문화유산보호협약 엠블럼 사용
		7. 기타 사업 i) 2024년 법정 회의 일정 ii) 제19차 위원회 회의 운영방식 iii) 2024년 등재 후보 목록 iv) 협약 목록에 등재된 요소에 대한 후속조치 v) 기타 안건
		8. 폐회

4) 유네스코 무형문화유산 등재 심사기구Evaluation Body

2003 유네스코 협약에 따라 무형문화유산은 대표목록Representative List of the Intangible Cultural Heritage of Humanity과 긴급보호목록List of Intangible Cultural Heritage in Need of Urgent Safeguarding 등재, 그리고 모범사례Register of Good Safeguarding Practices 등록, 이렇게 세 가지로 등재 및 등록하는 제도[81]를 운영하고 있다.

각 회원국이 대표목록, 긴급보호목록 등재 또는 모범사례 등록을 위해 등재후보 신청서를 제출하면 이를 심사할 수 있는 기구가 필요하다. 그래서 유네스코는 무형문화유산 목록 등재후보를 검토, 심사하는 기구를 운영하고 있다. 이들 심사기구는 위 세 목록에 등재될 유산을 등재 권고inscribe, 등재보류refer, 등재불가not to inscribe로 결정한다. 이들 심사기구는 운영 방식의 변화에 따라 다음과 같이 두 단계로 나누어 볼 수 있다.

(1) 2009~2014년: 심사보조기구Subsidiary Body(SB)와 심사자문기구Consultation Body(CB)

2009년은 유네스코 무형문화유산 등재를 위한 등재후보 심사가 처음으로 이루어진 해였다. 등재후보 심사는 정부간위원회 산하 심사보조기구와 심사자문기구가 각각 운영되

81) 대표목록과 긴급보호목록은 등재List라고 하며, 모범사례는 등록Register이라고 구별해야 한다.

는 이원적인 체계였다. 이 체계는 2015년 심사기구가 일원화되기 전인 2014년까지 유지되었다.

정부간위원회에서 회원 당사국이 가장 관심을 두는 분야가 대표목록 등재다. 대표목록 등재신청서를 각국에서 제출하면 그것을 심사하는 기구가 필요한데, 그 심사기구가 심사보조기구였다. 심사보조기구는 유네스코 6개 지역별 그룹에서 각각 1개국씩 모두 6개국 대표가 대표목록 등재 후보 심사를 담당했다. 그리고 심사자문기구는 대표목록을 제외한 긴급한 보호가 필요한 무형문화유산 목록(이하 '긴급보호목록')과 무형문화유산보호 모범사례(이하 '모범사례'), 미화 25,000달러를 초과하는 국제원조신청서를 심사하는 기구로서 6명의 무형문화유산 전문가와 6개 그룹을 대표하는 6개 인가 NGO로 구성된다. 2014년 제9차 위원회까지는 심사자문기구가 긴급보호목록과 모범사례, 미화 25,000달러를 초과하는 국제원조신청건에 대한 심사를 담당했다. 심사자문기구의 심사 방식은 12명의 심사위원들이 개별적으로 신청서를 검토하고 단체 평가를 실시하는데, 심사자문기구는 활동 보고서를 통해서 전반적으로 당사국이 신청서를 작성하는 능력이 여전히 부족하다고 지적했다. 특히 신청서 기술 능력과 섹션 간 정보의 통일성 부재 문제가 고질적으로 나타나고 있는데, 이런 현상은 협약에 대한 당사국의 이해 부족이라는 의견도 제시되었다.[82)]

(2) 2015년~현재: 심사기구Evaluation Body(EB)

2015년 나미비아 빈트후크에서 열린 제10차 정부간위원회에서는 기존의 이원적 체제로 운영되던 심사체계를 일원화하고 처음으로 목록 등재 후보를 심사했다.[83)] 운영지침 27항[84)]에 따라, 이 기구를 심사기구라고 하는데, 2015년부터 현재까지 대표목록, 긴급보호

82) 차보영, 2014년 제9차 정부간위원회(프랑스 파리) 회의 의제 보고.

83) 정민영, 2015년 제10차 정부간위원회(나미비아 빈트후크) 회의 의제 보고.

84) UNESCO, "Operational Directives for the Implementation of the Convention for the Safeguarding of the Intangible Cultural Heritage," On an experimental basis, the evaluation of nominations for inscription on the List of Intangible Cultural Heritage in Need of Urgent Safeguarding and on the Representative List of the Intangible Cultural Heritage of Humanity, of proposed programmes, projects and activities that best

목록, 모범사례 그리고 미화 100,000달러를 초과하는[85] 국제원조신청 건에 대한 심사를 모두 담당하게 되었다. 이에 따라 EB는 이에 대한 심사 결과의 최종 결정을 위해 위원회에 권고안을 제시한다. EB는 6명의 무형유산전문가와 6명의 NGO 대표, 총 12명으로 구성된다. 임기는 4년이며 매년 구성원의 1/4인 3명을 교체하게 되어 있다.[86]

2015년은 단일 심사기구를 통해 심사가 이루어진 첫해로 심사기구에 대한 기대와 우려가 함께 존재했는데, 대체로 이전 심사기구의 원칙과 정신을 잘 승계하여 협약의 일관성을 지켰다고 평가되었다. 심사기구는 제9차 정부간위원회(2014)에서 투표를 거쳐 총 12명의 대표가 결정되었다.

심사기구의 등재 후보에 대한 심사 절차에도 변화가 있었다. 2019년 콜롬비아 보고타에서 개최된 제14차 정부간위원회에서는 등재 후보 심사를 위한 새로운 절차로 '업스트림 대화 프로세스Upstream Dialogue Process'가 도입되었다. 대화 프로세스 절차는 등재신청서의 표현이 모호하거나 필수 정보 중 일부가 누락된 경우, 심사기구와 신청서 제출 당사국 간에 간단한 사실관계를 확인하도록 하는 절차다.

새로운 절차 도입을 위해 심사기구는 3차례에 걸쳐 회의를 진행했다. 1차 심사기구 회의에서 유네스코 무형문화유산과는 심사위원들과 함께 대화 프로세스 운영 방법에 대해 논의했고, 2차 회의에서 신청서 양식과 질문 초안을 작성했다. 3차 정기회의에서는 대화

---

reflect the principles and objectives of the Convention and of international assistance requests greater than US$100,000 shall be accomplished by a consultative body of the Committee established in accordance with Article 8.3 of the Convention, to be known as the 'Evaluation Body'. The Evaluation Body will make recommendations to the Committee for its decision. The Evaluation Body shall be composed of twelve members appointed by the Committee: six experts qualified in the various fields of the intangible cultural heritage representatives of States Parties non-Members of the Committee and six accredited non-governmental organizations, taking into consideration equitable geographical representation and various domains of intangible cultural heritage.
〈https://ich.unesco.org/doc/src/ICH-Operational_Directives-7.GA-PDF-EN.pdf#p27〉(최종검색일: 2023년 12월 24일).

85) 2015년까지는 미화 25,000달러 이상이었으나 2016년 운영지침 개정으로 미화 100,000달러 이상으로 증액되었다(협약운영지침 49항).

86) 갱신 절차에 대한 자세한 내용은 협약 운영지침 28항 참조.

프로세스가 필요한 등재 신청국들에게 대화 프로세스 신청서를 제공했고, 답변에 근거해 신속하게 등재 심사를 진행했다.

이 절차의 목적은 등재신청서를 심사할 때, 간단한 보완이 필요한 경우 신청서 제출국에게 소명 기회를 제공해 등재를 증진하기 위한 것이다. 대화 프로세스는 정보보완을 권고받은 등재 후보에 대해 등재신청서 제출국에게 문답 교환 형식의 신청서를 제공하고 이를 작성하여 제출하도록 하는 방식으로 진행된다. 이 절차를 통해 다양한 국가가 유네스코 무형문화유산 등재에 참여하고 등재 신청국의 등재 기회를 확대해 당사국들이 정부간위원회에서 겪는 갈등을 감소시키고 등재 후보 심사의 투명성과 신뢰성 제고에 이바지할 것으로 기대한다. 이 절차를 처음 적용한 2019년 제14차 정부간위원회에서는 정보보완 권고를 받은 긴급보호목록 2건(케냐, 필리핀)과 대표목록 4건(인도, 나이지리아, 사모와, 태국), 총 6건에 대해 대화 프로세스를 적용해 최종 등재권고를 내렸다. 다만, 인도는 위원국 다수의 반대로 정보보완이 결정되었다.

정부간위원회에서 몇몇 회원국은 2019년 제14차 정부간위원회부터 도입된 업스트림 대화 프로세스의 객관성과 구체성에 대해 우려를 표하기도 했으나 대다수의 당사국은 대화 프로세스 도입이 사소한 이유로 등재 불가 사례가 발생하는 것을 방지할 수 있다고 긍정적으로 평가했으며 보다 확대 적용하기를 희망했다. 중국, 일본 등은 대화 프로세스의 적용 기준이 구체적으로 마련되기를 권고했다.[87] 이러한 대화 절차의 도입으로 심사과정 및 등재 절차가 개선되었다고 평가한다.[88]

---

87) 한국문화재재단, 『살아있는 유산을 찾아서: 한국문화재재단 유네스코 활동백서』, 2020, 174쪽.

88) 차보영, 「유네스코 무형문화유산보호협약 제17차 정부간위원회(2022, 모로코) 동향과 이슈」, 『무형문화유산과 투어리즘』, 2023년 무형유산학회 추계학술대회 발표집, 무형유산학회, 2023.

(3) 한국, 두 번 심사기구의 의장국이 되다(2011, 2019)

① 2011년, 대표목록을 심사하는 심사보조기구의 의장국이 되다.

한국은 2011년 대표목록을 심사하는 심사보조기구의 의장국으로 선출되었다. 당시 의장으로서 역할을 담당한 분은 문화재청의 박정은 주무관이었다. 박정은 주무관은 2011년 인류무형문화유산 대표목록심사 심사보조기구 의장으로서의 경험을 보내왔다. 아래에 박정은 주무관의 글로 그때의 상황을 소개하고자 한다.[89)]

> 한국은 2008년 튀르키예 이스탄불에서 11월 4일부터 8일까지 개최된 제3차 정부간위원회에서 2년 임기(2009~2010)의 심사보조기구로 선출되었습니다. 심사보조기구는 24개 위원국 중 지역 배분을 고려해 선출된 6개국으로 구성된 조직으로, 대표목록을 심사해 해당 무형유산의 등재 혹은 등재불가를 권고할 수 있는 권한을 가지고 있었습니다. 한국과 함께 에스토니아, 케냐, 터키, 멕시코, 아랍에미리트가 선출되었고, 2009년 1월 사전회의를 통해 에스토니아가 2년동안 심사보조기구의 의장국을 맡게 되었습니다.
>
> 2008년 구성된 심사보조기구의 두 번째 등재 사이클을 앞두고, 2010년 1월 13일 심사방향을 정하기 위해 심사보조기구는 파리에서 사전회의를 개최했으며, 해당 회의에 한국은 당시 국제교류과 여성희 사무관, 박정은 주무관을 대표단으로 파견했습니다. 동 회의에서 그해의 심사일정에 대해서 논의함과 더불어 현재 보조기구가 2년간 심사를 통해 축적한 업무 노하우를 차기 보조기구에 전달해 주기 위해서 일부 보조기구 회원국의 연임이 필요하다는 논의가 있었고, 모두 이에 동의했습니다. 심사보조기구 구성은 위원

89) 필자는 2011년 인도네시아 발리에서 개최된 정부간위원회에서 대표목록을 심사하는 심사보조기구의 의장을 맡은 박정은(당시 문화재청 무형문화재과 주무관)에게 당시 심사보조기구 의장으로서의 경험을 보내달라고 부탁했다. 고맙게도 오랜 시간이 지났지만 박정은 당시 주무관은 심사보조기구 의장 역할에 대해 보내주었다. 깊이 감사드린다. 박정은 주무관은 필자가 2012년 한국의 무형유산을 소개하기 위해 스페인, 크로아티아 등 유럽 출장을 갈 때 동행하여 많은 도움을 주었다.

회 운영규정에 따라 위원국이 임무와 임기를 정하도록 되어 있어, 제5차 정부간위원회(케냐 나이로비, 2010년 11월 15일~19일)에 안건으로 상정되었습니다. 안건 내용을 보면, 심사보조기구는 대표목록 심사의 연속성과 일관성을 지속해야 할 필요가 있어 심사보조기구 회원국이 한번에 교체되는 것이 아니라, 교차로 교체되면 새 사이클 동안 새로운 회원국이 남아있던 회원국의 경험을 공유할 수 있을 것이라는 논리를 제시하며 기존 심사보조기구 회원국 중 일부의 연임을 요청했습니다.

6개 회원국 중 4개국은 2010년에 위원회 임기가 만료되고 2개국은 2012년에 임기가 만료될 예정이었습니다. 위원국 중에서만 심사보조기구 회원국이 될 수 있다는 위원회 운영규정에 따라 당시 회원국 중 케냐와 한국만이 잔류에 대한 논의의 대상이 될 수 있었습니다. 위원회는 논의를 거쳐 2011년 대표목록심사를 위해 1년 임기의 심사보조기구에 이탈리아, 크로아티아, 베네수엘라, 한국, 케냐, 요르단을 선출하고 사무국의 상황을 고려해 31건에서 54건 사이의 심사를 요청했습니다.

새로 선출된 심사보조기구는 2011년 1월 20일부터 21일 양일간 파리에서 심사방법과 일정을 논의하기 위해 사전회의를 개최했으며, 한국은 당시 국제교류과 여성희사무관, 박정은 주무관을 대표단으로 파견했습니다. 또한 당시 주유네스코 한국대표부 전문관도 20일에 진행된 첫 번째 세션에 참여했습니다. 동 회의 운영을 위해 현장에서 호선으로 의장을 선출했습니다. 한국과 케냐가 새 회원국에게 경험을 전수하기 위해 보조기구에 잔류하고 있어 신규 회원국은 양국 중에서 위원장을 맡아줄 것을 요청했고, 당시 케냐대표단은 본국의 사정으로 1명 밖에 파견하지 못해 해당 1인이 의장을 맡으면 케냐의 국가 의견을 회의에서 개진할 수 없게 될 것이라며 한국의 의장직 수락을 강력하게 요청했습니다. 해당 사안에 대해 한국과의 시차 등으로 인해 본국과 직접 논의하지 못하고 당시 주유네스코 한국대표부 장재복 공사 참사관과의 논의를 통해 박정은 주무관을 의장으로 추대하고 한국을 대표하는 여성희 사무관이 발언하는 것으로 결정했습니다. 케냐는 부의장국으로 선출되어 필요시 의장을 보좌하는 역할을 담당하게 되었습니다. 해당 회의에서 2009~2010년 심사 시 논의되었던 중요한 심사기준에 대해서 재차 논의하고, 향후 일관된 심사를 하기 위한 방향을 설정했습니다.

같은 해 5월 사무국은 2011년 심사보조기구 검토 수량을 54건으로 결정하고 22개 제출국에 추가정보를 요청했으나 일부 국가가 정해진 기한까지 추가정보를 제출하지 못해 최종적으로 49건에 대한 심사가 실시되었습니다.

사무국은 유네스코 홈페이지 내에 심사보조기구만 접속이 가능한 페이지를 구성하여 회원국에 접속에 필요한 계정정보를 제공하고, 해당 페이지에는 당사국이 제출한 신청서, 사진자료, 영상자료, 공동체 동의서 등 심사에 필요한 정보를 게재했습니다. 그 자료를 바탕으로 심사는 회원국이 개별로 진행하며, 별도의 현장 방문 등은 없었습니다. 회원국은 자국의 심사 건을 제외한 건에 대해 심사결과를 제출하고, 사무국에서 보조기구의 의견을 취합하여, 위원회 안건의 형태로 아이템별로 안을 제시했습니다. 하나의 아이템에 대해 등재, 등재불가, 정보보완으로 각각 의견이 나뉘는 경우 3가지 경우의 수 모두에 대한 안을 제시하여 심사보조기구가 원활하게 심사를 진행할 수 있도록 보조했습니다. (2010년에 개최된 제3차 무형유산보호협약 당사국 총회의 결정에 따라, 동 심사보조기구는 예전과 달리 위원회에 등재, 등재불가에 덧붙여 정보보완도 권고할 수 있게 되었습니다.)

심사보조기구의 의견을 종합하고 위원회 권고사항을 정리하기 위해 같은 해 9월 5일부터 9일까지 유네스코 본부에서 다시 만나, 49건에 대한 논의를 시작했고, 한국이 제출한 6건을 제외한 43건에 대해서 당시 의장인 박정은이 회의를 주재했습니다. 공정한 심사를 위해 한국 신청서 6건에 대해서는 부의장인 케냐가 회의를 주재했고, 한국은 해당 시간 동안 회의에 참가하지 않았습니다.

각국에서 진행된 개별 심사결과 49개 신청서 중 45개에서 심사보조기구 간 의견이 불일치했고, 지난번 심사보조기구에 비해 의견이 강한 회원국이 많아 합의에 이르기까지 상당한 시간이 소요되어 심사가 진행된 5일 동안 매일 밤 10시가 넘어서까지 회의가 진행되었습니다.

2011년 11월 22일부터 29일까지 인도네시아 발리에서 개최된 제6차 정부간위원회에서 위원회 전 당사국에 의해 철회된 7건의 신청서를 제외한 42건이 위원회에 상정되었으며, 당시 의장 박정은이 위원회 포디움에서 한국 신청서 6건을 제외한 36건에 대해 안건 상정을 했습니다. 한국 신청서는 부의장국인 케냐에서 안건을 상정했습니다. 42건에 대한 등재 논의를 끝으로 한국은 심사보조기구의 임무에서 해제되었으며, 같은 회의 14번 안건에서 2012년 임기의 심사보조기구에 스페인, 크로아티아, 베네수엘라, 이란, 부르키나파소, 모로코가 선출되었습니다.

② 2019년, 심사기구의 의장국이 되다.

한국문화재재단(현 국가무형유산진흥원)은 제12차 정부간위원회(2017)에서 아시아·태평양지역의 무형문화유산 심사기구 의장국으로 선정되었다.

2019년 유네스코 무형문화유산 심사기구 심사위원은 서유럽 북미 지역의 전문가로 이탈리아의 피에르 루이기 페트릴로Pier Luigi Petrillo, 자문기구로는 노르웨이 공예협회, 동유럽 지역에서는 슬로바키아의 전문가 루비카 볼란스카L'ubica Vol'anska, 자문기구로는 체코의 체코 민속학회, 중남미 지역의 전문가는 칠레의 소니아 몬테치노 아귀레Sonia Montecino Aguirre, 자문기구로는 콜롬비아의 에리가예Erigaie 재단, 아시아·태평양 지역의 전문가는 베트남의 히엔 티 응위엔Hien Thi Nguyen, 자문기구는 대한민국의 한국문화재재단이었다. 아프리카 지역의 전문가는 케냐의 존 무기 오마레John Moogi Omare, 자문기구는 우간다의 가면보호협회ASAMA, Association pour la sauvergarde des masques, 아랍 지역의 전문가는 오만의 사이드 알 부사이Saeed AL Busai, 자문기구는 이집트의 이집트 민속전통학회였다. 이렇게 전문가 6명과 자문기구 6명, 총 12명으로 심사기구가 구성되었다.

유네스코 무형문화유산 심사기구 1차 회의는 2019년 2월 28일부터 3월 1일까지 이틀간 프랑스 파리에서 열렸다. 1일차에는 자문기구 소속 전문가 1인과 정부간위원회 비위원국 소속 전문가 2인으로 3명의 심사위원이 새롭게 합류했다. 자문기관은 우간다 가면보호협회, 전문가로 이탈리아의 피에르 루이기 페트릴로와 슬로바키아의 루비카 볼란스카가 2019년 무형문화유산 등재 심사를 맡았다.

3명의 새로운 심사위원이 참여한 가운데 진행된 회의에서는 총 세 차례 운영되는 2019년 심사기구 일정에 대해 공유했고, 총 52건의 등재신청서에 대해 심사 의견을 제시해야 했다. 또한 심사기구의 전반적인 역할과 심사 과정, 심사 시 주의사항 등에 대해 숙지했다. 첫 심사기구 회의에서 가장 중요한 임무 중 하나는 2019년을 이끌어갈 의장단 선출이었다. 여기서 한국문화재재단이 의장국으로 선출되었고 재단의 대표로 박상미 교수가 의장이 되었다. 부의장에는 노르웨이 공예협회, 대표로는 에이빈드 팔크Eivind Falk가 선출되었고, 서기에는 콜럼비아의 에리가예재단, 대표로는 마르탱 안드라데 페레즈Martin Andrade Perrez씨가 선출되었다.

심사에서 문제가 됐던 성평등, 지속가능한 발전, 인권, 아동, 노동, 인간과 동물의 관계, 무형유산과 관광, 상업화 등의 주제들에 대해 자유로운 토론을 가졌다. 심사위원 간 의견 차이를 좁히고 공감대를 형성해 향후 개별 신청서의 심사 과정에서 입장 차이를 좁혀나가기 위한 과정이었다. 또한 심사국, 제출국과의 소통에 관해 논의했다. 아울러 간단한 보완이 필요한 신청국에게 소명 기회를 제공하는 대화 프로세스의 활용 방법에 대한 협의가 있었다.

심사기구 2차 회의는 2019년 6월 3일부터 7일까지 5일간 열렸다. 총 52건의 심사용 신청서, 보호 협약 운영 지침, 등재 신청과 심사 부분, 최근의 연례 심사 보고서 등을 검토하면서 심사회의를 준비했고, 유네스코 본부 무형문화유산과와 의장단의 심사 기조와 방향, 효율적인 회의를 위한 전략 등에 대해 논의했다. 다음 날에는 국제원조 위기 목록 신청서에 대한 심사를 시작으로 미등재국 등재 촉진, 공동등재, 위험에 처한 유산 보호 확대를 심사 시 우선적으로 고려하라는 지침을 반영해 심사했다. 또한 등재 신청 목록이 인류 문화 다양성을 보호하고 증진하는 데 기여하는지, 공동체의 자발적 등재에 근거하는지 등 가장 기본적인 심사 원칙에 맞춰 심사가 진행되었다.

2019년 9월 18일부터 20일까지 3일간 진행된 3차 회의에서는 두 가지 논의 사항이 주요 이슈로 떠올랐다. 첫 번째, 이미 등재된 무형문화유산의 삭제에 대한 당사국과 사무국 간 논의가 있었다. 2010년 등재된 벨기에의 알스트 카니발에서 나치의 반유대주의 문제가 지속적으로 제기됐다. 이 문제와 관련해 벨기에 대표와 논의했으나 심사기구와 무형문화유산 사무국은 정부간위원회에서 등재 목록 삭제 여부를 결정하기로 협의했다. 다른 하나는 유네스코 심사기구의 대표목록 등재와 관련해 인도와 중국, 그리고 독일의 무형문화유산등재 가부에 대한 조정이 있었다.

한편, 제3차 회의의 주요 업무는 등재 심사를 통해 등재될 무형문화유산을 최종적으로 결정하는 일이었다. 이처럼 논란의 여지가 있는 주요 이슈들을 심사기구, 사무국, 당사국이 함께 등재 가부를 논의했고, 6월에서 9월 사이에 작성된 심사위원 개별 심사 결정문을 근거로 사무국과 심사기구에서 충분한 논의를 거쳐 그 결과를 최종 종합 심사서 초안에 반영했다. 3차 회의에서 논의한 내용과 초안을 최종 결정문으로 정리해 11월 초에 유네스코 무형문화유산 홈페이지(https://ich.unesco.org/en/home)에 11월 초 공개했다. 이어 2019년 12월 9일에서 14일까지 콜롬비아 수도 보코타에서 열린 제14차 정부간위원회에서 최종 심사 보고서를 발표했다.[90)]

필자는 2011년과 2019년에 각각 한국이 심사보조기구와 심사기구의 의장국이 되어 활발한 활동을 한 것을 자랑스럽게 생각한다. 또 각각 심사보조기구와 심사기구의 의장 역할을 훌륭하게 수행한 문화재청의 박정은 주무관과 한국문화재재단의 박상미 교수께 감사드린다.

5) 비정부기구(NGO)

(1) 무형문화유산 보호와 NGO

① 자문기구로서 NGO의 역할

비정부기구는 가장 힘이 없는 기구이면서 동시에 가장 강력한 힘을 가진 기구라고 정의할 수 있다. 왜냐하면 NGO는 조직과 자금 면에서 취약하기 때문에 힘이 없는 기구지만,

90) 한국문화재재단, 『살아있는 유산을 찾아서: 한국문화재재단 유네스코 활동백서』, 2020, 162~167쪽.

무형유산에 대한 무한한 열정이 있기 때문에 가장 강력한 기구이기도 하다.[91)]

NGO는 협약에 대한 이해도가 높고, 협약 당사국 공동체, 단체 및 개인과 모두 소통할 수 있는 기구이며 이해 당사자인 동시에 중재자 역할을 할 수 있는 위치에 있다. NGO는 다양한 분야의 지식과 역량을 축적하고 있으므로 공동체를 비롯해 여러 주체와 관계를 맺을 수 있고, 국가 차원에서 무형문화유산 지정 및 보호 조치에 참여할 수 있으며, 유네스코 차원에서도 국가의 협약 이행평가에 참여하며, 유네스코 정책에 권고 사항 등을 제안할 수 있다. 이에 유네스코는 「무형문화유산보호협약」을 이행하는 데 NGO 역할이 중요하다는 사실을 인식하고 2015년부터 긴급보호목록, 대표목록, 모범보호사례, 국제원조 신청을 심사할 심사기구에 무형문화유산 전문가와 더불어 인가 NGO도 포함시키고 있다.

유네스코 「무형문화유산보호협약」과 협약 운영지침에도 NGO의 역할과 자격이 명시되어 있다. 이는 무형유산 분야에서 역량과 전문성, 경험을 갖춘 비정부기구들을 인가하고 위원회의 자문 역할을 할 수 있도록 분명히 하는 것이다.

> 협약 제9조 자문기구의 인가
>
> 1. 위원회는 무형문화유산 관련 분야에서 능력을 인정받은 비정부기구가 자문자격으로 활동할 수 있도록 기구의 인가를 총회에 제안한다.[92)]

> 협약 제11조 협약 당사국의 역할
>
> (b) 제2조 3항에 언급된 보호조치들 중 공동체 · 집단 및 관련 비정부기구의 참여하에 자국의 영토 내에 속한 다양한 무형문화유산 종목들을 지정, 정의한다.[93)]

---

91) 임돈희, 「무형유산활동의 세계화 과제와 NGO의 중요성」, 『무형유산 활용 확대와 세계화를 위한 과제 - NGO의 역할 강화와 지원 방안을 중심으로』, 국회 제12차 유네스코 무형문화유산(ICH) 정부간위원회 대한민국 개최 기념정책토론회, 국회의원회관, 2017.

92) 유네스코 「무형문화유산보호협약」 제10조 1항: The Committee shall propose to the General Assembly the accreditation of non-governmental organizations with recognized competence in the field of the intangible cultural heritage to act in an advisory capacity to the Committee.

협약의 자문기구로서 유네스코 인가 무형문화유산 관련 NGO는 그 수가 매우 많은 것이 특징이다. 참고로 「세계유산협약」의 자문기구는 국제기념물유적협의회ICOMOS, 세계자연보전연맹IUCN 2개뿐이다. 거기에 비해 「무형문화유산보호협약」의 인가 NGO는 264개(2024년 9월 기준)에 이른다.[94] 필자가 국제심사위원으로 인류 구전 및 무형유산 걸작을 선정할 때 자문기구는 세계전통음악협회 하나였다. 그러면 왜 무형문화유산 NGO 자문기구가 이렇게 많은가. 그 이유는 두 가지로 보고 있다.

첫 번째, 무형문화유산은 다양하기 때문이다. 2003년 유네스코 협약에 명시된 무형문화유산은 '가. 무형문화유산의 전달 수단인 언어를 포함한 구전전통 및 표현, 나. 공연예술, 다. 사회관습, 의례, 축제행사, 라. 자연과 우주에 대한 지식 및 관습, 마. 전통기술' 등 다양하다. 세계전통음악협회는 매우 신뢰할 만한 학회 NGO이지만 음악을 전문으로 하는 학술단체다. 따라서 판소리 같은 음악 부분은 잘 알지만 춤, 의례와 같은 다른 무형문화유산분야에 대해서는 많이 안다고 하기 어렵다. 따라서 각기 특색있는 무형문화유산을 다루는 데는 다양한 전공 분야의 전문가가 참여해 평가, 분석 등의 역할을 해야 한다. 따라서 무형문화유산을 위한 NGO는 다양할 수밖에 없다.

두 번째, 협약에 "무형문화유산이라 함은 공동체, 집단, 개인이 자신들의 문화유산의 일부로 인지하는 관습, 표상, 표현, 지식, 기술은 물론 그와 관련된 도구, 사물, 가공물, 문화공간을 의미한다. 대대로 전승되어 온 이러한 무형문화유산은 공동체와 집단의 환경, 자연과의 상호작용, 역사에 따라 끊임없이 재창조되고, 그들에게 정체성과 연속성을 제공함으로써 문화적 다양성과 인류의 창의성에 대한 존중을 증진한다. 이 협약의 목적상 공동체, 집단, 개인 간의 상호존중, 지속가능한 발전의 요건을 충족하고, 현존하는 국제인권규약에 부합하는 무형문화유산만이 고려될 것이다"라고 정의된 대로 무형유산은 공동체

93) 위 협약 제11조 (b)항: among the safeguarding measures referred to in Article 2, paragraph 3, identify and define the various elements of the intangible cultural heritage present in its territory, with the participation of communities, groups and relevant nongovernmental organizations.

94) UNESCO ICH website, 〈https://ich.unesco.org/en/accredited-ngos〉(최종검색일: 2024년 9월 9일).

안에서 창조되고 전승되며 또 재창조되는 것을 의미한다. 유형유산은 역사적 산물이기 때문에 현재를 사는 사람과의 관계가 상대적으로 중요하지 않지만, 무형유산은 현재를 살아가는 사람과의 관계가 밀접할 수밖에 없다. 따라서 같은 무형유산이라 하더라도 공동체에 따라 무형유산의 보호 방안이 다를 수밖에 없다. 그렇기에 이러한 다양한 공동체의 무형유산을 보호하는 방안에 관심 있는 NGO 역시 다양할 수밖에 없다.

무형유산 관련 NGO가 다수여야 하는 점은 인정되지만 문제는 이 NGO들의 자격과 신뢰도다. 그 중 상당수의 비정부기구들이 협약의 자문기구로서 역할과 본래의 취지와 맞지 않게 이름만 인가 NGO 명단에 올리고 실제 활동은 저조하고 관련 활동에 대한 보고서조차 제출하지 않았다. 유네스코도 이 문제를 인식하고 있고 문제점을 해결하기 위해 노력 중이다. 그동안 유네스코 인가 NGO는 기본적인 약력과 조직 구성을 제출하면 인가가 되었다. 정부간위원회나 유네스코 사무국이 각 NGO의 조직의 성과나 업무 성격, 협약 이행 잠재력 등 NGO의 내용에 대해 파악하지 못한 것이 사실이다. 이 문제를 해결하기 위해 정부간위원회에서는 유네스코 인가 NGO의 인가 절차 및 기준을 강화해야 한다는 점을 강조하고 있다. 2014년까지는 매년 사무국에서 인가 신청을 받아 위원회에 심사 요청을 했으나, 2015년 제10차 위원회에서 운영 지침을 개정해 2년마다 한 번씩(홀수 연도) NGO를 심사하여 활동이 저조하거나 불충분하다고 판단되면 인가를 취소할 수 있도록 했다.

협약 이행을 위한 운영지침에 따르면, 인가 NGO는 4년마다 활동을 보고하고, 위원회는 제출된 보고서를 검토하고 평가하게 되어 있다. 이에 따라 제10차 정부간위원회(2015)에서 평가 대상이 되는 97개의 NGO 활동을 검토한 결과, 38개 NGO에 대해 인가 종료를 권고했다. 그중 10개 기구는 인가된 이후 활동이 위원회 업무에 충분히 기여하지 못했다고 판단되었기 때문이며, 나머지 28개 기구는 보고서조차 제출하지 않은 것에 대한 조치였다. 향후 당사국이 유네스코에 제출하는 무형문화유산 관련 보고서에 당사국의 NGO 활동도 포함하도록 요청하고 있다.

또 다른 문제는 지역별 인가 NGO 수의 불균형이다. 현재 인가된 NGO의 다수가 서유럽 및 북미에서 활동하고 있으며 그 다음으로 많은 수가 아시아·태평양 지역에 속해있다. 반면 아프리카, 남미지역, 동유럽, 중동은 그 수가 매우 미미하다. 이와 관련하여 또 다른 문제는 아태지역 NGO의 대부분은 해당 국가의 국내 활동에 치중하고 있고 약 30~40% 정도의 NGO만이 국제적 활동을 하고 있다는 것이다. 이런 점에서 아태지역 NGO는 국제적 차원에서 활동이 요구되고 있다. 또한 2019년 아시아 태평양 지역 26개 자문기구들은 전체 자문기구의 17%에 불과하며 협약 이행 및 자문기구 활동 참여도 저조한 편이다. 유네스코와 NGO들은 이러한 지역적 불균형 문제를 인식하고 개선하기 위해 무형문화유산 보호와 전승이 개별 국가만의 과제가 아닌 다자 간의 공통 과제임을 인지하고 정보 공유, 사업 협조 등 낮은 수준의 협력에서 정보 공유 시스템을 구축하는 등 높은 수준의 협력관계로 발전시킬 필요가 있음을 강조했다.

인가 NGO의 지리적 대표성의 부족 문제는 지속적으로 지적되어 왔으며 그의 해결을 위해 ICH NGO포럼 워킹그룹을 중심으로 논의가 이어져 왔다. 2024년 4월 26일부터 5월 15일까지 이러한 지리적 불균형을 개선하기 위해 우선적으로 고려해야 할 조치가 무엇인지에 대해 온라인 설문조사를 실시하기도 했다.[95] ICH NGO포럼과 무형유산분야 카테고리 2 센터는 설문조사 결과와 그간의 상황을 모두 검토하여 역량 강화 워크숍을 통한 역량 있는 NGO 모집, ICH NGO 포럼 및 카테고리 2 센터와의 협력 강화, 과소 대표 지역의 비인가 NGO 목표 설정 등을 권고했다. 인가 NGO의 지리적 분포 불균형은 여전히 심각한 문제이나 협약 이해당사자들은 과소 대표 지역의 인가 요청을 장려하기 위해 지속적으로 노력해 왔으며 최근 그 추세가 개선되고 있다.

② 국내 유네스코 인가 NGO의 활동과 향후 발전 방향

우리나라는 그동안 무형유산 정책에 있어 선도국의 역할을 해 왔다. 그러나 NGO의 역할에 있어서도 선도적 역할을 해왔다고 볼 수는 없다. 우선 앞에서 논의한 대로 NGO의 활동은 역사적으로 시민사회와 시민의 역할을 발전시켜 온 서구지역에서 활발하게 이루어져 왔다. 우리나라 무형문화유산 분야의 NGO 활동은 국내외적으로 활발하지 못한 편

95) 설문결과는 제2장 [표 2-2-8] 참조.

이다. 앞으로 관련 NGO가 많이 설립되어야 할 것이며, 나아가 국내 NGO가 유네스코 인가 NGO가 되어 국제적 활동을 할 수 있도록 많은 지원을 해야 할 것이다.

현재 우리나라의 유네스코 인가 NGO는 세계무술연맹World Martial Arts Union (WOMAU), 국제탈문화연맹International Mask Arts & Culture Organization (IMACO), 국가유산진흥원Korea Heritage Agency,[96] 그리고 무형문화연구원Center for Intangible Culture Studies (CICS) 4개에 불과하다.[97] 국내 유네스코 인가 NGO는 개별적인 활동보다는 협력적인 관계를 갖고자 회의를 개최했다. 2016년 3월 29일과 30일 이틀간 안동에서 열린 이 회의에서 '국내 유네스코 인가 NGO의 국제협력 활성화'라는 주제로 국제 무형문화유산 보호 동향과 이해, 유네스코 자문기구의 개요와 활동, 국제 무형문화유산 보호 활동에 있어 한국 자문기구의 역할과 방향 등에 대해 논의가 이루어졌다. 연이어 2016년 11월 4일 무형문화연구원 주관으로 전주 국립무형유산원에서 제2차 국내 자문기구 네트워크 구축 정보회의를 진행해 자문기구의 국제활동가, 자문기구 협의체 구성에 관한 논의를 진행했다.

국내 유네스코 인가 NGO가 상호 정보교환, 효율적인 활동을 위해 네트워크를 형성한 것은 바람직한 일이라고 본다. 공동 관심사를 갖고 상호 협력해 활동한다면 개개 NGO로서 활동하는 것보다 훨씬 생산적인 활동이 될 것이다. 한국 정부도 한국의 이 귀중한 NGO들이 국제적 차원에서 무형문화유산 보호에 선도적 역할을 하도록 적극적으로 지원해야 할 것이다. 그 이유는 앞으로 유네스코 협약 이행이나 보호 활동, 그리고 지속가능발전목표를 위해서는 NGO의 역할이 중요하고 절대적이기 때문이다.[98]

---

96) 한국문화재재단Korea Cultural Heritage Foundation (KCHF)은 2024년 국가유산진흥원으로 바뀌었다.

97) 국제무형문화도시연합Inter-City Intangible Cultural Cooperation Network (ICCN)이 포함되어 있었으나 지금은 탈퇴하였다.

98) 임돈희, 앞의 논문, 2017.

(2) 협약과 인가 NGO

① NGO 인가 제도

NGO, 전문가, 전문 연구기관 등은 무형유산 보호에서 중요한 역할을 수행한다. 국가적 차원에서 협약 당사국들은 무형문화유산의 발굴과 정의에 NGO의 참여를 장려하도록 권고받는데, 이는 NGO가 유산 공동체와 가장 직접적으로 소통하기 때문이다. 국제적 차원에서 인가 NGO는 무형문화유산 정부간위원회에 자문을 제공하는 역할을 하기도 한다.

전문가와 전문 연구기관 등의 역할도 중요하다. 당사국은 유산 공동체, 단체, 관련 개인, 전문가, 기관 등의 참여를 진작할 필요가 있으며, 이들은 특히 유산의 발굴과 정의, 인벤토리 작성, 프로그램 및 활동의 진행, 목록 등재를 위한 신청서 작업 등에 많은 역할을 할 수 있다.

「무형문화유산보호협약 운영지침」에 따르면 당사국은 협약 이행과 무형문화유산 보호관리와 관련된 NGO를 포함한다. 또한 협약 이행에 함께 협력할 수 있는 기관도 포함한다. 「무형문화유산보호협약 운영지침」 제3장에는 국가 차원의 NGO 참여와 인가 NGO의 참여에 대해 명시하고 있다. 구체적으로는 인가 NGO의 기준, 인가 양식 및 검토, 자문 기능, 인가 절차에 대해 다음과 같이 상세히 규정하고 있다.

「무형문화유산보호협약 운영지침」의 NGO 규정

3.2 NGO와 협약

3.2.1 국가 차원의 NGO 참여

90. 협약 제11조 (b)항에 따라, 당사국은 협약 이행에 있어 관련 NGO를 참여시켜야 하며, 특히 무형문화유산의 확인 및 정의, 기타 적절한 보호조치, 협약 이행에 관련된 다른 행위자들과의 협력과 조정을 통해 무형문화유산의 보호에 참여시켜야 한다.

3.2.2 인가 NGO의 참여

NGO 인가 기준

91. NGO는

(a) 하나 혹은 그 이상의 특정 분야에서 무형문화유산 보호(협약 제2조 3항에 정의된 바와 같이)에 있어 입증된 역량과 전문성 및 경험을 보유해야 한다.

(b) 적절한 지역적, 국가적, 지역구적, 국제적 특성을 가져야 한다.

(c) 협약의 정신에 부합하는 목적이 있어야 하며, 가급적 이러한 목적에 부합하는 법령 또는 조례가 있어야 한다.

(d) 무형문화유산을 창작, 연행 및 전승하는 공동체, 단체, 그리고 적절한 경우 개인과 상호 존중의 정신으로 협력해야 한다.

(e) 다음을 포함한 운영 역량을 보유해야 한다.

- 설립 목적을 추구하고자 하는 열망으로 연결된 공동체를 형성하는 정기적인 활동 회원
- 국내법에 부합하는 주소지와 인정된 법인격
- 인가를 고려하는 시점에 최소 4년 동안 적절한 활동을 수행해 온 기구

인증 양식 및 검토

92. 위원회는 사무국에 NGO의 요청을 접수하고 NGO의 인가 및 관계 유지 또는 종료와 관련한 권고안을 제출하도록 요청한다.

93. 위원회는 협약 제9조에 따라 결정을 위해 총회에 권고안을 제출한다. 위원회는 그러한 요청을 접수하고 검토할 때 사무국이 제공한 정보를 바탕으로 공평한 지리적 대표성 원칙에 주의를 기울여야 한다. 인가된 NGO는 관련 국내법 및 국제법과 윤리 기준을 준수해야 한다.

94. 위원회는 관련 NGO의 관점을 고려해 인가 후 4년마다 자문기구의 기여도와 헌신, 그리고 자문기구와의 관계를 검토한다.

95. 위원회가 필요하다고 판단하는 경우 검토 시 관계 종료를 결정할 수 있다. 필요한 경우, 관계 종료에 관한 결정이 내려질 때까지 해당 단체와의 관계가 중단될 수 있다.

자문 기능

96. 협약 제9조 1항에 따라 위원회에 자문 기능을 갖는 인가 NGO는 위원회의 요청을 받아 위원회가 심사할 때 참고할 수 있는 평가보고서 등을 위원회에 제공할 수 있다:

(a) 긴급보호가 필요한 무형문화유산 목록에 대한 등재신청서;

(b) 협약 제18조에 언급된 프로그램, 프로젝트 및 활동;

(c) 국제 지원 요청

(d) 긴급보호가 필요한 무형문화유산 목록에 등재된 종목에 대한 보호계획의 효과.

인증 절차

97. 위원회의 자문 역할을 수행하기 위해 인가를 요청하는 NGO는 다음 정보를 사무국에 제출해야 한다.

(a) 전체 공식 명칭을 포함한 단체에 대한 설명;

(b) 단체의 주요 목적

(c) 전체 주소

(d) 단체의 설립 날짜 또는 대략적인 존속 기간;

(e) 해당 단체가 활동하는 국가명;

(f) 다음의 증명을 포함해 운영 능력을 보유하고 있음을 보여주는 문서:

i. 설립 목적을 추구하고자 하는 열망으로 이어진 커뮤니티를 형성하는 정규 활동 회원.

ii. 명확한 거주지 및 국내법에 부합하는 것으로 인정된 법인격

iii. 최소 4년 이상 적절한 활동 수행

(g) 무형문화유산 보호 분야에서의 활동;

(h) 공동체, 단체, 무형문화유산 연행자와 협력 경험에 대한 설명.

98. 등재신청서는 양식 ICH-09(www.unesco.org/culture/ich 또는 사무국의 요청에 따라 제공)를 사용해 작성해야 하며, 요청된 모든 정보와 해당 정보만을 포함해야 한다. 신청서는 홀수 해의 4월 30일까지 사무국에 접수되어야 하며, 같은 해 정기회의

> 에서 위원회의 심사를 받을 수 있다.
> 99. 사무국은 제안을 등록하고 위원회에 인가된 비정부기구의 목록을 최신 상태로 유지해야 한다.[99)]

이 규정에 따르면 유네스코가 인정하는 NGO가 되기 위해서는 다양한 무형유산 분야에서 축적한 경험, 해당 지역에서 축적한 역량을 국제적 차원의 활동으로 확대 적용한 경험, 문서 평가 및 분석 경험, 영어 및 프랑스어의 구사 능력과 영어 및 프랑스어 종합문서 작성 능력 등을 갖추어야 한다. 또한 이런 NGO 자격에 대한 인가 절차 개정 과정에 NGO도 참여하도록 하고 있다. 한마디로 정부간위원회는 앞으로 NGO의 성과를 정량적, 정성적으로 평가할 수 있는 방식을 제안해 달라고 사무국에 요청하고 있다.

협약과 협약 이행 운영지침은 당사국이 무형문화유산의 공동체 참여를 보장할 것을 강조한다. 공동체의 참여를 증진하고 협력을 이끌어내는 데 중요한 역할을 하는 것이 바로 NGO다. 공동체와 다양한 분야의 전문가, 전문센터, 연구기관을 연결하는 고리로서 NGO의 적극적인 참여는 필수적이라 할 수 있다.

② NGO와 ICH NGO 포럼

ICH NGO 포럼은 2003년 유네스코 「무형문화유산보호협약」에 따라 정부간위원회에 자문 서비스를 제공하도록 인가받은 NGO의 소통, 네트워킹, 교류 및 협력을 위한 플랫폼이다.[100)] NGO는 무형문화유산 보유자 및 국가와 함께 세계의 살아있는 전통을 보호하는

99) 「무형문화유산 보호를 위한 협약 운영지침」 제3장 1절과 2절 단락 90~99. Convention for the Safeguarding of the Intangible Cultural Heritage, *Basic texts of the 2003 Convention for the Safeguarding of the Intangible Cultural Heritage*, 2022 Edition.

100) UNESCO ICH website, 〈https://ich.unesco.org/en/accredited-ngos-00331〉(최종검색일: 2023년 11월 23일). ICH NGO Forum : The ICH NGO Forum is a platform for communication, networking, exchange and cooperation by and for non-governmental organizations accredited to provide advisory services to the

중요한 기구 중 하나로 2003년 협약의 이행과 발전을 위해 노력하고 있다.[101)]

가. ICH NGO 포럼 활동

과거 자문기구의 실질적인 역할은 등재신청서 심사자문과 심사기구 활동이 전부였다. 2009년 UAE 아부다비에서 열린 제4차 정부간위원회에서부터 NGO 포럼에 대한 논의가 있었고, 뉴스레터 홈페이지 운영 등을 통해서 정보를 교류하다가 2012년 이후 정부간위원회와 연계해 NGO 포럼을 지속해 왔다.

ICH NGO 포럼은 그간 무형문화유산 보호 정책과 관행에 관한 국제적 공동 과제에 대한 회의와 심포지엄을 개최해 왔다. 2012년부터 주제 심포지엄, 전시회, 새로 승인된 기관들을 위한 환영회, 네트워킹 행사, 워킹 세션, 포럼의 연례 총회 등 정부간위원회의 전날과 회의 기간에 다양한 활동들을 조직했다. 이러한 활동들은 NGO가 포럼의 내부 및 조직의 문제를 논의하고, 네트워크를 형성하여 정보를 교환하며, 프로젝트와 이니셔티브를 홍보하고, 당사국들과 일반 대중을 만나 살아있는 유산의 보호에 대한 인식을 높일 특별한 기회다.[102)] ICH NGO의 정기회의는 협약 총회(2년마다 6월) 및 정부간위원회(매년 11~12월)가 열릴 때 동시에 개최된다.

Intergovernmental Committee in the framework of the 2003 UNESCO Convention for the Safeguarding of Intangible Cultural Heritage.

101) UNESCO ICH website, 〈https://www.ichngoforum.org/about-us/〉(최종검색일: 2023년 12월 31일).

102) ICH NGO Forum Activities : Since 2012, the ICH NGO forum organizes activities on the eve and in the margins of the annual sessions of the Intergovernmental Committee of the 2003 Convention, including thematic symposiums, exhibitions, welcome sessions for newly accredited organizations, networking events, working sessions, the Forum's annual plenary, and aexchange information, promote projects and initiatives, meet States Parties and the general public, and raise awaress about the safeguarding of living heritage and much more! Those are unique opportunities for NGOs to discuss the Forum's internal and organisational issues, network and exchange information, promote projects and initiatives, meet States Parties and the general public, and raise awareness about the safeguarding of living heritage. 〈https://ich.unesco.org/en/ngo-forum-00422〉(최종검색일: 2025년 1월 31).

나. ICH NGO의 주제 심포지엄 및 회의

ICH NGO 포럼은 매해 중요한 이슈를 주제로 선정해 심포지엄을 개최한다. 2012년부터 진행된 정부간위원회 ICH NGO 포럼은 자문기구들 간의 교류와 협력을 위한 다양한 활동을 추진해 왔다.

조직화를 위해 제10차 정부간위원회(2015) 기간 중 6개 지역 그룹별로 구성된 운영위원회를 구성했고, 2016년 제11차 정부간위원회 기간에는 운영위원회의 미션, 조직 및 선정 과정 등에 대해 논의했다. 새로운 운영위원회를 위한 첫 선거는 2017년 제12차 정부간위원회에서 진행되었다. 6명의 운영위원회 구성원은 각 지역별로 해당 지역 그룹의 연락 담당자가 됐고, 지역별로 인가된 모든 자문기구들은 NGO 포럼을 이끄는 역할을 맡았다.

2015년부터 포럼의 조직화를 통해 역량 강화를 위한 움직임을 보이기 시작했다. 인가 NGO 역량 강화 워크숍의 가장 주된 목표는 향후 몇 년간 모든 지역 내 자문기구들을 훈련시켜 각 기구가 속한 지역 내 시민사회에 홍보하고 지역 네트워킹을 구축하는 것이다. 즉 조직화된 운영위원회의 6개 지역 그룹은 자문기구가 속한 국가에서 각 지역 차원으로 협약 이행 활동을 계단식으로 확대하고 자문기구의 역량을 강화하는 전략이다.[103)]

[표 2-2-22] ICH NGO 포럼 심포지엄[104)]

개최연도	결정문	주제	개최일 및 개최지
2024	19.COM	살아있는 유산에 대한 참여적 접근: NGO의 관점	2024년 12월 1일, 파라과이 아순시온
2023	18.COM	유네스코 2003년 협약 20주년을 넘어서 국가 및 비국가 이해관계자들과 함께 나아가기: 다양한 이해관계자 간의 보호 협력의 과거, 현재 및 미래 탐색	2023년 12월 3일, 보츠와나 공화국 카사네
2022	17.COM	살아있는 유산, 기후변화, 환경	2022년 11월 27일, 모로코 라바트

103) 한국문화재재단, 『살아있는 유산을 찾아서: 한국문화재재단 유네스코 활동백서』, 2020, 126쪽.

104) ICH NGO Forum Symposiums: 2022 Symposium, 17.COM: 'Living heritage, climate change and the environment'- 27 November 2022, Rabat, Kingdom of Morocco.; 2021 Symposium, 16.COM: 'Conferences on Future Directions for ICH: Intellectual Property, Licensing and New Media'- 7 December 2021, Online.; 2020 Symposium, 15.COM: 'ICH and Tourism'- 13 December 2020, Online.; 2019 Symposium, 14.COM: 'Capacity-building workshop and Symposium'- 7 to 13 December 2019, Bogota, Colombia. During this annual gathering, the ICH NGO Forum discussed various important issues such as the the reform of the

2021	16.COM	ICH의 향후 방향에 관한 컨퍼런스: 지적재산권, 라이선스 및 뉴미디어	2021년 12월 7일, 온라인
2020	15.COM	ICH와 관광	2020년 12월 13일, 온라인
2019	14.COM	역량 강화 워크숍 및 심포지엄	2019년 12월 7~13일, 콜롬비아 보고타
2018	13.COM	유네스코 2003 협약 이행에 있어 인가 NGO의 역할	2018년 11월 25일, 모리셔스공화국 포트 루이스
2017	12.COM	전통의학, 현장의 경험 공유	2017년 12월 5일, 대한민국 제주
2016	11.COM	ICH 가치 증진을 위한 NGO의 과제	2016년 11월 27일, 에티오피아 아디스아바바

2016년 심포지엄은 'ICH 가치 증진을 위한 NGO의 과제'를 주제로 개최되었다. 2016년 당사국 총회에서는 지속가능한 발전과 관련된 몇 가지 새로운 운영지침이 소개되었다. 이에 따라 2016년 심포지엄에서는 역량 강화, 환경 존중 및 포용적 경제 발전 기회를 위한 보호와 관련된 다양한 과제를 다루었다.

한편, ICH NGO 포럼은 심사기구의 대표목록과 국제원조 신청에 대한 심사가 현재까지 매우 엄격하게 진행됐다고 평가했다. 또한 성공적인 보호 협약의 이행이라는 것은 단지 무형문화유산 목록 등재와 관련된 정치적인 이익으로 측정돼서는 안 되며, 세대에 걸

listing mechanism of the 2003 Convention, as well as the safeguarding of ICH in urban contexts. The Forum also adopted its Bylaws and Code of Conduct. Other meetings were held according to the detailed agenda.; 2018 Symposium, 13.COM: 'Role of accredited NGOs in the implementation of the UNESCO 2003 Convention'- 25 November 2018, Port Louis, Republic of Mauritius. The ICH NGO Forum organized a one-day symposium to collectively reflect on the advisory functions that accredited NGOs could fulfill. Other meetings were held according to the detailed agenda.; 2017 Symposium, 12.COM: 'Traditional medicine, sharing experiences from the field'- 5 December 2017, Jeju, Republic of Korea. The ICH NGO Forum has this year organized a three-day capacity-building workshop for accredited NGOs from 1 to 3 December in the ICC Jeju. The annual plenary meeting was held on 4 December and other meetings were held according to the detailed agenda.; 2016 Symposium, 11.COM: 'Challenges for NGOs in the promotion of ICH values' - 27 November 2016, Addis Ababa, Ethiopia. The 2016 General Assembly of the States Parties has introduced several new Operational directives related to sustainable development. The 2016 symposium addressed the different challenges related to safeguarding, with a view to strengthening capacity building, respect for the environment and opportunities for an inclusive economic development. 〈https://ich.unesco.org/en/ngo-forum-00422〉(최종검색일: 2024년 1월 1일).

쳐 전승된 무형유산과 특히 위기에 처한 무형유산의 등재를 통한 보호와 전승이 가져오는 영향력에서 기인한다는 점을 기억해야 한다고 강조했다.[105]

2017년 12월 1일부터 3일까지 사흘간 대한민국 제주에서 열렸던 ICH NGO 포럼은 '전통의학, 현장의 경험 공유'를 주제로 논의가 이루어졌다. 또한 인가 NGO를 대상으로 역량 강화 워크숍을 개최했다. 12월 4일에 연차총회를 개최하고 세부 의제에 따라 기타 회의를 개최했다. 총 30개국의 자문기구 대표 100여 명이 참여한 워크숍이었다. 전 세계 자문기구들의 경험이 워크숍 기간 중 발표됐다.

2018년 모리셔스공화국 포트 루이스에서 열린 ICH NGO 포럼은 각국 자문기구 대표 50여 명이 모인 가운데 인가 NGO가 수행할 수 있는 자문 기능을 총체적으로 성찰하는 자리였다. 주요 논의 사항은 「무형문화유산보호협약」과 자문기구의 역할이었다. 오늘날 자문기구의 핵심 역할은 가장 중요하게는 자문을 제공하고 국제적으로 심사기구 활동을 통해 협약에 기여하는 것이며, 국가 차원에서는 무형유산 보호를 위한 자문을 제공하는 역할도 함께 수행해야 함을 다시 한 번 강조했다. 그리고 아직 협약을 제대로 이해하지 못하는 초보적인 수준의 자문기구들을 위한 제1회 인가 NGO 역량 강화 워크숍이 열렸으며 자문기구 역량 강화 포럼, 워크숍 등 프로그램 개발과 운영이 제안되었다. 더불어 각 자문기구가 현장에서 겪은 경험을 공유하는 것이 중요하다는 인식을 함께했다.[106]

2019년 콜롬비아 보고타에서 열린 ICH NGO 포럼에서는 무형유산 NGO 역량 강화 워크숍과 심포지엄이 함께 개최됐다. 우선 심포지엄의 주제는 도시 맥락에서 무형문화유산의 다양성과 사회통합이었다. 심포지엄은 NGO 차원에서 싱가포르, 인도 및 네팔의 대응 사례를 통해 전 세계 인구의 절반 이상이 도시에 거주하는 상황에서 다양한 공동체 및 시민으로 구성된 이주 사회의 초다양성, 사회통합과 연관된 여러 사회문화적 문제들이 발생하는바, 이에 대한 개선 방안에 대해 생각해 보는 시간을 가졌다.[107] 그리고 12월 7일 열린

105) 한국문화재재단, 『살아있는 유산을 찾아서: 한국문화재재단 유네스코 활동백서』, 2020, 116쪽.
106) 위의 책, 152쪽.
107) 위의 책, 168~169쪽.

역량 강화 워크숍은 자문기구 간의 규모와 역량 차이 등 불균형을 극복할 수 있는 방안을 논의하고자 개최되었다. 6개 지역별로 그룹 워크숍을 진행해 자문기구 간의 협업 사례를 공유하고 협약을 저해하는 제약 조건들을 탐색하면서 개선 과제들을 함께 모색했다.

2020년과 2021년 심포지엄은 COVID-19 팬데믹의 영향으로 온라인으로 진행되었다. 2020년 심포지엄은 '무형문화유산과 관광'을 주제로 개최되었다. 특히 COVID-19 팬데믹 기간과 그 이후, 어떻게 하면 무형문화유산 관광을 지속가능하고 회생가능하게 할 수 있을 것인지에 초점을 맞추어 논의가 이루어졌다. 2021년 심포지엄의 주제는 'ICH의 향후 방향에 관한 컨퍼런스: 지적재산권, 라이선스 및 뉴미디어'였다.

2022년 포럼의 심포지엄은 '살아있는 유산, 기후변화, 환경'을 주제로 개최되었다. 심포지엄에서는 기후 변화 및 환경적 재난에서 회복과 회복력의 원천으로서 살아있는 유산의 잠재적 기능, 살아있는 유산과 기후 변화에 대한 이론적 접근법의 모색, 기후변화와 환경적 재난에 대한 적응 전략에 대한 논의가 이루어졌으며, 자연재해의 경감, 회복력 및 복구 사례에 대한 발표가 이어졌다.[108]

2023년에는 「무형문화유산보호협약」 채택 20주년을 맞이하여 '유네스코 2003 협약 20주년을 넘어서 국가 및 비국가 이해관계자들과 함께 나아가기: 다양한 이해관계자 간의 보호 협력의 과거, 현재 및 미래 탐색'이라는 주제로 심포지엄이 개최되었다. 여기서는 2003년 협약 이행의 틀 안에서 다양한 이해관계자 간의 팀워크, 네트워킹 및 협력관계 연결에 관한 국내 및 초국가적 경험을 공유하고 무형문화유산 관습, 현재와 미래의 전승 과제에 관한 발표가 있었다.

2024년 무형문화유산 NGO 포럼에서는 살아있는 유산을 보호하기 위한 공동체 기반 및 참여적 접근 방식에 초점을 맞추어 심포지엄이 이루어졌다. 문화정책과 지속가능한 발전에 관한 세계회의-몬디아컬트 2022 UNESCO World Conference on Cultural Policies and

108) UNECO ICH NGO Forum, 〈https://www.ichngoforum.org/17-com/programme-seventeenth-session-intergovernmental-committee-safeguarding-intangible-cultural-heritage/〉(최종검색일: 2025년 1월 3일).

Sustainable Development-MONDIACULT 2022[109]에서 채택된 몬디아컬트 선언Declaration of Mondiacult 2022[110]과 국제법협회International Law Association의 '2022 세계유산 거버넌스 참여에 관한 보고Report on Participation in Cultural Heritage Governance at the Global Level International'[111]와 같은 최근 국제 포럼은 유산 거버넌스에 지역 공동체와 비정부 기구의 참여에 관한 포용적 정책의 필요성을 강조하고 있다. NGO는 지역사회를 참여시키기 위해 다양한 방법을 개발하고자 노력해 왔다. 하지만 이러한 방법들이 아직은 체계적으로 연구되거나 발표되지는 않았다.[112]

무형문화유산에 대한 참여적 접근에 관한 새로운 주제 영역의 일환으로 실무그룹 연구와 공동으로 1일 심포지엄도 열렸는데 이는 무형문화유산 보호를 위한 결정과 행동에 유산 공동체, 비정부단체, 개인이 참여하는 경험을 공유하는 자리였다. 심포지엄이 끝난 후, 협약이행체계(ORF)에 관한 패널이 ORF의 실현과 각국의 정기보고에 대한 NGO의 참여에 관한 핸드북과 활동보고서가 발표되었다.

---

109) UNECO, 〈https://www.unesco.org/sites/default/files/medias/fichiers/2022/10/6.MONDIACULT_EN_DRAFT%20FINAL%20DECLARATION_FINAL_1.pdf?hub=758〉(최종검색일: 2025년 1월 3일). 몬디아컬트는 1982년 멕시코시티에서 처음 개최된 세계 최대 규모의 문화 관련 국제회의로 지난 40년 동안 문화를 주제로 회의를 개최해 왔다. 몬디아컬트 2022는 2022년 9월 28~30일에 멕시코의 멕시코시티에서 열렸다. 150개국에서 2,600명이 참가했으며, 특히 135개국에서는 관련 최고위급인 문화부 장관이 참석하였다. 그 외 83개의 NGO, 32개의 정부간기구, 9개의 UN기구도 참석했다.

110) UNESCO, 〈https://www.unesco.org/en/articles/mondiacult-2022-states-adopt-historic-declaration-culture?hub=758〉(최종검색일: 2025년 1월 3일). 지난 10개월간 유네스코가 주도해 온 다자간 협상의 결실로 도출된 이 선언에서 각국은 문화가 '글로벌 공공재'임을 최초로 확인했으며, 이에 따라 각국은 차기 유엔 지속가능발전목표에 문화를 "그 자체로 구체적인 목표"로 포함시킬 것을 촉구하고 있다.

111) 2022년 6월 19일에서 24일까지 포르투갈 리스본에서 개최된 제80차 회의 보고다.

112) UNECO ICH NGO Forum, 〈https://www.ichngoforum.org/ich-ngo-forum-annual-symposium-2024/〉(최종검색일: 2025년 1월 3일).

(3) 협약이행체계Overall Result Framework(ORF) 활동 보고

유네스코에는 당사국이 자국의 협약 이행 사항을 6년에 한 번씩 보고해야 하는 의무가 있는데, 이는 당사국의 국내 보호 활동이 공동 목표 달성에 얼마나 효과적으로 기여하는지 모니터링하기 위해서 도입된 협약이행체계와 연계해 보고하도록 되어있다. 이런 의미에서 NGO의 협약이행체계의 워킹그룹 활동 보고서는 NGO의 최신 활동을 보여주는 내용이라고 여겨진다.

NGO는 국가 및 국제적 차원의 무형문화유산 활동에서 중요한 역할을 하고 있으며, 유네스코도 그 중요성을 인식하고 NGO의 참여를 강조하고 있다. 특히 NGO 중 유네스코의 인가를 받은 NGO는 인류무형문화유산 등재 심사기구에 참여하고 자문역할을 하고 있다. 현재 무형문화유산 분야를 선도하고 있는 국가로서 우리나라의 인가 NGO는 그 역할에 비하면 4개뿐으로 수적으로 많다고 할 수 없다. 국내 NGO들이 국제사회에서 역할을 확대, 강화할 필요가 있다.

6) 사무국UNESCO Living Heritage Entity

협약의 이행을 위한 정책기관 중 사무국은 무형문화유산과 관련된 업무를 총괄하고 코디네이팅하는 기관이다. 사무국은 2018년 11월 1일 이후, '무형문화유산과'의 명칭을 '살아있는 유산 분과Living Heritage Entity'로 변경했다.[113]

---

113) 변경 전에는 UNESCO Intangible Cultural Heritage Section이었다. 바뀐 이유는 공식적이지는 않지만 오드리 아줄레 유네스코 사무총장의 강한 의지가 반영되었다는 의견이 있다. 지금 유네스코 사무총장은 프랑스 사람인데 living heritage라는 말이 intangible heritage 보다 더 적합다고 생각한 것 같다. 하나 기억나는 것은 2004년에 서울에서 개최되었던 세계박물관대회에서 필자는 기조연설을 했다. 그런데 한 프랑스 학자가 intangible heritag라는 단어에 대해서 강한 거부감을 나타냈다. 그리고 intangible heritage 대신에 living heritage를 써야 한다고 주장한 것이 기억난다. 아마 intangible heritage라는 단어는 프랑스 언어에서는 매우 부정적인 개념으로 받아들여지는 것이 아닌가 한다. 중국에서는 무형유산이라는 말 대신에 비물질 유산이라는 단어를 사용한다. 그러나 유네스코에서 Intangible Heritage Unit를 Living Heritage Entity로 바꾼 것은 많은 생각을 하게 한다. 무형문화재intangible property라는 단어가 일본에서 만들어졌고 그래서 「무형문화유산보호협약Convention for the Safeguarding of the Intangible Cultural Heritage」에도 Intangible Heritage라는 단어가 들어가 있다. 결국

「무형문화유산보호협약」 제10조[114]는 사무국에 대해 다음과 같이 규정한다.

1. 정부간위원회는 유네스코사무국의 지원을 받는다.
2. 사무국은 총회 및 위원회의 회의 의제 초안 및 문서를 준비하고 총회와 위원회의 결정이 이행되도록 보장한다.

사무국은 협약에 따라 사무국에 부여된 책무를 수행하기 위해 다양한 업무를 담당하고 있다. 크게는 총회, 정부간위원회 등 각종 회의를 준비하고 회의 결과 보고서 작성, 관련 행정업무를 처리한다. 그 외 당사국의 국가보고서 작성을 돕는 역량 강화, 접근법 및 관련 자료 개발, 긴급보호목록, 대표목록 등재 방안, 정부간위원회 자문기구 등록 방안, 각종 신청서 양식 안내 등 국가와 단체, 개인에게 자문과 지원 제공, 협약 비당사국 회원국의 협약 가입 독려 등 다양한 프로그램과 프로젝트를 시행한다.[115]

구체적으로 가장 중요하게는 목록 등재 심사와 국제지원 요청과 관련된 업무를 담당한다. 사무국은 특히 다른 업무보다 대표목록, 긴급보호목록, 모범사례 등재 심사 업무에 많은 시간과 자원을 투입하고 있다. 두 번째는 당사국 회기 보고서를 검토한 후 주제 중심의 요약본을 정리해 정부간위원회 기간 중 보고 안건을 준비하고 이를 위원회에서 검토해 총회 안건으로 제출할지를 결정한다. 세 번째는 협약당사국의 역량 강화 프로그램 및 지원 프로그램을 기획, 진행 및 지원하는 것이다. 이러한 프로그램과 프로젝트에는 등재신청서 작성을 위한 역량 강화, 회기보고 작성 역량 강화 프로그램을 비롯해 훈련가를 위한 워크숍, 무형유산 교육과 재난 상황에서 회복력 강화를 위한 교육 프로그램, 위기에 처한 언

은 일본 출신인 고이치로 마츠우라가 유네스코 사무총장일 때는 Intangible Heritage Unit이라고 했는데 프랑스 출신 오드리 아줄레가 사무총장이 되면서 Living Heritage Entity로 바꿨다는 것은 서구의 오만이라고 생각할 수 있다. 여기에 대해 우리의 입장은 어떠해야 할 것인가?

114) 유네스코 「무형문화유산보호협약」 제10조.
〈https://ich.unesco.org/en/convention#art10〉(최종검색일: 2023년 12월 20일).

115) 한국문화재재단, 『살아있는 유산을 찾아서: 한국문화재재단 유네스코 활동백서』, 2020, 174쪽.

어 보호 사업 등이 포함된다. 네 번째는 협약 당사국과 비협약 당사국 회원국, 유네스코와 지역 사무소 그리고 카테고리 2 센터 등 관련 기관과의 소통과 네트워크를 증진하는 다양한 사업을 전개한다.

3. 협약과 지속가능한 발전, 2015년

1) 유엔의 지속가능발전목표Sustainable Development Goals(SDGs)

유엔은 2000년부터 2015년까지 새천년발전목표Millennium Development Goals(MDGs)를 아젠다로 설정했다. 이는 경제 발전에 초점을 맞춘 목표 설정이었다. 하지만 새천년발전목표가 끝나고 2015년 9월 25일 유엔 총회에서 2030 아젠다(2030 Agenda) 체제가 새롭게 출범했다. 이는 세계의 빈곤을 종식하고 환경과 지구를 보호하면서 모든 사람의 삶을 개선하는 것을 목표로 한 향후 15년간의 행동 계획이다. 그 일환으로 2016년부터 2030년까지의 새로운 목표로 '지속가능발전목표'를 제시했다. 이는 MDGs의 경제 일변도의 목표에서 더 나아가 지속가능한 미래를 만들기 위해 사회, 경제, 환경까지 고려한 발전목표를 새로 설정한 것이다.

'단 한 사람도 소외되지 않는 것'이라는 슬로건을 내세운 유엔의 지속가능발전목표는 인간people, 지구planet, 번영prosperity, 평화peace, 파트너십partnership을 5개 핵심 축5Ps으로 한 17개 목표 그리고 169개 세부 목표로 구성되어 있다.[116] 이러한 유엔의 지속가능발전

116) UN Sustainable Development Goals (SDGs) website, 〈https://www.un.org/sustainabledevelopment/sustainable-development-goals/〉; Transforming Our World: The 2030 Agenda For Sustainable Development 〈https://sustainabledevelopment.un.org/content/documents/21252030%20Agenda%20for%20Sustainable%20Development%20web.pdf?_gl=1*17d9iwf*_ga*MTA2ODcxOTEyMy4xNzI5NjUyMjY3*_ga_TK9BQL5X7Z*MTcyOTY1MjI2Ny4xLjEuMTcyOTY1MjU1MS4wLjAuMA〉(최종검색일: 2024년 10월 23일).

목표는 크게 경제성장, 사회발전, 환경보호라는 세 영역[117)]을 통합한 것이라 할 수 있다.

유엔의 지속가능발전을 위한 17개 목표는 다음과 같다.

[그림 2-2-1] 지속가능발전목표

[표 2-2-23] 유엔의 지속가능발전목표 17개의 내용

G1	빈곤 퇴치	모든 곳에서 모든 형태의 빈곤 종식
G2	기아 종식	기아 종식, 식량 안보 달성, 개선된 영양상태 달성, 지속가능한 농업 장려
G3	건강과 웰빙	전 연령층의 건강한 삶을 보장하고 웰빙(well-being) 증진
G4	양질의 교육	모두를 위한 포용적이고 공평한 양질의 교육 보장 및 평생교육 기회 증진
G5	성평등	성평등 달성 및 모든 여성과 여아들이 자신의 능력 발휘
G6	깨끗한 물과 위생	모두가 물과 위생 설비를 사용할 수 있도록 하고 지속가능한 유지 관리 보장
G7	지속가능한 에너지	모두를 위한 적당한 가격에 신뢰할 수 있고 지속가능한 현대적인 에너지에 접근 보장
G8	양질의 일자리와 경제 성장	모두를 위한 지속적, 포용적, 지속가능한 경제성장 촉진, 생산적인 완전 고용과 모두를 위한 양질의 일자리 증진

117) 여기에 평화와 안보를 포함시키기도 하며, 평화와 안보는 달성해야 하는 목표라기 보다 이러한 목표를 달성하는 데 있어 기본전제라고 보기도 한다.

G9	혁신과 인프라 구축	복원력 높은 사회기반시설 구축, 포용적이고 지속가능한 산업화 증진 및 혁신 장려
G10	불평등 완화	국가 내, 국가 간 불평등 감소
G11	지속가능한 도시 및 거주지 조성	도시와 주거지를 포용적이고 안전하며 복원력 있고 지속가능하게 보장
G12	책임있는 소비와 생산	지속가능한 소비 및 생산 양식 보장
G13	기후 행동	기후변화와 그로 인한 영향에 맞서기 위한 긴급 대응 시행
G14	해양 생태계 보호	지속가능한 발전을 위한 대양, 바다, 해양자원 보존 및 지속가능한 사용
G15	육상 생태계 보호	지속가능한 육상 생태계 이용 보호 · 복원 · 증진, 삼림의 지속가능한 관리, 사막화 방지, 토지 황폐화 방지, 생물 다양성 손실 중단
G16	평화, 정의 및 제도 구축	지속가능발전을 위해 평화롭고 포용적인 사회 증진, 모두가 정의에 접근할 수 있도록 하고, 모든 수준에서 효과적이고 책임성 있고 포용적인 제도 구축
G17	목표 달성을 위한 파트너십	이행 수단 강화, 지속가능발전을 위한 글로벌 파트너십 활성화

2) 무형문화유산과 지속가능한 발전Intangible Cultural Heritage and Sustainable Development

유엔의 지속가능발전목표는 평화와 안보를 전제로 경제, 사회, 정치를 아우르는 국제사회 공동의 번영과 인류의 지속가능한 발전을 추구하는 것이다. 하지만 이 17개 목표에는 인류 공동체의 지속가능한 발전에 있어 무형유산의 역할과 기능의 중요성이 간과되어 있다. 이에 유네스코는 2016년 6월 파리에서 열린 제6차 협약 당사국 총회에서 유엔의 새로운 목표인 지속가능발전목표와 궤를 같이 하는 목표를 설정했다. 즉 과거에는 경제발전과 환경보호는 양립될 수 없는 것으로 보았으나, 새롭게 제시된 지속가능발전 개념은 경제발전과 환경보호가 공존할 수 있다는 크게 변화된 관점을 담고 있다. 유네스코는 UN의 SDGs에 문화의 중요성을 부각하고자 하였다.[118] 이에 따라 유네스코는 유엔의 지속가능발전 목표와 「무형문화유산보호협약」을 고려한 발전 목표를 세운 것이다. 유네스코가 무형유산의 지속가능한 발전 목표를 세운 것은 무형유산을 바라보는 관점을 획기적으로 전환한다는 의미를 갖고 있다. 즉, 무형유산을 사라져 가는 전통문화를 보호하자는 관점

118) Janet Blake, 「ICH in the Urban Context-Opportunities and Challenges for Building Inclusive Cities and Sustainable Communities」, 『무형유산학』 제2권 2호, 무형유산학회, 2017, 209~210쪽.

에서 무형유산이 현재 생활에서 중요한 기능과 역할을 하고 있음을 강조하는 관점으로 전환되었음을 보여주기 때문이다.

지속가능발전목표에서 문화의 역할을 강조하는 논의는 일찍이 2013년 '문화와 개발에 관한 항저우 선언The Hangzhou Declaration Placing Culture at the Heart of Sustainable Development Policies'과 2014년 '플로렌스 선언Florence Declaration'을 통해 확인할 수 있다. 이어서 2016년 새로 개정된 「무형문화유산보호협약 운영지침」 제6장은 유엔의 지속가능발전목표 달성에서 무형문화유산의 역할에 대해 명시하고 있다.[119]

유네스코는 이 지속가능발전목표를 사회적 발전, 경제적 발전, 환경적 발전, 그리고 평화적 발전 목표로 분류했다. 그리고 각 분야의 지속가능한 세부 분야를 선정하고[120] 무형유산이 유엔의 지속가능발전목표와의 상호 연관성 속에서 어떻게 목표 달성에 기여할 수 있는지를 강조했다.

[표 2-2-24] 유네스코 무형문화유산과 지속가능한 발전[121]

포괄적 사회발전	• 지속가능한 식량확보 • 양질의 의료서비스 • 안전한 물과 위생에 대한 접근 • 양질의 교육 • 포용적인 사회보호체계 • 성평등
환경적 지속가능성	• 지속가능한 자원관리 및 생물다양성의 보존 • 자연과 우주에 대한 지식과 관습 보존과 조치 • 지속가능한 자원관리 및 생물다양성의 보존, • 기후변화와 자연재해에 대한 공동체 기반의 회복력 강화

119) UNESCO, 「2003 무형문화유산보호협약 운영지침」 제6장 170~197항, *Basic Texts of the 2003 convention for the safeguarding of the intangible cultural heritage, 2022 Edition*, pp. 80~95.

120) UNESCO, "Intangible cultural heritage and sustainable development", 2015. 〈http://unesdoc.unesco.org/images/0024/002434/243402e.pdf〉(최종검색일: 2024년 10월 23일); 아태무형유산센터, 『무형문화유산과 지속가능한 발전』 〈https://ich.unesco.org/doc/src/34299-KO.pdf〉(최종검색일: 2024년 10월 21일).

121) 아태무형유산센터, 『무형문화유산과 지속가능한 발전』 〈https://ich.unesco.org/doc/src/34299-KO.pdf〉(최종검색일: 2024년 10월 21일).

포괄적 경제발전	• 공동체의 지속가능한 생계와 소득창출 • 생산적인 양질의 일자리 • 빈곤 및 불평등 완화 • 자원절약형 저탄소 성장 및 복지의 보장 • 발전을 위한 혁신 • 무형문화유산과 관련한 관광 활동으로부터 혜택
평화와 안보	• 평화 증진, 분쟁 방지 및 해결 • 평화와 안보의 회복에 기여 • 평화와 안보의 지속적 유지

무형문화유산은 공동체 내에서 인간의 욕구와 사회문제들을 해결하기 위한 일종의 사회적 수단으로 기능해 왔다. 전통적인 식량 생산방식, 식생활, 물 관리, 공동체의 노동, 질병 관리 및 관련 지식 등 공동체의 지식과 의례를 수행하고 전승하는 교육 체계를 유지함으로써 포용적 사회 발전을 이루는 데 중요한 기능을 한다. 나아가 공동체 내에서 전승되는 관습의 연행, 축제 등을 통해 사회적 정체성과 연대감을 강화하는 데에도 도움을 준다.

또한 무형문화유산은 성평등에도 기여할 수 있다. 전통 사회에서 무형문화유산은 성역할과 규범, 성 정체성을 담고 있다. 하지만 무형문화유산은 사회적, 환경적 변화에 따라 변화해 왔고 그에 따라 변화된 성역할이 무형문화유산에도 그대로 반영된다. 따라서 무형문화유산은 변화된 사회에 맞는 성 역할과 성 정체성, 성 차별을 극복하는 역할을 할 수 있다. 또한 자연재해나 수많은 재난 상황에서 공동체의 회복 탄력성resilience을 강화하는 역할을 한다.[122)]

환경적 지속가능성은 무형문화유산이 지니고 있는 자연 친화적 성격에서 기인한다.[123)] 또한 안정적 기후와 지속가능한 자원 관리 및 생물 다양성의 보존을 기반으로 한다. 이는 무형문화유산이 세대를 통해 전승되어 온 자연 관리와 활용에 관한 지식을 통해 생물 다양성을 보존하고, 자연재해 대비 등에 핵심적인 역할을 할 수 있음을 의미한다. 무형문화유

---

122) 아태무형유산센터, 『무형문화유산과 지속가능한 발전』, 3~5쪽.
〈https://ich.unesco.org/doc/src/34299-KO.pdf〉(최종검색일: 2024년 10월 25일).

123) 김용구, 「지속가능개발과 한국무형문화유산 정책」, 『문화재』 Vol. 49, No. 3, 2016, 260쪽.

산에 내포된 자연에 관한 지식은 기후변화에 대처할 수 있는 시사점을 제공한다. 궁극적으로 인류를 포함한 생물다양성과 환경적 지속가능성을 확보하는 데 이바지할 것이다.[124)]

무형문화유산과 포용적인 경제 발전은 취약계층의 생계 안정에 중점을 둔다. 이는 양질의 일자리, 빈곤과 경제적 불평등 감소, 저탄소 성장 및 복지와 직결되는 문제다. 무형문화유산은 공동체의 경제활동 및 경제생활과 관련된 지식, 기술 그리고 관습을 담고 있다. 다양한 공예, 공연예술, 축제는 관광자원으로서 수익 창출과 연계될 수 있다. 물론 해당 유산의 의미와 목적, 공동체의 권리와 의사를 존중하는 것은 기본적인 조건이며 윤리와 책임성을 갖고 과도한 상업화를 경계해야 하는 것 역시 중요한 전제조건이다.[125)]

마지막으로 평화와 안보 분야의 지속가능성에 대한 무형문화유산의 역할과 기능이다. 평화와 안보는 궁극적으로 모든 갈등, 차별 그리고 폭력이 없는 상황을 의미한다고 할 수 있다. 무형문화유산은 화합, 공존, 대화를 통한 상호 이해를 증진하는 역할을 해왔다. 예를 들면 스페인 무르시아 및 발렌시아의 농부들은 농산물을 생산하는 데 있어 중요한 물의 관리와 배분을 둘러싼 분쟁을 해결하는 '무르시아 평야의 장로 평의회 및 발렌시아 평야 수자원 재판소'와 같은 체계를 가지고 있다. 이는 공동체의 분쟁을 중재하고 해결하는 기능을 한다. 이와 유사한 무형문화유산은 일률적인 법체계와 달리 공동체의 다양한 자연 및 사회 환경적 맥락에서 분쟁을 해결하는 방식이다.[126)]

유네스코가 지속가능발전에서 무형문화유산의 중요성을 강조한 것은 무형유산을 사라져 가는 전통문화를 보호하자는 관점을 넘어 공동체나 국가, 또는 국제사회에서 제 기능을 하고 도움을 주는 무형유산으로 인식하자는 발상의 전환이다. 따라서 우리는 무형유산을 보호만 할 것이 아니라 무형유산이 공동체에 어떤 도움을 줄지에도 관심을 가져야

---

124) 아태무형유산센터, 『무형문화유산과 지속가능한 발전』, 6~8쪽.
〈https://ich.unesco.org/doc/src/34299-KO.pdf〉(최종검색일: 2024년 10월 25일).

125) 아태무형유산센터, 『무형문화유산과 지속가능한 발전』, 9~11쪽.
〈https://ich.unesco.org/doc/src/34299-KO.pdf〉(최종검색일: 2024년 10월 25일).

126) 아태무형유산센터, 『무형문화유산과 지속가능한 발전』, 11~13쪽.
〈https://ich.unesco.org/doc/src/34299-KO.pdf〉(최종검색일: 2024년 10월 25일).

할 것이다. 한국 무형유산학계도 위와 같은 유네스코의 무형유산의 새로운 보호 방향에 적극적으로 참여하여 한국의 무형유산이 어떻게 지속가능한 발전에 기여할지 그 방법을 모색해야 한다.[127)]

필자는 유네스코의 새로운 목표인 지속가능발전목표에 가장 부합하는 한국의 무형유산으로 '발우공양'을 떠올렸고, 이를 바탕으로 「유네스코의 지속가능한 발전(SDGs)을 위한 이상적인 무형유산」이라는 논문을 발표하게 되었다.

3) 한국의 지속가능한 발전을 위한 무형유산 사례: 발우공양[128)]

발우공양은 사찰에서의 식사법으로[129)] '발우'라고 부르는 나무 그릇을 사용하여 하는 식사법을 지칭한다. 1인당 4개의 그릇으로 구성되어 있으며, 개인이 각자 소유한 그릇들의

---

127) 한국의 무형유산을 유네스코의 지속가능한 발전목표를 바탕으로 분석한 논문들은 다음과 같다.
임돈희, 「무형유산활동의 세계화 과제와 NGO의 중요성」, 기조연설, 『무형유산 활용 확대와 세계화를 위한 과제 - NGO 역할 강화와 지원 방안을 중심으로』, 국회의원회관 제2소회의실, 서울, 2017; 임돈희, 「연등회의 재조명 - 유네스코 무형유산정책의 관점에서」, 기조강연, 『연등회 국제 심포지움』, 서울, 2017; Dawnhee Yim, "Intangible Heritage and Its Sustainable Development Goals," *Symposium on Cultural and Artistic Exchanges and Cooperation*, Chinese National Academy of Arts, Dunhuang, China, 10-12 October 2017; Dawnhee Yim and Roger L. Janelli, "Safeguarding and Sustainable Development Goals for Intangible Heritage," *The 18th Science Council of Asia Conference: Role of Science for Society: Strategies towards SDGs in Asia*, Organized by Science Council of Japan (SCJ), Tokyo, Japan, 5-7 December 2018; 임돈희, 기조연설 「발우공양: 유네스코의 지속가능한 발전(SDGs)을 위한 이상적인 무형유산」, 제1회 은평문화포럼(진관포럼), 한문화체험관, 2021년 11월 26일; 함한희, 「유네스코의 '무형유산을 통한 지속가능한 발전목표'에 대한 논평」, 『무형유산학』 제2권 1호, 무형유산학회, 2017, 133~152쪽; 김용구, 「지속가능개발과 한국무형유산정책」, 『문화재』 Vol. 49, No. 3, 2016, 204~217쪽.

128) 이 논문은 2017년 4월 30일 서울에서 개최된 연등회 국제심포지엄에서 필자가 한 기조강연문 「연등회의 재조명 - 유네스코 무형유산정책의 관점에서」와 2018년 12월 5~7일 일본 도쿄에서 개최된 제18회 Science Council of Asia Conference에서 발표한 "Safeguarding and Sustainable Development Goals for Intangible Heritage" (Roger L. Janelli와 공저)의 내용을 보완하여 2021년 11월 26일(금) 한문화체험관에서 열린 제1회 은평문화포럼(진관포럼)에서 필자가 발표한 논문 「발우공양: 유네스코의 지속가능한 발전(SDGs)을 위한 이상적인 무형유산」을 바탕으로 정리한 것이다.

129) 대한불교조계종 한국불교문화사업단, 『한국사찰음식』, 대한불교조계종 한국불교문화사업단, 2014; 지명, 『발우』, 생각의 나무, 2002, 26~33쪽.

크기는 다양하다. 작은 그릇을 큰 그릇 안에 넣어 포개어 하나의 그릇으로 정리하여 사용한다. 각각의 그릇에는 특별한 음식이 지정된다. 가장 큰 그릇은 밥을 담는 어시발우이며, 그 외에 국을 담는 국발우(또는 보시발우), 물을 담는 청수발우(또는 천수발우), 찬을 담는 찬발우(또는 연각발우)가 있다. 반찬은 보통 세 종류의 나물이나 채소류를 담는다.[130]

발우공양은 자신이 먹을 수 있는 양만큼만 섭취하도록 암묵적으로 약속한다. 음식을 남기면 안 된다는 규칙이 있다. 음식을 다 먹은 후에는 자신이 먹은 음식 그릇에 물을 붓고, 그 물을 마심으로써 음식을 남기지 않으면서 또 설거지도 끝낸다.

근대와 현대에는 생태계를 무한정 착취하는 제도에 익숙해져 왔다. 우리는 공장에서 무한대로 생산하는 제품에 익숙해져 왔고, 음식도 무한정 리필을 하고 소비하는 데 익숙해져 왔다. 거기에 따른 비만 문제, 환경오염 문제 또한 심각하다. 불교계에서 행해지는 발우공양은 이러한 무한적 음식 소비에 대한 큰 가르침을 인류에게 보여주고 있다.

발우공양을 할 때에는 음식을 남겨서는 안 된다. 발우공양의 정신은 우선 음식이 만들어지기까지 많은 사람의 다양한 노고를 깊이 생각하게 한다. 음식의 재료가 되는 곡식을 심고, 비, 바람, 곤충의 피해를 극복하면서 어렵게 기르고, 힘들게 수확하고, 그 수확한 재료로 음식을 정성껏 만들어서 마침내 음식상에 오르는 과정을 생각하게 한다. 이런 노고를 생각한다면 음식을 남긴다는 것은 그 수많은 사람의 노고를 저버리는 것과 같다. 또한, 음식물도 하나의 생명인데 그 생명으로 만들어진 귀중한 음식을 만들어서 먹지도 않고 버린다는 것은 이유 없이 귀중한 생명을 희생시키는 것과 같은 의미로 받아들인다.

발우공양은 모든 사람이 같은 음식을 똑같이 나누어 먹는 평등사상을 고취시킨다. 발우공양 음식은 소박하고 가짓수가 적으며, 지위고하, 남녀노소, 빈부의 차이를 불문하고 누구나 똑같은 음식을 먹는다. 돈이 많다고, 지위가 높다고 더 좋고, 비싼 그리고 가짓수가 많은 음식을 먹지 않는다.

현대의 일상생활에서 음식은 인간을 가장 차별화하는 기준이 되고 있다. 빈부 격차에

130) 구미래, 『공양간의 수행자들』, 담앤북스, 2022, 483쪽.

따라 한 끼에 수십만 원이나 하는 음식에서 수백 원짜리 음식까지, 그 가격 차이는 실로 엄청나다. 지위고하에 따라 대접하는 음식의 종류도 다르다. 남녀에 따라 과거에는 남자 어른이 먹고 남은 음식을 집안의 여자들이 먹는 차별을 하기도 하였다. 우리가 염원하는 빈부 격차 해소와 성차별 철폐 등 '차별 없는 세상'은 발우공양이 전하는 평등과 나눔의 가르침을 실천함으로써 구현될 수 있다.

또한 음식물 쓰레기는 환경에 큰 재앙이다. 현대 사회에서 생산되는 음식물의 약 3분의 1은 폐기되어 쓰레기가 된다. 이렇게 버려진 음식물은 전 세계 약 8억 7천만 명의 굶주린 사람들을 먹일 수 있는 양이다. 먹을 만큼만 덜어 먹는 발우공양의 가르침을 따르면 음식물이 남지 않는다. 이렇게 하면 음식물 쓰레기로 인한 오염 문제를 줄일 수 있다.

게다가 음식을 만들기 위해 우리는 많은 물, 비료, 에너지를 사용한다. 그 결과 환경을 오염시킨다. 우리가 쓰레기를 땅에 묻을 때 메탄가스와 온실가스가 발생한다. 온실가스는 연간 3,300억 톤이 생산되며 이는 전 세계 온실가스의 7%에 해당한다.[131)]

발우공양은 설거지를 할 때도 물 사용을 최소화한다. 네 개의 그릇만 사용하고 식사 후에는 각자의 그릇을 최소한의 물로 씻는다. 일반 가정에서는 1인당 하루 평균 약 32.6L의 물을 식기 세척에 사용하지만, 발우공양은 1/8L의 물만 사용한다.[132)]

발우공양은 비만 문제를 해결하는 효과적인 수단이기도 하다. 발우공양은 한 끼 식사에 밥과 국, 보통 세 가지 채소를 제한적으로 섭취해야 하므로, 건강한 음식 섭취 시스템이다. 비만은 한국과 세계 다른 지역에서 심각한 문제이다. 2004년 5월 22일 세계보건기구는 '비만과의 전쟁War against Obesity'을 선포했다. 그러나 그 이후로 비만이 감소한 나라는 없다. 미국은 비만 1위 국가로 인구의 1/3이 비만과 관련된 질병을 앓고 있다. 미셸 오바마는 학교에서 아이들에게 더 나은 음식을 제공하기 위해 "Let's Move" 캠페인을 벌였다. 또

131) "전 세계 음식물 3분의 1이 쓰레기로 버려진다", 『한겨레신문』, 2015년 2월 27일(수정: 2019년 10월 19일). 〈https://www.hani.co.kr/arti/international/international_general/680149.html#csidxOb63c98ed992bf95abce6cad28732〉(최종검색일: 2025년 2월 11일).

132) 한국불교환경교육원 편, 『발우공양』, 정토출판, 2003, 6쪽.

미국에서는 채소, 과일, 곡류 구매 시에만 식권을 지급할 계획이다.[133] 발우공양의 가르침을 따르면 비만 문제가 줄어들 것이다.

발우공양의 사찰 식사 방식은 인류의 건강 측면에서 의학적 효과도 가지고 있다. 2015년 8월 1일 JTBC『신인류 식품관』방송 프로그램에서는「땅, 물, 불, 바람, 사람이 빚은 사찰음식」이라는 주제로 발우공양 식사 방식이 면역력을 높이는 데 효과가 있다는 내용이 소개되었다. 고운사(경상북도 의성 소재)에서의 4박 5일간 템플스테이 기간 동안 세 명의 참가자들은 발우공양식 식사를 하였다. 참가자들의 템플스테이 전과 후, NK세포 활성도 검사(채혈을 통해 암과 질병에 대한 저항력을 확인할 수 있는 NK세포 활성도를 측정)를 한 결과, 세 사람 모두 NK세포도가 증가한 것으로 나왔다.

해당 프로그램에서 조성훈 면역학 전문의의 인터뷰에 따르면, "채소를 먹게 되면 몸 자체가 알칼리화되고 소화력이 굉장히 좋아지기 때문에 소화하는 데 면역 세포가 힘이 들지 않아 (면역력을 유지하는 데) 도움이 되며, 혈액순환이 굉장히 좋아지기 때문에 면역력이 높아지게 된다. 또한, 사찰음식에는 뿌리로 된 게 많은데, 뿌리 음식을 많이 먹게 되면, 체온이 올라가고 체온이 오름으로써 면역력의 증가를 볼 수 있다"라고 밝혔다.[134]

발우공양의 의학적 효과에 대한 또 다른 사례도 존재한다. 2013년 오대산 월정사(강원도 평창군 소재)·동국대학교 전통사찰음식연구소·동국대학교 일산병원이 진행한「사찰음식 건강 증진 우수성 연구」를 통해 발우공양식 사찰음식 섭취의 건강 효과를 입증하였다. 다큐멘터리 KBS-1TV『마음 특집』「한 그릇 공양에서 나를 찾다」(2013. 11. 30. 방영)를 통해서도 해당 연구의 전 과정이 소개되기도 하였다. 본 연구는 2013년 4주간(2013년 9월 9일~10월 29일) 월정사 단기출가학교 참가자 46명을 대상으로 진행되었으며, 참가자들의 입소 전후, 신체 변화 비교를 통해 발우공양식 사찰음식 섭취 수행이 심신 건강에 이롭다

---

133) Let's move, America's Move to Raise a Healthier Generation of Kids, 〈https//letsmove.obamawhitehouse.archives.gov/〉(최종검색일: 2025년 8월8일).

134) JTBC『신인류식품관』「땅, 물, 불, 바람, 사람이 빚은 사찰음식」, 2015년 8월 1일 방영. 〈https://tv.jtbc.joins.com/clip/pr10010352/pm10029878/vo10076300/view?site_preference=normal〉(최종검색일: 2025년 2월 11일).

는 결과를 제시했다.

"단기 출가 참가자들은 체중이 평균 3.8kg이 줄었으며 콜레스테롤 수치는 21mg/dL 감소했다. 또 간에 병이 있을 때 쉽게 증가하는 효소인 감마 GTD는 입소 전 31.5mg/dL에서 14mg/dL로 2배 이상 떨어졌다."[135)]

"사찰음식 섭취 후, 신체계측치 변화를 보면 체중과 체지방량이 감소하는 것으로 나타나(p<0.001) 비만 예방 및 치료 효과뿐 아니라 비만과 관련된 당뇨병 등의 만성 퇴행성 질환 예방에도 도움이 될 것이라는 연구 결과가 나왔으며, 최고혈압, 최저혈압이 모두 감소하는 것으로 나타나 사찰음식이 고혈압 예방 및 증세 완화에도 도움이 될 것이라는 결과를 제시했다."[136)]

우리가 항상은 아니더라도 '발우공양의 날'을 정해 발우공양의 가르침을 실천한다면, 환경오염과 음식쓰레기, 비만 문제의 해소는 물론, 인간 평등의 가치를 실천하는 데에도 기여할 수 있을 것이다. 즉 발우공양의 정신은, 지금 인류가 과학 기술에 기반한 경제적 풍요로움 속에서 간과하고 있는 생태계 파괴와 자원 착취의 문제를 성찰할 수 있는 큰 가르침을 인류에게 전하고 있다고 본다.

발우공양의 식사법은 유네스코가 목표로 삼는 식량안보food security, 양질의 건강관리 health care, 질 좋은 교육quality education, 양성평등gender equality, 그리고 깨끗한 물과 위생clean water and sanitation 같은 지속가능한 발전 목표와 부합한다.

유네스코의 새 화두인 무형유산의 지속가능한 발전과 관련하여 발우공양이 어느 무형유산보다 더 많은 지속가능한 발전 목표를 이루리라고 본다. 이외에 다른 분야들, 예를 들면 바람직한 일자리 고용창출productive employment and decent work과 무형문화유산의 보호와 관광impact of tourism on the safeguarding of ICH 등 발우공양이 앞으로 해야 할 일은

---

135) "한 달 사찰음식 섭취로 건강 되찾다", 『법보신문』, 2013년 11월 28일. 〈https://www.beopbo.com/news/articleView.html?idxno=78076〉(최종검색일: 2025년 2월 11일).

136) 이심열 · 김진아, 「사찰음식 섭취와 건강에 관한 연구」, 『동아시아식생활학회지』 24(6), 동아시아식생활학회, 2014, 698쪽.

대단히 많을 것이라고 본다. 발우공양이 유네스코의 새로운 정책인 지속가능한 발전과 연계하여 발전할 때 국제 사회와 문화에 공헌하는 그런 가르침을 주는 무형유산이 될 것이다.

필자는 2018년 일본에서 열린 국제회의에서도 발우공양과 지속가능한 발전의 관계에 대해 발표하기도 했다. 당시 이 국제회의에 참가했던 필자는 일본에서는 이미 이때 무형문화유산과 유엔의 지속가능발전 목표와의 관계에 관심을 갖고 활발하게 논의하고 있었다는 것을 깨닫고 우리나라도 이런 국제적 의제를 국내 정책에 어떻게 반영하여 수립할 것인지 논의를 시작해야 한다고 생각했다. 국내에서도 이 부분에 대한 논의나 이를 반영한 정책 수립이 이루어져 야 할 것으로 본다.

발우공양이라는 무형유산이 인류사회에 공헌한다는 인식을 부각하기 위해서는 많은 노력이 필요하다고 본다. 예로 지금 세계적으로 가장 많이 소비하는 햄버거와 발우공양의 탄소배출을 비교함으로써 환경적 지속가능성에 있어서 발우공양이 지닌 중요성을 강조하고자 한다.

발우공양과 햄버거의 탄소 배출량 비교 연구

"햄버거 세트의 탄소 배출량은 발우공양보다 4배 이상이다."[137]

기후 변화 문제를 해결하기 위한 노력의 일환으로 음식물 소비와 관련된 탄소 배출이 주목받고 있다. 음식물의 생산, 가공, 운송, 폐기 등 각 과정에서 발생하는 탄소 배출량은 식단에 따라 크게 차이가 난다. 본 연구는 전통적인 발우공양(채식 위주) 식단과 햄버거(육식 중심) 식단을 비교하여, 동일한 인원이 두 가지 식단을 소비할 때 발생하는 탄소 배출량을 계량적으로 분석한다. 이를 통해 채식 위주의 발우공양이 육식 중심의 햄버거 식단에 비해 얼마나 더 적은 탄소를 배출하는지 평가한다.

본 연구는 한 명이 하루 동안 발우공양과 햄버거를 각각 섭취했을 때 발생하는 탄소 배출량을 비교하는 방식으로 진행되었다.

각각의 식단구성과 탄소 배출량은 다음 표와 같다.

〈발우공양과 햄버거, 감자튀김, 콜라 한 병의 탄소 배출량 비교〉

		무게 (g)	탄소 배출 계수 (단위: kg CO_2e/kg)	탄소 배출량 산출 (단위:kg CO_2e/kg)
발우공양	쌀밥	250	2.5	0.625
	두부	100	2.0	0.2
	나물	150	0.4	0.06
	김치	100	1.0	0.1
	된장국	200	1.5	0.3
1인당 총 탄소 배출량		1.285		

137) 이 자료는 엄승용 선생이 2024년 9월 8일 제공했다. 필자가 엄승용 선생께 발우공양의 장점을 보다 부각시킬 수 있는 구체적인 자료가 있으면 좋겠다는 제안을 드렸을 때, 햄버거 세트의 탄소 배출량과 비교한 흥미로운 자료를 제공해 주신 점에 깊이 감사드린다. 물론 이 자료에 대한 검토와 검증은 앞으로도 지속적으로 이루어져야 할 것이라 생각한다.

햄버거	햄버거빵	100	1.4	0.14
	소고기패티	150	27.0	4.05
	치즈	30	13.5	0.405
	양상추	20	0.3	0.006
	토마토	20	2.1	0.042
	소스	20	1.2	0.025
1인당 총 탄소 배출량		4.667		
감자튀김	감자튀김	150	0.2	3.3
	튀김기름	50	0.03	0.165
1인당 총 탄소 배출량		0.195		
콜라 한 병 (500ml)	제조과정		0.24	0.24
	플라스틱병		0.1	0.1
	유리병		0.3	0.3
	운송과정		0.05	0.05
	폐기과정		0.02	0.02
1인당 총 탄소 배출량		0.41		

실험 결과, 발우공양 시 1인당 탄소 배출량은 1.285kg CO_2e이며, 햄버거의 경우 1인당 탄소 배출량은 4.667kg CO_2e였다. 햄버거는 대개 감자튀김, 콜라와 함께 먹기 때문에 이를 합한 햄버거 세트의 탄소 배출량은 5.272kg Co_2e로 발우공양보다 약 4배 더 많은 탄소를 배출하는 것으로 나타났다.

이러한 배출량의 차이는 채식 식단과 육식 식단의 차이에서 오는 것으로 보인다. 식단의 변화와 음식을 섭취하는 방식의 차이는 기후변화 대응과 지속가능한 식생활 촉진에 기여하고 나아가 환경에 미치는 부정적 영향을 줄이는 데도 크게 기여할 것으로 보인다.

제3부

2003년 유네스코 「무형문화유산보호협약」 이후

제1장

한국 무형문화유산 지형의 변화*

2003년 유네스코 「무형문화유산보호협약」이 채택되고 발효되면서, 총회와 정부간위원회가 구성되어 실질적인 세계의 무형문화유산 보호 정책을 실행하는 동안, 한국의 무형유산 학계는 물론 관련 기관의 활동과 정부의 정책에도 많은 변화가 있었다. 따라서 본 장에서는 유네스코 2003년 협약의 영향과 더불어, 한국에서 무형유산 관련 학계의 담론과 정책에 어떤 변화가 있었는지를 살펴보고자 한다.

무형유산 학계와 정책 방향의 변화 과정에는 여러 중요한 전환점이 있었으며, 그 출발점 중 하나는 2004년에 서울에서 열린 세계박물관대회였다. 이 대회는 아시아에서는 처음으로 한국에서 개최되었으며, '박물관과 무형유산Museums and Intangible Heritage'이라는 주제로 전 세계의 박물관 학자들이 한자리에 모여 무형유산이 무엇인지 그리고 박물관과 무형유산은 어떤 관계를 맺어야 할지 함께 모색하는 국제 학술대회였다.

---

* 유네스코 무형문화유산 정책을 비판하는 학자들은 이를 '유산체제heritage regime'라고 부른다. 그러나 필자들은 한국 무형유산 제도가 유네스코 체제하에 있다기보다는 상호작용하며 존재한다는 의미를 강조하고 싶다. Regina F. Bendix, Aditya Eggart and Arnika Peselmann, eds. *Heritage Regimes and the State*, Göttingen: Universitätsverlag Göttingen, 2012; 비교민속학회, 『유네스코 무형문화유산 체제에 대한 비판적 검토』, 2014년 비교민속학회 추계학술대회 발표집, 목포대학교, 2014.

이 세계적 규모의 학술대회는 한국이 무형유산 분야의 중심국가로서 위상을 공고히 하는 계기가 되었다. ICOM(International Council of Museums, 국제박물관협의회) 회의의 결과, 국립민속박물관이 주관하여 세계 최초의 무형유산 전문학술지인 *International Journal of Intangible Heritage*를 영어로 창간하게 되었다. 무형유산이 무엇인지조차 명확하지 않던 시기에 무형유산의 선진국인 한국은 처음으로 『국제저널 무형유산』을 영어로 발간함으로써 무형유산 연구의 학문적 메카로 발돋움했다.

이후 무형유산의 기반은 더욱 강화되었다. 2011년에는 유네스코 카테고리 2 센터인 아태무형유산센터International Information and Networking Centre for Intangible Cultural Heritage in the Asia-Pacific Region under the auspices of UNESCO가 한국에 설립되었으며, 2014년에는 국립무형유산원이 세계 최초로 무형유산만을 위한 독립된 행정기관으로 출범하였다. 2015년에는 무형유산학회가 설립됨으로써 무형유산을 연구하는 전문 학자들의 학술 교류의 장이 마련되었다. 또한 같은 해 「문화재보호법」과 별도로 독립적인 법률인 「무형문화재 보전 및 진흥에 관한 법률」이 제정되었다.

많은 다른 나라에서 아직도 무형유산 개념조차 명확히 정의하지 못한 상황에서, 한국은 제도적·학술적 기반을 빠르게 정비하여 무형유산 보호에 있어 국제적으로 선도적인 역할을 했다고 볼 수 있다. 또한 '문화재'에서 '문화유산'으로 인식이 변화됨에 따라, 2024년 문화재청의 이름도 '국가유산청'으로 변경되기에 이르렀다.

1. 서울세계박물관대회ICOM 2004 Seoul, 2004년[1)]

2004년에 학문계의 올림픽이라는 세계박물관대회가 59년 만에 아시아에서는 처음으로 한국에서 개최되었다. 대회 명칭은 'The 20th General Conference & 21st General

1) ICOM에 관한 방대한 자료를 보내주신 김종석(2004년 당시 ICOM 본부 집행위원) 현 국립항공박물관 전시교육 실장께 깊은 감사를 드리는 바이다.

Assembly of the International Council of Museums'이고, 국문으로는 '2004 서울세계박물관대회', 영문 약칭으로는 'ICOM 2004 SEOUL'이다.

1946년 ICOM 발족과 함께 1948년 제1차 총회가 프랑스 파리에서 개최된 이래로 ICOM 역사상 아시아에서 총회가 개최된 것은 2004년 한국이 처음이었다. ICOM은 전 세계 150여 개국의 박물관, 미술관에 재직하고 있는 큐레이터, 전문가들로 구성된 단체로 약 19,000여 명의 회원을 가지고 있으며, 3년에 한 번씩 국제학술행사를 개최하고 있다. ICOM은 프랑스 파리 유네스코 본부에 자리하고 있으며 UNESCO 자문기관이기도 하다.

이들은 총 29개 분과위원회로 구성된 세션에 참여하였다. 그동안 유형문화 중심의 전시를 해온 박물관이 이제는 무형유산에도 관심을 가져야 한다는 인식하에 총회를 서울에서 개최하게 되었다. 2003년 유네스코 「무형문화유산보호협약」의 통과가 무형유산의 중요성을 인식하게 한 것은 자명한 일이었다. 한국이 개최지로 결정된 것도 한국이 무형유산 보호의 경험이 많은 국가라는 인식이 작용한 것으로 보인다.

서울세계박물관대회는 2004년 10월 2일(토)부터 8일(금)까지 서울 삼성동 코엑스에서 일주일간 개최되었다. 이번 대회에는 107개국 1,500명, 국내 관련 종사자 700명으로 총 2,200명이 참가했으며 등록 인원은 100개국의 1,462명이었다.

ICOM 2004 서울총회 프로그램에 소개된 대회의 의의는 다음과 같다.

> 사람들은 자연과 사회를 기반으로 삶을 영위하면서 유·무형의 유산을 남기게 된다. 지금까지 박물관은 공부와 교육, 위락의 목적으로 주로 유형의 문화유산을 수집, 보존, 연구, 교류, 전시하는 데 관심을 기울여 왔다. 문화는 유·무형의 복합적인 유기체이기 때문에 세대 간에 언어와 행위, 물질을 통해서 전승되고, 생성, 변화, 발전, 소멸 또는 재생성의 과정을 거치면서 시대와 지역, 계층, 연령, 성별, 직업에 따라 독특한 문화유산을 형성하게 된다. 무형문화유산은 의, 식, 주, 생업기술, 신앙의례, 세시풍속, 연희오락, 구비전승, 예절 관습 등에 관한 문화적 구성요소를 포괄하고 있다. 앞으로 박물관은 학제간 또는 다학문적 접근을 통해서 유형의 물질자료뿐만 아니라, 무형의 비물질 정보에 관

한 것도 다양한 측면에서 총체적으로 표출할 수 있도록 수집, 보존, 연구, 교류, 전시, 교육하는 문제에 관심을 기울여야 할 필요가 있다.[2)]

또한 2004 서울세계박물관대회 조직위원회 사무총장인 배기동은 이 대회의 주제인 '박물관과 무형무형유산'에 대해 다음과 같은 의의를 부여하고 있다.

> 서울 대회의 주제인 "박물관과 무형문화유산"은 세계박물관협의회가 처음으로 다루는 주제이기도 하고 이 주제는 한국이 개최지로 선정되는 주요한 이유이기도 하다. 한국이 무형문화재의 보존에 가장 앞선 제도를 가진 나라 중의 하나이고 국제적으로 선도적인 역할을 하고 있고, 이제 세계화의 과정에서 이러한 문화유산들이 곳곳에서 사라지게 되는 것을 크게 우려하는 점이 있어서 한국 박물관대회에서 이러한 주제를 가지고 논의하는 것이 세계 문화계에서 대단히 필요한 일이었기 때문일 것이다. 사실 모든 생산과정이 기계화 대량화되고 또한 빠른 정보교류체계의 발달로 전 세계에서 동시에 공통적인 대중문화가 범람하게 되는 현실에서 지역적이고 개별적인 문화의 존속은 풍전등화와 같은 것일 수 있으며 이러한 세계화의 상업성은 결국 인류문화의 다양성을 크게 위축시키는 결과를 보이게 될 것이고 미래의 인류의 창조력은 일방적이고 제한적이 될 수밖에 없을 것이다. 이러한 점을 세계의 모든 문화인들은 걱정을 해 오고 있는 것이며 서울대회의 주제는 이러한 걱정의 한 해결책을 마련해 줄 것으로 기대되었던 것이다. 이것이 문화에 대해 보존노력이나 지속가능한 문화를 만들기 위한 ICOM의 정신을 구현하기 위한 노력의 하나라고 평가될 수 있을 것이다. 그래서 동 대회동안 유네스코도 이미 이 무형문화유산의 보존과 활용을 위한 노력을 지속하고 있으며 이번 대회에서는 유네스코를 대표해 일본의 아이카와 선생이 유네스코가 지정한 세계무형문화유산들

---

2) ICOM 2004 서울 총회 프로그램.

의 사례를 보여주며 보존에 있어서 박물관의 역할의 중요성을 상기시킨 바가 있다.[3)]

이 학술대회에서는 6명의 기조 연설이 있었고, 그 외 수많은 논문 발표가 있었다. 6명의 기조 연설자는 다음과 같다.[4)]

[표 3-1-1] 2004 서울세계박물관대회 기조 연설자

제 1주제: 박물관과 무형유산 - 어제와 오늘	
발표 1	이어령(초대 문화부 장관): 잃어버린 삶을 담는 그릇 만들기 - 무형문화재의 보전발전계승
발표 2	시드 바글리Sid Ahmed Baghli(알제리 유네스코 상임대표 및 문화담당고문): 무형유산보호협약과 박물관의 새로운 미래
제 2주제: 박물관과 무형유산 - 미래	
발표 1	김홍남(국립민속박물관장): 무형유산과 박물관 활동 - 한국의 이화여대박물관과 프랑스 르 콩소르티움 아트센터의 사례
발표 2	마츠조노 마키오松園万龜雄 (일본 국립민족학박물관장): 박물관, 무형문화유산 그리고 휴머니티 정신
제 3주제: 정신적 구현체로서의 무형유산	
발표 1	임돈희(동국대학교 교수): 인간문화재와 무형유산의 보존 - 경험과 문제점
발표 2	리차드 쿠린Richard Kurin (미국 스미소니언 민속문화유산센터 관장): 박물관과 무형유산 - 죽은 문화인가 살아있는 문화인가?

여섯 명 중 무형문화유산 전문가는 필자와 쿠린Kurin 두 사람이었다. 이 두 사람은 2000년 유네스코가 인류 구전 및 무형유산 걸작을 선정할 때 국제 심사위원으로 활동했다.

2004년 세계박물관대회에서 '제21차 ICOM 총회 서울 결정문Seoul Resolutions Adopted By ICOM's 21st General Assembly'이 도출되었다. 그리고 이 결정문 1의 10항에 따라 '무형유산에

---

3) 배기동, 「서울세계박물관대회 2004와 21세기 한국박물관 발전; 그 아시아적인 관점에서」, 『2004 서울세계박물관대회와 한국박물관 회고와 전망』, ICOM 한국위원회, 2013, 10쪽.

4) 최정필, 「기조연설」, 『2004 서울세계박물관대회와 한국박물관 회고와 전망』, ICOM 한국위원회, 2013, 35쪽.

관한 ICOM 서울선언Seoul Declaration of ICOM on the Intangible Heritage'으로 명명되었다. 서울선언은 총 5개의 결정문으로 구성되어 있다. 다음은 서울선언의 결정문 1의 내용이다.

2004년 10월 8일 서울에서 개최된 국제박물관협의회(ICOM)의 제21차 총회는 무형문화유산의 명백한 중요성과 무형문화유산이 문화적 다양성을 보전하는 데 있어서의 역할을 숙고하고 다음과 같이 결의한다.

1. 2003년 무형문화유산 보호를 위한 유네스코 협약을 승인한다.
2. 각국 정부가 본 협약을 비준함을 촉구한다.
3. 모든 국가, 특히 구비전통이 유구한 개발도상국들이 무형문화유산진흥기금을 설립할 것을 장려한다.
4. 무형문화유산의 수집, 보전, 그리고 진흥과 관련한 모든 박물관이 항구적이지 않은 기록들, 특히 전자 기록물 등을 보존하는 데 특별한 관심을 기울이기를 권한다.
5. 국가기관이나 지방정부 기관에서 무형문화유산 보호를 위한 적절한 자국 내 법규와 규정을 마련해 효과적으로 실행함을 촉구한다.
6. 박물관들은 각별한 주의를 기울여 무형문화유산이 오용되지 않도록 하며, 특히 상업화 되려 하는 어떠한 종류의 의도도 저지해야 함을 권고한다.
7. ICOM의 지역 기구, 국가위원회, 기타 ICOM 관련 기구들은 위에 언급한 법적 장치들을 발전시키고 실행함에 있어서, 그리고 효과적인 실행을 위해 관련 직원들을 훈련시킴에 있어서 각 지역의 관청들과 긴밀히 협조함을 촉구한다.
8. 모든 박물관 전문인력 훈련프로그램은 무형문화유산의 중요성을 강조해야 하며, 무형문화유산에 대한 이해를 자격요건에 포함시킴을 권고한다.
9. ICOM 집행위원회는 박물관전문인력훈련위원회(ICOM-ICTOP)와 공동으로 박물관전문인력훈련 프로그램에 관한 ICOM 지침서(1971년 출간, 1999년 개정판 출간)에 필요한 수정 내용을 가능한 신속히 마련함을 권고한다.
10. 본 결의문을 "무형유산에 관한 ICOM 서울선언Seoul Declaration of ICOM on the

Intangible Heritage"로 명명함을 결정한다.[5)]

[사진 3-1-1] 2004년 서울세계박물관대회 기조연설하는 필자 (사진: 필자 제공)

필자는 개인적으로 이 세계박물관대회에서 기조연설을 할 기회를 가지게 되었다. 필자는 기조연설을 통해 한국의 40여 년간의 무형문화유산 보호 경험이 이제 막 시작된 유네스코의 무형유산 정책에 시사하는 바가 있을 것이라는 점을 피력했다.[6)] 필자의 기조연설

5) 2004년 ICOM 서울대회 선언문 참조. Resolutions Adopted By ICOM's 21st General Assembly, Seoul, Korea, 2004, 〈https://icom.museum/wp-content/uploads/2018/07/ICOMs-Resolutions_2004_Eng.pdf〉(최종검색일: 2025년 1월 29일).

6) Dawnhee Yim, "Living Human Treasures: Experiences and Challenges in the Preservation and Transmission of Korea's Intangible Cultural Heritage," Keynote Speech, ICOM General Conference, Seoul, 2004.

은 영어, 불어, 스페인어, 중국어, 베트남어 등으로 번역되었고 많은 나라가 한국의 인간문화재 제도에 관심을 표명했다.

2. *International Journal of Intangible Heritage* 『국제저널 무형유산』, 2006년

2004년 ICOM 회의 후, ICOM 분과 중의 하나인 ICMEInternational Committee for Museums and Collections of Ethnography(세계생활문화박물관 국제위원회)를 호스트했던 국립민속박물관에서는 회의 직후부터 학술지를 발간하기로 결정했다. 당시 국립민속박물관장이었던 김홍남은 이 학술잡지를 발간하게 된 정황을 다음과 같이 술회했다.

> 2004 ICOM행사는 성대하게 성공적으로 치렀으나 이후 한국이 실질적으로 얻는 것이 무엇인가라는 것이었다. 20억에 달하는 직접 비용 외에도 각 박물관들이 집행한 비용까지 합하고, 행사 시종 투입된 모든 시간과 인력을 계산하면 막대한 투자였다. 그래서 나온 아이디어가 무형유산 국제저널의 발간이었다. 우선 "박물관과 무형문화유산"의 대회 주제가 세계박물관들이 박물관환경에서 무형문화유산의 발굴과 보존, 콘텐츠화에 대한 의지를 천명한 것이었고, 그것도 한국에서 공식적으로 선포한 만큼 한국이 무형문화유산 보존의 선봉장 역할을 할 입지를 이미 다진 것이라 우리나라에서 뭔가 꾸준히 지속적으로 할 수 있는 무형유산사업을 찾아야 한다는 생각이 들었기 때문이었다. 또 UNESCO가 비록 전 세계의 유형, 무형유산 중 선정해 세계문화유산으로 지정해 왔으나 정작 무형문화유산의 발굴과 연구의 촉진제 구실을 하는 연구서나 저널이 전무하고 또 이번 대회가 발표한 선언문 하나로는 그러한 사명을 실천하기에는 부족하다고 모든 박물관인들이 공감하리라는 데에 생각이 미치면서 행동 개시에 들어가게 된 것이다.[7)]

국립민속박물관은 학술잡지 발간을 위해 신속히 움직였다. 필자는 2005년 10월 30~31

일 양일간 창간호 발간 점검회의에 참석해 학술잡지 명칭, 발간 횟수, 간행 규정 등의 사항을 논의했다.

필자는 2006년 4월에 발간된 『민속소식』에 새로 창간되는 『국제저널 무형유산』 학술지의 발간 의의에 대해 다음과 같이 의견을 피력했다.

"국제무형문화유산학술지 발간의 의미"[8)]

국립민속박물관에서는 『국제저널 무형유산*International Journal of Intangible Cultural Heritage*』 학술지를 발간하기로 계획을 세우고 그 준비과정으로 2005년 10월 30일과 31일에 자문위원과 편집위원을 구성하고 첫 편집회의를 행했고 지금 첫 번째 학술지를 발간하기 위해 노력중이다. 국제저널 무형유산 학술지는 무형문화유산의 발굴, 보존, 전승 그리고 학술적 의의 등을 논하는 그리고 관심있는 학자들 간의 정보교환을 할 수 있는 중요한 장이 될 것으로 믿는다. 나는 이러한 학술지가 세계에 최초로 그리고 무엇보다도 한국이 중심이 되어 출간된다는 데서 편집위원의 한사람으로서 자랑스럽게 생각하는 바이다. …(중략)…

한국은 과거 40여 년 동안 무형문화유산 보호와 보존 정책을 적극적으로 시행한 나라이고 따라서 무형문화유산보존에 많은 경험을 갖고 있는 나라다. 또한 한국은 유네스코가 세계무형문화유산 정책을 펴는 데도 많은 관심을 기울였고 기여를 한 바 있다. 특히 한국의 무형문화유산 전승제도인 '인간문화재' 제도는 1993년 유네스코 제142차 집행위원회의 결정에 의해 무형문화유산 보존에 권장할 만한 제도로 채택해 각 회원국들에게 권고한 것이 그 결정적 예가 될 것이다.

유네스코도 그동안 무형문화유산 정책을 위해 많은 노력을 기울여 왔다. 2001년부터는 Masterpieces of Oral and Intangible Heritage of Humanity를 통해 세계의 무형

---

7) 김홍남, 「국립민속박물관과 무형유산 국제저널*International Journal of Intangible Heritage*의 탄생」, 『2004 서울세계박물관대회와 한국박물관 회고와 전망』, ICOM 한국위원회, 2013, 28쪽.

8) 임돈희, 「국제무형문화유산학술지 발간의 의미」, 『민속소식』 128호, 국립민속박물관, 2006, 10~11쪽.

문화유산 선정 등재작업을 시작했다. 2001년에 19개의 무형문화유산을 선정했고 2003년에는 28개, 그리고 2005년에는 43개의 무형문화유산을 선정해 현재 90개의 세계무형문화유산을 선정한 바 있다.

2003년 유네스코 총회에서는 그동안 많은 노력을 들인 「무형문화유산보호협약 Convention for the Safeguarding of the Intangible Cultural Heritage」이 통과되었다. 30개국이 비준을 하면 이 협약은 발효된다. 그런데 2006년 2월 1일 유네스코에서 발표한 바에 의하면 이미 30개국이 비준을 해 2006년 4월 20일부터 협약이 발효된다고 보고하고 있다. 우리나라도 이 협약을 비준한 30개국 중의 하나이다. 이 30개국 중에서 18개국으로 이루어진 정부간위원회를 형성할 것이며 이 정부간위원회에서 세계무형문화유산에 관한 구체적인 정책을 논의하고 수립해 갈 것이다. 이러한 중요한 시점에 그동안 무형문화유산 정책에 풍부한 경험과 선도적 역할을 해 왔던 한국에서 국제무형문화유산 학술지가 간행된다는 것은 여러모로 의의있고 타당한 작업이라고 볼 수 있다. 무형문화유산의 발굴 보존 전승의 문제는 유형문화유산과는 다른 개념, 방법 그리고 관점이 필요하다고 본다. 이러한 문제점들이 심도 있게 전문가들 사이에 논의되어지고 서로 배울 수 있는 장이 바로 이 학술지이기 때문이다.

학술지명은 *International Journal of Intangible Heritage*로 결정했다. 이 학술잡지는 세계 최초로 영어로 발간되는 무형유산 분야의 유일한 학술잡지다. 2006년에 처음 발간되어 2025년 5월에 제20호가 발간되었다.

IJIH(*International Journal of Intangible Heritage* 약자)는 매년 약 2,000부 정도 발간되며, 5월에 출간된다. ICOM의 공식후원 학술지로 매년 ICOM 총회 자문위원회에 발간 보고를 하고 있다. 국내외 박물관, 국·공립 도서관, 대학도서관, ICOM 본부, UNESCO 본부 등 무형유산 관련 기관에 배포해 오고 있다.

IJIH의 편집위원은 10~15명의 무형유산 전문가와 박물관 전문가로 이루어졌으며 매년 2월에 이틀에 걸쳐 편집회의를 하고 있다. 대부분의 편집위원과 자문위원은 외국인 전문가들로 구성되어 있다. 예로 제1기 자문위원은 12명인데, 4명의 한국인과 8명의 외국학자로 구성되었고, 8명의 편집위원은 2명의 한국인과 6명의 외국인으로 구성되어 국제적 관점에서 학술지가 운영되고 있었다.

IJIH을 지속하는 데 위기도 있었다. 2007년 무렵이었던 것으로 기억한다. 이 학술지의 책임 실무자인 국립민속박물관의 양종승 박사가 학술지 발간을 담당하는 한민호 섭외과장이 학술지 발간을 중단하려는 생각을 갖고 있다고 전해 주었다. 그러면서 선생님이 좀 가서 중단하지 않도록 말씀을 하시라는 부탁의 말을 했다. 그 당시 많은 예산이 들어가는 잡지 발간이 중요하지 않다고 생각한 것 같았다. 그래서 필자는 바로 한민호 과장을 찾아가서 설명했다.

유네스코는 지금 세계 무형유산 정책을 막 시작하는데 한국은 유네스코보다 40년 앞서서 무형문화재 보호 정책을 해온 나라다, 유네스코에서도 한국의 인간문화재 제도를 본받고 다른 나라에도 권장한 바 있다, 그러므로 한국은 세계 무형문화유산을 선도할 의무가 있고, 그런 의미에서 이 학술지는 매우 중요한 역할을 하고 있다, 그리고 첫째, 세계 최초로 영어로 발간되는 무형유산 학계의 유일한 잡지이며, 둘째, 학술지는 무형유산 정책을 리드하는 지식의 원천이므로 세계의 무형유산 정책을 선도하는 학술잡지가 꼭 필요하고 그것을 출판하는 한국의 위상은 높아질 것이라고 설득했다. 그리고 편집위원과 자문위원 대부분이 외국 전문가들로 국제적인 안목에서 학술잡지를 만들어 가고 있으니 앞으로 이 잡지를 학계에서 존경받고 신뢰받는 학술지로 만들겠다고 약속을 했다. 한민호 과장은 한국이 무형유산 선진국이고 이 학술지가 세계 무형유산 분야에서 최초로 영어로 만들어지는 귀중한 학술잡지라는 것을 알게 되었다고 흔쾌히 발간을 계속할 것을 약속했다. 참으로 다행이다.

또 한 가지 문제는, 당시 대부분의 편집위원들이 외국의 박물관장이었다. 이들 박물관장들은 항공료를 자국 박물관에서 부담하였기 때문에 민속박물관에서는 편집위원들에게 항공료를 지불하지 않고 회의비와 숙박료만 지불하였다. 그런데 편집위원 중에 무형문화유산 전문가는 아니지만 박물관장직을 맡고 계신 분들이 많은데 이들은 소속 박물관에서 항공료를 지불하기 때문에 편집회의에 참석하는 것이 가능했지만, 대부분의 무형유산 전문가들은 학자들이라 개인적으로 항공료를 부담해야 하기 때문에 이들을 편집위원으로 모시고 싶어도 초청이 여의치 않았다. 그래서 필자는 개인적으로 친분이 있는 저명한 일본 무형유산 전문가와 중국 무형유산 전문가에게 회의비(항공료가 비교적 저렴했기 때문에)만 받고 참석해 줄 것을 부탁했다. 다행히 두 분이 기꺼이 참여해서 수준 높은 편집회의가 이루어졌다. 이러한 많은 분들의 노력과 희생으로 이 학술잡지가 만들어졌다.

2006년부터 2020년까지 편집회의는 다음과 같이 이루어졌다. 매년 2월 세 번째 주 화요일과 수요일 양일간에 걸쳐 편집회의를 여는데, 회의는 대개 10시부터 저녁 6시까지 진행된다. 편집위원들한테 몇 달 전부터 그동안 제출된 모든 논문들을 배부해서 읽고 그 다음 평가서를 제출하도록 한다. 평가서에는 이 논문을 통과시킬 것인지, 수정해서 통과시킬 것인지 아니면 많은 부분을 수정해야 할지 등 다섯 단계로 통과, 조건부 통과, 불가 등으로 평가해서 편집회의 전에 제출하게 한다. 편집회의 때는 한 논문당 3명의 편집위원이 논의를 한다. 세 사람의 의견이 모두 그 논문을 통과시키자는 의견이 나오면 그 논문은 통

[사진 3-1-2] IJIH 편집회의 (왼쪽줄 두 번째가 로저 L. 자넬리 교수, 세 번째가 필자) (사진: IJIH 제공)

과시킨다. 그러나 편집위원의 의견이 서로 다를 경우 긴 논의를 거쳐서 결정한다. 예로 약간의 수정을 요구하고 통과시키기도 하고 아주 많은 부분의 수정을 요구하기도 한다. 이러한 과정을 거쳐 모든 논문에 대한 심사가 이루어진다. 이 심사과정은 많은 시간을 요구한다. 점심도 회의장 안에서 도시락으로 해결을 하고 어떤 때는 6시가 넘어서도 끝나지 않는 경우도 많이 있었다.

그런데 2021년부터는 코로나 때문에 심사위원들이 모이지 못하게 되었고, 그 후로는 줌 미팅으로 주로 회의를 진행하게 되었다. 첫 단계로는 편집위원회가 줌 미팅을 통해서 첫 번째 리뷰를 한다. 제출된 논문 중 편집위원들이 가장 우수한 20여 편의 논문만 남기고 나머지는 탈락시킨다. 다음 단계는 1차 통과된 20여 편의 논문을 편집위원들과 외부 평가자들에게 보내서 평가하도록 한다. 한 논문당 한 명의 편집위원과 2명의 외부 평가자 총 3명에게 보내 이들의 의견을 종합해서 해당 논문의 통과 여부를 결정한다. 대개 10~15편의 논문이 선정된다.

구체적으로 2025년도 저널 발간을 예를 들어 보자. 우선 발간 전 해인 2024년 8월 31일까지 논문 접수를 마감했으며 2024년 11월 중에 첫 번째 편집위원 줌 미팅을 통해 1차로 논문을 선정했다. 그리고 각 논문당 1명의 편집위원과 2명의 외부 평가자가 1차 선정된 논문을 평가했다. 그런 다음 2024년 12월과 2025년 2월 사이에 두 번째 편집위원 줌 미팅을 열고 마지막으로 저널에 게재할 논문을 결정했다. 게재가 확정된 논문은 2025년 3월부터 4월까지 카피 에디팅을 하고 5월에 출간하였다.

그간 많은 우여곡절과 어려움을 극복하고 지금의 입지를 다진 IJIH가 거둔 성과는 다음과 같다.

로이터사가 주관하는 세계적인 권위를 인정받는 논문인용색인인 A&HCI(Arts and Humanities Citation Index)에 등재되었으며, 같은 해 11월 한국연구재단의 한국학술지인용색인Korea Citation Index(KCI)에 등재되었다. 저널 발간 5년 만에 얻은 큰 수확이었다. 2011년 7월 Scopus, 8월 MLA(Modern Language Association of America, 미국현대언어학회) International Bibliography, 9월 BAS(Bibliography of Asian Studies, 아시아학협회 논문색인)에 등재되었다.

Scopus는 과학 · 기술 · 의학 · 사회과학 · 예술 · 인문학 분야의 심사 저널이며 18,000여 종의 초록 및 인용정보를 제공하고 있다. MLA International Bibliography는 문학, 언어/언어학, 민속학 분야에 대한 저널논문, 단행본, 논문 등의 상세한 서지정보를 제공하고 있으며, 또한 문학이론, 비평, 희곡예술, 언어교육, 민속학 등의 이론, 실제 및 출판의 역사 등에 대한 자료도 함께 제공하고 있다. 그리고 BAS는 미국 아시아학 협회에서 운영하는 전 세계 아시아학 학자들의 학술논문 인용 색인이며 800,000여 종의 논문 등 학술 자료를 제공하고 있다.[9]

이러한 노력에 힘입어 제19호(2024년 출판)에는 92편의 논문이 접수되었고 그 중 12편의 논문이 선정되어 게재율이 13%이며, 제20호(2025년 출판)에는 144편의 논문이 접수되었고 그중 12편이 선정되어 게재률이 8.3%로 앞으로 IJIH에 논문이 게재되는 것은 더욱 어려워질 것으로 전망된다. 그동안 IJIH는 2025년까지 20호가 발간되어 총 214편의 논문이 실렸으며 78개국의 315명의 저자들이 참여하였다.[10]

필자들은 2005년 창간호 발간 점검회의(2005년 10월 30일~31일)부터 제1기 편집자문위

---

9) 이기원, 「박물관과 무형유산 - 국립민속박물관 『국제저널 무형유산』 중심으로」, 『무형유산학』 제2권 1호, 무형유산학회, 2017, 183쪽. 이기원은 2010년부터 2017년까지 『국제저널 무형유산』을 담당하는 사무처 책임자로 이 학술잡지의 A&HCI (Arts and Humanities Citation Index) 등재 과정을 다음과 같이 설명해 주었다.
"국제저널 무형유산을 2010년에 A&HCI에 등재시킨 과정은 2008년에 저널 3호를 처음 톰슨로이터사에 보냈고, 2009년에 4호, 2010년에 5호를 발간해서 보냈습니다. 제가 2010년에 업무를 맡아서 그해 7월에 미국 필라델피아에 있는 톰슨로이터사 본사에 가서 등재를 요청했습니다. 그해 8월에 편집장인 Peidro Vierira 씨가 저널이 논문 인용색인에 등재되었다고 연락을 주었습니다. 보통 평가대상이 되려면 3년간 자료를 보내서 선정이 되는데 딱 3년 만에 된 아주 특별한 케이스라고 했습니다"(2019년 1월 16일 대담)

10) IJIH 성과에 대한 정보를 제공해 주신 국립민속박물관의 『국제저널 무형유산』 발간 담당자 조수현 학예연구사에게 감사 인사드린다.

원회(12명)와 제1기 편집위원으로 참여하면서 2006년 5월에 창간호가 나오는 것을 지켜보았다. 그 후 2020년까지 필자들은 IJIH의 편집위원 및 자문위원으로 16년간 활동해 왔다. 우리가 참여해 발간한 IJIH가 세계 유수의 학술잡지로 인정받게 된 것에 많은 시간과 노력을 투자한 사람들로서 자랑스럽게 생각하는 바다.

[사진 3-1-3] *International Journal of Intangible Heritage* (사진: 필자 제공)

국립민속박물관의 『국제저널 무형유산』 발간에 대하여*

양종승**

- 목차 -

1. 들어가는 말
2. 유네스코 「무형문화유산 보호를 위한 협약」 및 ICOM 서울대회
3. 국립민속박물관의 『국제저널 무형유산』 발간
4. 전통 그리고 무형유산의 가치
참고문헌

1. 들어가는 말

국립민속박물관이 2006년부터 연 1회 정기적으로 간행하는 *International Journal of Intangible Cultural Heritage*(IJIH), 한글판 『국제저널 무형유산』은 A&HCI(Arts and Humanities Citation Index, 예술 및 인문학 인용 색인), SCOPUS, IBSS(International Bibliography of Social Sciences, 국제사회과학 참고문헌), MLAIB(Modern Language Association International Bibliography, 현대언어학회 국제서지), BAS(Bibliography of Asian Studies, 아시아학 참고문헌), KCI(Korean

* 필자는, 이 학술잡지의 창간에 중요한 기여를 하였으며 당시 실무 책임을 맡았던 국립민속박물관의 양종승 박사께 학술지의 발간 경위에 관한 글을 집필해 줄 것을 부탁드렸다. 양종승 박사께서 흔쾌히 응해 주셨고, 아래에 그 원고를 수록한다.

** 미국 Indiana 대학교에서 박사 취득. 국립민속박물관 학예연구관 역임, 서울시, 경기도, 인천시 문화재위원, 국가무형문화재 위원, 한국무속학회 회장, 한국예술종합학교 전통예술원 객원교수, 이북5도무형문화재 위원장, 민속기록학회 회장(현), 샤머니즘박물관 관장(현). 양종승 박사는 2004년 당시 *International Journal of Intangible Heritage* 발간 사업을 맡아 기획과 실행, 홍보를 담당하는 실무진으로 활동하였다.

Citation Index, 한국학술지 인용 색인)으로 검색되는 전문 학술지이다. 무형유산학 연구자들의 학술적 담론을 펼치는 장일 뿐만 아니라 지구촌의 다양한 무형유산을 모두가 공유하고 교류할 수 있는 매개체의 역할을 함으로써 관련 인문학 및 박물관학의 발전을 앞당기고 있다.

필자는 1990년대 중반부터 국립민속박물관 학예직으로 근무하며 무속 조사와 연구를 비롯한 무형유산의 문화예술 그리고 교류 및 홍보 분야의 국제업무를 맡아 하였다. 그러는 과정에서 국립민속박물관 섭외교육과의『국제저널 무형유산』발간 사업을 맡아 기획, 실행, 홍보 등을 하였다. 한민호 섭외교육과장을 중심으로 하여 필자를 포함한 학예연구사 김종석(당시 ICOM 본부 집행위원, 현 국립항공박물관 전시교육실장)과 학예연구원 노선희(현 대한민국역사박물관 학예연구사) 등이 함께하였다. 각고면려 끝에 국제저널은 세상 빛을 보게 되었고, 국립민속박물관은 무형유산에 대한 국내외적 위상을 한층 높이게 되었다.

본 글은 필자의 관점에서 저널 발간 추진 배경과 계획 수립, 실행에 관한 일련의 일정 그리고 저널 발간 자문위원회 및 편집위원회의 혜안과 지식 그리고 실무자들의 열정과 공덕 등을 종합하여 정리한 기록이다. 더불어 필자 견해에 비추어서 무형유산에 대한 학술적 의미와 주안점을 간략하게 덧붙였다. 필자에게 본 글을 맡겨주신『국제저널 무형유산』발간위원회 초대 편집위원이셨던 師母 임돈희 선생님께 감사의 말씀드린다.

2. 유네스코「무형문화유산 보호를 위한 협약」및 ICOM 서울대회

2003년 10월 파리에서 개최된 유네스코UNESCO 제33차 정기총회General Conference에서「무형문화유산 보호를 위한 협약Convention for the Safeguarding of the Intangible Cultural Heritage」이 채택되었다. 이는 유형 및 무형문화의 불균형을 극복하고, 문화의 표상representations, 실행practices, 지식knowledge, 기술skills이 응용되어 창출되고 있는 유형적 물질instruments, objects, artefacts 문화에 대한 정체성 구축의 일환이기도 하였다. 유네스코 협약은 3년 후인 2006년 4월 20일 유럽 16개국, 아시아 9개국, 아프리카 9개국, 라틴아메리카 7개국, 아랍 지역 6개국 등 47개국이 비준하여 발효되었다. 지구촌 문화의 다양성 원동력으로 역할하는 무형유산의 중요성을 늦게나마 제고하고 무형유산의 지속적 보존과 계승 의지를 드러낸 것이다. 이후, 유네스코 「무형문화유산보호협약」은 관련 학계는 물론이고 지구촌의 수많은 박물관이 무형유산에 대해 더욱 깊은 관심을 두게 된 계기가 되었다. 이전까지만 해도 무형유산은 박물관의 생소한 주제였을 뿐만 아니라 학문적으로도 연구의 핵심이 되지 못하였다. 그동안 지구촌 대부분 박물관은 물질문화나 자연문화의 가치에 한정하여 수집, 보존, 전시, 연구, 교육 등의 성과에 집중하였다. 외형적 모습의 시각적 관찰이 편리하고 효과적이기 때문이었다.* 그러나 시간의 흐름 속에서 지난 세월의 과오를 털어내고 유네스코 「무형문화유산보호협약」에서 밝힌 바와 같이, 잠들고 있던 무형유산의 내면세계를 들춰내어 새로운 안목의 문화시대를 구축하게 된 것이다.

2004년 10월 2일부터 8일까지 서울 강남구 삼성동 소재 코엑스 컨벤션센터에서는 107개국 2,200여 명이 참석한 국제박물관협의회International Council of Museums(ICOM)** 제20차 서울총회가 개최되었다. 총회 공식 주제는 "박물관과 무형유산"이었다. 국제박물관협의회 59년 역사상 아시아 국가에서 최초로 개최된 서울대회였던 것도 그러하지만 대회의 공식 주제 "무형유산" 또한 획기적이었다. 이 기간에 지구촌 문화의 다양성 확보 및 보호 전승 그리고 발전방안과 더불어 미래 박물관의 역할과 기능, 무형유산의 미래 전략에 대해 심도 있는 무형유산 논제들이 발표되었다. ICOM 서울대회 추진위원회에서는 유형적 형상과 무형적 신앙심이 어우러져 상징화된 "솟대"를 서울대회 공식 로고로 채택하여 한국의 오랜 전통으로 전해져 온 새해 풍년과 마을 수호의 상징을 세계 속에 표방하기도 하였다.

ICOM 총회는 산하 29개 국제위원회International Committees of ICOM***가 동시적으로 참

* 최정필, 「무형유산과 박물관」, 『민속소식』 127호, 국립민속박물관, 2006, 8~9쪽.

** 국제박물관협의회는 1946~1947 창설된 세계 박물관 커뮤니티를 대표하는 비정부 국제기구이며 UNESCO 공식 자문 · 협력기관으로서 프랑스 파리 UNESCO 본부 내에 총 사무국이 있다. 한편, ICOM 산하에는 세계생활문화박물관 국제위원회International Committee for Museums and Collections of Ethnography(ICME)를 비롯한 29개 국제위원회가 있으며 3년마다 전체 총회General Assembly와 더불어 각 국제위원회 총회가 개최된다.

*** 국제박물관협의회 산하의 국제위원회는 ①국제시청각신기술위원회 ②국제교육문화활동위원회 ③국제정보과학위원회 ④국제근현대미술박물관위원회 ⑤국제악기박물관위원회 ⑥국제과학기술박물관위원회 ⑦국제이집

여하는 거대 국제적 기구이다. 대회기간 중 각 위원회의 총회도 더불어 개최된다. 대한민국 국립민속박물관이 소속되어 있는 세계생활문화박물관위원회ICOM-ICME 또한 국립민속박물관과 공동으로 총회를 기획하고 실행하였다. 그리하여 ICOM-ICME 총회 부대사업으로 ICOM 서울대회를 기념하는 특별전시를 개최하고 환영 만찬, 공연행사, 공예전시, 무예 시연, 전통음식 등에 이르기까지 다양한 문화 행사를 기획하여 실천에 옮겼다. 그러면서 주제별 공동회의Concurrent Session를 국립민속박물관에서 개최하여 한국을 비롯한 남아프리카공화국, 노르웨이, 뉴질랜드, 멕시코, 스페인, 영국, 필리핀 등의 연구자들이 무형유산 보호에 관한 국가의 법적 및 행정적 제도 구축, 무형유산의 정체성 및 다양성 확보, 무형유산과 관련한 ICOM 역할 등의 논문들이 발표되었다. 그뿐만 아니라 음식문화와 박물관, 샤머니즘과 박물관 등 미래를 향한 무형유산 다루기에 대한 논제가 심도 있게 다루어졌다. ICOM-ICME가 주관한 세션의 대주제는 다음과 같다.

- 2004년 10월 4일
  '박물관과 현생유산 - 살아있는 문화유산Museums and Living Heritage'
- 2004년 10월 5일
  '문화유산의 보호Protection of Cultural Heritage'
- 2004년 10월 6일
  '디지털 유산과 미래의 박물관Digital Heritage and Future Museums'

제20차 ICOM 서울대회는 폐막과 함께 무형유산에 대한 서울헌장Seoul Charter이 채택

트학위원회 ⑧국제복식박물관위원회 ⑨국제역사가옥박물관위원회 ⑩국제유리박물관위원회 ⑪국제건축박물관기술위원회 ⑫국제장식미술디자인박물관위원회 ⑬국제전시교류위원회 ⑭국제순수미술박물관위원회 ⑮국제문예박물관위원회 ⑯국제고고학역사박물관위원회 ⑰국제세계생활문화박물관위원회 ⑱국제공공범죄희생자추모박물관위원회 ⑲국제문화유산보호박물관보안위원회 ⑳국제박물관학위원회 ㉑국제보존과학위원회 ㉒국제무기전쟁사박물관위원회 ㉓국제화폐금융박물관위원회 ㉔국제지역박물관위원회 ㉕국제전문인력훈련위원회 ㉖국제박물관경영위원회 ㉗국제마케팅홍보위원회 ㉘국제자연박물관위원회 ㉙국제대학박물관위원회 등 총 29개이다.

되었다. 그 전문은 다음과 같다.

2004년 10월 8일 서울에서 개최된 국제박물관협의회ICOM의 제21차 총회는 무형문화유산의 명백한 중요성과 무형문화유산이 문화적 다양성을 보전하는 데 있어서의 역할을 숙고하고 다음과 같이 결의한다.

1. 2003년 무형문화유산 보호를 위한 유네스코 협약을 승인한다.
2. 각국 정부가 본 협약을 비준함을 촉구한다.
3. 모든 국가, 특히 구비전통이 유구한 개발도상국들이 무형문화유산진흥기금을 설립할 것을 장려한다.
4. 무형문화유산의 수집, 보전, 그리고 진흥과 관련한 모든 박물관이 항구적이지 않은 기록들, 특히 전자 기록물 등을 보존하는데 특별한 관심을 기울이기를 권한다.
5. 국가기관이나 지방정부 기관에서 무형문화유산 보호를 위한 적절한 자국내 법규와 규정을 마련하여 효과적으로 실행함을 촉구한다.
6. ICOM의 지역 기구, 국가위원회, 기타 ICOM 관련 기구들은 위에 언급한 법적 장치들을 발전시키고 실행함에 있어서, 그리고 효과적인 실행을 위해 관련 직원들을 훈련시킴에 있어서 각 지역의 관청들과 긴밀히 협조함을 촉구한다.
7. 박물관들은 각별한 주의를 기울여 무형문화유산이 오용되지 않도록 하며, 특히 상업화 되려 하는 어떠한 종류의 의도도 저지하여야 함을 권고한다.
8. 모든 박물관 전문인력 훈련프로그램은 무형문화유산의 중요성을 강조하여야 하며, 무형문화유산에 대한 이해를 자격요건에 포함시킴을 권고한다.
9. ICOM 집행위원회는 박물관전문인력훈련위원회ICOM-ICTOP와 공동으로 박물관 전문인력훈련 프로그램에 관한 ICOM 지침서(1971년 출간, 1999년 개정판 출간)에 필요한 수정 내용을 가능한 신속히 마련함을 권고한다.
10. 본 결의문을 "무형유산에 관한 ICOM 서울선언Seoul Declaration of ICOM on the Intangible Heritage"로 명명함을 결정한다.*

서울헌장은 지구촌 국가들이 무형유산 진흥을 위한 기금 조달과 유산 수집, 보존, 진흥 등에 관심을 가져야 함을 강조하고 있다. 그리고 무형유산이 오용되지 않도록 하며 상업화 의도를 저지하여야 한다고 권고하였다. 그리고 박물관 전문인력을 위한 훈련프로그램에서 무형유산의 이해를 포함 시킬 것을 요구하였다. 이처럼 서울대회는 박물관과 무형유산 발전에 대한 실천적 해답을 제시하면서 깊이 있는 학문을 권장하는 데 공헌한 장이 되었다.*

3. 국립민속박물관의 『국제저널 무형유산』 발간

무형문화재Intangible Cultural Property 또는 무형문화유산Intangible Cultural Heritage 등의 용어로도 통용되었던 '무형유산Intangible Heritage'이 UNESCO 협약 그리고 ICOM 서울총회의 주제로 채택되면서 박물관 및 관련 학계의 깊은 관심을 받게 되었다. 21세기를 맞이하며 꽃피운 무형유산에 대한 이와 같은 시대적 풍조는 그동안 문화를 보는 시각이 유형 유산에 국한되어 온 차별적 인식이 옳지 않다는 지적이기도 하다.** 이러한 상황 속에서도 무형유산 주제는 학계와 연구자의 관심 밖에 있었다. 그러다 보니 시공 변화로 늘 새로운 맥락의 또 다른 모습을 추구하는 무형유산에 대한 학문적 구조론이나 방법론 또한 확립되지 못하였다.

국립민속박물관이 ICOM과 함께 2004 서울세계박물관대회 개최 의의 및 결과를 되새기며 항구적으로 무형유산의 학문적 연구를 지속해 나아갈 수 있도록 저널 발간을 계획하여 추진한 것도 이제는 박물관의 기능이 무형과 유형을 아우르면서 역사와 창조가 맞닿는 정보 및 지식의 공유 창구로 역할할 수 있도록 하기 위함이다. 그래서 저널 발간 자체가

* 2004년 ICOM 서울대회 선언문 참조.

* 김종석, 「『국제저널 무형문화유산*International Journal of Intangible Heritage*』 창간호 발간」, 『민속소식』 130호, 국립민속박물관, 2006, 4~5쪽.

** 임돈희, 「국제무형문화유산학술지 발간의 의미」, 『민속소식』 128호, 국립민속박물관, 2006, 10~11쪽.

박물관과 무형유산에 관한 학문적 연구가 본격화되는 시발점이기도 하다. 이러할 때, 국립민속박물관 국제업무를 맡았던 필자와 김종석 연구사의 건의로 당시 국립민속박물관 수장이었던 김홍남 관장이 이해력을 높여 발간 업무가 시작되었다. 무엇보다도 한국 박물관계에서 최초이며 ICOM 역사상으로도 최연소 집행위원에 피선된 김종석 학예연구사가 있었기에 가능하였다. 그리하여 파리에서 개최된 제107차 ICOM 집행위원회에 참석한 김종석 집행위원이 대한민국 국립민속박물관 사업으로서 저널 발간에 관한 내용을 피력하였는데 그 내용은 다음과 같다.

- ICOM 제107차 파리 집행위원회에 참석한 김종석이 국립민속박물관의 국제저널 무형유산 발간 계획을 구두로 피력함: 2004년 12월 1일~3일
- 제107차 집행위원회 draft minutes (초안) 회의록 9. 1. a에 김종석 보고 내용이 아래와 같이 기록됨
  [⋯the National Folk Museum of Korea would prepare a publication such as an *International Journal of Intangible Heritage*]: 2005년 2월 7일
- 김홍남 국립민속박물관장이 위 내용을 확인 및 촉진케 하는 공식 서한을 ICOM 회장 Alissandra Cummins께 우편과 이메일 송부: 2005년 5월 16일
- ICOM 사무총장 John Zvereff가 본 건을 2005년 6월 ICOM 집행위원회 안건으로 상정하겠다는 서신을 이메일로 답신: 2005년 5월 18일

이후, ICOM 본부는 저널 발간 계획에 대한 국립민속박물관의 중추적 역할을 제안하였고* 국립민속박물관은 Task Force를 구성하여 일정에 따라 단계별로 실행해 나갔다. 진행 과정은 다음과 같다.

* 김종석, 「『국제저널 무형문화유산』과 「문화유산보호 및 박물관 재해대비를 위한 국제 심포지엄」」, 『민속소식』 제131호, 국립민속박물관, 2006, 16~17쪽.

1) 국립민속박물관 Task Force 구성: 2005년 1월

‣ Task Force 1차 실무회의

‣ 2005년 3월 3일(목), 국립민속박물관 대회의실

‣ 참석자: 양종승(연구관, 팀장), 김종석(연구사), 노선희(연구원) 이상 섭외교육과), 황보명(연구관), 조승연(연구사) 이상 민속연구과 등 5명

‣ 회의 내용 : 저널 발간 실무자 충원, 예산증액, ICOM 및 ICOM-Korea 협조체계, 양해각서 체결, 국외 추진위원 초청, 저널 발간 횟수, 기고문에 따른 저작권 등록, 저널 영문 가칭 "*International Journal of Intangible Heritage*", 간행규정, 심사위원 구성 등 논의

2) 민박 및 ICOM 간 협조체계 구축, 양해각서 체결: 2005년 상반기

3) 민박 및 ICOM-Korea 간 협조체계 구축, 양해각서 체결: 2005년 상반기

4) 민박 및 UNESCO 한국위원회 간 협조체계 구축: 2005년

5) 편집위원회 구성: 2005년 상반기

6) 실무진 ICOM 본부 회의 참석 및 브리핑: 2005년 6월 5일~7일

7) 간행규정 완성 및 편집위원회 창립 회의: 2005년 7월

8) 원고 기고 공고: 2005년 8월

9) 창간호 발간 점검회의: 2005년 10월 30일~31일

‣ 참석자: 김홍남(국립민속박물관장), Alissandra Cummins(ICOM 회장)
최정필(ICOM 한국위원장), 이삼열(유네스코 한국위원회 사무총장)
임돈희(동국대 교수), 전경수(서울대 교수)
Shigeyuki Miyata(일본 동경문화재연구소 실장)
윤남순(섭외교육과장), 양종승(연구관), 이기원(사무관)
장경숙(ICOM 한국위원회 사무국장), 김종석(연구사)
노선희(연구원), 윤지영(연구원), 여희경 (ICOM 한국위원회 직원) 등 15명

‣ 회의 내용 : 저널 발간 횟수, 저널 명칭(영문 및 한글) 논의, 간행 규정, 심사위원 및 방식 구성 등

10) 논문원고 접수 마감일: 2006년 1월 31일

11) 편집위원회 논문심사: 2006년 2월

12) 기고문 채택자 탈고 기간: 2006년 3월 1일~3월 31일

13) 창간호 편집 및 인쇄 제작: 2006년 4월

14) 창간호 국내외 배포: 2006년 5월

- 국내외 주요 배포처: ICOM 본부, UNESCO 본부, 국내외 주요 대학 도서관 및 한국학 연구소 등
- 전자출판본 배포처: 민박 및 ICOM 본부 컴퓨터 서버를 통한 배포

저널 발간을 위한 계획 수립 및 실행은 국립민속박물관이 ICOM 본부, ICOM Korea와 양해각서(MOU)를 체결한 후 공동으로 추진하였다. 저널 제목은 심도 있는 논의를 거쳐 영문 *International Journal of Intangible Heritage* 그리고 한글 『국제저널 무형유산』으로 확정하였다. 이후, 국립민속박물관 섭외교육과 내에 편집사무국이 설치되고 13개국의 저명 학자 20인으로 구성된 편집자문위원회 및 편집위원회가 구성되었다.

제1기 편집자문위원회 및 편집위원회에 참여한 명단은 다음과 같다.

1) 제1기 편집자문위원회 (12명)

- 김홍남(국립민속박물관 관장)
- 김병모(한양대학교 교수)
- 이삼열(유네스코 한국위원회 사무총장)
- 최정필(ICOM 한국위원회 위원장)
- Rosmarie Beier-de Haan(독일 역사박물관 큐레이터)
- Miklós Cseri(헝가리 야외박물관 관장)
- Alissandra Cummins(ICOM 회장, 바바도스)
- Nguyen Van Huy(베트남 민족학박물관 관장)
- Roger L. Janelli(미국 인디아나대학교 교수)

- Gerald McMaster(캐나다 온타리오미술관 큐레이터)
- Shigeyuki Miyata(일본 동경문화재연구소 실장)
- Tereza C. Moletta Scheiner(ICOM 상임이사, 브라질)

2) 제1기 창간호 편집위원회 (8명)

- 임돈희(동국대학교 교수)
- 전경수(서울대학교 교수)
- Patrick J. Boylan(ICOM 법사·재산권위원회 위원장, 영국)
- Henry C. Jatti Bredekamp(남아프리카공화국 IZIKO 국립박물관관장)
- Louise Allison Cor(미국 스미스소니언 Freer Gallery of Art & Arthur M. Sackler Gallery 큐레이터)
- Amareswar Galla(ICOM 부회장, 호주)
- Bingzhong Gao(중국 북경대학교 교수)
- Laurel Kendall(미국 뉴욕 자연사박물관 큐레이터)

창간호 발간 점검 회의가 2005년 10월 30일부터 31일까지 이틀간 국립민속박물관 대회의실에서 개최되어 저널 간행규정, 논문심사, 발간 일정, 주제 선정, 홍보 전략 등이 확정되었다. 이후 국제적으로 명성 있는 무형유산 권위자의 학술적 논문을 입수한 후 편집위원회가 개최되었고, 전문적이고 공정한 심사를 거쳐 최종 8편의 논문을 선정하였다.

위와 같은 일련의 실행과정을 거쳐 무형유산학 발전을 위한 노력의 결과로 박물관과 문화계 지식을 한층 높이는 데 일조하게 된 저널이 2006년 5월에 발간되었다. 창간호 *International Journal of Intangible Heritage* 영문판 서두에 국립민속박물관 김홍남 관장과 Patrick J. Boylan 편집장이 공동으로 남긴 서문은 다음과 같다.

> 국제저널 무형유산은 세계 각국에서 전승되어온 무형유산을 조사 연구한 논문집이다. 세계 각국 문화권에서 전승되어온 훌륭한 무형유산들을 총망라하고 체계화하여 이를 과학적으로 보호하고 영구적으로 전승키 위해 관련 학자 및 박물관인들이 주도적으

로 그 역할을 하여 왔다. 본 국제학술지는 그러한 차원에서 추진되었고 이제 그 빛을 보게 된 것입니다. 이번 창간호 발간을 계기로 박물관인들은 더욱 세계 무형유산의 발전을 위해 많은 지식과 경험을 아낌없이 투자하여야 할 것이다. 그동안 지식인들은 주로 유형 유산에 한정하여 문화 가치를 해 왔음을 지적하지 않을 수 없습니다. 새로운 시대를 열어가는 우리들의 문화적 안목은 묻혀있었던 무형유산의 중요성을 깊이 깨닫게 되는 데서부터 시작될 것이다. 그리고 새로운 문화적 패러다임의 장을 열어가게 될 것이다. 이로 인해 무형유산의 학술적 발전은 물론 국제적 학자 및 연구자 간의 학술 교류 활성화가 급속하게 증진될 것으로 믿어 의심치 않는다.*

그리고 *International Journal of Intangible Heritage* 창간호에 수록된 필자 및 논문 제목은 아래와 같다.

1) Kolokesa Mahina-Tuai(뉴질랜드 Tepapa Tongarewa 박물관, 태평양문화담당 큐레이터)
   〈무형문화유산 : 뉴질랜드 Tepapa Tongarewa 박물관과 무형문화유산 연구〉
2) Magaret Hart Robertson(스페인 Las Palmas de Gran Canaria 대학교 교수)
   〈Mediterranean Voices (지중해의 목소리): 신기술을 활용한 무형문화유산 전시기법〉
3) Nguyen Van Huy(베트남 민족학박물관 관장)
   〈베트남 민족학 박물관 사례를 통해 본 무형문화유산 보존에 있어서의 박물관 역할〉
4) Sally Yerkovich (미국 유럽문화예술재단 이사장)
   〈역사박물관에서의 무형문화유산을 통한 과거와 현재 잇기〉
5) Patrick J. Boylan(영국 런던대학교 문화정책 및 문화경영대학원 명예교수)
   〈무형문화유산: 박물관과 박물관 전문인력 훈련을 위한 도전과 기회〉

* 김홍남, Patrick J. Boylan, 「국제저널 무형문화유산 소개」, *International Journal of Intangible Heritage* 창간호, 2006, 10~11쪽

6) Silvia Singer(ICOM 멕시코 국가위원회 위원장)

<단명하는 것을 보존하기: 2004 멕시코 국제박물관협의회(ICOM) 세계 박물관의 날>

7) Henry C. Jatti Bredekamp(남아프리카공화국 케이프타운 Iziko국립박물관 관장)

<남아프리카 Iziko국립박물관의 무형문화유산 표상>

8) Viv Golding(영국 레스터대학교 박물관학 교수)

<Inspiration Africa 아프리카의 영감! 장애를 가진 청소년 간의 사회적 포섭을 장려하기 위해 유형과 무형의 문화유산 이용하기> 등이다.*

4. 전통 그리고 무형유산의 가치

문화에서의 공동체는 오랜 역사를 통해 형성된 인류의 생각과 사상, 감정과 견해로 확립된 환경 및 믿음의 공유로 굳어진 정신이다. 그래서 공동체에서는 신앙을 위시한 자원, 기호, 필요, 위험, 불안 등이 공유되면서 초자연적 존재를 향한 심성과 대동적 신명으로 뭉쳐진 동질성과 결속성이 다져져 있다. 그리고 이와같은 문화 공동체 구조는 시대적으로 변화하는 자연적, 사회적, 신앙적 환경에 적응키 위해 새로운 문화 표현을 향해 끊임없이 창조적 변화를 겪게 되는데, 그 실체가 곧 무형유산이다.

무형유산은 주어진 자연과 환경에 적응해 온 민족 삶의 수단이며 감정적 의미로 표현되는 행위적 그리고 시청각적 현상이다. 그러므로 무형유산은 시공적 흐름 속에서 끊임없이 변모되는 본성을 바탕으로 행위자와 향유자가 소통하고 전달하며 또한 교류하고 결집한다. 따라서 무형유산은 문화의 존속적 매개이기에 과거의 전통으로부터 현재 그리고 다시 미래의 세계로 이어 가게 하는 전승의 힘을 갖는 것이다. 그래서 무형유산은 '전통'이라고 하는 이른바 지난 시간으로부터 남겨진 옛것의 연장 선상에서 시대적 재창조로 이어나가게 하는 것에서 그 가치가 살아난다.** 무형유산을 과거의 전통에 근거하여 오늘에

* *International Journal of Intangible Heritage*, 창간호, 2006.

누리고 또다시 미래로 이어 나갈 거울로 비추어지는 지속론에서 진정한 의미를 찾는 까닭이다. 따라서 무형유산은 전승자와 계승자 그리고 다음 세대로 이어 나갈 전수자 등의 삼각관계로 영속되는 문화전달자들의 삼위 일체적인 전승적 연결 선상에 놓여 있는 사상이고 정신이며 지혜이고 기예능인 것이다. 과거 흔적, 즉 전통의 그것을 근거로 하는 오늘날의 무형유산이 현재에도 적합성을 갖고 내일을 기약하는 것이라고 받아들여지게 되는 것도 이 때문이다. 이로써 전통의 과거, 향유되는 현재 그리고 내일로 향해 나아갈 미래의 연대적 상관 속에서만 무형유산의 본질적 의미가 발현되는 것임을 알 수 있다.

전통은 무형유산이 어떻게 사용되기 위한 결정의 힘 또는 규칙으로서 이는 무엇으로 존재하는가보다는 그 진행 과정을 어떻게 익히며 어떻게 받아들이는가를 강조하는 맥락이다. 그래서 전통은 인간이 선택해야 하는 사회 규범으로서의 무형문화적 틀로 작용하기 때문에 우리 삶 속에서 강한 전승적 맥락을 갖고서 우리를 움직이게 하는 문화적 그리고 사회적 힘이다. 전승 질서를 마련하는 기초적 기구로써 그리고 규범을 규정하는 결정적 요소로서 작용함이다. 인간이 스스로 전통을 선택하는 궁극적 목적은 이를 통해 우리의 삶을 가늠할 수 있기 때문이다. 따라서 전통은 현재를 사는 문화전달자의 삶 속에서 내일을 비추게 하는 교육적 사상으로 작용하며 새로운 창조의 바탕이 되곤 한다. 그러므로 전통은 과거·현재·미래의 시간적 연결통로에서만이 그 진정한 의미가 있다.

전통을 안고 있는 무형유산은 인류에게 거대한 존재가 아닐 수 없다. 그러나 인류는 지난 역사를 통해 남겨진 무형유산의 지혜와 심성 그리고 이를 지켜낼 힘, 즉 '전통'을 잃거나 간과하면서 지내왔다. 껍데기에 불과한 변증법적 유물론에 얽매여 삶의 진정한 내면세계를 간과한 결과이다. 그러나 이제는 다른 차원의 접근을 통해 삶의 가치에 대한 새로운 시대를 맞이하게 된 것이다. 그것이 '무형유산'이고 '무형문화시대'이다. 새로운 시대에 올바른 가치관을 슬기롭게 정립해야 하는 시대적 숙명을 '무형유산'과 함께하게 된 것이다. 그리하여 오랜 역사를 통해 가꾸어져 온 삶의 지혜, 기술, 지식, 사상, 철학, 신앙 등으로 점철된 문화의 진실을 드러내게 된 것이다.

** 전경수, 「무형문화재 개념의 적합성과 문화유산론」, 『민속소식』 129호, 국립민속박물관, 2006, 10~11쪽.

무형유산은 현대의 새 문화 창조에 큰 틀로 활용될 뿐만 아니라 더 나아가 세계화 경쟁 시대 속에서도 그 가치가 높이 평가된다. 그리하여 인류는 무형유산의 전승과 발전을 발판삼아 이질적 문화집단 간 교류, 우호, 교환, 소통, 이해, 단결, 협력, 협심, 협조 등을 더욱 활기차게 추진해 나갈 것이다. 그뿐만 아니라 무형유산을 기반으로 한 시대적인 새 문화 창출을 불러일으킬 것이다.

오늘을 사는 우리는 오랜 역사 속에서 인류 생활을 통해 형성되어온 귀중한 무형유산을 계승 발전시켜 나갈 의무가 있으며, 이를 올바르게 보호하여 후손들에게 물려줄 책무도 있다. 이와같은 인식 속에서 최근 들어 박물관에서도 무형유산의 중요성을 재인식하고 이와 관련된 자료를 전시하고 교육하기 위해 큰 노력을 기울이고 있다. 인류의 정신문화를 민족별로 파악할 수 있는 무형유산에 관한 학술적 조사연구 및 수집 분류 그리고 영구적 보전과 논리적 이해 등은 이 시대를 사는 지식인과 박물관인의 막중한 임무이다.

대한민국 국립민속박물관이 세계 최초로 무형유산 학술지 『국제저널 무형유산*International Journal of Intangible Heritage*』을 발간하게 된 것은 의미가 크다. 국가의 문화적 특수성은 민족문화를 정의하는 표준 중 하나가 될 수 있는데 그 이면에 무형적인 사상, 정서, 정신, 기술 신앙 등이 작용한다. 이러한 근본과 구조 위에서 표출되는 건축물, 기념물, 예술품 속에는 궁극적으로 무형의 총체가 어우러져 있다. 유형적 표현은 무형적 기틀에 의해 창출된 산물이기 때문이다. 이러한 관점에서, 학계 및 박물관계에서는 유형과 무형 두 개념을 연결하는 학술적 논리를 구축하여야 한다. 이를 위해 많은 유형 유물을 보유하고 있는 박물관은 더욱 효율적이고 효과적으로 무형유산을 연구할 수 있는 기관으로 거듭나야 한다.* 그 첫 단계 단추를 대한민국 국립민속박물관이 꿰었다. *International Journal of Intangible Cultural Heritage*는 무형유산의 기록, 조사, 연구, 보존, 전시, 교육, 체험, 응용, 공연, 교류, 창조 등에서 미래문화의 지침서 역할을 할 것이 분명하다.

* Alissandra Cummins(ICOM 회장), *International Journal of Intangible Heritage* 창간호. 2006, 7~8쪽.

참고문헌

International Journal of Intangible Heritage 창간호, 국립민속박물관, 2006.

김종석, 「『국제저널 무형문화유산*International Journal of Intangible Heritage*』 창간호 발간」, 『민속소식』 130호, 국립민속박물관, 2006. 6.

_____, 「『국제저널 무형문화유산』과 「문화유산보호 및 박물관 재해대비를 위한 국제 심포지엄」」, 『민속소식』 제131호, 국립민속박물관, 2006. 7.

양종승, 「Folklore and Cultural Politics in Korea: Intangible Cultural Properties and Living National Treasures (민속과 문화정책: 한국의 무형문화재와 인간문화재)」, 인디애나대학교 박사학위논문, 1994.

임돈희, 「국제무형문화유산학술지 발간의 의미」, 『민속소식』 128호, 국립민속박물관, 2006. 4.

임돈희 · 로저 L. 자넬리, 「최남선의 1920년대의 민속연구」, 『비교민속학』 5, 1989.

전경수, 「무형문화재 개념의 적합성과 문화유산론」, 『민속소식』 129호, 국립민속박물관, 2006. 5.

최정필, 「무형유산과 박물관」, 『민속소식』 127호, 국립민속박물관, 2006. 3.

3. 유네스코 아시아-태평양 무형문화유산 국제 정보 네트워킹 센터 International Information and Networking Centre for Intangible Cultural Heritage in the Asia-Pacific Region under the auspices of UNESCO, 2011년

유네스코 아시아-태평양 무형문화유산 국제 정보 네트워킹 센터(이하 '아태무형유산센터' 또는 '아태센터')의 유치는 필자가 2000년 6월에 '인류 구전 및 무형유산 걸작' 선정 국제심사위원으로 초청받아 파리에 갔을 때부터 관심을 갖게 되었다. '인류 구전 및 무형유산 걸작 선언' 프로그램을 소개하기 위해 유네스코 사무총장이 초청한 9명의 국제심사위원들과 각국의 유네스코 대사들(약 200여 명)이 모인 강당에서 필자는 "한국은 무형유산 보호 제도를 1962년부터 실시해 사라져 가는 많은 무형유산을 보호한 경험이 있다. 앞으로 유네스코의 무형유산 등재가 실시되면 한국의 무형유산 보호 경험의 장단점을 감안해 단점을 보완하는 방안을 강구해야 한다"는 논지로 이야기했다. 회의 후, 많은 유네스코 대사들이 나에게 다가와 한국의 무형유산 보호 제도에 관심을 표했다.

필자는 무형유산 보호의 경험이 풍부한 나라인 한국이 무형유산 분야의 선도국으로서 국제적으로 많은 역할을 수행해야 한다는 점을 절실히 느꼈다. 그래서 한국이 세계 무형유산의 중심지가 돼야겠다는 생각을 가졌고, 그때부터 유네스코의 아태무형유산센터를 유치할 생각을 하였다. 귀국 후에도 많은 문화재청 관계자라든지 무형유산에 관심있는 학자들에게 센터를 유치해야 한다는 점을 계속 주장했다.

1) 유네스코 아태무형유산센터 유치 및 설립 과정

(1) 센터 유치

필자는 2000년 파리에서 인류 구전 및 무형유산 걸작 선정 국제심사위원 회의를 끝내고 귀국하자마자 한국이 무형유산의 선진국이고 따라서 유네스코 아태무형유산센터를 유치해야 한다는 점을 문화재청 관계자와 무형유산에 관심있는 학자들에게 기회가 있을 때마다 강연 등을 통해 알려왔다. 이에 관심을 가져준 문화재청의 엄승용 과장과 함께 2004

년 8월에 아태무형유산센터를 유치하기 위해서 유네스코를 방문했다. 엄승용 과장은 복권기금 40만 달러를 확보하여 그 기금으로 유네스코 아태무형유산센터를 유치할 계획이었다. 그 당시 성사되지는 않았지만 센터를 유치하기 위해서 지속적으로 설득하는 노력을 했다. 그런 노력 끝에 마침내 2005년 10월에 한국의 국무총리가 유네스코 제33차 총회에서 아태무형유산센터 유치를 공식적으로 표명하였다.

그리고 2006년 9월에는 한국문화재보호재단 내에 특별기구로 아태무형유산센터 설립기획단Establishment Initiative for the Intangible Heritage Center for Asia-Pacific을 설치하고 김광남을 단장으로 임명했다. 2006년 11월 18일~19일까지 필자는 아태무형유산센터 설립기획단의 김광남 단장과 함께 알제리 알제에서 개최되었던 제1차 정부간위원회에 참석하였다. 이때 외교부 직원이나 문화재청 관계자는 참석하지 않았다. 이듬해 2007년 5월 23일부터 5월 27일까지 중국 청두에서 개최되었던 제1차 임시 정부간위원회에 필자는 아태무형유산센터 설립기획단 김광남, 박원모, 유네스코한국위원회의 김귀배, 그리고 문화재청 직원 등과 함께 참석했다. 그리고 오랜 논의 끝에 2008년 3월, 센터 설립 제안서를 제179차 유네스코 집행위원회에 제출하였다.

(2) 한국, 중국, 일본의 유치 경쟁

2008년 8월, 중점기능 분담을 위한 한·중·일 3국 회의를 개최했다. 한국은 2005년에 이미 유네스코 카테고리 2 센터인 아태무형유산센터 유치를 표명했으며 2008년에 유네스코에 제안서를 제출하였다. 한국이 2008년 아태센터 설립 제안서를 제출하자 중국도 아태센터 설립안을 제출하였다. 카테고리 2 센터는 한 지역, 즉 아시아 지역에는 한 곳에만 세우는 것이 관례였는데 중국의 이러한 제안서 제출은 예외적인 것이었다. 중국이 그만큼 무형유산에 관심이 많아졌기 때문이었다. 중국은 2001년 '곤곡The Kunqu opera'이 유네스코의 걸작으로 등재된 후부터 무형유산에 대한 관심이 많아졌고, 2005년 한국의 강릉단오제 등재에 자극을 받아 중국 내의 무형유산에 대한 관심이 더욱 고조되었다. 그런 배경하에 중국도 유네스코 아태센터를 유치하고자 한 것이었다. 이렇게 되자 일본도 센터를 유치하겠다고 나서서 무형유산에 가장 관심 있는 세 나라가 서로 아태센터를 유치하겠다고 나섰다. 그래서 유네스코는 이 세 나라에 각기 무형유산 보호 영역을 나누어 아태센터를 설치하기로 하였다.

당시 필자는 무형문화유산은 할 일이 너무 많고 분야도 다양하니까 이 세 나라가 역할을 분담하는 것도 좋다는 의견을 피력했다. 사실 필자는 한국의 역할에 대해 자신만만했다. 한국은 IT 강국이고 또 무형유산의 선진국이기 때문에 이 두 개를 합친다면 인류에 공헌할 수 있는 최고의 센터가 될 것이라고 생각했다. 일본은 1950년대에 제일 먼저 무형문화재 정책을 실시한 나라지만 필자가 보기에 2008년도 당시 일본은 무형유산에 관심이 없는 것 같았다. 일반 대중의 관심도 없고 무력한 상태인 것처럼 보였다. 사람으로 비교하자면 60대 같다는 느낌이었다. 그런 반면 중국은 무형유산에 대단히 관심이 많아 보였다. 2001년에 중국의 '곤곡'이 유네스코 인류 구전 및 무형유산 걸작으로 등재됐을 때, 중국정부는 비물질문화(중국에서는 무형유산 대신 비물질문화라고 부른다) 국제학술대회를 열고 필자를 초청해서 갔는데, 필자가 유네스코 세계무형유산 선정 국제심사위원이라고 대단한 환대를 해 주었다. 당시 중국에서는 곤곡이 유네스코에 등재됐다고 온 나라가 축제 분위기였다. 문화부 장관이 앞장서서 여러 가지 행사를 열었고, 다양한 축하 행사도 이루어지는 등 매우 흥분한 상태였다. 그러다가 2005년에 한국의 강릉단오제가 인류 구전 및 무형유산 걸작으로 등재되자 다시 한번 중국에서 무형유산에 대한 인식이 고조되었다. 한국이 자국의 문화를 빼앗아 갔다 해서 비난의 여론이 높았다. 중국 공산당은 전통 민속은 나라의 발전을 방해하는 봉건제의 습속이라며 타파의 대상으로 보고 정책을 펴 왔었다. 그런데 한국의 강릉단오제 등재를 계기로 전통문화는 민족의 문화라는 인식을 하게 되었고 무형유산에 대해 관심을 갖게 되었으며 국제사회에서도 나름의 역할을 맡으려 하고 있었다. 중국은 무형유산에 관심은 많으나 무형유산 보호의 경험이 없는 상황이었다. 거기에 비해서 한국은 무형유산에 대해 국민들이 많은 관심을 갖고 있고 또 무형유산을 우리 고유의 전통문화로 생각하고 있었으며 무형유산을 보호한 경험이 40년간 축적되어 있었기 때문에 나이로 보면 한 40대라고 볼 수 있다. 즉 일본은 경험은 있으나 관심이 없는 60대, 중국은 관심은 많으나 경험이 없는 20대, 한국은 관심도 많고 경험도 풍부한 40대에 해당한다고 비유할 수 있다. 당시 필자는 앞으로 카테고리 2 센터가 세 나라에 세워진다고 해도 한국이 가장 활발한 활동을 할 것이라고 생각했다.

최종적으로, 우리나라는 정보네트워킹Information and Networking 분야를 맡고, 일본은 연구(International Research Centre for Intangible Cultural Heritage in the Asia-Pacific Region under the auspices of UNESCO, 약칭 IRCI) 분야, 중국은 훈련(International Training Centre for Intangible Cultural Heritage in the Asia-Pacific Region under the auspices of UNESCO, 약칭 CRIHAP) 분야를 맡게 되었다.

(3) 센터 설립

당시 설립기획단의 내부 사정으로 실시된 공모 절차를 통해 박성용 단장이 신규 임용되어 2008년 9월부터 2011년 7월까지 아태센터 설립 활동을 관장했다. 2008년 12월, 설립기획단이 대전 국립문화재연구소로 사무실을 이전했고 2009년 1월 15일에는 대전에서 아태무형유산센터 현판식을 가졌다. 필자도 이 현판식에 참여했다.

그리고 2009년 1월 21~23일까지 사흘간 우리가 제출한 제안서에 대한 유네스코의 타당성 조사가 실시되었다. 타당성 조사 담당자로 노리코 아이카와 유네스코 사무총장보 특임관이 내한했다. 아이카와 씨는 전 유네스코 무형유산과의 과장이었는데 필자가 인류구전 및 무형유산 걸작 선정 국제심사위원으로 2000년에 파리에 갔을 때 처음 만나 그 후로 무형유산에 관한 많은 업무를 같이한 절친이었다. 필자가 노리코 아이카와 씨와 친분이 있는 것을 알고 아태센터 설립기획단의 박성용 단장이 아이카와 씨를 안내해 줄 것을 부탁했다. 서울에서 아이카와 특임관을 만나 당시 설립기획단의 차보영 타당성 조사 담당자(현 아태센터 기획관리실장)와 함께 대전으로 가서 아태센터 사무실을 소개하고, 전주로 내려가서 지금 현재는 국립무형유산원 자리지만 그 당시에 아태무형문화유산전당(기공식 2010년 3월 26일) 예정지로 데려가 앞으로 아태센터가 들어올 건물이 세워질 부지라고 설명했다. 아이카와 특임관은 다음과 같은 몇 가지 점을 중점적으로 확인하고자 했다. 유네스코 카테고리 2 센터는 정부의 지시에 따라 국내 정부기관처럼 운영되는 조직이 아니라 정부로부터 독립적인 위치에서 의견을 개진하고 활동할 수 있는 국제기구여야 한다는 것,

[사진 3-1-4] 2009년 1월 아태센터 타당성 조사를 위해 내한한 노리코 아이카와
(유네스코 사무총장보 특임관, 앞줄 오른쪽에서 세 번째)**와 필자**(앞줄 오른쪽에서 네 번째) (사진: ICHCAP 제공)

아태센터 설립에 관한 법적 근거를 확실히 해 줄 것 그리고 아태센터의 안정적인 운영을 위해서 연간 일정 금액 이상의 예산을 지원해 줄 것 등 한국 정부의 지원 내용에 관한 것이었다.

타당성 조사 이후 2009년 4월에는 제181차 유네스코 집행이사회에서 센터 설립 승인 권고를 했고, 2009년 10월 제35차 유네스코 총회에서 아태센터 설립을 최종적으로 승인했다. 2010년 5월에는 한-유네스코 협정 체결에 대한 국무회의 승인 및 대통령 재가가 이루어졌고, 2010년 6월에는 센터 설립을 위한 한-유네스코 간 협정이 체결되었다. 2011년 3월에는 아태센터 설립 및 지원을 위한 「문화재보호법」 개정안이 제298차 국회 본회의를 통과하였다. 그해 6월 14일, 서울 한국의집에서 아태센터 설립을 위한 발기인 총회가 열렸다. 발기인 총회에는 최광식 당시 문화재청장을 위원장으로, 전택수 유네스코한국위원회 사무총장, 문화재위원회 무형문화재분과 위원장인 필자를 포함해 6명이 발기인으로

[사진 3-1-5] 2010년 6월 아태무형유산센터 설립을 위한 한-유네스코 간 협정 체결식
(협정에 사인하는 이건무 문화재청장과 유네스코 무형유산과장 세실 듀벨, 뒷줄 오른쪽에서 네 번째가 필자) (사진: ICHCAP 제공)[11]

참석했다.

총회에서는 아태센터 운영에 필요한 인사, 보수, 직제 규정을 확정하고 아태센터 최고 의결기구인 이사회 구성이 이루어졌다. 마침내 2011년 7월 아태무형유산센터가 공식적으로 설립되었다. 그리고 당시 박성용 설립기획단장이 초대 사무총장 취임 전까지 사무총장 권한대행으로 선임되어 2011년 7월 1일 유네스코 카테고리 2 센터 설립에 필요한 국내 절차를 마무리했다.[12]

---

11) 당시 이건무 문화재청장은 아태무형유산센터 유치에 적극적이었다. 많은 편의와 협조를 해주어 아태무형유산센터가 유치되는 데 결정적 역할을 하였다. 깊은 감사를 드리는 바이다.

12) 유네스코 아태무형유산센터, 『유네스코 아태무형유산센터 10주년 백서』, 2021, 38~47쪽.

[사진 3-1-6] 2011년 11월 28일 열린 유네스코 아태무형유산센터 창립기념 국제회의 만찬에서 건배사를 하고 있는 필자
(필자의 왼쪽으로 두 번째는 이리나 보코바 유네스코 사무총장) (사진: ICHCAP 제공)

2) 아태무형유산센터의 조직과 활동

(1) 주요 조직과 업무 내용

아태센터는 사무국을 중심으로 정책개발실, 기획관리실, 연구정보실, 협력네트워크실 4개실과 윤리경영지원팀과 디지털콘텐츠개발팀 2개의 팀으로 구성되어 있다. 아태센터의 예산은 2024년 본 예산은 27억 8,000만원, 특별회계 예산은 23억 원이며, 직원 22명, 임시 직원 4명이 근무하고 있다.[13)]

아태센터의 주요 조직과 업무 내용은 다음과 같다.

13) 아태무형유산센터의 차보영 제공.

[표 3-1-2] 아태센터 주요 조직 및 업무[14)]

부서	주요 업무
정책개발실(6인)	• 미래사업 개발 연구 • 국내사업 개발 • 사무총장 부여 개별 업무
기획관리실(4인)	• 센터 발전전략, 조직 및 업무 조정, 사업과 운영 모니터링 등 기획 및 실간 조정 업무 • 유네스코 및 회원국 정책 협력, 대정부 및 대외기관 협력, 언론홍보 등 대외소통 및 협력 업무 • 인사, 감사, 예산 및 결산, 복무, 규정 관리 평가 및 성과 관리, 사업보고서 발간, 사무총장 비서, 복지 등 일반 행정 업무 • 이사회, 집행위원회 등 의사결정체계 지원 업무 • 윤리경영지원팀 업무의 지휘 감독 • 기타 타 부서에 속하지 않은 업무
연구정보실(3인)	• 무형유산 정보공유체계(생산 및 수집, 가공 및 분석, 보급 및 활용) 활성화 계획 수립 및 집행 • 정보서비스를 위한 자료수집, 생산 및 가공 보급 • 온, 오프라인 정기간행물 등 출간 및 콘텐츠 개발 • 무형유산 자료 보존과 복원, 영상기록 및 디지털화 • 전산, 정보시스템 구축 및 웹사이트 운영 • 기타 정보의 체계적 보급 및 확산 관련 업무 등
협력네트워크실(3인)	• 해외 무형유산 네트워크 전략 및 활성화 계획 수립 및 집행 • 아태지역 지역별, 분야별, 종목별, 주제별 네트워크 구축 및 효과적 관리 • 무형유산 이해관계자(C2센터, NGO, 공동체, 단체 및 개인, 기타 문화 관련 기관 등) 네트워크 발굴 및 구축 • 해외 인적교류 사업 • 기타 네트워크 구축 및 활성화 업무 등
윤리경영지원팀(3인)	• 회계, 지출, 출납, 정산 등 청렴한 재정관리 업무 • 계약, 입찰, 조달 등 효율적 자산운용 업무 • 반부패, 이해충돌 방지 등 청렴 옴부즈만 제도 운영 업무 • 시설, 자산, 기록, 자료, 기념품 등 통합 관리 업무 • 기타 조직 윤리 확립 및 경영지원 관련 사무총장이 부여하는 업무 등
디지털콘텐츠개발팀(3인)	• 대국민 무형유산 정보서비스, 디지털 소통 운영 · 개선 계획의 수립과 시행 • 정보자원 통합 관리 및 정보보완 계획의 수립과 시행 • 신기술 활용 융복합 콘텐츠 개발, 콘텐츠 개방을 통한 산업화 연계 • 회원국 무형유산 디지털 역량 강화 지원 업무 • 기타 디지털 콘텐츠 개발과 확산, 정보서비스 운영 관련 업무

14) 유네스코 아태무형유산센터, 〈https://www.unesco-ichcap.org/menu.es?mid=a20404000000〉 (최종검색일: 2025년 8월 7일).

(2) 아태지역 정보화 체계 구축[15)]

아태센터는 무형유산의 보호 및 관리 정보와 경험을 공유하기 위하여 아태지역의 무형유산 영상 제작 등 무형유산 관련 자료를 제작하여 보급하고 무형유산 기록자료 디지털화를 지원하는 등 무형유산의 보존 및 인식을 제고하는 데 많은 노력을 기울이고 있다. 다음은 이러한 노력의 일환으로 추진해온 사업들이다.

① 무형문화유산 영상제작

무형문화유산은 이를 실행하고 연행하는 사람이 있어야만 비로소 실현되고 구현될 수 있다. 이러한 무형유산의 특성으로 인해 이를 실행하고 연행하는 과정을 기록하는 가장 효율적이고 실제적인 방식의 하나로 무형유산 영상을 제작하는 사업을 추진했다.

센터는 아시아·태평양 지역의 무형유산 영상제작이 무형유산에 대한 관심과 인식을 제고하고 무형유산의 기록화 작업에 중요한 역할을 할 것으로 보았다. 이에 따라 영상제작 사업 계획을 수립하고 2012년부터 2014년까지 시범사업을 거쳐 2015년부터 본격적으로 제작 사업을 시행했다. 아시아·태평양 지역 19개국을 대상으로 국가별로 10편씩 제작하기로 하고 2024년 기준, 중앙아시아 50편, 동남아시아 70편, 남아시아 50편의 무형유산 영상 콘텐츠를 확보했으며 현재 태평양 2개국의 무형유산 영상제작이 진행 중이다. 제작된 영상들은 국내외 방송사 및 영화제를 통해 소개되고 있으며, 동시에 유튜브 등 다양한 온라인 채널을 통해 공개된다.[16)] 또한 자료는 각국의 무형유산과 관련 공동체에 대한 이해 증진 등 다양한 목적으로 활용되고 있다. 아태센터는 아태지역의 다양한 무형유산을 소개하고, 영상제작 사업을 지속적으로 추진할 예정이다.

---

15) 이 부분은 다음 자료를 참조하여 정리하였음. 유네스코 아태무형유산센터, 『유네스코 아태무형유산센터 10주년 백서』, 2021, 65~67쪽.

16) 유네스코 아태무형유산센터, 〈https://www.unesco-ichcap.org/board.es?mid=a20202000000&bid=A202&act=view&list_no=11604〉 (최종검색일: 2024년 9월 22일).

[표 3-1-3] 아태지역 무형유산 영상제작 사업

기간		대상국가
2012~2014	시범사업	베트남, 몽골, 키르기스스탄
2015~2016	1차	중앙아시아 4개국, 몽골
2017~2020	2차	동남아시아 7개국
2021~2023	3차	남아시아 5개국
2024~2026	4차	태평양 2개국

② 무형유산 기록자료 디지털화 지원

무형유산은 기록으로 남겨지지 않은 것도 있지만 관련된 기록자료가 남아 있는 경우도 많다. 이러한 아날로그 형태의 자료는 시간이 지나면서 노후화되거나 열악한 보존 환경으로 인해 훼손되기가 쉽다. 따라서 아태센터는 2011년부터 무형유산 자료를 영구적으로 보관할 수 있도록 데이터베이스화하기 위해 관련 기록자료를 디지털 저장이 가능하도록 하는 사업을 지원하고 있다.

공모를 통해 선정된 사업 수행기관의 역량 강화를 위한 전문가 워크숍을 제공하고 디지털화를 위한 기술자문도 제공한다. 디지털화된 기록물 중 일부는 CD로 제작하여 교육, 홍보 자료로 활용하여 유튜브 등 외부 온라인 스트리밍 플랫폼을 통해 일반인도 쉽게 접근할 수 있도록 한다.

이 사업은 소멸되어 가는 무형유산 자료를 복원, 보존하는 데 큰 기여를 한 것으로 평가받고 있으며 관련 인력 양성의 필요성을 널리 알리는 역할도 담당했다.

③ 무형유산 보호 현황조사

아태센터는 2009년부터 국가별 무형유산 현황조사 사업을 시행하고 있다. 무형유산은 정치, 경제, 사회, 환경 등 다양한 분야의 변화 속에서 끊임없이 변화하고 있다. 따라서 현재의 무형유산을 제대로 보존하고 관리하기 위해서는 무형유산의 현황을 정확하게 파악하는 것이 중요하다. 이러한 인식에서 전문가들의 자문을 바탕으로 현황조사 설문지를 작성하고 현지 조사자의 작업을 돕기 위한 안내서도 제작했다. 현황조사를 통해 수집된 정보는 센터가 회원국과 협력 사업 및 활동을 개발하고 추진하는 데 기초 자료로 활용되었다. 이 사업은 2017년에 마무리되었다.

④ 정보공유플랫폼 구축

무형유산 정보공유플랫폼ichLinks은 아태지역의 무형유산 정보를 효율적으로 수집, 관리, 공유 및 활용하기 위한 플랫폼으로 아시아·태평양 지역의 무형유산 콘텐츠를 한 번에 찾아보고 활용할 수 있는 창구 역할을 한다. 현재 14개 아태지역 회원국과 협력하여 운영하고 있다.

이 사업의 핵심가치는 크게 다음 세 가지다. 첫째, 플랫폼 운영의 분산화다. 즉 참여자의 책임과 권한을 분산시켜 서로 보완적인 관계를 맺으며 정보의 생산, 활동을 다양화하며 참여자는 생산자이자 소비자로서 활동하게 한다.

둘째, 무형유산 정보의 개방성과 공유다. 이는 정보접근의 불균형성 내지는 불공정성을 해소할 수 있는 가치다. 단순히 정보를 축적하는 것을 넘어 상호 합의를 통해 개방성과 공유를 바탕으로 정보를 교환하고 지속적으로 생산해가는 것이다. 축적된 자료는 전시, 교육, 홍보, 연구 등의 원천자료로서 다양한 방향으로 활용되고 새로운 정보를 재생산해 낸다.

셋째, 무형유산의 지속가능성의 확보다. 무형유산은 산업화, 도시화, 기후 변화 등 주변 상황의 변화에 대응하여 지속적으로 변화한다. 이는 소멸의 과정도 포함한다. 따라서 유산의 지속가능성을 확보하는 것은 참여자가 직접 유산을 보존 관리할 수 있는 역량을 강화하고 경제 문제를 해결할 수 있는 방안을 제시할 수 있어야 한다.

ichLinks는 이러한 핵심가치를 구현할 수 있도록 운영 및 네트워크, 데이터, 시스템 개발, 서비스, 홍보 영역으로 나누어 활동한다. ichLinks 각 영역에서 무형유산 보호를 위해 새로운 정보 콘텐츠를 창출하고 다양한 지역 및 글로벌 담론을 주도할 수 있기를 기대한다.

(3) 네트워크 다변화 및 강화 활동[17)]

아태센터는 다양한 이해관계자들의 네크워킹 사업을 추진하고 있다. 아래에서 그 중

대표적인 네트워크 사업을 소개한다.

① 소지역 네트워크 구축

아태지역은 광범위한 지역을 포함하고 있다. 따라서 단일한 네트워크를 구축하기보다는 소지역별로 정보를 공유하고 협력할 수 있는 네트워크를 구축하는 것이 무형유산 보호에 더 실질적이고 효율적일 것이다. 아태센터는 소지역별 네트워크를 구축하고 무형유산 관련 학술, 연구 기관, 박물관, 문화센터, 아카이브 등의 분야에서 활동하는 이해 관계자들 간의 정보 공유와 교류를 위해 회의를 개최해왔다. 센터의 네트워킹 활동은 기본적으로 공동체 기반의 상향식bottom-up 방식을 지향한다.[18)]

2010년 중앙아시아 네트워크 협력 회의를 시작으로 동아시아 네트워크 협력 회의, 태평양 네트워크 협력회의, 남아시아 네트워크 협력회의, 동남아시아 네트워크 협력회의가 개최되고 있다.

② 세계무형문화유산포럼

세계무형문화유산포럼은 국립무형유산원이 주최하고, 아태센터가 주관하여 2017년부터 개최되고 있다. 2003 협약과 유엔의 지속가능발전목표 및 다양한 학제간 의제, 무형유산 보호를 위한 정보 공유, 네트워크 구축 등 여러 관련 담론을 주제로 세계의 관련 연구자, 활동가, 정부 기관 등 다양한 이해관계자들이 한 자리에 모여 논의하고 실천과제와 방안을 모색하고 있다.

---

17) 이 부분은 다음 자료를 참조하여 정리하였음. 유네스코 아태무형유산센터, 『유네스코 아태무형유산센터 10주년 백서』, 2021, 82~87쪽.

18) 유네스코 아태무형유산센터, 〈https://www.unesco-ichcap.org/board.es?mid=a20203000000&bid=A203〉(최종검색일: 2024년 9월 23일).

[표 3-1-4] 세계무형문화유산포럼 개최[19)]

개최연도	기간/개최지	주제
2024	10. 17.~18. / 국립무형유산원	이주, 무형유산의 지평을 넓히다.
2022	9. 21.~23. / 온라인	전통지식, 자연과 인간에 관한 사유와 실천
2020	9. 23.~25. / 온라인	인간, 자연, 그리고 무형문화유산
2019	10. 10.~12. / 국립무형유산원	무형문화유산과 시민생활
2018	10. 25.~27. / 국립무형유산원	무형문화유산과 평화
2017	10. 27.~28. / 국립무형유산원	무형문화유산과 도시

③ 교육기관 네트워크

2003 협약은 무형문화유산 보호에서 교육의 중요성을 강조한다. 이에 따라 아태센터는 무형유산과 교육 분야의 통합적 접근을 위해 국내외 교육기관, 연구소 등과 협력하여 미래세대의 교육 및 훈련 사업을 수행해왔다. 이러한 활동의 전략적 동반자로서 교육기관과의 협력을 통해 무형유산의 체계적인 보존·전승 기반을 마련하는 데 중요한 역할을 한다.

센터는 2008년 이후, 호주 퀸즈랜드대학과 공동개발한 11개 무형유산학습 모듈을 시작으로, 한·중·일 3개국의 카테고리 2 센터가 연구, 역량 강화, 정보 및 네트워킹 기능으로 나뉘면서 이해관계자 네트워킹 활동에 집중하게 되었다.

2017년 제12차 정부간위원회에서 '무형유산보호를 위한 고등교육의 역할'을 주제로 회의를 개최한 이후, 무형유산교육 현황 및 네트워크 관련 현황조사 실시 등 다양한 고등교육기관 네트워크 구축을 위한 노력을 지속해왔다. 그 결과 2018년 아태지역 최초로 무형유산 고등교육기관 네트워크(APHEN-ICH)가 결성되었다. 현재 19개 회원교가 참여하여 무형유산 학술세미나, 무형유산 현장학교 등을 개최하고 무형유산 활성화에 기여하고 있다.

19) 세계무형문화유산포럼, 〈https://ichworldforum.org/?lang=ko〉(최종검색일: 2024년 9월 22일).

[표 3-1-5] 교육기관 네트워크 사업[20]

사업명	주요 내용
무형유산학교 교육 협력 사업	2019 아시아태평양 초 · 중등학교 무형유산교육 현황조사
	2019 지속가능한 미래를 위한 아태지역 무형유산 교육 교사 지침서
	2020 무형유산을 활용한 교수학습을 위한 교사 지침서(Resource Kit) 개발
	2020 교사 연수를 위한 전문가 훈련 워크숍 실시
	2021 무형유산을 활용한 교육 시범수업 실시(아태지역 6개국 대상)
	2022 무형유산 활용 교수학습 교사 워크숍 실시(네팔, 키르기스스탄)
	2023 무형유산 활용 교수학습 사례공모전, 교사 워크숍(태국, 라오스), 온라인 학습자료 태국어판 보급
	2023 학교교육 교사 연구회, 동아시아 웨비나 개최
	2024 학교교육 교사 연구회, 시범수업 운영, 동아시아 공유유산 교수학습법 개발 협력사업 지원
직업교육 네트워크 구축 사업	2017 중앙아시아 직업교육 현황조사
	2019 직업훈련학교 네트워크 회의 개최
고등교육 네트워크 구축 사업	2017 무형유산 고등교육 이해관계자 수요조사
	2018 고등교육네트워크(APEN-ICH) 설립, 1차 총회 및 국제학술세미나 개최
	2019 고등교육네트워크 역량 강화 워크숍, 1차 무형유산현장학교 및 2차 국제학술세미나 개최
	2021 고등교육네트워크 3차 국제학술세미나 및 2차 총회 개최
	2022 고등교육 네트워크 제3차 정기총회, 공동 컨퍼런스 개최
	2023 국제 학술 세미나, 현장학교, 글로벌 고등교육 네트워크 협력회의
	2024 고등교육 네트워크 제4차 총회, 국제 컨퍼런스 개최
	2025 국제 학술 세미나, 현장학교

④ 공동체 및 NGO 네트워크

무형문화유산 보존, 전승 및 보호에서 공동체의 역할은 필수적이다. 그리고 이들 공동체와 외부를 연결해주는 가교 역할을 하는 것이 바로 NGO다. 국내외 무형문화유산 분야

20) 유네스코 아태무형유산센터, 〈https://www.unesco-ichcap.org/board.es?mid=a20203000000&bid=A203&act=view&list_no=15723〉(최종검색일: 2025년 8월 7일).

의 학문적, 실질적, 전문적 지식과 경험을 갖춘 NGO가 다수 활동하고 있다. 효과적이고 지속가능한 무형유산 보호를 위해서는 공동체와 NGO의 경험과 지식, 정보를 공유할 수 있는 네트워크 구축이 필요하다. 이에 센터는 2014년 국제회의를 바탕으로 2016년부터 격년으로 11월에 무형유산 NGO 컨퍼런스를 개최하여 NGO의 역할과 지속가능성에 대한 다양한 주제를 논의하고 있다.

아태센터는 공동체 및 NGO 네트워크 외에 해양무형유산 전문가 네트워크 회의(2018~2021), 아시아 줄다리기 보호 협력사업(2013~2025), 문화동반자 사업, 무형유산 청년네트워크(2022~현재)를 구축하여 무형유산의 전승을 촉진하고 있다.[21)]

(4) 무형문화유산 인식 제고 및 증진 활동

아태센터는 무형문화유산 인식 제고 및 증진을 위해 다양한 형태의 발간 작업을 수행하고 있다. 이들 무형문화유산 관련 자료는 다양한 언어로 출간하고 있다. 계간지 ICH 꾸리에 및 뉴스레터 ICH Plus+ 발간, 무형문화유산 도서 발간 및 제작지원 사업, 리빙헤리티지 시리즈 발간, 무형문화유산 보호 비정부 기구 활동 사례집 발간 그리고 이해관계자 역량 강화 워크숍 개최 등 다양한 사업을 추진하고 있다.

3) 아태무형유산센터의 향후 10년 발전 전략

(1) 제2차 중장기 발전 전략

아태센터는 설립 10주년을 맞은 2020년, 향후 10년을 위한 발전 계획을 수립했다. 특히 2020년 COVID-19 팬데믹 상황을 거치면서 무형문화유산의 보호와 전승을 위해서 이제까지와는 다른 새로운 방식과 전략이 필요해졌다. 이에 센터는 지난 10년간의 활동과 사업을

---

21) 유네스코 아태무형유산센터,
〈https://www.unesco-ichcap.org/board.es?mid=a20203000000&bid=A203&act=view&list_no=15722〉
(최종검색일: 2025년 8월 7일).

통해 축적한 정보와 역량을 기반으로 다가올 10년을 준비하기 위해 4대 핵심가치를 중심으로 다음과 같은 4대 전략과제 및 10대 실행과제를 수립하고 관련 사업을 추진하고 있다.[22)]

[표 3-1-6] 제2차 중장기 발전전략(2022~2031) 전략과제 및 실행과제[23)]

4대 전략과제	10대 실행과제	핵심 가치
혁신을 통한 공동체 참여와 협력 확대	공동체 NGO 연계 구축 및 강화	혁신과 성장
	정보공유 플랫폼 협력 저변 확대	
	뉴테크와 무형유산의 걸작	
협력 메커니즘의 포괄적 확장 및 고도화	주제 · 영역별 협력 체계 다변화	상생과 협력
	회원국 무형유산 보호 역량 강화 지원	
	센터 간 협력체계 구축	
무형유산과 창조산업 간 연계성 강화	창조산업 핵심 콘텐츠로서 무형유산의 가치 제고	선도와 기획
	공동체 창조산업 등 진입 지원	
조직발전을 위한 운영체계 최적화	기획 · 운영 역량 최적화	지속과 발전
	사업 수행 성과 관리체계 효율화	

⑵ 유네스코 「무형문화유산보호협약」 20주년 기념 글로벌 회의 개최

2023년은 협약이 채택된 지 20년이 되는 해다. 2003 협약 채택 이후 국제적으로 무형유산에 대한 관심이 높아지고 이의 보호 및 전승을 위한 국내외적 협력 활동도 활발하게 진행되고 있다. 특히, 유엔의 2030 지속가능발전목표와 COVID-19로 인한 팬데믹 상황은 무형유산의 가치 및 역할과 관련하여 지속가능한 발전 및 공동체의 회복 탄력성 등에 초점을 맞춘 논의를 촉발했다.

이에 따라 유네스코 아태무형유산센터는 외교부, 국가유산청, 국가유산진흥원과 함께 2023년 7월 25일과 26일 이틀간 '2003 무형유산보호협약 20주년 기념 글로벌 회의'를 개최했다. 이 행사의 중심이라 할 수 있는 전문가, 정책 입안자, 실무자 및 이해관계자들이

---

22) 유네스코 아태무형유산센터, 『유네스코 아태무형유산센터 10주년 백서』, 2021, 62~63쪽.

23) 위의 책, 62~63쪽.

모인 전문가 회의에서는 '무형유산과 지속가능한 삶', '무형유산과 자연', '무형유산과 양질의 교육', '디지털 환경 속 무형유산' 등을 주제로 현재 무형유산이 직면한 현황을 공유하고 향후 무형유산을 보호하기 위한 새로운 전략과 접근 방식에 대해 논의했다. 그리고 회의 결과, '지속가능한 발전과 평화를 위해 무형유산의 힘 발휘 서울비전'을 채택했다. 서울비전은 선언문 결의의 배경과 그간의 성과, 지속가능한 발전과 평화를 위한 무형유산의 힘의 발휘라는 비전 그리고 이를 위한 미래 행동 세 부분으로 구성되어 있다. 서울비전은 협약 이행 20년을 회고하고, 연대와 포용을 강화하며, 생물 다양성과 해양을 보존하고, 보건, 사회, 경제적 위기에 대응하기 위해 지속가능한 발전과 평화를 보장하는 무형유산의 힘을 발휘하는 데 필요한 구체적인 행동을 제시한다.[24]

이 회의의 내용은 2023년 12월 보츠와나 카사네에서 열린 제18차 정부간위원회에서 공유되었다.

4) 필자와의 인연

필자는 아태센터와 설립 초기부터 깊은 관계를 맺어왔고 아태센터가 정식으로 출범한 후에도 자문위원장 그리고 이사회의 부이사장을 역임했다. 그리고 아태센터의 수많은 국제회의, 자문회의, 이사회의에 참여하여 아태센터와 깊은 관계를 지속해 왔다. 필자에게 아태센터는 고향과 같은 곳이다. 아태센터를 방문할 때마다 따뜻하게 맞아준 박성용 정책사업본부장, 차보영 기획관리실장, 최선복 연구정보실장, 박원모 협력네트워크실장, 김덕순 세계유산해석설명센터 설립추진단 기획협력 TF팀장 등 많은 아태센터의 직원분들에게 감사를 드린다. 이분들의 노력과 열성 덕분에 한국의 유네스코 카테고리 2 센터가 가장 활발한 영향력 있는 국제기구로 발돋움한 것이라 믿는다.

---

24) UNESCO ICH website, 〈https://ich.unesco.org/en/seoul-vision-01330〉, "The Seoul Vision for the Future of Safeguarding Living Heritage for Sustainable Development and Peace", The Seoul Global Meeting 20th Anniversary Celebration of the Convention for the Safeguarding of the Intangible Cultural Heritage 〈https://ich.unesco.org/doc/src/61291-EN.pdf〉(최종검색일: 2024년 9월 27일).

유네스코 아태무형유산센터의 설립과 활동 성과*

박성용**

- 목차 -

1. 들어가는 글
2. 본론
3. 센터의 이중적 거버넌스와 유네스코 협력
4. 아태센터 국제사업의 발전
5. 결론: 아태센터 설립과 활동의 성과와 전망
참고문헌

1. 들어가는 글

"모든 형태의 유산이 파손되기 쉽다면, 인간의 정신과 마음 속에 있는 무형의 유산은 더욱 손상되기 쉽다"라고 세계문화발전위원회World Commission on Culture and Development의 보고서에서 지적한 바와 같이, 위기에 처한 인류공동의 무형유산을 효과적으로 보호하기 위해서는 다양한 방식의 국제사회의 연대와 협력 지원이 요구된다.

* 필자는 박성용 정책사업본부장에게 유네스코 아태센터의 설립 과정과 활동에 관한 원고를 부탁했다. 박성용 본부장은 2008년 9월 아태센터 설립기획단장으로 취임해 2011년 7월까지 아태센터 설립 활동을 관장했다. 그리고 2012년 1월 제1대 이삼열 사무총장 취임 전까지 사무총장 권한대행으로 역할을 했고 아태센터 정책사업본부장, 정책개발실장으로 근무했으므로 아태센터의 산증인이라고 볼 수 있다. 바쁜 일정에도 불구하고 훌륭한 원고를 보내주신 박성용 본부장에게 깊은 감사를 드리는 바다.

** 박성용 박사는 한국에 소재한 유네스코 문화 분야 카테고리 2 센터인 유네스코 아태무형유산센터의 설립기획단장(2008~2011)과 정책사업본부장(2011~2020)을 역임하였다. 호주 퀸즐랜드 대학교에서 문화유산학 박사학위를 취득했으며, 2013년 영국의 캠브리지 스칼라스 퍼블리싱에서 『무형유산 보호 거버넌스: 아시아 - 태평양 맥락에서』라는 책을 출간하였다. 그는 또한 유럽과 아시아의 여러 저널 및 출판물에 기사와 논문을 기고했다. 2023년에 국제문화기관인 컬처마스터즈를 설립하고 대표이사로 활동하고 있다.

1) 2003년 유네스코의 「무형문화유산보호협약」

2003년에 채택된 유네스코 「무형문화유산보호협약」은 인류의 문화적 다양성을 보호하기 위해 제정된 국제 협약이다. 이 협약은 전통적인 지식, 과학, 예술, 음악, 무용, 연극, 공예 등과 같은 무형문화유산을 보호하고 전승하는 데 중점을 두고 있다. 협약은 유네스코의 회원국들 사이에서 무형유산의 중요성을 인식하고 보호하기 위한 기준과 방법을 제공하고 있다.

동 협약*은 제2조에서 '무형유산'과 무형유산의 '보호'** 활동에 대해 정의하고 있다. 우선 '무형유산'이라 함은 "관습, 표출, 표현, 지식 및 기술뿐만 아니라 이와 관련된 전달 도구, 사물, 공예품 및 문화 공간 모두를 의미"하며, 무형유산의 범주는 구전 전통 및 표현oral traditions and expressions, 공연 예술performing arts, 사회적 관습·의례 및 축제social practices, rituals and festive events, 자연과 우주에 대한 지식 및 관습knowledge and practices concerning nature and the universe, 전통 공예기술traditional craftsmanship로 정의하고 있다.

무형유산과 관련된 다양한 논의를 반영하고 있는 동 협약은 다음과 같은 특징을 강조하고 있다. 첫째, 협약은 무형유산이 공동체와 집단, 개인에 의해 끊임없이 생산 및 전승된다는 사실에 기반한 무형유산 보호에 있어서 전승 주체의 중요성과 역할을 강조한다. 둘째, 지속가능 발전 측면에서 무형유산이 공동체의 삶에 이득을 주는 것이 바람직하고, 보호라는 이유로 공동체를 불필요하게 간섭해서는 안 된다. 셋째, 무형유산의 범주는 전통·역사·지방문화 이상을 의미하며, 또한 기·예능을 넘어서서 그것과 관련된 공예품, 장소, 관습까지도 포함한다. 넷째, 협약 내에서 "기존 인권에 관한 국제문서와 양립하는 무형유산만을 고려한다***"고 밝힘으로써 무형유산 보호 활동 시 인권문제도 민감하게 다루고 있다.

* 2003년 제32차 유네스코 총회에서 채택된 「무형문화유산보호협약」은 최근 영국의 협약 가입으로 2025년 현재, 183개국이 가입된 상태이다.

** 무형유산의 '보호'는 확인identification, 기록documentation, 조사research, 보존preservation, 보호protection, 증진enhancement, 전승transmission, 유산의 활성화revitalization 등 유산의 생명력viability을 보장하기 위한 조치를 뜻한다.

*** 2003년 10월 17일 유네스코 제32차 총회에서 채택된 「무형문화유산보호협약」 제2조 1항.

특히, 동 협약은 국제 협력과 보호 노력을 강조하며, 국가 간의 정보 및 경험 교류, 공동 사업, 보호 체계의 구축을 지원하고 있는데, 관련 내용은 다음과 같다.

- 국가 간 협력 강화: 협약은 국가들 간의 협력을 강조하여 무형문화유산의 보호와 보존을 위해 국제적인 협력을 촉진한다.
- 기술적, 재정적, 인적 지원: 국제 지원 및 기술적 지원을 포함한 여러 가지 형태의 지원이 필요하다는 점을 강조한다.
- 지식의 공유: 무형문화유산의 보호와 관리에 대한 정보 및 지식을 국제적으로 공유하고 확대하는 것이 중요하다고 강조한다.
- 국제 기구와의 협력: 유네스코 및 기타 국제 기구와의 협력을 강조하여 무형문화유산의 보호에 필요한 자원을 효율적으로 활용하도록 장려한다.

이러한 조항들은 국제적인 차원에서 무형문화유산의 보호와 보존을 위해 국가들 간의 협력과 지원이 필요하다는 것을 강조하고 있다.

2) 2003년 협약과 유네스코 카테고리 2 센터

2003년 협약은 무형문화유산의 보호와 보존을 강조하며, 이에 따라 유네스코는 보다 효과적인 국제협력 지원 활동을 촉진하기 위해서 무형유산 분야에서 유네스코 카테고리 2에 해당하는 기관의 설립과 활동을 지원하고 있다. 무형유산 분야 카테고리 2기관은 유네스코와 협력하여 무형문화유산의 보호, 보존, 홍보에 힘쓰는 기구들을 의미한다. 이러한 기관들은 협약의 목표를 달성하기 위해 국제적으로 연구, 교육, 정보와 네트워킹 영역에서 국제 보호 활동을 추진하고 있다. 따라서 2003년 협약과 무형유산 분야의 카테고리 2기관은 함께 협력하여 전 세계적으로 무형유산을 보호하고 전파하는 데 노력하고 있다. 그 일환으로 카테고리 II 기관이 제안되었고 현재는 전 세계적으로 8개의 C2센터가 있다.*

2003년 협약의 핵심 내용으로 국제적 협력의 범위를 정의하고, 각 국가가 양자 간, 소지역, 지역, 국제 차원에서 다양한 방식으로 협력할 것을 촉구하고 있다. 특히, 긴급보호목록에 등재된 유산의 보호, 국가목록 작성, 무형문화유산 보호 프로그램·사업·활동의 국제원조를 통해 무형유산 보호의 실천을 규정하고 있다.

3) 유네스코 아태무형유산센터

아시아 태평양지역의 무형유산 보호를 위한 국제협력을 촉진하기 위해, 2011년, 한국정부와 유네스코 간의 협정에 따라 유네스코 아시아태평양 무형문화유산 국제정보·네트워킹센터(이하 '유네스코 아태무형유산센터' 또는 '아태센터')가 한국에 설립되었다.

동 센터는 국내에서 문화분야 첫 번째로 유치한 유네스코 C2센터이며 한국이 무형유산 분야의 제도적 선도국으로서 아시아 태평양의 무형유산 보호와 발전을 위해 기여할 수 있는 중요한 국제기관을 보유하게 된 것을 의미한다.

필자가 아태센터 설립과 발전에 관한 원고를 정리하면서 기억을 되새기어 본 부분은 설립기획단 활동 당시 치열하게 토론했던 센터 설립의 주된 목적에 관한 것이었다. '무형문화유산 분야 유네스코 C2를 왜 만드는 것일까 그리고 센터는 어떤 역할을 할 것인가'.

유네스코 C2센터의 설립 과정에서 가장 중요한 절차 중 하나는 해당 센터의 설립제안서에 대한 유네스코 총회의 승인이었는데, 유네스코 아태무형유산센터의 경우, 2009년 10월, 제 35차 유네스코 총회UNESCO General Conference에서 최종 승인이 결정되었다. 유

* 전 세계에 유네스코 무형유산 분야 카테고리 2 기관은 다음의 8개 기관이다.
대한민국 : 유네스코 아태무형유산센터International Information and Networking Centre for Intangible Cultural Heritage in the Asia-Pacific Region (ICHCAP)/ 알제리 : 유네스코 아프리카무형유산센터Regional Centre for the Safeguarding of Intangible Cultural Heritage in Africa/ 불가리아 : 유네스코 동남유럽무형유산센터Regional Centre for the Safeguarding of the Intangible Cultural Heritage in South-Eastern Europe/ 중국 : 유네스코 아태무형유산훈련센터International Training Centre for Intangible Cultural Heritage in the Asia-Pacific Region (CRIHAP)/ 이란 : 유네스코 서중앙아무형유산연구센터Regional Research Centre for Safeguarding Intangible Cultural Heritage in West and Central Asia/ 일본 : 유네스코 아태무형유산연구센터International Research Centre for Intangible Cultural Heritage in the Asia-Pacific Region (IRCI)/ 페루 : 유네스코 라틴아메리카무형유산센터Regional Centre for the Safeguarding of the Intangible Cultural Heritage of Latin America (CRESPIAL) / 아랍에미레이트 : 유네스코 아랍무형유산역량강화센터International Centre for Capacity Building in Intangible Cultural Heritage in the Arab States.

네스코 승인을 기념하고 아태센터의 미래 활동에 대해 논의하는 국제회의가 그해 11월에 서울에서 개최*되었다.

상기에서 언급한 센터 설립을 추진하는 주된 목적이 되는 아태센터의 비전과 활동 방향**은 다음과 같다.

지역 평화에 기여하는 무형유산 활동

"전쟁은 인간의 마음 속에서 생기는 것이므로 평화의 방벽을 세워야 할 곳도 인간의 마음 속이다."(유네스코 헌장) 인간의 마음과 정신에서 만들어지는 무형유산을 온전히 보호하고 전승하는 것을 기본 활동으로 하는 아태센터 사업을 통해 지역과 국제사회의 평화 정착, 인권의 신장과 각국의 문화 역량 개발을 지원한다.

지속가능한 발전의 원동력인 무형유산 활동

단순한 경제적, 양적 성장을 넘어서 사람들의 실질적인 자유와 삶의 질 향상을 추구하는 지속가능한 발전 개념에서 무형유산의 보호와 활용이 중요하다. 센터 활동은 각 사회의 전통과 무형유산의 가치를 보존해 나가는 한편, 문화관광, 문화콘텐츠 분야를 비롯한 문화산업 전반에서 활용으로 사회의 지속가능한 발전에 기여한다.

문화 간Inter-cultural 대화를 촉진하는 무형유산 활동

서로 다른 인종, 민족, 종교, 문화적 배경으로 갈등과 긴장이 상존하는 지역 및 국제사회에서 문화 간 대화는 불가결의 요소이다. 센터 활동을 통해 아태지역 각 국가가 보유한 전통적인 문화 가치와 무형유산을 상호 인정하고 존중하며, 이의 보호에 대한 공동의 노력

* 2009년 11월 3일부터 4일까지 서울에서 개최된 '무형유산 정보와 네트워킹에 관한 국제회의'에는 당시 김찬 문화재청장, 유네스코 무형유산과의 세실 뒤벨 과장, 한 · 중 · 일 3국 센터 설립추진 단장 등 다수의 국제전문가들이 참석하였다.

** 국제회의에서 기조발제로 발표되었다. (박성용, 「아태지역 무형문화유산 보호의 과제와 유네스코 카테고리 2 기구 활동의 비전」, 『2009년 국제회의 보고서 무형문화유산 보호를 위한 정보와 네트워킹』, 아태무형유산센터, 2009, 233~235쪽의 각주2의 국제회의).

과 교류, 협력을 도모해 나감으로써 무형유산 활동이 문화 간 대화를 촉진한다.

창조적 다양성Creative Diversity의 원천인 무형유산 활성화

2003년 유네스코「무형문화유산보호협약」이 채택된 이후 국제적으로 무형유산이 새롭게 조명되고 있다. 무형유산은 미래의 인류발전과 각 사회의 문화적 다양성 보급과 창조성을 뒷받침하는 귀중한 원천Sources이 되므로 센터 활동을 통해 문화 정보Cultural Information 자원을 체계적으로 보존하고 관리하며 접근성을 강화하는 데 중점을 둔다.

협력네트워크 구축을 통한 아태지역의 문화 발전 촉진

무형유산은 각 사회의 문화적 발달 단계에서 각 사회의 전통적인 가치와 생활 의식의 변화 등 문화적 진화를 잘 반영하고 있다. 향후 센터 활동에서 아태지역 무형유산의 보호와 전승 분야에서 필요한 협력네트워크Cooperative Network 구축과 이의 활용으로 아시아태평양의 문화 발전을 촉진하는데 있어서도 중요한 역할을 담당한다.

무형유산 활동을 통한 국가 역량의 강화

한국의 센터유치와 향후 센터활동을 통해 아태지역의 무형유산 보호를 위한 협력 지원활동에는 불가피하게 적지 않은 국가적 에너지와 비용의 지출을 수반한다. 하지만, 아시아 태평양의 무형유산 보호에 기여함으로써 문화 분야에서 국제사회의 선도국가로 자리매김하는 한편, 국내적으로도 우리사회에서 문화다양성에 대한 사회적 수용력을 보다 확장하는 기회가 될 것이다. 특히, 국내 무형유산 제도와 우리사회의 무형유산 보호 환경의 제 문제를 국제적 차원에서 함께 논의하고 발전시켜 나가는 장으로 활용할 수 있다. 따라서, 아태지역은 물론 국가 차원의 윈윈전략으로 센터활동에 대한 이해와 접근이 요구된다.

상기 아태센터의 비전과 활동방향은 설립 추진 단계부터 대내외에 공유되었으며 센터 사업활동의 이념적 토대가 되었다.*

* 필자의 센터 설립기획단장 직무계획서의 내용을 일부 담아서 작성된 '센터의 비전과 활동 방향을 담은 국제회의

2. 본론

수년에 걸쳐 이뤄진 아태센터 설립 프로세스와 설립 이후의 사업활동에 대해 설명하기 위해 다음의 네 가지 주제, 1. 아태센터의 한국 유치의 타당성, 2. 센터설립 경과와 준비 활동, 3. 센터의 이중적 거버넌스와 유네스코 협력, 4.아태센터의 국제사업 발전 등으로 나누어 기술하고자 한다.

국제사회에서 인류의 살아있는 유산인 무형문화유산에 대해 본격적으로 관심을 가지고 제도적인 보호 조치를 마련하게 된 결정적인 계기는 2003년 유네스코 「무형문화유산 보호협약」(이하 '2003년 협약')의 채택으로 볼 수 있다.

유네스코가 2003년 협약을 제정하는 데 가장 중요한 토대가 된 국제사업으로 필자는 다음의 세 가지를 들고자 한다. 첫째로는 국제문서로 협약 이전에 전통문화와 민속 등 무형의 문화유산 가치의 중요성을 강조한 1989년 전통문화 및 민속 보호 권고Recommendation on the Safeguarding of Traditional Cultural and Folklore, 둘째는 한국을 포함한 몇몇 회원국의 인간문화재 제도Living Human Treasure(LHT) System의 운영과 한국 주도로 진행된 유네스코 인간문화재 제도 보급 결의안 채택*과 유네스코 인간문화재 제도 보급사업(지침서 작성 및 국제무형유산 훈련워크숍 개최)**, 세번째로는 유네스코에서 운영한 인류 구전 및 무형유산 걸작선 사업*** 등이다.

보고서(각주2 참조)'는 센터 설립 이후에도 재판이 인쇄되어 배포되었으며, 센터의 국제사업 기획과 운영을 주도한 정책사업본부(2011~2020)의 기본지침으로 활용되었다.

* 당시, 한국, 일본, 필리핀 등 몇몇 국가에서 인간문화재 제도가 운영되고 있었다. 1993년 142차 유네스코 집행이사회에서 유네스코 한국대표부의 박상식 대사가 유네스코가 주도적으로 인간문화재 제도를 회원국에 보급해야 한다고 제안하였고, 이로 인해 동 결의안(Resolution 142 EX/18 and Resolution 142 EX/48, 10 December 1993)이 채택될 수 있었다.

** 2000년대 초반, 유네스코한국위원회는 무형문화유산 제도적 보급을 위해 유네스코와 협력하여 동 지침서 개정판(https://unesdoc.unesco.org/ark:/48223/pf0000129520)을 발간하였고, 유네스코 후원으로 국제무형유산훈련워크숍이 서울, 강릉, 남원에서 네 차례 개최하였다. 당시 필자는 동 무형유산 제도 보급사업의 담당관이었다.

*** Proclamation of the Masterpieces of the Oral and Intangible Heritage of Humanity (2001~2005) 〈https://ich.unesco.org/en/proclamation-of-masterpieces-00103〉. 동 사업은 일본 정부의 재정지원으로 수행되었다.

이렇듯 2003년 협약에 이르기까지 다양한 국제적인 노력이 모아졌지만 그 중에서도 특히, 한국의 무형문화재 보호제도를 모델로 한 유네스코 인간문화재 제도Living Human Treasure System 보급 사업은 국제적으로 무형유산 전승자와 공동체의 역할의 중요성에 대한 인식제고에 기여하였고 2003년 협약의 초석이 되는 중요한 사업이었고 한국의 국제적 기여에 해당하는 것이다.* 한편, 일본이 재정지원해서 짧게 운영되었던 유네스코 무형유산 걸작 선정 사업은 협약 제정에 기여한 중요성을 인정받아 협약 전문에서 언급되고 있다. 하지만, 필자의 판단으로는 위 무형유산 걸작 사업보다 더 큰 역할을 했던 유네스코 인간문화재 제도 보급 사업이 2003년 협약 전문에 언급되지는 못하였다. 이는 한국이 국제적으로 기여한 인간문화재 제도 보급을 중요 문서에 포함시키지 못한 것이어서 큰 아쉬움이 아닐 수 없다.** 돌이켜 보면, 이러한 결과는 당시 유네스코 활동에서 한국과 일본의 외교력 차이가 확연했다는 점을 의미한다.

2003년 협약은 국제적으로 무형문화유산 보호 노력의 큰 전환점이 되는데, 동 협약은 체약국과 국제사회에 무형유산 보호를 위한 의무를 규정하고 있는데, 이를 위해서는 각 국가는 물론 국제사회에서 다양한 협력과 지원을 주도할 전문기관의 출현이 요구되었다.

한국에 설립된 유네스코 아태무형유산센터의 설립 경과와 제반 준비활동을 시간순으로 간략히 설명하면 다음과 같다.

2004년 문화재청 아태무형유산센터 유치키로 정책결정 및 유네스코 무형유산과에 유치 제안

2005년 10월, 제 33차 유네스코 총회에서 한국 정부의 센터 유치의사 표명

* 동 내용은 노리코 아이카와 전 유네스코 무형유산 과장이 국제회의 발표문에서 설명한 바 있다. (2009년 국제회의 보고서 「아태지역 무형문화유산 보호의 과제와 유네스코 카테고리 2 기구 활동의 비전」, 『무형문화유산 보호를 위한 정보와 네트워킹』, 2009, 241~242쪽.) 당시, 유네스코는 세계유산협약 등 유형문화유산 중심의 국제사업에 치중했었기 때문에 유네스코에 처음으로 무형유산의 중요성을 환기시켰던 박대사의 제안은 문화재 정책의 불균형의 시정을 요청하는 것이었고 유네스코 사무국과 회원국에 큰 반향을 일으켰다.

** 2003년 협약은 당시 유네스코 사무총장이었던 고이치로 마츠우라의 주도하에 진행되었고, 일본 정부의 예산지원으로 유네스코와 일본 정부에서 정한 초기에 핵심전문가 그룹에서 협약 전문 등 주요내용이 미리 작성되었다. 이 과정에 한국 전문가가 참여하지는 못했다. 이후에 정부 전문가회의 형식으로 협약초안 준비회의가 개최되어 필자를 포함한 한국 전문가들이 회의에 참석했으나 일본의 주도적인 역할에 비해 그 역할이 제한적일 수밖에 없었다.

2006년 9월, 한국문화재보호재단 특별기구로 센터 설립기획단 설치*

한국센터의 설립활동은 문화재재단의 특별기구로 설립기획단이 설치되면서 시작되었다. 이 기획단은 상급기관인 문화재청의 감독하에 국내외 전문가들과 협력하여 유네스코 아태무형유산센터의 설립을 위한 제반 준비업무와 초기 협력사업을 수행하였다.

2008년 3월, 한국의 C2센터 설립제안서 179차 유네스코 집행이사회에 제출**

2004년도에 최초로 아태지역의 무형문화유산 보호를 지원하는 C2센터의 한국 내 유치를 제안한 이후, 2008년 3월이 되어서야 한국 정부의 공식적인 설립제안서가 유네스코에 제출되었다. 하지만, 동일한 시기에 중국 정부의 무형유산 C2센터 설립제안서가 제출되었고 일본 정부도 무형유산 분야 C2센터의 설립 의사를 밝혔다. 이로써, 동북아지역 주요국인 한·중·일 삼국이 유네스코 무형유산 분야 C2 센터 설립에 경쟁하는 상황이 빚어졌다.*** 이와 관련, 유네스코 집행이사회에서도 유네스코 사무국이 설립제안국과 협의하여 문제를 해결할 것을 권고하였다.

이러한 동북아지역 삼국이 아태지역 무형유산센터 설립을 경쟁적으로 제안한 점은 당시에는 유네스코 회원국들에게는 특이하고 흥미로운 케이스로 널리 회자되었고 어떻게 결론이 날 것인지에 대해서도 많은 관심을 받았다.

* 당시 경복궁 관리사무소 별관에 공간을 얻어서 유홍준 문화재청장과 유관 기관장 등이 참석하여 설립단 사무소 개소식이 개최되었다. 초대 설립기획단장으로 문체부 공무원 출신 김광남 단장이 임명되었다.

** 당시에 한국과 함께 중국의 설립제안서가 제출되었다. 또한, 일본 정부도 C2 센터 설립 제안서 제출의사를 밝혔다.

*** 통상적으로, 아태지역에는 1개의 무형유산 C2센터가 설립되는 것이 관례였는데, 당시, 한국 정부의 최초의 아태센터 유치 제안(2005년) 이후 설립절차 상 중요했던 설립제안서 제출이 2008년 3월로 다소 늦어진 상황에서 한·중·일 3개국이 경쟁하는 특이한 상황이 빚어졌다. 결국, 무형유산 분야 유네스코 C2센터 활동이 한국의 주도로 이뤄질 것을 우려했던 중국 정부가 센터 설립에 뛰어들었고, 동북아 3국 중 일본만 빠지는 것은 용인할 수 없었던 일본 정부의 경우, 당시 문화청은 미온적이었으나 외무성 주도로 설립 제안이 추진되어 아태센터 설립 경쟁에 합류하게 된 것으로 알려졌다.

2008년 6월, 삼국센터 실무자회의 개최 - 중점기능 분담 합의

한국, 중국, 일본의 센터 실무자 회의가 서울에서 개최되었다. 이 회의에서 삼국에 유네스코 C2센터를 설립을 추진하되 각 센터의 중점기능을 나누어서* 한국-정보 네트워킹**, 일본 - 연구, 중국 - 훈련으로 분담키로 합의하였다. 동 기능분담 사항은 2010년 6월에 체결된 한국 정부와 유네스코 간의 협정문에서 센터 목적과 기능에 대한 포괄적인 사업 범위 내용에 반영되었다.

삼국 센터의 기능분담 합의 이후 삼국 정부는 센터 설립 준비과정에서 상호 정보 교환을 강화하기로 합의했다. 이와 관련, 삼국 센터 설립단장들은 유네스코 정기회의는 물론 아태지역 전문가회의 등에서 수시로 회동하고 각국의 설립 준비 관련 정보를 교환하고 세부 협력방안을 진행하였다. 이로써, 초기의 삼국의 설립 경쟁 체제에서 공동 협력 체제로 전환되었다. 특히, 센터 설립 이후에 각국 센터 이사회에 다른 국가의 대표가 당연직 이사 자격으로 교차 참석하도록 삼국 센터의 정관에 공히 규정되었다.

2008년 9월, 아태센터 설립기획단 리더십 개편*** 및 유네스코와 협의 강화

아태센터 설립기획단에 신임단장이 임명되어 유네스코 본부와의 협의를 본격 재개하고 현안이었던 설립제안서 수정작업과 유네스코 타당성 조사 등 제반 설립 절차를 속도감 있게 진행시킬 수 있었다.

2008년 12월, 한국 센터 설립 관련 수정제안서 유네스코에 제출

설립추진단이 작성한 제안서 수정안에 대해 국내 자문위원회(위원장 임돈희 교수, 박상미

* 삼국센터 설립 경쟁의 시기에 유관기관이었던 유네스코한국위원회 사무총장이었던 이삼열 박사는 당시 '아태 지역에서 삼국센터가 서로 기능을 나누어 함께 협력하는 것이 좋겠다는 의견을 한국 정부에 제시했다'고 회고하였다. 이삼열 박사는 센터 설립 이후 유네스코 아태무형유산센터의 초대(2011~2014) 사무총장을 지냈다.

** 삼국센터의 기능분담 관련 논의에서 한국은 IT 강국이니 아태센터가 정보와 네트워킹 기능을 수행하는 것이 좋다는 의견을 제시했고 국내 자문단의 의견도 모아질 수 있었다고 당시 자문위원장인 임돈희 교수는 회고했다.

*** 당시 설립기획단의 내부사정으로 실시된 공모 절차를 통해 박성용 단장이 신규 임용되어 2008년 9월부터 2011년 7월까지 아태센터 창립 활동을 관장하였다.

교수, 임장혁 교수 비롯 10명)의 검토가 이뤄졌다. 이후, 동 수정안은 문화재청과 외교부의 최종 검토 이후 유네스코에 수정안이 제출되었다.

2009년 1월, 유네스코 타당성 조사 진행

유네스코 본부에서 과거 유네스코의 무형유산과장을 지낸 바 있는 노리코 아이카와 사무총장보 특임관이 한국에 파견되어 한국의 C2센터 설립에 관한 타당성 조사 활동이 진행되었다.

서울, 대전, 전주에서 진행된 타당성 조사에서는 아시아 태평양의 무형유산 보호협력을 위한 한국에 설립될 아태무형유산센터에 대한 국가적 지원체계와 센터의 사업활동 계획에 대해 설립기획단의 상세한 설명이 이뤄졌다. 특히, 한국 정부(문화재청)는 아태무형유산센터 설립의 중요성을 강조하고 정부 차원의 다각적인 지원을 약속하였다.*

타당성 조사를 성공적으로 종료한 후, 한국 센터의 설립을 권고하는 내용의 아이카와 조사관의 타당성 보고서가 유네스코 사무국에 제출되었고 이후 사무국에 의해 동 보고서가 유네스코 집행이사회와 총회에 보고되었다.

한편, 유네스코의 요청에 따라 아태센터는 센터 활동에 동참하고자 하는 아태지역의 회원국 모집을 지속적으로 전개했다.

2009년 10월, 제 35차 유네스코 총회에서 아태센터 설립제안서 최종 승인**

제 35차 유네스코 총회에서 정보와 네트워킹을 중점기능으로 하는 유네스코 아태무형유산센터가 한국에 설립하는 제안이 승인된 것은 한국 정부가 기울인 수년간의 다각적인 노력의 결과이다.

아울러, 동북아 지역의 삼국에 기능을 달리하는 세 곳의 C2센터의 설치는 결국 삼국 정

* 동 조사기간 중 1월 21일, 대전 문화재연구소에서 개최된 타당성 조사 종합회의에서는 외교부와 문화재청, 청 산하기관인 문화재연구소, 전통문화대학, 문화재재단 등과 협력기관인 유네스코한국위원회 관계자가 참석하여 아태센터를 위한 전방위적인 국가적 지원방안에 대해 발표하였다.

** 이때, 중국과 일본 센터의 설립제안서도 함께 검토되어 승인되었다.

부의 외교적 합의와 협력의 결과물이라고 볼 수 있다. 전 세계의 60% 이상의 인구와 면적을 보유한 아시아 태평양 지역의 다양하고 풍부한 무형문화유산을 효과적으로 보전하고 발전시키기 위한 다각적인 국제협력 지원을 향한 국제사회의 의지와 염원이 반영되었다고 볼 수 있다.

※ 시범사업 시행: 한국의 아태센터 설립기획단은 설립 준비단계에서 아태지역 회원국을 대상으로 다음의 국제사업을 수행하였다.

→ 2009년 10월, 정기간행물 무형유산 꾸리에(ICH Courier) 창간

→ 2009년 11월, 창립승인 기념 국제회의 개최

→ 2009년 12월, 무형유산 현황조사(9개년) 사업 착수

→ 2010년 3월~4월, 중앙아시아 및 태평양 소지역 네트워크 회의* 개최

2010년 5월, 한-유네스코 협정체결에 관한 국무회의 승인 및 대통령 재가

유관 정부 부처를 대상으로 법정법인 형식으로 아태센터 설립을 위한 타당성 설명과 사업예산 확보를 위한 설득 작업을 진행했다. 설립기획단과 문화재청이 긴밀히 협력하여, 외교부, 법제처, 기획재정부 등에 사업 설명회가 계획적으로 진행되었다.

2011년 3월, 유네스코 아태무형유산센터의 설립에 관한 「문화재보호법」 개정안 국회 통과

당시, 아태센터 설립에 관한 법안은 새누리당 이정현 의원의 입법 발의로 국회에 상정되었다. 사전 설명관련 설립기획단과 문화재청이 긴밀히 협력하여 국회 문화관광위 소속 전체 의원을 대상으로 법안 설명**이 이뤄졌다.

* 2010.3.20~23 간 우즈베키스탄 타슈켄트에서 중앙아시아 소지역 네트워크 회의가 개최되었고 이어서, 2010. 4.27~28, 피지 난디에서 태평양 소지역네트워크 회의가 개최되었다. 소지역별로 회원국 순회 형식으로 유네스코 지역사무소와 회원국과 공동 개최하면서 아태센터 집행부가 회원국을 직접 찾아가서 추진한 소지역회의로 전에 없었던 공격적인 마케팅의 방식이었는데, 소지역 회원국의 만족도가 높았고 센터의 활동을 홍보하고 협력 파트너십을 구축하는 데 있어서 큰 도움이 되었다.

** 법안 관련 당시 야당인 민주당의 몇몇 의원들의 반대입장으로 문제가 되었는데, 민주당 정책연구실(김영재 수석

동년 6월, 센터 설립을 위한 한-유네스코 간 협정체결

유네스코 본부(프랑스 파리)에서 장기원 주 유네스코대표부 대사와 이리나 보코바 유네스코 사무총장 간 협정 체결이 이뤄졌다.

2011년 7월 센터 공식 창립

센터 설립의 최종 단계로 아태센터 설립을 위한 발기인 총회가 개최*되었고 직원채용을 위한 설립기획단 직원면접과 신규채용 절차는 물론 공식창립을 위한 제반 행정업무가 차질없이 진행되었다.

초기 부터 C2센터 설립을 위한 제반 준비과정에서 여러 형태의 어려움에 부딪히기도 했다. 예컨대, 유네스코 C2센터와 국제사업에 대한 국내의 인식 부족, 삼국센터의 설립경쟁과 중점기능(특히, 정보)에 대한 각기 다른 관점, 초기 기능분담 관련 유네스코의 엄격한 통제, 설립단계에서의 신규인력 발굴의 어려움 등이었다.

상기의 어려움 속에서도, 유네스코 아태무형유산센터의 설립 미션은 결과적으로 성공적으로 완수되었다. 문화재청의 전폭적인 지원과 국내외 모든 파트너의 협력이 중요했다. 아울러, 설립기획단 직원들의 헌신으로 계획 수립과 실행 과정이 각종 행정 및 제도적 프로세스를 거쳐 착실히 진행되었기에 가능했다.

센터 설립 전부터 이미 시작되었던 시범적인 국제사업 수행으로 센터 활동의 중요성을 널리 홍보할 수 있었고 설립 과정에서 기관의 활동과 비전을 공유해서 사업 파트너로서 신뢰도를 높일 수 있었고 센터 직원들에게도 실질적인 국제사업 경험의 기회가 되었다.

위원)의 도움으로 설립기획단에서 해당 의원실을 대상으로 아태센터 활동의 중요성에 대해 집중 설명회를 진행해서 문제를 해소할 수 있었다.

* 2011년 6월 14일, 유네스코 아태무형유산센터 설립을 위한 발기인 총회가 한국의집 회의실에서 개최되었다. 여기에는 최광식 문화재청장, 박영근 문화재청 차장, 임돈희 자문위원장, 박성용 설립기획단장, 전택수 유네스코한국위원회 사무총장, 김영원 문화재연구소장, 외교부 과장, 감사 등이 참석하였고, 박성용 설립기획단장이 초대 사무총장 취임 전까지 사무총장 권한대행으로 선임되어 2011년 7월 1일 유네스코 카테고리 2 기구 설립에 필요한 국내절차를 마무리했다(유네스코 아태무형유산센터, 『유네스코 아태무형유산센터 10주년 백서』, 2021, 47쪽).

상기의 다각적인 설립 과정의 모든 활동 자체가 새로이 설립되는 유네스코 아태무형유산센터의 기관 홍보의 기회이자 네트워크 구축의 기회가 되었고 향후 국제사회에서 국제협력사업을 추진하는데 필요한 지원과 협력을 동원하는 데 큰 도움이 되었다.

3. 센터의 이중적 거버넌스와 유네스코 협력

아태센터는 '대한민국 정부와 유네스코 간 협정' 체결에 따라 설립된 국제기구로 유네스코의 카테고리 2기관인 동시에 「무형문화재 보전 및 진흥에 관한 법률」에 근거하는 문화재청 산하 공직 유관단체라는 성격을 지니고 있어서 이중적인 거버넌스 구조를 지니고 있다.

즉, C2센터 설립 협정에 의거, 모든 사업 예산이 한국정부에서 조달된다 하더라도, 유네스코가 센터의 사업계획을 사전 심의하고 필요 시 사업의 취소 또는 변경을 요구할 수 있다는 것이다. 이러한 이중적 관리 시스템으로 인해 초기에 예산을 투자하는 자국 정부를 설득하는 데 고충이 있었고, 센터로서 이중적인 절차로 인해 행정상 번거로움이 존재했던 것도 사실이다.

하지만, 시간이 흐르면서 양쪽에서 통제를 받는 구조는 여전히 지속되었지만, 현재 독립적인 법인으로서 조직운영의 자율성을 보장받으며 유네스코와 한국정부(문화재청)라는 두 가지의 견고한 시스템을 공유하고 있다는 점은 센터가 상호 보완적인 안전망 속에서 성장할 수 있는 강점으로 작용해 왔다고 보는 긍정적인 측면도 있다고 자평*하고 있다.

중점기능(정보와 네트워킹) 개념에 대한 법적 조항은 없으나, 대한민국과 유네스코 간 합의한 협정문, 센터 정관, 센터 설립 타당성 조사에 따르면, 정보와 네트워킹을 실현하기 위한 구체적 기능이 명시되어 있다. 센터 중점 기능분담을 위한 한중일 3국 실무자 회의에서는 '센터 대표기능과 전략과제' 문서에 정보와 네트워킹 개념이 포함되어 있다.

* 유네스코 아태무형유산센터, 『유네스코아태무형유산센터 10주년 백서』, 2021, 17쪽.

연도별 사업계획에 대한 유네스코 본부 사전협의와 국제이사회 승인은 해외 및 국내 이사회의 참여를 통해 이뤄졌으며, 매년 센터 사업 및 활동에 대한 사업계획은 문화재청에 보고 및 검토되고 이후 국고보조금이 승인되었다.

또한, 구체적 사업계획 수립 시에는 유네스코 본부와의 사전협의와 국내외 주요 무형유산 전문가의 자문의견을 수렴하여 반영하였다.

최근에는 국내외 환경변화를 반영하여 센터의 중기계획 수립이 필요하다고 판단되어, 네트워킹 사업 진단과 향후 미래전략 수립 연구가 진행 중이며, 2015년 사업 이후 중기 계획이 반영되고 있다.

이에 따라, 센터는 디지털 기술과 온라인 시스템을 활용하여 무형문화유산과 관련된 정보를 수집, 생산하고 디지털 형식으로 가공, 제작하는 데 그치지 않고, 네트워크를 통해 이 정보를 보급하고 확산시키는 역할을 수행하고 있다. 이는 온라인 및 오프라인을 모두 포함한 무형문화유산 이해당사자와의 협력 체계를 의미한다.

아무튼, 지난 시간 중첩적이고 중복 행정이라는 비효율성도 존재했지만 그러한 과정을 겪으면서 아태센터는 시스템 구축을 통한 성장을 다져왔다고 볼 수 있다.

4. 아태센터 국제사업의 발전

센터는 설립 이후 다양한 사업 개발과 운영을 통해 센터의 주요 핵심사업을 개발해 나갔다. 이러한 사업들의 기본 목적은 아시아 태평양 48개 회원국의 무형유산의 보호를 위한 협력과 지원에 두었다.

사업개발 과정에서 외부 전문가의 자문 뿐 아니라 설립기획단 직원들의 아이디어 많은 사업 아이템이 구상되었고 그들 중 상당수의 사업이 인력과 예산 상황에 따라 시차를 두고 실행될 수 있었다. 실제로 수행된 사업 내용과 성과는 지면의 한계로 여기서 모두 언급하기 어려우므로, 주요 사업 위주로 간추려 이야기하고자 한다.* 시기별 특징을 고려한 주요사업에 대한 설명은 다음과 같다.

1) 2011~2016 : 기초사업 육성 및 사업 파트너와 신뢰 구축

아태지역 소지역 네트워크 회의* 발족

센터의 역할과 비전을 국제적으로 홍보하고 국제사회에서 센터의 신뢰도를 높이기 위해 센터의 중점기능인 정보와 네트워킹에 관한 국제행사를 유네스코 지역사무소 및 회원국과 공동으로 개최하였고 이를 통해 지역 내 영향력을 점진적으로 키워 나갈 수 있었다. 특히, 아태지역을 5개 소지역으로 구분하고 소지역별 무형유산 전략을 수립하고 네트워크를 강화할 수 있었다.

최장기 프로젝트(2009~2017)인 무형유산 보호 현황조사 실시

총 34개국에서 실시된 조사 사업은 비교적 짧은 기간에 광범위한 지역에서 정보를 수집하고 회원국 정부 및 현지 전문가와 상호 신뢰를 구축하는 데 매우 효과적이었다. 당시 아태지역의 다수 국가가 재정과 기술적인 이유로 무형유산 보호를 위한 제도적 장치가 불비한 상황에서 동 사업을 통해 회원국들에게 필요한 활동을 전략적으로 추진하기 위해 지역 내 현황을 정확히 파악하는 것이 중요했다. 이러한 자료들은 다른 C2센터 활동에도 도움을 주었다.

2) 2017~2021 새로운 시도를 통한 전문성 강화

설립 후 5년이 지나면서 센터의 사업 추진과 조직 운영이 안정기에 접어들면서 정보공

* 유네스코 아태무형유산센터, 『유네스코 아태무형유산센터 10주년 백서』, 2021, 58~64쪽. 아태센터는 설립 단계부터 2021년까지 총 229개의 사업을 수행해 왔다. 지면 관계상 지속사업으로 진행된 대표 사업 위주로 소개한다.

* 아태센터는 유네스코 48개 회원국과 세계 인구의 약 60%를 포괄하는 지역적 특성을 반영하여, 네트워킹의 전략적 효과를 극대화하기 위해 소지역별 네트워크 회의를 단계적으로 추진하였다. 이는 추진단장 등 핵심 집행부가 현지에 직접 파견되어 각국 파트너와 회의를 공동 조직하는 방식으로, 과거 한국 문화외교에서 시도되지 않았던 적극적인 국제 협력 모델로 평가된다. 2010년 3월, 우즈베키스탄 타슈켄트에서 열린 제1차 중앙아시아 회의의 성공을 계기로 이 전략은 태평양, 동남아, 동북아, 서남아 등 다른 소지역으로 확산되었다.

유체계 활성화와 네트워크 확장을 과제로 수행되었고 국제사업의 결과물을 무형문화유산의 인식제고에 활용하였다.

아태지역 무형유산의 효과적인 정보 공유를 위한 정보 공유 플랫폼 ichLinks 구축했으며, 이를 통해 기존의 정보 수집 생산에서 정보 보급으로 확대해서 사업 발전을 추진하였다.

〈아태센터 프로젝트 사례〉

A. 정보분야

○ 아태지역 무형유산 현황조사 사업, 중앙아시아 무형유산 정보수집 사업, 인류 무형유산 기록 영상 제작, 무형유산 자료복원 및 디지털화, 아카이브 운영시스템 구축, 태평양 무형유산 도서 발간, 뉴스레터 및 유네스코 도서 발간, 무형유산 디지털 콘텐츠 제작, 무형유산 정보 지적재산권 연구사업과 전문가회의 개최

B. 네트워킹 분야

○ 대상

- 센터 활동 이해관계자 네트워크: 유네스코 및 지역사무소, 무형유산 C2센터, 아태지역 48개 회원국(문화부, 유네스코국가위, 전문기관, NGO, 공동체, 전문가)

○ 전문 네트워크

- 실크로드 리빙헤리티지 네트워크(SRLHN, 2021), 고등교육네트워크(APHEN-ICH)

○ 구축 방식

- 아태지역 소지역Sub-region 네트워크 회의: 아태지역 특성상, 5개 소지역*으로 구분하여 소지역별 공동 무형유산 이슈에 대해 다자 간 협력회의 개최
- 국제 전문가회의 개최, 유네스코 및 회원국 국제회의 참가
- 양자 및 다자 협력 프로젝트 수행을 통한 무형유산 국제기관 및 전문가 발굴 및 인력

* 중앙아시아, 동북아시아, 동남아시아, 서아시아, 태평양 등 5개 권역으로 나누어 소지역 네트워크 회의를 진행했다.

폴 확대

C. 가시성 제고 사업*

○ 아태센터는 설립기획단 활동 시기에서 부터 각종 회의보고서 및 사업활동의 결과물을 온·오프라인으로 출간하여 국내외에 배포함으로써 아시아 태평양의 무형유산뿐 아니라 센터 활동의 가시성 제고

○ 특히, 2009년 12월부터 계간지 아태무형유산 꾸리에(ICH Courier)**가 발간되어 한국어와 영어로 온·오프라인으로 배포해 오고 있으며, 2016년부터는 e-뉴스레터 〈ICH Plus+〉를 월 2회 발행

○ 2015년 중앙아시아에서부터 시작된 영상제작 사업을 추진하여 중앙아시아 50편, 동남아시아 40편, 남아시아, 태평양지역으로 확대. 아울러, 시청각 자료의 보존 관리 협력사업으로 아태지역의 9개국 10개 기관과 협력사업으로 무형유산 기록자료 디지털화 지원

3) 2022~2031 지속가능한 기반 확장

센터는 아태지역 무형유산 정보교류와 네트워킹의 허브로서, 무형유산 핵심자원을 활용하여 공동체의 지속가능한 발전에 기여하는 창의 문화기관으로서 발전을 목표로 한다. 이를 위해 센터는 분산화, 개방성과 공유, 지속가능성을 핵심가치로 두고 사업과 활동을 추진한다는 계획***이다.

* 유네스코에서 무형유산 가시성 제고가 중요한 과제였다. 이를 반영하여, 센터의 사업영역에서 중점 기능 이외에 가시성 제고 분야를 설정해서 무형유산 가시성 제고를 위한 활동을 강화했다.

** C2센터 설립추진단은 한국의 C2센터 활동과 비전을 공유하고자 아태지역의 무형유산과 공동체를 소개하는 영문 소식지를 발간하였다. 당시 유네스코 회원국들 사이에서 널리 알려져 있었던 국제 소식지 UNESCO Courier의 명칭을 차용한 것으로, 한때 유네스코한국위원회에서 '세계로 열린 창'이라는 제목으로 발간되었던 바 있다. 이는 신생 조직인 아태센터의 존재를 국제적으로 효과적으로 알리기 위한 전략적 시도의 일환이었다.

*** 유네스코 아태무형유산센터, 『유네스코 아태무형유산센터 10주년 백서』, 2021, 64쪽, '제2차 중장기 발전전략

5. 결론: 아태센터 설립과 활동의 성과와 전망

앞서 살펴 본 바와 같이 정보와 네트워킹을 중점기능으로 하는 유네스코 아태무형유산센터를 우리나라에서 유치할 수 있었던 것은 몇 가지 이유에서 한국의 글로벌 역량이 높이 평가받았기에 가능했다.

주된 이유로는, 한국은 1960년대 초반부터 국가의 제도로 운영해 왔던 중요무형문화재 보호제도를 운영해 온 무형유산 분야 제도적 보호의 선도국가라는 점, 이러한 제도적 경험을 유네스코를 통해 인간문화재 보급 사업으로 최초로 제안하고 전 세계에 인간문화재 제도 보급 지침서를 개발하고 국제 훈련워크숍을 개최해서 국제적으로 기여해 왔다는 점, 특히, 아시아 태평양지역의 위기에 처한 무형유산 보호와 미래 세대를 위한 전승이라는 국제 과제를 해결하기 위한 지원 협력을 위해 한국에 설립되는 유네스코 C2센터 운영에 한국 정부가 전폭적인 지원을 약속했다는 점 그리고 IT강국으로 널리 알려져서 무형유산 정보화와 네트워킹을 위한 한국의 역할에 대한 기대감 또한 주효했다. 아울러, 설립기획단을 중심으로 회원국과 협력해 가면서 제반 설립을 위한 준비를 착실히 진행해 온 점 등을 들 수 있다.

상기와 같이 한국의 국가 역량과 국제적 기여도를 유네스코를 통해 인정받았다는 점은 주목할 만하다. 앞으로 아태센터의 설립을 통해 더욱 계승 발전시켜 나갈 수 있는 기회가 창출되었다는 점에서 아태센터의 성공적인 설립은 그 자체로 매우 큰 의미를 가지는 것이다.

센터 설립 후에는 유네스코의 이념의 실천을 추구하며 무형유산 분야의 국제협력과 지원을 통한 국제사회의 공공선을 실천하기 위해 세워진 유네스코 아태무형유산센터는 지난 십수 년간 수많은 국제사업과 교류활동을 통해 수많은 사람들과 교류하며 협력 지원활동을 전개해 왔다.

무형유산은 매우 중요한 가치를 지니고 있음에도 불구하고 보호하기가 어렵다는 특징

(2022~2031) 전략과제와 실행과제' 참고.

을 지니고 있다. 아태센터는 정보공유 체계 활성화, 네트워크 구축 및 다변화, 무형유산 가시성 제고 등의 사업을 통해 아태지역의 무형유산 현황조사와 기록 작업을 펼치고 무형유산 보호와 활용 협력을 위한 활동을 강화해 왔다.

지난 2021년도에 아태센터는 설립 10주년을 맞아, 지난 10년의 성과를 돌아보았다. 지난 10년간(2011~2021)의 아태센터의 활동을 숫자로 보는 ICHCAP*에서 정리된 주요 통계사항을 살펴보면 다음과 같다.

우선, 영상, 음원, 이미지, 출판물 등 약 13만 건의 무형유산 콘텐츠가 확보되었다. 그리고 ICH 지리정보, 전시, 테마관광 분야를 포함한 무형유산 종목은 총 1,300건이 있다. 전문가와 관련 기관 정보는 2,000건이 수집되었으며, 지난 10년 동안 아태센터에서 주최한 국제회의에는 총 1만 1천여 명이 참석했다. 아태센터의 예산은 2011년에는 1,345백만 원이었으나, 2021년에는 4,405백만원(특별회계 예산 포함)으로 증액되었다. 또한, 직원 수는 2011년에는 15명이었지만, 2021년에는 36명으로 증원되어 전반적으로 비약적인 발전을 지속해 오고 있다.

센터의 국제사업은 무형유산 현황조사 및 디지털화, 콘텐츠 제작, 정보 공유 플랫폼 구축, 네트워크 확장, 국제회의 개최, 계간지 및 도서 발간 등 끊임없이 다채로운 사업을 발굴하고 추진함으로써 아시아 태평양지역 무형유산 보호 활동의 중추기관으로 거듭나고 있다고 평가할 수 있다.

그 밖에도 계량화하기 쉽지 않지만 다양한 형식으로 확인되고 있는 아태센터 활동에 대한 긍정적인 피드백 역시 의미있는 성과로 포함시킬 수 있다. 예컨대, 아태지역 회원국을 지원했던 수많은 사업활동을 통해서 아시아 태평양의 회원국에서 보내온 수많은 긍정 평가와 고품질의 파트너십에 대한 찬사와 지속적인 협력 의사 등은 아태센터는 물론 한국의 문화리더십 향상에 적지 않은 힘이 되는 것이다. 특히, 전 세계 무형유산 C2센터 중 가장 일을 잘하는 기관으로 유네스코와 국제 파트너기관들에게는 잘 알려져 있는 것도 중요한 성과가 아닐 수 없다.

* 유네스코 아태무형유산센터, 『유네스코 아태무형유산센터 10주년 백서』, 2021, 32~35쪽.

위와 같은 센터의 성공적인 설립과 이후 십수 년간의 사업활동의 발전과 성과를 평가하고 한국 정부의 확고한 지원 체계와 아태지역 회원국의 지지와 협력 의사 등을 종합적으로 고려할 때, 유네스코 아태무형유산센터는 발전을 지속해 나갈 수 있을 것으로 전망된다.

2003년 유네스코 「무형문화유산보호협약」의 체약국으로서 한국 정부가 아태센터를 설립 운영하면서 협약의 발전을 위해 적극 노력하고 있는 점은 유네스코 회원국들에게 모범적인 사례로 알려지고 있다. 특히, 우리가 함께 노력하여 설립된 국제기관이 미래 세대를 위한 아시아 태평양 국가들의 무형유산 역량 강화를 지원하고 우리나라의 문화외교력 향상에도 지속적으로 도움이 될 것이므로 성과가 적지 않다.

문화분야 최초로 유네스코 C2센터를 국내에 설립하고 발전시키는 과정에 소정의 역할을 맡아 일했던 필자로서는 센터의 설립과 이후 센터의 성장을 목도하는 것이 가슴 벅차고 영광된 순간이 아닐 수 없다. 이 자리를 빌려 설립기획단 시절부터 최근까지 센터의 성장과 함께 해 주었던 모든 센터의 구성원과 국내외 협력자들에게 각별한 고마움을 전하고자 한다.

끝으로, 오래전 아태센터의 설립을 준비하면서부터 센터가 표방해 온 숭고한 비전과 상대방을 존중하는 겸손한 구성원들의 자세를 간직하면서 센터의 국제협력 사업을 수행해 줄 것을 당부하고 싶다.

아시아 태평양 지역 48개 회원국의 무형유산 정보화와 네트워킹이라는 담대한 목표를 가지고 활동하는 유네스코 아태무형유산센터는 향후 회원국들의 역량 강화와 교류협력의 다양한 실험장이자 플랫폼으로서 중추적 역할을 넓혀 크게 발전할 수 있기를 기대해 본다.

참고문헌

박성용, 『무형유산 보호 거버넌스: 아시아 - 태평양 맥락에서』, 캠브리지 스칼라스 퍼블리싱, 2013.

노리코 아이카와, 「아태지역 무형문화유산 보호의 과제와 유네스코 카테고리 2 기구 활동의 비전」, 『무형문화유산 보호를 위한 정보와 네트워킹』, 2009.

유네스코 아태무형유산센터, 『유네스코 아태무형유산센터 10주년 백서』, 2021.

4. 국립무형유산원National Intangible Heritage Center, 2013년

국립무형유산원[25]은 무형문화유산의 보존·전승·보급·전시교육·공연 및 진흥에 관한 사무를 총괄하는 국가유산청 소속기관이다. 국립무형유산원의 설립은 다음과 같은 경과를 거쳐 이루어졌다.

2006년 2월 27일, 아·태무형문화유산전당 건립 기본계획이 수립되었고, 2010년 2월 17일에 착공하였다. 이후 2012년 8월 28일에는 국립무형유산원 설립추진단을 출범했으며, 마침내 2013년 9월 19일 당시 문화재청 소속 기관으로 국립무형유산원이 공식 설치되었고, 발족식을 거행하였다. 그리고 2024년 문화재청이 국가유산청으로 개편되면서, 국립무형유산원은 국가유산청 산하기관이 되었다.

1) 국립무형유산원의 설립과 조직

(1) 설립

2006년부터 8년 동안 759억 원의 사업비를 투입하여 부지 59,930㎡, 건물 연건평 29,615㎡, 지하 1층 지상 5층 규모의 시설을 갖추었다. 2010년 2월 공사를 시작하여 2013년 4월에 3년 여의 공사를 마무리했다. 공연 공간인 얼쑤마루, 전승 교육관인 전승마루, 상설전시실과 아카이브가 있는 열린마루, 국제회의 공간인 어울마루, 운영지원 사무공간인 도움마루, 기획전시실과 아태센터가 있는 누리마루, 숙박 시설인 사랑채 등 7개의 주요 공간이 건립되었다.

국립무형유산원의 추진 경과를 보면 애초에 무형문화재 보유자들의 유품과 작품을 관리하는 차원에서 무형문화전당건립계획이 수립되었으나(2004~2006), 그 후 유네스코 아태무형유산센터를 한국에 유치하는 계획에 따라 아·태무형문화유산전당으로 이름을 바

25) 전북특별자치도 전주시 완산구 서학로 95에 위치하고 있다.

[사진 3-1-7] 아·태무형문화유산전당 기공식에 참가한 필자(왼쪽에서 세 번째),
이건무 문화재청장(왼쪽에서 다섯 번째) (사진: 연합뉴스)

꾸었다(2007~2011). 그리고 2010년 3월 26일 아·태무형문화유산전당이라는 이름으로 기공식을 하였다.

그 후 국립무형유산원으로 명칭이 바뀌었으며(2012년 2월 2일), 2012년 8월 28일에는 국립무형유산원 체제를 준비하기 위해 국립무형유산원 설립추진단을 발족했다. 2013년 7월 31일, 국립무형유산원 준공식 및 CI 선포식이 있었고, 2013년 10월 1일에는 2과 14명의 직원으로 국립무형유산원이 출범하였다. 2014년 3월 11일에는 고위공무원단 기관으로 4과 40명의 직원으로 확대되었다. 2014년 10월 1일, 마침내 국립무형유산원 개원식이 있었다.

(2) 조직과 업무

국립무형유산원은 국립무형유산원장이 단독으로 총괄하는 국가유산청 산하기관인 독립부서다. 2024년 국가유산청으로 변경되면서 무형유산원의 조직과 역할 및 기능에 변화가 생겼다. 이전에 있었던 조사연구기록과와 전승지원과가 국가유산청의 무형유산국으로 개편되면서 국립무형유산원은 기획관리, 전시교육, 공연협력 그리고 시설운영 총 4개 분야로 재편되었다. 각각의 업무내용은 다음과 같다.

[표 3-1-7] 국립무형유산원 조직과 업무 내용[26)]

부서	업무 내용
기획관리 (5명)	• 주요 업무 계획 수립 및 성과 관리 • 조직 · 인력 · 예산 · 지출 및 결산 업무 • 국가재정운용계획 수립 • 국회, 감사, 혁신 업무 • 기관 홍보, 행사 및 대외협력 업무 • 공무직 노조관리(노조교섭, 노사협의회 운영 등) • 차량, 물품 등 관리 • 홍보 영상제작 등 홍보 업무 • 시설관리 운영
전시교육 (20명)	• 전시 · 공연 계획 수립 및 운영 • 상설전시(상설1, 2) 운영 및 콘텐츠 제작 • 국외교류전 및 기획전시(특별전, 테마전) 관련 업무 • 소장품 및 수장고 관리 • 전통공예교육, 체험교육 • 무형유산 전통기술 재현 · 복원 연구 및 무형유산 전통공예 활용 연구과정 • 무형유산 체험 교육 프로그램 개발 및 콘텐츠 제작 및 무형유산 체험 교육 프로그램 개발 및 운영 지원 • 무형유산 전통공예 창의공방 레지던시 • 국가무형유산 전승교육사 전수교육 전문가 과정 • 디지털체험관 및 콘텐츠제작 업무
공연협력 (16명)	• 무형유산 공연 기획 및 운영 • 유네스코 인류무형유산 초청공연 • 무형유산축전 기획 및 운영 • 무형유산 공연, 예능 교육 및 교류협력 • 무형유산 공연 제작 역량 강화 및 무형유산 공연영상 콘텐츠 제작과정 • 무형유산 교육 프로그램 및 교육콘텐츠 개발

26) 국립무형유산원, 〈https://nihc.go.kr/index.9is?contentUid=ff8080816f40a80f016f7ead69010d71〉(최종검색일: 2025년 8월 7일).

	• 공연장 대관 일정관리 및 무대기계 운영 • 무대음향 · 영상설비 유지관리 및 안전점검
시설운영 (52명)	• 가칭)어린이 무형유산 전당 건립 추진 • 청사 유지 · 보수 관리 • 시설운영 예산 및 서무 업무 • 기계 · 소방(기계) 설비분야 점검 및 보수 • 전기 · 통신 · 소방(전기) 분야 점검 및 운영 업무 • 시설관련 현장 업무 지원 • 청사 환경미화 및 방역 업무

2) 국립무형유산원의 사업과 활동

국립무형유산원은 한국의 무형유산의 보존 및 전승을 위해 다양한 사업과 활동을 기획, 개최하고 있다. 국립무형유산원은 대한민국 무형유산의 가치창출 · 확산의 중추기관으로서 역할과 무형유산 전승체계 확립을 목표로 한다. 이를 위한 중점 과제로 다음 네 가지를 제시하고 있다.[27)]

첫째, 무형유산 확산의 허브로서 위상을 다지는 것이다. 이를 위해 무형유산 브랜드를 강화하고 기반을 확충하며, K-무형유산의 저변을 확대하는 거점으로서 역할을 강화한다.

둘째, 고품격 무형유산 공연의 다양화다. 무형유산 정통 공연을 대중화하는 한편 세대 간 이해 및 조화를 지향하는 무형유산 공연을 활성화한다.

셋째, 국민과 전승자가 함께 누리는 무형유산의 가치를 널리 확산한다. 국민과 함께하는 무형유산 전시 콘텐츠를 확대하고 전승자의 미래가치를 지속하고 재창조하는 무형유산 전시 등을 기획, 운영한다.

넷째, 지속가능한 무형유산 교육의 기반을 강화하는 것이다. 구체적으로 무형유산 교육을 활성화함으로써 전승자의 역량을 강화하고 무형유산에 대한 대중 교육의 기반을 강

27) 국립무형유산원, 〈https://www.nihc.go.kr/index.9is?contentUid=ff8080816f40a80f016f7ead0e420d6d〉(최종검색일: 2024년 12월 31일).

화한다.

국립무형유산원은 무형유산을 전시, 공연하는 자리를 마련함과 동시에 대중들에게 무형유산을 홍보하고, 일반시민의 무형유산 체험 교육 및 전문가들을 위한 전문적인 교육과정을 제공한다.[28] 이러한 중점 과제들을 성공적으로 수행함으로써 무형유산의 가치창출과 향유 그리고 지속가능성이라는 목표를 달성할 수 있을 것이다.

(1) 전시

국립무형유산원은 무형유산의 전시 콘텐츠를 확대하고 기획하여 일반인에게 한국무형유산의 가치와 무형유산 전승의 중요성을 홍보하기 위해 다양한 주제로 관련 유물과 자료를 전시하고 있다. 상설전시관, 기획전시관과 무형유산 디지털 체험관을 갖추고 있다.

상설전시실은 '음악과 춤, 삶의 여유 그리고 풍류', '일과 놀이, 다져지는 공동체의 힘', '기원과 축제, 내일의 안녕', '사라지지 않는 빛' 그리고 '일상의 멋과 지혜 - 전통공예기술과 생활관습' 섹션으로 나누어 우리의 전통문화를 소개하고 있다.[29] 기획전시로는 인류무형문화유산 대표목록 등재에 맞춰 이를 기념하여 연등회, 씨름, 제주해녀문화, 줄다리기 등에 대한 특별전시와 '한국과 중국의 무형유산, 비단', '한국과 일본의 인류무형유산, 모시짜기'와 같은 우리의 무형문화유산과 세계 여러나라의 무형유산을 비교하여 소개하는 특별전이 열렸다. 또한 디지털 체험관은 우리의 민속놀이와 민담, 전통 기술을 디지털을 통해 체험할 수 있도록 하고 있다.[30]

---

28) 국립무형유산원, 〈https://www.nihc.go.kr/index.9is?contentUid=ff8080816f40a80f016f7ead0e420d6d〉(최종검색일: 2024년 12월 31일).

29) 국립무형유산원, 〈https://www.nihc.go.kr/index.9is?contentUid=ff8080816f84791e016f88a78f830352&subPath=〉(최종검색일: 2024일 12월 31일).

30) 국립무형유산원, 〈https://www.nihc.go.kr/index.9is?contentUid=fb0db995714d88780171bfbccc80793a〉(최종검색일:2024일 12월 31일).

(2) 공연[31)]

국립무형유산원은 2014년 6월 21일 토요공연으로 '개막특별공연1 : 巫舞(무무)'와 '개막특별공연 2: 한국 최고여류 명창 삼인전' 무대를 시작으로 현재까지 247회의 공연을 선보였다. 그 중에는 남해안별신굿, 동해안별신굿, 진도씻김굿 등 굿 속의 춤과 가면극인 은율탈춤, 양주별산대, 동래야류, 통영오광대 그리고 남성 무용수들의 처용무, 승무, 한량무 등의 공연도 무대에 올려졌다.

그 외에도 국립무형유산원은 다양한 계층을 대상으로 유산 향유층의 다양한 취향과 수준에 맞춘 공연을 기획하고 있다. 이를 통해 무형유산의 정통 공연을 대중화하고 무형유산에 대한 일반인의 접근을 확대하는 역할을 한다.

(3) 교육

국립무형유산원에서 실시하는 교육은 크게 전문교육과 사회교육으로 나뉘며 온라인 강좌인 e-무형유산 배움터가 있다.

① 전문교육

전문교육은 2017년부터 다양한 프로그램을 통해 전통 공예를 비롯해 전통 예술 부분의 강좌를 이어오고 있다. 2017년과 2019년에 무형유산 시민공방 프로그램을 마련하여 소목장, 옹기장, 자수장을 모시고 공예 강좌를 실시했다. 그리고 무형유산 전통공연 예술 실무자 입문 및 전문가 과정(2018, 2019), 무형유산 신규이수자 입문교육(2018) 등 교육 과정이 실시되었다. 또한 무형유산 분야의 종사자 및 이해관계자의 역량을 강화하기 위한 무형유산 지도자 리더십 강화 워크숍(2018, 2019), 국립무형유산원 전문 협력 교육(2022), 무형유산 전수교육강사 교수역량 강화 과정(2018) 등 역량 강화 프로그램을 운영하고 있다.[32)]

---

31) 국립무형유산원, 〈https://www.iha.go.kr/service/performance/getFolderList.nihc?content_type=GT04000001〉(최종검색일: 2025년 8월 7일).

② 사회교육

초중고등학생 및 일반인을 대상으로 하는 다양한 교육과 강좌를 마련하고 있다. 매년 2박 3일간의 무형유산 여름 캠프를 진행하고 있으며, 체험교육도 실시한다. 그리고 한가위나 설날에는 다양한 민속놀이 행사도 개최하며 온가족이 참여할 수 있는 프로그램도 마련되어 있다. 2024년에는 무형유산 민속놀이터가 9월과 10월에 걸쳐 실시되었다.[33]

③ e-무형유산배움터

e-무형유산배움터는 온라인 교육과정으로 무형유산전문교육과 무형유산체험교육이 운영되고 있다. 무형유산전문교육좌정에는 신규이수자 입문과정, 공연실무자 입문과정, 전승교육사 전수교육 전문가 과정, 공연기획 홍보 역량 강화 과정, 무형유산 교육프로그램 개발 과정, 무형유산 교육 콘텐츠개발 과정, 전수교육관 문화예술교육사 역량 강화 과정이 운영된다. 그리고 무형유산체험교육에는 우리나라의 다양한 무형유산, 예를 들어 단청장, 진주검무, 평택농악 등의 배움터가 열렸고, 2025년에는 누비장, 매듭장 체험교육 프로그램이 진행되고 있으며 향후 다른 무형유산의 체험교육이 개설될 예정이다.[34]

(4) 자료수집, 영상 제작 및 학술지 발간

국립무형유산원은 '국가무형문화재 전승자 구술채록사업'을 추진하였다. 국가무형유산 전승자가 직접 자신의 기예능의 체득과정, 삶과 활동을 구술을 통해 전통의 전승과정

---

32) 국립무형유산원, 〈https://www.nihc.go.kr/planweb/board/list.9is?contentUid=ff8080816eee4ad5016eee8e465400c6&boardUid=ff8080816ecaefcf016ecfc31e210243&contentUid=ff8080816eee4ad5016eee8e465400c6&subPath=〉 (최종검색일: 2025년 1월 3일).

33) 국립무형유산원, 〈https://www.nihc.go.kr/planweb/board/list.9is?contentUid=ff8080816eee4ad5016ef8eb5793085b&boardUid=ff8080816ecaefcf016ecfc31e210243&contentUid=ff8080816eee4ad5016ef8eb5793085b&subPath=〉 (최종검색일: 2025년 1월 3일).

34) 국립무형유산원, 〈https://support.nihc.go.kr/iptl/edu/specialty/main.do〉(최종검색일: 2025년 8월 7일).

을 기록하고 전승자의 역할과 가치를 재발견하는 사업이다. 『전승자 구술 자서전(001) 갓일 김인』을 시작으로 『전승자 구술 자서전(054) 종묘제례 이형열』까지 제작했다. 그 후 제목을 변경하여 55번째 구술채록으로 『(다큐드라마) 문화가 된 사람들_서해안배연신굿 및 대동굿(김금화)』를 시작으로 현재 61번째 『(다큐드라마) 문화가 된 사람들_영산줄다리기(김종곤)』까지 제작되었다. 특히 다큐드라마 제작은 문화재청(현 국가유산청)과 한국문화재재단(현 국가유산진흥원)이 추진한 '문화유산 도서보급 활성화'사업의 제작비 지원을 받아 EBS를 통해 '다큐 드라마 문화가 된 사람들'을 제작 방송했다.[35)]

또한 무형유산의 환경변화에 대응하고 체계적인 기록보존을 위해 1995년부터 국가무형유산기록화 작업을 진행하고 있다. 종묘제례악부터 사경장까지 137종목의 보유자 혹은 보유 단체의 기예능을 영상과 사진으로 상세히 담아냈다.[36)]

그리고 무형유산의 심층 연구 기반 마련 및 활성화에 기여하고 무형유산 전반에 걸친 홍보와 학술 교류를 확대하고자, 2016년 학술지 『무형유산』을 창간했다. 이를 통해 무형유산의 조사 및 연구방법론, 공연, 전시기획, 아카이브 구축방법, 문화콘텐츠 개발, 무형유산 교육, 국제교류 등 다양한 무형유산 분야 연구자의 연구를 발표하는 장을 마련하고 연구성과를 무형유산 보존과 활성화, 진흥에 활용하고자 했다. 1년에 2회 발간하며 2024년 16호까지 발간했다.[37)]

(5) 국제무형유산영상축제

국립무형유산원은 2014년부터 2023년까지 매년 국제무형유산영상축제International

---

35) 국립무형유산원, 〈https://www.iha.go.kr/service/record/class_treasure_record_list.nihc?content_type=GT01000002〉(최종검색일: 2025년 8월 7일).

36) 국립무형유산원, 〈https://www.iha.go.kr/service/record/class_treasure_record_list.nihc〉(최종검색일: 2025년 8월 7일).

37) 국립무형유산원, 〈https://www.iha.go.kr/service/research/getFolderView.nihc?contentid=10283〉(최종검색일: 2025년 8월 7일).

Intangible Heritage Film Festival(IIFF)를 실시하였다. 이 축제는 아직은 생소한 개념인 무형유산을 생활 속에서 이해하고 자국 중심적인 견해에서 벗어나 다양한 삶과 문화를 이해할 수 있는 기회를 제공하고자 기획되었다.[38)]

3) 필자와의 인연

국립무형유산원과 필자의 인연은 다음과 같이 시작되었다. 2006년 어느 날 문화재청의 서정희 국장이 주재하는 무형유산전당 건립 회의에 참가해달라는 제의를 받고 회의에 참석하였다. 그런데 그 당시에는 무형유산전당 건립 계획이 한국의 무형유산을 위한 계획으로 한정되어 있었다. 그래서 필자는 그날 회의에서 한국은 무형유산의 선도적인 역할을 해야 하기 때문에 한국을 넘어 세계 무형유산 보호를 위한 전당을 건립할 것을 제안하였다. 그 당시 우리는 유네스코 카테고리 2 센터인 아태무형유산센터를 유치하기 위한 준비를 하고 있었다. 국제기구가 들어올 장소도 필요했기 때문에 아태무형유산센터라고 명칭을 바꿀 것을 제안하였다.

그 후 아태무형유산전당으로 확정되었고 나중에 전주시 공무원을 만났는데 "선생님 덕분에 무형유산전당으로 할 때는 국회, 기획재정부 등에서 예산을 주지 않고 차일피일 끌었는데 아태무형유산전당으로 국제기구가 들어온다니까 예산 집행도 빠르고 예산도 많이 늘어났다"며 고맙다는 말을 해 주었다.

유네스코 아태무형유산센터 설치 타당성 조사 때 유네스코에서 타당성 조사관으로 파견된 노리코 아이카와(전 유네스코 무형유산과장)씨가 왔을 때 필자는 아이카와 씨와 함께 전주에 내려가 지금 국립무형유산원이 있는, 당시 산림환경연구소 자리를 방문하여 여기에 아태무형문화센터가 들어설 부지라고 설명해주었다.

필자는 국립무형유산원이 개원하기 전인 2012년에 '국립무형유산원의 역할'에 대해서

---

38) 국립무형유산원, 〈https://iiff.iha.go.kr/service/Notice/blog_list.nihc?sch_3=all〉(최종검색일: 2025년 8월 7일).

기조 강연을 부탁받은 적이 있다. 아래는 발제문 일부다.

국립무형유산원은 세계 최초로 건립되는 무형문화유산 전당이다. 우리가 박물관과 미술관을 세울 적에는 유럽 지역 등 우리보다 앞서서 박물관, 미술관을 운영한 외국의 것을 모델로 하였다. 그러나 롤 모델이 없기에 무형문화유산 전당은 모든 것을 우리가 처음으로 만들어야 한다. 무형문화유산 전당은 박물관, 미술관, 아카이브와는 다른 이 모든 것을 뛰어넘는 그런 유산원이 되어야 한다. 이미 중국에서는 한국의 무형유산원을 모델로 하겠다는 의사를 한 학술회의에서 표명한 바 있다. 한국의 무형문화유산원이 어떤 정책으로 무형문화를 다룰 것인가 하는 것은 앞으로 다른 나라 무형유산의 방향 제시가 될 것으로 보인다.

국립무형유산원은 한국의 무형유산을 넘어 세계의 무형유산을 위한 센터의 역할을 하여야 한다. 위에서 논의한 바와 같이 우리나라는 무형유산 분야에서 많은 역할을 해왔고 선도적인 위치에 있다. 그런 의미에서 나는 이 무형유산원의 이름을 '세계무형유산센터World Intangible Heritage Center'로 명명할 것을 제안한 바 있다. 그후 국내 정부 기구 조직상 '국립무형유산원'으로 하는 것이 타당하다는 의견이 수렴되었다. 그러나 대상은 세계의 무형문화유산으로 확대하는 것으로써 세계무형유산센터의 역할을 하여야 할 것이다.

국립무형유산원과 유네스코 아태무형문화센터와의 관계는 다음과 같다. 유네스코 아태무형문화센터는 유네스코 카테고리 2급 국제기구이기 때문에 유네스코 로고를 사용할 수 있다. 그런 반면에 유네스코와 계약한 내용대로 실행하여야 할 의무가 있다. 아태무형문화센터이기 때문에 지역적으로는 아태지역에 한해서 활동해야만 한다. 우리나라의 아태무형유산센터는 정보와 네트워크 분야만 담당하도록 되어 있다. 반면 국립무형유산원은 아태지역 외의 유럽, 남미 등 세계 여러 나라의 무형유산을 대상으로 연구, 교류할 수 있고 주제도 정보와 네트워크 외에 연구, 훈련, 무형유산 보호 정책 개발 등 다양한 분야에서 할 수 있다. 활동의 폭이 훨씬 자유롭고 융통성이 있다. 아태무형센터와는 서로 상호보완적인 입장에서 정보교환, 정책수립 등에서 상호 도움이 되는 그런

관계를 유지하도록 해야 한다.

국립무형유산원이 세계무형유산센터로서의 역할을 하기 위해서는 세계 무형문화유산의 이론적 연구, 유산원의 정책수립, 기능, 역할, 방향제시를 계속 개발해내는 '연구위원회'의 설립이 시급함을 제안한다.[39)]

국립무형유산원은 한국의 무형문화유산뿐만 아니라 세계 무형유산 보호에 적극적인 관심을 가짐으로써 세계 무형유산 보호에 선도적인 역할을 할 것으로 보인다. 필자는 2012년 4월 11일 동아일보에 "세계 무형문화유산의 새로운 지도, 국립무형유산원에서 그린다"라는 제목으로 국립무형유산원의 역할에 대해 논한 바 있다.

---

39) 임돈희, 「유네스코 세계무형유산정책과 국립무형유산원의 역할 - 무형유산의 패러다임의 변화에 따른 국립무형유산원 역할」, 기조발제문, 『무형문화유산의 보존과 활용』, 전주, 2012, 8쪽.

동아일보

[기고/임돈희] "국립무형유산원 건립 계기로 한국의 국격 높이자"

임돈희 문화재위원회 무형문화재분과위원장

업데이트 2012.04.11. 03:00

한국은 세계무형문화유산 중심국이다. 세계 문화유산 정책을 실시하는 유네스코는 유형문화유산 분야에 있어서는 서구가 헤게모니를 갖고 있으며 세계유형문화유산으로 등재된 유산 중 55% 이상이 서구에 집중되어 있다.

그러나 무형문화유산의 경우는 그렇지 않다. 한국이 무형문화유산 보호에 있어 가장 적극적이고 선진적인 역할을 하고 있다. 우리나라의 무형문화재 제도는 1962년부터 행해져 왔다. 지난 2003년 유네스코 총회에서 「무형문화유산보호협약」이 채택되었으니, 한국의 무형문화 유산 보호는 유네스코보다 40여 년 앞서 있다고 볼 수 있다. 한국은 그동안 유네스코의 세계무형문화유산 정책을 펴는 데도 많은 기여를 한 바 있다. 특히 한국의 유산 전승제도인 '인간문화재' 제도는 바람직한 것으로 평가되어 유네스코에서 '인간문화재' 제도를 각 회원국들에게 권고한 것이 그 결정적 예이다. 또한 2004년에 학문 세계의 올림픽이라는 세계박물관대회가 동양에서는 처음으로 한국에서 개최되었다. 그 대회의 주제가 '박물관과 무형문화유산'이었기 때문이다. 한국이 무형문화유산의 중심국이라는 점을 세계가 인정했기에 가능했다고 본다.

2012년은 참 중요한 해이다. 총·대선이 있어서기도 하지만 한국, 나아가서는 세계 무형문화유산 지형까지 바꿀 문화 패러다임 전환이 시작되는 시기이기 때문이다. 무형문화재 제도가 생긴지 50년, 문화재청은 「무형문화재 보전 및 진흥에 관한 법률」 제정을 통해 우리 무형유산 보호 대상도 확대하고 단순한 보존이 아니라 무형문화재가 스스로 자생력을 갖출 수 있는 다양한 지원 정책들을 준비하고 있다. 또한 무형유산의 가치를 알리며 중요무형문화재 보유자들이 능력을 개발하고 대중과 접점을 넓힐 수 있는 '국립무형유산원'이 현재 전주에서 건립되고 있다. '국립무형유산원'에 거는 기대가 크다.

'국립무형유산원'은 세계 최초로 건립되는 무형문화유산 전당이다. '한류' 열풍의 근원인 전통문화를 한류로 발전시켜나가야 할 이 때, 그동안 음지에서 묵묵히 고생하던 전승자들에게 '국립무형유산원'의 건립은 자신의 예술 세계를 마음껏 펼치고 무형유산을 발전, 전승시키는 중요한 계기가 될 것이다. 국가의 어깨도 무거워졌다. 전승자와 정부간의 튼튼한 협력체계를 구성해 양자가 대한민국 전통문화 보호와 민족문화 창달의 두 바퀴임을 서로 각인하고 우리 무형문화재를 우리 문화의 주류, 세계문화의 한축으로 만들어 가는 데 최선을 다해야 할 것이다.

특히 문화재청의 역할은 더욱 크다. 우리나라에 대표목록에 등재되는 무형유산들을 빨리 발굴하고 목록을 작성해 이 무형유산들의 성격에 맞게 어떻게 보호해야 하는지 논의하고, 전승 지원이나 관리제도 개선도 다시 점검해야 한다. 무형유산 지식재산권의 국내외 보호 활동을 강화하는 등 무형문화재 지킴이가 되어주고, 무형유산 전승자들이 생활 곳곳에서 활력 있게 살아 갈 수 있도록 전승체계도 다듬어야 한다. 또한 세계의 무형문화유산 보호를 위해 한국이 공헌할 바가 무엇인지도 모색하여야 한다. 이것이 바로 정부의 역할이고 '국립무형유산원' 건립 이유이다.

무형유산 중심국인 한국이 무형유산 정책을 어떻게 펼치느냐에 따라 세계 문화지도가 달라진다. 국립 무형문화유산원은 많은 국립기관 중에 한국을 대표하는 세계적인 브랜드로서 자리매김을 할 것으로 믿는다.[40)]

필자는 국립무형유산원을 매우 자랑스럽게 생각하고 있다. 전 세계적으로 무형유산을 위하여 이렇게 독립적인 건물과 다수의 인력이 투입되는 나라는 우리나라가 유일하기 때문이다. 필자는 스페인 등 외국을 방문했을 때 무형유산과를 독립적으로 갖지 못하고 유형문화재에 곁들여 취급하는 나라들이 대부분인 것을 알고 한국의 국립무형유산원이야말로 다른 나라에서 무형유산 정책을 고려할 때 본받아야 할 모델이라고 생각했다.

40) "국립무형유산원 건립 계기로 한국의 국격 높이자", 『동아일보』, 2012년 4월 11일. 〈https://www.donga.com/news/Opinion/article/all/20120411/45432452/1〉(최종검색일: 2024년 9월 17일).

국립무형유산원은 무형문화유산 보호증진을 위한 방대하고 다양한 활동을 담당하고 있다. 현재 국립무형유산원이 무형유산을 위해 많은 중요한 역할을 하고 있지만 한 가지 아쉬운 점은 한국의 무형유산에만 관심을 집중하는 것 같다는 것이다. 국내 무형문화유산에 치중하고 국제적인 활동을 위한 업무 내지는 계획이 상대적으로 적어 보인다. 국립무형유산원이 한국을 넘어 세계를 무대로 무형문화유산 분야의 중추 국가가 되기 위해서는 세계 여러 나라의 무형문화유산에 대한 연구를 비롯해 관련 교류가 확대되어야 할 것이다. 그런 점에서 국제교류를 전담할 수 있는 조직을 설치하여 운영하는 것이 좋지 않을까 한다.

필자는 한국은 무형유산 선도국이기 때문에 국립무형유산원은 '세계무형유산센터' 역할을 했으면 하는 바람이 있다. 무형유산 외교는 최소의 비용을 들여서 최대의 효과를 낼 수 있는 분야라고 생각한다. 무형유산은 국가, 민족, 지역의 정체성을 표출하는 경우가 많기 때문에 한국이 다른 나라의 무형유산을 보호하는 일을 지원한다면 유형유산만큼 비용은 막대하게 들지 않으면서 외교적 효과는 극대화된다. 그러나 이러한 효과보다도 세계화, 서구화하는 시대에 사라져 가는 각 민족의 전통문화인 인류 무형유산을 보호한다는 가치는 그 무엇보다도 중요하다. 이러한 일에 한국이 선도적인 역할을 해야 한다고 생각한다.

국립무형유산원 설립 경과와 현재*

김용구**

- 목차 -

1. 서론
2. 국립무형유산원 건립 · 설립 단계별 추진 경과
3. 개원 이후 기능 · 기구의 확대와 조정 과정
4. 결론
참고문헌

1. 서론

한국의 무형문화재 제도는 1962년 「문화재보호법」을 통하여 성립되어 한국의 근대화 과정에서 소멸되어 가는 전통문화의 보존에 커다란 역할을 하였고, 근대 국민국가 형성에 필요한 대표적인 국가 상징문화로 자리를 잡아 왔다. 한국 무형문화재 정책은 그 성과에도 불구하고 제도 시행 이후 한 세대를 거치면서 보완과 개선의 요구가 많아지게 된다. 이러한 요구에 대한 국가적 대응의 하나로 국립무형유산원이 설립되어 운영되게 된다.

* 국립무형유산원의 설립 과정에 대해서는 국립무형유산원 설립추진단에서 국립무형유산원의 설립 기획 업무를 수행(2012. 8.~2013. 10.)했던 김용구 한국전통문화대학교 전통문화교육원장이 그 사정을 잘 알기에 원고를 부탁드렸다. 흔쾌히 허락하여 원고를 보내 주었다. 심심한 감사의 말씀을 드린다.

** 김용구 박사는 성균관대학교 사회학과를 졸업하고, 동국대학교 불교예술문화학과에서 석사, 전북대학교 고고문화인류학과에서 박사학위를 받았다. 2012년부터 문화재청 무형문화재과, 국립무형유산원 설립추진단에서 설립기획 업무를 수행(2012~2013)하였고, 국립무형유산원의 초대 기획운영과장을 역임하였으며, 현재는 한국전통문화대학교 전통문화교육원장으로 재직 중이다. 무형유산학회에서 기획이사를 맡고 있다.

주목해야 할 것은 2000년대의 무형문화재 정책의 핵심 변수들이다. 제1세대 보유자들의 퇴장, 무형문화재 정책의 체계완결성 강화 및 유네스코 「무형문화유산보호협약」에의 대응이라는 변수는 2000년대 이후 무형문화재 정책을 관통하며 무형문화재 정책의 변화에 영향을 주었다. 무형문화유산전당, 아태무형문화유산전당과 국립무형유산원으로 변화하며 추진된 이 건립·설립 사업의 명칭 변경 또한 이러한 정책 변수를 반영한다. 따라서 국립무형유산원 설립 이후 10년 못지않게 그 이전 국립무형유산원의 설립이 제기되고 준비되는 2004년부터 2013년까지의 과정은 중요한 문제의식과 쟁점들을 포함하고 있다.

본고에서는 무형문화유산전당 설립 문제 제기부터 국립무형유산원의 설립까지를 2000년대 이후 한국 무형문화재 정책의 핵심 변수와 관계 속에서 정리해 보고자 한다. 국립무형유산원 설립 준비 과정은 이 프로젝트의 명칭을 중심으로 시기 구분하고자 한다. '무형문화유산전당 건립 추진 시기'와 '아태무형문화유산전당 건립 추진 시기' 및 '국립무형유산원 설립 추진 시기'로 나누어 그 시설 건립과 기관 설립과정을 살펴보고자 한다. 아울러, 개원 이후 무형유산 법제의 변화에 따른 국립무형유산원의 변천과정도 정리하고자 한다. 「무형문화재법」의 제정, 「국가유산기본법」의 제정 및 무형유산국 신설은 국립무형유산원의 기능과 기구에 직접적 영향을 주었다.

2. 국립무형유산원 건립 · 설립 단계별 추진 경과

2000년대 이후 무형유산 정책의 변화에 있어 그 핵심 변수는 첫째 전승자들의 세대전환, 둘째 제도개선 요구, 셋째 유네스코 무형문화유산협약에 대한 대응이었다. 전승자 세대전환은 1960년대 무형문화재 제도가 시작되며 무형문화재 지정과 함께 인정되었던 무형문화재의 보유자들이 작고하면서 그다음 세대의 무형문화재 전승자들이 보유자가 되는 상황을 말한다. 이 변수에 따라 그 제1세대 무형문화재 보유자들을 기념하는 문제와 새로운 전승 주체들을 구성하는 문제가 동시에 나타나게 된다. 제도개선 요구는 무형문화재 제도가 도입된 1960년대와 크게 달라진 정치사회적 환경에의 적응에 대한 요구이기도 하나, 좀 더 구체적으로는 1982년도 도입된 무형문화재 전수교육체계가 1990년대의 규제 완화 정책에 따른 제도 개편과정에서 체계 정합성을 상실하게 됨에 따라 이를 다시 복원하려는 국가의 노력과 관련된다. 그리고 「무형문화유산보호협약」에의 대응은 유네스코의 2003년도 「무형문화유산보호협약」의 채택과 2006년 발효에 따라 인류무형문화유산대표목록 등재에 효과적으로 대응하고 「무형문화유산보호협약」의 내용을 국내화하려는 노력을 말한다.

2000년대 초 전승자 세대전환의 문제는 한국 무형문화재 제도의 자기진화를 이끄는 중요 계기를 형성하고 있었다. 이러한 세대 전환의 문제는 제1세대 보유자의 작고와 다음 세대 보유자 인정 과정에서 보유자 인정을 둘러싼 분쟁으로 연출되기도 하고 무형문화유산전당 설립의 문제의식을 형성했던 제1세대 무형문화재 보유자들의 업적과 기억의 보존이라는 주제로 연결되기도 한다. 물론 세대전환 과정에서의 보유자 신규 인정을 둘러싼 분쟁 자체도 무형문화재 제도 개선의 계기와 주제가 되나 제1세대 보유자들의 작고라는 자연적 계기가 결합 되어 있어 일반적 제도개선 주제와 다른 각도의 접근이 필요하기도 하다.

2000년대 초반까지는 1990년대 정책흐름의 연장 속에 있었던 것으로 보인다. 2000년 한국의 무형문화재 정책을 둘러싼 주요한 쟁점은 1990년대부터 지속된 무형문화재 제도 개선이었다. 1990년대 국가개입 축소에 따라 무형문화재정책이 체계성을 잃어버림에 따라 다양한 진단과 대안이 논의되었고 이에 따라 한국의 무형문화재 정책은 '정책의 자기완성'을 위한 제도개선 노력을 하게 된다. 이는 2015년 「무형문화재법」의 제정에 따라 「무형문화재법」이 제시하는 하위 정책들의 시행 방안에 초점이 맞추어 지며 소강상태에 접어든 것으로 보인다. 현재는 이수증의 국가 발급을 복원하며 전수교육관리에서 국가의 역할과 전승자들의 역할이 일정한 분담을 이룬 것으로 보인다. 현재 「무형문화재법」의 기조는 1980년대 완성된 무형문화재 제도를 계승하고 있다. 즉 「무형문화재법」 제정을 통해 이수증 발급 권한을 국가가 회수한 것은 무형문화재 전수교육제도의 완결성을 일정 수준에서 회복한 것으로 볼 수 있다.

「무형문화유산보호협약」은 무형유산을 둘러싼 국가 간 경쟁의 장場을 제공하였고 국내 무형문화재 정책은 이러한 국가 간 경쟁에 대응력을 갖추는 방향으로 변화가 이뤄졌다. 2000년대 초반 한국과 중국의 강릉단오제를 둘러싼 논쟁을 낳기도 하였고, 인류무형문화유산에의 등재는 해당 무형문화유산의 국가적 연고권을 확보하는 국가적 욕망의 실현으로 인식되었다. 협약의 문화다양성 증진이라는 이상주의적 지향보다는 문화적 국제정치의 양상이 두드러지게 되었다. 무형문화유산을 둘러싼 국가 간 경쟁이라는 측면이 한국의 인류무형유산 등재 노력과 국내 정책의 변화에도 영향을 주게 된다. 국내 무형문화재 정책은 「무형문화유산보호협약」의 문제의식을 어떻게 국내정책화할 것인가에 대한 고려 속에서 재구성된다. 무형문화재의 정의와 범주에 대한 재구성이 있게 되고, 협약이 강조하는 무형문화재의 주체로서의 공동체 개념을 수용하기 위한 노력을 하게 된다. 이러한 과정에서 무형문화재의 범주를 협약의 범주와 일치시키고자 하는 2015년 「문화재보호법」 개정과 「무형문화재법」 제정이 있게 된다.

국립무형유산원의 설립 과정에도 이러한 세 개의 정책변수가 작동하였다. 국립무형유산원의 건립과정을 돌이켜 보면 사업 추진과정에서 '무형문화유산전당'으로 시작되어, '아태무형문화유산전당'으로 그 명칭이 변경되었고, 최종적으로는 '국립무형유산원'으로 마무리된다. 무형문화유산전당과 아태무형문화유산전당은 시설명으로 볼 수 있고, 국립무형유산원은 기관명 또는 시설의 운영주체로 볼 수 있으므로 그 명칭을 동등하게 비교할 수는 없으나 그 프로젝트의 명칭 변화는 2000년대 무형유산 정책의 흐름을 반영한다. 무형문화유산전당은 세대전환에 따른 제1세대 무형문화재 보유자들의 유품과 작품을 관리하자는 취지 속에서 시작된 용어이며, 아태무형문화유산전당은 「무형문화유산보호협약」 대응과정에서 설립이 추진된 아태무형유산센터와 연관된다. 그리고 국립무형유산원으로의 명칭이 확정되는 과정은 무형문화재 정책을 확대하고 고도화하려는 의도를 담고 있다고 볼 수 있다. 이러한 측면에서 국립무형유산원의 건립 및 설립 과정에 있어 시설 및 기관의 명칭 변화는 2000년대 무형유산정책의 핵심 변수를 반영한다고 할 수 있다.

이러한 과정을 연도별로 정리하자면, 무형문화유산전당 건립 추진 시기(2004~2006), 아태무형문화유산전당 건립 추진 시기(2007~2011) 그리고 국립무형유산원 설립 추진 시기(2012~2013)로 구분될 수 있다.

1) 무형문화유산전당 건립 추진 시기(2004~2006)

국립무형유산원의 탄생은 일단 「문화재보호법」에 근거한 무형문화재 보호 체계와 관련된다. 국립무형유산원은 2004년 '무형문화유산전당'이라는 이름으로 제기되었다.* 「문화재보호법」에 의한 무형문화재 제도가 40여 년을 경과하며 그동안의 중요무형문화재 보유자를 중심으로 하는 전승자들의 성과를 기리고자하는 시설의 건립을 제안한 것이며, 그 시설은 작고한 중요무형문화재 보유자들의 유품과 작품을 문화재 차원에서 보존·관리하고자 하였다. 이러한 무형문화유산전당의 성격을 이후의 연구들에서는 '무형문화재 명예의 전당'이라고 표현하기도 한다.

당시 참여정부가 추진하던 신행정수도에 위치할 공공기관 수요조사에 문화재청이 무형문화유산전당의 건립 의사를 제출하며 시작되었다.** 이러한 의지는 신행정수도의 위헌결정에 따라 무형문화유산전당 건립 추진은 일단 유보된다. 그러나 2005년 들어 전주시가 무형문화유산전당 유치 의사를 보이며 무형문화유산전당의 전주시 건립으로 방향이 정리되기 시작한다.*** 당시 전주시는 전주 한옥마을의 성과를 바탕으로 전주를 전통문화중심도시로 육성하고자 하는 전략****을 준비하고 있었고 무형문화유산전당은 그러한 전통문화중심도시의 중요한 인프라가 될 수 있을 것으로 기대하였다.

문화재청 입장에서도 전주는 풍부한 전통문화 인적·물적 인프라를 갖추고 있고 전라북도와 전주시가 부지 제공 등 적극적인 협조 노력을 하였기 때문에 전주시를 무형문화유

* 당시 참여정부가 추진하던 신행정수도에 위치할 공공기관 수요조사에 문화재청이 건립 의사를 보이며 시작되었다. 이에 관하여는 국립무형유산원, 『국립무형유산원 건립백서』 상권, 81쪽 참조.

** 국립무형유산원, 『국립무형유산원 건립백서』 상권, 국립무형유산원, 2014, 81쪽.

*** 전주시의 건립 제안 과정은 국립무형유산원, 『국립무형유산원 건립백서』 상권, 국립무형유산원, 2014, 81쪽 참조.
· 2005. 3. : 전주시가 "전주 전통문화 도시 육성"사업과 연계 전주시 유치 건의
- 사업비 650억 원(토지매입비 150억 원 포함), 건립부지는 구 전북도청 2청사 부지(10,000평)를 전주시 제공조건
· 2005. 5. 18. : 무형문화유산 전당 전주시 건립 합의 언론보도
· 2005. 5. 23. : 전주시가 무형문화유산전당 전주시 건립 공식 건의

**** 이종민, 「전주 전통문화중심도시화 전략」, 『전주발전세미나자료집』, 21세기정책정보연구원, 2006.

산전당 건립의 적지로 판단하였다. 무형문화유산전당 부지 맞은편에는 전주전통문화센터와 전주향교가 위치하고 있고, 남고산성과 치명자산 등 역사문화와 결합된 자연환경 또한 좋은 조건을 갖추고 있어 무형문화유산전당의 기능과 콘텐츠를 구현하는 데 있어 최적의 공간으로 평가될 수 있었다. 또한 국립무형유산원의 건립시기 서학동 주변이 예술인 마을로 조성되기 시작하여 국립무형유산원의 전통문화와 예술인 마을의 현대예술의 시너지 효과도 기대되었다.

한편 건립 부지의 맞은편에는 전국에서 손꼽히는 관광지의 하나인 전주한옥마을이 위치하고 있다. 현재도 전주 한옥마을은 대한민국의 대표적 관광 인프라의 위상을 갖고 있고 국립무형유산원은 그 인근에 자리를 하고 있어 전주 한옥마을과 국립무형유산원의 시너지 효과에 대한 기대는 계속되고 있다.

문화재청은 2006년 2월「무형문화유산전당 건립 기본계획」을 수립한다. 사업 기간을 2006년부터 2010년 5개년으로 잡고 전라북도 전주시에 부지 10,000평, 총사업비 778억원을 투자하여 시설을 건립하는 것으로 계획을 수립한다.* 이 과정에서 전라북도와 전주시의 부지 제공 방식에 대한 협의가 진행되었다. 전라북도와 전주시의 건립 부지를 무상으로 문화재청에 양여하는 것이 불가능함에 따라 국유지와 공유지를 교환하는 방식으로 부지 확보가 추진되었다.

무형문화유산전당 건립부지로 당초에 (구)전라북도 2청사 부지가 논의되었으나 전라북도 산림환경연구소 부지가 적합한 것으로 문화재청과 전주시가 합의한다. 당초 무형문화유산전당의 입지 선정에 있어 전주시의 부지제공도 일정한 영향을 주었으나 지방자치단체의 재산을 국가에 무상 양여하는 것이 법적으로 불가한 것으로 확인되며 국유지와 토지교환 방식을 취하게 된다. 이와 함께 건립부지는 당초 전북도청 2청사 부지에서 2006년 8월 전라북도 산림환경연구소로 변경·확정하게 된다. 전라북도 산림환경연구소는 전주 한옥마을과 인접하고 있어 전주 한옥마을과의 연계효과를 증폭시킬 수 있는 공간으로 평가되었다.

* 국립무형유산원,『국립무형유산원 건립백서』상권, 국립무형유산원, 2014, 81쪽.

2006년에서 2007년에 걸쳐 진행된 무형문화유산전당 건립 종합계획 연구는 이러한 제1세대 보유자들의 작품과 유품을 중심으로 하는 접근을 넘어 당시의 여러 가지 정책적 요구를 반영한 종합적인 무형유산 기구로 건립의 방향을 설정하게 된다. 종합계획 연구는 전당의 설립 취지로 "국내에 산재해 있는 무형문화재를 보호육성하고, 그들에게 하나의 구심점이 되어줄 수 있는 터전 마련"과 "이들의 문화적 자양분을 일반인에게 널리 알리고, 또한 관련 자료 및 기록들을 체계적으로 정리할 수 있는 저장소의 역할을 수행하는 것"* 으로 정리한다. 이에 따라 이 연구 보고서에서는 전당의 개념을 "무형문화유산 아카이브를 기본공간으로 무형문화재들의 활동을 통한 소통 - 전승 - 체험의 중심 공간"** 으로 설정하고 전당의 기능으로 '아카이브 기능', '전승기능' 및 '대중화와 활성화 기능'을 구성한다. 아카이브 기능을 통해 당초 전당의 기능이었던 제1세대 보유자들의 작품과 유품 보관 기능을 담보하기는 하나 좀 더 다양한 무형문화재 기능을 수행할 것을 제안한다.

이 시기 주목할 것은 제1세대 보유자들의 퇴장에 대한 문화재청의 정책적 대응의 하나가 무형문화유산전당이라는 것이다. 제1세대 보유자들의 퇴장은 그다음 세대의 보유자 인정과정에서 심각한 갈등으로 연결되기도 하고, 무형문화재 기예능과 보유자가 일체성을 가지는 단계에서 그것이 구분되는 단계로 진입하는 것을 의미한다. 제1세대 보유자들의 퇴장 이후에도 제1세대 보유자들의 기예능은 이후 무형문화재 기예능의 전범이 된다. 이런 측면에서 이들 제1세대 보유자들의 기예능을 보여주는 작품과 유품은 무형문화재 원형 전승을 위해 필요한 보존 대상이 된다. 무형문화유산전당이라는 문제의식은 무형문화재 제1세대 퇴장과 세대 전환에 대한 정책적 대응의 의미를 지니고 있다. 무형문화유산전당의 제기는 무형문화재 정책의 양적 팽창이 아닌 전승자 세대 전환에의 대응이라는 뚜렷한 정책과제를 제기한 것이라 할 수 있다. 다만, 이러한 문제의식은 프로젝트의 진행 과정에서 당시 한국 무형문화재 제도와 정책에 있어 그 확장이 요구되는 분야들이 같이 결

* 전영훈, 「전주〈무형문화유산전당 건립 종합계획〉 연구용역 결과 보고」, 『건축과 사회』 통권 제9호, 새건축사협의회, 130쪽.

** 문화재청, 『무형문화유산전당 건립 종합계획(요약보고서)』, 문화재청, 2007, 72쪽.

합하며 보다 종합적인 기능을 수행하는 시설로 구성되게 된다.

2) 아태무형문화유산전당 건립 추진 시기(2007~2011)

2006년에서 2007년 진행된 종합계획 연구 결과 무형문화유산전당의 기능과 역할을 효과적으로 수행하기 위해서는 그 시설 규모의 확대가 필요하다는 결론을 도출한다. 다만, 총사업비 확보의 어려움을 고려하여 두 단계에 걸쳐 건립사업을 추진할 것을 제시한다. 1단계 사업을 우선 추진하고 2단계 사업을 통해 아태무형유산센터와 교육연수센터 공간을 확보하는 것으로 계획하였다. 건립의 2단계로 아태무형유산센터의 전당 입주가 모색된다.* 이러한 무형문화유산전당 건립 사업의 확대와 아태무형유산센터의 입주로의 방향 전환은 그 사업명 자체가 무형문화유산전당 건립에서 아태무형문화유산전당 건립으로 바뀌는 계기가 된다.

이에 따라 종합계획 이후에 진행된 기본설계는 2008년 이후 아태무형문화유산전당으로 진행된다. "2008년 2월 유네스코 사무국에 아태무형유산센터의 설립 제안서를 제출한 후 완료된 기본설계(2008. 3.)에는 이 센터의 건립을 기정사실화하여 무형문화유산전당의 국제교류센터에 포함하고 있으며, 건립사업의 명칭에 '아태'를 추가하여 사용하게 된다."** 2008년 기본설계에 따라 총사업비가 증가하게 된다. 종합계획의 사업규모 확대를 반영함에 따라 당초 총사업비 493억원에서 893억원으로 증가하게 되며, 타당성 재조사가 이뤄지게 된다. 그리고 타당성 재조사 또한 전당을 '아태무형문화유산전당'으로 정리하고 "아시아·태평양지역의 무형문화 관련 정보 및 네트워크 기능 중심의 유네스코 기구를 우리나라가 유치하는 것으로 판단하고, 이 기능을 아·태 무형문화유산전당의 건립사업에 포함"***하여 타당성 조사를 진행한다. 타당성 재조사는 B/C 1.10, AHP 0.603으로 사업의

* 국립무형유산원, 『국립무형유산원 건립백서』 상권, 국립무형유산원, 2014, 85쪽.

** KDI, 『아태무형문화유산전당 건립 타당성 재조사 보고서(요약)』, KDI, 2008, 11쪽.

*** KDI, 『아태무형문화유산전당 건립 타당성 재조사 보고서(요약)』, KDI, 2008, 11쪽.

타당성을 확보하고, 총사업비는 753억으로 일단락된다.[*] 타당성 재조사 이후 2009년 실시설계가 진행되며, 2010년 10월 건립공사가 착공되게 된다.

무형문화유산전당 건립의 재원으로는 2004년부터 조성된 복권기금이 활용된다. 복권기금법은 문화재보호기금에 배분하여 문화재보호에 기금을 사용할 수 있도록 하고 있다. 이에 따라 무형문화유산전당 건립사업은 복권기금이 문화재보호에 투입된 대표사업이 되었다.

전당의 건립 제기부터 타당성 재조사까지의 일련의 상황을 통해 전당의 개념 변화를 다시 정리하면, 무형문화재 제1세대 보유자들의 작품과 유품 보존관리 시설에서 종합적인 무형문화재 관리 시설로 그리고 다시 국내뿐 아니라 국제적인 기능까지를 수행하는 기구로 그 사업의 범위가 넓어진 것이다. 그리고 이는 2000년대를 관통하는 한국 무형유산 정책의 세 변수가 골고루 결합된 양상을 보여주는 사례이기도 하다. 전당은 무형문화재 전승주체의 '세대전환'을 계기로 제기되었고, 이는 무형문화재 정책의 '제도개선' 요구와 결합하여 그 기능을 확장하여 구상되었으며, 「무형문화유산보호협약」 발효 및 아태무형유산센터의 설립과 맞물리면서 그 기능을 국제적인 수준으로 확장하게 된 것이다.

한편, 2010년 착공 이후 전당의 건립공사의 준공시기가 가까워 오며 전당의 운영 주체에 대한 논의가 본격화된다. 2004년부터 논의되고 구상이 이뤄진 전당은 사실 그것이 시설을 의미하는 것인지, 기관을 의미하는 것인지가 불명료하였다. 이러한 상황에서 전당의 준공을 앞두고 그 운영주체의 확정 문제가 현안이 되었다. 문화재청은 2009년 「아태무형문화유산전당 운영 프로그램 및 조직 운영방안 수립」 연구를 통해 전당 운영조직의 문제를 검토한다. 이 연구를 통해 '국가기관', '법인' 및 '민간위탁'을 통한 운영 방식이 검토된다. 그리고 정부의 조직관리 방침 등을 고려하여 아태무형문화유산센터와 연계한 '법인'을 통한 운영 방안이 제1안으로 제시된다.[**] 그러나 이러한 연구 결과와 별도로 전당의 운

* 타당성 조사 결과 경제성분석(B/C)에서 1.1, 순편익 현재가치(NPV) 279억원, 내부수익률 13%로 사업의 타당성을 인정받게 된다. 이 타당성 재조사 결과에 따라 당초 493억원의 총사업비는 753억원으로 조정된다.

** 메타기획컨설팅, 『아태무형문화유산전당 운영 프로그램 개발 및 조직 운영방안 수립(요약)』, 문화재청, 2009, 13쪽.

영 주체 확정은 미결 상태에서 지속된다. 운영주체의 문제는 무형문화유산전당의 정체성과 그 기관의 기능과도 관련되며, 변화하는 정책적 수요와 연계가 필요하였기 때문이다.

3) 국립무형유산원 설립 추진 시기(2012~2013)

2012년 2월 무형문화유산전당은 국립무형유산원으로 그 명칭을 변경하게 된다. 이 명칭 변경의 의미는 명칭변경 그 자체보다 무형문화유산전당의 운영주체를 국가기관으로 설정하게 되었다는 점이다. 문화재청은 이 명칭변경을 계기로 무형문화유산전당의 운영주체로 국립무형유산원에 대한 직제를 요구한다.

전주시는 국립무형유산원을 통해 전주시의 전통문화도시로서의 기반을 강화하고 국가로부터 유무형의 이익을 안정적으로 확보하고자 하였다. 이러한 관점에서 전주시는 무형문화유산전당의 운영주체의 국가기관화에 적극적이었다. 국가기관으로서의 국립무형유산원 설립은 무형유산관리의 공공성과 그에 따른 국가관리 필요성을 인정받은 것으로 볼 수 있으나 지역사회의 노력도 한몫을 한 것으로 볼 수 있다.

전당 건립 공사 준공은 1년여 앞둔 시기인 2012년 문화재청은 국가기관을 통한 전당 운영 방침을 정하고 관계 부처와의 협의를 진행하며, 그 운영 주체를 '국립무형유산원'으로 정리한다. 그 협의 결과 2013년 정부 기구로 국립무형유산원을 설립하기로 하고 2012년 9월 '국립무형유산원 설립 추진단'을 설치한다.* 이 추진단은 2013년 4월 건립 공사 준공과 2013년 10월 국립무형유산원 출범까지 국립무형유산원 설립 업무를 담당하게 된다. 이 추진단은 운영 프로그램의 개발, 공연·전시계획의 수립, 기록콘텐츠 구축, 시설 건립 및 정보화 계획 수립 등의 업무를 수행하며 국립무형유산원의 개원을 준비하게 된다. 이 추진단은 2013년 10월 국립무형유산원의 출범 시 까지 국립무형유산원 개원을 위한 제작업을 마무리하게 된다. 이 추진단은 국립무형유산원을 운영할 기구를 준비하게 된다.

* 국립무형유산원 설립 추진단은 국무총리 훈령인 「국립무형유산원 설립 추진단의 설치 및 운영에 관한 규정」(국무총리 훈령 제591호, 2012. 8. 28. 제정)에 의하여 설립되었다.

2012년에서 2013년에 걸친 전당 운영주체로서의 국립무형유산원 설치는 2004년 무형문화유산전당 제기 이후 10년여에 걸친 준비의 결과라 할 수 있다. 제1세대 보유자 작품·유품 관리 시설로서의 전당에서 종합적인 사업시설로서의 무형문화유산전당으로, 국내의 종합정책집행시설로서의 전당에서 국제적인 사업시설로서의 아태무형문화유산전당으로 그리고 다시 국제사업까지 폭넓게 수행하는 전당이라는 시설에서 국내 종합정책집행기구로서의 국립무형유산원으로 변화한 셈이다. 국립무형유산원의 명칭을 '세계무형유산센터'로 하자는 제안이 있기도 하였으나 국내 정책집행기구로서의 기관의 성격과 내용이 마무리되었다.* 이러한 변화는 2000년대 이후의 한국의 무형유산 정책의 변화와 깊게 연결되어 있다. 특히 전당의 운영 주체로 국립무형유산원이 2012년 급속히 부상하는 배경에는 당시 무형문화재 정책을 확대하고 전환하고자 하는 무형문화재 보호의 독립법률 입법 노력이 있다.** 2011년 무형문화유산법의 제정이 추진되며, 무형문화유산법의 제정 시 확대된 관련 정책을 수행할 정부기구를 준비해야 할 필요성이 있었다. 이러한 상황에서 전당이라는 시설 건립을 활용하여 무형문화재 보호를 위한 종합정책기구의 마련이 추진된 것이다. 국립무형유산원은 문화시설로서의 교육, 전시, 공연 기능을 기본적으로 수행하나 무형유산 관리의 기초가 되는 조사연구, 기록관리 기능을 하고 있고, 전승자들의 전승활동을 지원하는 행정기능을 갖추게 된다. 국립무형유산원은 단순히 무형유산 콘텐츠를 중심으로 하는 문화시설이 아니라 무형유산정책의 종합적 집행기관으로의 성격과 내용을 갖추게 된다.

2011년 연구가 이루어진 「무형문화유산 보전 및 진흥에 관한 법률 제정 연구」는 이후 2015년 「무형문화재법」 제정으로 연결되고, 2023년 현재 국립무형유산원은 「무형문화재법」이 요구하는 주요한 정책사업을 수행하는 기구로 운영되고 있다. 앞서 언급한 2000년대 이후의 한국 무형문화재 정책 핵심변수인 '세대전환'과 '정책체계완결성 확보' 및 '협

* 임돈희 · Roger L. Janelli, 「한국의 무형문화재 제도와 유네스코 무형문화유산 정책의 비교와 담론」, 『학술원논문집: 인문사회과학편』 제58집 1호, 대한민국학술원, 2019, 117쪽.

** 문화재청은 2011년 무형문화유산법 제정을 위해 관련 연구용역을 진행한다. 정종섭 · 정상우 외, 「무형문화유산 보전 및 진흥에 관한 법률 제정 연구」, 문화재청 · 인하대학교 산학협력단, 2011.

약 대응' 중에서 '정책완성'이 중심 변수로 작동하게 된 것으로 볼 수 있다. 종합정책집행기구로서의 국립무형유산원은 나름 법정사무의 수행기구로서의 지위를 갖고 「무형문화재법」의 집행을 효과적으로 담보하는 기능을 수행하고 있음은 명확하다. 다만, 무형문화유산전당 초기의 문제의식과 아태무형문화유산전당이라는 커다란 구상은 앞으로의 과제로 남겨진 상황이라 할 수 있다.

3. 개원 이후 기능 · 기구의 확대와 조정 과정

개원 이후 국립무형유산원의 발전과정을 구분하는 기준은 조직과 기구의 변화, 정책과 법 제정의 전환점 그리고 주요 사업 및 기능의 변화이다. 이 기준에 따라 국립무형유산원의 전개 과정을 다음 세 단계로 구분할 수 있다. 첫째, 설립 초기의 조직 기반 구축 단계, 둘째, 「무형문화재법」 제정과 기능 강화를 통한 확장 단계, 셋째, 「국가유산기본법」 제정과 국가유산체제 전환에 따른 새로운 방향 설정 단계로 구분할 수 있다.

국립무형유산원의 설립과 초기 조직 정비는 국가 차원의 무형유산 보호를 체계적으로 수행할 수 있는 기틀을 마련한 시기였다. 특히 기획운영과와 전승지원과로 시작된 초기 조직은 이후 기구 확대와 전문화의 기초가 되었다. 이 단계는 기관의 정체성을 확립하고, 무형유산의 보호와 전승이라는 본연의 목적을 구체화했다는 점에서 의의가 크다. 이후 「무형문화재법」 제정과 이를 기반으로 한 다양한 지원사업은 국립무형유산원의 기능을 한층 강화시켰다. 이 단계는 전승자 지원과 이수자 중심 정책을 통해 무형유산의 보호와 전승의 폭을 넓히는 데 기여했다. 또한, 국제무형유산영상페스티벌과 같은 브랜드 행사는 한국의 무형유산을 세계적으로 알리는 데 중요한 역할을 했다. 이를 통해 국립무형유산원은 단순히 무형유산을 보존하는 기관을 넘어 국내외 무형유산의 허브 임무를 수행하는 글로벌 기관으로 발돋움했다는 점에서 의의가 있다.

2024년 「국가유산기본법」 제정 및 국가유산청 개편에 따라 국립무형유산원의 일부 기능이 무형유산국으로 이관되면서, 정책의 전문성과 권위가 강화되었다. 이는 무형유산

정책을 국가적 차원에서 통합적이고 체계적으로 추진할 수 있는 기반을 마련했다는 점에서 중요한 전환점이다. 동시에 국립무형유산원은 공연, 전시, 교육 중심의 기관으로 축소되었으나, 분원과 어린이 무형유산전당 건립 사업을 통해 역할의 다양화를 모색하고 있다. 이러한 변화는 국립무형유산원이 앞으로 나아갈 새로운 발전 방향을 설정하는 계기가 된다는 점에서 의의가 있다.

1) 설립 초기의 조직 기반 구축 단계(2013~2014)

국립무형유산원설립추진단의 준비 작업을 거쳐 2013년 10월 1일 국립무형유산원이 출범한다. 국립무형유산원은 4급 공무원을 원장으로 하고 기획운영과와 전승지원과 두 개 부서 14명의 공무원이 배치된다. 기획운영과는 기관과 시설의 관리 및 무형문화유산 교육 및 교류협력 사업을 수행하였고, 전승지원과는 공연·전시 운영, 기록물·작품·유물의 관리 및 전승자 행사의 지원 업무를 수행하였다. 아울러 아태무형유산센터가 함께 입주함으로써 아태무형문화유산전당의 건립 취지를 계승하였다.

국립무형유산원은 2006년부터 8년 동안 759억원의 사업비를 투입하여 대지 59,930㎡, 연면적 29,615㎡, 지하1층, 지상5층의 규모의 시설로 2010년 2월 건립공사를 시작하여 2013년 4월 3년여의 공사를 마무리하였다. 준공식은 2013년 7월31일 개최하였는데 준공식에서는 국립무형유산원의 CI 선포가 있었다. 국립무형유산원의 CI는 어울림과 세대 간의 소통이라는 무형유산의 가치를 표현하였다.*

국립무형유산원의 시설 규모와 그 기능을 수행하기에는 크게 부족한 인력이기에 국립무형유산원 조직과 인력 확대가 곧바로 추진되고 이듬해인 2014년 3월, 기획운영과, 전승

* 국립무형유산원설립추진단, 「보도자료-무형유산에 관한 종합정책 집행기관인 '국립무형유산원' 준공」 2013.7.29.〈https://www.nihc.go.kr/planweb/board/view.9is?dataUid=fb0db99570e27d370170e2a681f3005f&page=58&boardUid=ff8080816ed8ebd3016ee88b183e00d3&contentUid=ff8080816f40a80f016f7eab08ee0d55&layoutUid=&searchType=&keyword=&categoryUid1=&categoryUid2=&cateogryUid3=〉(최종검색일 : 2025년 3월 23일).

지원과, 조사연구기록과 및 무형유산진흥과의 4과 40명으로 그 조직과 인력을 확대하며 기관장의 직급 또한 고위공무원으로 격상된다. 2014년 갖추어진 국립무형유산원의 기구와 인력 체계는 일부 인력의 증원이 있었으나 현재까지 지속되고 있다.

2014년 4과 체계로의 국립무형유산원의 기구 확장에 있어 두 가지 측면이 주목된다. 첫째는 전시와 공연 업무가 무형유산진흥과로 분장되며 전승지원과는 무형유산 전승자들의 전승활동을 지원하는 기능으로 특화된다. 이후 「무형문화재법」의 제정에 따라 전승지원과는 무형문화재법이 제시하는 다양한 무형유산 진흥 정책을 수행하게 된다. 둘째는 국립문화재연구소 소속의 무형문화재연구실이 소속을 바꾸어 국립무형유산원 소속의 조사연구기록과로 기구와 인력이 재편성된 것이다. 국립문화재연구소의 무형문화재연구실은 그 이전 예능민속연구실의 이름으로 오랫동안 국립문화재연구소에서 중추적 문화재 연구 부서로서의 역할을 해 왔다. 무형문화재연구실의 국립무형유산원의 기구화는 무형유산 조사연구가 문화재 일반보다는 무형유산 특성에 기반을 둔 조사연구로 전환될 것을 요구하는 것이기도 하였다.

2014년 조직과 인력의 체계를 갖춘 국립무형유산원은 개원행사 열림한마당을 2014년 10월 1일 개원식을 시작으로 10월 12일까지 12일간 개최한다. 개원 행사의 총감독으로 안숙선 명창이, 기획감독으로 전주지역의 대표적인 문화기획자 장걸 씨가 위촉되었다. 행사기간 다양한 공연과 체험 행사가 진행되었고, 10월 9일에는 제1회 국제무형유산영상페스티벌을 개막한다. 국립무형유산원은 이 국제무형유산영상페스티벌은 매년 개최하여 국립무형유산원의 브랜드 행사로 자리를 잡아가게 되었다.

국립무형유산원의 공식적 개원은 2013년 10월 1일이었으나 개원 이후 1년간 지속적으로 체계 정비가 이루어졌고 1년 만에 우리나라와 세계의 무형유산의 보호와 전승을 선도하는 '세계적인 무형유산 복합기관'으로 국립무형유산원의 지위와 성격을 정립하고, 본격적인 출범을 내외에 알리게 되었다.

2) 「무형문화재법」의 제정과 기능 강화(2015~2023)

국립무형유산원의 출범 이후 2015년 말 「무형문화재법」이 제정된다. 「무형문화재법」의 제정은 국립무형유산원의 기능도 강화되는 계기가 되었다. 대표적으로 공예 분야를 중심으로 무형문화재 진흥 정책이 도입되었고 이에 따라 공예은행제, 공예인증제 등의 사업이 시행된다. 또한 「무형문화재법」 제정을 통해 1990년대 후반부터 지속적으로 논쟁의 대상이 되었던 중요무형문화재 이수심사와 이수증 발급 권한이 문화재청으로 환원됨으로써 국립무형유산원이 이수심사 기능을 수행하게 되었다. 국립무형유산원은 전승자, 특히 이수자를 대상으로 하는 여러 가지 지원사업들을 확대해 왔다. 다양한 전승자 교육을 시행하고 있으며, 이수자 지원사업 또한 시행하고 있다. 국립무형유산원의 설립 이전과 이후를 비교하여 본다면 이수자 지원사업의 증가가 가장 눈에 띄는 변화라 할 수 있다.

국립무형유산원은 2023년 현재 4개과 공무원 46명 정원의 기구로 운영되고 있다. 공무원 외에 80여 명의 공무직 직원이 시설관리 및 전시와 공연 업무를 지원하고 있다. 국립무형유산원은 부지 59,930㎡에 건축 연면적 29,615㎡의 7개 주요 건물로 구성되어 있다. 건축 연면적의 주요시설은 공연장(대·소공연장), 전시실, 국제교류공간, 교육공간, 교육생 숙소 등 7개 건물이 조성되어 있다. 국립무형유산원은 2023년 기준 332억원을 집행하고 있다. 전승자를 지원하는 사업에 114억원, 공연, 전시, 교육 등 국립무형유산원의 시설을 활용한 직접사업에 85억, 조사연구에 18억원이 집행되고 있다. 국립무형유산원은 2023년에 설립 10주년을 맞이하였다.

3) 국가유산체제 전환에 따른 새로운 방향 설정(2024~현재)

2023년 5월 16일 「국가유산기본법」이 제정되어 2024년 5월 17일 시행된다. 아울러 이 법률의 시행과 함께 문화재청은 국가유산청으로 명칭을 변경하고 기구를 개편하게 된다. 이 개편에 따라 무형유산국이 출범하게 된다. 무형유산국은 문화재청의 무형문화재과의 기능과 국립무형유산원의 기능을 통합한 기구다. 무형유산국에는 무형유산정책과, 지정

심사과, 전승지원과, 조사연구기록과를 두고 있다. 무형유산정책과와 지정심사과는 문화재청의 무형문화재과가 나누어진 것이고 전승지원과와 조사연구기록과는 국립무형유산원에 있던 부서를 재배치한 것이다.

이에 따라 국립무형유산원의 기능은 기존 국립무형유산원 무형유산진흥과가 수행하던 공연, 전시 및 전승자 교육으로 축소된다. 다만, 국립무형유산원 분원과 어린이무형유산전당 건립 사업이 추진되고 있음이 주목된다. 이들 시설 건립과 기구 설치를 통해 국립무형유산원의 기능과 사업이 다양해질 것으로 보이며, 무형유산 향유권 신장을 위한 국립무형유산원의 역할이 강화될 것으로 보인다. 2025년 1월 현재, 국립무형유산원에는 21명의 공무원과 다수의 공무직 근로자들이 근무하고 있다. 국립무형유산원의 2025년 예산은 160여 억원이고, 이 중에는 어린이 무형유산전당 건립을 위한 설계비가 포함되어 있다.

국립무형유산원 기능 축소에도 불구하고 무형유산정책은 더 강화된 것으로 볼 수 있다. 전승자 지원과 조사연구 및 기록관리 정책이 국가유산청장의 직접 지휘를 받는다는 것은 그 정책의 권위와 영향력이 더 커진 것으로 볼 수 있기 때문이다. 다만, 국립무형유산원의 기능 축소는 국립무형유산원의 새로운 발전 방향 설정을 요구한다. 현재의 국립무형유산원 시설을 활용한 공연, 전시, 교육 기능을 내실화할 것인지 아니면 그보다 넓은 정책 기능을 수행할 것인지에 관한 판단이 필요하고, 그리고 보다 넓은 정책 기능을 수행하고자 한다면 새롭게 배치될 다양한 정책의 개발이 필요하다.

4. 결론

국립무형유산원의 탄생은 일단 「문화재보호법」에 근거한 무형문화재 보호 체계와 관련된다. 국립무형유산원은 2004년 '무형문화유산전당'이라는 이름으로 제기되었다. 이러한 문제의식은 「문화재보호법」 무형문화재 제도 내에서의 전승자 세대 전환이라는 계기 속에서 제기된 개념이다. 「문화재보호법」에 따른 무형문화재 제도가 40여 년을 경과하며 그동안의 중요무형문화재 보유자를 중심으로 하는 전승자들의 성과를 기리고자 하는 시설의 건립을 제안한 것이며, 그 시설은 작고한 중요무형문화재 보유자들의 유품과 작품을 문화재 차원에서 보존·관리하고자 하였다.

이러한 문제의식에서 추진된 무형문화유산전당은 2006년 기본계획, 2007년 종합계획 및 2008년 건립사업 타당성 재조사를 거치며 그 시설의 성격에 변화가 이뤄진다. 무형문화유산전당 건립과 아태무형문화유산센터 설립 추진 사업이 결합 된다. 그에 따라 건립사업의 명칭이 아태무형문화유산전당 건립으로 바뀌게 된다. 이는 단순하게 보면 건립 예산 확보 측면에서 사업의 타당성을 높이기 위한 기술적 전략으로 볼 수 있으나, 2000년대 이후 한국 무형문화재 정책에 있어 세 개의 핵심 변수 중의 하나인「무형문화유산보호협약」대응이라는 변수가 이 시기를 통해 증폭된 것으로 볼 수 있다. 당시 아태무형문화유산센터의 설립은 무형문화유산전당 건립 못지않은 문화재청의 현안이었고, 두 사업의 연계는 단순한 시설의 공유가 아니라「문화재보호법」과「무형문화유산보호협약」이 하나의 공간을 매개로 연결될 수 있는 사안이기도 하였다.

그러나 그 연계는 정책적으로나 시설 기능적으로나 정합적인 것이 아니었으며 시설의 준공과 운영 주체의 확정이 이뤄지는 과정에서 국내정책 완성이라는 과제가 보다 큰 변수로 부상하게 된다. 결국 무형문화유산전당에서 시작된 이 프로젝트는「문화재보호법」과「무형문화재법」을 중심으로 하는 국내정책 중심의 국립무형유산원의 설립과 그를 통한 시설의 운영으로 마무리되었다. 그리고 2023년「국가유산기본법」제정과 2024년 시행과 함께 진행된 무형유산국 신설과 국립무형유산원의 기능 조정은 또 한 번의 국립무형유산원 변화 계기가 될 것이다.

참고문헌

국립무형유산원,『국립무형유산원 건립백서』상권, 국립무형유산원, 2014.
문화재청,『무형문화유산전당 건립 종합계획(요약보고서)』, 문화재청, 2007.
메타기획컨설팅,『아태무형문화유산전당 운영 프로그램 개발 및 조직 운영방안 수립』, 문화재청, 2009.
이종민,「전주 전통문화중심도시화 전략」,『전주발전세미나자료집』, 21세기정책정보연구원, 2006.

임돈희 · Roger L. Janelli, 「한국의 무형문화재 제도와 유네스코 무형문화유산 정책의 비교와 담론」, 『학술원논문집: 인문사회과학편』 제58집1호, 대한민국학술원, 2019.

전영훈, 「전주〈무형문화유산전당 건립 종합계획〉 연구용역 결과보고」, 『건축과 사회』 통권 제9호, 새건축사협의회, 2007.

KDI, 『아태무형문화유산전당 건립 타당성 재조사 보고서(요약)』, KDI, 2008.

5. 무형유산학회Intangible Heritage Association, 2015년[41)]

1) 학회 창립

한국이 무형유산 분야의 선도국이 되기 위해서는 무형유산학을 연구하는 학자들의 모임인 학회 구성이 필수적이다. 그래서 필자는 무형유산에 관심 있는, 뜻을 같이하는 동료 학자들과 무형유산학회를 창립하기로 계획하였다. 2014년 12월 발기인대회를 시작으로, 2015년 4월 17일 창립총회를 거쳐, 마침내 무형유산학회가 탄생하였다.

무형유산학회는 무형유산과 관련된 학자들, 무형유산 정책자 그리고 무형유산 전문인들 사이에서 학술적 모임의 필요성이 대두됨에 따라 결성되었고, 전문 학자들 간의 창의적이고 비판적인 담론을 펴는 학술의 장이 되고 있다. 날로 중요성을 더해 가는 무형유산학 분야에서는 관련된 학문 분야의 학제 간 연구도 필수적이어서 다양한 전문 영역을 가진 학자들의 참여를 독려하고 있다.

세계 최초의 무형유산학회가 국내에서 조직되었다는 점에서 의미가 있고, 이 학회를 통해서 국내·국외 회원 상호 간의 지적 교류가 이루어지게 된 점도 뜻깊다. 무형유산학회는 앞으로도 무형유산 연구의 학술적 수준을 높여 유네스코를 위시한 국내외 관련 분야 발전에도 많은 기여를 하고자 한다. 무형유산학회는 매년 2회 정기 학술대회를 개최하고, 필요에 따라서 특별 심포지엄이나 워크샵을 개최하고 있다.

지난 2014년에서 2025년까지 학회 활동 중 큰 골자를 파악해서 무형유산학회의 발자취를 알아본다.

---

41) 무형유산학회는 2015년 창립되어 필자가 초대 학회장을 2년간(2015~2016) 맡았고, 함한희 교수가 2대, 3대, 4대까지 6년(2017~2022)을 맡아 학회장을 하였다. 필자는 2년간의 학회활동만 썼고, 함한희 교수가 나머지 부분을 집필하였기 때문에 학회지에 관한 집필은 함한희 교수의 집필이라고 보아야 한다. 무형유산학회에서 함한희 교수의 역할은 절대적이다. 함교수는 창립 회원일 뿐만 아니라 무형유산학회지 『무형유산학』 발간에 드는 비용도 전적으로 부담하였다. 함교수에게 깊은 감사를 드리는 바다.

[표 3-1-8] 무형유산학회 연혁

2014. 12. 12.	무형유산학회 발기인대회
2015. 4. 17.	[창립총회] 임돈희 학회장 (~2017. 4.) 및 임원 선출 창립학술대회 "무형유산보호활동과 정책"
2015. 8. 29.	[제1회 학술심포지엄] "무형문화재 보전 및 진흥에 관한 법률에 관한 배경과 의의"
2015. 11. 14.	2015년 추계학술대회 "무형문화재 보전 및 진흥에 관한 법률에 관한 생산적 재고"
2016. 2. 15.	[특별강연] 노리코 아이카와, "2003년 유네스코 협약 이행의 모니터링 정책에 대하여"
2016. 4. 15.	『무형유산학』 학회지 창간호 발간
2016. 4. 16.	2016년 춘계학술대회 "실제 현장 사례를 통한 무형유산의 전형의 양상 및 변화"
2016. 8. 31.	임석재 소장 1936년 봉산탈춤 영상 공개 및 80주년 기념학술대회
2016. 11. 12.	2016년 추계학술대회 "무형유산 공동체의 개념과 실상"
2016. 11. 15.	『무형유산학』 1권 2호 발간
2017. 4. 15.	『무형유산학』 2권 1호 발간
	2017년 춘계학술대회 "무형유산과 문화의 정치"
	제2대 학회장 함한희 선출 (~2019. 4.)
2017. 11. 15.	『무형유산학』 2권 2호 발간
2017. 11. 18.	2017년 추계학술대회 "무형유산과 지역 정체성"
2018. 4. 15.	『무형유산학』 3권 1호 발간
2018. 5. 12.	2018년 춘계학술대회 "무형문화유산 생태계 변화와 전망"
2018. 11. 3.	2018년 추계학술대회 "무형유산연구방법"
	연구윤리 규정 제정
2018. 11. 15.	『무형유산학』 3권 2호 발간
2019. 4. 13.	2019년 춘계학술대회 "무형유산 분야 문화매개자 활성화 모색"
2019. 4. 15.	『무형유산학』 4권 1호 발간
	제3대 학회장 함한희 연임 (~2021. 4.)
2019. 5. 2.	한국연구재단 등재(후보)학술지 신청
2019. 11. 8.	2019년 추계학술대회 "디지털 헤리티지의 유용성과 도전과제"
2019. 11. 15.	『무형유산학』 4권 2호 발간
2020. 4. 15.	『무형유산학』 5권 1호 발간
2020. 4. 17.	2020년 춘계학술대회는 코로나 위기로 취소됨.
2020. 11. 14.	2020년 추계학술대회 "해양문화와 무형문화유산" (온라인 웨비나) 공동주관: 한국해양대학교, 전북대 무형유산정보연구소
2020. 11. 15.	『무형유산학』 5권 2호 발간

2021. 4. 15.	『무형유산학』 6권 1호 발간
	제4대 학회장 함한희 연임 (~2022. 12.) 및 새 임원진 구성
2021. 5. 22.	2021년 춘계학술대회 “한국의 음식문화와 무형문화유산” (온라인 웨비나) 공동주관: 전북대 무형유산정보연구소, 무형문화연구원
2021. 8.	한국연구재단 신규 평가 등재후보학술지로 선정
2021. 9. 10.~11.	2021년 추계학술대회 “남북관계 개선을 위한 문화교류의 역할” 통일연구원과 공동개최 (온 & 오프라인 동시 개최)
2021. 11. 15.	『무형유산학』 6권 2호 발간
2022. 4. 15.	『무형유산학』 7권 1호 발간
2022. 5. 13.	2022년 춘계학술대회 “무형유산의 전승과 교육” 공동주최: 한국전통문화대학교, 공동주관: 무형문화연구원, 전북대 무형유산정보연구소
2022. 11. 5.	2022년 추계학술대회 “무형유산과 음식문화” 공동주관: 전북대 무형유산정보연구소, 무형문화연구원
2022. 11. 15.	『무형유산학』 7권 2호 발간
2023. 1. 1.	제5대 학회장 박정석 선출 (2023. 1.~2024. 12.)
2023. 4. 15	『무형유산학』 8권 1호 발간
2023. 4. 15.	2023년 춘계학술대회 “지역문화의 가치 발견과 무형유산의 활용” 공동주최: 목포대 문화와자연유산연구소, 전북대 무형유산정보연구소 후원: 목포대, 무형문화연구원
2023. 11. 15.	『무형유산학』 8권 2호 발간
2023. 11. 25.~26.	2023년 추계학술대회 “무형유산과 투어리즘” 공동주최: 고창문화관광재단/주관: 무형문화연구원, 한국전통문화대학교 무형유산학과, 전북대 무형유산정보연구소
2023. 12.	한국연구재단 계속 평가 등재학술지로 선정
2024. 4. 15.	『무형유산학』 9권 1호 발간
2024. 4. 19. ~20.	2024년 춘계학술대회 “국가유산체제 전환과 무형유산 패러다임의 변화” 공동주최: 경북대학교 BK21 Four교육연구팀, 무형문화연구원
2024. 11. 14	사단법인 설립
2024. 11. 15	『무형유산학』 9권 2호 발간
2024. 11. 22.	2024년 추계학술대회 “무형유산 전통지식 분야의 전승과 미래” 공동주최: 국가유산청, 충청북도, 제천시 공동주관: 충청북도문화재연구원
2025. 1. 1.	제6대 학회장 박정석 연임(~2026. 12.) 및 새 임원진 구성
2025. 4. 15.	『무형유산학』 10권 1호 발간
2025. 4. 19.	2025년 추계학술대회 무형유산학회 창립 10주년 기념. “무형유산과 로컬리티” 공동주최: (사)무형유산학회, 국립민속박물관

2) 발기인대회와 창립총회

2014년 12월 12일 동국대학교 문화관 K201호에서 발기인대회를 하였다. 참여자는 로저 자넬리Roger L. Janelli(미국 인디아나대학교 명예교수), 임돈희(동국대 석좌교수), 여중철(영남대 명예교수), 김용덕(한양대 교수), 윤광봉(일본 히로시마대 명예교수), 함한희(전북대 교수), 최종호(한국전통문화대 교수), 박상미(한국외국어대 교수), 김용구(문화재청, 현 국가유산청), 박원모(ICHCAP), 윤동환(전북대 연구교수) 등 총11분이었다. 학회 이름은 '무형유산학회'로 하고 영어로는 'Intangible Heritage Association'으로 하였다. 학회 이름을 한국무형유산학회로 하지 않고 무형유산학회로 한 것은 한국의 무형유산학회가 아닌, 세계의 무형유산학회가 되기를 바람에서다. 학회의 영문 이름은 발기인 중 한 분인 인디아나대학교의 로저 자넬리 교수가 'Intangible Heritage Association'이라고 지었다.

[사진 3-1-8] 2014년 12월 12일 동국대에서 열린 무형유산학회 발기인대회 참가자들(윗줄 왼쪽부터 윤동환, 박상미, 윤광봉, 최종호, 김용구, 박원모, 아랫줄 왼쪽부터 함한희, 김용덕, 임돈희, 여중철, Roger L. Janelli) (사진: 최종호 교수 제공)

발기인대회를 마치고 이듬해인 2015년 초, 학회 창립을 위한 '무형유산학회 창립총회 및 학술대회'를 기획하였다. 2015년 4월 17일, 동국대학교 문화관 2층 학명세미나실에서 무형유산학회 창립총회가 개최되었다. 이 자리에서 임돈희 교수(동국대학교 석좌교수)가 초대학회장으로 선출되었으며, 학회의 임원진도 구성하였다(자세한 내용은 <부록 1> 참조).

3) 학술대회: 정기 및 특별 학술대회와 강연

창립총회에 이어서 '무형문화유산 보호 활동과 정책'이라는 주제로 창립 학술대회를 개최하였다. 학회의 창립을 기념하는 학술대회에 걸맞게 무형문화유산 보호를 둘러싼 국내외 정책의 변화를 다루었다. 유네스코의 무형문화유산 정책의 의미와 영향(임돈희)을 짚어보고, 한국과 중국의 무형유산 보호 정책 현황에 대한 분석을 시도하였다.(송민선, 데밍안)

임돈희 학회장이 취임사에서 밝힌 대로, 학술 논의의 장에서 시의적절하게 다루어야 할 문제들이 산적해 있어서 학회의 설립은 필연적이었다. 그 가운데에서 가장 시급한 것은 바로 그 해(2015) 3월 3일에 국회를 통과한 「무형문화재 보전 및 진흥에 관한 법률」(이하 '무형문화재법' 또는 '신법')에 대한 논의였다. 「문화재보호법」 아래에서 무형문화재의 특성을 제대로 고려하지 못한 채 반세기가 지난 시점에서 비로소 별도의 법이 제정되어 이를 검토할 필요성이 제기되었다. 이 신법은 2016년 3월 28일 이후 시행될 예정이어서 국내 무형문화유산 분야의 지각 변동과 이에 대한 학술적 분석이 요구되었다. 학회에는 이같은 시의성을 반영하여 「무형문화재법」 제정의 배경과 의의, 장점과 한계를 논의하는 학술심포지엄을 8월 29일에 개최하였다. 이는 정기학술대회와는 별개로 열린 첫 번째 심포지엄이었다. 신법은 무형문화재 보전의 원칙을 '원형'에서 '전형'으로 바꾸는 등의 변화를 시도해서 유네스코 「무형문화유산보호협약」 체제와 발맞춰 가고자 하였다. 그러나 「무형문화재법」은 몇 가지 점에서 한계를 지닌 채 시행된다는 문제점이 학술심포지엄에서 지적되었다.

학회는 「무형문화재법」이 중요하다는 판단 아래 2015년 8월 학술심포지엄에 이어서 11월 14일에 열린 가을 정기학술대회에서도 이 문제를 지속적으로 다루었다. '무형문화재 보전 및 진흥에 관한 법률의 생산적 재고'라는 주제를 가지고 신법의 쟁점이 되는 '원형'과 '전형'의 개념, 무형유산의 '공동체'에 대한 논의를 재개하였다. 그리고 2016년 추계학술대회에서는 신법이 독립입법으로 제정되지 못해 아쉬운 점, 무형문화유산이라는 용어와 그 개념이 채택되지 않은 점, 공동체 중심의 보호가 여전히 미흡한 점 등이 지적되었다.

2016년 2월 15일(월) 오후 2시 무형유산학회와 전북대학교 무형문화연구소가 공동개최하는 특별 강연이 있었다. 당시 우리 학회의 자문위원이며 전 유네스코 무형문화유산과장인 노리코 아이카와 선생을 초빙해 유네스코 무형문화유산의 현안 중의 하나인 'Monitoring ICH Element after the Inscription'에 대한 발표를 들었다. 동국대학교 다향관 세미나실에서 열린 이 특별 강연에는 학회 회원들이 다수 참여해 국제적 이슈에 대한 안목을 넓히는 기회를 가졌다. 각 회원국은 인류무형문화유산 대표목록에 등재하는 일에만 몰두하지 등재 이후의 보호조치를 소홀히 하는 경향이 있다고 보고되고 있다. 유네스코에는 국가정기보고 제도가 마련되어 있지만, 좀 더 체계적인 모니터링의 필요성을 역설하였다.

2016년 4월 16일 상반기 학술대회는 2015년 하반기 학술대회에서 논의된 원형과 전형의 논의를 연장하여 '실제 현장 사례를 통한 무형유산의 원형과 전형의 양상'에 대해 논의하였다. 원론적인 논의가 아니고, 각 무형유산 분야별로 현장에서 직면하는 원형 논란에 대해 구체적인 사례를 중심으로 이루어졌다. 현대 사회 속에서 일어난 변화 양상을 드러내고 이를 통해서 원형성을 재검토해 보고자 했다. 굿, 민속극(가면극, 인형극, 재담 등), 농악, 놀이, 동제, 춤, 노래(민요, 판소리, 잡가 등), 공예 등 각 분야가 모두 망라되었다.

2016년 8월 31일에는 봉산탈춤을 주제로 한 특별 학술행사를 개최했다. 문화재위원회 초대 무형문화재분과 위원장을 역임하셨던 고 임석재 교수가 황해도 사리원에서 했던 봉산탈춤 현지 조사(1936)의 80주년을 기념하는 워크샵이었다. 1936년 당시 스웨덴 학자 베리만Bergman이 촬영한 활동사진인데, 임교수가 어렵게 입수해서 소장해 온 귀중한 봉산탈춤 동영상(약 5분 정도)이다. 봉산탈춤의 변화 양상을 중심으로 워크숍을 기획했다.

2016년 11월 19일 추계학술대회는 '무형유산 공동체의 개념과 실상'이라는 주제를 가지고 열띤 논의를 했다. 공동체에 대한 개념을 정의하는 것은 쉽지 않은 작업이며, 특히 유네스코 무형유산 협약에서 핵심 개념으로 사용하는 공동체 개념은 더욱 그러하다. 공동체에 대한 정의나 개념 그리고 실상에 대한 합의가 이루어지지 않았다는 것이 협약의 실정이다. 우리나라의 경우, 공동체에 기반한 무형유산 보호는 생소한 개념일 수 있다. 왜냐하면, 「문화재보호법」 상 공동체 안에서의 무형유산의 보호에 대한 규정은 없으며, 보유자와 보유단체를 중심으로 한 종목 위주의 보전 정책을 유지해 왔기 때문이다. 따라서 본 학회에서는 무형유산 공동체를 개념화하고, 공동체 기반의 무형유산 보호 문제에 대해 논의의 장을 펼쳤다. 이 학술대회를 통해서 공동체 개념을 좀 더 명확하게 했다. 공동체는 무형유산의 전승 집단 및 향유층을 포괄하는 의미로서, 기존 공동체 논의를 포함할 뿐 아니라, 무형유산 보존회, 동호인 집단 등을 포괄하는 개념으로 보았다. 기존의 공간적 개념의 공동체, 즉 마을이나 지역사회를 포함해서 도시 속 무형유산 공동체, 인위적 집단, 심지어 상상의 공동체까지 모두 포괄한다는 점을 명기했다.

2017년 4월 15일에 열린 춘계학술대회의 주제는 '무형유산과 문화의 정치'로 정해졌다. 무형유산을 둘러싼 정치적 행보를 학문적으로 살펴보고자 한 것이다. 국제적 움직임이 곧바로 지방과 마을로 전달되어 막강한 영향력을 행사하고 있는 상황이기에 문화의 정치를 성찰해 보고자 한 것이다. 가장 소외된 지역의 무형유산을 지방이나 국가가 우선적으로 관심을 가지도록 하는 것이 연구자들의 몫이라는 생각에서 이 주제를 논의거리로 만들었다.

아울러 무형유산과 아카이브와 같은 새로운 영역을 개척하는 발표자들도 학술대회에 참가하였다. 최근 아카이브와 관련해서 많은 일들이 추진되어 오긴 했다. 그러나 무엇을 위해서, 누구를 위해서, 어떤 방법으로 해야 하는지, 가장 바람직한 방향은 어떤 것인지 등에 대한 기본적인 물음이 새삼 필요한 시점이라고 보았다. 무형유산 아카이브는 관련 정책과 자료의 민주화 및 장기지속성 문제와 맞닿아 있으므로, 이 역시 학술적 논의에 바탕을 두고 개발해 나가야 할 것을 강조하였다.

이 학술대회의 세 번째 주제는 무형유산 교육이었다. 최근 세계적으로 무형유산 교육에 대한 관심이 커지고 있는데, 국내에서는 아직 생소한 분야여서 무형유산 교육의 중요성을 되짚어 보려는 의도였다. 본 학회가 국내 처음으로 무형문화유산 교육의 이론적·방법론적 문제에 대한 논의를 시작해 보았다.

2017년도 11월 18일에 열린 추계학술대회는 '무형유산과 지역 정체성'을 기획 주제로 삼아 진행되었다. 당시 학계와 현장에서 각각 주요한 화두로 부상되던 무형유산과 지역의 정체성을 상호 연관 속에서 논의할 필요성이 제기된 데 따른 기획이었다. 이는 지역사회마다 무형유산이 중요한 문화자원으로 활용되고 있을 뿐 아니라, 무형유산을 기반으로 지역 정체성을 서술하거나 재구성하는 사례가 증가하고 있었기 때문이었다. 이러한 문제의식을 공유하며, 현장 기반 연구를 수행해 온 학자들이 모여 학술적 담론의 장을 형성하였다. 발표 논문들은 지역의 당산제, 설화, 농악 등이 어떻게 지역 정체성으로 자리매김하는지를 분석하는 데 주력하였다. 이어서 두 번째 기획주제로는 '무형유산교육의 현재와 미래'가 설정되었으며, 무형유산 전승 교육의 현장에서 드러나는 제도적 · 실천적 문제에 초점이 맞추어졌다. 구체적으로는 무형문화재 전승 과정에서의 도제 관계, 공예 부문 전수교육의 특성, 전수교육관을 매개로 한 사회교육의 실제 등이 논의되었다. 아울러, 자유주제 발표와 학문후속세대인 대학원생들 세션도 병행되어 다양한 연구 성과가 공유되었다.

2018년 5월 12일 춘계학술대회에서는 남북한 문화교류의 가능성을 타진해 보는 자리를 마련했다. 최근 남북한 문화교류의 가능성을 엿보았지만, 그보다 더욱 급한 것은 남북한의 유네스코 인류무형문화유산 대표목록 공동등재를 위한 노력이라는 점을 강조했다. 그해 말 개최된 제13차 유네스코협약 정부간위원회(2018)에서 마침내 남북한의 씨름이 공동등재되었다. 이는 남북한 문화의 소통부재라는 기존의 틀을 벗어난 사건으로 기록되었다. 국내 무형유산 정책이 급변하는 무형유산 생태계를 따라가려면, 관련 분야의 선도적인 연구가 절실해 보인다. 이를 위해서 본 학회에서는 남북한 무형유산의 교류와 공동등재 등의 제반 문제를 기획주제로 해서 논의의 장을 넓히는 데 기여했다.

2018년 11월 3일에 열린 추계학술대회에서는 무형유산 연구방법을 다루었다. 어떤 시각을 가지고 대상에 접근하는가, 어떠한 방법으로 관련 자료를 수집하는가, 어떻게 해석하는가 등은 큰 틀에서 연구방법이라고 할 수 있으며, 연구의 관건이 된다. 이같은 기본적인 논의에 집중해서 학문의 정체성을 밝히고자 했다. 지금까지의 연구방법을 성찰하고, 심화 · 발전시키려는 의도에서 연구방법을 다시 돌아보고자 한 것이다. 새로운 관점의 개발, 그에 따른 자료 수집 그리고 새로운 해석에 대한 제안을 다룬 발표를 기획주제로 편성했다.

두 번째로는 최근 무형유산의 기록 작업이 꾸준히 지속되고 있다는 점에 착안해서 방법론상의 문제를 점검해 보고자 했다. 기록의 양적 확대가 곧 질을 담보하지는 않다는 점을 명심하면서 기록자의 관점, 접근방법과 자료 분석에 대한 성찰의 시간을 가졌다.

세 번째로는 무형유산의 제1목소리를 학회 차원에서 진지하게 들어보고자 무형유산 전승자 겸 현장 연구자들이 스스로의 목소리를 내어 밖에서 바라보기와 다른 점에 귀를 기울였다. 차이의 무형유산을 인지하면서 제1목소리를 가진 연구자들의 범위를 확대하는 것도 본 학회의 중요한 소임임을 새삼 깨달았다.

2019년 4월 13일 춘계학술대회에서는 문화매개媒介의 활용 가능성을 기획주제로 선정했다. 이 분야에서 오랫동안 활동해 온 전문가들을 모시고 무형유산 분야에서 문화 매개자의 역할과 기능 그리고 활성화 방안을 모색해 본 것이다. 현대 문화예술·생활문화 분야에서 문화 매개자의 활동이 시작되면서 해당 장르의 사회적 가치가 높아지고 있다는 점을 돌아보았던 것이다. 국제적으로도 문화 매개자들의 활동을 통해서 무형유산 보호와 전승 활동이 원활해진다는 보고도 있다. 해를 거듭해도 좀처럼 나아지지 않은 무형문화재의 전승환경을 안타까워 하다가 뒤늦게나마 본 학회에서는 문화 매개자 육성의 필요성을 타진해 보았다. 무형문화재 보유자·보존회·공동체가 혼신의 힘을 다해서 전통문화를 지키고 있지만, 풍전등화와 같은 운명에 놓인 종목이 적지 않다. 소중한 전통문화의 사회적 가치를 확산시키기 위해서는 문화 매개자의 역할이 필요하다고 본다. 그리고 무형유산 분야의 특수성, 문화매개의 적용 가능성, 활성화를 위한 방안 등의 논의가 이어져야 한다. 그리하여 춘계학술대회에서는 무형문화재 전승환경의 개선을 위해서 문화 매개자의 기능과 역할을 검토하는 발표 논문을 모았다. 기존 문화매개의 개념을 그대로 적용하기 보다는 무형유산 분야에 합당한 방법에 대해 고민하는 자리였다.

2019년 11월 8일 추계학술대회의 기획주제는 '디지털 헤리티지의 유용성과 도전과제'였다. 최근 무형문화유산과 디지털 기술의 융합이 국내외를 막론하고 관련 분야에서 주요 과제로 떠오르고 있으며, 국내에서는 지방자치단체 및 중앙 정부 차원에서 무형문화재를 상대로 다양한 디지털화를 진행하고 있다. 자료 보관을 위해서 영상을 찍고 사진 및 구술을 디지털화하는 단계를 넘어서, '디지털 헤리티지'라는 분야가 새롭게 등장한 것이다. 이번 무형유산학회는 문화유산의 디지털 기록의 윤리와 정책 등의 문제를 살펴보고, 현재 진행되고 있는 문화유산의 디지털화 사업의 현재를 성찰한다는 데 의의가 있었다. 최근 논쟁 중인 과학기술의 진보와 인간성의 문제와도 깊은 관련을 맺고 있는 가상현실(VR), 증강현실(AR), 혼합현실(MR), 실감센싱, 레이저스캐닝 등의 첨단기술을 활용한 무형문화재의 디지털 보관 및 활용의 미래 방향에 대해서도 중요한 물음을 던지며 학술적 논의를 심화했다.

2020년 4월 17일에 개최할 예정이었던 춘계학술대회는 코로나 사태로 인해서 취소되었다. 계획했던 기획주제인 '해양문화와 무형문화유산'은 추계학술대회로 연기해서, 11월 14일 온라인으로 개최했다. 전염병으로 인해 모임이 금지되는 초유의 사태여서 당황스럽고 안타까운 일이었지만, 온라인 발표와 토론이 가능한 것만으로도 다행이었다. 한국해양대학교와 공동주관을 계획해서 해양 무형문화유산의 전승에 관한 논의에 집중했다. 낙동강 하구 재첩잡이, 우뭇가사리 채취, 동해안 오구굿 등 전통 어로생산 지식과 의례의 변화와 전승 상황을 분석한 연구발표가 있었다. 제2부에서는 무형유산 공동체 논의가 재개되어 전승 공동체의 개념에 대한 논의가 진행되었다. 제1목소리로 말하기와 듣기에서는 탈춤, 별신굿 이수자가 지속 가능한 전승에 대한 전망을 발표했다.

2021년 5월 22일 춘계학술대회는 기획주제로 '한국의 음식문화와 무형문화유산'으로 정했다. 코로나 사태가 진정되지 않아서 여전히 온라인으로 발표와 토론을 이어갔다. 무형문화유산으로서 인삼연구 2편이 발표되었고, 굿에 대한 기억과 역사기록을 바탕으로 그 변화와 전승에 대한 논문 3편이 발표되었다. 코로나 시대의 무형유산 전승에 대한 라운드테이블도 마련되었다. 누비장, 택견, 진주검무, 이리농악의 전승교육사, 이수자가 참석하여 현장의 생생한 이야기를 공유해 주었다.

2021년 9월 10일~11일 이틀 간 열린 추계학술대회의 기획주제는 '남북관계 개선을 위한 문화교류의 역할'이었다. 통일연구원과 공동으로 개최하게 된 학술대회는 코로나로 인해 제한된 모임 규정이 있어서 대면과 비대면 회의를 동시에 운용하였다. 직접 만날 수 없는 답답함이 남북의 문화교류에서도 지속되고 있어서 다시 물꼬를 트기 위한 방안, 남북한 공통의 문화유산에 대한 가치 제고에 관한 논의가 이어졌다. 급변하는 국제 정세 아래서 남북한 문화교류의 중요성을 다시 한번 새겨보는 자리였으나, 실천으로 이어질 수 없는 정치적 현실의 어려움을 실감하게 되었다.

2022년 5월 13일 춘계학술대회는 코로나 사태 이후 2년 만에 한국전통문화대학교에서 열렸다. '무형유산의 전승과 교육'이라는 기획주제를 가지고 전승현장, 대학 및 기관에서 이루어지는 다양한 무형유산 교육 현황을 살펴보고 미래의 방향을 모색하는 시간을 가졌다. 2부에서는 '무형유산의 전형과 창조 사이'라는 일반 세션을 구성하여 포스트휴먼시대의 무형유산의 역할과 과제를 성찰해 보았다. 3부에서는 가야금병창, 각자장, 승무, 가산오광대 이수자들을 초대하여 현장의 목소리를 들으면서 지속 가능한 전승에 대한 바람직한 방향을 논의해 보았다.

2022년 11월 5일 추계학술대회의 기획주제는 '무형유산과 음식문화'였다. 음식문화를 통해서 무형유산의 특징을 알아보고자 굿 의례음식, 일본 와쇼큐和食의 현대적 전승에 대한 발표와 한국 음식문화가 유네스코 등재에 왜 어려움을 겪는지에 대한 분석도 있었다. 또한 무형유산의 제도·학술적 정립기에 대한 회고와 전망을 가졌는데, '국립무형유산원', '무형문화연구원', '무형유산학회'의 설립 이후 활동에 대한 발표가 있었다. 조금 특별했던 것은 '무형유산 가치 평가지표개발'에 대한 발표가 포함되면서 문화재청이 처음으로 시도했던 무형문화재 평가에 대한 객관적 기준이 어떻게 마련되었는지에 대한 궁금증도 풀 수 있었다. 한국이 무형유산 선도국으로 올라서면서, 전문연구기관, 정책기관, 국제기관, 학회 등이 동시다발적으로 세워졌던 지난 20여 년의 역사를 회고하는 소중한 시간이었다.

2023년 4월 15일 춘계학술대회는 '지역문화의 가치 발견과 무형유산의 활용'으로 정했다. 남도무형유산 중 갯벌문화, 무등산 관부 화전놀이 및 전통 어촌 공동체의 가치를 중점적으로 논의하였다. 그리고 무형문화재의 전형과 원형, 공동체의 개념과 범위에 대한 논의가 다시 이어졌다. 학회는 연구와 현장을 아우르기에 이번 학회에서는 국가무형문화재 갓일 보유자인 박창영의 공개 시연을 관람하고 전승자와의 대화 시간을 가졌다.

2023년 11월 25일과 26일 이틀 간의 추계학술대회는 고창에서 열렸는데, 고창문화관광재단과 공동으로 주최하면서, 기획주제를 '무형유산과 투어리즘'으로 하였다. 무형유산이 관광자원으로 활용되면서 발생하는 사회적 문제를 중점적으로 짚어보았다. 또한 일반세션에서는 전승 공동체 활성화 방안 연구, 매개인력 육성의 필요성 등 정책 관련 논의에 집중하였다. 무형유산 활동의 국내외 동향 및 주목할 만한 무형유산 연구를 검토하는 시간이 있어서 학회 참석자들에게 유익한 정보를 제공하였다.

2024년 춘계학술대회는 4월 19일, 20일 이틀 동안 경북대학교에서 열렸다. 경북대학교 BK21 Four 교육연구팀, 무형문화연구원과 공동으로 국제학술대회를 진행하면서 다양한 논의의 장을 마련하였다. 학술대회의 주제는 '국가유산체제 전환과 무형유산 패러다임 변화'였다. 2024년 5월 「국가유산기본법」이 제정되면서 '무형문화재법' 또한 '무형유산법'으로 바뀌게 되었다. 이와 관련해서 체제의 변화를 가져온 대내외 환경을 분석하고 앞으로 우리에게 필요한 것을 제안하는 자리였다.

2024년 11월 22일 추계학술대회는 청주에서 열렸다. 최근 무형유산 분야에서 전통 지식에 대한 관심이 크게 고조되고 있어서, 충청북도문화재연구원과 공동으로 도내 무형유산, 특히 잊혀져가는 전통 지식의 발굴과 그 지속 가능성을 위한 연구에 주목한 논문들이 발표되었다. 전통농경지식을 중심으로, 다양한 전통지식 연구와 확장 방안, 엽연초 재배, 양잠 농가와 같은 전승 주체들과의 대화를 통해 현장의 목소리를 직접 듣고 교류하는 시간을 가졌다.

2025년 4월 19일 개최된 춘계학술대회는 학회 창립 10주년 기념행사를 겸하여 진행되었다. 이번 학술대회는 국립민속박물관과 공동으로 주최되었으며, 2015년 창립 이후 한국 무형유산 분야의 중대한 변화와 더불어 '무형유산'을 학문적 연구 대상으로 정립해 온 학회의 성과를 돌아보는 자리이기도 하였다. 이를 기념하기 위해 간략한 기념식이 마련되었고, 전임 회장인 임돈희, 함한희 두 교수에게 공로패가 수여되었다. 학술 프로그램은 임돈희 교수의 기조강연으로 시작되었으며, 이어 해외 연구자의 초청 강연과 대담 프로그램이 진행되었다. 이번 학술대회의 기획 주제는 '무형유산과 로컬리티'로 설정되었으며, 지역문화정책, 공동체성, 현장 문제 등 다양한 주제가 다루어졌다. 또한 해외무형유산 연구성과를 종합적으로 검토하는 리뷰 세션과 최근 국제무형유산 정책 동향을 소개하는 세션이 마련되어, 회원들에게 국제적 연구 및 정책 흐름을 공유하는 유익한 학술 교류의 장이 되었다.

무형유산학회는 일 년에 두 차례 학술대회를 열고 학술지 2권(4월, 11월)을 발간하여 무형문화유산 분야에 대한 시의적절한 학문적·정책적 논제를 개발해서 학술 담론을 주도하고 있다. 무형문화유산 연구의 이론과 방법론에 대한 성찰과 새로운 관점의 개발, 그에 따른 자료수집 및 새로운 해석에 대한 제안을 모색하면서 무형문화유산 관련 전승자 겸 현장 연구자를 아우르며 연구자의 범위를 확대해 나가고 있다.

4) 학회지『무형유산학』발간

학회가 창립되고 정기적으로 학술대회를 개최하는 것은 학회가 존재하는 주요 이유다. 학술대회를 통해서 학회 회원들은 그동안 연구한 내용을 발표하고 같은 분야의 전문가들로부터 조언과 비판을 받는다. 학회가 학술대회를 운영하는 것도 중요하지만, 더 중요한 것은 학자들의 연구 결과를 담은 학회지의 발간이다. 그러나 학회지의 발간이 그렇게 쉬운 작업은 아니다. 학술지를 발간하는 데는 비용이 들기 때문이다. 여느 창립 초기 학회들이 대부분 겪는 문제인데, 무형유산학회도 마찬가지였다. 학회는 회원들의 회비로 운영되는데 회원 수도 많지 않고 회비도 적을뿐더러(연회비 3만원) 회비를 걷는 것도 힘들어서 학회지 출판 비용을 마련하는 일은 어려웠다. 이러한 역경을 딛고, 무형유산학회는 그동안 일 년에 두 번 학회지『무형유산학』을 빠뜨리지 않고 발간하였다. 2016년 4월 창간호(1권 1호)를 시작으로 2025년 5월 현재 10권 1호(총 18권)를 발간했다.

2023년에 한국연구재단의 KCI 등재학술지로 선정되었다.『무형유산학』학회지를 '등재지'로 만드는 일은 쉽지 않았다. 2019년 한국연구재단 학술지 신규 평가에서 탈락하여 2년 후인 2021년에 재신청을 하였다. 등재(후보)지가 아니면, 논문 확보가 어려웠기에 이를 극복하기 위해서 다방면으로 노력을 기울였다. 국제적으로 명망 있는 전문가들로부터 투고를 받아 연구논문을 실었고, 국내에서는 연구조사를 진행하고 있는 연구자들의 현장감 있는 연구성과를 실음으로써 학회지의 질적 수준을 높였다. 마침내 2021년도 한국연구재단 학술지 신규 평가에서 '등재후보학술지'로 선정되었다. 그리고 2년이 지난 2023년 학술지 계속 평가에서 '등재학술지'로 선정되었다.

학회지는 1년에 2회, 4월 15일과 11월 15일에 발행된다. 지금까지(2016~2025) 9년 반 동안 게재된 논문의 수는 총 148편이다. 해마다 약 15.3편의 무형유산 논문이 나온다. 이러한 성과를 바탕으로 무형유산학의 토대를 구축하고, 나아가서 더 수준 높은 이론과 방법론을 선도할 수 있도록 하는 것이 학회지 발간의 목표다. 본 학회는 훌륭한 논문이 나올 수 있도록 심사규정을 잘 지키면서 객관적이고, 엄정한 심사 제도를 유지하고 있다.

[표 3-1-9] 학회지 게재논문 수

연도	2016년 1권 1-2호	2017년 2권 1-2호	2018년 3권 1-2호	2019년 4권 1-2호	2020년 5권 1-2호	2021년 6권 1-2호
게재논문 수	15편	17편	14편	24편	14편	10편
연도	2022년 7권 1-2호	2023년 8권 1-2호	2024년 9권 1-2호	2025년 10권 1호	합계	연 평균
게재논문 수	16편	12편	16편	10편	148편	15.6편

5) 제언

무형유산학회가 창립된 지도 10년이 되었다. 2025년 10주년 기념 때에 본고에서 정리한 내용이 참고가 되어서 10주년 백서를 꾸밀 수 있기를 바란다. 기록을 통해서 역사가 만들어지는 것이기에, 지금까지 흩어져 있던 내용을 한 자리에 모아 정리해 보았다. 첫 번째 시도여서 미처 챙기지 못한 내용이 있을 것이다. 기록 작업은 부단히 지속되어야 하기에 기반을 만든 정도로 보고자 한다. 또한 이번에 수집된 내용이 이 지면에 모두 들어가지도 못했다. 학회 아카이브에 잘 정리해서, 추후 언제라도 꺼내 볼 수 있도록 할 예정이다.

본 학회 창립을 전후로 우리나라 무형유산 분야에서는 지각 변동이 일어났다. 2003년 유네스코 「무형문화유산보호협약」 체결 이후 한국은 선두주자로서의 역할을 꾸준히 수행해 왔다. 유네스코 아태무형유산정보센터를 설립하여 활동해 오고 있으며, 국가유산청 산하 국립무형유산원도 설립하였다. 국립민속박물관은 세계 최초로 무형유산 분야 영문 학술지인 *International Journal of Intangible Heritage*를 발간하여 국제적 저명 학술지로 인정받게 되었다. 여기에 더하여 국가에서는 여러 차례 법과 제도를 국제 기준에 맞추어 정비를 시도했고, 마침내 2023년 5월 「국가유산기본법」을 제정하였다.

무형유산학회의 창립도 이러한 선도적인 일 가운데 하나다. 무형유산 분야의 발전이 이루어지기 위해서는 연구자들의 연구가 토대가 되어야 한다는 인식 아래서 학회가 창립되었던 것이다. 법과 제도 및 정책만 가지고는 무형유산의 보호나 지속 가능성을 담보하기 힘들다. 질 높은 연구를 토대로 법, 제도 그리고 정책을 바로 세워야 하기 때문이다.

또한 무형유산학회는 2024년 11월 14일 국가유산청 소속 사단법인으로 설립 허가를 받았고, 향후에는 유네스코 인가 NGO로 인가받기 위한 서류 작업을 준비하고 있다. 이를 통해 무형유산학회가 유네스코를 비롯해 국제적인 활동을 적극적으로 펼쳐나가기를 기대한다.

〈부록 1〉

학회 임원

제1대 (2015. 4.~2017. 4.)

자문위원: 최인학(인하대학교 명예교수), 홍윤식(동국대학교 명예교수), 강신표(인제대학교 명예교수), 김인회(연세대학교 명예교수), 이삼열(전 유네스코 아태무형유산센터 사무총장), Noriko Aikawa(전 유네스코 무형유산과장), Roger L. Janelli(미국 인디아나대학교 명예교수)

회장: 임돈희(대한민국 학술원회원, 동국대학교 종신석좌교수)

부회장: 임장혁(중앙대학교 교수), 함한희(전북대학교 교수, 전북대학교 무형문화유산연구소 소장)

해외부회장: (일본) 가와모리 히로시川森博司(고베神戸 여자대학 문학부 사학과 교수), (중국) Deming An(중국 사회과학원 교수, 중국 민속학회부회장), (미국) Annette Fromm(국제저널 무형유산 편집위원, 전 ICME회장), (베트남) Hien Nguyen Viet Nam(National Institute of Culture and Arts Studies 부소장)

총무: 윤동환(고려대학교)

총무간사: 이상원(전북대학교)

편집위원장: 유철인(제주대학교 교수)

편집위원: 배영동(안동대학교 교수), 한건수(강원대학교 교수), 표인주(전남대학교 교수), 이경엽(목포대학교 교수), 장정아(인천대학교 교수), 천경효(건국대학교 HK교수), 이정훈 (전북대학교)

연구위원장: 정형호(중앙대학교 교수)

연구위원: 강정원(서울대학교 교수), 이용범(안동대학교 교수), 박상미(한국외국어대학교 교수), 허용호(고려대학교), 김세건(강원대학교 교수), 이윤선(목포대학교)

연구간사: 이성인(전북대학교)

국제이사: 박성용(유네스코아태센터본부장)

정보이사: 최종호(한국전통문화대학교 교수)

홍보이사: 김광희 (한국문화재재단 국제교류팀장)

윤리위원회: 전경수(서울대학교 명예교수), 김용덕(한양대학교 명예교수), 나경수(전남대학교 교수), 전경욱(고려대학교 교수), 문옥표(한국학중앙연구원 명예교수), 조옥라(서강대학교 교수)

감사: 윤광봉(히로시마대 명예교수), 이수자(중앙대학교 강사)

제2대 (2017. 4.~2019. 4.)

자문위원: 최인학(인하대학교 명에교수), 홍윤식(동국대학교 명예교수), 강신표(인제대학교 명예교수), 김인회(연세대학교 명예교수), 이삼열(전 유네스코 아태무형유산센터 사무총장), 임돈희(동국대학교 종신석좌교수), Noriko Aikawa(전 유네스코 무형유산과장), Roger L. Janelli(미국 인디아나대학교 명예교수)

회장: 함한희(전북대학교 교수)

부회장: 임장혁(중앙대학교 교수), 강정원(서울대학교 교수)

해외부회장: (일본) 가와모리 히로시川森博司(고베神戸 여자대학 문학부 사학과 교수),
(중국) Deming An(중국 사회과학원 교수, 중국 민속학회부회장),
(미국) Annette Fromm(국제저널 무형유산 편집위원, 전 ICME회장),
(베트남) Hien Nguyen Viet Nam(National Institute of Culture and Arts Studies 부소장)

총무이사: 이정훈(전북대학교 고고인류학과 강사)

총무간사: 김빛나라(전북대학교 무형문화연구소)

편집위원장: 홍태한(무형문화연구원 연구위원)

편집위원: 강인숙(경상대학교 교수), 김경희(국립국악원 학예연구관), 박승희(영남대학교 교수),
박정석(목포대학교 교수), 박충환(경북대학교 교수), 문혜진(한양대학교 강사-간사 겸임)

연구위원장: 최종호(한국전통문화대학교 교수)

연구위원: 박원모(아태무형유산센터 팀장), 배영동(안동대학교 교수), 양종승(한국예술종합학교 객원교수),
이기원(국제저널 무형유산 사무국장), 정형호(문화재청 문화재위원), 한건수(강원대학교 교수),
한승미(연세대학교 교수), 허용호(고려대학교 산학협력단 연구원)

연구간사: 양미경(한국전통문화대학교 강사)

국제이사: 박성용(유네스코아태센터 본부장)

기획이사: 이종주(전북대학교 교수)

홍보이사: 윤동환(무형문화연구원 연구교수)

윤리위원회: 김용덕(한양대학교 명예교수), 나경수(전남대학교 교수), 문옥표(한국학중앙연구원 명예교수),
전경수(서울대학교 명예교수), 전경욱(고려대학교 교수), 조옥라(서강대학교 명예교수)

감사: 김신효(전북대학교 무형문화연구소 연구교수), 이균옥(안동대학교 전임연구원)

제3대 (2019. 4.~2021. 3.)

명예회장: 임돈희(대한민국학술원 회원, 동국대학교 종신석좌교수)

자문위원: 최인학(인하대학교 명예교수), 홍윤식(동국대학교 명예교수), 강신표(인제대학교 명예교수),
김인회(연세대학교 명예교수), 이삼열(전 유네스코 아태무형유산센터 사무총장),
임돈희(학술원회원, 동국대학교 종신석좌교수), Noriko Aikawa(전 유네스코 무형유산과장),
Roger L. Janelli(미국 인디아나대학교 명예교수)

회장: 함한희(전북대학교 명예교수)

부회장: 김정하(한국해양대학교 교수), 최종호(한국전통문화대학교 교수)

총무이사: 정성미(전북대학교 연구교수)

총무간사: 김빛나라(전북대학교 무형유산정보연구소 연구원)

편집위원장: 홍태한(전 중앙대학교 대우교수)

편집위원: 김세건(강원대학교 교수), 박환영(중앙대학교 교수), 안미정(한국해양대 교수), 안승택(경북대학교 교수), 윤동환(전북대학교 연구교수), 이경엽(목포대학교 교수)

편집간사: 윤경식(전북대학교 박사과정)

연구위원장: 박정석(목포대학교 교수)

연구위원: 김준(광주전남연구원), 박종오(전남대학교 강사), 이영배(안동대학교 교수), 정연학(국립민속박물관 학예연구관), 김덕순(유네스코 아태무형유산센터)

연구간사: 민경택(목포대학교 박사과정)

국제이사: 최동환(한 · 아프리카연합회 회장)

기획이사: 김세건(강원대학교 교수)

홍보이사: 이정송(전북대학교 연구교수)

윤리위원회: 김용덕(한양대학교 명예교수), 나경수(전남대학교 교수), 문옥표(한국학중앙연구원 명예교수), 전경수(서울대학교 명예교수), 전경욱(고려대학교 교수), 조옥라(서강대학교 명예교수)

감사: 김신효(한국국악협회 대구지회장), 이균옥(안동대학교 전임연구원)

제4대 (2021. 4.~2022. 12.)

명예회장: 임돈희(대한민국학술원 회원, 동국대학교 종신석좌교수)

회장: 함한희(전북대학교 명예교수)

부회장: 김정하(한국해양대학교 교수), 최종호(한국전통문화대학교 교수)

총무이사: 정성미(한국전통문화대 교수)

총무간사: 설지희(한국전통문화대학교)

편집위원장: 홍태한(전북대 무형유산정보연구소 연구교수)

편집위원: 김세건(강원대학교 교수), 박환영(중앙대학교 교수), 안미정(한국해양대 교수), 안승택(경북대학교 교수), 윤동환(전북대학교 연구교수), 이경엽(목포대학교 교수)

편집간사: 윤경식(전북대학교 박사과정)

연구위원장: 박정석(목포대학교 교수)

연구위원: 김준(광주전남연구원), 박종오(전남대학교 강사), 이영배(안동대학교 교수), 정연학(국립민속박물관 학예연구관), 김덕순(유네스코 아태무형유산센터)

연구간사: 민경택(목포대학교 박사과정)

국제이사: 최동환(한 · 아프리카연합회 회장)

기획이사: 김세건(강원대학교 교수)

홍보이사: 오세미나(전북대학교 연구교수)

윤리위원회: 김용덕(한양대학교 명예교수), 나경수(전남대학교 교수), 문옥표(한국학중앙연구원 명예교수), 전경수(서울대학교 명예교수), 전경욱(고려대교수), 조옥라(서강대 명예교수)

감사: 김신효(한국국악협회 대구지회장), 이균옥(안동대학교 전임연구원)

제5대 (2023. 1.~2024.12.)

자문위원: 임돈희(동국대학교 종신석좌교수), 함한희(전북대학교 명예교수),
최종호(한국전통문화대학교 명예교수), 김정하(한국해양대학교 교수),
정형호(중앙대학교 교수), 이균옥(한국해양문화연구원)

명예회장: 함한희(전북대학교 명예교수)

회장: 박정석(목포대학교 교수)

부회장: 홍태한(전북대학교 교수), 한승미(연세대학교 교수)

총무이사: 정성미(한국전통문화대학교 교수)

총무간사: 설지희(한국전통문화대학교 박사과정)

편집위원장: 윤동환(전북대학교 연구교수)

편집위원: 김세건(강원대학교 교수), 안미정(한국해양대학교 교수), 안승택(경북대학교 교수),
송기태(목포대학교 교수), 이중구(안동대학교 교수), 강성복(충청민속문화연구소)

편집간사: 이미령(전북대학교 석사과정)

연구위원장: 김형근(무형문화연구원)

연구위원: 박종오(전남대학교 교수), 김준(광주전남연구원), 오창현(목포대학교 교수),
장용규(한국외국어대학교 교수), 정명철(농촌진흥청), 이관호(국립민속박물관)

연구간사: 정은주(한국전통문화대학교 박사과정)

국제이사: 서이지(부산대학교 교수)

기획이사: 김용구(국립무형유산원)

홍보이사: 오세미나(전북대학교 연구교수)

출판이사: 신희라(가톨릭관동대학교 교수)

윤리위원회: 함한희(위원장), 정형호(위원), 최종호(위원), 김정하(위원), 강성복(위원), 이관호(위원), 정상우(위원)

감사: 김신효(한국국악협회 대구지회장), 이균옥(안동대학교 전임연구원)

제6대 (2025. 1.~2026. 12.)

자문위원: 임돈희(동국대학교 종신석좌교수), 함한희(전북대학교 명예교수),
최종호(한국전통문화대학교 명예교수), 김정하(한국해양대학교 교수),
정형호(중앙대학교 교수), 이균옥(한국해양문화연구원)

명예회장: 함한희(전북대학교 명예교수)

회장: 박정석(목포대학교 교수)

부회장: 홍태한(전북대학교 교수), 한승미(연세대학교 교수)

총무이사: 정성미(한국전통문화대학교 교수)

총무간사: 설지희(한국전통문화대학교 박사과정)

편집위원장: 윤동환(전북대학교 연구교수)

6. 무형유산학과

무형유산 학문과 정책이 발전하려면 대학 등 고등교육기관에 무형유산학과를 설치하는 것이 필수적이다. 대학 등 고등교육기관에서 무형유산학을 전공한 전문인력과 체계적으로 훈련을 받아 연구를 계속하는 학자가 많이 배출되어야 한다. 무형유산 정책이란 학자들의 연구 성과를 바탕으로 수립되기 때문이다.

한국이 무형유산의 선진국 역할을 하기 위해서는 대학에 무형유산학과가 설치되는 것이 매우 중요하다. 지금 현재 우리나라에는 무형유산을 전공할 수 있는 대학 및 대학원 교육과정은 다음과 같다.

1) 고려대학교 문화유산학 협동과정Program in Cultural Heritage Studies[42)]

(1) 학과 소개

문화유산학 협동과정은 문화유산의 생성 과정과 역사문화적 배경, 그의 보존을 둘러싼 과학적 이론 탐구, 그의 계승과 현재적 의미에 대한 다양한 차원의 인과관계를 민속학과 박물관학을 통해 심도 깊은 학문 연구를 하는 과정이다. 동시에 박물관이나 다양한 민속 관련 현장에서 문화재를 비롯한 각 장르의 민속 유산을 어떻게 취급하고 어떤 관점에서 인식해야 하는가 하는 실무 경험을 두루 갖추는 훈련을 하는 과정이다.

이 과정의 특징은 특정 학문 분과 한 분야에 구속되지 않고 문화재와 민속 등 문화유산 일반에 관한 종합적 접근 방법을 터득하도록 하며 이에 관한 연구에서도 다각적 시각과 다양한 방법론을 탐구할 수 있는 장점을 지닌다. 이를 통해 각 문화유산 현장에서도 체계적, 전문적, 종합적 접근을 통해 문화유산에 대한 새로운 시각을 창출해 낼 수 있다. 문화재나 민속유산은 인문학에서 역사, 철학, 경제, 정치, 문화 등 모든 분야를 입체적으로 이

42) 고려대학교 문화유산학 협동과정에 관한 자료를 보내주신 고려대학교 전경욱 교수께 깊은 감사를 드린다.

해할 수 있는 결정체라고 할 수 있다. 따라서 이를 대상으로 연구하는 박물관학과 민속학은 결국 인문학을 집대성해서 이해할 수 있는 분야라고 할 수 있다.

문화유산학 협동과정은 문화가 고부가가치를 낳는 자산이 되고 한국적 브랜드가 어느 때보다 절실하게 요구되는 오늘날, 문화와 그 유산에 대한 관심을 전문화하고 이론화함으로써 21세기 문화를 이끌어가고 창조해 나갈 주역을 키워내는 초석이라 할 수 있다.

(2) 교육목표

본 학과는 민속학과 박물관학 등 문화재와 문화유산 관련 학문 전 영역을 고루 연구하고 교육하는 협동과정이다. 본 학과의 교육목적은 학생들 자신이 선택하는 한 가지 세부 전공뿐 아니라 학위과정 중 필수적으로 타 분야 과목을 수강, 연구하게 함으로써 전공영역에 대한 전문지식을 습득하도록 하는 데 있다. 이를 통해 문화재와 문화유산 전반에 걸친 연구능력을 갖춘 전문학자 및 국내외 박물관, 미술관 등 문화·문화재 유관기관에서 종합적인 전문능력을 갖춘 실무 전문가를 양성하는 데 있다. 학과 전공 분야로는 민속학Ethnography과 박물관학Museology이 있다.

(3) 교육 과정 및 내용

기본적으로 석사 및 박사 학위과정 학생은 학부의 전공과 이수 과목에 따라 지도교수와 학과 주임교수가 정해 준 지도교수 지정과목(최대 4과목)을 이수해야 한다. 지도교수 지정과목은 지도교수와 학과 주임교수의 승인을 거쳐 유사한 다른 과목으로 정할 수 있다. 지정과목은 아래 [표 3-1-10]과 같으며 문화유산 관련 개설과목은 [표 3-1-11]과 같다.

[표 3-1-10] 학과 지도교수 지정과목

학수번호	교과목명	학점	비고
HOKA355	박물관학 개설	3	택 4과목 (최대)
KORE102	한국민속의 이해	3	
GEFC057	실크로드와 동아시아의 공연문화	3	
GEHI022	신화와 제의를 통해 본 한국문화	3	

HOKA103	한국전통문화의 이해	3	
ARDE161	동양 미술사	3	
KORE310	전통연희론	3	
KOR234	구비문학론	3	
HOK013	한국인의 생활사	3	
SOC331	사회인류학	3	
		계 12	

문화유산학협동과정에는 민속학과 박물관학 관련 다양한 주제의 교과목이 개설되어 있다. 과목 중 무형문화유산 관련 학과목만 소개하겠다.

[표 3-1-11] 무형문화유산 관련 개설과목

	과목명	개요
기초 공통과목	민속학개론 Introduction to Ethnography	민속학의 범위와 내용을 연구하고 인접 학문인 역사학, 인류학, 언어학, 민족학을 대비하여 연구한다.
	박물관학 연구 Museum Studies	세계와 한국 박물관의 역사, 기능, 민속학 · 고고학 · 사학과의 관계 등을 검토한다.
	문화재학 연구 Cultural Resource Studies	문화재의 개념, 학문으로서의 문화재, 그것의 사회적 효용, 각국의 연구 현황 등의 문제를 검토한다.
전공분야 (민속학)	현지조사와 방법론 Fieldwork and Methodology	민속문화 현장의 다양한 접근을 위해 인식론적, 역사적, 철학적 배경과 방법론을 살펴보고 민속연구의 기술적 측면을 살펴본다. 다양한 조사방법론을 통해 민속현장에서 실제로 조사를 실시하여 보고서와 향토지를 만든다. 민속학이라는 학문의 발전 속에서 현지연구의 전통이 갖는 의미, 연구자의 현지체험과 윤리문제 등에 대해서도 검토한다.
	한국생활사 History of Everyday Life in Korea	인간의 기본적 욕구를 만족시켜주는 문화적 행위인 일상생활이 시대적으로 어떠한 변화과정을 보이고 있는가를 고찰하고 그 변화에 영향을 끼친 변수를 종합적으로 고찰하여 민속학 전반에 대한 이해를 넓힌다. 특히 한국인의 생활이 고대에서 중세를 거쳐 근대에서 현대에 이르기까지 어떤 변화가 나타나는가를 집중적으로 고찰한다.
	마을생활 Village Life	전통적인 생활공동체인 마을의 생태적 배경 및 생활문화의 내용과 성격을 규명함으로써 생활문화의 개인적, 집단적, 제도적 차원을 분석하고 농업문화의 본질과 변화에 대한 문제점을 추구한다. 또한 마을신앙을 중점적으로 살펴봄으로써 마을의 공동체의식을 고찰한다.

	과목명	개요
전공분야 (민속학)	무속신앙 Shamanism	역사적으로 한국의 문화와 밀접한 관계를 맺어온 무속신앙의 내용과 변화과정을 살펴본다. 특히 무속신앙이 민속에 끼친 영향을 검토하고 생활문화와의 관계를 고찰한다. 또한 역사적 변화 속에서 무속신앙이 어떤 역할을 하였으며 어떻게 변화되었는가를 고찰한다.
	세시풍속 Annual Customs	세시에 따른 의례와 행사의 의미를 고찰하고 농업사회의 문화 성격을 규명한다. 또 그 역사적 변천과정을 살펴봄으로써 시대별 생활문화의 특성을 검토한다. 아울러 해마다 주기적으로 반복되는 세시풍속을 농경의례와 관련하여 사회적, 종교적 측면에서 분석한다.
	민속예술 Folk Arts	민속음악, 민속미술, 민속무용, 민속극 등이 지닌 민속문화 가치에 대해 탐구한다. 생활체험의 미적 표현양식인 민속극의 제반 내용과 양식과 가치를 분석한다. 민속극의 기능과 그 심미성을 분석하고, 그 계승방향에 대한 이론적 접근을 시도한다. 특히 대중예술, 엘리트예술과의 비교를 통하여 현대적 의의를 조명한다.
	축제와 놀이 Festival and games	전통사회 이래 현대사회에 이르기까지 비일상적 삶의 핵심을 이루는 축제와 놀이에 대한 문화론적 접근을 통하여 그 본질과 구조를 해명하고 전통의 지속과 변화를 분석한다. 고유의 민속놀이와 축제의 종류와 내용을 살펴보고 문화적 기반에 대하여 고찰한다.
	민속학사 History of Ethnography	민속학의 생성과 발전 과정에 대한 역사적 고찰, 이론과 방법론의 검토, 민속학의 동향을 살펴본다. 시대별로 학문적 관심이 집중된 연구 분야에 대한 의의와 성과를 비판적으로 이해한다. 또 민속학의 연구사를 통해 한국 민속학이 나아갈 방향을 모색한다.
	역사민속학 Historical Ethnography	현지조사 자료를 고고학 자료나 문헌사료와 연결시키고 인근 민족의 자료와 비교연구를 하는 역사민속학의 방법론과 관점에 대해 살펴본다. 민속의 발생, 전개, 변화의 요인을 역사적 배경과 논리 속에서 분석함으로써 문화현상의 시공을 역동적으로 이해한다.
	비교민속학 Comparative Ethnography	한국의 민속이나 생활문화를 동북아시아 제민족의 민속이나 생활문화와 비교연구를 통해서 특수성과 보편성을 밝히고, 민족문화의 기원과 형성에 대해 살펴본다.
	문화정책과 문화행정 Cultural Policy and Administration	21세기 문화시대를 대비하여 선진국들의 문화정책과 문화행정에 대한 실태를 파악하고 우리 실정에 맞는 문화정책과 문화행정의 기본틀을 마련하는 데 초점을 둔다. 또 일선 문화행정전문가로서 갖추어야 할 전문적 소양과 관련법을 중점 검토한다.

2) 전북대학교 대학원 협동과정 무형유산정보학과[43)]

(1) 학과 소개

2015년 전북대학교 인문대학 내 대학원 협동과정으로 무형유산정보학과가 신설되었다. 이 협동 과정이 개설된 배경에는 국내외에서 무형유산 연구의 필요성이 촉발되면서 체계적인 학문적 훈련을 받은 전문 인력 양성이 시급하다는 인식이 자리했다. 유네스코에서도 무형유산에 대한 고등교육기관의 필요성이 대두되는 시점이었다. 그리고 전북대학교 무형문화연구소가 주축이 되어서 한국연구재단의 인문사회중점연구소 사업을 받아 무형문화유산의 이론과 방법론 연구와 학과 신설을 목표로 삼았다. 중점연구소를 토대로 학과를 세우기 위해서 인문대학 내 고고문화인류학과, 국어국문학과, 예술대학의 음악과, 공과대학의 컴퓨터공학과의 전임교원들이 힘을 합하여 협동과정이 신설되었다. 학위과정은 석사와 박사과정, 두 코스이며, 대학원 협동과정에서는 전통예술, 공예, 생활사, 의례, 놀이 등을 포괄하는 무형유산 분야와 정보과학의 학제적인 '융합형 무형유산학'을 교육한다. 새롭게 펼쳐지는 디지털 시대를 이끌어갈 무형유산 분야의 인재 양성을 목표로 한다.

(2) 교육목표

본 학과는 무형유산 분야의 연구자 · 기획자 · 행정가를 포함하는 전문가 양성을 목표로 한다. 유네스코가 2003년 「무형문화유산보호협약Convention for the Safeguarding of the Intangible Cultural Heritage」을 채택하면서 국제적인 관심을 불러일으켰다. 이후 무형문화유산의 보호와 활용을 위한 연구, 정책 수립 등이 뒤따라야 하는데 이를 다룰 전문가가 크게 부족하다. 이러한 상황 아래서 석 · 박사학위과정을 개설하게 되었다. 과거와는 달리 새로운 틀에서 무형유산의 보호와 활용에 대한 연구가 필요하기 때문이다.

---

43) 전북대학교 대학원 협동과정의 무형유산정보학과에 대한 소개는 전북대학교 함한희 명예교수님이 집필해주셨다. 함한희 교수에게 감사드린다.

무형유산정보학에서는 인문학, 예술, 그리고 정보공학의 학제 간의 융합을 모색한다. 무형유산에 대한 포괄적이고 심층적인 접근을 위해서 다양한 전공 과목을 섭렵해야만 한다. 탁월한 보편적 가치를 중시했던 시대로부터 보다 다양한 문화를 지켜가는 일에 가치를 두게 되면서 학문적 연구와 훈련의 패러다임이 바뀌게 된 것이다. 본 학과에서는 문화 다양성의 가치를 존중하며 문화를 통해서 공동체성의 회복과 민주주의 달성을 궁극적인 목표로 삼는다.

- 융복합 능력을 갖춘 무형문화유산 전문가 양성
- 무형문화유산의 특성에 대한 연구를 위한 이론과 방법론 수립
- 무형문화유산의 조사, 보전, 관리, 정보처리 및 재창조를 위한 제반 이론 수립
- 무형문화유산의 조사와 보전, 관리, 정보처리 학습
- 무형문화유산을 활용한 문화적 재창조와 제반 응용학의 연구와 개발
- 무형문화 교육 및 관리자의 양성
- 무형문화유산의 문화적 재창조를 위한 프로그램 개발
- 대학 체제 내 무형문화재 예·기능보유자 및 인간문화재의 전수교육 담당

(3) 교육 과정 및 내용

무형유산정보학과는 인문, 예술과 공학과정을 융합, 균형 잡힌 교과과정을 운영한다. 현재 무형유산정보학과에 개설된 교과목은 아래와 같다.

[표 3-1-12] 개설 과목

학년-학기	학수 구분	과목명	학점	담당 교원명	전임교원 여부	교과목 구분 (기존,신설)
	전공	알고리즘	3			신설
	전공	무형유산 데이터베이스(기)	3			신설
	전공	화소분석과 인공지능	3			신설
	전공	정보이론과 무형유산	3			신설

	전공	이야기 구조론(기)	3			신설
	전공	무형유산 화소분석론	3			신설
	전공	무형유산연구이론(기)	3			신설
	전공	민중생활사론(기)	3			신설
	전공	공연구성론 특강	3			신설
	전공	무형유산 연구방법론(기)	3			신설
	전공	유네스코 문화정책연구(기)	3			신설
	전공	구술사 이론 및 연구방법	3			신설
	전공	무형문화유산과 대중문화론(기)	3			신설
	전공	무형유산과 스토리텔링	3			신설
	전공	음악이론	3			신설
	전공	한국음악사	3			신설
	전공	한국무형유산정책연구	3			신설
	전공	무형유산현지조사방법론	3			신설
합계		18				

* 위 예시는 신설과목에 한함
* 졸업소요학점 3분의 1(9학점) 이하만 신설과목으로 개설
* 졸업소요학점 3분의 2는 기존 타 학과 개설 과목을 수강함

무형유산정보학과 대학원 교육과정의 가장 두드러진 특징은 기존의 무형문화유산 전문가 양성 체계와는 차별화된 교육 패러다임을 지향한다는 점이다. 무형문화유산은 본질적으로 다학문적 요소를 내포하고 있으며, 오늘날 정보화 시대와 융복합 지식체계 속에서 새로운 학제적 접근을 요구한다. 그럼에도 불구하고 전통적인 문화인류학, 민속학, 구비문학, 문화학, 예술 등 단일 학과나 단일 전공 중심의 교육과정은 실제 현장에서 요구되는 실천적 역량과 정보기술 기반의 전문성을 충분히 배양하는 데 한계를 지닌다.

이에 따라 무형유산정보학과는 학제 간 융합을 핵심 기조로 삼아, 다양한 분야의 전공 지식과 방법론을 아우르는 교과목을 개설하고 있다. 이러한 교육과정은 무형유산의 조사, 기록, 해석, 보전, 전승, 디지털화 및 데이터 기반 활용에 이르는 전 과정을 포괄적으로 이해하고 실천할 수 있는 융복합형 전문가를 양성하는 데 목적을 둔다. 나아가, 무형유산의 지속가능한 전승을 위한 지식 생산 및 재생산의 중심 축으로서, 해당 학과는 이론과 실

천이 조화된 미래지향적 무형유산 교육모델을 제시하고자 한다.

아울러 본 대학원 과정은 학제 간 융합적 교육과정을 기반으로, 다면적이고 복합적인 지식체계의 개발을 지향하며 창의적 전문 인력의 양성을 핵심 목표로 한다. 이를 통해 무형문화유산의 다양한 측면 - 문화, 기술, 사회, 예술, 정보 등 - 을 통합적으로 이해하고 실천할 수 있는 전문가를 배출하고 있으며, 다음과 같은 주요한 교육적 장점을 갖는다.

- 무형유산 전문인(기능보유자, 인간문화재 등)을 위한 전문 과정을 함께 운영하여 기능인과 전공학자가 상호 통섭할 수 있는 체제를 갖춤.
- 인문학(문학, 민속학, 역사학, 인류학 등), 예술학(음악, 공예, 무용, 미술 등), 공학(컴퓨터 등 ICT 공학) 세 분야의 교육과정을 통합하여 교육과정을 편성함.
- 신문방송학, 경영학, 사회학 관련 과목 수강 체제를 만들어, 대중매체의 활용, 경영학적 판단, 사회적 적용 등 거시적 융합까지도 고려하여 교육과정을 설치함.
- 석·박사과정에서 필수학점 외에, 자기주도 교육과정을 세워서 스스로 독자적 학문체계나 특정 분야에 정통한 인재상을 구현할 제도를 제공함.(예: 공학 출신 석사과정 학생이 12학점을 공학으로 이수하고, 나머지를 특정 분야 무형유산 과목을 이수하여 공학중심, 혹은 특정 분야 전문가로 성장함)

(4) 관련 분야 인력 수요 전망

무형문화유산 분야는 매우 다양하며 다음과 같은 분야에서 필요한 전문가로서 활동할 수 있다.

- 교육계, 학계: 무형문화유산 관련 연구자, 무형문화유산학 정립을 위한 이론가 요구
- 박물관계: 유형 중심에서 무형 보완으로 방향 전환
- 문화유산 관련 기관 및 연구소: 학예사나 문화유산 관리자의 수요 증가 추세
- 문화콘텐츠 산업
- 지자체 학예사

• IT 산업계

• 국제 무형유산 전문가

3) 한국전통문화대학교 무형유산학과[44)]

한국전통문화대학교는 문화유산을 전문적, 체계적으로 교육하는 기관으로, 법률에 따라 세워진 한국 유일의 기관이다. 또한 무형유산학과는 학부과정으로는 국내 유일의 학과로 최근 전 세계적으로 관심이 높아가고 있는 무형유산 분야를 선도하고 있다.

(1) 학과 소개

무형유산은 사람을 통해 전승되는 문화유산의 총체다. 눈에 보이는 문화재는 중요하게 여기면서도, 그것을 창조하고 이끄는 동력인 무형유산에 대한 인식과 연구는 아직 초보 단계다. 유형유산이 역사적으로 완결된 성과라면, 무형유산은 시·공간을 거슬러 살아 숨 쉬는 현재진행형의 전통이다. 국내·외 무형유산 정책이 확대되고, 그 가치를 귀하게 인식하게 된 것도 이 때문이다. 무형유산 연구는 포괄적·심층적인 학문적 훈련이 필요하다. 이러한 배경에서 무형유산의 보호, 활용, 그리고 정책 분야의 최고 전문가를 양성하고자 한다.

[표 3-1-13] 한국전통문화대학교 무형유산학과 연혁

1996년	「한국전통문화학교 설치령」 제정[45)]
2000년	한국전통문화학교 개교
2001년	한국전통문화학교 전통미술공예학과 증설
2004년	전통미술공예학과 5개 세부전공 확정 운영 실시(전통공예이론 · 전통섬유 · 전통회화 · 전통도자 · 전통조각)
2006년	전통미술공예학과 제1회 공예이론 전공 졸업논문 발표

---

44) 한국전통문화대학교 무형유산학과의 소개는 정성미 학과장이 집필 제공하였다. 정성미 교수께 깊은 감사를 드린다.

45) [시행 2012. 7. 22.] [대통령령 제23644호, 2012. 2. 29., 타법개정] [대통령령 제14982호, 1996. 4. 19., 제정]

2011년	「한국전통문화대학교 설치법」 제정[46]
2013년	한국전통문화대학교 대학원 개원
2015년	교육체제 개편에서 무형유산학과 신설 논의 및 승인
2017년	무형유산학과 신설

(2) 교육목표

무형유산학과는 전문 인력이 부족한 무형유산 분야의 전통을 조사·연구·보전·활용하기 위한 학술적 토대 연구를 하여 다양한 문화유산 관련 영역에서 활동할 인재를 육성한다. 무형유산 관련 새로운 법제도하에 무형유산의 전승성과 창조성이 동시에 중요하게 되었다. 이러한 새로운 패러다임에서 무형유산 분야의 전문가를 양성하는 일은 우리 시대의 시급한 과업이다. 무형유산학을 선도하는 국내 유일의 학과로서, 인문적 상상력과 창조적 영감을 이끄는 동력이 되는 무형유산의 학문 발전과 사회공헌을 이끌고자 한다. 궁극적으로 문화 다양성의 가치를 존중하며 무형유산의 미래가치를 다각도에서 창출하여 새로운 지식체계를 수립하고 실무에 적합한 인재 양성을 목표로 삼는다.

(3) 교육 과정 및 내용

다음과 같은 세부 목표를 달성하기 위해 교과목을 개편하여 [표 3-1-14]와 같이 학부과정을 운영하고 있다.

- 무형유산의 특성에 대한 연구를 위한 이론과 방법론 정립
- 무형유산의 조사, 보존, 관리, 정보처리 및 재창조를 위한 제반 이론 수립
- 융·복합 능력을 갖춘 무형문화유산 전문가 양성

46) [시행 2020. 12. 10.] [법률 제17419호, 2020. 6. 9., 일부개정] [법률 제10830호, 2011. 7. 14., 제정]
제1조(목적) 이 법은 한국전통문화대학교를 설치하여 전통문화의 창조적 계승 · 발전과 문화재의 보존 · 관리 및 활용에 관한 이론과 실제적인 응용력을 갖춘 전통문화 전문인을 양성하고, 이를 통하여 한국문화의 보급과 창달에 이바지함을 목적으로 한다.

• 무형유산을 활용한 문화 재창조와 제반 응용학의 연구와 개발
• 무형유산 교육 및 관리자 양성
• 무형유산 전승 주체와 대중과의 관계를 이어주는 매개자 양성
• 무형유산의 가치 확대를 위한 콘텐츠 및 프로그램 개발

[표 3-1-14] 무형유산학과 학부 교과목

구분		교과목명(1학기)	교과목명(2학기)
1학년	전공필수	전통공예의 이해	무형유산의 이해 전통예능의 이해
	전공선택	문화유산과 한국사상 I 한국조각사 전통생활문화사	문화유산과 한국사상 II 공예와 무형유산 입문
2학년	전공필수	무형유산연구방법론 및 기록화	한국공예문헌강독 I
	전공선택	유네스코의 정책과 동향 한국회화사 기록유산의 이해 인류무형유산 연구 동양고전강독	무형유산과 음악 축제와 관광 무형유산법과 제도 유 · 무형유산과 콘텐츠
3학년	전공필수	무형유산정책과 행정	-
	전공선택	판소리의 이해 농경 · 어로 전통지식 전통재료와 기술 무형유산전시기획론 시나리오와 영상	공예와 무형유산 심화 무형유산 현장조사 공연기획과 제작 민속예술론 무형유산과 박물관
4학년	전공필수	-	-
	전공선택	무형유산사료강독 불교문화유산연구 졸업논문연구(논문작성법)	무형유산학세미나 한국공예문헌강독 II

(4) 졸업 후 진로

• 무형유산 연구 및 정책 분야(국가유산청, 국립무형유산원, 문화체육관광부 등/국공립 · 사립 · 대학 박물관 학예연구사/ 국가 및 지자체 무형유산 업무담당자 학예연구직/ 무형유산 관련 기록관리사/ 전공교수 및 강사)

- 국제전문가(유네스코한국위원회, 유네스코 아태무형유산센터, 무형유산 관련 국내외 NGO 등)
- 문화기획 및 콘텐츠 기획자(국가유산진흥원, 전국 문화원, 지역문화재단, 전국 문화의집, 한국공예·디자인문화진흥원, 재)전통공연예술진흥재단, 국립아시아문화전당, 전국 콘텐츠진흥원, 한국문화예술교육진흥원, 공연기획자, 지역 축제기획자, 유산 콘텐츠 관련 기관 종사자 등)
- 지역기반의 관광 관련 종사자(한국문화관광연구원, 지역 문화관광재단, 국토교통부 도시재생사업기획단, 도시재생활동가, 마을만들기 관련 기업)
- 공예문화산업 전문가(공예 상품 기획 및 개발자, 전통문화 코디네이터, 유관기관 종사자)
- 언론 방송계(다큐멘터리 제작자, 방송 작가, 음식·관광·축제 등의 칼럼니스트, 기자 등의 언론인, 출판 기획 담당자)

4) 국립경국대학교 인문·문화학부 문화유산 전공[47)]

(1) 학과 소개

1979년 창설된 국립안동대학교 민속학과는 1988년에 석사과정, 1999년에 박사과정을 설치하여 명실공히 대한민국의 민속학 교육과 연구의 중심대학으로 운영되었다. 그리고 2025년 대학명은 국립경국대학교로, 과명도 인문·문화학부 문화유산 전공으로 변경되었다.

문화유산 전공은 한국의 전통문화, 특히 민속을 근간으로 하는 문화유산cultural heritage의 중요성과 의미 그리고 현대적 활용방안을 탐구하는 학과다. 구체적으로 살펴보면, 의식주 생활, 민속종교와 의례, 민속예술과 놀이, 설화와 민요, 생산활동 등의 무형문화유산, 그리고 다양한 건축물과 미술, 유적 등 유형문화유산의 의미와 가치를 배운다. 또한 과거로부터 현재에 이르기까지 한국인의 생활방식과 전통문화 관련 지식 등을 배움으로써, 국내외에서 문화유산 전문가로 활동할 수 있는 능력을 갖출 수 있게 된다. 아울러 폭넓

47) 국립경국대학교(전 국립안동대학교) 문화유산학과의 소개는 배영동 교수가 집필, 제공하였다. 배영동 교수께 깊은 감사를 드린다.

은 학습의 결과를 대중적 수요가 급증하는 영화와 드라마, 축제와 이벤트, 박물관 전시와 교육, 공연예술과 스토리텔링 등에 응용할 수 있는 능력도 기를 수 있다.

[표 3-1-15] 문화유산학과 연혁

1979년	안동대학교 민속학과 개설
1988년	안동대학교 대학원 석사과정 민속학과 개설
1990년	안동대학교 부설 민속학연구소 개설
1996년	안동대학교 국학부 민속학 전공으로 개편
1999년	안동대학교 대학원 박사과정 민속학과 개설
2006년	교육부 지원 대학원 BK21사업 선정(6년간)
2007년	안동대학교 민속학과로 개편
2013년	교육부 지원 대학원 BK21 플러스사업 선정(7년간)
2018년	교육부 지원 민속학연구소 중점연구소 선정(6년간)
2019년	교육부 지원 대학원 BK21 4단계 교육연구팀 선정(7년간)
2023년	국립안동대학교 문화유산학과로 개명
2025년	국립경국대학교 인문 · 문화학부 문화유산 전공으로 개명

(2) 교육목표

- 문화유산에 담긴 역사·사회·문화적 의미를 이해하고, 문화유산을 조사·연구·관리하는 능력을 함양한 인재를 양성한다.
- 민속학과 연계하여 문화유산에 대한 학문적 이해를 바탕으로 관광자원화와 문화콘텐츠 기획 능력을 함양한 인재를 양성한다.
- 한국문화의 전통을 계승·발전시키고, 인류문화 발전에 기여하는 인재를 양성한다.

(3) 교육 과정 및 내용

연구지향 교과목으로는 민속학과 문화유산에 대한 이론과 방법론을 중심으로 민속학과 현지조사, 민속예술과 문화유산, 의식주와 문화유산, 공동체 문화와 대안, 민속사회의 이해, 무속과 문화유산, 민속종교와 종교문화, 민속과 미디어 문화 등이 개설되어 있다.

그리고 취업지향 교과목은 이론과 방법론을 중심으로 공부한 것을 실용화하기 위해 편성된 것이다. 문화유산의 세계, 문화유산과 영상, 문화유산의 이해와 활용, 축제와 문화, 박물관 전시기획과 운영, 문화유산과 정책, 유네스코 무형문화유산과 민속, 생업과 지역 문화상품, 문화유산 캡스톤디자인 축제와 전통문화 관련 이벤트의 기획과 운영 등이 관련 교과목이다.

문화유산학과의 교과목 구성을 보면 유형문화유산보다는 무형문화유산을 중심으로 편성되어 있다. 민속학을 바탕으로 무형문화유산학을 접목한 형태에 가깝다.

[표 3-1-16] 교과과정 및 교과목

학년	이수구분	1학기	2학기
1학년	교양필수	문화유산의 세계	
	전공필수		민속학 이해
2학년	전공선택	공동체문화와 대안	가족과 친족
		민속문학의 이해	문화유산의 이해와 활용
		민속사와 문화변동	민속과 젠더문화
		민속종교와 종교문화	민속사회의 이해
		민속학과 현지조사	민속예술과 문화유산
		의식주와 문화유산	한국의 세시풍속
3학년	전공선택	문화유산과 영상	문화유산과 정책
		문화인류학	민요전통과 노래문화
		민속놀이와 놀이문화	생업과 지역문화상품
		박물관 전시기획과 운영	유네스코 무형문화유산과 민속
		연희문화와 공연	축제와 문화
		이야기와 문화읽기	한국인의 일생의례
4학년	전공선택	무속과 문화유산	문화유산학 캡스톤디자인
		문화유산학과 취업역량강화 과정	민속과 미디어문화
		세계화시대 음식문화	
		신화와 스토리텔링	

(4) 졸업 후 진로

문화유산학과에서는 글로컬대학 사업단, LINC+사업단, 안동형 일자리 사업단 등과 연계하여 인턴십 과목을 진행하는 한편 다양한 교육 프로그램을 이수할 수 있는 기회를 제공함으로써 취업역량을 강화할 수 있도록 한다. 문화유산학과를 졸업한 학생들은 다양한 문화기관과 교육기관으로 진출할 수 있다.

- 박물관 학예사(국립항공박물관, 국립민속박물관, 국립농업박물관, 예천박물관, 상주박물관, 안동시립박물관, 영양산촌생활박물관, 해군사관학교 박물관, 국립인천해양박물관, 경북독립운동기념관 등)
- 국가정책연구원(국가유산청, 국립문화유산연구원, 한국문화관광연구원, 한국국학진흥원, 한식진흥원, 국가기록원, 농촌진흥청 국립농업과학원)
- 세계유산 국제 전문가(유네스코 세계유산해석설명센터)
- 지방자치단체의 학예연구사(도청, 시청, 군청의 학예사)
- 문화유산 관련 기관 연구원(각급 문화재단, 세계탈문화예술연맹, 문화유산지표조사 기관)
- 축제와 문화콘텐츠 기획 및 운영자(한국정신문화재단 축제관광팀, 청주시 문화산업진흥원, 전주한옥마을, 박물관 전시기획사)
- 문화재수리기술자(전통건축 수리전문)
- 언론사와 방송계(기자, 방송국 PD)
- 대학교수(다수)

필자는 이 네 대학 외에도 많은 대학에서 무형유산학 전공자가 배출되기를 희망한다. 학부에 학과를 만드는 것은 매우 어려운 일이다. 그래서 대학원에 무형유산학 전공을 만드는 것이 현재로서는 실질적이고 더 쉬운 방법이며 효과적이라고 볼 수 있다. 학부에 학과를 설치하면 교양과목을 비롯하여 비전공 분야도 많이 교육해야 하기 때문에 비용이 많이 들고 시간도 많이 걸린다. 무형유산학처럼 전문적인 분야는 학부 교육을 마친 사람을 대상으로 대학원에서 양성하는 것이 효과적이라고 볼 수 있다. 많은 대학에서 대학원에 무형유산 전문가를 양성할 수 있는 프로그램을 만들기를 바란다.

7. 무형문화연구원

The Center for Intangible Heritage Culture Studies, **2016년**

무형문화연구원은 무형유산을 연구하는 학술연구기관이다.

한국이 무형유산의 선진국이 되기 위해서는 연구 인력이 풍부해야 한다. 연구자가 많아야 무형유산을 정확하게 분석하고 바른 정책을 생산할 수 있다. 연구 인력은 세 가지 측면에서 중요하다. 첫째는 대학 내에 무형유산학과가 많이 설치되어 무형유산학에 대한 체계적인 훈련을 받은 연구 인력을 양성하는 것이 중요하다. 두 번째는 무형유산학회의 중요성이다. 무형유산학에 관심 있는 연구자들이 1년에 두세 번씩 모여서 자신이 연구한 최신 연구 결과를 서로 주고받으면서 배울 수 있는 장이기 때문이다. 그래서 무형유산학회가 활성화돼야 한다.

또 하나는 무형유산연구소가 필요하다. 무형유산연구소는 다수의 학자들이 무형유산에 관한 연구를 집단지성으로 풀어나감으로써 무형유산의 연구를 풍부히 할 수 있는 장이다. 그래서 대학에 무형유산학과를 설치하는 것, 대학에서 체계적인 학문적 훈련을 받은 사람들이 배출되어 무형유산학회에서 활동하는 것 그리고 무형유산연구소가 많이 설립되어 다양한 연구를 해 나가는 것이 대단히 중요하다. 그런 의미에서 '무형문화연구원'은 우리나라에서 유일한 무형유산연구기관이다.

무형문화연구원 활동의 회고와 전망*

함한희**

- 목차 -

1. 연구원 설립의 배경
2. 무형문화유산 연구의 시작
3. ICHPEDIA, 무형문화유산 온라인백과사전 개발
4. 무형문화유산 국제 및 국내 네트워크
5. 무형유산정보학과 신설
6. 무형유산학회 창립과 학술 활동
7. 무형문화연구원 설립
8. 무형문화재 모니터링
9. 전주세계무형유산대상 기획 및 운영 업무 추진
10. 현장 연구: 무형문화유산 연구의 이론과 방법론 개발
11. 글을 마치며

* 필자는 그동안 대학에 무형유산학과를 개설할 것과 연구소를 세울 것을 피력해왔다. 무형유산에 관심 있는 후학 교수들에게 그들의 대학에 무형유산연구소를 세우고 무형유산학과를 세울 것을 권유했지만, 함한희 교수가 전북대학교에 연구소를 세운 것이 처음이며 유일하다. 대학의 연구소는 외부에 연구비를 받았을 때는 유지되지만 그 연구비가 끊어졌을 때는 해체되는 그러한 문제점이 있다. 그래서 함한희 교수가 연구비 지원여부와 상관없이 지속 가능한 '무형문화연구원' 연구소를 만든 것은 굉장히 중요한 의미가 있다고 본다. '무형문화연구원'은 2015년 11월 30일 유네스코 제10차 정부간위원회에서 인가 NGO(Accredited NGO)로 선정되었고, 현재 유네스코 무형유산 분야에서 가장 활발하게 활동하는 NGO로 정평이 나있다. 무형문화연구원이 어떻게 설립되었고 어떠한 활동을 하는지 정리해 달라고 함한희 원장께 부탁을 하였다. 다행히 흔쾌히 허락하셔서 원고를 보내왔다. 깊은 감사의 말씀을 드린다.

** 전북대학교 명예교수이자 무형문화연구원 원장으로 재직 중이다. 무형유산학회 회장을 역임했으며, 무형문화유산의 학문적 토대구축을 위해서 노력하고 있다. 국내외 무형문화유산의 기록화 사업, 교육 및 연구 활동을 수행 중이다. 연구 성과로는 「전승 공동체 보호와 무형문화재법」, 「무형문화유산 담론의 형성과 발전과정」, 「동아시아 무형문화유산의 보호활동에 관한 비교연구」 등이 있다. 미국 컬럼비아대학교 인류학과 대학원에서 석·박사 학위를 받았다.

1. 연구원 설립의 배경

무형문화연구원(이하 '연구원')이 독립된 법인체인 사단법인으로 출범한 것은 2016년 6월이다. 그 이전에도 무형문화유산 또는 무형문화재와 관련된 연구를 전북대학교 무형문화연구소를 중심으로 수행해 오고 있었다. 본 연구원 태동의 배경을 설명하는 것이 곧 연구원을 이해하는 지름길이라고 생각하기에 상술해 본다. 연구원의 전신은 2002년에 시작된 20세기민중생활사연구단(이하 '연구단')으로 거슬러 올라간다. 이 연구단은 한국학술진흥재단(현 한국연구재단)으로부터 기초학문육성 연구비를 지원받아 '민중생활사의 기록과 해석을 통한 한국 근현대사의 재구성(1기 : 2002. 8.~2005. 7.)'과 '가까운 옛날 : 민중생활사의 기록과 해석(2기 : 2005. 12.~2008. 11.)'의 연구 과제를 수행하였다. 전국 6개의 대학교* 소속 100여 명의 연구원들이 20세기 민중생활사 조사와 아카이브 구축을 위해서 모였다.

당시 필자는 전북대학교 인문대학 고고문화인류학과에 재직 중이었다. 학제간 연구를 위해서 국어국문학과 장성수 교수, 사회학과 마동훈 교수과 함께 '전북대학교 20세기민중생활사연구팀'으로 참여하였다. 전국의 개항장에서 시작된 근대문화의 유입에 민중들은 어떻게 반응하고 그에 따른 경험을 축적해 나갔는지를 고찰하기 위해 현지 조사를 실시하였다. 전라북도에서는 군산, 목포, 강경 등지의 개항장과 주변 지역을 중심으로 근대 시기를 증언할 수 있는 고령의 지역 주민들을 면담할 수 있었다. 이들의 증언은 지역 사회의 변화와 민중의 대응 양상을 파악하는 데 중요한 1차 자료로 기능하였다.

2008년 2월에 연구팀을 위해 인문대학 소속 20세기민중생활사 전북대 연구소를 개소하였다.** 작은 연구공간을 갖추고 소속 연구원들은 역사에서 소외된 한국 민중들의 삶을 기록하고 지난 20세기 근현대사를 재구성하기 위해서 구술생애사, 지역사, 생활사 등의 연구를 진행하였다. 또한 2003년부터 전북대학교 정보공학부의 박순철 교수가 공동연구

* 영남대학교의 박현수 교수가 단장을 맡았고 전북대학교, 중앙대학교, 서울대학교, 한국예술종합학교, 목포대학교가 참여하였다.

** 각 대학마다 '20세기 민중생활사연구팀'이 있었지만, 전북대를 제외하고는 교내 연구소로 만든 학교는 없었다.

원으로 합류해서 국내 최초로 IT융합 민중생활사 디지털 아카이브즈를 구축하였다.

2. 무형문화유산 연구의 시작

2008년 12월까지 20세기민중생활사 연구가 진행되었다. 이후에는 한국연구재단의 연구비 계약기간이 종료되어 연구소를 정상적으로 유지하기 힘들었다. 이후 연구비 마련에 힘을 쏟았지만, 쉽지는 않았다. 2009년·2010년도의 학술연구비 지원 정책의 방향이 바뀌었다는 '설'이 돌기도 했다. 예를 들면, 현장을 찾아다니며 구술자들과 희로애락을 같이 해야 하는 민중생활사 조사연구 대신에 '엘리트' 구술이 그즈음 등장하였다. 듣도 보도 못한 용어여서 처음에는 누군가가 장난으로 명명했으려니 하고 가볍게 생각했으나, 이후에는 구술사가들 사이에서도 통용되는 용어가 되었다.

역사에 기록되지 않았던 민중에게 역사를 돌려주려는 시도로 시작한 우리의 연구는 정당한 평가를 받지 못한 채 중단될 위기에 처했다. '엘리트' 역사가들이 돌보지 않는 민중의 생활사를 기록하기 위한 연구단의 노력은 한때 잠시나마 외면을 당했다. 근현대 질곡의 역사에서 그들이 어떠한 삶을 영위했는지, 그들의 삶을 어떻게 해석해야 하는지를 고민했던 우리들은 '엘리트 구술사 연구단'이 출현하자 말할 수 없이 실망하였다. 더 이상 민중생활사 연구의 가치를 전면에 내세우는 것을 포기하고 간접적이고 우회적인 방법을 모색하였다. '민중생활사'를 다른 용어로 바꾸었는데 '무형문화유산'이라고 명명했다. 사실 용어는 바뀌었지만, 조사방법은 그대로 유지했다. 달라진 것은 민중생활사 전반을 다루는 대신에 전통지식 분야에 집중하였다.

2010년부터 3년 동안은 한국연구재단으로부터 기초토대연구비를 지원받아 '무형문화의 새로운 접근과 해석을 통한 전통지식 수집과 아카이브구축-토대기초연구'를 수행하였다. 과거 민중생활사연구팀의 핵심 연구진이 다시 모였는데, 30명이 넘던 연구팀이 10명 내외로 축소되었다. 비록 인적 자원이 감소하였음에도 불구하고, 연구원들은 무형문화유산 연구의 기초를 다진다는 사명감으로 오지를 마다하지 않고 현지조사를 나갔다. 토대

연구의 주요 과제는 특별함이 외부로 알려지지 않았던 일반 농어촌 마을에서 생업, 관습, 의례, 신앙 등을 조사·기록하면서 아카이브를 구축하는 일이었다. 민중생활사에서는 개인생애사에 초점을 두었다면, 토대연구에서는 공동체가 유지해온 문화에 초점을 두었다. 즉 조사연구의 대상이 개인으로부터 마을공동체 또는 지역에서 전승·유지되고 있는 무형문화유산이 되었다.

3년 동안의 토대연구를 마무리하면서 2013년에는 '20세기민중생활사연구소' 명칭을 '무형문화연구소'로 개칭하였다. 그리고 한국연구재단으로부터 인문사회분야의 중점연구소로 선정되어, 2013년부터 2016년까지 3년 동안 연구비 지원을 받았다. 연구주제는 '무형문화연구의 새로운 패러다임 정립과 IT융합 지식관리시스템 구축'이었다. 함한희가 책임연구원으로, 3명의 공동연구원과 4명의 연구교수가 참여하였다.* 학제간의 연구로 무형문화유산 분야를 담당하는 학자들과 IT전공 전문가 그리고 석박사 연구원들이 보조연구원으로 참여하였다.

한국연구재단의 중점연구소 사업이 한때 침체국면을 맞아 예산이 더 이상 투입되지 않았던 위기가 있었다. 그러자 2016년에 종료되는 사업을 끝으로 연구기간의 연장이나 신규 진입을 받지 않았다. 우리 연구소가 이에 해당되어서 3년으로 과제를 마무리해야 했다. 본래 한국연구재단의 중점연구소 사업은 매년 성과를 검토해서 9년까지 연구를 지속할 수 있는 큰 장점을 가진 사업이었다. 중점연구소 사업은 일시적으로 중단의 위기에 직면하였으나, 인문사회분야의 오피니언 리더들이 지속적으로 정책적 설득과 학문적 정당화를 수행한 결과, 2017년 중점연구소 신규사업이 다시 만들어질 수 있었다. 최장 6년(제 1기 3년과 제 2기 3년)까지 연구가 가능해져서, 우리 연구소는 이 사업에 도전하여 2017년 9월부터 2023년 8월까지 인문사회분야 중점연구소 사업을 재추진할 수 있었다.

중장기 연구비 지원을 받은 우리 연구소에서는 무형문화유산 연구의 이론, 방법론, 그리고 자료의 수집, 보전 및 활용에 대한 연구를 수행하였다. 공동체 조사와 종목별 조사를

* 제 1기 중점연구소사업의 공동연구원은 박순철, 이종주, 홍태한이었고, 전임연구원으로 활동한 연구진은 시기에 따라서 다소 달라지는데, 윤동환, 조성실, 이정훈, 정성미, 이정송이 참여하였다.

병행하면서, 무형문화유산에 대한 현장 조사뿐만 아니라 자료의 수집, 분석 및 해석 과정에서 제기되는 방법론적 문제들을 성찰하였다. 이러한 연구적 축적은 학술 논문과 총서의 형태로 발표되어 무형문화유산 연구의 학문적 기반을 확립하는 데 기여하였다. 또한 무형문화유산 연구의 지평을 확장하는 일을 하였는데, 관련 학과(대학원)의 설립, 무형문화연구원의 설립, 무형유산학회 설립 등으로 무형유산학의 토대 마련을 위한 인프라를 구축하였다.

3. ICHPEDIA, 무형문화유산 온라인백과사전 개발

전북대학교는 지역의 특성화사업에 직접 기여할 수 있는 연구소를 선정하여 적극적으로 육성하고 있다. 인문학·사회학·공학·생활과학·예술학 전공의 전임교수, 석박사 연구원들이 문화와 IT 융합의 창의적인 연구 활동을 해 온 우리 연구소는 2012년 3월 교내 거점연구소로 지정받았다. 현지조사를 통해서 수집한 멀티미디어 자료를 데이터베이스화하고, 디지털아카이브를 구축하였다. 다양한 방법으로 자동 분석이 가능한 연구도 진행하였다. 무형문화유산 관련 통계분석, 자동 연표 작성, 온톨로지 구축 등을 시도해서 새로운 지식플랫폼을 만들어보고자 노력했다.

무형문화유산의 조사와 디지털 아카이브구축을 해 온 무형문화연구소는 2010년 9월부터 2012년 12월까지 문화재청의 '무형문화유산 온라인전수조사사업' 용역을 수행하게 되었다. 이 조사사업은 3차에 걸쳐 진행되었다. 1차년도 사업에서는 2010년 10월부터 12월까지 전라북도를 시범지역으로 선정하여 3개월 동안 총 5,000개 이상의 무형문화유산 자료를 수집하여 입력하였다. 여기에는 전라북도 14개 시군의 자료와 전국 단위의 주제별 자료가 포함되었다. 2차년도 사업은 2011년 6월부터 12월까지 각 지역별(전남, 전북, 충남, 충북, 경남, 경북)로 7개월 동안 진행되었다. 그 결과 13,000개의 자료를 모을 수 있었고, 지역별 무형문화유산 네트워크를 구축하였다. 3차년도 사업은 2012년 4월부터 11월까지 각 지역별(서울, 경기, 인천, 강원, 제주)로 10,000개의 자료를 수집·업로드하였다.

이 사업의 배경은 유네스코 무형문화유산 협약과 밀접한 관련이 있다. 유네스코 무형문화유산 협약의 목적은 전 세계에 널리 퍼져있는 '(가) 무형문화유산의 보호, (나) 관련 공동체, 집단 및 개인이 보유한 무형문화유산의 존중, (다) 지방·국가·국제적 차원에서 무형문화유산의 중요성 인식과 상호이해 증진, (라) 국제적 협력과 지원도모'이다. 새로운 개념과 정의를 가지고 출발한 「무형문화유산보호협약」은 국제사회로부터 주목을 받았지만, 우리나라에서는 논란과 혼란을 가져오는 계기가 되었다.

일찍이 무형문화유산의 중요성을 깨닫고 보호를 해 온 한국은 유네스코의 무형문화유산 협약 출범 이후 이중적 제도를 운영할 수밖에 없었다. 국내의 보호법과 정책이 유네스코 협약과 상충되었기 때문이다. 무엇보다도 「문화재보호법」에서 규정하는 무형문화재의 개념과 2003년 협약이 규정한 무형문화유산의 기본개념이 달랐다. 한국에서는 역사적, 학술적, 예술적 가치가 있다고 판단된 대상들을 우선적으로 보호해왔고 그러다 보니 자연스럽게 원형성·수월성·고급성에 치중해 왔다. 그러나 협약에서는 무형문화유산의 전승성과 창조성을 동시에 강조하면서 공동체나 집단이 대대로 전승해서 정체성으로 각인된 것을 무형문화유산이라고 규정하고 있다. 오랜 세월을 내려오는 동안 문화는 자연과 상호작용하면서, 또 생활 속에서 부단히 변화하는 속성을 가지고 있다. 즉 문화의 고정된 원형성을 인정하지 않는다는 뜻이기도 하다. 바로 이 지점에서 한국의 무형문화재 보호법과 충돌하게 된 것이다.

이러한 차이를 인식한 문화재청에서는 유네스코 협약에 따른 무형문화유산 실태 조사를 해 보기로 결정하였다. IT기술을 활용해서 기존에 조사되어 있는 무형문화유산관련 정보를 전부 모아본다는 취지를 가지고 온라인전수조사를 시행하였다. 이 조사사업을 시작하면서 본 연구소에서는 2010년 이치피디아ICHPEDIA(Intangible Cultural Heritage + encyclopedia의 합성어)의 prototype을 개발하였다. 2011년에는 일반인들과의 인터페이스를 높이기 위하여 ICHPEDIA 포털 시스템을 구축하였다. Web 2.0 플랫폼 기반의 온라인 시스템은 다수의 조사자가 실시간으로 온라인에 접속해서 자료를 입력할 수 있고, 또 입력된 자료는 다른 조사자들과 공유할 수 있도록 설계되었다. 그리고 자료를 수집하여 3년의 사업기간 동안 그리고 이후에도 디지털인벤토리를 축적해갔다. 이치피디아의 초기 모습은 온라인 백과사전이었으나 이후 발전을 거듭하면서 무형문화유산 디지털인벤토리 시스템으로 발전했다.

이치피디아(www.ichpedia.org)는 2010년도 프로토타입 개발을 시작으로 지금까지 디지털인벤토리 시스템으로 부단히 발전해왔다. 이치피디아 연구진은 무형유산자료의 보존과 관리를 위해 편의성과 효율성을 높이고자 했다. 그 성과를 요약하면 다음과 같다.

첫째는 무형문화유산 인벤토리작업을 위해 표준 입력양식을 마련하였다. ICHPEDIA 연구진이 채택한 입력 양식(탬플렛)에서는 해당 종목의 특징과 전승·보호 양상이 잘 드러날 수 있도록 항목을 구성하였다. 자료입력자, 검증자, 종목명, 전승지역, 분류, 전승주체, 전승내용, 중요성과 보호방법 제안, 주요 관련 활동, 자료출처, 참고자료, 부가정보 그리고 자료첨부 등이 입력 항목이다. 각 종목의 간략한 정의와 상세한 특징이 기술될 수 있도록 입력자들이 세심한 주의를 기울여야 한다. 종목의 중요성과 보호방법을 제안할 때에는 해당 종목이 갖는 독특한 사회문화적 의미, 타 지역의 동일 종목과의 유사점 및 차이점, 그리고 공동체와 지역문화에 미치는 영향과 의미 등까지도 포함시킨다. 그런가하면, 주요 관련 활동에는 상기 서술한 내용과 유관한 유형문화유산 혹은 지역 내 개인 혹은 보존회 등의 공동체가 보존·전승하고 있는 실태·양상을 조사하여 기록한다.

둘째는 무형문화유산 관련 정보 내지는 지식을 일반인들과도 공유한다는 목표를 두었다. 과거에는 소수의 사람들만 볼 수 있었던 자료를 공개해서 ICHPEDIA에서는 일반인들이 열람은 물론이고 인벤토리 과정에도 참여할 수 있도록 설계되었고 이를 독려하고 있다. 이 점이 ICHPEDIA의 가장 큰 특징이 되리라고 생각한다. 그러나 자료의 신빙성 제고, 지식재산권 관련 정책 등을 보완해야 하는 숙제가 있다.

셋째는 ICHPEDIA 포털 시스템의 검색 기능은 정보검색 기술을 활용한 것으로 일반적인 검색 기능과는 다르다. 관련 정보를 다양한 방법으로 찾을 수 있도록 한 것이다. 검색자료를 한눈에 볼 수 있도록 최신순 및 입력순, 각종 키워드 및 지도를 이용하고 있다. 용어네트워크가 꾸준히 축적되면 시멘틱 검색이라는 유용한 기능을 통해서 좀 더 정확하고 의미 있는 검색 결과가 나오게 될 것이다.

이치피디아는 무형문화유산 자료의 보존과 관리를 위한 디지털 인벤토리 시스템으로 발전을 해서 이제는 플랫폼의 역할을 하고 있다. 무형문화유산과 관련된 지식을 공유하면서 교육과 연구, 나아가 무형문화유산의 활용방안을 찾아 현대사회 속에서도 그 가치를 지속시키려는 목적을 가지고 있다. 지금까지 약 80,000건의 무형문화유산 및 생활사 자료가 데이터베이스 시스템에 축적되어 있다. 지금까지 약 20여 년 동안 DB구축에서부터 디지털 아카이브 및 무형문화유산 플랫폼을 유지할 수 있었던 것은 온전히 정보공학자인 박순철 교수의 헌신적인 노력의 결과이다. 2003년부터 인문학자들도 자신들의 연구를 위해서 컴퓨터를 잘 활용해야 함을 줄곧 주장해 오면서 인문학과 정보공학의 융합을 몸소 실천해 오고 있다.

[그림 1] 이치피디아(www.ichpedia.org) 포털 시스템의 정보검색 기술

지난 20여 년 동안 컴퓨터 환경의 급속한 변화를 감당하면서 별도의 예산이나 인력의 지원없이 지금까지 이치피디아를 운영하고 있다. 이러한 사정을 아는 IT전문가들은 믿기 어려운 일이라고 말한다. 소프트웨어의 개발 자체도 그러하려니와 유지와 보수는 매우 어려운 일이어서 그렇다. 소프트웨어의 운영체제 및 브라우저의 잦은 변경에 모두 다 대처해야 했으며, 하드웨어의 변화에도 대응해 왔다. 지속적인 연구비 지원이 확보되었더라면, 보다 안정적이고 체계적인 방식으로 이치피디아를 운영할 수 있었을 것이다. 그러나 제한된 여건 속에서도 현재까지 그 운영이 유지되고 있는 것은, 연구자들의 사명감 외에는 달리 설명하기 어려운 현실이다. 지금 현재에도 이치피디아를 최적의 상태로 유지하기 위해서는 당면한 과제가 있고 이에 대한 대처가 시급하다. 시스템의 노후화나 운영체제와 웹 브라우저의 잦은 변경을 고려하여 클라우드 서버로의 전환을 진행해야 한다.

4. 무형문화유산 국제 및 국내 네트워크

무형문화연구소는 관련 학술적 연구사업과 사회적 환원을 위한 제반 사업의 성과를 인정받아 국내 학술단체로서는 최초로 2015년 11월 30일 유네스코 제 10차 정부간위원회에서 인가 NGO(Accredited NGO)로 선정되었다. 2016년 6월에 열린 총회에서 유네스코 인가 NGO 기관으로 승인받았다. 이를 발판 삼아 국내·외 무형문화유산연구 국제네트워크를 구축할 수 있었다. 무형문화연구소가 20세기민중생활사연구소의 기본적인 연구·조사 방향을 지속하면서 마을 단위의 공동체가 전승하고 있는 무형문화유산을 조사·연구하였으며, 이러한 전문성을 가지고 유네스코 무형문화유산 협약의 자문기구가 될 수 있었다. 또한 본 연구소는 향후 활동의 전망을 제시하면서, 개발도상국의 무형문화유산 보호를 지원하고, 한국의 발달된 정보통신IT 기술 및 디지털 환경을 공유하겠다는 계획을 천명하였다. 이는 유네스코 "무형문화유산 보호를 위한 협약"이 권고하고 있는 바와 같이, 비정부기구NGO가 정부GO를 보완하여 무형문화유산의 '지속가능한 발전 체제'를 구축하는데 기여해야 한다는 국제적 방향성과도 부합한다. 이러한 맥락에서 본 연구소가 제안한 유네스코 인가 NGO로서의 활동 내용은 다음과 같다.

- 유네스코 협약정신에 의거 국내의 무형문화유산 보호활동 지원
- 유네스코 ICH 보호활동 전 분야 참여 : 무형문화유산의 연구와 조사, 목록화, 모니터링, 교육 등
- 개발도상국의 문화ODA 사업 진행 가능 : IT기술로 무형문화유산의 디지털기록화한 본 연구소의 실적기반.

국내 유네스코 인가 NGO 협의회 창립

❍ 국내 유네스코 인가 비정부기구NGO 간의 교류와 협력을 증진하기 위해, 한국문화재재단KCHF, 국제무형유산도시연합ICCN, 세계무술연맹WOMAU, 세계탈문화연맹IMACO 등과의 소통을 목적으로 국내 인가 NGO 협의회가 2017년 창립되었다. 무형문화연구원CICS은 2017년부터 2018년까지 동 협의회의 사무국을 운영하였으며, 현재(2025~26)는 세계탈문화연맹이 그 역할을 이어가고 있다. 한편, 국제무형유산도시연합ICCN은 협의회에서 탈퇴하였고, 현재는 총 4개 기관이 협의회에 참여하고 있다.*

5. 무형유산정보학과 신설

2015년 전북대학교 인문대학 내 대학원 협동과정으로 무형유산정보학과가 신설되었다. 이 협동 과정이 개설된 배경에는 전문인력 양성이 시급하다는 인식이 자리했다. 유네스코에서 무형문화유산에 대한 고등교육 실시의 필요성이 대두되는 시점이기도 했다. 그

* 2024년 5월 17일 「국가유산기본법」의 시행으로 한국문화재재단은 국가유산진흥원Korea Heritage Agency으로 개칭되었다. 국제무형유산도시연합은 창립 시부터 강릉시가 사무국의 역할을 하다가, 2018년 스페인의 알게메시로 사무국을 옮긴 후, 국내 인가 NGO협의회에서 탈퇴하였다.

리고 무형문화연구소가 진행하는 인문사회 중점연구소 사업 중 관련 학과의 신설을 제안한 바도 있다. 그러므로 중점연구소 사업의 추진계획에 따라서 본 연구소가 행정을 맡고, 전북대학교 인문대학 내 고고문화인류학과, 국어국문학과, 예술대학의 음악과, 공과대학의 컴퓨터공학과의 전임교원들과 논의를 거쳐서 협동과정으로 무형유산정보학과를 신설하였다. 학위과정은 석사와 박사과정, 두 코스이며, 대학원은 전통예술, 공예, 생활사, 의례, 놀이 등을 포괄하는 무형문화유산 영역의 연구와 정보과학의 학제적인 '융합형 무형문화유산학'을 교육목표로 세웠다.

6. 무형유산학회 창립과 학술 활동

무형문화유산 연구의 체계를 갖추고, 학문적 논의를 발전시키기 위하여 2015년 본 연구소를 중심으로 전국 규모의 무형유산학회를 창립하게 되었다. 초대 학회장에는 임돈희 교수를 추대했고, 이후 매년 춘·추계 전국학술대회, 워크샵, 심포지움을 진행하고 있다. 아울러 학회지인『무형유산학』간행을 기획하여, 현재 발간 중이다. 1년에 두 차례의 정기 간행물이 나오며, 무형유산학의 전신이 되는『무형유산연구』도 발행하였으나 학회지가 나오면서 이 책은 학술총서로 출판하였다. 이후 총서 제2권, 제3권, 제4권이 차례로 기획·출판되었으며, 현재 학술총서는 추가로 4권이 더 출간될 예정에 있다. 이러한 연속 간행은 연구 성과의 집적과 무형문화유산 분야의 학문적 기반 확립에 기여하고자 하는 의지를 반영한다.

7. 무형문화연구원 설립

2016년 6월 무형문화연구원(이하 '연구원' 또는 'CICS')이 사단법인으로 출범하였다. 사단법인의 설립은 한국연구재단의 인문사회분야 중점연구소를 운영하면서 구체화되었다.

한국연구재단은 중점연구소로 선정된 기관에 대해 일정 기간 장기 지원을 수행한 이후, 자립형 연구소로의 전환을 권고하였다. 이는 강제적 의무사항은 아니었으나, 연구소의 지속 가능성과 미래 발전 방향을 고려할 때 긍정적인 방안으로 인식되었다. 이러한 배경 속에서, 연구소 구성원들은 심도 깊은 논의를 거친 끝에 사단법인의 설립을 결정하였다. 이는 소속 연구원의 확대, 학술 네트워크의 확장, 그리고 연구 성과의 사회적 활용을 촉진하는 데 유의미한 기반이 될 것으로 판단하였다. 무엇보다 중요한 것은, 안정적이고 지속 가능한 연구 거점의 확보였다. 전북대학교 중점연구소로 운영되었던 '무형문화연구소'는 사업 종료와 함께 연구 공간을 반납하고, 전담 연구진과의 계약도 종료되었다. 이에 따라 우리는 무형문화유산에 대한 공동의 연구 활동을 이어가기 위한 별도의 독립적 연구기관의 설립이 절실한 과제로 대두되었음을 인식하게 되었다.

문화재청으로부터 인가를 받은 '무형문화연구원'의 설립 배경은 위에서도 언급한 바와 같이 연구의 지속성과 조직의 독립성 유지를 위한 조치였다. 이에 따라 설립 당시 정관을 작성하면서, 기관 설립의 배경과 목적을 명확히 하기 위해 다음과 같은 내용을 명시하였다. 즉, 본 연구원은 "전북대학교 무형문화연구소의 활동을 승계하여 무형문화유산의 학제융합적 연구와 대중화 사업을 목적으로 설립되었다."라고 규정하였다(정관 제2조(목적) 참고).

본 연구원은 '20세기민중생활사연구소', '무형문화연구소'에서 함께 연구했던 연구자들이 다시 모여서 설립한 것이어서 신진연구인력이 보강된 점을 제외하고는 연구 인력은 그대로 유지되었다. 문화인류학, 민속학, 역사학 및 IT 분야 전문가들로 무형문화유산의 보호와 활용을 위해 뜻을 두고 공동연구를 지속하고 있다. 이치피디아ichpedia를 운영하고, 조사연구, 모니터링, 정책연구, 컨텐츠 제작 등의 사업을 수행하고 있다. 본 연구원에서는 전 세계의 무형유산 관련 기관들과 포럼, 워크샵, 학술대회 등을 개최하면서 네트워크와 소통을 활발하게 해오고 있다. 특히 개발도상국과의 협력에도 힘써서 미얀마, 태국, 방글라데시, 키르기스스탄의 문화기관들과 MOU 체결 등을 통해서 긴밀하게 교류하고 있다.

8. 무형문화재 모니터링

국가유산청에서는 국가무형유산의 향후 보존 및 전승 자료로 활용하고자 매년 국가무형유산 보유자와 보유단체의 공개행사를 모니터링하고 있다(「문화재보호법」 제50조). 2015~2017년까지는 전북대학교 '무형문화연구소'가 주관기관으로 선정되어 활동했다. 모니터링의 방법연구, 공개행사 현장조사, 평가 및 전승 현황을 3년 동안 조사를 진행했다. 모니터링 조사 연구 결과를 활용하여 문화재청에서는 모니터링 방안을 수정해 가고 있는 것은 고무적이다. 2019년, 2020년은 '무형문화연구원'에서 국가무형문화재 공개행사 모니터링을 진행하였다. 2020년은 코로나 사태로 인해서 공개행사가 취소 또는 지연되거나 다른 방법으로 공개행사를 대신하는 등 여러 가지 혼선이 일어났던 해였다.

최근 전주시와 남원시가 '지역무형유산 활성화' 사업의 일환으로 연구원에서는 두 시 소재 국가·전라북도 지정 및 향토유산을 대상으로 모니터링과 컨설팅을 동시에 진행하면서 무형유산 보유자, 이수자의 전승 현황을 파악하였다. 두 도시의 무형유산 담당자들에게 구체적이고 실천가능한 정책 제안을 할 예정이다.

9. '전주세계무형유산대상' 기획 및 운영 업무 추진

전주시는 2019년, 무형문화유산 보호에 기여한 전 세계 개인·단체·공동체·기관 및 비정부기구NGO를 대상으로 하는 국제 시상 제도인 '전주세계무형유산대상Jeonju International Awards for Promoting Intangible Cultural Heritage (JIAPICH)'을 제정하였다. 본 상은 매년 무형유산의 보호과 진흥에 있어 모범적인 실천 사례를 선정하여 시상하며, 수상 인원은 개인 또는 1~5인의 단체·공동체를 포함할 수 있다. 수상자에게는 미화 30,000달러의 상금이 수여된다. 이 시상 제도의 전반적인 기획 및 운영은 '무형문화연구원'이 전담하고 있다. 이 상이 제정된 배경을 간략하게나마 언급하는 것이 JIAPICH를 이해하는 데 도움이 될 것 같다. 전주는 국립기관인 '무형유산원'의 유치를 위해 지속적으로 노력하였으며, 그 결과 '국립무형유산원(이하 '유산원')'이 전주시에 위치하게 되었다. 이어 2017년에는 세계무형유산포럼을 열수 있도록 예산배정에도 힘을 써서 유산원과 함께, '2017 세계무형유산포럼'을 개최하였다. 이 포럼을 통해서 전주시는 '무형문화유산 보호에 대한 전주선언문 Jeonju Declaration on Intangible Cultural Heritage, a Resource for the City of Today and Tomorrow'을 채택하였다. 이에 기초해서 2019년에 전주세계무형유산대상이 제정된 것이다.*

전 세계인을 대상으로 매년 무형문화유산 보호 활동의 모범적인 사례들을 발굴하여 상을 수여하고 있다. 상금 30,000달러는 무형문화유산 보호를 위해 사용될 수 있도록 엄격하면서 공정한 심사를 통해서 수상자/단체/공동체를 선정한다. 국제적으로 명망있는 무형유산의 전문가들로 심사위원을 구성하여 서류심사 및 면담심사(필요시) 등으로 한 달 이상이 소요된다.

매년 1월에 JIAPICH 운영위원회가 개최되어 심사위원을 정한다. 예를 들면 2024년 심사위원은 6명의 국제적인 전문가로 구성하였다. 신청 접수를 마감한 후, 사무국에서는 심사위원회에게 통고하고 심사준비에 만전을 기한다. 기 접수된 서류, 영상, 사진 및 기타 신청서를 심사위원들에게 제공한다. 공정하고 엄격한 심사를 위해서 심사위원들은 서약을 한 후 위원장을 선출하여 심사를 진행한다. 최종결과는 만장일치로 합의를 한 후 발표를 한다. 2024년에는 콜롬비아의 피라-파라냐강 원주민 전통협회, 코트디부아르의 남부 만데 코블레 재단, 아제르바이잔의 로야 타기예바 박사가 수상하였다.

이 상은 소외된 지역에서 묵묵히 일하고 있는 숨은 무형문화유산 전승자·단체·지역공동체·기관·비정부기구NGO 등을 발굴하는 데 의의가 있다. 전주시는 이 상을 제정함으로써 이들의 노고와 불굴의 정신을 치하하며 무형유산을 지키는 일에 커다란 가치와 의미

* 상의 제정과 관련해서 무형문화유산을 대상으로 한국정부가 상금을 주고, 유네스코가 수여했던 아리랑상이 있었다. 지금은 중단되었으나, 이 상이 종료된 것을 안타깝게 생각한 임돈희 교수가 무형유산 중심도시를 지향하는 전주시가 중심이 되어서 상 제정을 시사하였다. 특히 지자체가 수여하는 상은 유산공동체와 가장 가까운 곳에서 직접적인 교류를 하는 곳이어서, 국가나 유네스코가 수여하는 상보다 더 의미가 깊을 것이라는 점도 역설했다. 국제사회에서도 바로 이러한 점 때문에 널리 관심을 가지고 있다. 무형문화유산 보유자, 단체, 공동체와 가까운 곳에서 숨쉬며 행정을 펼치는 지자체가 직접 이들을 격려하고 북돋우는 일은 전 세계의 무형문화유산 분야에 종사하는 사람들에게 감동을 주는 일임이 분명하다.

를 부여하고 있다. 2019년 첫발을 내디디며 시작한 이 상이 이제는 국제적인 신망을 얻어, "단기간에 높은 평가를 받는 국제적인 상"(JIAPICH 심사위원장이며, UNESCO ICH NGO FORUM 회장인 로리에 터전 교수)이 되었다.

[표 1] 전주세계무형유산 대상 연도별 신청 건수와 수상자(2019~2024)

연도	신청 건수	수상자 (단체/개인)	상금
2019	36국 48건	2단체/1인	30,000달러 (첫 회에만 개인은 5,000달러 시상, 이후 단체와 개인 모두 동일하게 지급함. 단체/공동체의 대표 자격으로 개인들이 신청했기 때문임)
2020	27국 39건	2단체/1인	
2021	29국 44건	2단체/1인	
2022	24국 36건	2단체/1인	
2023	27국 40건	3단체	
2024	33국 45건	2단체/1인	
합계	총 252건	총 13단체/5인	총 180,000 달러

10. 현장 연구: 무형문화유산 연구의 이론과 방법론 개발

민중생활사연구에서는 개인의 생애사에 초점을 맞추어 조사와 분석이 이루어졌다. 이후 무형문화유산 연구가 본격화되면서, 연구 대상은 개인에서 벗어나 마을, 지역 공동체, 혹은 특정 단체 등 보다 집합적인 단위로 확장되었다. 다시 말해서 공동체나 집단이 유지해 온 문화를 대상으로 조사연구가 이루어진 것이다. 그리고 본 연구팀에서는 무형문화유산 연구의 이론적 기초와 방법론을 정립하고자 실증적 조사를 수행해 왔으며, 그 과정에서 다음의 세 가지 핵심적인 문제에 직면하였다.

1) 살아 있는 문화Living Culture와 기억하는 문화Remembered Culture

무형문화유산이 급속히 사라지고 있는 상황은 우리나라는 물론이고, 전 세계적인 현상이다. 유형문화유산은 형체로 남아 있어서 훼손에 대한 경각심을 보다 쉽게 불러일으킬 수 있다. 따라서 보호 방책을 세우는 데 무형문화유산보다는 수월한 편이다. 무형문화유산의 훼손은 금방 눈에 띄지 않을 뿐더러 그 변화 과정도 쉽게 인식되지 못하는 경우가 많다. 그 결과 산업화 또는 현대화의 과정을 겪으면서 무형문화의 유실이 금방 인식되지 못해서 전승이 단절되는 경우도 많다. 그러므로 무형문화유산을 대상으로 기록을 하는 과정이 보호 내지는 전승의 한 방법이 될 수 있다.

2003년 유네스코 협약에서 기록화를 강조하는 이유를 좀 더 세분화하여 설명하면, 다음과 같다. 협약에서는 무형유산이 지속적으로 변화를 거듭한다는 사실 때문에 살아있는 문화living culture를 강조하고 있다. '살아있는 문화'란 공동체나 집단의 구성원들이 현재까지도 보유하고 있어야 하며, 조상 대대로 내려온 것을 자신들의 정체성으로 인식하고 있어야 한다. 유네스코 협약은 무형문화의 보호를 통해서 보유집단이나 개인들이 자신들이 문화에 대한 자긍심을 가질 수 있다는 점과 인류문화의 창조성을 높일 수 있다는 점을 중시한다. 그러나 무형유산의 '살아있음'을 강조할 경우, 문화의 다양한 발전을 오히려 저해할 요소가 있다. 현재 행위로서 드러나지는 않지만, 공동체 구성원들의 의식 세계 속에서는 살아있는 것, 즉 '기억하는 것'은 살아있는 문화인가, 죽은 문화인가? 그들의 의식세계에 남아서 기억이라는 채널을 통해서 밖으로 드러나는 것은 소멸한 문화의 소환인가? 그러나 우리의 조사연구에서는 공동체 구성원들의 기억을 불러내서 기록으로 남기는 일을 중요하게 여기고 있다.* 기억과 기록이 결합해서 언제라도 복원 가능성이 높아지기 때문이며, 혹 기억하는 사람이 없을 경우, 기록이라도 남아서 후손들이 복원하여 전승될 수 있는 가능성이 높아지기 때문이다. 이러한 점을 감안하면, 살아있는 문화만을 기록하기 보다는 단절된 것도 기록해 두어서 기억이 사라질 것에 대비해야 한다고 본다.

* 미국 원주민 문화를 기록한 보아즈와 그의 제자들이 한 작업이 바로 이들의 기억을 복원한 것이다. 복원된 기록이 남긴 문제도 있지만, 그 당시 그것을 기록해 두지 않았더라면, 원주민의 문화에 대해서 거의 알 수 없었을 것이다. 또 현재 젊은이들이 그 기록을 토대로 해서 자신들의 역사와 문화적 정체성을 확인하고 있다.

2) 아래로부터 그리고 위로부터의 균형적 접근

한편, 공동체기반 조사연구에서 두 가지의 새로운 패러다임이 필요하다. 하나는 아래로부터의 접근이고, 다른 하나는 위로부터의 접근이다. 이 둘의 균형적인 모색을 통해서 조사와 연구가 이루어져야 한다. 국가유산청과 지자체의 무형문화유산 기록화사업이 항시적으로 있기에 그 예를 들어보기로 한다. 정부·지자체는 관련 기록 사업을 수행하는 데 필요한 여러 가지 법적·행정적 지원을 해야 한다. 그런가하면 무형문화유산 공동체, 단체나 개인들을 중심으로 전문가와 NGO들이 조화롭게 도우면서 관련 정보의 수집과 상세기록화를 해 나간다. 지금까지는 주로 정부·지자체 주도로 기록화 사업이 수행되었다. 국가가 전문가를 영입하고, 공무원들이 앞장서서 문화유산 보존을 해 온 셈이다. 이 방법의 효율성은 인정되지만, 문제는 무형유산의 보유자, 단체 및 공동체의 자발적이고 창조적인 역량을 떨어뜨리는 경우가 있다고 생각된다. 전승의 주체들이 정부에 마냥 의지하도록 만들거나, 정부가 세운 일방적인 정책이 그들의 활동을 제어할 수 있다는 단점이 있다. 때로는 전승자들이 지닌 창조적 가능성마저도 제한할 우려도 있다.

우리 연구진이 조사한 바에 따르면, 빠르게 변하는 현대사회 속에서 무형유산의 보유자 또는 집단은 새로운 도전에 대해서 창조적인 정신을 가지고 대응해나가고 있음을 알 수 있었다. 전통 기술과 예술 영역에서 과거의 형태, 형식, 내용 등을 온전히 가지고 있는 경우는 극히 드물다. 현재라고 하는 환경 - 생태적 조건 및 사회적 조건 등을 포함 - 속에서 살아있는 문화가 몇 세대 전의 것을 그대로 간직한다는 것은 이론적·실제적으로 가능한 일이 아니기 때문이다. 그 이유는 간단하다. 모든 것이 부단히 변해왔고 앞으로도 변해갈 것이기 때문이다. 기후, 기온, 토양, 산과 나무, 강, 바다 그리고 생물 등을 포함하는 생태환경의 급격한 변화를 목도하고 있다. 예를 들면, 붓을 만드는 장인이 사용해서 제작해야 하는 털은 각종 동물로부터 얻어지지만, 그 중에는 한국에서 오래전에 자취를 감춘 동물들도 있다. 원재료를 다른 나라에서 구해 와야 하는데, 수입품과 한국산은 차이가 나기 마련이다. 최소한도로 차이를 줄이려면, 새로운 방법을 창안해야만 한다. 그렇게 함으로써 조상들이 만들었던 우수한 질을 담보할 수 있다고 한다. 새로운 환경에서 이들은 과거 조상들이 만들 때 가지고 있었던 기초 원리만큼은 철저하게 고수하고 있음을 알 수 있다. 좋은 글씨를 쓸 수 있는 붓, 종이와 먹과 친화력을 발휘할 수 있는 붓 등 붓 장인의 의식 속에 자리하는 붓 제조 과정의 원리는 조상대대로 지켜왔던 그대로이다. 이러한 상황을 고려하면, 과거로부터의 전승에 대한 개념 규정을 다시 한번 깊이 생각할 필요가 있다. 무형유산 보유자들은 그들이 가지고 있는 문화를 지키고자 하는 노력은 대단하다. 이들이 전승된 기본 원리를 지키는 한 무형유산의 전승력과 미래의 창조력은 결코 줄어들지 않을 것이다(함한희 편 2008).

결국 공동체 기반의 인벤토리를 위해서는 아래로부터의 노력과 위로부터의 후원이 모두 절실하다. 유네스코에서는 이러한 이유 때문에 무형문화유산 보유자, 무형문화유산 정책과 행정을 담당하는 조력자, 전문가, 학자, NGO들과 같은 시민단체들과 국가가 협력해서 상세목록 작성 및 보호 조치를 마련하는 필수적인 협력모델을 만들 것을 제안하고 있다. 그 역할 분담을 좀 더 자세히 말한다면, 정부에서는 시민참여를 위해 적합한 제도를 만들어서 지원을 하고, NGO, 전문가들, 연구기관 및 다른 이해당사자들은 상세목록작성 및 보호조치를 위해서 적극적으로 참여하면서 주체적으로 활동해야 한다. 이 협력모델에서는 서로의 역할 및 기능을 충분히 인정해야 하며 각자의 역할을 책임지고 수행하는 자세가 필수적이다.

3) 총체적 · 통합적 관점

본 연구원에서는 총체적holistic이면서도 통합적integrated인 관점을 중시하면서 조사연구에 임하고 있다. 총체적인 관점이란 하나의 항목이 지역/집단/공동체의 다양한 사회 · 경제 · 정치 · 문화적 영역과 어떻게 연결되어 있는가를 살피는 것이다. 통합적 관점이란 지역/집단/공동체 내부에 존재하는 다양한 무형문화유산의 항목을 포괄적이고 체계적으로 연계해서 분석 · 기술할 수 있는 시각을 말한다. 이러한 통합적 접근은 무형문화유산의 개별 종목들 간에 존재하는 내적 연관성과 상호작용을 파악함으로써, 각 종목이 고립된 단위로 인식되는 경향을 극복하는 데 기여한다. 즉, 종목 간의 상호관계에 주목하여 무형문화유산을 총체적으로 이해하고 기술하려는 방법론적 시도이다. 무형유산을 개별 종목 중심으로 기록하거나 보존하려 할 때 발생하는 단편적 인식과 실천의 한계를 극복하기 위해, 분야 간 경계를 넘나드는 통합적 시각의 도입이 요구된다. 따라서 본 연구는 독립된 종목 중심의 접근을 지양하고, 타 장르 혹은 다른 생활문화 요소들과의 연관성을 적극적으로 모색하고자 한다. 예를 들면, 마을신앙, 의례, 전통공예 등이 구비전승, 생태환경, 가치관, 사회적 관계와 별개가 아니라 어떻게 긴밀한 연결고리를 가지는지를 알아보는 것도 중요하다.

기존에 서해안지역의 갯벌문화권을 총체적이고 통합적인 관점으로 기술한 예를 소개해 본다. 서해안 갯벌문화권(갯벌공동체라고도 말할 수 있음)이 가지고 있는 다양한 무형유산을 전수조사한 적이 있었다. 그리고 각 항목이 갯벌문화권과 어떻게 통합체제를 이루고 있는가를 알아보았다(Hahm, et al. 2014). 이 연구는 갯벌 문화권이라고 부를 수 있는 지역의 특성을 밝혀보는 것을 목적으로 삼았다. 갯벌 지역에는 주로 비지정 무형문화유산이 분포해 있고 그 바깥쪽으로는 지정된 문화유산이 분포되어 있다. 이를 도식화해서 다음과 같은 결과를 얻었다.

갯벌문화는 핵심영역과 주변영역으로 나누어 볼 수 있는데, 핵심영역은 다시 ① ②로 나눌 수 있다. ①은 지정문화재인 염성지인데, 갯벌에서 소금을 생산하던 공간이다. 고창에서는 이를 지정하여 보전하고 있다. ②는 비지정문화유산으로 소금제조법, 전통시장, 갯벌에서 서식하는 조개류를 채집하는 전통기술, 향토음식, 지명유래 등의 구전설화가 있다. 특히 검당포 지명유래 설화는 소금제조법, 선운사 창건 등의 역사적 사실을 전하기도 한다. 갯벌문화와 간접적인 관계에 놓인 것은 ③과 ④이다. ③은 주로 지정문화재들이고, 고고학적 유물과 역사 유적들이다. ④도 비지정문화유산인데, 갯벌과 직접 관련이 없는 종목들이다. 갯벌이라는 특수한 생태환경에서 나온 문화가 아니라 다른 지역에서도 볼 수 있는 일반적인 유산들이다. 자장가, 놀이요, 시집살이 노래 같은 것들이다.

아래 그림은 갯벌의 문화적 특성을 분석한 것이다.

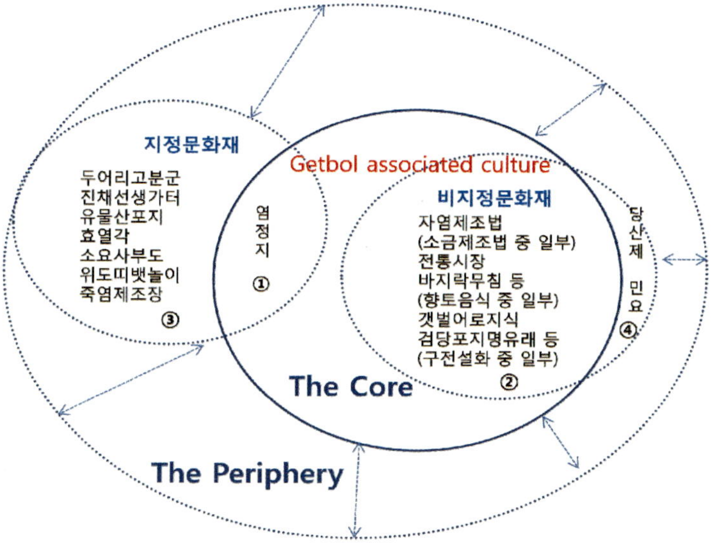

[그림 2] 갯벌의 문화유산을 도식화해서 문화적 특징을 알아본 그림
갯벌문화권은 무형문화유산으로 구성되며 이들은 대체로 중앙정부나 지자체로부터 지정받지 못한 종목들이다.
(자료 출처: Hahm, H., et al., 2014, "Cultural resources and management in the coastal regions along the Korean tidal flat," Ocean & Coastal Management xxx, 1~16. 9쪽에 실린 그림(Fig. 3)을 한국어로 번역한 것임)

11. 글을 마치며

무형문화연구원의 활동을 이 자리에서 회고하고 전망해 보는 일은 필자에게는 각별한 의미가 있다. 학문적 여정을 시작한 초기부터 20여 년 동안은 기초를 다지고 배운 것을 적용하며 개인 연구를 수행하며 보냈다. 이후의 20년은 '20세기민중생활사연구단'을 비롯해서 '무형문화연구소' 그리고 '무형문화연구원'의 설립과 운영을 통해 뜻을 함께하는 연구자들과 공동 연구에 주력해 온 시기였다. 이 과정에서 필자는 다양한 학문적 배경을 지닌 동료들 - 민속학, 역사학, 행정학, IT, 예술 분야의 전문가들 - 과 함께 다학제적 연구의 가능성을 실험해 왔으며, 융합적 사유와 집단지성의 가치를 몸소 체득하였다. 이러한 협력의 결과로 축적된 조사와 기록, 분석의 성과들이 국내 무형문화유산 연구의 학문적 지평을 얼마나 확장시켰는지에 대한 평가를 내리기에는 아직 시기상조일 수 있다. 무형유산 연구가 한층 더 성숙한 단계에 이르기 위해서는 앞으로도 꾸준한 노력이 필요할 것이다.

지금까지는 무형문화유산의 연구환경을 조성하기 위한 터를 닦는 것만으로도 숨이 찼다. 어떤 집을 지을지조차 고민할 시간이 부족했기에 이제 뒤를 돌아다보며, 앞으로 지을 집의 모양과 구조를 그리는 일에 힘을 쏟아야 할 것 같다. 심층 조사와 분석을 하지 못하고 넘어가는 일이 다반사였고, 주마간산 식 조사연구로 끝나는 경우가 많았다. 이러한 한계를 넘어서기 위해서는 무엇보다도 안정적이고 지속적인 연구 환경의 확보가 선행되어야 한다.

필자는 연구 역량을 갖춘 후속 세대가 분업과 협업의 원리에 기반한 집단 연구를 수행할 수 있는 생태계 조성이 절실하다고 판단한다. 지난 20여 년간 함께 해 온 공동연구원들이 있었기에 지금까지의 성과가 가능했으며, 향후에도 이러한 공동체적 연구 방식이 지속 가능한 발전의 열쇠가 될 것이다. 무형문화연구원의 미래를 위해, 후속 세대의 양성을 최우선 과제로 삼아야 하며, 이를 통해서만이 연구원의 존재 의의와 역할이 앞으로도 공고히 유지될 수 있으리라 믿는다.

[연혁]

2002.09. 전북대학교 인문대학 전라문화연구소 소속 「20세기민중생활사연구단」으로 활동 시작

2008.01. 인문대학 소속 20세기민중생활사연구소로 승격 국내 최초로 IT융합 민중생활사 디지털 아카이브즈 구축

2010.09.~2012.08. 한국연구재단의 기초토대연구, '무형문화의 새로운 접근과 해석을 통한 전통지식 수집과 아카이브구축-토대기초연구'수행

2010.09.~2012.12. 문화재청의 '무형문화유산 온라인전수조사사업'진행하여 인벤토리 시스템 'ICHPEDIA' 구축

2012. 교내 거점연구소 지정(인문학 · 사회학 · 공학 · 생활과학 · 예술학 융합연구소)

2013. '무형문화연구소'로 개칭

2013.09.~2016.08. 한국연구재단으로부터 대학중점연구소로 선정. '무형문화연구의 새로운 패러다임 정립과 IT융합 지식관리시스템 구축'과제 수행

2016.06. UNESCO ICH 협약국 총회에서 무형문화유산 'Accredited NGO'로 승인. 국

내 최초 학술단체 NGO 탄생

2016. 전북대학교 7대 대형연구소 중 하나로 선정

2016.06. 사단법인 무형문화연구원 설립

2017.02.~2019.01. 국내 유네스코 인가 NGO 협의회(UNAK) 사무국 운영

2018.02.~2018.12. 세계무형유산포럼 사무국 운영

2018.05. 태국 치앙마이 창조도시 및 치앙마이대학 SRI와 MOU체결 및 제 1회 CMCCFA 국제학술대회 공동주최

2018.06. ICH 공예품 온오프라인 플랫폼 RJeon 오픈 및 운영

2018.12. 유네스코 무형문화유산 인가 NGO 공식 홈페이지 ICHNGO.NET 운영

2018.12.~2020.01.01. CICS, 유네스코 NGOFORUM Steering Committee

2019.02.~현재 2019 전주세계무형유산대상(JIAPICH) 사무국 운영

2019.03.~2020.12. 미래유산 시민참여프로그램 운영

2019.06.~현재 한국학중앙연구원 구술사 전문기관으로 선정되어 '근현대 한국 주변부 여성의 경제활동'으로 향후 10년간 구술사 사업

2020.12. 호원대학교와 MOU 체결

2021.05.~2021.07. TCROSA 실시간 문화자원 수집 플랫폼 및 앱 개발, 배포

2021.09.~2021.12. 진안 in Metaverse 제작 및 전시 발표

2021.11. 폴란드 바구니협회Serfenta Association과 MOU 체결. 전통공예의 산업화와 국제교류 워크숍 개최

2022.01.~2023.12. 국내 무형문화유산 정기 콜로키움 기획 및 운영

2022.03.~2025.12. 키르기즈공화국 국제개발협력사업(ODA) 참여, 디지털 문화자원 관리시스템 구축 및 문화콘텐츠 개발 역량 강화 지원 사업(4개년)

2022.02.05. ICH NGO Traditional Craftsmanship Online Platform Initiatives

2022.04~12. 전주시 지역무형유산 보호지원 사업

2022.05~11. 진안군 중평마을지 제작 참여

2022.06~12. KETI 전통공연 유·무형 문화유산 소스 수집 및 디지털 DB화 공동연구 참여

2022.07~12. 남원시 지역무형유산 보호지원 사업

2022.07.04~05. 문화유산 기록과 아카이브즈 공동학술대회 개최(제주대학)

2022.07~12. 전북 고창군 홍덕면 근현대 자료수집 및 기록연구

2022.10.19. 2022 전주세계무형유산대상 시상식 거행

2022.10.18~24. 무형유산산업화 특별전 '우리집으로 들어온 전주무형유산' 개최

2022.12.27. 전라북도 진안군 성수면 중평 마을지 발간

2023.04.06. 광주광역시 '월곡고려인마을'과 MOU체결

2023.04.26. 국제포럼 기획 및 운영, 문화자원관리시스템의 확장을 통한 미래지식시스템 구현, 키르기스스탄, 비슈케크

2023.04.29. 키르기즈 국제언어문화대학교, 소클루크 세종학당 MOU 체결

2023.06.29. 진안 인삼 재배문화 학술대회 기획 및 운영

2023.08~12. 2023 지역무형유산 보호 지원사업 용역 수행

2023.09.02. 2023 전주세계무형유산대상 시상식(제 5회) 개최

2023.11.30. 진주 무형유산의 정체성 발굴과 활성화 방안 마련 학술대회 기획 및 운영

2023.12.19. 어린이를 위한 동화책, 전주이야기, 세계이야기: 용머리 고개와 강감찬 장군, The Legend of the Wawel Dragon of Krakow 발간

2023.12.30. 『문화유산 기록과 아카이브즈』 발간, 민속원.

2024.01.17. ACC 문화자원 관리 및 활용 ODA 포럼 프로그램 - 문화자원 ODA를 통한 쌍방향 지속가능 발전 방안 모색, 국립아시아문화전당

2024.06.~2024.12. 남원 춘향제의 무형유산적 가치 발굴 및 육성 사업 용역

2024.07.10. 5주년기념『전주세계무형유산대상 백서』출간

2024.07.30. 부산대학교 한국민족문화연구소 로칼리티 연구소와 MOU 체결

2024.08.18. 2024 전주세계 소리축제 공동학술대회 기획 및 운영

2024.08.~2025.02. 진관사 수륙재 유네스코 차기등재 후보 발굴 연구조사

2024.09.25~26. '전주세계무형유산투어리즘 포럼' 기획 및 운영

2024.10.25.~12.31. '춘향을 잇다' 전시회, 남원다움관

2024.12.19~20. 2024 국가무형유산 남해안별신굿보존회 학술대회 공동 기획 및 운영

8. 국가유산진흥원Korea Heritage Agency[48)]

국가유산진흥원(이하 '진흥원')은 무형유산 분야에서 많은 활동을 하는 기관이다.[49)] 진흥원[50)]은 「국가유산기본법」 제32조에 의거해 설립된 국가유산청 산하 공공기관이다. 진흥원은 1980년 4월 1일 재단법인 한국문화재보호협회로 설립되었으며 1992년 9월 1일 재단법인 한국문화재보호재단으로 명칭이 변경되었다. 2014년 8월 29일 한국문화재재단으로 다시 명칭이 변경되었으며, 2024년 5월 17일 국가유산진흥원으로 변경되었다.

진흥원은 국가유산의 전승·보급·활용을 위한 전문기관으로, 전통의례 재현사업 등 고궁을 활용한 문화유산 활용사업과 무형유산의 전승·보급을 위한 공연·전시·체험, 콘텐츠 활용 및 보급, 음식·혼례·문화상품 등 전통생활문화 보급, 그리고 매장유산 발굴조사, 국제 협력·지원까지 다양한 사업을 진행하고 있다.[51)]

1) 연혁[52)]

현재의 국가유산진흥원은 1980년 4월 1일 설립, 발족된 재단법인 한국문화재보호협회에서 출발했다. 초창기 진흥원은 문화재관리국(현 국가유산청)으로부터 중요무형문화재 마당 종목 및 무대 종목 발표 공연과 전승 공예대전을 중심으로 정부 사업을 이관받아 대행했고, 문화재 보호 활동을 수행했다.

---

48) 국가유산진흥원 원고를 읽고 더 많은 정보를 제공하고 오류를 지적해 주신 김광희 국가유산진흥원 한류진흥실장께 깊은 감사를 드린다. 김광희 박사는 국가유산진흥원을 대표하여 여러 차례 유네스코 무형유산협약 정부간 위원회에 참가하였으며 무형유산을 위하여 많은 활동을 하였다.

49) 국가유산진흥원의 활동에 대해서는 한국문화재재단, 『살아있는 유산을 찾아서: 한국문화재재단 유네스코 활동백서』, 2020을 전적으로 참조했다.

50) 국가유산진흥원은 2024년 5월 17일 국가유산체제 전환에 따라 한국문화재재단에서 국가유산진흥원으로 명칭이 변경되었다.

51) 국가유산진흥원, 〈https://www.kh.or.kr/chf〉(최종검색일: 2024년 8월 19일).

52) 한국문화재재단, 『살아있는 유산을 찾아서: 한국문화재재단 유네스코 활동백서』, 2020, 58~67쪽.

(1) 1980~1990년대

1982년 3월, 한국의집에서 철저한 고증을 거쳐 우리 고유 전통 혼례를 재현했다. 유관기관은 물론 국내외 관광객들의 관심 속에서 첫해 37쌍이 전통혼례를 통해 부부가 됐고, 우리나라 전통혼례 대중화에 기여했다. 이 해 4월 15일, 진흥원은 국가무형유산전수교육관(당시 중요무형문화재전수회관) 운영을 시작했다. 전수교육관은 무형문화재 기예능 연마와 발표 및 전수를 위해 건립됐고, 보유자 개인 및 단체의 발표, 공연, 기획, 행사 등 전승 보존 활동이 활발하게 이루어지는 공간으로 발전했다.

1985년, 무형문화재 공개 전수 전승을 목적으로 건립된 서울놀이마당을 서울시로부터 관리 수탁받아 시민들에게 전통예술 공연의 진수를 제공했다.

진흥원은 1990년대 들어서면서 진흥원의 역할과 기능을 확대하고 활동 분야를 넓혀 왔다. 1992년 9월에는 한국문화재보호협회에서 한국문화재보호재단으로 명칭을 변경했으며, 1993년에는 93일간 대전 엑스포 놀이마당을 운영했다. 1997년에 국가무형유산전수교육관을 신축해 개관했고, 1998년에는 남산골 한옥마을을 개관해 운영하기도 했다.

(2) 2000년대

2000년대 들어서면서 진흥원의 활동은 더욱 다양해졌을 뿐만 아니라 활동 무대도 국제적으로 확대되어 나가기 시작했다. '2001년 한국방문의 해'와 '2002 한일 월드컵'을 계기로 우리 전통문화를 국내외 관광객에게 선보였다.

2002년 주요 문화 사업으로 첫선을 보인 수문장 교대의식 행사는 약 6개월간 180여만 명이 관람하는 진기록을 세웠으며 지금도 많은 관광객이 찾는 문화행사가 되었다.

2004년 1월 1일 전주 전통문화센터의 새로운 수탁자로 관리 운영을 맡으면서 전통문화 특구인 전주시에 새로운 활력을 불어넣었다. 같은 해 10월에는 인천국제공항 3층 출국장에 한국을 방문하거나 경유하는 외국인들이 한국 문화를 체험할 수 있도록 상설체험관을 만들어 운영하고 있다.

2006년 진흥원의 주요 사업으로 유네스코 인류 구전 및 무형유산 걸작으로 선정된 종묘제례에 국내외 인사들을 초청했고, 이를 국제적인 문화 행사로 승격시켰다.

(3) 2010~2020년대

2010년 진흥원은 지난 30년간 무형문화유산의 보호와 보존 및 전승 활동에 기여하면서 축적한 경험과 지식을 인정받아 유네스코 무형유산 자문기구로서 자격을 인정받게 됐다. 유네스코 활동을 시작하게 된 진흥원은 '국제교류팀'을 출범해 해외 문화교류 사업을 강화했고, 정부 최초로 시행되는 라오스, 캄보디아 세계유산 보존 및 복원 사업을 추진했다.

2013년 문화융성이라는 기치 아래 공연, 전시, 체험, 교육 등 여러 분야에서 많은 행사를 수행했다. 종묘대제와 숭례문 준공 기념행사를 비롯한 경복궁 수문장 교대의식, 창덕궁 달빛 기행, 덕수궁 풍류 행사 등으로 한국 문화융성 실현을 위해 노력했다.

2014년 한국문화재보호재단에서 한국문화재재단으로 기관 명칭을 변경했다. 개정된 「문화재보호법」에 진흥원의 사업이 구체적으로 명시되고 문화유산 활용에 대한 법적 근거가 마련되면서 더욱 다양한 사업과 프로그램을 수행할 수 있게 되었다. 특히 '한국 문화유산과의 친근한 만남'을 목표로 문화유산 영상 콘텐츠 사업을 시작했다.

2015년에는 광복 70주년 기념으로 '경회루 성하에 물들어' 야간 공연과 '덕수궁 석조전 미디어 파사드', '굿 보러 가자' 연해주 공연을 진행했다.

2016년에는 한국 전통공예 행사인 '대한민국 무형문화재대전'을 개최하고 공예 보유자, 기능보유자, 이수자 등에 대한 보존과 전승 지원을 강화했다.

2017년에는 왕실 문화콘텐츠의 종합 축제라 할 수 있는 궁중문화축전을 개최하고 대한제국 선포 120주년을 주제로 이를 기념하는 프로그램들을 진행했다. 그 외에도 평창 올림픽, 동계올림픽 패럴림픽 대회와 문화올림픽 홍보 행사를 위해 인천국제공항 제2터미널에 한국 전통문화센터를 신규로 개관했다.

2019년 4월에 개최된 '궁중문화축전'은 기존의 경복궁, 창덕궁, 창경궁, 덕수궁의 4대 궁에 경희궁까지 포함해 서울의 5대 궁을 완전체로 하는 역대 최대 규모의 행사로 치러졌다.

2) 유네스코 무형유산 NGO 자문기구로서 활동

(1) 유네스코 무형유산 국제 NGO 자문기구 자격 획득[53)]

2008년 7월 유네스코 「무형문화유산보호협약」의 국제 NGO 선출 관련 회의에서 진흥원(당시 한국문화재보호재단)이 대상기관으로 선정되었다. 이에 같은 해 8월 무형유산 자문기구 자격 신청서를 제출했고 정부간위원회에서 자문기구로 승인 권고를 받았다. 그리고 마침내 진흥원은 2010년 6월 22일 프랑스 파리에서 개최된 제3차 유네스코 협약 당사국총회 정기회의에서 자문기구 자격을 획득했다. 이로써 진흥원은 세계의 무형문화유산을 발굴, 보호, 전승하고 이를 통해 문화 다양성 증진에 기여할 수 있는 역량을 갖춘 NGO 자문기구로서 본격적인 활동을 시작하게 되었다.

정부간위원회는 자문기구 및 기타 기관의 참여를 유도하는 방법으로 ① 무형문화유산에 관한 인식 제고 ② 무형문화유산의 확인 및 정의 ③ 목록 정리 ④ 보호 ⑤ 연구 ⑥ 추천 정보 준비 ⑦ 협동 및 네트워킹 ⑧ 무형문화유산 관리 및 보호에 관한 교육 등을 권고하고 있다.

자문기구는 회원국과 유네스코의 이러한 요청에 부응해야 하며, 맡은 의무 및 자체 능력에 따라 지역 사회와 함께 무형문화유산 보호를 위해 적극적으로 노력해야 한다. 이를 위해 진흥원은 다섯 가지 실천 과제로 첫째, 무형문화유산의 전승주체, 전승지역, 전승내용, 유래와 역사 등 관련 정보와 지식의 정리 및 무형문화유산 인벤토리 작성 활성화, 둘째, 전승자 지원, 전시 및 공연 등 전승활동 지원을 위한 무형문화유산 지원센터 설립(실제 신설했음), 셋째, 대표목록 등재 종목의 사후 관리, 무형문화유산 증진과 보호, 국제교류 및 네트워킹, 넷째, 자문기구 간 네트워크 강화, 다섯째, 적극적인 정부간위원회 활동 참여를 설정했다.

53) 한국문화재재단, 앞의 책, 72~74쪽 요약.

(2) 유네스코 무형유산 국제 NGO 자문기구로서 첫걸음[54)]

진흥원은 5가지 과제 수행을 위해 자문기구 간 네트워크 구축을 통해 자문기구의 역할을 정립하고 협력을 모색하기 위한 목적으로 포럼을 개최하기 시작했다.

2011년 10월 13, 14일 양일간 한국의집에서 열린 유네스코 무형유산 NGO 자문기구 초청 국제포럼은 아시아 지역 자문기구들이 처음으로 한자리에 모인 포럼이라는 점에서 의미가 있다. 베트남, 인도, 중국, 몽골, 한국의 자문기구, 유네스코 방콕사무소 및 국내 문화유산 분야 전문가와 관계기관 담당자 30여 명이 참석했다. 포럼은 '유네스코 무형문화유산, 무형유산 NGO 자문기구의 역할 정립과 협력 방안'이라는 주제로 3개 세션으로 나누어 진행됐다.

2012년 10월 25일, 진흥원은 자문기구 간 네트워크를 강화하고 인류의 문화 다양성 증진을 위해 '유네스코 무형문화유산 자문기구 국제심포지엄'을 개최했다. 심포지엄에는 4대륙 9개국 17명의 무형문화유산 전문가들이 참석해 '무형문화유산 진흥에 관한 유네스코 무형유산 자문기구(NGO)의 역할'에 대해 열띤 토론을 벌였다. 그리고 진흥원은 무형유산 NGO 자문기구로서 국제적 역량을 강화하기 위한 문화사업으로 한국전통공예학교, 굿GOOD보러 가자, 한 문화재 한 지킴이 활동, 문화유산답사와 상설 공연을 선정했다.

그리고 2012년 제7차 정부간위원회 참가를 통해 자문기구 활동을 위한 인적 네트워크를 구축하고자 노력했다. 또한 자문기구 현황, 주요 사업 등의 정보를 공유하고 향후 자문기구로서 역할과 방향 설정에 큰 도움을 얻게 되었다. 그리고 제18차 정부간위원회(2023)에서 진흥원은 유네스코 NGO 자문기구로 재인가를 받았다.

(3) 심사기구 목표로 단기 로드맵 설정[55)]

2년간의 NGO 자문기구로서 활동을 돌아보고 문제점을 개선하면서 국내외 활동을 적

---

54) 한국문화재재단, 75~82쪽 발췌 요약하여 정리하였음.

55) 위의 책, 85~88쪽 발췌 요약.

극적으로 추진해 나갔다. 우선 심사자문기구 진출을 위해 2013~2015 단기 로드맵을 설정했다. 이를 위해 무형유산 자문기구로서 원칙 준수, 유네스코 인류무형문화유산 대표목록 등재 추진 목록의 사전 홍보 및 인지도 제고 활동, 대외적으로 심사자문기구와 무형문화유산 보호 및 발전에 관한 협력 관계(국제 심포지엄 및 자료 교환) 구축을 통해 다양한 경험 및 지식을 공유하고, 자문기구로서 선도적 역할을 하기 위해 노력했다.

• **무형유산 『김치와 김장문화』 출간**

2013년 9월 26일 중요무형문화재 전수회관에서 유네스코 인류무형문화유산 대표목록 등재를 추진하고 있는 '김치와 김장문화'를 주제로 2013년 유네스코 무형유산 자문기구 국제 심포지엄을 개최했다. 불가리아, 케냐, 콜롬비아의 무형유산 자문기구 소속 전문가와 일본 국립민족학박물관을 비롯한 국내 학계 및 관련 기관 전문가들이 참석해 김치와 김장 문화에 대한 다양한 논의를 펼쳤으며, 상호 교류를 이끌어낼 수 있었다.[56]

2013년 5월부터 김치와 김장문화의 성공적인 유네스코 인류무형문화유산 대표목록 등재를 위한 지원 활동의 하나로 『김치와 김장문화』 책자 제작을 추진했고, 10월 말 영문판을 먼저 발간했다. 김치의 사회, 문화, 역사적 의미를 비롯해 각계 각층의 사람들이 들려주는 김장문화에 담긴 이야기, 현대 생활에서 김장에 대한 문화적 접근, 그리고 김치 담그는 방법이 쉽고 상세하게 수록되어 있다. 『김치와 김장문화』 영문판은 한국학이 개설된 세계 430개 대학 도서관과 156개 유네스코 무형유산 자문기구에 배포되어 전 세계에 한국의 김장 문화를 널리 알리는 데 힘을 보탰고, 국문판은 12월 발간되어 배포되었다.[57]

(4) 첫 심사기구 진출 도전[58]

진흥원은 유네스코 아태무형유산센터와 공동으로 2014년 3월 11일 한국의집에서

56) 한국문화재재단, 86쪽.

57) 위의 책, 87쪽.

58) 위의 책, 91~100쪽 발췌 요약.

'2014년 무형유산 심포지엄'을 열어 자문기구(인가 NGO) 활동 방향과 자문기구의 역할을 모색했다. 이어서 6월 26일에는 '아태지역 무형유산 보호를 위한 효과적인 NGO의 역할'을 주제로 2014년 무형유산 NGO 국제회의도 개최했다. 이 회의에서는 무형유산 보호에서 자문기구의 역할과 기여에 대한 함의와 지속가능한 발전에 있어 자문기구와 관련된 이슈, 그리고 아태지역 무형유산 자문기구 구축을 위한 방안에 대한 논의가 이루어졌다.

2014년 6월에 열린 제5차 총회에서 우리나라는 2008~2012년에 이어 두 번째로 2014~2018년 정부간위원회 위원국으로 선출되었다. 그리고 진흥원은 제9차 정부간위원회(2014)에서 2015년 출범하는 단일 심사기구 진출에 도전했다. 선거그룹 4 아시아·태평양 지역 심사기구 선거에 인도네시아 전통구전협회와 함께 참여했지만, 10표를 획득하면서 14표를 차지한 중국민속학회에 아깝게 4표 차이로 개정된 첫 번째 심사기구에 진출하지 못했다.[59]

2014년 10월 16일에는 농악을 주제로 한 유네스코 무형유산 자문기구 국제심포지엄을 개최했다.

• 무형유산 『농악』 출간

2014년 10월 16일, 유네스코 인류무형문화유산 대표목록 등재를 추진해 온 '농악'을 주제로 '한·중·일 무형유산 국제심포지엄: 농악의 보존과 문화적 의미'를 개최했다. 그리고 농악을 주제로 한 영문 책자를 발간해 홍보 활동을 펼쳤다. 한국인의 삶과 농악, 농악의 역사, 한국인의 공동체 문화와 농악 등의 내용을 다채로운 사진과 함께 구성하고, 농악의 무형문화유산적 가치를 재조명해 독자와 공유하고자 노력했다.[60]

---

59) 필자도 2014년 파리에서 개최된 제9차 정부간위원회에 참석하여 한국문화재재단의 심사기구 진출에 많은 노력을 기울였으나 성공하지 못해 아쉬움이 매우 컸다.

60) 앞의 책, 96쪽.

(5) 유네스코 무형유산 국제 NGO 자문기구 재인가[61)]

2015년 진흥원은 베트남, 필리핀, 캄보디아와 공동등재를 추진해온 '줄다리기' 등재를 위해 관련 책자를 발간하고 '줄다리기'를 주제로 무형유산 자문기구 심포지엄을 개최할 예정이었으나 줄다리기가 정보보완 권고를 받게 됨에 따라 심포지엄을 취소하게 되었다. 이 권고에 따라 정보보완을 해 2015년 나미비아 빈트후크에서 열린 제10차 정부간위원회에서 등재권고를 받았다.

그리고 진흥원은 2015년 자문기구 재인가를 받아 2018년까지 활동할 수 있게 되었다.

• 무형유산 『줄다리기』 출간

2015년, 국가유산진흥원은 필리핀, 캄보디아, 베트남과 공동등재를 추진 중인 줄다리기를 주제로 한 『줄다리기』 책자를 제작했다. 국내외 전문가들이 참여해 집필한 책자에는 한국 줄다리기의 기원과 유래, 한국인의 공동체 문화와 줄다리기, 필리핀·베트남·캄보디아의 전통 줄다리기, 줄다리기의 현대적 계승에 대한 내용이 담겼다. 줄다리기에 대한 영문 책자와 국문 책자를 잇따라 발간해 국내외 700여 무형유산 전문기관에 배포함으로써 동아시아의 공유 무형유산 줄다리기의 가치를 전 세계에 홍보할 수 있었다.[62)]

(6) 국내 유네스코 인가 NGO 네트워크 구축회의와 제11차 정부간위원회(2016) 참가[63)]

진흥원은 국내 자문기구(인가 NGO) 간 네트워크를 구축해 무형문화유산 보호에 기여하고 지속적인 협력을 도모했으며, 국내외 무형문화유산 분야의 선도적 자문기구로서 역할을 담당할 역량을 강화하기 위해 지속적으로 노력했다. 진흥원은 2016년 국제탈문화예술연맹 주관으로 개최된 '국내 NGO 네트워크 구축 정보회의'에 세계무술연맹, 무형문화연구원, 국제무형문화도시연합 등 우리나라의 5개 유네스코 무형유산 NGO 자문기구와 함

---

61) 앞의 책, 102~106쪽 발췌 요약.

62) 위의 책, 103~104쪽.

63) 위의 책, 110~116쪽 발췌 요약.

께 참석했다. 2016년 3월 29일과 30일 이틀간 안동에서 열린 이 회의에서 '국내 유네스코 인가 NGO의 국제협력 활성화'라는 주제로 국제 무형문화유산 보호 동향과 이해, 유네스코 자문기구의 개요와 활동, 국제 무형문화유산 보호 활동에 있어 한국의 자문기구의 역할과 방향 등에 관한 논의가 이루어졌다.

2003년 유네스코 총회에서 보호 협약이 채택된 이래 전문성을 가진 NGO 자문기구의 역할이 강조되어 왔고, 특히 공동체와 정부 간 매개자 역할의 중요성이 대두됐다. 그러나 그동안 국내 자문기구 간의 활발한 공동 협력이 이루어지지 않았기 때문에 국제적인 무형유산 활동에 대한 네트워크 구축 필요성이 꾸준히 제기되어 왔다. 이에 2016년 11월 4일 무형문화연구원 주관으로 전주 국립무형유산원에서 제2차 국내 자문기구 네트워크 구축 정보회의를 진행해 자문기구의 국제활동가, 자문기구 협의체 구성에 관한 논의를 진행했다. 그리고 진흥원은 2016년 5월 30일~6월 1일에 열린 제6차 당사국 총회에 한국 대표단 일원으로 참여했다.

또한 진흥원은 해외 무형문화유산 전문기관과 국제협력을 추진하기 위한 네트워크를 구축하고, 이를 통해 캄보디아, 라오스, 카자흐스탄, 우즈베키스탄 등 동남아시아와 중앙아시아 지역을 중심으로 대상국의 무형유산 목록작성, 영상기록화 등을 진행했다. 이러한 활동은 대상국의 무형유산 보호 역량 강화에 목적을 두고 진행되었다.

2016년 10월 14일 국가무형유산 전수교육관(당시 국가무형문화재 전수교육관)에서 '제주해녀문화' 국제심포지엄을 개최해 제주해녀문화의 지속가능한 전승과 보존에 대한 심도 있는 논의가 이루어졌다. 그리고 2016년 11월 3일부터 5일까지 열린 '2016 아태지역 무형유산 NGO 컨퍼런스'에도 참석했다. 여기서 진흥원은 국제적인 자문기구 네트워크를 강화하고 자문기구의 활동 사례 공유와 국내외 자문기구와의 교류를 통해 무형유산의 지속가능한 발전에 대한 역량을 제고할 수 있었다.

• 무형유산 『제주해녀문화』 출간

'제주해녀문화'를 무형문화유산 대표목록에 등재하기 위한 노력이 다양한 차원에서 이루어졌다. '제주해녀문화 국제심포지엄'을 개최해 우리나라의 제주해녀의 역사와 문화를 재조명했으며, 2016년 10월에는 제주해녀문화를 주제로 한 『제주해녀문화』 책자를 발간했다. 이 책은 국내외 유관기관 및 2016년 제11차 정부간위원회 참석자들에게 배포되어 우리나라 제주해녀문화를 널리 알리고 홍보하는 역할을 완수했다. 이 책에는 제주해녀 문화의 역사, 여성 중심의 독특한 경제문화를 형성한 제주해녀의 사회적, 문화적 의미, 살아있는 문화유산으로서 제주해녀문화의 전승 방법과 현황에 대한 내용을 담았다.[64]

(7) 진흥원의 유네스코 심사기구 진출[65]

2016년 제11차 정부간위원회에서 제12차 정부간위원회를 대한민국의 제주도에서 개최하기로 결정했다. 이에 진흥원은 국가유산청(당시 문화재청), 외교부, 아태무형유산센터, 유네스코 한국위원회와 TF팀을 꾸려 개최 준비에 들어갔다. 진흥원은 NGO포럼, 제1회 유네스코 인가 NGO 역량 강화 워크숍과 ICH NGO포럼 개최 및 개·폐막 공연 준비를 맡아 진행했다.

2017년 제주국제컨벤션센터에서 제12차 정부간위원회의 막이 올랐다. 진흥원은 행사의 개·폐막식을 준비해 개막공연으로 '아리랑, 영원한 약속'을 주제로 아리랑을 비롯해, 농악과 오고무 공연을 선보였다. 그리고 폐회식에서는 2016년 대표목록에 등재된 제주해녀문화를 소재로 한 뮤지컬을 공연했다. 이로써 진흥원은 한국의 무형문화유산을 세계에 알리고 국제적 자문기구로서 역량을 한 단계 성장시킬 수 있었다. 그리고 진흥원은 제12차 정부간위원회(2017)에서 자문기구 활동 8년 만에 유네스코 무형문화유산 심사기구로 선정되었다.

(8) 심사기구 활동과 역사적인 '씨름' 남북 공동등재[66]

진흥원은 2017년에 2018년 제13차 정부간위원회 심사기구 NGO로 선정되면서 심사기

---

64) 앞의 책, 113~114쪽 요약.
65) 위의 책, 124~133쪽 발췌 요약.
66) 위의 책, 138~147쪽 발췌 요약.

구에 참여할 전문가로 문화인류학자인 박상미 한국외국어대 국제학부 교수를 전문위원으로 위촉하고 본격적인 심사기구 활동을 전개했다. 박상미 교수는 다양한 의견을 수렴하고 합리적인 방향을 제시하기 위한 보조기구가 필요하다고 보고 진흥원 내 무형유산자문단 구성을 제안했다. 이에 따라 진흥원은 5개 분야별 자문위원을 위촉해 정기적으로 자문회의를 개최했으며 등재신청서 심사의 전문성을 강화하는 데 기여했다. 심사기구 회의는 총 3차례에 걸쳐 프랑스 파리 유네스코 본부에서 진행되었다.

• **무형유산『씨름』출간**

우리나라가 2018년 유네스코 인류무형문화유산으로 등재 신청한 씨름의 유네스코 등재를 홍보하는 등 가시성 제고를 위해 2018년 10월 12일 '씨름 국제심포지엄'을 개최했다. 우리나라 씨름의 사회적, 문화적 의미를 탐색하고 다른 나라의 유사 종목과의 교류를 증진하는 자리였을 뿐만 아니라 씨름이라는 남북 공동의 유산에 대한 가치와 의미, 향후 보존 보호 방향을 고민하는 자리이기도 했다.[67]

진흥원은 씨름을 주제로『씨름』영문 책자를 발간했다. 2018년 5월부터 본격적인 집필을 시작해 6개월여의 제작 기간을 거쳐 11월에 책이 발간됐다. 한국 씨름의 특성과 역사, 씨름의 종류와 전승, 사회 문화적 기능과 의미 등 씨름의 무형문화유산으로서 가치를 재조명했다. 국내 무형유산 유관기관, 해외 국제기구, 한국학 개설 대학 등 600여 곳과 제13차 정부간위원회 참석자들에게 배포해 우리나라의 씨름을 전 세계에 널리 알렸고 씨름의 위상 제고에 기여했다.[68]

(9) 심사기구 의장 선출로 진흥원의 위상 제고[69]

2018년 처음 심사기구 활동을 시작했으며, 2019년에는 심사기구 의장으로 선출되는

---

67) 앞의 책, 149쪽.

68) 위의 책, 150쪽.

69) 위의 책, 162~167쪽 발췌 요약.

큰 성과를 거두었다. 의장국으로서 처음 도입된 대화 프로세스를 적용하고, 원칙에 근거한 심사를 주재했으며, 관련 기관 간의 긴밀한 협의를 통해 합리적인 심사를 진행하기 위해 노력했다. 또한 2010년에 이어 3번 연속으로 NGO 자문기구로 재인가 받아 국제무대에서 선도적으로 활동할 수 있게 되었다.

이에 진흥원은 '아시아·태평양 지역을 선도하는 무형유산 전문기구'라는 비전을 수립하고 '유네스코 및 국내외 자문기구 교류 활성화를 통해 무형유산 보호 가치 공유 확산'이라는 목표를 설정했다. 그리고 이를 달성하기 위해 첫째, 무형문화유산 대표목록 등재 추진, 무형유산에 대한 영문책자 발간과 심포지엄, 그리고 전승실태 조사를 통한 모니터링으로 무형문화유산 보호가치 공유 및 확산, 둘째, 유네스코 무형문화유산 심사기구 활동 전개, 셋째, 국내 유네스코 인가 NGO 간 협력체계 구축 및 무형문화유산 분야별 국제적 네트워크 구축을 통한 국내외 무형문화유산 교류협력 확대, 넷째, 무형문화재 전승자 역량 강화 워크숍, 무형문화유산 국제교류 예비인력 양성, 찾아가는 진로 교육이라는 네 가지 실행계획을 세웠다.

진흥원은 이를 목표로 자문기구 활동을 전개했다. 2019년 5월 통영에서 '유네스코 무형문화유산 등재코드'라는 주제로 '무형문화재 전승자 역량 강화 워크숍'을 개최했다. 이 워크숍의 목적은 최신 정보에 대한 접근성이 상대적으로 취약한 지방 전승자들과 다양한 정보와 국제적인 경향에 대한 정보를 공유하고 효과적인 전승 활동을 지원하는 것이었다. 또한 2019년 11월 5일, 진흥원은 국가유산청의 후원하에 '무형문화유산의 미래 가치'라는 주제로 '2019 무형문화유산 국제심포지엄'을 국가무형유산 전수교육관(당시 무형문화재 전수교육관) 풍류 극장에서 개최했다.

• 무형유산 『탈춤』 출간

진흥원은 국가유산청과 '탈춤' 대표목록 등재를 염두에 두고 다양한 활동을 준비했다. 그 중 하나로 『탈춤』 국영문 책자 제작에 나섰다. 책에는 탈춤의 역사에서부터 탈춤의 종류, 탈춤의 전승과 확산, 탈춤의 사회 문화적 기능과 그 의미가 담겼다. 2019년 11월 발간된 『탈춤』을 국내외 유관기관에 널리 배포하여 무형문화유산으로서의 국제적 가시성을 제고했고, 탈춤의 인류무형문화유산 등재를 향한 본격적인 여정을 알렸다. 진흥원은 세계탈문화예술연맹과 탈춤의 유네스코 인류무형문화유산 대표목록 등재를 위한 업무 협약을 체결하고 상호 긴밀히 협력하기로 했다.[70] 그리고 마침내 2022년 제17차 정부간위원회에서 탈춤이 인류무형문화유산 대표목록에 등재됨으로써 그 결실을 맺게 되었다.

(10) 유네스코 인류무형문화유산 홍보 강화 및 국내외 네트워킹 강화(2022)

탈춤의 인류무형문화유산 대표목록 등재를 위한 홍보 일환으로 탈춤을 주제로 한 국제 심포지엄을 열어 당해년도 등재추진 종목에 대한 관심을 유도하였다. 신규 사업으로 무형문화유산 분야 미래 세대 인재 육성을 위한 대학생 인류무형문화유산 토론대회를 개최하여 인류무형유산의 가치에 대한 인식을 제고하였다. 또한 국내 유네스코 인가 NGO 네트워크 협의회에 적극 참가하여 교류 협력을 확대하였고, 국내 유네스코 인가 NGO 네트워크 협의회 사무국(임기: 2022~2024)으로 활동하였다.

• 무형유산 『택견』 출간

대한민국 인류무형유산의 가치를 인식하고 홍보를 위해 책자 발간, 국제심포지엄 개최, 토론대회 등의 사업을 다각도로 추진하였다. K-Heritage 총서 시리즈 중 영문 번역이 필요한 『택견』(2011년 등재)의 영문 책자를 제작하여 국문 책자와 함께 국·내외 유관기관에 배포하였다.

(11) 유네스코 「무형문화유산보호협약」 20주년 기념 글로벌 회의 개최(2023)

2023년은 협약이 채택된 지 20년이 되는 해로, 국제적으로 무형문화유산 보호 노력에 대한 국제적 필요성이 증가되고 있다. 특히, 유엔의 2030 지속가능발전목표와 COVID-19

70) 앞의 책, 180쪽.

로 인한 팬데믹 상황은 무형유산의 가치 및 역할과 관련하여 지속가능한 발전 및 공동체의 회복 탄력성 등의 이슈를 조명하고 있다. 이에 따라 외교부, 국가유산청, 유네스코 아태무형유산센터와 함께 진흥원은 2023년 7월 25일과 26일 양일에 거쳐 '2003 「무형문화유산보호협약」 20주년 기념 글로벌 회의'를 개최하였다. 이 행사에서는 전문가, 정책 입안자, 실무자 및 이해관계자들이 모여 현재 무형유산이 직면한 현황을 공유하고 향후 무형유산을 보호하기 위한 새로운 전략과 접근 방식에 대해 논의하였으며, '지속가능한 발전과 평화를 위한 무형유산 보호 서울비전'을 채택하였다. 이 회의의 내용은 12월 보츠와나 카사네에서 열린 제18차 정부간위원회에서 공유되었으며, 동 회의에서 진흥원은 유네스코 자문기구로 재인가 받았다.[71)]

(12) 미래인재 육성을 위한 대학생 유네스코 인류무형문화유산 홍보 아이디어 경진대회 개최 (2022~2024)

진흥원에서는 2022년부터 무형유산 분야의 미래세대 역량 강화를 위한 '대학생 유네스코 인류무형문화유산 홍보 아이디어 경진대회'를 개최하고 있다. 이는 대학(원)생을 대상으로 유네스코 인류무형문화유산 대표목록으로 등재된 우리나라의 무형유산 종목 홍보 방안에 대한 아이디어를 공모하여 청년층의 무형유산에 대한 관심을 촉구하기 위해 진행된 행사다. 특히 2024년에 진행된 행사에서는 유네스코 인류무형문화유산으로 등재된 대한민국의 무형유산 종목을 유엔 지속가능발전목표(SDGs)와 연계하여, '지속 가능한 사회를 위한 무형유산'의 역할을 홍보할 수 있는 아이디어를 모집하였다. 최우수상으로 선정된 수상작의 아이디어는 10월에 진흥원에서 개최하는 국제심포지엄을 통해 외부로 공유되었다.

---

71) (10) 유네스코 인류무형유산 홍보 강화 및 국내외 네트워킹 강화(2022)와 (11) 유네스코 무형유산 보호 협약 20주년 기념 글로벌 회의 개최(2023) 부분은 국가유산진흥원 국제협력센터 국제협력기획팀의 진송이 선생이 제공한 것이다. 깊은 감사를 드린다.

• 무형유산 『한산모시짜기』 출간

진흥원은 2023년에 2011년 유네스코 인류무형문화유산 대표목록으로 등재된 한산모시짜기에 대한 책자를 발간하였다. 모시는 천연재료인 모시풀의 줄기로 실을 만들어서 제작한 대표적인 여름철 전통 옷감이다. 특히 한산모시는 충청남도 서천군 한산 지역에서 만드는 모시로, 기온·해풍·토양 등 자연적 환경의 영향으로 품질이 우수하여, 모시의 대명사로 불리어 왔다. 모시는 예로부터 다양한 의류의 재료가 되었고, 현대까지도 인기 있는 여름의 대표 옷감 중 하나로, 세계적으로 그 가치를 인정받아 2011년 유네스코 인류무형문화유산 대표목록으로 등재되었다. 이 책자는 모시짜기의 무형유산으로서의 가치, 역사, 제작방법, 전승과 지속가능성에 대해 다루었다.[72)]

(13) 『한국의 장 담그기 문화』 책자 발간 및 국제심포지엄 개최(2024)[73)]

진흥원은 2024년 10월, 한국의집 민속극장에서 한국의 장 담그기 문화를 주제로 국제심포지엄을 개최하였다. 심포지엄에서는 한국 장 담그기 문화의 사회, 인류학적 의미를 살펴봄과 동시에 해외 유네스코 인류무형문화유산 대표목록으로 등재된 벨기에 맥주문화, 몽골 아이락(발효 마유주)와 함께 말레이시아의 다양한 발효음식에 대한 비교연구를 통해 향후 무형유산 보호 방향에 대해 논의하였다.

• 무형유산 『한국의 장 담그기 문화』 출간

진흥원은 2024년 유네스코 인류무형문화유산 대표목록 등재추진 종목인 한국의 장 담그기 문화를 주제로 책자를 제작하였다. 한국인의 장 담그기 문화는 한국 음식의 기본양념인 장醬을 만들고 관리, 이용하는 과정의 지식과 신념, 기술을 모두 포함한다. 한

72) (12) 미래인재육성을 위한 대학생 유네스코 인류무형문화유산 홍보 아이디어 경진대회 개최(2022~2024)와 『한산모시짜기』 책자 출간 부분은 김광희 국가유산진흥원 한류진흥실장이 제공하였다. 김광희 박사께 깊은 감사를 드린다.

73) (13) 『한국의 장 담그기 문화』 책자 출간 및 국제심포지엄 개최(2024) 부분은 국가유산진흥원 국제협력센터 국제협력기획팀의 진송이 선생이 제공한 것이다. 깊은 감사를 드린다.

식의 근간이 되는, 이 땅에서 수천 년간 이어온 장 담그기는 우리가 지키고, 보호하고, 후대에 물려주어야 할 소중한 무형유산이다. 제작된 책자는 전국의 공공도서관 및 해외의 유네스코 인가 NGO 등 유관기관에 배포되었다. 진흥원은 2024년 12월 파라과이 아순시온에서 열린 제19차 정부간위원회에 참석하여 한국의 장 담그기 문화의 유네스코 인류무형문화유산 대표목록 등재 이후 회의 참석자들에게 책자를 배포하여 우리나라의 무형유산을 홍보하였다. 2013년부터 그동안 발간해온 총서 전권은 올해 새롭게 구축한 진흥원 누리집 'K-Heritage 총서' 페이지에서 누구나 쉽게 찾아볼 수 있도록 공개했다.

[사진 3-1-9] 2024년 10월 16일 한국의 장 담그기 국제회의에 참가한 필자(오른쪽에서 여섯 번째)
(사진: 국가유산진흥원 제공)

제2장

한국의 유네스코 인류무형문화유산 대표목록 등재 과정

유네스코는 세계의 자연유산, 유형유산 그리고 무형유산을 보존, 보호하기 위해 다양한 제도와 프로그램을 수립, 시행하고 있다. 가장 대표적인 제도가 「세계유산협약」에 따른 세계유산 보호, 「무형문화유산보호협약」에 따른 무형유산 보호, 그리고 세계기록유산 Memory of the World 보호 제도다.[1] 이들 각각의 제도는 해당 유산을 효과적으로 보호하고 국제사회에 인식을 확산하는 데 크게 기여하고 있다.

다음에서는 각 제도의 수립 배경과 목적, 보호 대상 유산의 범주와 유형, 그리고 등재기준에 대해 알아보고자 한다.

1. 유네스코의 문화유산 보호를 위한 제도

1) 세계유산 제도

1) 김지현, 「유네스코의 문화유산 보호 협약과 사업의 현황 - 세계유산, 무형유산, 기록유산을 중심으로」, 『무형유산학』 제2권 1호, 무형유산학회, 2017, 153~178쪽.

(1) 성립 배경

세계유산 제도는 1972년 11월, 제17차 유네스코 총회에서 「세계문화 및 자연유산보호협약Convention concerning the Protection of the World Cultural and Natural Heritage(이하 「세계유산협약」)」이 통과되면서 시행되었다. 이 제도 시행의 배경은 1954년 이집트가 나일강에 아스완 하이 댐을 건설하기로 결정하면서 수몰될 위기에 처하게 된 고대 이집트 문명의 유적인 람세스 2세의 아부심벨 대신전과 소신전, 프톨레마이오스 왕조 시대에 세워진 필레 신전 등 주변의 고대 누비아 유적을 보호하기 위한 국제적 활동이었다.

유네스코는 누비아 유적 보호를 위해 국제적 지원을 요청했고 국제사회는 재정 및 기술지원을 제공했다. 1959년부터 1980년까지 이어진 누비아 유적 보호를 위한 국제적 지원운동은 성공을 거두었다. 그 기간 동안 유네스코는 국제기념물유적협의회International Council on Monuments and Sites (ICOMOS)와 함께 문화유산 보호를 위한 협약 초안 작성에 들어갔고 1972년 마침내 「세계유산협약」이 채택되었으며 1975년 12월 발효되었다.

(2) 제정 목적

세계유산 제도는 자연재해나 전쟁 등으로 파괴의 위험에 처한 유산의 복구 및 보호 활동 등을 통하여 보편적 인류 유산의 파괴를 근본적으로 방지하고, 문화유산 및 자연유산의 보호를 위한 국제적 협력 및 나라별 유산 보호 활동을 고무하기 위한 것이다.[2] 또한 「세계유산협약 이행을 위한 운영지침」 I.B(세계유산협약 제7조)에서는, 이 협약의 목적이 '탁월한 보편적 가치'를 지닌 문화유산과 자연유산의 확인, 보호, 보존, 제시, 그리고 미래 세대의 전승을 목적으로 한다고 명시하고 있다.[3]

---

2) 국가유산청 국가유산포털, 〈https://heritage.go.kr/heri/html/HtmlPage.do?pg=/unesco/worldHeritageInfo.jsp&pageNo=5_2_1_1〉 (최종검색일: 2024년 9월 29일).

3) 「세계유산협약 이행을 위한 운영지침Operational Guidelines for the Implementation of the World Heritage Convention」, I.B7, WHC 17/01, 12 July 2017, 〈file:///Users/arlesiane/Downloads/%EC%84%B8%EA%B3%84%EC%9C%A0%EC%82%B0%ED%98%91

(3) 세계유산의 정의

「세계유산협약」과 그 운영지침Operational Guidelines은 세계유산의 정의와 종류를 다음과 같이 규정하고 있다.

① **문화유산(세계유산협약 제1조)**

- 기념물: 건축물, 기념적 의의를 갖고 있는 조각 및 회화, 고고학적 성격을 띠고 있는 유물 및 구조물, 금석문, 혈거 유적지 및 혼합유적지 중 역사, 예술 및 학문적으로 현저한 세계적 가치를 갖고 있는 유산.
- 건조물군: 독립된 또는 연속된 구조물들, 그의 건축성, 균질성 또는 풍경 안의 위치로부터 역사상, 미술상 현저한 보편적 가치를 갖고 있는 유산.
- 유적지: 인공의 소산 또는 인공과 자연의 결합의 소산 및 고고학적 유적을 포함한 구역에서 역사상, 관상상, 민족학상 또는 인류학상 현저한 보편적 가치를 갖고 있는 유산.

② **자연유산(세계유산협약 제2조)**

- 무기적 또는 생물학적 생성물들로부터 이룩된 자연의 기념물로서 관상상 또는 과학상 현저한 보편적 가치를 갖는 것.
- 지질학적 및 지문학적 생성물과 이와 함께 위협에 처해 있는 동물 및 생물의 종의 생식지 및 자생지로서 특히 특정 구역에서 과학상, 보존상 나아가서 자연의 미관상 현저한 보편적 가치를 갖는 것.
- 과학, 보존, 자연미의 시각에서 볼 때 뛰어난 보편적 가치가 정확히 드러난 자연 지역이나 자연 유적지.

%EC%95%BD-%EC%9A%B4%EC%98%81%EC%A7%80%EC%B9%A8.pdf〉(최종검색일: 2024년 9월 29일).

③ 복합유산(협약운영지침 Ⅱ.A 세계유산 정의, 문화 및 자연 복합유산 제46조)

- 협약의 제1조 및 2조에 명시된 문화유산 및 자연유산에 관한 정의의 일부 또는 전부를 충족시키는 유산은 '문화 및 자연 복합유산'으로 간주.

④ 문화경관(협약운영지침 Ⅱ.A 세계유산 정의, 문화 및 자연 복합유산 제47조)

- 문화경관은 문화재이자 협약 제1조에 지정된 '자연과 사람의 합작품'을 나타낸다. 문화경관은 자연환경에서 주어지는 물리적 제약 및/또는 기회와 외부와 내부에서 주어지는 연속적인 사회적 · 경제적 · 문화적 힘의 영향 아래에서 오랜 세월에 걸친 인간사회와 정주지의 진화를 잘보여주는 것.

(4) 세계유산의 등재기준

「세계유산협약 이행을 위한 운영지침」 II. D 탁월한 보편적 가치 평가기준 77조에는 세계유산목록에 등재하기 위한 등재기준을 명시하고 있다. 다음 10가지 기준 중 하나 이상을 충족하는 탁월한 보편적 가치를 제시해야 한다. (i)~(vi) 등재 기준은 문화유산에 해당되며, (vii)~(x)은 자연유산에 해당한다.

(ⅰ) 인간의 창의성으로 빚어진 걸작에 해당해야 한다.

(ⅱ) 일정한 시기 또는 세계의 일정한 문화권 내에서 건축이나 기술, 기념비적인 예술, 도시계획이나 조경 디자인의 발전에 있어 인류가치의 중요한 교류를 보여주어야 한다.

(ⅲ) 현존하거나 사라진 문화적 전통이나 문명의 유일한 또는 적어도 독보적인 증거여야 한다.

(ⅳ) 인류 역사에서 중요한 단계를 예증하는 건물유형, 건축이나 기술의 총체 혹은 경관의 탁월한 사례여야 한다.

(ⅴ) 하나(혹은 여러) 문화, 혹은 특히 되돌릴 수 없는 변화의 영향으로 취약해진 환경과 인간의 상호작용을 대표하는 인간의 전통적 정주지, 토지이용 또는 바다 이용의 탁

월한 사례여야 한다.

(vi) 탁월한 보편적 중요성이 있는 사건이나 살아있는 전통, 사상이나 신앙, 예술, 그리고 문학작품과 직접 또는 유형적으로 연관되어야 한다(위원회는 이 기준은 다른 기준들과 함께 사용하는 것이 바람직하다고 본다).

(vii) 최상의 자연현상이나 독보적인 자연미와 미학적 중요성을 지닌 지역을 포함해야 한다.

(viii) 생명의 기록이나 지형의 발전에서 진행 중인 중요한 지질학적 과정, 중요한 지형학 또는 자연지리학의 특징물 등 지구 역사상 주요 단계를 보여 주는 탁월한 사례여야 한다.

(ix) 육상, 민물, 해안 및 해양생태계와 동식물 군락의 진화와 발전에서 진행 중인 중요한 생태적·생물학적 과정을 보여주는 탁월한 사례여야 한다.

(x) 과학이나 보존의 관점에서 탁월한 보편적 가치를 지닌 멸종 위기종 등 생물학적 다양성의 현장 보존을 위해 가장 중요하고 의미있는 자연 서식지를 포함해야 한다.

(5) 세계유산 등재 절차

세계유산의 등재 절차는 아래 [표 3-2-1]과 같다. 특히 8단계 세계유산 예비평가는 2021년 「세계유산협약 이행을 위한 운영지침」 제122항 '예비평가Preliminary Assessment' 제도가 새롭게 도입되면서 추가된 절차다.[4)]

---

4) 세계유산협약 운영지침 개정에 따라 국가유산청은 「유네스코 세계유산 등재 신청에 관한 규정」 제2장 잠정목록 등재와 제3장 세계유산 예비평가 및 등재 신청을 개정했다. 〈https://www.khs.go.kr/cop/bbs/selectBoardArticle.do;jsessionid=5gP56HgL9b9xEB5ea0tMdTgENLCggqjeqQVcbPDsHomsSTlmv4iztKE0t2Gml4VO.cha-was01_servlet_engine1?nttId=87133&bbsId=BBSMSTR_1014&pageUnit=10&searchCnd=&searchWrd=&ctgryLrcls=&ctgryMdcls=&ctgrySmcls=&ntcStartDt=&ntcEndDt=&searchUseYn=&mn=NS_03_01_04&searchSiteCd=〉(최종검색일: 2025년 1월 10일). 국가유산청 국가유산포털에 게시된 세계유산 등재절차 표에는 개정된 절차가 포함되어 있지 않아 필자가 추가했다. 〈https://www.heritage.go.kr/heri/html/HtmlPage.do?pg=/unesco/worldHeritageInfo3.jsp&pageNo=5_2_1_0〉(최종검색일: 2025년 1월 8일).

[표 3-2-1] 세계유산 등재 절차

단계	시기	주체	내용
1단계	-	시도지사	잠정목록 대상 유산을 국가유산청에 신청
2단계	-	국가유산청	잠정목록 대상 유산 조사
3단계	-	국가유산청	잠정목록 등재 신청 대상 확정
4단계	-	국가유산청	잠정목록 등재신청서를 유네스코 사무국에 제출
5단계	-	국가유산청	세계유산 우선등재목록 선정(매년 2~4개 유지)
6단계	매년 7월 31일까지	국가유산청	세계유산 우선등재목록 중 예비평가 대상 1개 선정
7단계	선정 당해연도 9월 15일까지	유네스코 자문기구	유네스코 예비심사 최종 영문 신청서 제출
8단계	예비평가 신청 다음해 10월 1일	유네스코 자문기구	자문기구의 신청가능 여부 심사결과 통보
9단계	등재신청연도 전년 7월 31일까지	국가유산청	국가유산청의 최종 등재신청 대상 1건
10단계	등재신청연도 전년 8월31일까지	국가유산청	세계유산등재신청서 초안을 국가유산청에 제출
11단계	등재신청연도 전년 9월30일까지	국가유산청	세계유산등재신청서 초안을 세계유산위원회 사무국에 제출
12단계	등재신청연도 2월1일까지	국가유산청	세계유산등재신청서 최종본을 세계유산위원회 사무국에 제출
13단계	등재신청연도 8~9월	유네스코 자문기구	유네스코 자문기구 현지실사
14단계	등재신청연도 9~12월	유네스코 자문기구	유네스코 자문기구 보충자료 요구
15단계	등재신청연도 익년 4월경	유네스코 자문기구	유네스코 자문기구 심사결과를 유네스코에 통보
16단계	등재신청연도 익년 6~7월경	세계유산위원회	세계유산위원회 결정

2025년 현재, 세계유산에 등재되어 있는 유산은 총 1,223건이며 우리나라의 세계유산 등재 종목은 1995년에 석굴암과 불국사를 처음 등재한 이래 2025년에 등재된 반구천의 암각화까지 모두 17건이다.[5)]

5) 한국의 세계유산은 모두 17건이다. 문화유산은 총 14건으로 석굴암과 불국사, 해인사 장경판전, 종묘(1995), 창덕궁, 화성(1997), 경주역사유적지구, 고창 · 화순 · 강화의 고인돌 유적(2000), 조선왕릉(2009), 한국의 역사마을: 하회와 양동(2010), 남한산성(2014), 백제역사유적지구(2015), 산사, 한국의 산지승원(2018), 한국의 서원(2019), 가야고분군(2023), 반구천의 암각화(2025)가 있으며, 자연유산은 총 2건으로 제주화산섬과 용암동굴(2007), 한국의 갯벌(2021)이 있다.

2) 인류무형문화유산 제도

1972년부터 시행되어 온 세계유산 제도에는 유형유산과 자연유산에 관한 내용만 있고 무형유산은 포함되어 있지 않았다. 그래서 무형문화유산을 보호하기 위한 국제적 노력은 상당히 뒤처진 것이 사실이다. 그러나 1997년 '인류 구전 및 무형유산 걸작 선언' 프로그램을 운영하기 시작하면서 2001, 2003, 2005년 세 차례에 걸쳐 무형문화유산을 등재한 바 있다. 이 프로그램은 무형문화유산에 대한 전 세계적인 관심을 불러왔고, 그 결과 2003년 「무형문화유산보호협약」의 채택으로 이어졌다. 이 협약은 2006년에 발효되었고, 2009년 이 협약 하에서 처음으로 무형문화유산이 대표목록에 등재되었다. 인류 구전 및 무형유산 걸작 90개도 2009년 대표목록에 포함되었다.

(1) 제도 성립 배경

유네스코는 오랫동안 무형문화유산의 가치에 주목하여 이를 보호하기 위한 사업과 다양한 권고문과 선언문을 발표하고 프로그램을 운영해 왔다. 대표적으로 1989년 '전통문화 및 민속 보호에 관한 권고Recommendation on the Safeguarding of Traditional Culture and Folklore'를 채택했으며, 1993년 제142차 유네스코 집행위원회에서 우리나라의 인간문화재 제도를 제안했다. 1997년 제29차 유네스코 총회에서는 산업화 및 도시화로 인해 급격하게 사라져 가는 무형문화유산을 보호하기 위해 '인류 구전 및 무형유산 걸작 선언Proclamation of Masterpieces of the Oral and Intangible Heritage of Humanity' 제도를 창설하기로 하고 1998년 제155차 집행위원회에서 선정 규약을 마련했으며, 그에 따라 2001년, 2003년, 2005년 세 차례에 걸쳐 70개국 90개의 무형유산을 선정한 바 있다. 그리고 '2001년 문화적 다양성에 관한 유네스코 세계선언' 및 제3차 문화장관원탁회의에서 채택된 '2002년 이스탄불 선언'을 발표했다. 이러한 유네스코의 지속적인 노력은 무형문화유산 보호를 위한 국제적 합의의 필요성을 부각시켰으며, 「무형문화유산보호협약」 제정을 위한 기틀을 마련하는데 중요한 역할을 하였다. 이후 마침내 2003년 제32차 유네스코 총회에서 무형유산 분야 국제협약인 「무형문화유산보호협약」이 채택되었고 2006년 발효되었다.

(2) 제정 목적

「무형문화유산보호협약」에는 협약의 목적이 문화다양성의 원천인 무형유산의 중요성에 대한 인식을 고취하고, 무형유산 보호를 위한 국가적, 국제적 협력과 지원을 도모하기 위한 것이라고 밝히고 있다. 구체적으로 협약 제1조에는 협약의 목적으로 첫째, 무형문화유산의 보호, 둘째, 관련 공동체 · 집단 및 개인의 무형문화유산에 대한 존중의 보장, 셋째, 지방 · 국가 및 국제적 수준에서 무형문화유산의 중요성 및 이러한 유산에 대한 상호 존중을 보장하는 것의 중요성에 대한 인식 제고, 넷째, 국제적 협력 및 원조 제공임을 명시하고 있다.[6]

(3) 무형문화유산의 정의

협약 제2조 무형문화유산의 정의에 따르면 "무형문화유산은 공동체, 집단 또는 개인이 자신의 문화유산의 일부로 간주하는 관습 · 표상 · 표현 · 지식 · 기능 및 이와 관련한 도구 · 물품 · 공예품 및 문화 공간"을 말하며, "세대 간 전승되는 이러한 무형문화유산은 공동체 및 집단이 환경에 대응하고 자연 및 역사와 상호작용하면서 끊임없이 재창조되고 이들이 정체성 및 계속성을 갖도록 함으로써 문화적 다양성과 인류의 창조성에 대한 존중을 증진"하는 것이며 "기존 인권에 관한 국제문서와 공동체 · 집단 · 개인 간 상호 존중 및 지속가능한 개발에 대한 요청과 양립해야 한다"고 명시되어 있다.[7]

그리고 무형문화유산의 범주를 무형문화유산의 전달 수단으로서의 언어를 포함한 구전전통 및 표현, 공연예술, 사회적 관습 · 의식 및 제전, 자연과 우주에 대한 지식 및 관습,

---

6) 「무형문화유산보호협약」, 제1조 협약의 목적. 〈https://heritage.unesco.or.kr/wp-content/uploads/2019/05/%EB%AC%B4%ED%98%95%EB%AC%B8%ED%99%94%EC%9C%A0%EC%82%B0%ED%98%91%EC%95%BD_%ED%95%9C%EA%B8%80.pdf〉(최종 검색일: 2024년 9월 29일).

7) 「무형문화유산보호협약」, 제2조 정의. 〈https://heritage.unesco.or.kr/wp-content/uploads/2019/05/%EB%AC%B4%ED%98%95%EB%AC%B8%ED%99%94%EC%9C%A0%EC%82%B0%ED%98%91%EC%95%BD_%ED%95%9C%EA%B8%80.pdf〉(최종 검색일: 2024년 9월 29일).

전통 공예 기술의 5개 범주로 나누고 있다.

(4) 인류무형문화유산의 등재기준

「무형문화유산보호협약」에 따라 무형유산의 국제적 보호를 위해 다음의 세 가지 목록 제도를 운영한다. 첫째, '인류무형문화유산 대표목록(이하 '대표목록')' 등재 제도, 둘째, '긴급한 보호가 필요한 무형문화유산 목록(이하 '긴급보호목록')' 등재 제도, 그리고 '무형문화유산 보호를 위한 프로그램·프로젝트 및 활동(이하 '모범사례')' 등록 제도가 그것이다.

① 인류무형문화유산 대표목록Representative List of the Intangible Cultural Heritage of Humanity

협약 제16조에는 대표목록에 대해 다음과 같이 명시하고 있다.

- 무형문화유산의 인지도를 높이고 이러한 유산의 중요성에 대한 인식을 제고하며 문화적 다양성을 존중하는 대화를 장려하기 위하여 위원회는 관련된 당사국의 제안에 따라 인류무형문화유산의 대표목록을 작성·갱신 및 공표한다.
- 위원회는 이 대표목록의 작성·갱신 및 공표 기준을 작성하고 승인을 위하여 총회에 제출한다.

인류무형문화유산 대표목록 등재기준은 다음 [표 3-2-2]와 같다.

[표 3-2-2] 인류무형문화유산 대표목록 등재기준[8)]

기준	내용
R.1	이 종목은 협약 제2조에 정의된 무형문화유산을 구성함.
R.2	해당 종목의 등재는 무형문화유산의 중요성에 대한 가시성과 인식을 보장하고 대화를 장려함으로써 전 세계의 문화적 다양성을 반영하고 인류의 창의성을 증언하는 데 기여할 것.

---

8) UNESCO, 「무형문화유산보호협약의 이행을 위한 운영지침*Operational Directives for the Implementation of the Convention for the Safeguarding of the Intangible Cultural Heritage*」, Chapter 1, Section 2. Criteria for

R.3	해당 종목을 보호하고 증진할 수 있는 보호 조치가 구체적으로 마련되어 있어야 함.
R.4	해당 종목은 관련 공동체, 단체 또는 해당되는 경우 개인의 자유로운 사전 동의하에 최대한 폭넓게 참여하여 지정되었음.
R.5	해당 종목은 협약 제11조 및 제12조에 정의된 바에 따라 등재신청 당사국의 무형문화유산 목록에 포함되어야 함.

② 긴급한 보호가 필요한 무형문화유산 목록List of Intangible Cultural Heritage in Need of Urgent Safeguarding

협약 제17조에는 긴급보호목록에 대해 다음과 같이 설명하고 있다.

- 적절한 보호 조치를 취하기 위하여 위원회는 긴급한 보호가 필요한 무형문화유산 목록을 작성·갱신 및 공표하고 관련 당사국의 요청에 따라 이러한 유산을 목록에 등재한다.
- 위원회는 이 목록의 작성·갱신 및 공표의 기준을 작성하여 승인을 위하여 총회에 제출한다.
- 극도의 긴급 상황(위원회의 제안에 따라 총회가 승인하는 객관적인 기준에 따른다)에서 위원회는 관련 당사국과의 협의를 거쳐 해당 유산을 위 제1항에 언급된 목록에 등재할 수 있다.

긴급보호목록의 등재기준은 다음 [표3-2-3]과 같다.

---

inscription on the Representative List of the Intangible Cultural Heritage of Humanity, *Basic Texts of the 2003 Convention for the Safeguarding of the Intangible Cultural Heritage*, 2022 Edition, 〈https://ich.unesco.org/doc/src/2003_Convention_Basic_Texts-_2022_version-EN_.pdf〉(최종검색일: 2024년 9월 30일).

[표 3-2-3] 긴급보호목록 등재기준[9)]

기준	내용
U.1	해당 종목은 무형문화유산보호협약 제2조가 규정하는 무형문화유산을 구성한다.
U.2	a) 관련 공동체, 단체, 또는 경우에 따라 개인 또는 당사국의 노력에도 불구하고 해당 유산이 소멸 위험에 처해 있어, 이와 관련한 긴급 보호조치가 필요할 경우 b) 해당 유산이 심각한 위협에 직면하여 즉각적인 보호조치 없이는 생존할 수 없기에, 이와 관련한 극도의 긴급한 보호조치가 필요할 경우
U.3	해당 공동체, 단체, 경우에 따라 개인이 해당 유산을 지속적으로 연행하고 전승할 수 있는 구체적인 보호 계획이 수립되어 있어야 함.
U.4	해당 공동체, 단체, 경우에 따라 개인 등의 자유로운 사전 동의하에 그들의 광범위한 참여를 기반으로 해당 종목에 대한 등재신청이 진행되어야 함.
U.5	협약 제11조 및 제12조의 정의에 의거하여, 해당 유산은 당사국 무형문화유산 목록에 포함되어 있어야 함.
U.6	극도로 긴급한 경우 협약, 제17조 3항에 의거, 관련 당사국은 해당 유산의 등재와 관련하여 적합한 절차에 따라 해당 종목의 등재가 협의되어야 함.

③ 무형문화유산 보호를 위한 프로그램 · 프로젝트 및 활동 선정Selection of Programmes, Projects and Activities That Best Reflect the Principles and Objectives of the Convention

협약 제18조에는 모범사례 등록에 대해 다음과 같이 규정하고 있다.

- 당사국이 제출한 제안을 기초로 하여 위원회가 작성하고 총회가 승인한 기준에 따라 위원회는 개발도상국가의 특별한 필요를 고려하여 이 협약의 원칙 및 목적을 가장 잘 반영하고 있다고 판단되는 국내적 · 소지역적 · 지역적 유산보호 프로그램 사업 및 활동을 정기적으로 선정하고 증진한다.

---

9) UNESCO, 「무형문화유산보호협약의 이행을 위한 운영지침 *Operational Directives for the Implementationof the Convention for the Safeguarding of the Intangible Cultural Heritage*」, Chapter 1, 1.Criteria for inscription on the List of Intangible Cultural Heritage in Need of Urgent Safeguarding, *Basic Texts of the 2003 Convention for the Safeguarding of the Intangible Cultural Heritage*, 2022 Edition, 〈https://ich.unesco.org/doc/src/2003_Convention_Basic_Texts-_2022_version-EN_.pdf〉(최종검색일: 2024년 9월 30일).

- 이를 위하여 위원회는 이러한 제안을 준비하기 위한 당사국의 국제적 원조 요청을 접수·검토 및 승인한다.
- 위원회는 위원회가 결정하는 수단을 이용하여 최량의 관행을 보급함으로써 위 사업·프로그램 및 활동의 이행을 보조한다.

모범사례 등재 기준은 아래 [표 3-2-4]와 같다.

[표 3-2-4] 모범사례 등록 기준[10)]

기준	내용
P.1	프로그램, 프로젝트 또는 활동은 협약 제2조 3항에 정의된 보호와 관련되어 있음.
P.2	해당 프로그램, 프로젝트 활동은 지역, 소지역 및 또는 국제적 차원에서 무형문화유산 보호를 위한 노력을 증진함.
P.3	프로그램, 프로젝트 또는 활동이 협약의 원칙과 목표를 반영함.
P.4	해당 프로그램, 프로젝트 또는 활동이 해당 무형문화유산의 생명력에 기여하는 데 효과가 입증된 경우.
P.5	해당 프로그램, 프로젝트 또는 활동이 관련 공동체, 단체 또는 해당되는 경우 개인의 참여와 자유롭고 사전 정보에 입각한 동의를 얻어 시행되었거나 시행되고 있는 경우.
P.6	해당 프로그램, 프로젝트 또는 활동은 경우에 따라 보호 활동을 위한 소지역 또는 국제적 참고 사례의 역할을 할 수 있음.
P.7	관련 신청 당사국, 이행기구, 공동체, 단체 또는 해당되는 경우 개인은 프로그램, 프로젝트 또는 활동이 선정될 경우 모범사례의 보급에 기꺼이 협력할 의향이 있어야 함.
P.8	해당 프로그램, 프로젝트, 또는 활동은 결과에 대한 평가 가능한 내용을 포함하고 있음.
P.9	프로그램, 프로젝트 또는 활동은 그 결과에 대한 평가가 가능한 경험을 특징으로 함.

10) UNESCO, 「무형문화유산보호협약의 이행을 위한 운영지침 *Operational Directives for the Implementation of the Convention for the Safeguarding of the Intangible Cultural Heritage*」, Chapter 1, 3.Criteria for selection of programmes, projects and activities that best reflect the principles and objectives of the Convention, 7항, *Basic Texts of the 2003 Convention for the Safeguarding of the Intangible Cultural Heritage*, 2002 Edition, 〈https://ich.unesco.org/doc/src/2003_Convention_Basic_Texts-_2022_version-EN_.pdf〉(최종검색일: 2024년 9월 30일).

(5) 인류무형문화유산 등재절차

인류무형문화유산을 등재하고자 하는 국가가 신청 마감기한에 맞추어 사무국에 등재 신청서를 제출하면 무형문화유산 사무국은 다음의 일정에 따라 등재신청서를 심사하여 최종 등재 여부를 결정한다.

[표 3-2-5] 신청서 제출 일정 및 심사 일정[11)]

단계	마감일 또는 기간	내용
등재신청서 작성 및 제출 (국가유산청)	1차년도 3월 31일	• 신청서 및 제안서 사무국 제출 - 마감제출서류: 신청서(영문) 및 부속 자료 (사진, 영상 등)
	1차년도 6월 30일	• 신청서 검토 및 미비점 보완 권고
	1차년도 9월 30일	• 당사국 신청서 보완 제출 마감
평가기구의 신청서 평가 및 보고서 제출	2차년도 6월까지	• 협약 위원국으로 평가기구 구성 - 전문가(6명), NGO대표(6명)으로 정부간위원회가 구성
		• 신청유산의 등재기준 충족 여부 검토
		• 보고서 작성 - 신청유산의 등재, 정보보완, 등재불가 권고
	정부간위원회 개최 4주 전	• 사무국은 등재신청서 심사보고서 위원회에 전달
		• 유네스코 홈페이지 내 온라인 게시
결정	2차년도 11~12월 정부간위원회	• 신청서 최종 평가 및 등재여부 결정

2025년 2월 현재, 대표목록, 긴급보호목록, 모범사례에 등재된 세계의 인류무형문화유산은 총 788개이며 이중 우리나라의 경우, 종묘제례 및 종묘제례악, 판소리, 강릉단오제를 비롯해 가장 최근인 2024년 한국의 장 담그기 문화까지 총 23개의 무형문화유산이 대표목록에 등재되어 있다.[12)]

---

11) 국가유산청 국가유산 포털, 〈https://www.heritage.go.kr/heri/html/HtmlPage.do?pg=/unesco/intCulHeritage3.jsp&pageNo=1&pageNo=5_3_1_0〉(최종검색일:2024년 9월 30일).

3) 세계기록유산Memory of the World, MOW[13)]

세계기록유산 프로그램[14)]은 1992년부터 인류의 축적된 정보와 지식을 담고 있는 주요 기록물들을 훼손과 소멸의 위험으로부터 보호하여 후세에 전하고, 사람들로 하여금 이 정보와 지식에 쉽게 접근할 수 있도록 하기 위해 시행해 오고 있는 프로그램이다.[15)] 고문서를 비롯해 귀중한 기록물을 보존, 활용하기 위해 1997년부터 2년마다 전 세계의 기록유산을 선정하고 있다. 등재 대상은 서적 또는 문서, 편지 등의 동산유산이 포함된다. 1995년 채택된 「세계기록유산 일반 운영지침」(기록유산지침, 2017년 개정)에는 기록유산의 등재신청 및 선정절차, 프로그램 운영 등이 명시적으로 규정되어 있으며 세계기록유산의 등재기준, 절차 및 심사과정은 물론 프로그램 시행의 목적, 접근성 강화, 인식 제고 등 관련 내용을 총망라하고 있다. 기록유산의 등재는 1997년 처음 프로그램을 실시한 이래 2025년 74건이 새롭게 등재되어 2025년 4월 현재 570건의 세계기록유산이 등재되어 있다. 한국의 세계기록유산은 훈민정음(1997), 조선왕조실록(1997)을 처음 등재한 이후, 가장 최근인 2025년에 등재된 제주4.3기록물과 산림녹화기록물을 포함해 총 20건이다.[16)] 특히 한국

---

12) 2025년 기준 한국이 유네스코 인류무형문화유산 대표목록에 등재한 총 23개 종목은 다음과 같다. 종묘제례 및 종묘제례악(2001), 판소리(2003), 강릉단오제(2005), 강강술래, 남사당놀이, 영산재, 제주칠머리당영등굿, 처용무(2009), 가곡, 대목장, 매사냥(공동)(2010), 줄타기, 택견, 한산모시짜기(2011), 아리랑(2012), 김치와 김장문화(2013), 농악(2014), 줄다리기(공동, 2015), 제주해녀문화(2016), 씨름(공동, 2018), 연등회(2020), 한국의 탈춤(2022), 한국의 장 담그기 문화(2024).

13) 충청북도 청주 소재의 유네스코 국제기록유산센터International Centre for Documentary Heritage under the auspices of UNESCO (ICDH)는 2016년 처음 설립되었으며 유네스코와 대한민국 정부 간 협정에 의해 2020년 세계기록유산 분야 최초의 유네스코 카테고리 2센터가 되었다.(https://www.unescoicdh.org)

14) 세계기록유산프로그램은 협약없이 행해지는 프로그램이다. 이는 국제법인 세계유산협약과 무형문화유산보호협약하에서 시행되는 세계유산 등재와 무형문화유산 등재와 다른 점이다.

15) Korean National Commission for UNESCO (KNCU), 〈https://unescokor.cafe24.com/programmes/culture/〉(최종검색일: 2024년 10월 1일).

16) 훈민정음, 조선왕조실록(1997), 직지심체요절, 승정원일기(2001), 조선왕조 의궤, 해인사 대장경판 및 제경판(2007), 동의보감(2009), 일성록, 5.18민주화운동 기록물(2011), 난중일기, 새마을운동기록물(2013), 한국의 유교책판, KBS특별생방송 '이산가족을 찾습니다' 기록물(2015), 조선왕실 어보와 어책, 국채보상운동기록물, 조선통신사기록물(2017), 4.19혁명기록물, 동학농민혁명기록물(2023), 제주4.3기록물, 산림녹화기록물(2025)이

은 유네스코 집행이사회에서 승인받아 2004년 4월, '유네스코 직지상UNESCO/Jikji Memory of the World Prize'을 제정하여 수여하고 있다.[17)]

(1) 제도 성립 배경

유네스코는 1992년 8월 25일 보스니아 전쟁 당시 세르비아의 무장 세력의 폭격으로 보스니아 국립도서관에 소장되어 있던 오스만 제국과 오스트리아-헝가리 제국의 문화생활을 반영하는 희귀본을 포함한 200만여 권의 장서 및 자료가 소실된 사건[18)]을 계기로 기록유산 보호 및 보존의 필요성이 제기되면서[19)] 1992년 '세계기록유산Memory of the World: MOW' 프로그램을 시행하게 된다.

세계 각국에서 일어나고 있는 분쟁과 무력 갈등, 자연 재해 및 재난, 사회적 변동 등으로 인해 다른 인류의 문화유산과 더불어 기록유산도 멸실되는 등 많은 어려움을 겪었다. 특히 동산유물이라는 특성상 약탈, 불법거래의 대상이 되고 파괴와 소멸의 위험에 노출되어 있다. 이에 기록유산에 가해지는 위협을 인식하여 이를 보존하고 기록물에 대한 접근성을 향상시키기 위해 기록유산 등재 프로그램이 마련되었다.

(2) 제정 목적

유네스코는 세계기록유산 프로그램의 목적을 다음과 같이 밝히고 있다.

- 세계의 기록유산, 특히 분쟁 그리고/또는 자연재해로 위험에 노출된 지역의 기록유산 보존 지원.

등재되어 있다.

17) UNESCO, 〈https://www.unesco.org/en/prizes/jikji?hub=1081〉(최종검색일: 2024년 10월 1일).

18) ScienceON, "전쟁으로 소실된 보스니아 헤르체고비나의 국립도서관 재개관", 2014년 5월 30일. 〈https://scienceon.kisti.re.kr/srch/selectPORSrchTrend.do?cn=IWT201405062〉(최종검색일: 2025년 1월 9일).

19) 장정아, 『유네스코 유산, 평화를 품다』, 유네스코한국위원회, 2023, 124쪽.

• 전 세계의 기록유산에 대한 보편적 접근성 강화.

• 기록유산의 중요성에 대한 대중의 인식 제고.[20)]

즉, 유네스코는 이 프로그램의 시행을 통해 세계적으로 귀중한 기록유산을 보존하고 적절한 기술 또는 최신의 기술을 적용하여 보존을 지원한다. 그리고 궁극적으로는 전 세계인이 이러한 기록물에 용이하게 접근하게 함으로써 기록물의 중요성에 대한 인식을 높이는 것이다.

(3) 세계기록유산의 정의

유네스코 「세계기록유산 일반 운영지침」(2017년 개정)은 기록유산의 정의를 '구성하는 자료 유형과 해당 유산이 발견된 장소'를 모두 포함하는 포괄적인 개념으로 제시하고 있다. 운영지침 '2.6 정의'에는 기록유산을 다음과 같이 정의한다.[21)]

• 기록물은 아날로그 또는 디지털 정보 내용과 매체로 구성됨.

• 보존 가능하고 이동 가능한 것.

• 내용

  - 복사 혹은 변경 가능한 것: 부호 또는 코드(예: 텍스트), 이미지(예: 동영상 혹은 사진 등), 음향.

• 매체

  - 중요한 미적, 문화적 또는 기술적 특성을 지닐 수 있음.

---

20) UNESCO Memory of the World(MoW), 〈https://www.unesco.org/en/memory-world〉(최종검색일: 2024년 10월 1일).

21) UNESCO, *Thirteenth Meeting of the International Advisory Committee (IAC) of the Memory of the World Programme: General Guidelines, Final Draft*(October 2017), Document code: CI/MOW-IAC/2017/PI/1. UNESCO Digital Library, 〈https://unesdoc.unesco.org/ark:/48223/pf0000378447?posInSet=91&queryId=573049a4-b0f8-4cdb-b014-bceceb28b4a3〉(최종검색일: 2024년 10월 1일).

• 내용과 매체의 관계는 부차적인 것부터 필수적인 것까지 다양함.

• 기록유산은 공동체, 문화, 국가 혹은 인류에게 중요하고 지속적인 가치를 가지며 이의 훼손 및 손실이 빈곤을 초래할 수 있는 단일 문서 혹은 여러 건의 문서로 구성.

(4) 세계기록유산의 등재기준

운영지침(2017 개정)의 6.3은 기록유산의 등재기준에 대해 다음 [표 3-2-6]과 같이 구체적으로 명시하고 있다.

[표 3-2-6] 세계기록유산의 등재기준[22)]

등재기준	세부내용
진정성(authenticity)	유산의 본질 및 기원을 증명할 수 있는 정품이며, 그 실체와 근원지가 정확한 기록자료
완전성(integrity)	기록유산이 온전하고 완전하게 포함되었는지 여부
세계적 중요성 (world significance) (주요 기준)	다음 세 가지 중 최소 하나 이상 충족 ‣ 역사적 중요성(Historical significance) : 세계사적 중요성을 지니고 관련 중요한 정보를 담고 있는 경우 • 정치적 또는 경제적 발전, 사회적 또는 정신적 운동 • 세계 역사상 저명한 인물 • 세계 변화에 중대한 사건 • 시대, 사건 또는 사람과 관련된 특정 장소 • 독특한 현상 • 주목할 만한 전통 관습 • 다른 국가나 공동체 간의 관계 • 삶과 문화 패턴의 변화 • 역사적 전환점 또는 중대한 혁신 • 예술, 문화, 과학, 기술, 스포츠 또는 삶과 문화에서 우수성을 보여주는 사례 ‣ 형태와 양식(Form and style) • 양식적으로 모범이 되는 것 • 탁월한 미적, 공예적 가치가 있는 것, 새롭거나 독특한 매체가 사용된 것 • 현재 소멸되었거나 대체 사용되는 문서 유형

22) 국가유산청 국가유산포털, 〈https://www.heritage.go.kr/heri/html/HtmlPage.do?pg=/unesco/worldMemHeritageInfo2.jsp&pageNo=5_4_1_0〉(최종검색일: 2024년 10월 1일).

	‣ 사회적, 공동체적 또는 정신적 중요성(Social, community or spiritual significance) : 특정 공동체가 해당 기록유산에 갖는 정서적 애착이나 현재 시점에서 공동체의 정체성과 사회적 결속에 기여하는 경우
세계적 중요성 (world significance) (비교 기준)	‣ 독창성 또는 희귀성 : 독창적(지금까지 만들어진 것 중에 유일한 종류) 또는 희귀한(수많은 기록 중에서 남아있는 소수 중 하나) 자료 ‣ 상태 : 기록물의 훼손 정도, 보관 상태 등 기록물에 대한 위험 및 보존 현황, 각종 위험 요소로부터 안전을 담보할 조치, 적절한 보존 및 접근 전략의 존재 등
법률기준	(1) 소유권 : 신청한 등재 목록에 대한 소유자(관리자)의 동의 필요 (2) 접근성 및 저작권 : 해당 유산과 관련 소유자(관리자)의 접근 및 저작권 사용승인 필요
등재신청불가 대상	• 당대의 정치 지도자 및 정당의 문서 • 국가의 헌법 및 그와 유사한 기록 • 기관 소장 기록물 전체(중요성, 통일성, 일관성 입증 필요) • 복원이 불가능할 정도로 심하게 손상된 기록 • 유엔 헌장 및 유네스코 헌장의 목적과 원칙에 반하는 기록

(5) 세계기록유산의 등재절차

세계기록유산의 등재신청서 제출과 심사 절차는 다음 [표 3-2-7]과 같다.

[표 3-2-7] 세계기록유산의 등재 절차[23)]

등록 신청 대상 문화재 선정	문화재위원회에서 세계기록유산 신청대상 문화재 선정
↓	
등록 신청서류 유네스코 제출	• 제출마감기한 : 매 2년마다 6월말까지 • 제출처 : 유네스코 사무국에 제출 • 제출건수: 2건 (공동등재는 제한없음) • 제출서류 : 신청서(영문) 및 부속자료(사진, 슬라이드, VTR 등)
↓	
신청서 검토	• 형식 요건 검토 : 유네스코 사무국 • 적격성 검토 : 등재소위원회
↓	
신청 유산 공개	• 회원국 대상 온라인 플랫폼 공개 (신청 유산 관련 의견이 있을 경우, 의견 제출 및 이의 제기. 이의 제기 시, 신청자 간 대화 절자 개시, 대화 종료 후 심사)
↓	

---

23) 국가유산청 국가유산포털, 〈https://www.heritage.go.kr/heri/html/HtmlPage.do?pg=/unesco/worldMemHeritageInfo3.jsp&pageNo=5_4_1_0〉(최종검색일: 2024년 10월 1일).

등재신청서 심사/권고	• 유네스코 세계기록유산 국제자문위원회 산하 등재소위원회에서 사전 심사 후 국제자문위원회(IAC)에서 최종 심사 및 등재 권고 ※ 국제자문위원회(IAC: International Advisory Committee) : 유네스코 사무총장이 임명하는 임기 4년의 전문가 14인으로 구성

↓

등재 결정	• 격년마다 세계기록유산 국제자문위원회 개최하여 등재 여부 결정 • 유네스코 집행이사회 승인 등재

세계의 유산을 보존하기 위해 유네스코가 실시하고 있는 이 세 가지 유산등재사업은 소멸 위기에 처한 유산에 대한 경각심과 유산 보호와 전승에 대한 국제적 관심을 불러일으키면서 이의 보호에 커다란 기여를 하고 있다.

2. 인류 구전 및 무형유산 걸작 선정 사례

유네스코의 무형유산 등재는 2001년 인류 구전 및 무형유산 걸작 선정 프로그램부터 시작되었다. 처음에 프로그램은 2년마다 실시되었으며 한 국가가 하나의 후보작을 제출하여 국제심사위원의 심사로 등재가 결정되었다. 2001년, 2003년, 그리고 2005년 세 번에 걸쳐 70개국의 90건의 무형유산이 선정되었다. 우리나라에서는 2001년에 종묘제례 및 종묘제례악, 2003년에는 판소리, 그리고 2005년에는 강릉단오제가 인류 구전 및 무형유산 걸작으로 등재되었다. 2003년 「무형문화유산보호협약」이 통과된 후 이 90건의 무형유산은 2008년 인류무형문화유산 대표목록으로 통합되었다.

이 절에서는 필자가 한국의 무형유산을 유네스코 인류 구전 및 무형유산 걸작으로 선정하는 과정에 참여하면서 경험했던 이야기를 소개하고자 한다.

1) 종묘제례 및 종묘제례악Royal ancestral ritual in the Jongmyo shrine and its music, 2001년

종묘제례는 조선시대 역대 왕과 왕비의 신위를 모신 종묘에서 지내는 제사이며 종묘제례악은 종묘제례에서 행하는 무용, 노래를 포함한 악기 연주 음악을 총칭한다. 종묘제례 및 종묘제례악은 2001년에 인류 구전 및 무형유산 걸작 프로그램 시행 첫해에 첫 번째 후보로 제출되어 걸작에 선정되었으며 2008년 유네스코 인류무형문화유산 대표목록에 통합되었다.

2000년 6월, 파리에서 유네스코 무형유산 걸작을 선정하기 위한 국제심사위원들의 모임이 있은 후 필자는 귀국하자마자 문화재청 관계자와 등재 준비를 시작했다. 우선 등재 신청 종목을 정해야 했다. 지침서에는 5개의 종목을 신청하도록 했다. 첫 번째 종목은 2001년 후보작이 되며, 나머지 4개는 향후 10년간의 후보작이 된다. 2001년 후보작은 종묘제례 및 종묘제례악으로 정하고, 두 번째는 판소리, 세 번째는 강릉단오제로 정했다. 그에 따라 첫 번째로 정해진 종묘제례 및 종묘제례악의 등재신청서를 작성하여 2000년 12월까지 유네스코에 제출해야 했다. 등재신청을 할 때는 신청서뿐만 아니라 30분짜리, 5분짜리 영상도 함께 제출해야 했다.

종묘제례 및 종묘제례악의 유네스코 등재신청서를 준비하던 당시, 가장 인상 깊었던 장면은 전주 이씨 대동종약원의 어르신들이 자발적으로 참여하여 정성을 다해 촬영에 임하셨던 모습이었다. 종묘제례에 참가하는 인원수만 약 300여 명에 이르는데, 이때 전국에 흩어져 있던 조선의 왕가 전주 이씨 자손들이 모여 조상님을 위한다는 마음으로 종묘제례 지내는 데 열심히 참여해 주셨다.

당시 종묘라는 아주 거대하고 장엄한 공간에서 신위를 모시고 제사를 지내는 장면을 비디오로 찍어야 했다. 비디오 촬영 초기, 할아버님들이 너무 연로하신데다 300명이나 되는 많은 인원이 한꺼번에 줄을 똑바로 맞추어 서려니 여러 가지로 쉽지 않았다. 하지만 많은 연습을 거쳐서 나중에 촬영할 때는 아주 바르게 질서정연하게 줄을 서서 촬영에 임하실 수 있었다. 그리고 종친 중에는 제례가 있을 때마다 술을 직접 만들어 가져오는 그런 열성적인 분도 계셨다. 필자는 그렇게 열심히 제례에 참여하는 모습을 보고 그들의 정성에 눈물이 났었다.

조선시대 종묘제례는 왕이 제관이 되고, 왕실의 자손, 삼정승을 비롯한 고위 관료들이 참여하는 장엄한 국가 의례였다. 하지만 조선시대와 달리 최근에 종묘제례에 참석하기 위해 전국에서 모인 전주 이씨 자손들은 아무래도 조선시대 왕실이나 고관과 같은 풍모나 분위기를 만들어 내기가 쉽지 않았다. 또 제복이 많이 낡아 더욱 초라하게 보였다. 그래서 제관들 중 풍채 좋으신 분들을 골라 새로 옷을 맞추어 입게 하고 사진을 찍었던 기억도 난다.

2001년 종묘제례 및 종묘제례악이 선정된 후, 5월에 유네스코에서 공식적으로 인류 구전 및 무형유산 걸작으로 선포됐고, 필자는 심사를 끝내고 귀국했다. 당시 종묘제례 및 종묘제례악이 유네스코 인류 구전 및 무형유산 걸작에 등재됐다는 것을 아는 사람도 없고 매스컴에서도 아무 관심도 없었다. 그 당시에는 유네스코에 이런 등재 프로그램이 있는지 아는 사람이 관계자 외에는 없었기 때문이다. 유네스코 인류 구전 및 무형유산 걸작 프로그램의 국제심사위원이었던 필자 혼자 유네스코의 초청을 받아서 참가한 셈이었다. 최근에는 등재가 될 때마다 수십 명의 관련 인사들이 참여하고, 등재가 되면 신문 방송에서 인터뷰도 하는 것과는 참으로 대조적이라고 볼 수 있다. 격세지감이 느껴진다.

2011년 4월 30일부터 5월 2일까지 유네스코 전 사무총장이었던 고이치로 마츠우라 박사가 한국을 방문했다. 종묘제례가 2001년 고이치로 마츠우라 전 유네스코 사무총장이 주도했던 인류 구전 및 무형유산 걸작에 선정된 지 10주년을 축하하는 자리에 초청받아 이루어진 방문이었다. 마츠우라 박사는 5월1일 종묘제례를 참관하였고, 5월 2일에는 '유네스코 무형문화유산보호협약의 의미와 전망'이라는 주제로 열린 특별강연에서 그의 10년에 걸친 유네스코 사무총장으로서 경험을 듣는 귀중한 시간을 가졌다. 특히 마츠우라 전 유네스코 사무총장은 「무형문화유산보호협약」을 그의 재임 중에 이루어 놓은 분이다. 필자도 2001년에 인류 구전 및 무형유산 걸작 선정 국제심사위원으로 마츠우라 총장과 함께 힘을 합쳐 일한 경험이 있어 그의 한국 방문 기간 동안 안내를 맡게 되었다.

마츠우라 전 유네스코 사무총장은 한국의 종묘가 1995년 세계문화유산으로 등재되었고 또 종묘제례 및 종묘제례악이 2001년 인류무형문화유산으로 등재되어 유형문화유산과 무형문화유산이 통합적으로 보호되는 그런 중요한 사례임을 강조했다. 앞으로 유형문화유산과 무형문화유산이 통합적으로 보호되어야 한다는 점은 2004년 일본 나라현에서 개최되었던 유형 및 무형문화유산 전문가 회의에서 논의되었고 '야마토 선언 Yamato Declaration'에 그 의의가 잘 나타나 있다.

[사진 3-2-1] 2011년 한국을 방문한 고이치로 마츠우라 전 유네스코 사무총장과 필자 (사진: ICHCAP 제공)

마츠우라 전 유네스코 총장은 그의 강연에서 2003년 많은 반대에도 불구하고 협약을 통과시킨 과정을 설명했다. 그리고 많은 국가들이 대표목록 등재에는 관심이 많으나 인류가 더욱 관심을 가져야 할 긴급보호목록 등재는 등한시하는 점은 재고되어야 한다고 강조했다. 또한 대표목록 등재에 있어서 한국, 중국, 일본의 등재 유산 수가 다른 지역에 비해 압도적으로 다수를 차지하는 점도 해결해야 할 문제라고 지적했다.

2) 판소리Pansori, epic chant, 2003년

2001년에 우리나라의 종묘제례 및 종묘제례악이 유네스코 인류 구전 및 무형유산 걸작에 선정되었으나 그때까지만 해도 유네스코 무형유산 등재 프로그램에 대해 잘 모르고 있었다. 그러나 필자가 그동안 많은 강연을 통해 이 유네스코 프로그램에 대해 열심히 홍보해 온 결과 많은 사람들이 이에 관심을 갖게 되었다.

2003년에는 판소리를 등재하기 위해 신청서는 물론 비디오도 준비해야 했다. 유네스코 등재에 관심이 높아지다 보니 판소리를 등재하기 위한 대책 방안을 위한 회의도 마련되었다. 회의에는 문화재청, 외교통상부, 유네스코한국위원회 그리고 필자도 함께 참여해 판소리의 성공적인 등재 방안을 모색했다. 여러 다양한 의견이 나왔다. 당시 유네스코 무형유산 국제심사위원이었던 필자에게도 의견을 물었다. 필자는 경험에 의해 신청서를 잘 써야 하고 비디오를 잘 만드는 것이 제일 우선이라는 의견을 말했다. 그때 어떤 분이 이런 제안을 했다. 국제심사위원 부부를 한국에 초청해서 여행도 시켜주고 한국을 알게 하면 심사에 도움이 되지 않을까 하는 제안이었다. 그래서 필자는 그 제안에 대해서 즉각 강력한 반대 의사를 밝혔다. 이해관계에 있는 사람들을 여행에 초청하는 것은 우리나라의 품격을 위해서 바람직한 일이 아닐 뿐만 아니라 오히려 역효과가 날 것이라는 의견을 피력했다. 다행히 모두 필자의 의견에 동의해 주어서 국제심사위원 초청건은 무산되었다.

회의가 끝나고 나서 필자는 혼자 생각을 했다. 생각해보니 중국에서는 2001년 11월에 "비물질문화유산 국제회의"를 개최하고 필자를 기조연설자로 초청하여 연단에 앉히며 극진히 우대하였다. 중국 예술원이 주최한 회의였는데 예술원장과 부원장이 필자만을 위한 파티를 열면서 대접한 생각이 난다. 중국은 2002년에도 국제회의를 개최하면서 필자를 또다시 초청하였다. 이런 점을 생각해보니 우리도 홍보를 해야하지 않을까 생각하게 되었다. 홍보가 필요하다면 어떻게 하는 것이 효과적인 방법인가를 생각해 보았다. 국격을 해치지 않고 홍보하는 방안은 무엇인가? 심사위원들이 한국에 호감을 갖게 할 방법이 무엇일까? 그런데 그때 마침 필자의 서울대 동창 중에 외교통상부 차관으로 계신 분이 있었다. 곰곰이 생각하다가 도움을 요청하기로 하였다. 다행히 차관님은 필자를 반갑게 맞아주셨다. 김재섭 차관님을 뵙고 심사위원들 명단을 주면서 도움을 요청했더니 어떻게 하면 도움이 될 수 있는지 필자의 의견을 물었다. 그래서 필자는 한국에 대한 좋은 인식과 호감을 줄 수 있는 방법을 생각해 보았는데 심사위원들을 각 대사관에서 개인적으로 초청하는 것보다는 대사관에서 문화 행사가 있을 때 이분들을 초청해서 한국에 대해서 자연스럽게 알게 하는 것이 좋지 않겠는가 하고 부탁을 드렸었다. 그런데 필자가 2003년 11월 제2차 유네스코 무형유산등재를 심사하기 위해 파리에 갔을 때 심사위원 한 분과 같이 점심식사를 할 기회가 있어 심사장 앞에 있는 한국 식당에 가기로 했다. 그러면서 한국 음식 먹어본 적 있느냐 물었더니 먹어봤다고 답했다. 그래서 어디서 먹어봤느냐 했더니 자기 나라에 있는 한국 대사관에서 개최한 행사에 초청을 받아 가서 한국 음식을 먹었는데 참 맛있었다고 얘기해 주었다. 그때 필자는 차관님께 부탁한 것을 기억하고 실행해 주신 것에 대해서 굉장히 고마움을 느꼈다. 지금 생각해 보면 외교부에서도 많은 도움을 주셨다. 이 자리를 빌어 고마움을 표하는 바다.

판소리 등재신청서를 작성하면서 기억에 남았던 것은 판소리 비디오를 찍을 때였다. 2002년 겨울에 추운 날씨에도 불구하고 판소리 명창들이 서울 한옥 마을에 모두 모여 판소리 등재를 위해 크게 애써주셨다. 당시 필자가 비디오를 찍거나 신청서를 작성할 때 특히 강조한 것은 유네스코가 인권문제를 매우 중시한다는 점이었다. 심사위원들이 등재심사를 할 때 인권문제가 굉장히 중요한 사안으로 대두된다. 그런데 당시에는 판소리라고 하면 100만 명 이상이 관람한 유명한 영화 〈서편제〉를 신청서에 언급해야 하는 것을 당연시했다.

영화 서편제에는 한을 품어야 판소리를 잘할 수 있다는 것을 강조하기 위해서 주인공의 눈을 멀게 하는 장면이 있었다. 이는 소설이기 때문에 허구다. 그런데 이 영화 서편제를 언급하면 잘 이해도 안 가는 외국 심사위원들에게는 주인공의 눈을 멀게 했다는 것은 인권 문제가 대두될 수 있으므로 서편제는 언급하지 말자고 강조했다. 당시 이 판소리 비디오 촬영 감독이었던 진옥섭 감독도 필자가 그런 말을 해서 한국적인 개념의 무형유산과 보편적 개념의 무형유산과는 차이가 크다는 점을 느꼈다고 토로한 글이 있다.

> 2003년 12월 판소리가 인류 구전 및 무형유산 걸작으로 지정될 무렵 나는 KBS 국악한마당 PD로 활동하며 판소리 영상을 만들게 됐습니다. 당시 유네스코 무형문화유산 분야 전문가인 임돈희 교수님의 자문을 받으면서 작업을 진행했습니다. 임 교수님은 영화 서편제의 오정해 씨가 실명하는 장면을 예로 들면서 인간의 신체에 대한 가학 행위, 여성의 성적인 비하나 능력 차별, 그리고 아동학대 소지가 있는 인류 보편적 가치에 반하는

행위는 절대로 유네스코에서 인정하지 않는다고 강조했습니다. 그때 나는 눈이 먼 오정혜 씨가 그 한을 소리로 승화시키는 장면 등 한국인들이 동경하고 추구하는 최고의 경지에 도달하기 위한 극한의 예술은 반인륜적인 것이 될 수도 있겠다는 생각을 했습니다. 우리의 전통문화와 예술에는 한국적인 정서가 있습니다만, 오로지 한국 사람들만의 것이 아닌 인류 무형문화유산이 되기 위해서는 세계의 눈높이에 맞춰야 한다는 사실에 동의함을 깨달았습니다. 나는 앞으로 우리 전통문화에 대한 시각들도 많이 바뀌게 될 것이며, 한국의 것이 아닌 인류의 것이라는 대목에 큰 의미가 있다고 생각했습니다.[24)]

종묘제례 및 종묘제례악이 인류 구전 및 무형유산 걸작으로 선정되었을 때와는 다르게 판소리가 유네스코 걸작 프로그램에 선정되었을 때는 사람들이 큰 관심을 보였고 많은 방송, 신문에서 관련 보도를 해 주었다. 다음은 당시 조선일보에 실린 필자와의 인터뷰 기사다.

---

24) 한국문화재재단, 「발간사: 진옥섭 한국문화재단이사장과의 대담」, 『살아있는 유산을 찾아서: 한국문화재단 유네스코 활동백서』, 2020, 20쪽.

朝鮮日報

[사람들] "판소리 이제 세계화 방안 찾을 때"

유네스코 심사위원 임돈희 교수

주유린 기자

업데이트 2003.12.01. 21:41

"유네스코가 지정한 세계무형문화유산이라는 명예만으로 판소리의 홍보 효과는 대단할 겁니다. 하지만 판소리를 외국 사람들의 마음을 울리는 문화유산으로 키우는 건 이제부터 시작이죠."

최근 판소리(중요무형문화재 5호)가 유네스코(UNESCO·UN교육과학문화기구)가 선정하는 '인류 구전口傳 및 무형유산 걸작' 중 하나로 선정됐다. 지난 2001년 '종묘제례와 제례악' 선정에 이은 또 한번의 쾌거였다.

판소리가 '세계적 가치'를 인정받았을 때 다른 사람들보다 하루 먼저 이 소식을 알고 기뻐한 사람이 있다. 유네스코 세계무형문화유산 선정 국제심사위원으로 활동하고 있는 임돈희任敦姬(사학과) 동국대 교수. 판소리가 심사대에 올랐을 때 자국 출품작이라 침묵으로 지켜보며 마음을 졸여야 했던 그는 "참석한 심사위원 전원의 찬성으로 통과됐다"며 당시의 기쁨을 전했다.

임 교수는 지난 99년 유네스코 세계무형문화유산 선정 국제심사위원단이 처음 구성됐을 때부터 심사에 참여하고 있다. 국제심사위원이라는 신분 때문에 판소리 홍보에 직접 나서지는 못했지만, 심사에 참가한 경험을 바탕으로 날카로운 조언들을 해줘 많은 도움을 주었다.

'인류 구전 및 무형유산 걸작 선언'은 유네스코가 소멸위기에 있는 인류의 무형문화유산을 걸작으로 지정해 각국의 문화적 다양성과 전통성을 보존하기 위해 만든 제도로, 지난 2001년부터 2년에 한 번씩 발표되고 있다.

"대부분의 나라들이 무형문화재의 보호 제도를 가지고 있지 못한 데 비해, 40년 가까이 무형문화재를 지정 · 보존해 오고 있는 한국은 무형문화재 정책면에서 굉장히 앞서 있습니다. 제3세계 국가에 무형 문화유산 보존 방법에 대한 모범을 보여주면서 무형문화 정책의 중심 국가로 세계를 이끌어 갈 수 있는 좋은 기회라고 생각합니다."

임 교수는 하지만 모든 분야를 획일적으로 지원하고 있는 한국의 무형문화재 제도를 "전승이 잘 되고 있는 분야와 후계자가 나오지 않아 어려움을 겪고 있는 분야로 나누어 경제적 지원을 달리하는 등 분야별 '맞춤 지원'을 할 필요는 있다"고 지적했다.

임 교수의 아버지는 1960년대 초대 무형문화재 분과위원장으로 무형문화재 제도를 뿌리내리고자 동분서주했던 고故 임석재 선생이다. "전통 예술이 천시받던 시절이라 인간문화재를 시켜준다고 해도 (사람들은) 거부를 했습니다. 아버지는 몇 번이고 찾아가 '훌륭한 예술이니 후손에 보존시켜야 한다'고 설득을 하셨죠." 임 교수는 이런 아버지의 뒤를 이어 서울대 인류학과를 졸업하고 미국 펜실베이니아대에서 민속학 박사를 받았다.

임 교수는 아버지가 한국의 무형문화 유산을 복원하고 보호하는 데 힘을 쏟았다면 "(자신은) 한국의 무형유산들을 세계에 알리는 데 도움이 되고 싶다"고 했다.

"앞으로는 경제 · 정치적 파워보다 문화력이 국력을 가늠하는 시대가 올 겁니다. 판소리 등이 한국을 넘어 세계인의 문화유산이 되려면 가사 등을 문화적으로 번역하는 등 외국인들에게 어필(appeal)하는 방법을 고민해야 합니다. 우리 것이면서도 세계화를 하는 데 경제적이고 효과적인 아이템들을 찾아 먼저 알리는 것도 전략이라고 생각합니다."[25)]

3) 강릉단오제Gangneung Danoje festival, 2005년

(1) 신청서 작성과정

2005년 유네스코 인류 구전 및 무형유산 걸작 등재를 위한 강릉단오제 등재 준비는 종묘제례, 판소리와 달리 인위적으로 별도의 날을 잡아 비디오를 찍을 수가 없었다. 강릉단

25) "판소리 이제 세계화 방안 찾을 때", 유네스코 심사위원 임돈희 교수 인터뷰 기사, 『조선일보』, 2003년 12월 1일. 〈https://www.chosun.com/site/data/html_dir/2003/12/01/2003120170407.html〉(최종검색일: 2024년 10월 6일).

오제는 매년 6월에 한 번씩 개최되는 축제이므로 2004년 6월에 개최될 때 제대로 찍지 못하면 다음 해인 2005년 6월이 되어야 실제 단오제를 찍을 기회가 있기 때문이다. 그렇게 될 경우 신청서 제출 일정을 맞추지 못할 위험이 있었다. 과거 경험으로 봐서 비디오를 한 번만 찍는 것은 굉장히 불안했다. 만약 비디오 촬영이 잘못되거나 하면 그 다음 해에 또 찍어야 되는데 일정상 그렇게 할 수가 없었다.

강릉 시민은 강릉단오제에 매우 대단한 열정을 가지고 있었다. 당시 심기섭 강릉시장을 비롯해 공무원들의 열성도 대단했다. 특히 등재 업무를 담당했던 최선복 당시 계장(그는 2003년 강릉시청 향토문화담당으로 발령받았다고 한다)은 너무 열성적이라 강릉단오제를 꼭 유네스코에 등재시키겠다는 염원을 갖고 거의 매주 서울로 와서 필자를 만나 상의하는 대단한 열정을 보여주었다. 그래서 비디오도 단오제를 2년에 걸쳐 찍는 것이 바람직하다는 필자의 권유에 따라 예산을 특별히 마련해 2003년과 2004년 두 번에 걸쳐 강릉단오제를 찍고 편집해서 유네스코 등재신청서를 작성했다. 단오제위원회 위원을 포함해 많은 강릉 시민들의 협조는 지금 생각해도 정말 고마운 일이다. 2004년 10월 완성된 신청서를 유네스코에 송부했고 이후 2005년 3월에 유네스코의 보완자료 요청에 따라 보완된 신청서를 추가로 제출해 신청 절차를 마무리하게 되었다.

그런데 2004년 5월, 중국 언론은 한국이 단오제를 인류 구전 및 무형유산 걸작에 등재하려 한다는 소식을 알리면서 중국의 단오제를 한국이 빼앗아 갔다는 여론이 비등해졌고 비난의 화살이 쏟아졌다. 우리로서도 이 문제에 여러 면으로 대응했다. 필자는 여러 방면으로 두 나라의 단오제는 각기 다른 공동체에서 각기 다른 목적과 문화 양상을 가진 독립적인 무형유산임을 강조하고 강릉단오제도 유네스코에 등재하지만 중국의 단오제도 독립적으로 유네스코에 무형유산으로 등재할 수 있다는 점을 피력했다.

강릉시는 적극적으로 대처했다. 파리의 유네스코 유정희 공사를 강릉까지 초청해 대책회의를 했다. 여러 의견 중 하나가, 우리가 전통적으로 단오제를 부르는 이름이 수릿재이니 강릉단오제라는 이름 대신 강릉수릿재로 하는 것이 어떠냐는 제안이었다. 강릉시에서는 이 제안에 대한 강릉 시민의 의견을 물어보는 여론 조사도 실시했다. 그런데 대다수의 여론조사에서 왜 우리가 이름을 바꾸냐, 우린 그대로 강릉단오제로 가겠다는 여론이 우세

했다. 결국 수릿재로 바꾸자는 의견은 받아들여지지 않았다.

강릉시는 여러 차례의 국내학술회의, 국제학술회의, 그리고 중국 학자들과의 학술회의를 개최해 강릉단오제의 유네스코 등재 타당성을 논의했다. 강릉시 외에도 문화재청, 그리고 외교통상부도 다 같이 한마음이 되어 중국과의 문제를 헤쳐 나가려고 애썼다.

필자는 그때 마침 필자의 대학 동기생이 외교통상부 차관으로 있어서 2003년 판소리 때와 마찬가지로 또 다시 외교통상부를 찾아가서 외교적으로 도움을 줄 것을 부탁하기도 했다. 당시 이태식 차관은 필자를 따뜻하게 맞아주고 협조해 줄 것을 약속했다. 다시 한번 외교부에 깊이 감사드린다.

[사진 3-2-2] 2006년 6월 강릉시 명예시민증 수여식 (사진: 필자 제공)

그동안 필자는 강릉을 수없이 다니면서 강릉단오제 등재를 위한 여러 행사에 참여했다. 강릉단오제 신청서 작성하기, 강릉단오제 비디오 찍기 등에 자문을 했고 각종 학술대회에 기조연설자로 참가했으며 수많은 대책회의에도 참여했다. 필자는 2005년 11월 20일, 파리에 직접 가서 강릉단오제에 대한 홍보를 이어갔다. 마침내 11월 25일, 강릉단오제가 인류 구전 및 무형유산 걸작으로 선정되는 것을 파리에서 지켜보았다. 과거 2년 동안의 숨가쁜 모든 노력이 보상받는 감격의 순간이었다.

강릉단오제가 인류 구전 및 무형유산 걸작에 선정되고 난 후에 강릉시는 2006년에 열린 강릉단오제에서 고맙게도 강릉단오제를 유네스코 인류 구전 및 무형유산으로 등재시킨 필자의 공로를 인정해 강릉 명예시민으로 추천해서 필자는 강릉시로부터 명예 시민증을 수여받았다.

(2) 등재 전쟁

유네스코가 무형문화유산 등재사업을 시작하자마자 전 세계적으로 문화전쟁이 일어나기 시작했다. 유형문화유산과 달리 무형유산은 국가를 초월해 존재하는 경우가 많다.[26] 이 문화전쟁은 여러 나라에서 일어났지만 지면 관계상 한국과 관련된 경우만 예로 들기로 한다. 가장 먼저 한국이 2005년에 등재한 강릉단오제의 경우다. 강릉단오제를 한국이 유네스코 인류 구전 및 무형유산 걸작 등재를 위한 후보작으로 제출한다는 것을 안 중국의 언론이 "중국의 단오제를 한국이 빼앗아 갔다", "한국에서 중국 문화를 자기 문화로 한다"라는 주장을 하며 여론의 거센 반발을 일으켰다.[27]

당시 중국 언론이 이 사안에 대해 어떻게 보도했는지를 소개하고자 한다.

> **"단오절 쟁탈은 중국 전통문화의 슬픔을 뚜렷하게 드러낸다."** 2004.05.10.
>
> 한국이 단오를 자국의 문화유산으로 등재한다는 소식에 많은 중국인들이 놀랐다. 그들은 중국에서 발원한 전통 명절이 유엔에 의해 다른 나라의 문화유산으로 인정받는 것을 도저히 받아들일 수 없었다.
>
> 한국의 신청이 성공하든 실패하든 간에, 이번 일은 적어도 사람들에게 평소에 무심코

26) Roger L. Janelli, "Cultural Plurality: Universality and Particularity of Intangible Heritage in East Asia," in *Proceedings of the 2009 International Forum on Intangible Heritage in East Asia*, Daejeon: National Research Institute of Cultural Heritage (NRICH), 2009, pp. 171-177.

27) 류계옥, 「중국 조선족 비 물질문화유산 보호현황 및 중국조선족 농악무」, 『국경을 넘는 무형유산: 동아시아 공동무형유산의 다원성과 보편성』, 동아시아 공동 무형유산 국제포럼 발표집, 2009, 100쪽.

지나치던 명절과 풍습이 사실 값을 매길 수 없는 보물이고 심지어 문화 브랜드로서 세계에서 민족을 빛낼 수 있을 정도로 값진 보물(아마도 상업적 기회를 가져올 수 있을 것이다)이라는 인식을 심어준 것이다.

지난 몇 년 동안 중국에서 전통문화가 발전하지 않았을 뿐만 아니라 심각한 피해를 입었다는 것은 말할 필요도 없다. 많은 해외 화교들은 청명절 조상 숭배 의식과 같은 일부 전통 명절과 민속 풍습을 중국 본토에서는 흔적을 찾기 어렵고 오히려 해외에서 비교적 완전하게 보존된다는 것을 발견했다. 이는 중국 전통문화의 비극이 아닐 수 없다.

오랫동안 "옛것을 깨고 새것을 세우라"는 것이 중국 문화건설의 지도 사상으로 여겨졌고 일부 전통 명절과 풍습은 '미신'이나 '문화 찌꺼기'로 낙인찍혀 비판과 금지를 받았다. 그 결과 문화적으로, '옛것'은 많이 무너졌지만 '새것'은 오히려 확립되지 않았다.

문화의 결핍은 필연적으로 정신적 단층과 심지어 왜곡을 초래할 것이다. 사회의 끝없는 부패와 공중도덕 부재에 대한 여론의 개탄은 중국의 사회변화 과정에서 피할 수 없는 '부정적 요인'으로 해석될 수 있지만, 이런 '부정적 요인'이 경제가 성장하고 생활이 넉넉해지면서 저절로 사라지지는 않을 것이다.

문화·정신적 측면에서 13억 인구를 가진 중국이 외래문화에 의존해 새로운 민족정신을 결집할 수 없다. 이 점에서 우리는 중국 특색을 가진 문화 건설의 새로운 길을 진정으로 찾아야 하며, 전통문화의 본질을 회복하고 발전시키는 것이 이 새로운 길의 올바른 의미이다. (출처: 연합조간신문, 저자: 위쩌위안, 원제목: 전통문화의 슬픔)[28]

28) "단오절 쟁탈은 중국 전통 문화의 슬픔을 뚜렷하게 드러낸다", 『연합 조간신문』, 2004년 5월 10일. 〈http://www.chinanews.com.cn/n/2004-05-10/26/434343.html〉(최종검색일: 2022년 4월 24일). 단오절 논쟁과 관련된 중국 신문 기사는 최다윤이 번역하였다.

“전통 명절이 국내로부터 외면당하자 다른 나라가 단오를 자국의 유산으로 지정했다”

2004.05.06.

중신망 5월 6일 보도에 따르면 최근 동북의 한 대학교수는 저우허핑 문화부 차관에게 긴급 서한을 보내 아시아 모국이 유네스코에 ‘단오절’을 자국의 문화유산으로 등록하려 하는데, 현재 이미 국가유산목록에 등재되어 있으며, 곧 유엔에 ‘인류구전 및 무형유산 걸작’을 신청할 것이라고 전했다.

인민일보 보도에 따르면 며칠 전 열린 ‘중국민족민간문화보호 공사시험 사업교류회’에서 저우허핑은 유구한 역사를 가진 단오절은 중국의 전통 명절인데 만약 다른 나라가 등재에 성공한다면 우리는 얼마나 난처하겠습니까? 우리가 무슨 낯으로 조상들을 뵈러 갈 수 있겠습니까? 라고 했다. 저우허핑은 중국이 모든 전통 명절을 포함해 유네스코가 설립한 ‘인류 구전 및 무형유산 걸작’에 집단 등재하는 방안을 검토하고 있다고 언론에 밝혔다. 그는 “중국의 전통 명절은 다채롭고 문화적 의미가 풍부하며 인류 고유의 문화적 기억을 간직하고 있다”며 “조상이 창조한 역사와 문화에 대해 경외심을 가져야 하며 민족과 민간 문화의 보호를 매우 중시해야 한다”고 말했다. 그는 많은 대중, 특히 젊은 세대가 중국 자신의 전통 명절을 냉대하지 않기를 바란다고 했다.

전국 각지에서 온 문화계 대표들은 회의 기간 동안 중국이 자국의 전통 명절을 중시하고 모든 전통 명절에는 상응하는 공휴일이 있어야 하며 이를 국가 법정 공휴일에 포함시켜야 한다고 제안했다. 많은 대표들은 밸런타인데이나 크리스마스와 같은 외국 명절에 열광하는 젊은이들이 있다고 말했다. 어떤 이들은 크리스마스의 구체적인 내용이 무엇인지 모르면서 다른 사람을 따라다니는 사람도 있다. 밸런타인데이에는 거리에 있는 장미꽃이 거의 다 팔렸고 가격도 만만치 않았다. 그러나 중국 고유의 풍부한 문화적 의미를 지닌 중국 고유의 전통 축제(명절) 중 일부가 냉대를 받는 것은 유감스러운 일이다.

사실 전통 명절뿐만 아니라 중국 전체 민족과 민속 문화의 생존 환경은 현재 경제 세계화와 현대화의 도전에 직면해 있다. 일부 서구 선진국들은 강력한 종합적인 국력, 선진 과학 기술 수단 및 발달된 문화 소통 수단으로 인해서 서구의 가치 개념과 생활 방식을 적극적으로 전파해, 중국을 포함한 개발도상국의 민족 전통 문화 생태에 심각한 충격을 주었다. 많은 민족 민간 문화의 특성이 점차 사라지고 있으며, 문화의 다양성과 풍부함도 심각하게 위협받고 있다.

중화민족의 전통 문화유산을 보호하고 민족 문화의 독립성과 풍부성을 지키기 위해 문화부, 재정부는 중국민족민간문화보호사업을 시작한 지 1년 만에 다시 보호를 위해 공동으로《중국민족민간문화보호사업 실시에 관한 통지》를 발표해 재정부는 공식적으로 민족민간문화보호사업을 예산항목에 포함시켰고, 2003년에는 500만 위안을 착수자금으로, 2004년에는 2000만 위안을 들여 시범사업 전개 지원에 사용했으며, 문화부는 《민족민간문화보호사업 강화에 관한 의견》을 발표했고, 1차 10개 시범사업에 이어 중국민족민간문화보호사업의 2차 29개 시범사업을 확정했다.

저우허핑은 민족과 민간 문화는 중화 문화의 뿌리이자 중요한 구성 요소이며 중화 민족의 정신과 감정을 전달하는 중요한 매개체이며 국가 통일과 민족 단결을 유지하는 기초이자 세계와 연결하는 다리라고 강조했다. 우수한 민족민간문화를 보호선양하고, 당의 16대 정신과 '3대 대표'의 중요사상을 관철하고, 중화문명을 전승하고, 선진문화를 발전시키며, 과학발전관을 견지하고, 전면적으로 건강한 사회를 건설하고, 경제사회의 전면적이고 조화로우며 지속 가능한 발전을 실현하고, 국가문화주권과 문화안보를 수호하는 데 중요한 현실적 의의와 심원한 전략적 의의를 가진다. (류위친)[29]

중국에서는 한국의 강릉단오제가 인류 구전 및 무형유산 걸작에 등재된 일을 계기로 과거 봉건적이거나 미신이라고 타파의 대상으로 본 전통문화유산이 중국의 자랑스러운 민족민간문화이며 유네스코 인류무형문화유산으로 중요하다는 인식의 대전환점을 가져왔다.

이와 관련하여 정연학은 다음과 같이 서술하고 있다.

---

29) "전통 명절이 국내로부터 외면당하자 다른 나라가 단오를 자국의 유산으로 지정했다", 『중신망』, 2004년 5월 6일. 〈http://www.chinanews.com.cn/n/2004-05-06/26/433058.html〉(최종검색일: 2022년 4월 24일).

2004년부터 2005년에 이르기까지 한국 강릉단오제의 인류무형유산걸작 신청 논쟁은 오히려 중국 자국의 무형문화유산에 대한 관심과 보호사업이 정식으로 시작될 수 있도록 힘을 실어주었으며, 중앙정부가 전통 명절문화유산 보호에 대해 고도의 관심을 가질 수 있게 했다. 2004년 '中國民族民間文化保護工程試點工作交流會'에서 문화부장 주화평周和平은 유구한 역사를 가진 중국의 단오절이 다른 나라에서 등재에 성공한다면 참으로 난처하고, 조상들을 무슨 면목으로 볼 것인가를 강조하면서 앞으로 중국의 모든 세시풍속을 유네스코에 등재할 것이고, 대중, 특히 젊은이들이 자신의 전통 절기를 푸대접하지 말기를 당부한 내용을 발표했다. 이 내용이 『인민일보人民日報』(2004年05月06日 第四版)에 "자기의 전통절기를 푸대접하지 마라(不要冷落了自己的傳統節日)"라는 헤드라인 기사로 나가자, 중국 내 여론이 뜨겁게 달구어졌다. 애초에 한국 강릉단오제의 인류무형유산 걸작 신청 논쟁을 이끈 것은 요녕대학의 오병안吳丙安교수이었으며, 문화계의 대표들은 '중국의 전통절기를 법정공휴일로 정할 것'을 정부에 제의하기도 했다. 그 결과 2007년 12월 17일 국무원國務院은 <전국 명절과 기념일 휴가 방안全國年節及紀念日放假辦法>을 통과시켜 청명과 단오, 추석을 각각 1일씩 법정공휴일로 2008년 1월 1일부터 시행했다.[30]

장정아도 그 과정에 대해 자세히 논하고 있다.

그러나 무엇보다도 중국에서 모두에게 생소한 무형문화유산(非物質文化遺產)이란 용어가 신문에 계속 등장하고 유행이 된 결정적 계기는, 한국이 단오제를 세계무형문화유산에 등재 신청한다는 소식이 중국에 보도된 것이었다. 이 사건은 중국의 전통문화를 외국에 빼앗긴다는 위기의식을 촉발시켰고, 이를 계기로 폭발적인 관심과 함께 각종 '보위保衛' 목소리가 터져 나왔다.

30) 정연학, 「중국조선족 무형유산지정 현황과 문제점」, 『민속연구』 제33집, 안동대민속학연구소, 2016, 263쪽.

이처럼 전통 명절을 지키고 세계무형문화유산으로 신청하자는 제안, 각지에서 새롭게 생겨나는 단오절 행사들, 그리고 중국어 웹사이트 이름까지도 둘러싼 싸움 속에서 춘절, 청명절, 단오절, 중추절 등 중요 명절은 2006년 드디어 국가급 '무형문화유산'으로 선정되기에 이른다. 그리고 2006년 양대회의兩會[31] 기간 계속해서 나온 전통 명절을 법적공휴일로 하자는 제안과 여론의 영향으로, 2007년 마침내 중국정부는 주요 명절을 공휴일로 지정했다.

명절이 국가의 공식적인 보호대상이 되어버리듯, 민간문화유산보호도 점차 국가적 차원의 프로젝트가 되어간다… 정부는 한편으로 민간차원(민협)에서 하는 공정에 지원을 하면서 다른 한편 국가차원의 '중국민족민간문화보호공정'을 2003년 시작한다… 유일한 국가급 예술연구기관인 중국예술연구원 안에 '중국민족민간문화공정 국가중심'이 만들어지고 2007년까지 약 4000위안이 투입되었다… 그리고 이 '민족민간문화'는 다시 국제적 기준에 맞춘 '무형문화유산(非物質文化遺產)'이란 이름으로 바뀐다.

중앙정부는, 식상해져 버린 만리장성이나 자금성을 대체해 '위대한 중화민족의 문화'를 보여줄수 있는 새로운 자원으로서 무형유산의 무궁무진한 가능성에 주목하게 된다.

정부차원에서의 변화를 가장 잘 보여주는 것은, 2002년부터 만들어져 현재 입법추진 중인 '중국민족민간전통문화보호법'의 명칭이 2004년 '非物質文化遺產보호법'으로 바뀌어졌다는 점, 그리고 공정을 책임지는 국가기구인 '민족민간문화보호공정국가중심'의 이름도 2006년 '非物質文化遺產보호 국가중심'으로 바뀌면서 상위기관인 예술연구원과 동급으로 승격되었다는 것이다.

"무형문화유산 보호는 아주 기세가 맹렬해," 2004년부터 2006년까지 매년 2,000만 위안의 국가재정이 무형문화유산 보호에 투입되었고… "지금까지 이렇게 전국 인민의 마음을 광범위하게 울리고, 매년 국가 최고권력기구가 중대 결의를 하고 중요한 문건을 공포하는 '문화공정'은 없었다."

---

31) 전국인민대표대회와 인민정치협상회의.

> 문화유산 보호 붐의 절정을 이룬 것은 '문화유산의 날' 제정이다. … 정부는 마침내 매년 6월 둘째 주 토요일을 문화유산의 날로 정하고 2006년부터 시행하게 된다.
>
> 문화유산의 날에도 무형문화유산 관련 활동은 핵심적인 부분을 차지해, 무형문화유산전람이 전국을 몇 년에 거쳐 순회하며… 2007년 문화유산의 날엔 국가급 무형문화유산 대표적 전승인 명단(226명)이 최초로 공포되었다. 고위 관리들이 참석한 문화유산의 저녁행사(晩餐)에서는 무형문화유산 공연이 가장 중요한 프로그램이다.[32)]

중국은 한국의 강릉단오제 유네스코 대표목록 등재를 계기로 그동안 타파 대상이 되었던 전통문화인 무형유산의 중요성을 깨닫고 무형유산 증진의 길로 가게 되었다. 중국은 2008년 단오제를 정기 휴일로 지정했고, 2009년에는 중국의 대표적인 단오축제인 '용선축제Dragon boat festival'를 유네스코 인류무형문화유산 대표목록으로 등재시켰다.

(3) 강릉 권고문

최근 유네스코 무형문화유산협약의 채택, 유네스코 인류무형문화유산 등재제도의 실시 등으로 무형문화유산에 대한 관심이 높아지면서 예상치 못한 문제가 발생해 세계적으로 논란이 일고 있다. 대표적인 것이 바로 무형문화유산의 기원 혹은 그 소유권을 놓고 국가 간, 지역 간에 벌어지는 갈등이다.[33)] 그러나 무형문화유산은 유형문화유산과 달리 인류의 이동, 시간의 흐름에 따라 국가 간, 지역 간 경계를 넘어 공유된다는 특성이 있다. 따라서 서로 유사한 무형유산이 세계 여러 나라, 혹은 여러 지역에 존재하는 것은 어쩌면 매

---

32) 장정아, 「'민간문화유산'에서 '위대한 중국의 문화유산으로'」, 『한국문화인류학』 41-1, 한국문화인류학회, 2008, 181~190쪽.

33) 한국의 강릉단오제, 중국의 농악무, 인도네시아의 바틱 등이 유네스코 인류무형문화유산 대표목록에 등재되었을 때, 한국, 중국, 말레이시아에서 자국의 문화를 빼앗겼다는 인식을 바탕으로 해당 국가 간에 많은 논란이 있었다. 그리스와 튀르키예도 'Karagöz'라는 무형유산이 각기 자기네 나라에서 기원한다며 갈등이 발생하고 있다. Bahar Aykan, "'Patenting' Karagöz: UNESCO, Nationalism and Multinational Intangible Heritage," *International Journal of Heritage Studies*, Vol. 21, No. 10, 2015, pp. 949-961.

우 당연한 일일 것이다.

이에 2009년 11월 24, 25일 양일간 강릉에서 동아시아 공동무형문화유산 국제포럼이 열렸다. '국경을 넘는 무형유산: 동아시아 공동무형문화유산의 다원성과 보편성'을 주제로 열린 포럼은 국제적으로 계속 논란이 되고 있는 다국 간 공동무형문화유산을 둘러싸고 일어나고 있는 갈등을 해결할 방안을 논의하기 위한 자리였다. 특히 국민국가 시기에 형성된 국경을 기준으로 특정 유산을 독점하려는 배타적 태도를 버리고 각 유산의 다양성과 그 안에 내재된 보편적 가치를 인정해야 한다는 담론을 처음으로 형성하고자 하는 노력이었다.[34] 공동무형문화유산에 대한 개념, 물리적인 국경을 넘어서는 공동 유산의 보호와 이해 증진 방안 등 다양한 측면에서 심도있는 논의가 진행되었다. 이러한 최근의 현상에 대한 문제의식을 갖고 많은 논의를 거친 끝에 '강릉 공동무형문화유산 권고문'을 채택하게 되었다. 동아시아 공동무형문화유산 국제포럼에서 채택된 '강릉 공동무형문화유산 권고문'(2009)의 전문[35]은 다음과 같다.

① 무형문화유산은 영토적 경계를 넘어 사람들이 공유하는 것이며, 영토적 경계가 문화적 경계가 될 수 없다는 데에 대한 지역 차원의 국제적 차원의 인식을 증진한다.
② 공유 무형문화유산 발굴 및 지역 내 목록작성을 위한 공동연구를 권장한다.
③ 공동체 및 국가가 공유하고 있는 문화요소에 대한 교육을 증진한다.
④ 문화의 공유성과 공통성을 드러낼 수 있는 문화축제를 개최한다.
⑤ 유네스코의 긴급보호무형유산 목록과 인류무형문화유산 대표목록상에 다국 간 공동등재를 증진하기 위한 협력을 촉진한다.

---

34) Korean National Commission for UNESCO (KNCU), 〈https://unescokor.cafe24.com/news/press/view/854/page/1392?〉(최종검색일: 2024년 10월 9일).

35) 유네스코한국위원회, '강릉 공동무형문화유산 권고문', 2009 동아시아 공동 무형문화유산 국제포럼, 2009. 11.24.~25. 〈https://unescokor.cafe24.com/assets/data/report/Tn8QrYxcUsWF2ZQGrAxxOMoVXsLKvB__2.pdf〉(최종검색일: 2024년 10월 9일).

⑥ 성공적인 공동무형문화유산 보호 사례연구를 발굴하고 홍보한다.

⑦ 공동 무형문화유산 보호에 필요한 문화교류와 기술지원을 위한 지역 간, 국가 간 협력을 강화하고 이를 통해 협력체계 구축을 고려한다.

⑧ 긴급보호무형유산 목록 및 인류무형문화유산 대표목록상 다국 간 공동등재가 문화 간 대화 및 협력수단이 될 수 있도록 유네스코가 공동등재기준, 지침, 절차를 구체화하도록 요청한다.

⑨ 유네스코와 밀접히 협력해 다국 간 공동등재 준비 및 추진을 위한 역량 강화 워크숍을 개최한다.

⑩ 유네스코가 지방자치단체 및 비정부 단체들의 무형유산 다국 간 공동등재 노력을 보장하도록 한다.

이 권고문에는 공동문화유산을 둘러싼 갈등 예방과 국제사회의 협력 증진을 위한 공동유산 목록작성과 교육축제 개최 등 다국 간 공동등재 활성화 촉진에 관한 내용이 담겨있다. 그리고 무형유산은 인류가 공유하는 것이라는 인식하에 유네스코 인류무형문화유산 공동등재 이후 보호조치가 어떻게 수행되고 있는지, 국가 간, 지역 간 협력이 얼마나 효과적으로 이루어지고 있는지 모니터링과 조사도 필요하다고 강조한다.[36)]

강릉단오제가 유네스코 인류 구전 및 무형유산 걸작에 선정된 후, 필자가 관련하여 인터뷰한 신문 기사를 소개하고자 한다.

36) 황경순, 「유네스코 인류무형문화유산 공동등재 제도의 이상과 현실」, 『영남학』 제67호, 경북대학교 영남문화연구원, 2018, 134쪽.

朝鮮日報

종묘제례악 · 판소리 · 강릉단오제 '세계유산 선정' 뒤엔 그녀가 있었다

유네스코 선정 때 홍보 맡았던 임돈희 교수

유석재 기자

업데이트 2005.12.12. 05:49

임돈희 교수

"유럽이 헤게모니를 잡고 있는 유형有形유산 분야와는 달리, 무형無形문화유산 분야야말로 한국이 세계 무대에서 주도권을 잡을 수 있는 분야입니다."

임돈희任敦姬 동국대 사학과 교수는 아직도 상기된 표정이었다. 2001년 종묘제례악, 2003년 판소리에서, 올해 강릉단오제까지, 한국 전통문화가 유네스코 '인류 구전口傳 및 무형유산 걸작'으로 '3연속 등재'되는 쾌거를 이룩하는 데 임 교수는 숨은 공로자다. 그는 지난 두 번의 심사에서는 심사위원, 이번엔 비공식적 '홍보'의 역할을 맡아 우리 문화유산이 국제적으로 인정받는 데 큰 몫을 톡톡히 해냈다.

문화인류학자이자 민속학자인 임 교수는 지난 1999년 유네스코 무형유산 선정 국제심사위원단이 처음 구성됐을 때부터 주도적으로 참여했다. 2001년 첫 심사 때는 심사대 위에 선 종묘제례악을 가슴을 졸이며 지켜봐야 했다. "복잡한 현대 도시 한복판에 꾸며진 엄숙한 전통적 공간에서 장엄한 제례祭禮가 이뤄지는 모습! 이게 서구 심사위원들 마음을 움직였어요." 2003년부턴 각국의 경쟁이 더 치열해지기 시작했다. "성악가 출신인 볼리비아 심사위원이 판소리를 듣더니 금방 '아!' 하고 감탄을 하더군요. 세계인에게 보편적으로 통할 수 있는 예술성을 인정받은 거죠."

심사위원직을 그만둔 임 교수는 이번엔 본격적으로 팔을 걷어붙였다. 심사 자료 제작에서 국제사회 동향 파악까지 온갖 '알짜 조언'들을 아끼지 않았다. "비디오 자료는 짧지만, 매우 중요한 부분입니다. 심사위원들의 마음을 잡는 '운명의 10분'이 될 수 있거든요." 국제사회의 '기준'에 맞추는 문제도 그가 나서서 풀어갔다. 가령 강릉단오제 가면극 중에서는 각시를 때리는 장면이 나오는데 "서구인에게 자칫 오해를 살 수 있는데 굳이 넣을 필요는 없는 일"이라는 임 교수의 지적에 따라 삭제했다.

하지만 지난 두 차례와는 달리 강릉단오제를 들고나간 이번엔 정말 어려웠다. 64개국이 등재 신청을 한다고 북적거렸고, 중국은 자기네 단오절 민속과 같다며 엉뚱한 딴죽을 걸었다. 임 교수는 외국 학자들을 만날 때마다 "그러면 세계의 모든 기독교 축제는 이스라엘과 함께 등재해야 하느냐"며 "강릉단오제는 중국 단오절과 완전히 다른 예술"이라고 적극적으로 설명했다.

그는 "이제부터가 진짜 시작"이라고 말했다. 무형문화유산을 둘러싼 '문화 전쟁'은 그야말로 엄청난 부가가치를 둘러싼 싸움이 될 거라는 얘기다. "우리는 단순히 '외국인들이라면 판소리를 좋아하겠지'라고 생각하지요? 천만의 말씀이에요. 공짜 관객들이야 당연히 '원더풀'이라 하겠지요. 진짜 평가를 받으려면 와서 돈을 내고 듣게 하고, 추임새도 가르쳐 주고, 가사도 영어로 알려주는 노력이 정말 필요한 겁니다."[37)]

3. 인류무형문화유산 대표목록Representative List of the Intangible Cultural Heritage of Humanity 등재 사례

2003년 유네스코 「무형문화유산보호협약」이 발효된 후, 2009년에 처음으로 협약 체제하에 등재 작업이 시작되었다. 이 당시에는 어느 나라든지 제한 없이 후보작을 신청하여 등재하도록 했다. 그래서 우리나라도 2009년에는 강강술래, 남사당놀이, 영산재, 제주칠머리당영등굿, 처용무 5개의 후보작을 제출하여 등재되었다. 2010년에는 가곡, 대목장, 매사냥, 2011년에는 줄타기, 택견, 한산모시짜기 3개의 후보작을 제출하여 모두 등재되었다. 그 후 유네스코 무형유산과에서는 너무 많은 무형유산 후보작이 신청 접수됨에 따

37) "종묘제례악 · 판소리 · 강릉단오제 '세계유산 선정' 뒤엔 그녀가 있었다", 『조선일보』, 2005년 12월 12일. 〈https://www.chosun.com/site/data/html_dir/2005/12/11/2005121170316.html〉(최종검색일: 2024년 10월 11일).

라 심사하는 데 어려움이 있다고 하여 한 국가당 1개의 후보작을 낼 수 있도록 바꾸었다. 그리하여 2012년에는 아리랑이, 2013년에는 김치와 김장문화, 그리고 2014년에는 농악이 등재되었다. 그러나 2015년부터는 한국, 일본, 중국의 경우 너무 많은 무형유산이 이미 등재되었기 때문에 무형유산등재가 적은 나라에게 기회를 주기 위해 2년에 1개의 후보작만 신청할 수 있도록 했다.[38)]

2015년에 우리나라는 줄다리기를 공동등재하였다. 변경된 규정에 따르면, 2015년은 중국, 일본과 마찬가지로 한국 역시 등재후보신청을 할 수 없는 해였다. 하지만 줄다리기는 우리나라 단독등재가 아니라 캄보디아, 필리핀, 그리고 베트남 이렇게 네 나라가 공동등재했기 때문에 등재가 가능했다. 유네스코는 각국의 단독등재보다는 다국가의 공동등재를 장려하기 때문에 공동등재는 신청 제한의 대상이 아니었다. 2016년에 제주해녀문화, 2018년에는 씨름이 남북한 공동등재 되었고, 2020년에는 연등회, 2022년에는 한국의 탈춤이 등재되었다. 가장 최근인 2024년 12월에는 '한국의 장 담그기 문화Knowledge, beliefs, and practices related to jang-making in the Republic of Korea'가 인류무형문화유산 대표목록에 등재됨으로써 한국의 인류무형문화유산 등재종목은 총 23개가 되었다.

이 절에서는 필자가 한국의 무형유산을 인류무형문화유산 대표목록에 등재하는 과정에 직접 참여하면서 겪은 경험과 그 과정에서 얻은 통찰을 소개하고자 한다.

1) 아리랑Arirang, lyrical folk song in the Republic of Korea, 2012년

(1) 한국인에게 아리랑의 의미

아리랑 등재는 한국인에게 특별한 의미와 가치가 있다. 아리랑은 한국인이 가장 사랑하는 민요다. 아리랑은 단순한 민요가 아니라 한국인의 정체성이고 한국인을 하나로 묶는 힘을 가진 민요다. 이 아리랑에 대한 한국인의 특별한 감정은 아리랑을 또 하나의 애국

38) 무형유산의 등재기준과 절차는 김지현, 「유네스코 문화유산보호협약과 사업의 현황 - 세계유산, 무형유산, 기록유산을 중심으로」, 『무형유산학』 제2권 1호, 무형유산학회, 2017, 165~168쪽 참조.

가라고 부를 만큼 각별하다. 민요가 없는 나라는 없지만 모든 국민의 전폭적인 사랑을 받는 그런 민요를 가진 나라는 드물다. 그런 의미에서 한국은 아리랑이라는 특별한 민요를 가진 행운의 나라다.

아리랑은 각 지역에서 다양하게 불리는 향토 민요다. 이런 향토 민요는 1867년에 시작해 7년 동안 이어진 경복궁 중건 공사를 계기로 전국적으로 퍼져나갔다. 이때 전국 각지에서 몰려온 일꾼들을 위한 사당패 연희에서 각 지역의 아리랑이 불렸고 그중 가장 인기를 끈 아리랑이 전국적으로 퍼져나갔던 것으로 알려져 있다.

또한 아리랑이 전국을 뛰어넘어 한국의 상징적인 노래가 된 것은 1926년 단성사에서 상영된 나운규의 영화 〈아리랑〉 덕분이다. 일제 강점기에 암울한 민족적 상황을 그린 이 영화에서 주인공이 일본 경찰에 체포되어 아리랑 고개를 넘는 마지막 장면에 아리랑이 주제가로 등장해 우리 민족의 삶과 처지를 상징하는 노래로 여겨지게 되었다. 일제 강점기에 억압받았던 민족 감정이 이 영화를 통해 폭발하고, 주제가인 아리랑은 민족을 상징하는 민요로 등장하게 된다. 이후 아리랑은 우리 민족의 삶의 고비마다 우리와 함께 해 왔다. 그리고 국내의 한국인뿐만 아니라 해외로 이주한 한국인들에게도 떠나온 고국을 상징하는 대표 노래로 자리매김하였다.

2000년 시드니 올림픽 주경기장에 9번째로 등장한 나라는 코리아였으며 국기로는 남한의 태극기도 아니고 북한의 인공기도 아닌 한반도기를 들고 입장했다. 그때 장내에 울려 퍼진 노래도 남북한의 국가가 아닌 아리랑이었다. 아리랑이야말로 이념과 분단을 넘어서 한민족을 공동으로 상징하는 노래로 세계에 각인되었다. 2002년 월드컵 때는 사상 유례없는 축구의 열기 속에 아리랑이 다시 한번 민족의 응원가로 등장해 기쁨을 함께했다.[39]

(2) 아리랑 등재 과정의 문제점

2009년에 새로운 「무형문화유산보호협약」에 따른 대표목록 지정이 시작되었다. 처음

39) 임돈희, 「인류무형유산으로서 아리랑의 가치와 세계화」, 기조발제, 『아리랑 세계화의 허브 도시로서 서울시의 위상과 역할』, 유네스코 인류무형유산 등재 1주년 기념 학술 포럼 발표집, 한국민속학회, 2013, 1~8쪽.

실시되던 당시에는 각국이 등재 후보 종목 수에 제한이 없었다. 그러나 유네스코가 등재 신청을 무한대로 받아들여 심사하는 것은 사무국의 능력 한계를 넘어서는 일이었다. 그래서 이러한 어려움을 해결하기 위해 2012년부터는 한 국가 당 한 종목씩만 제출하도록 했다. 규정이 바뀌고 난 뒤 한국의 첫 번째 신청 종목이 아리랑이었다.

그런데 이 아리랑 등재 과정에서 우리나라 국가지정목록이 가진 문제점이 드러났다. 우리나라는 1962년부터 무형문화재 지정 제도가 시행됐으므로 국가무형문화재 지정목록이 있다. 그리고 이 목록에 따라 유네스코 대표목록에 등재 신청을 해왔다. 그런데 이 국가 지정목록에는 다음과 같은 문제점이 있다.

앞에서 논의한 바와 같이 한국의 무형문화재 제도는 1960년대의 산업화, 도시화, 서구화로 인해 급격히 사라져 가는 전통문화를 보호하기 위해 마련되었다. 따라서 주로 민속예술(탈춤, 판소리 등)이 국가지정무형문화재로 많이 지정되었다. 반면, 모든 국민이 부르는 아리랑(1926년의 나운규의 영화에 나온 본조아리랑),[40] 김치 같은 한국의 대표 무형유산은 한국의 국가지정무형문화재로 지정되어 있지 않았다. 그 이유는 아리랑과 김치 같은 무형유산은 사라져갈 우려가 없으므로 국가가 지정하지 않은 것이다.

그런데 유네스코에 등재하기 위해서는 일단 국가의 무형유산목록에 등록이 되어 있어야 한다. 그러나 한국에서 국가무형문화재로 지정되려면 조사, 심사 등에 몇 년이 걸리는 데다 한국 「무형문화재법」에 의하면 해당 무형유산을 연행하는 보유자(인간문화재)도 선정해야 한다. 사라져 가는 무형유산을 실기하는 보유자를 선정하기는 어렵지 않았다. 그 무형문화재를 실기하는 사람이 많지 않기 때문이다. 반면에 아리랑이나 김치 담그기 같이 국민이 모두 실천하는 무형문화재의 인간문화재를 정하는 것은 매우 어려운 문제다. 또한 국가 및 시도지정무형문화재로 지정되면 그 보유자에게 매월 후학 교육비를 지불해

40) 한국의 아리랑은 전국적으로 다양하게 불리고 있다. 그중 잘 알려진 것이 정선아리랑, 진도아리랑, 밀양아리랑, 그리고 본조아리랑이다. 본조아리랑이란 나운규의 영화 〈아리랑〉에서 비롯된 아리랑으로 1926년에 나온 것이다. 필자는 이 본조아리랑 대신에 서울아리랑이라고 부르는 게 맞다고 생각한다. 이 중 2012년 당시에는 정선아리랑만 강원도 무형문화재로 지정되어 있었다.

야 하기 때문에 재정적인 부담이 되기도 한다. 이런 점 때문에 국가무형문화재를 무한정 만들기는 쉽지 않다.

여기서 문제는 국가지정으로 등록되지 않은 무형유산은 유네스코에 등재 후보로 제출하기가 불가능하다는 것이다. 이런 점을 파악해 필자는 문화재청에 국가지정무형문화재와는 별도의 기준을 가진 국가무형유산 등록을 신설하도록 촉구했다. 유네스코는 각 나라의 무형유산을 파악하고 등록할 것을 요구하기 때문에 우리나라도 국가(시도 포함)지정 무형문화재 목록 외에 국가무형유산목록(사라져 갈 위험이 없는 무형유산, 그리고 인간문화재 지정을 하지 않아도 되는 유산, 따라서 별도의 재정적 부담이 되지 않는 유산의 목록)을 별도로 마련하는 것이 바람직하다고 건의했다.

문화재청도 그 필요성에 공감해 별도의 국가 무형유산목록을 준비해 2011년에 예비목록을 작성했다. 이 예비목록에는 아리랑을 비롯해 김치, 인삼, 구들, 제주해녀, 막걸리, 장 만들기 등의 무형유산이 포함되었다. 이 예비 목록은 유네스코 대표목록 등재용이어서 기존의 국가무형문화재 지정 기준과는 크게 다르다.[41] 이후 2014년에는 무형문화재 지정을 규정한 조항을 수정해 인간문화재를 지정하지 않고 무형문화재를 지정할 수 있도록 법을 개정했다.[42]

아리랑 등재에 있어서 또 한 가지 문제는 무형문화재로 지정되는 기준 중에는 어디에도 명시된 것은 아니나 적어도 100년 이상 오래된 무형유산이어야 한다는 암묵적인 기준이 있다. 그래서 아리랑 중에서도 강원도의 정선아리랑은 모든 학자가 오래전부터 내려오는 우리의 아리랑이라는 데는 예외 없이 동의하고 있으므로 1971년 강원도 무형문화재로 일찍이 지정되었다. 그런데 우리 국민 사이에 가장 널리 퍼져 있는 아리랑은 1926년 나운규의 영화 〈아리랑〉에 나오는 서울아리랑이다. 즉 이 아리랑은 우리 무형유산에서 암묵적

41) 임돈희 · Roger L. Janelli, 「한국의 무형문화재 제도와 유네스코 무형문화유산 정책의 비교와 담론」, 『학술원논문집: 인문사회과학편』 제58집 1호, 대한민국학술원, 2019, 123쪽.

42) 「문화재보호법」 제24조 중요무형문화재의 특성상 보유자를 인정하기 어려운 중요무형문화재를 지정하는 경우에는 그러하지 아니한다. (개정 2014. 1. 28.)

으로 지지해 왔던 조선시대의 전통문화나 100년 이상 된 것이 아닌 일제 강점기에 나온 것으로 아직 100년이 안 된 것이다. 따라서 기존의 무형문화재의 기준으로 보면 나운규의 영화에 나오는 '서울아리랑'은 우리의 전통 무형유산이 아닌 것이 된다.

그렇지만 필자가 볼 때는 1926년에 나온 나운규의 아리랑이야말로 한국인을 하나로 묶는 대표적인 아리랑이기 때문에 이것을 빼놓고 대표목록에 등재한다는 것은 말이 안 된다고 생각했다. 사실, 유네스코 협약에 의하면 전통을 바탕으로 시대와 상황에 따라 항상 변화하는 것이 무형유산이기 때문에 1926년에 나온 아리랑도 이전의 수많은 아리랑에서 이어져 온 우리의 무형유산으로 간주할 수 있다. 우리나라에서 100년은 되어야 한다, 또는 조선시대의 것이 우리 것이다, 일제 강점기와 그 후 서구 문화의 영향을 받지 않은 것만이 우리 고유의 것이다라는 생각은 재고되어야 한다.

아리랑 등재 준비를 할 때 강원도 정선군의 군수님이 당시 무형문화재 분과위원장인 필자를 찾아온 적이 있었다. 찾아와서 현재 무형문화재로 지정된 아리랑은 정선아리랑이 유일하기 때문에 이를 유네스코에 등재할 수 있도록 해 달라고 부탁하셨다. 그래서 필자는 정선아리랑뿐만 아니라 진도아리랑, 밀양아리랑, 그리고 서울아리랑도 있으므로 이것을 다 포함해서 등재해야 한다고 답했다. 이렇게 말씀을 드리니 군수께서는 그래도 저희는 정선아리랑만을 유네스코 대표목록에 등재했으면 좋겠다고 부탁을 하고 가신 기억이 난다.

(3) 등재 전쟁

2011년 8월 21일 중국은 조선족의 아리랑을 중국 국가급 무형유산으로 지정했다. 여기에 대해 한국은 중국이 우리나라의 아리랑을 빼앗아 간다고 매우 흥분했다. 신문 보도를 보면, "중국에 아리랑을 뺏기면 한글도 위험"[43], "아리랑도 뺏겼는데 한글-김치는 무사할

---

43) "중국에 아리랑 뺏기면 한글도 위험", 『오마이뉴스』, 2011년 7월 3일. 〈https://m.ohmynews.com/NWS_Web/Mobile/amp.aspx?CNTN_CD=A0001591205〉(최종검색일: 2025년 2월 11일).

까"[44]라는 제목의 기사에서 이러한 중국의 움직임을 문화침탈이라고 비분강개했다. 2005년에는 한국이 강릉단오제를 등재할 때 중국이 중국의 단오제를 한국이 빼앗아 갔다고 항의를 했는데 이번에는 반대로 한국에서 중국이 한국의 아리랑을 빼앗아 간다는 여론이 일어났다.[45]

위와 같이 "아리랑을 중국에 뺏겼다"라고 하는 많은 한국인의 생각과 감정에 관해 설명이 필요할 것 같다. 중국 정부는 아리랑을 2011년 8월 중국 국가급 목록에 포함했다. 아리랑이 중국의 국가 무형문화유산으로 등재되었기 때문에 중국이 우리의 아리랑을 유네스코에 등재하는 것에 대한 우려를 나타내는 국민이 많았다.

유네스코는 각 나라마다 자국 영토 안에 있는 무형문화유산 목록을 작성할 것을 권고하고 있다. 우리나라에서도 작성 중이다. 중국은 한족과 56개의 소수민족으로 이루어진 다민족 국가다. 중국이 자국의 무형문화유산 목록을 작성할 때는 한족의 무형문화유산뿐만 아니라 소수민족의 무형문화유산도 포함해야 한다. 중국은 소수민족의 하나인 조선족의 무형문화유산도 중국의 국가급 목록에 등록하고 있다. 중국 정부는 조선족의 아리랑, 씨름, 가야금, 판소리, 회갑연, 회혼례 등 조선족과 관련된 16개 종목을 국가목록에 등록했다. 그러나 국가목록에 등록되었다고 해서 그 유산이 유네스코 대표목록에 등재되는 것은 아니다. 2012년 당시까지만 해도 각 나라는 1년에 1개의 무형문화유산만을 유네스코에 등재 신청할 수 있기 때문에 중국의 입장에서 보면 한족의 수많은 무형문화유산이나 또 다른 소수민족의 무형문화유산을 제치고 조선족의 아리랑을 유네스코 대표목록에 등재 신청할 확률은 그리 높지 않다.[46]

결과적으로 한국은 아리랑을 2012년에 유네스코 대표목록에 등재했고, 북한은 2014년

---

44) "아리랑도 뺏겼는데 한글-김치는 무사할까", 『뉴데일리』, 2011년 9월 15일. 〈https://www.newdaily.co.kr/site/data/html/2011/09/15/2011091500074.html〉(최종검색일: 2025년 2월 11일).

45) 허용호, 「유네스코 체제와 한국의 무형유산 」, 『비교민속학』 75집, 비교민속학회, 2022, 158~161쪽.

46) 임돈희, 「인류무형유산으로서 아리랑의 가치와 세계화」, 기조발제, 『아리랑 세계화의 허브 도시로서 서울시의 위상과 역할』, 유네스코 인류무형유산 등재 1주년 기념 학술 포럼 발표집, 한국민속학회, 2013, 1~8쪽.

에 아리랑을 유네스코의 대표목록에 처음으로 등재했다. 이러한 등재를 둘러싼 국가 간의 문제는 한국과 중국에 한하지 않는다. 따라서 유네스코도 이러한 분쟁을 최소화하기 위해 노력하고 있다. 그 문제 해결 중의 하나가 공동등재를 장려하는 것이다. 그래서 공동등재는 한 국가가 일 년에 한 후보작을 제출하는 것과는 별도로 등재 신청을 할 수 있도록 한다.

한국 정부는 아리랑을 유네스코에 등재할 때 북한과 공동등재를 신청하려고 노력해 문화재청에서 관계자 회의를 진행한 바 있다. 필자는 관계자 회의에서 "일단 한국이 먼저 북한에 아리랑 공동등재를 제안하는 것이 어떤가? 만약 북한이 거절하더라도 우리의 공동등재 의사는 전달하는 게 좋을 것 같다"라고 제안했다. 그러나 당시 남북한의 정치적 상황이 매우 경직되어 있어 공동등재 시도는 이루어지지 않았다. 아직도 매우 유감으로 생각한다.

한국은 2012년에 '아리랑Arirang, lyrical folk song in the Republic of Korea'을, 북한은 2014년에 '아리랑Arirang folk song in the Democratic People's Republic of Korea'을 유네스코에 등재했으며, 한국은 2013년에 '김치와 김장문화Kimjang, making and sharing kimchi in the Republic of Korea'를, 2015년에는 북한이 이를 '김치 담그기 전통Tradition of kimchi-making in the Democratic People's Republic of Korea'이라는 이름으로 인류무형문화유산 대표목록에 등재했다. 사실 정치적 상황이 좋다면 이 두 종목은 남북한 공동등재되는 것이 바람직하다.

(4) 아리랑의 세계화를 위해 우리는 무엇을 어떻게 할 것인가?

아리랑이 유네스코 무형유산에 등재된 이후에는 아리랑의 세계화가 이루어져야 할 것이다. 아리랑이 유네스코 인류무형문화유산에 등재되는 것은 세계화의 첫걸음이지만 등재 자체가 세계화를 가져오지 않는다. 세계화가 이루어지기 위해서는 치밀하게 지속적으로 다양한 측면에서 세계화 작업을 해나가야 한다.

필자는 2003년 유네스코 국제심사위원으로 참가해 판소리를 세계무형유산에 등재했다. 귀국하자 여러 방송국, 신문에서 인터뷰 요청이 왔다. 예로 조선일보는 "이제는 판소리 세계화할 때"라는 제목으로 필자와의 인터뷰를 대서특필하기도 했다.

판소리의 경우, 무형유산에 등재된 지 어언 10년이 넘었다. 판소리가 등재되고 10년이 넘는 동안 과연 얼마나 판소리의 세계화가 이루어졌는가? 우리와 비슷한 시기에 등재된 일본의 가부키와 비교해 보면, 가부키에 관한 영문 서적은 100권이 넘는데 우리 판소리에 관한 영문 서적은 고작 3권이라는 통계가 나와 있다. 덧붙여 영문 서적의 질적 수준이다. 가부키 관련 서적은 하버드 대학에서 출판된 학술 서적을 비롯해 대부분 외국의 유수 출판사에서 출간된 것에 비해 우리나라의 경우 대개 한국에서 출판된 것이다. 따라서 세계화를 아무리 주장해 봐야 현실적으로 실천하지 않으면 안 된다고 생각한다.

필자는 앞으로 아리랑의 세계화를 위해 무엇을 해야 하는가에 대해 서울시에 몇 가지 제안을 한 바 있다. 첫째, 나운규가 1926년에 영화 〈아리랑〉에 삽입해 부른 아리랑을 서울아리랑으로 부를 것을 제안했다. 이 아리랑은 서울아리랑, 본조아리랑, 나운규 아리랑, 그리고 영화 아리랑 등 다양한 이름으로 불리고 있다. 현재 우리나라에서 제일 잘 알려진 아리랑은 정선아리랑, 밀양아리랑, 진도아리랑인데, 모두 지명으로 불리고 있다. 이 아리랑은 서울 단성사에서 처음 시작되었으니 서울아리랑이라고 부르는 것이 좋겠다.[47]

둘째, 서울은 아리랑과 매우 깊은 역사적, 문화적 고리를 갖고 있다. 그런 의미에서 서울시는 이 공간을 최대한 활용해야 한다. 아리랑과 깊은 관련이 있는 경복궁, 단성사, 그리고 시청 앞 등이 그 주요 장소다. 1867년부터 7년간 중건되었던 경복궁은 아리랑이 전국 각지로 퍼져나가 향토 민요에서 전국 민요로 발돋움하는 계기가 된 곳이었고, 단성사는 1926년에 아리랑 노래가 삽입된 영화 〈아리랑〉을 상영해 한국뿐만 아니라 해외의 한국인을 하나로 묶는 민족의 노래로 승화시킨 장소라 각별한 의미가 있다. 또한 시청 앞 광장은 2002년 월드컵 응원전이 벌어진 장소로, 여기서 응원가로 아리랑이 불렸다. 과거 아리랑이 한과 슬픔을 상징하는 노래였다면 이제는 기쁨과 승리, 환희를 상징하는 아리랑으로

---

47) 강등학도 "지금 우리는 이 노래를 그냥 아리랑이라고도 하고 또 〈본조아리랑〉이라고도 한다. 그러나 필자는 이제부터 이 노래를 〈서울아리랑〉이라 부르고자 한다." 강등학, 「아리랑 문화사의 중심, 서울시의 아리랑문화 발전과제」, 『아리랑 세계화의 허브 도시로서 서울시의 위상과 역할』, 유네스코 인류무형유산 등재 1주년 기념 학술 포럼 발표집, 한국민속학회, 2013, 15쪽.

불린 매우 의미 있는 장소다. 아리랑이 우리 민족의 중요한 고비마다 함께해 온 역사적 의미와 장소를 가지고 있는 서울시가 아리랑의 세계화에 앞장서야 한다.

장소와 관련해 서울시가 기획했으면 하는 방안을 제안하고자 한다. 첫째, 아리랑은 자유자재로 언제 어디서나 누구든지 가사를 창조할 수 있다는 장점이 있다. 아리랑을 세계화하는 데는 아리랑 가사를 세계 언어로 부를 수 있도록 하는 것도 한 가지 방법이라고 생각한다. 노래는 곡이 좋아야 많이 불리지만 가사가 멋있으면 그 감동은 더 크기 마련이다.

둘째, 영어, 불어, 스페인어, 베트남어, 아랍어 등 세계 각지의 언어로 지은 아리랑을 공모해 아름답고 감동을 주는 가사를 뽑아 공연하는 것도 한 가지 방법이라 생각한다.

셋째, 공연 장소도 경복궁 앞 광장에서 한다면 한층 역사적 의의가 있을 것이다. 1867년 경복궁 중건 때 아리랑이 불렸고 그중에 인기 있는 아리랑이 전국으로 퍼져나간 것처럼 세계 여러 나라의 언어로 만들어진 아리랑이 광화문 광장에서 불리고 그 아리랑이 세계 각지로 퍼져나간다면 경복궁 중건 시의 향토 아리랑이 전국 각지로 퍼져나간 것과 역사적 연결고리를 갖는 의미 있는 아리랑 축제가 될 것이다.

넷째, 가사 뿐만 아니라 아리랑의 편곡도 전 세계의 음악인에게 공모하는 것도 한 방법이다. 이미 서구의 오케스트라에 의한 편곡은 나와 있지만 이와 달리 외국의 전통 악기를 사용해 편곡된 아리랑도 광화문 앞에서 연주된다면 더욱 의미가 있으리라고 본다.

다섯째, 아리랑 박물관이 아니라 서울아리랑 무형유산센터를 건립하는 것이다. 박물관은 서구적 개념으로 유형의 유물을 전시하는 공간으로, 늘 변화하고 실제 실연을 통해 구현되는 무형유산에는 적합하지 않은 형태의 하드웨어다. 서울아리랑은 서울 안의 단성사와 경복궁 등 장소적 의미도 가지고 있어 서울시가 널리 알리고 모든 사람이 함께 즐길 수 있는 공간을 마련하는 것이 필요하다. 박물관과 다른 개념의 아리랑 무형유산센터의 건립과 운영은 다른 나라의 모범사례가 될 것으로 본다.

마지막으로 아리랑 노래 자체만으로 세계인들에게 감동을 주는 것은 한계가 있다. 우리는 이미 나운규의 영화 <아리랑>을 통해 아리랑이라는 민속 민요를 민족을 하나로 묶는 힘을 가진 민족적 아리랑으로 변신시킨 경험이 있다. 이 경험을 교훈 삼아 앞으로 세계인들이 공감하는 인류 공통의 주제를 가진 영화나 뮤지컬 등을 만들고 그 배경음악으로 아리랑을 넣어 만든다면, 아리랑은 세계인들을 하나로 묶고 세계인들에게 감동을 주고 세계인들의 사랑을 받는 노래가 될 것으로 본다.

현재 싸이의 강남 스타일에서 시작되어 BTS와 블랙핑크 등 세계를 무대로 활동하는 아이돌로 이어진 K-POP이 세계인들에게 사랑을 받고 한류를 이끌어가는 역할을 톡톡히 하고 있다. 고마운 일이다. 그러나 아리랑이 세계화되는 것은 싸이나 아이돌의 K-POP과는 근본적으로 다르다. 필자는 아이돌의 K-POP이나 한류는 마치 맥도날드 햄버거가 미국에서 우리나라에 수입되어 우리가 조리법을 더욱 맛있게 만들어서 다시 미국으로 수출한 것과 같다고 볼 수 있다. 그러므로 맥도날드 햄버거의 한국 조리법이 한국 고유의 음식이라고 얘기하기는 힘들다.

그런 점에서 아리랑이 세계적인 한류로 등장한다면 이것은 한국 고유의 노래가 세계화되는 것이라 현재 세계적으로 유행하는 아이돌 그룹의 K-POP과는 다른 의미를 갖는다고 할 수 있다. 현재 서구의 문화와 음악이 세계를 지배하고 있는 상황에서 한국 전통 음악이 세계화 된다면 그것은 많은 비서구 국가에 그들의 고유문화도 세계화될 수 있다는 모델을 제공한다고 볼 수 있다. 이는 세계의 다양한 민족의 고유한 무형유산을 보호하려는 유네스코의 「무형문화유산보호협약」 정신과도 일치하는 방향이라고 볼 수 있다.[48)]

아리랑을 세계화하려는 노력을 지속해 온 곳은 문경시다. 문경시는 다양한 사업을 통해 아리랑의 세계화에 앞장서 왔다. 지난 2022년 6월 10일 열린 아리랑 세계화 포럼(문경시는 2013년 이후 지속적으로 포럼을 개최해 왔다)에서 그간 아리랑 세계화에 대한 회고와 전망에 대한 회의가 열렸다. 이 포럼에서 필자는 「아리랑 세계화의 미래 전망」이라는 제목으로 문경시의 아리랑 세계화 노력에 대해 발표한 바 있다.[49)]

문경시는 고윤환 시장의 지도하에 아리랑의 세계화에 독보적인 역할과 업적을 쌓아왔다. 2012년 12월 5일, 아리랑의 유네스코 대표목록 등재 다음 날, 조선일보에 실린 필자와

---

48) 임돈희, 「인류무형유산으로서 아리랑의 가치와 세계화」, 기조발제, 『아리랑 세계화의 허브 도시로서 서울시의 위상과 역할』, 유네스코 인류무형유산 등재 1주년 기념 학술 포럼 발표집, 한국민속학회, 2013, 1~8쪽.

49) 임돈희, 「아리랑 세계화의 미래 전망」, 『아리랑세계화 포럼(Since 2013) 회고와 전망』, 2022.

의 인터뷰 기사를 보고 이곤 한국 서학회 회장님이 바로 필자를 찾아와 서예로 아리랑을 쓰겠다는 계획을 얘기해 주셨고 나는 이 기획에 감사를 표한 바 있다. 이곤 선생님은 바로 문경시 고윤환 시장님을 만나 상의드렸고 서예와 아리랑 작업의 중요성을 인식한 시장님의 후원으로 '서예로 담아낸 아리랑 일만 수'를 완성하셨다. 문경시는 아리랑 세계화 포럼을 결성해 2013년 11월 1차 모임을 시작해 2014년 7월 아리랑 세계화 포럼 규약을 만들고 그 후 여러 차례에 걸쳐 포럼을 개최하여 아리랑 세계화 방안에 관한 괄목할 만한 업적을 이루어 냈다. 그동안 아리랑의 세계화에 관심 있는 많은 전문가를 모으고 그들의 의견을 축적해 왔다. 아리랑 세계화 포럼뿐만 아니라 '아리랑 무형문화센터' 건립 관련 토론회도 여러 차례 심도 있게 진행되었다. 이 토론회를 기반으로 아리랑 무형문화센터 건립 관련 구체화 방안 마련을 위한 발표회도 이루어졌다. 아리랑 도시 선포식을 했을 뿐만 아니라 '아리랑 비원 조성을 위한 기본구상 용역,' '아리랑 마을 컨설팅 사업' 등 많은 아리랑 관련 사업을 꾸준히 진행해 왔다.[50)]

문화재청은 2013년도 아리랑 대토론회를 시작으로 2014년 1월 아리랑 전승 활성화, 관계 전문가 회의, 아리랑의 날 제정 여론조사 등을 거쳐 2014년 7월 문화재위원회 무형문화재 분과에서 만장일치로 '아리랑의 날' 제정을 의결했다. 2014년 10월 문화재위원회는 10월 1일을 아리랑의 날로 제정하되 법령에 의하지 않는 문화재청 소관 자체 기념일로 제정하기로 최종 방침을 확정했다. 그리고 2015년 9월에는 아리랑이 국가무형문화재 제29호로 지정되었다.

다음은 아리랑의 유네스코 인류무형문화유산 대표목록 등재 이후 필자가 조선일보와 인터뷰한 기사 전문이다.

---

50) 임돈희, 「아리랑 세계화의 미래 전망」, 『아리랑세계화 포럼(Since 2013) 회고와 전망』, 2022.

朝鮮日報

"아리랑, 이제 세계적 문화상품으로 성공시켜야"

[아리랑 인류무형유산 등재 위해 뛴… 임돈희 문화재위원회 무형문화재 분과위원장]
無形유산 분야 한국이 선도… 유네스코, 인간문화재 벤치마킹
활용 가능성 무한한 블루오션, 영화 · 가요로 감성에 다가가야

김기철 기자
입력 2012.12.07. 03:02

"이번 유네스코 인류무형문화유산 선정을 '아리랑 세계화'의 첫걸음으로 삼아야 합니다. '아리랑'만큼 온 국민을 하나로 묶을 뿐 아니라 세계인들이 공감할 수 있는 노래는 없을 겁니다."

'아리랑'이 인류무형유산으로 선정된 6일, 가슴 벅차게 이 소식을 들은 사람 중 임돈희(68) 문화재위원회 부위원장 겸 무형문화재 분과위원장이 있다. 2000년 유네스코 무형유산 선정 국제심사위원단이 처음 꾸려질 때, 그는 아시아의 유일한 심사위원으로 참여했다. 2001년과 2003년 심사위원으로서 종묘제례악과 판소리가 채택되는 현장을 지켜봤고, 심사위원을 그만둔 2005년엔 강릉단오제 선정을 위해 발벗고 뛰었다.

임돈희 위원장은 "아리랑을 모티브로 삼아 세계인의 공감을 얻을 수 있는 문화 상품을 만들어야 한다"고 했다.

문화재위원회에서 무형유산 분야를 맡고 있는 임 위원장은 "아리랑이 세계인들 공감을 얻으려면 민요 그대로가 아니라 감동이 있는 콘텐츠로 변화해야 한다"고 했다. "나운규의 '아리랑'이 일제강점기 조선인들 공감을 불러일으킨 것은 아리랑의 정서를 영화에 잘 녹여냈기 때문입니다. 아리랑을 모티브로 한 영화나 드라마, 가요를 통해 세계인 감성에 다가가야 합니다."

임 위원장은 "서구가 주도권을 갖고 있는 유형유산과 달리 무형無形유산 분야는 한국이 선도하고 있다"고 했다. 유네스코가 무형유산에 관심을 가진 것은 2000년 전후이지만, 한국은 40년 앞선

1960년대 초 '인간문화재'를 지정해 무형유산을 보호해온 경험을 갖고 있다는 것이다. 임 위원장은 "실제로 유네스코가 인류무형유산 제도를 만들면서 우리 '인간문화재'를 벤치마킹했다"고 했다.

"무형유산은 유적 중심의 유형유산과 달리 세계 각 지역 문화를 존중하고 배려하는 정신이 강해요. 우리 고유 가락인 '아리랑'을 세계적 문화상품으로 성공시키면 다른 비非서구국가들도 자기네 문화유산을 성공시킬 수 있다는 자신감을 갖게 되지 않을까요."

임 위원장은 "무형문화유산은 활용 가능성이 무궁무진한 '블루오션'"이라 했다. "각 민족의 자존심·정체성과 이어지는 고유문화를 경제나 외교에 잘 활용해야 해요. 외국 대통령이 방문했을 때, 그 나라 사람들이 가장 좋아하는 민요로 맞이한다면 얼마나 호감을 갖겠습니까. 아리랑에 대한 호감도가 높으면 한국 상품에 대한 친밀도도 높아지지 않겠습니까."

국제 사회의 호감도를 끌어내는 데도 무형문화유산이 중요하다고 했다. 임 위원장은 미얀마를 예로 들었다. 미얀마가 조금씩 민주화되면서 미국·일본을 비롯한 여러 나라가 진출하고 있는데, 한국이 만약 미얀마 각 부족 민속이나 고유문화를 조사·연구하고 기록을 남기면, 훗날 미얀마에서 얼마나 고마워하겠느냐는 것이다. 임 위원장은 "한국이 국제사회에 공헌하고 문명국가라는 인상을 주는 '소프트파워'로 무형문화유산을 활용할 수 있다"고 했다.

임 위원장의 아버지는 국내 민속학을 개척한 고故 임석재(1903~1998) 선생이다. 1960년대 초대 무형문화재분과위원장을 맡아 굿과 무속 등 전통 유산 보호와 연구에 앞장서 왔다. 그런 아버지 뒤를 이어 임 위원장은 서울대 고고인류학과를 졸업하고 미국 펜실베이니아대에서 민속학 박사 학위를 받았다. 현재 동국대 석좌교수이기도 하다.

"아버지가 국내 무형유산 보호를 위해 애쓰셨다면, 저는 우리 무형유산을 세계에 알리는 일을 하고 있습니다. 우리 고유문화가 중심이 된 한류가 세계인들에게 감동을 주는 걸 보고 싶어요."[51)]

2) 김치와 김장문화Kimjang, making and sharing kimchi in the Republic of Korea, 2013년

2013년 12월 5일, 아제르바이잔 바쿠에서 열린 제8차 유네스코 인류무형문화유산보호

---

51) "아리랑, 이제 세계적 문화상품으로 성공시켜야", 임돈희 교수 인터뷰 기사, 『조선일보』, 2012년 12월 7일. ⟨https://www.chosun.com/site/data/html_dir/2012/12/07/2012120700032.html⟩(최종검색일: 2024년 10월 6일).

정부간위원회에서 우리나라의 '김장문화'가 유네스코 인류무형문화유산 대표목록에 등재되었다.

(1) '김치와 김장문화'의 등재 과정

김장문화를 유네스코 대표목록에 등재했던 과정을 살펴보도록 하겠다. 필자는 무엇보다 우리나라의 대표 음식인 김치를 유네스코 인류무형유산 대표목록에 등재하고 싶었다. 그러나 당시 유네스코에서는 '음식'은 상업화와 연결되기 때문에 음식을 등재하는 것을 자제하는 분위기였다. 그래서 김치 대신 김장문화를 등재 신청하기로 결정했다. 김장은 영어로 번역했을 때 'making Kimchi'가 되기 때문에 김치라는 단어가 세계적으로 알려질 수 있을 것이라 생각했다. 그동안 음식문화가 인류무형문화유산으로 등재된 사례는 지중해식 식문화Mediterranean diet(2009), 프랑스의 미식문화Gastronomic meal of the French (2010), 멕시코 전통요리Traditional Mexican cuisine-ancestral, ongoing community culture, the Michoacán paradigm(2010), 터키의 케슈케크 전통의식 요리Ceremonial Keşkek tradition (2011)가 있지만 음식의 이름이 들어간 것은 김치가 유일했다.[52] 한국의 김치와 김장문화와 함께 등재된 일본의 와쇼쿠Washoku, traditional dietary cultures of the Japanese, notably for the celebration of New Year(2013)도 음식 이름이 아니라 일본의 전통 식문화, 특히 신년 축하를 위한 전통 식문화를 가리키는 말이다.

김장은 한국의 대표적인 문화다. 한국 외에 김장을 하는 나라는 없다. 문화재청이 지난 2011년 실시한 설문조사에 따르면, '한국인의 95%는 적어도 하루에 한 번 이상 김치를 먹고 있다' '한국인의 64%는 하루 세 번의 식사에서 모두 김치를 먹고 있다' '한국인의 80%는 직접 김장을 하거나 친인척이 하는 김장에 참여한다'는 결과가 나왔다. 이를 통해 김치와 김장이 한국인의 생활과 밀접한 관계가 있음을 알 수 있다.

이러한 한국의 대표적인 문화가 유네스코의 대표목록으로 등재되는 것은 당연한 일이

52) 2013년 이후에는 음식명이 들어간 대표목록들이 등재되기 시작하였다. 예로 2017년의 이탈리아 나폴리 피자, 2024년 태국의 똠얌꿍이 대표목록으로 등재된 경우이다.

라고 생각했다. 그리고 중국이 김치 기원에 대한 논란을 의도적으로 제기하기도 했고, 일본이 상업적으로 만들어낸 기무치의 강세도 이어지고 있는 가운데, 유네스코 인류무형문화유산 대표목록 등재는 결국 한국의 김치와 김장문화가 한국의 대표적인 문화라는 것을 공표하는 셈이었다.

유네스코 인류무형문화유산 대표목록에 등재하려면 유네스코가 제시한 등재신청서 작성 요강에 따라 등재 신청하고자 하는 무형유산에 대한 모든 사항을 쓰도록 되어 있다. 등재신청서는 여러 전문가들이 모여서 공동작업으로 작성했다. 아리랑 등재 때부터는 많은 분들이 참여해 집단지성으로 등재신청서를 작성했다. 무형문화재분과 위원장이었던 필자를 비롯해 세계유산분과 위원 박상미 교수, 아태무형유산센터의 박성용 본부장, 유네스코한국위원회의 김지현님, 그리고 각 종목의 전문가로서 예를 들면, 제주해녀문화에는 제주대학교의 유철인 교수 등이 참여해 함께 작성했다. 아리랑부터 김치와 김장문화, 농악, 제주해녀문화 등의 신청서를 함께 작성했다. 한번 신청서를 작성할 때마다 여러 차례 모임을 가졌는데 바쁜 가운데서도 열심히 성실하게 참여해 주신 여러분께 감사의 말씀을 드리는 바다.

신청서 작성 양식 중에는 "이 무형유산을 한 번도 보지 못한 사람들이 이해할 수 있도록 서술하시오"라는 문항이 있다. 심사위원들이 이 문항의 내용을 읽고 해당 무형유산이 어떤 것인지를 이해할 수 있도록 작성되어야 한다는 의미다. 한국에만 있는 독특한 무형문화유산인 김장하는 것을 한 번도 보지 못한 외국인들에게 한국인들이 느끼는 것처럼 생생하게 '김장문화란 이런 것이구나'하고 알리는 게 궁극적인 목적이다.

김장문화를 어떻게 설명해야 하는가? 많은 정보 중에 어떤 것을 선택해서 기술해야 하는가? 김장에 대한 대부분의 정보는 김장재료, 담그는 방법 등의 정보가 압도적이다. 필자는 아래와 같이 김장문화에 대한 다양한 정보를 담은 민속지를 작성하는 것이 외국인들이 우리의 김장문화를 이해하는 데 도움이 되리라 생각한다.

(2) 김장의 민속지[53)]

① 김장은 한국인의 정체성

김장은 한국인들이 아리랑, 한글처럼 한국문화를 대표하는 문화 중의 하나라고 인식하고 있다. 김장은 한국인의 절대 관심사다. 김장은 길고 추운 겨울을 나야 하는 한국인들에게 제일 중요한 반찬인 김치를 담가 겨울 동안 먹을 양식을 준비하는 행사로, 대개 11월에 겨울 내내 먹을 많은 양의 김치를 담그는 행사를 말한다.

한국에서 사람들은 만나면 보통 "안녕하세요?"라는 인사말을 나눈다. 그런데 김장철에는 "김장하셨어요?"라는 말로 인사를 대신한다. 그만큼 김장은 한국인들에게 매우 중요한 행사다. 김치는 한국인들이 밥과 함께 먹는 반찬이지만 다른 반찬과는 비교 불가의 위치에 있다.

김장은 각 개인의 일이기도 하지만 사회적인 관심을 불러일으키는 것이기도 하다. 김장철이 오면 신문 방송에서 배추 가격이라든가, 5인 가족에 김장값이 얼마나 드는지를 예고해 알려주기도 한다. 김장에 드는 배추, 무 등 양념에 들어가는 식재료의 수급 상황도 TV에서 방송할 만큼 관심이 많다. 그리고 김장을 하는 데는 목돈이 들어간다. 그래서 과거에는 김장 보너스라고 목돈을 챙겨주는 직장이 많았다.

② 보살핌, 나눔, 그리고 정의 음식

김장을 해서 혼자 먹는 한국인은 없다. 김장은 나눔의 행사다. 같이 살고 있지 않는 멀리 사는 가족과 친척들 그리고 지인들에게도 김장을 하면 나누어 준다. 생활양식이 현대화되면서 많은 사람들이 김치를 사먹는다고 생각하지만 아직도 한국인 가족의 90%가 친족이나 지인이 담가주는 김치를 먹고 있다는 여론 조사를 보면 아직도 한국인은 직접 담근 김치를 선호한다.

---

53) 임돈희, 「한식의 인문학의 의미와 방향」, 기조강연, 『인문사회과학적 관점에서 바라보는 한식』, 한식의 인문학 심포지엄, 서울, 2018.

필자들이 1973~1974년 경기도의 한 마을에서 현지 조사할 때 그 마을에서도 김장을 하고 있었다. 그런데 그 마을 사람들 중에 가난하거나 아프거나 다른 여러 이유로 김장을 못 하는 집들도 있었다. 그러면 마을 사람들은 조금 더 김장을 해서 그들에게 나누어 주어 추운 겨울을 나도록 배려했다. 겨울은 춥고 힘든 시기다. 이 시기에 밥과 김치만 있으면 살 수 있다. 따라서 김치는 사람이 생존하기 위한 최소한의 음식이라고 볼 수 있다. 아무리 가난한 사람이라도 밥과 김치만 있으면 굶지 않고 겨울을 날 수 있다는 안도감에 모든 마을 사람들이 반양식이라는 김치 없이 지내는 사람이 없도록 배려하는 것이다.

이러한 김장 나누기는 전통사회에서 뿐만 아니라 현대에 와서도 이어지고 있다. 김장철이 되면 수천 명이 여기저기서 자원봉사로 김장을 담그는 행사가 장관을 이룬다. 정성스럽게 담근 김치를 불우한 이웃이나 독거노인들에게 나누어 주는 것이 그 예다. 돈을 모아 김치를 사서 도울 수도 있지만 굳이 그 힘든 김장을 손수 해서 불우이웃에게 나누어 준다는 것은 돈으로는 대체할 수 없는 정성과 보살핌과 정을 나누려는 마음이 깃든 것이라고 볼 수 있다.

③ 김치냉장고

김치냉장고는 한국에서 발명되었고 한국에서만 사용되고 있다. 이는 김치를 보관하기 위해 만들어진 것이다. 과거에는 많은 집들이 김장 김치를 오랫동안 맛있게 보관하기 위해 김치를 넣은 독을 땅속에 묻어 보관했다. 한겨울에 땅에 묻은 독에서 꺼낸 김치가 가장 맛있다고 한국 사람들은 생각한다. 그러나 현대에 와서 대부분의 사람들이 아파트에 거주하기 시작하면서 땅에 독을 묻을 수가 없게 되었다. 하지만 여전히 맛있는 김치를 먹겠다는 열망이 마침내 김치냉장고를 탄생시키게 된 것이다. 지금 미국의 가전제품 시장에 가면 한국의 삼성, LG 냉장고가 가장 많이 진열되어 있지만 김치냉장고는 한인마트 외에는 진열된 것을 보지 못했다.

물론 위의 내용이 다 들어간 것은 아니지만 김장을 담그는 방법(예로 배추김치 담그는 법) 같은 정보보다 김장에 대한 '한국인'들의 생각, 느낌, 그리고 음식과 사람과의 관계 등에 맞추어서 등재신청서를 작성했다.

다음은 김장문화의 인류무형문화유산 대표목록 등재 후 가진 조선일보와의 인터뷰 기사다.

朝鮮日報

“김치가 기무치 이겨서 좋다? 그런 반응은 格 떨어지는 일”

‘김장’ 유네스코 등재 추진, 임돈희 무형문화재 분과위원장

유석재 기자

입력 2013.12.06. 03:01

‘김장 문화’가 유네스코 인류무형유산으로 선정된 5일 임돈희(69 · 사진) 문화재위원회 무형문화재 분과위원장(동국대 석좌교수)은 “박근혜 대통령께서 직접 김장을 담그는 행사를 열 필요가 있다”고 말했다. 민속학자인 임 교수는 우리나라 인류무형유산 등재의 산증인이다. 2000년 유네스코에서 무형유산 선정 국제심사위원단이 처음 꾸려졌을 때 아시아 유일의 심사위원으로 참여했고, 2005년엔 강릉단오제 선정을 위해 뛰었다.

그는 일부에서 해외 신문에 김치 광고를 크게 낸 것에 대해서 "그다지 바람직하지 않은 일"이라며 고개를 저었다. "인류무형유산의 취지와는 잘 맞지 않아요. '특정 식품이 좋으니 많이 먹자'는 게 아니라 '어느 나라의 문화가 인류 전체의 문화에 도움이 되느냐'는 것이 유네스코 정신인데…. '일본 기무치가 아니라 한국 김치가 됐다'고 반색하는 것도 좀 격이 떨어지는 반응이라 봅니다."

임 위원장은 "김장 문화에는 마을 단위로 불우한 이웃을 돕는 한국의 전통 정신이 깃들어 있다"고 말했다. 가족과 친척은 물론, 품앗이로 온 이웃까지 함께 모여 늘 자신들이 필요한 양보다 많이 김치를 담갔다는 것이다.

"대학생들이 캠퍼스에서 직접 김치를 담가서 인근 어르신들에게 갖다 드리는 실천을 하는 것은 어떨까요? 김치가 훌륭한 음식이라는 것은 이런 실천 속에서 자연히 널리 알려지게 될 겁니다."[54)]

(3) 김치와 김장문화의 등재 이후

김치와 김장문화가 유네스코 인류무형문화유산 대표목록에 등재된 이후, 김치는 물론 김장문화가 세계에 널리 알려지게 되었다. 이미 김치는 한국을 대표하는 음식으로 알려져 있는 가운데 김치를 담그는 문화가 알려지면서 최근에는 한국을 방문하는 외국인들이 김치 담그는 체험을 하기도 하고 외국에서 직접 김치를 담가 먹는 사람들도 늘어가고 있다. 최근 이러한 추세를 반영하듯 김치 혹은 김장문화와 관련된 다양한 행사가 세계 곳곳에서 개최되고 있다.

① '김치의 날' 제정

'김치의 날'은 2020년 12월 11일에 농림축산식품부가 주관하고 국회에서 「김치산업진흥법」 일부 개정안이 통과되면서 공식적으로 제정되었다. 이 법은 김치의 문화적 · 산업적 가치를 알리고 국내 김치산업을 보호하며 김치 종주국으로서 위상을 확고히 하기 위해

---

54) "김치가 기무치를 이겨서 좋다? 그런 반응은 격 떨어지는 일", 『조선일보』, 2013년 12월 6일. 〈https://www.chosun.com/site/data/html_dir/2013/12/06/2013120600013.html〉(최종검색일: 2024년 1월 14일).

제정되었다.

대한민국 법정기념일 중 특정 음식이 기념일의 주인공이 된 것은 최초의 일이다. 그만큼 김치가 한국인의 식탁에서 차지하는 비중과 가치가 남다르다는 뜻이다. 11월 말 즈음부터 약 한 달간은 대한민국 전역이 김장 준비로 들썩인다. 그중에서도 특별히 11월 22일을 꼽아 '김치의 날'로 지정한 이유는 김치의 다양한 재료 하나 하나(11월)가 모여 면역 증강, 항산화, 항비만, 항암 등 22가지(22일) 이상의 효능을 만들어낸다는 상징적 의미를 담았기 때문이다.[55] 이후 매년 '김치의 날' 행사가 열리고 있다.

② 해외에서 '김치의 날' 제정

우리나라의 '김치의 날' 제정 이후 해외에서도 '김치의 날'을 기념하는 국가와 지역이 늘고 있다. 우선 미국의 경우, 2021년 8월 최초로 캘리포니아주州에서 '김치의 날' 결의문이 통과되었으며, 뒤를 이어 버지니아주·뉴욕주·미시간주와 워싱턴 DC 등이 '김치의 날'(11월 22일)을 기념일로 지정했다. 영국 런던 남서부 자치구인 킹스턴구에서도 유럽 최초로 '김치의 날' 행사가 11월 말 열리기도 했다. 브라질 상파울루에서는 농림축산식품부와 한국농수산식품유통공사(aT)의 주관으로 '글로벌 김치 레시피 콘테스트-브라질' 행사가 개최되었다. 이 행사는 아직 김치에 대해 잘 모르는 브라질 시장에 김치를 알리기 위해 마련된 것이었다. 아르헨티나에서도 '김치의 날'이 국가기념일로 지정돼 주 아르헨티나 한국문화원에서 기념행사가 열리기도 했다. 아르헨티나는 한국 이외의 국가 중 세계 최초로 국가 차원에서 '김치의 날'을 지정한 나라다.[56]

55) 김치콘텐츠통합플랫폼, '김치의 세계화, 11월 22일 김치의 날'. 〈https://wikim.re.kr/menu.es?mid=a50206010000〉(최종검색일: 2025년 1월 11일).

56) "'10년 전 그날' 김장문화 '유네스코 세계무형문화유산' 등재", 『전국매일신문』 2023년 12월 9일. 〈https://www.jeonmae.co.kr/news/articleView.html?idxno=999107〉(최종검색일: 2024년 10월7일).

[표 3-2-8] 해외 김치의 날 제정 · 선포 현황[57)]

구분	세부내용
미국(12)	캘리포니아주(2021. 8. 23., 해외 최초 제정), 버지니아주(2022. 2. 9., 제정), 뉴욕주(2022. 2. 17., 제정), 워싱턴 D.C.(2022. 6. 28., 제정), 미시간주(2022. 10. 15., 선포), 조지아주(2022. 10. 31., 선포), 텍사스주(2022. 10. 31., 선포), 페어팩스카운티(2022. 11. 19., 선포), 메릴랜드주(2022. 11. 21., 선포), 풀러턴시(2023. 3. 8., 선포), 하와이주(2023. 4. 24., 선포), 뉴저지주(2024. 1. 18., 제정)
브라질 (1)	상파울루시(2023. 6. 7., 제정)
아르헨티나 (1)	국가기념일(2023. 7. 5., 해외 국가 단위 최초 제정)
영국 (1)	런던 킹스턴왕립구(2023. 7. 11., 유럽 최초 제정)

이들 국가에서 다른 나라의 특정 음식문화를 자신들의 법정기념일로 지정하는 이유는 세계적으로 다문화 공동체의 융화가 주요한 과제로 부상하는 가운데 최근 자국에서 "김치의 인기와 수요가 증가하는 데다 여러 사람의 협력이 필요한 김장 품앗이가 공동체의 결속력을 강화하는 데 중요한 기능을 한다는 점"을 높이 샀기 때문이다. 한국의 김치와 김장문화 속에 담긴 유네스코 인류무형문화유산으로서의 인류 보편적 가치가 세계에서 빛을 발하고 있는 것이다.[58)]

한편 미국 하와이 호놀룰루에서는 '김치의 날'에 맞추어 2023년 11월 22일(현지 시간), '하와이 김치 박물관'이 해외에서는 처음으로 문을 열었다.[59)]

③ 김치의 수출현황

『2024년 농식품 품목 수출정보』에 따르면, 2023년 김치 수출국은 93개국이며, 수출액은 전년 대비 10.5% 증가한 1억 5,560만 달러로 2019년 이후 연평균 10.3% 증가했다. 주

57) 김치콘텐츠통합플랫폼, '김치의 세계화, 11월 22일 김치의 날'. 〈https://wikim.re.kr/menu.es?mid=a50206010000〉(최종검색일: 2025년 1월 11일).

58) 김치콘텐츠통합플랫폼, '김치의 세계화, 11월 22일 김치의 날'. 〈https://wikim.re.kr/menu.es?mid=a50206010000〉(최종검색일: 2025년 1월 11일).

59) "'10년 전 그날' 김장문화 '유네스코 세계무형문화유산' 등재", 『전국매일신문』, 2023년 12월 9일. 〈https://www.jeonmae.co.kr/news/articleView.html?idxno=999107〉(최종검색일: 2024년 10월 7일).

요 수출국은 일본, 미국, 네덜란드이며 수출 비중은 각각 39.5%, 25.7%, 4.7%로 집계되었다. 일본은 전년 대비 0.8% 증가한 6,149만 달러로 가장 많이 수출하는 국가이며, 이어 미국(3,999만 달러), 네덜란드(738만 달러), 영국(615만 달러), 호주(599만 달러), 홍콩(581만 달러), 대만(552만 달러), 캐나다(546만 달러), 싱가포르(299만 달러) 순으로 한국산 김치를 수입했다.[60)]

그리고 2025년 1월 농림축산식품부의 발표에 따르면, 2024년 김치 수출국은 2023년 93개국에서 95개국으로 늘었으며 김치 수출량은 전년 대비 6.9% 증가한 4만 7,100톤으로 집계되었다. 그리고 수출액은 5.2% 증가한 1억 6,360만 달러, 약 2,400억 원이었다. 95개국 중 일본 수출이 가장 큰 비중을 차지했으며 미국과 네덜란드가 그 뒤를 잇고 있다. 특히 미국과 네덜란드의 김치 수출량은 전년 대비 각각 20%와 29.9% 증가했다.[61)]

이러한 통계를 보면, 미국과 네덜란드·영국 등 유럽국가를 중심으로 한국 김치 수출액이 빠르게 증가하고 있는 것을 알 수 있다. 특히 미국과 네덜란드 등 신규 시장에 비건김치, 상온유통김치 등 신제품을 소개하고 입점매장을 확대한 것이 수출 증가에 중요한 역할을 한 것으로 보인다.[62)]

---

60) 농식품수출정보 사이트, 『2024년 농식품 품목 수출정보』, 〈https://www.kati.net/product/newBasisInfo.do;jsessionid=JrSChjNWOBGtNCumEWfVxvRxs1T2n2bdEr1u2sFUsmlF3QI0v1SgTQFK8dMDecX8.kati-was_servlet_kati2017?lcdCode=MD161〉(최종검색일: 2025년 1월 12일).

61) 농림축산식품부 웹사이트, 보도자료(2025년 1월 7일), 〈https://www.mafra.go.kr/home/5109/subview.do〉(최종검색일: 2025년 1월 13일); "지난해 김치 수출량 7% 늘어 '역대 최대'", KBS뉴스, 2025년 1월 12일, 〈https://news.kbs.co.kr/news/pc/view/view.do?ncd=8150108〉(최종검색일: 2025년 1월 12일); "지난해 김치 수출 1.6억불 … 사상 최대 실적 경신", 『서울경제』, 2025년 1월 12일, 〈https://www.sedaily.com/NewsView/2GNNXHLML0〉(최종검색일: 2025년 1월 12일).

62) 농림축산식품부 웹사이트, 보도자료(2025년 1월 7일), 〈https://www.mafra.go.kr/home/5109/subview.do〉(최종검색일: 2025년 1월 13일).

[표 3-2-9] 2024년 김치 주요 수출국 및 수출 규모[63)]

국가	중량(톤)	금액(천 달러)
일본	17,006	49,946
미국	11,548	42,009
네덜란드	2,085	8,790
캐나다	1,870	7,201
호주	2,074	7,157

④ 외국인이 선호하는 음식, 김치

농림수산식품교육문화정보원(원장 이종순, 이하 '농정원')이 최근 1년간 K-Food 메뉴 관련 영문 데이터를 분석한 결과, '김치'의 언급이 압도적이었으며 이어서 김밥과 떡볶이 등 분식 메뉴에 주목하는 양상을 보였다. K-Food '메뉴별' 온라인 언급량에서도 '김치'가 약 74만 여 건으로 압도적인 언급량을 보여 K-Food 대표 메뉴로 자리매김했음을 확인할 수 있다. 이어 2위는 '라면'(24만여 건), 3위는 '김밥'(17만여 건)인 것으로 나타났다. 언급량이 가장 높았던 Top 3 메뉴들의 온라인 언급을 분석한 결과, 1위인 '김치'는 매운맛에 대한 인식과 더불어 'health', 'fermented', 'probiotics' 등 발효식품이 건강에 좋다는 선호가 나타났다. 또한 한국 방문 외국인들이 먹고 싶은 K-Food 메뉴로 '김치'를 꼽았다. 이는 김치를 먹는 것을 한국문화를 즐기는 한 방법으로 인식하고 있음을 보여준다.[64)]

2023년 김치의 날 행사에서 주최측은 필자가 2013년에 김치와 김장문화를 유네스코 인류무형문화유산으로 등재하여 이를 계기로 김치의 날이 제정되는 데 기여했다며 필자를 초청하여 공로상을 수여했다.

---

63) 농식품수출정보 사이트, 『2024년 농식품 품목 수출정보』. 〈https://www.kati.net/product/newBasisInfo.do;jsessionid=JrSChjNWOBGtNCumEWfVxvRxs1T2n2bdEr1u2sFUsmlF3QI0v1SgTQFK8dMDecX8.kati-was_servlet_kati2017?lcdCode=MD161〉(최종검색일: 2025년 1월 12일).

64) 농림수산식품교육문화정보원(www.epis.or.kr), 『FATI(Farm Trend&Issue)』, Vol. 21, 2024, 7~12쪽.

[사진 3-2-3] 2013년에 김치와 김장문화를 유네스코에 등재시킨 공로로 10년 후 2023년 김치의 날에 공로상을 받는 필자 (사진: 필자 제공)

3) 줄다리기Tugging rituals and games, 2015년

줄다리기는 2015년 12월 제9차 정부간위원회에서 공동등재가 확정되었다. 줄다리기는 국내에서도 여러 지역에서 연행하는 무형문화유산일 뿐만 아니라 전 세계 여러 나라에서 행해지는 놀이이다. 특히 농경사회인 동남아시아 및 동아시아에서는 풍년을 기원하는 의례적 성격과 공동체가 함께하는 놀이의 성격을 모두 포함하고 있다. 이러한 공통된 특성을 지닌 동아시아 및 동남아시아 줄다리기를 공동의 무형문화유산으로 등재함으로써 문화 간 대화와 지역적 통합 및 화합을 이루는 좋은 계기를 마련했다.

(1) 공동등재 과정[65]

2015년에는 유네스코 무형유산으로 한국 · 캄보디아 · 필리핀 · 베트남 4개국의 줄다리기가 공동등재되었다. 유네스코의 대표목록으로 등재하는 데는 한 국가의 무형유산을 단독등재하거나 다수의 국가가 공통된 유산을 공동등재하는 두 가지 방법이 있는데, 줄다리기는 한국이 주도하여 처음으로 다국가 간의 공동등재한 유산이라는 점에 가치가 있다.[66]

협약 이행지침[67]에 따르면 유산이 한 개 이상 국가의 영토에 존재하는 공유유산의 경우 관련 국가들이 공동으로 등재할 것을 명시하고 있다. 그리고 공동등재의 경우 국가별 인류무형문화유산 대표목록 등재 건수에 제한을 두지 않음으로써 유네스코는 지속적으로 다국 간 공동등재를 권장하고 있다.

한국 정부는 2015년 4개국의 참여를 이끌어 내면서 줄다리기 공동등재를 주도했다. 이는 한국 정부가 과거 매사냥[68] 공동등재를 통해 축적한 경험, 정부간위원회 위원국으로서 오랜 활동을 통해 구축한 국제적 네트워크, 공동등재를 위한 정부의 인적·물적 지원을 비롯해 공동등재 주도국으로서의 전문성과 역량 그리고 재원을 갖추고 있었기 때문에 가능했다.[69]

당시 문화재청은 2012년 공동등재 의향을 알아보기 위해 해당 무형유산을 가진 지자체에 의견을 보냈고, 기지시리의 줄다리기를 보유하고 있던 당진시가 적극적으로 참여 의사를 보내왔다. 우리나라는 2년에 한 종목밖에 등재 신청을 할 수 없는 상황에서 줄다리기를 단독으로 유네스코에 등재하려면 순서를 기다려야 하므로 오랜 시간이 걸린다. 하지만 공동등재의 경우는 2년에 한 종목만 신청할 수 있다는 규정에 제한을 받지 않으므로 순서를 기다릴 필요 없이 바로 등재 신청할 수 있다. 이에 필자는 공동등재의 경험을 쌓는 것도

---

65) 줄다리기의 자세한 공동등재 과정은 다음 글 참조. 고대영, 「줄다리기의 유네스코 등재과정과 앞으로의 과제」, 『무형문화유산의 지속성』, 민속원, 2017.

66) 이전에 이미 공동등재 종목으로 매사냥이 있으나 한국이 주도한 공동등재는 줄다리기가 처음이다.

67) 「무형문화유산보호협약 이행지침」, I-5. Multi-national files 13, 14, 15항.

68) 황경순, 「인류무형유산대표목록 '매사냥' 공동등재의 특성과 의의」, 『문화재』 Vol. 51, No. 4, 2018, 211~212쪽. 매사냥은 처음 2010년 UAE를 비롯해 11개국이 등재되었으나 이후 지속적으로 당사국이 추가되었다. 한국은 2011년 1월 매사냥 확장등재에 동의하고, 2012년 3월 추가 정보를 제출하였으며, 그해 11월 제6차 정부간위원회에서 대표목록 확장등재가 확정되었다. 2024년 현재 18개국이 매사냥에 공동등재되어 있다.

69) 김덕순, 「남북 무형유산 교류 협력의 다자간 협력 틀 모색 - 유네스코 인류무형문화유산 남북 공동 등재 사례」, 『문화재』 Vol. 52, No. 3, 국립문화재연구소, 2019, 260~261쪽.

우리나라의 등재신청 역량을 강화하는 데 도움이 될 것으로 여겨 줄다리기 공동등재에 적극 찬성했다.

아태무형유산센터는 인도네시아에서 개최된 2012년 10월 '제1차 동남아시아 무형문화유산 협력 네트워크회의'에서 아태지역 국가에 줄다리기 공동등재 참여 의견을 타진한 바, 캄보디아, 필리핀 그리고 베트남이 참여 의사를 표명했다. 이어서 2012년 말부터 2013년 초까지 당진시의 지원으로 이들 동남아시아 3개국의 줄다리기 문화에 대한 현황 조사를 실시했고, 2013년 4월, '동아시아 전통 줄다리기 국제 학술심포지엄'에서 조사결과를 발표했다.[70]

이후 문화재청은 캄보디아, 필리핀, 베트남을 포함해 중국, 일본에도 공식적으로 공동등재 참여 의사를 묻는 서한을 보냈고, 중국과 일본은 불참 의사를 표했다. 최종적으로 한국을 포함한 네 나라는 등재신청서를 작성하기 위한 회의를 여러 차례 개최했다. 그리고 2014년 3월, 유네스코 사무국에 공동등재신청서를 제출했다.

줄다리기의 공동등재를 위해 2013년 4월 12일, 충남 당진시에서 '동아시아 전통 줄다리기의 다양성과 통유성Diverse and Common Aspects of Traditional Tug-of-War in East Asia'이라는 주제로 국제 심포지엄이 개최되었다. 이 심포지엄은 전년도에 인도네시아에서 개최된 '제1차 동남아시아 무형문화유산 협력 네트워크회의'에서 줄다리기 공동등재 참여 의사를 밝힌 캄보디아, 필리핀, 베트남 3국의 줄다리기 현황에 대한 조사를 실시한 후 그 결과를 발표하는 자리였다. 필자는 여기서 다음과 같이 축사를 한 바 있다.

> 줄다리기는 아시아의 많은 지역에서 행하여지는 민속놀이입니다.
>
> 한국에서도 기지시 줄다리기를 위시하여 여러 지역에서 행하여지고 있습니다. 이제 한국을 넘어 아시아 지역에서의 줄다리기의 공통점과 유사점을 찾기 위하여 우리는 오

70) 김덕순, 앞의 글, 261쪽.

늘 이 학술모임을 갖게 되었습니다.

유네스코는 2001년부터 유네스코 무형문화유산 등재 작업을 시작하여 현재 93개국의 298개의 세계무형문화유산이 등재돼 있습니다. 무형문화유산 등재 작업은 각국의 무형문화유산을 국내뿐만 아니라 세계의 다른 지역에도 알리는 가시성을 위한 노력이며 인류의 다양한 문화유산을 보호하려는 노력에서 시작되었습니다.

무형문화유산은 한 나라의 영역에 한정하여 존재하는 경우도 있지만 여러 나라에 걸쳐 존재하는 경우도 많습니다. 문화란 사람들이 한 나라에서 다른 나라로 이주하면 같이 이주하거나, 아니면 비슷한 환경에서 비슷한 문화가 동시다발적으로 창조되는 경우도 있기 때문입니다. 그래서 유네스코에서는 각국의 무형문화유산을 단독으로 등재하는 대표목록 등재 제도를 갖고 있지만 또한 유사한 무형문화유산이 여러 나라에 걸쳐 존재한다면 그 여러 나라가 같이 공동등재하는 제도도 포함하고 있습니다.

이번 한국, 베트남, 캄보디아, 그리고 필리핀 이렇게 네 나라들이 모여서 이 네 나라에서 행하여지고 있는 줄다리기의 양상을 학술적으로 분석하고 나아가서 유네스코 공동등재 방안을 논의하고자 합니다.

각 나라에서 행하여지고 있는 줄다리기는 겉으로 보기에는 매우 유사한 전통놀이인 것 같지마는 어느 문화현상이나 마찬가지로 줄다리기를 올바르게 이해하기 위해서는 그 줄다리기가 행하여지는 지역에서의 역사적, 사회적, 그리고 문화적 상황에서의 분석이 이루어져야 한다고 봅니다. 그리고 무엇보다도 그 줄다리기가 행하여지는 공동체 내에서의 역할과 기능이 분석되어야 한다고 봅니다.

이러한 학술적 논의 외에 공동등재를 하기 위해서는 이 공동등재에 참여하는 나라들의 공동 무형문화유산 등재에 필요한 실무적인 협업 작업이 필요합니다. 신청서 작성, 줄다리기 공동체의 동의서, 사진촬영, 동영상 제작 등에 관한 논의 뿐만 아니라 앞으로 이 공동유산을 어떻게 보호하여야 할 것인가 하는 점들이 논의되어야 합니다.

오늘 이 학술대회는 이와 같이 쉽지 않은 줄다리기 공동등재에 대한 제반 논의를 하는 자리입니다. 여기 참석하신 국제 전문가들께서 모쪼록 심도 있는 논의를 거쳐 줄다리기 공동등재라는 공동의 노력이 결실을 맺도록 많은 노력을 해 주시기 바랍니다. 그리고

> 이런 뜻깊은 자리를 마련해 주신 대한민국의 문화재청, 당진시, 그리고 아태무형문화센터 관계자 여러분들께 깊은 감사를 드리는 바입니다.[71)]

한국을 비롯하여 베트남, 캄보디아, 필리핀의 공동등재신청서 작업은 한국의 유네스코 아태무형유산센터의 적극적인 도움으로 진행됐다. 한국의 대표로는 무형문화재분과 위원장인 필자, 박상미 교수, 아태센터의 이삼열 사무총장, 박성용 본부장이 참여했고 캄보디아, 베트남, 필리핀에서는 각각 2~3명의 전문가가 참여했다. 이때 모든 비용은 당진시가 부담했다.

네 나라의 대표들이 모여 등재신청서의 내용을 토론하고 문안을 작성했는데 이것은 한 번으로 끝나는 것이 아니고 여러 번의 모임을 통해 조율되었다. 이는 줄다리기의 대체적인 모습은 유사하지만 세부적으로 보면 상이한 점이 많기 때문이다. 예를 들면 줄다리기 명칭을 'Tugging rituals and games'로 정한 것 역시 오랜 논의 과정을 거쳐 나온 내용이다. 대체로 줄다리기를 'Tug of war'로 번역하는데 이것은 서구의 이기고 지는 경쟁 개념이 부각된 번역이기 때문에, 공동체의 화합과 안녕을 중시하는 아시아적 개념을 담기 위해 줄다리기를 'Tugging rituals and games'라고 정하게 된 것이다. 네 나라의 서로 상이한 줄다리기 양상과 현상을 이해하는 과정이 수반된 만큼 공동등재는 더욱 값진 경험이었다. 이번 다국적 공동등재는 우리나라가 주도적으로 진행했지만, 등재신청서에 네 나라의 지면을 공평히 할애하는 등 다른 나라의 줄다리기보다 우리 것을 더욱 부각하지 않겠다는 입장을 고수했다. 이러한 우리나라의 태도에 대해 다른 세 나라의 대표들은 매우 만족해했다.

2012년 처음 공동등재 추진을 시작한 이래 여러 차례의 국내외 회의를 거쳐 마침내 2014년 3월 공동등재신청서가 유네스코에 제출되었다. 이후 협약 사무국의 보완자료 요청과 보

---

71) 임돈희, 「축사」, 『동아시아 전통 줄다리기의 다양성과 통유성Diverse and Common Aspects of Traditional Tug-of-War in East Asia』, 국제회의, 당진, 2013.

완 제출 등의 과정을 거쳐 2015년 제9차 정부간위원회에서 최종 등재가 결정되었다.

⑵ 공동등재 이후

여러 국가가 참여하는 무형문화유산의 공동등재는 국가마다 연행 목적이나 연행 양상이 다르므로 그 접점을 찾아가는 과정은 깊은 상호 이해와 공동의 노력이 필요하다. 특히 공동등재 이후 유산을 보호 증진하는 일은 단발적인 등재작업과는 달리 지속적이고 실효성 있는 협력을 통해 이루어져야 한다. 이를 위한 많은 정책적, 법률적, 학술적 뒷받침은 물론 해당 공동체의 지속적인 참여와 협력이 보장되어야 한다. 따라서 진정한 무형문화유산의 보호는 등재 자체가 아니라 등재 이후 다양한 측면의 협력을 통해 이루어지는 것이다.

등재 이후 당진시는 2017년 줄다리기의 확장등재를 위해 중앙아시아 줄다리기 현황 조사를 실시했다. 그리고 2018년에는 어린이용 책자 『줄다리기 의례와 놀이』를 출간했으며 줄다리기 학술도서도 아태센터와 공동으로 출간했다. 그 외 공동등재에 참여한 국가들과의 협력도 지속하고 있다. 2018년 국립무형유산원의 지원을 받아 한국-베트남 전통 줄다리기 교류 사업을 실시하고, 베트남 하노이에서 사진전, 학술대회, 줄다리기 시연행사를 진행했다.[72)]

그리고 2024년에는 줄다리기 다국적 공동등재 10년을 앞두고 국제 심포지엄을 개최하기도 했다.[73)] 등재 이후 아태지역의 줄다리기 보호를 위한 그간의 보호 경험과 연구성과를 공유하고 공동등재 4개국의 줄다리기 공동체를 초청하여 전통 줄다리기를 직접 시연하는 행사를 가지기도 했다.

---

72) 김덕순, 「남북 무형유산 교류 협력의 다자간 협력 틀 모색 - 유네스코 인류무형문화유산 남북 공동 등재 사례」, 『문화재』 Vol. 52, No. 3, 국립문화재연구소, 2019, 262쪽.

73) 2024 줄다리기 국제 심포지엄은 2024년 4월 12일(금) 기지시줄다리기박물관 대강당에서 『포용적인 사회를 위한 줄다리기의 역할을 논하다』를 주제로, 포용적이고 지속 가능한 발전에 공유유산으로서 줄다리기의 가치와 의의에 대해 2세션으로 나뉘어 진행되었다. 제1세션에서는 공동등재 이후의 줄다리기 보호 현황과 과제에 대한 발표가 있었고 제2세션에서는 포용적 사회를 향한 줄다리기의 새로운 가능성을 모색하는 발표가 이어졌다. 한국을 비롯해 일본, 중국, 베트남, 캄보디아, 필리핀의 관련 전문가들이 발표자로 참여했다.

(3) 줄다리기 공동등재의 의의

줄다리기의 공동등재는 국가 차원에서는 중앙정부, 지자체 및 관련 공동체의 협력 그리고 국제적 차원에서는 유네스코를 비롯한 국제기구와 공동등재에 합의한 국가 간의 유기적이고 원활한 협력과 정보 공유를 통해 이루어낸 성과다. 특히 줄다리기 등재에 참여할 지자체 공모, 추진, 진행에서 지방정부가 주도적인 역할을 하여 등재한 모범적인 사례라 할 수 있다.

그리고 공등등재 후에도 지속적으로 교류, 협력하면서 다양한 보호 및 연구 활동을 수행하고 있다. 이런 점에서 줄다리기의 공동등재는 문화 간 대화와 화합, 지속 가능한 발전 등 유네스코가 지향하는 정신과 가치를 잘 보여주고 있다 할 것이다. 향후 줄다리기 공동체 간의 교류와 협력 활동이 정례적으로 지속된다면 유네스코의 보호 모범사례로 신청하는 것도 고려해 볼 수 있다.[74)]

4) 제주해녀문화Culture of Jeju Haenyeo(women divers), 2016년

제주해녀문화는 제주해녀의 물질 기술을 비롯해 바다 생태 환경에 적응하며 축적된 오랜 경험과 지식, 다양한 해녀공동체와 의례 등이 포함되는 무형유산으로 2012년 한국 무형유산 국가목록에 등재됐다.[75)] 제주해녀문화를 인류무형문화유산 대표목록에 등재하기까지 많은 우여곡절이 있었지만 2016년 마침내 인류무형문화유산 대표목록에 등재되었다. 제주해녀문화의 등재를 준비하는 과정에서 유산의 국가 지정과 유네스코 등재의 기준 차이에서 오는 문제, 다국적 등재와 국내 다른 지역 해녀문화의 포함 여부 등 다양한 문제에 대한 논의와 제주해녀문화가 갖는 현재적 가치와 의미를 정리해 본다.

---

74) 김덕순, 앞의 글, 262쪽.

75) "제주해녀문화, 2015년 인류무형유산 등재 추진", 『연합뉴스』, 2013년 12월 20일. 〈https://www.hani.co.kr/arti/area/area_general/616319.html〉(최종검색일: 2024년 6월 23일).

(1) '제주해녀문화'의 등재과정

① 국가목록 등재와 유네스코 대표목록 등재의 기준 차이

제주해녀문화의 인류무형문화유산 대표목록 등재를 위해서 제주도는 등재되기 오래 전부터 제주해녀문화 등재 방안에 대해서 많은 논의를 해왔다. 필자는 2005년 제주학회 주관으로 해녀의 유네스코 등재에 관한 학회에 처음으로 참가했고 그 후 거의 매년 학회가 개최되었다. 2010년 10월 '해녀문화 전승보존의 과제와 전망'을 주제로 열린 '제5회 해녀 국제학술심포지엄'이 해녀박물관 주최, (사)제주학회 주관으로 개최됐다.[76]

필자는 이 회의에서 해녀문화를 유네스코의 대표목록에 등재해야 한다고 주장했다. 유네스코 대표목록으로 등재되기 위해서는 국가목록이라든지 아니면 시도무형문화재로 등록이 돼 있어야만 후보로 신청할 수가 있다. 그런데 해녀문화는 한국에서 국가지정이라든지 시도지정으로 되어 있지 않은 상태이기 때문에 유네스코 대표목록 등재 후보가 될 수 없다는 데 문제가 있다는 의견을 피력했다. 물론 해녀 노래는 제주도 지정문화재로 되어 있지만 해녀의 노래를 가지고 유네스코 대표목록에 등재시키고 싶지는 않았다. 왜냐하면 해녀문화 전체를 조명해야 의의가 있지 해녀 노래만 등재하는 것은 바람직하지 않다고 생각했기 때문이다.

그런데 해녀문화가 국가지정 또는 제주도 지방문화재로 지정되기 힘든 이유는 유네스코와 한국의 무형문화유산 간의 개념의 차이 때문이라고 볼 수가 있다. 유네스코에서는 공동체에 기반한 무형유산을 주장하는 반면 한국에서는 사라져 가는 종목 위주의 무형문화재 보호에 초점을 맞추고 있다는 것이다. 즉, 해당 무형문화재를 보존, 전승하기 위해 보유자(인간문화재)를 지정해서 후학을 양성하는 것이 목적이었다. 따라서 한국에서는 사라져 가는 종목 위주로 무형유산을 지정하고 보유자를 지정해 왔다. 그래서 해녀 노래는 하나의 종목으로 지정될 수 있었지만 포괄적 개념으로서 해녀 문화는 문화재로 지정될 수

76) "제주해녀 등재 걸림돌은 '근대적 문화재 개념'", 『제주의 소리』, 2010년 10월 11일. 〈https://www.jejusori.net/news/articleView.html?idxno=89240〉(최종검색일: 2025년 2월 12일).

없었던 것이다.

2011년 10월 17일 제주도의회 여성특위 주최 토론회 '해녀문화의 유네스코 등재 어떻게 준비할 것인가'가 제주도 의원회관 대회의실에서 개최됐다. 필자의 주제 발표는 다음과 같이 기사화되었다.

> 임 교수는 유네스코 무형문화유산 등재는 제주해녀문화 세계화의 첫걸음이라는 주장이다.
>
> 임 교수는 해녀문화가 가진 세계적 가치에 대해 "생태학이 세계적 이슈다. 유네스코 역시 생태계와 조화를 이루는 생산 활동에 관심이 많다. 해녀의 생산 방식이 이에 해당한다"고 말했다. 임 교수는 또 "젠더 이슈도 여전한 중심이다. 하군 - 중군 - 상군 - 대상으로 이어지는 해녀의 사회 조직은 세계에 소개될 만 하다"고 의미를 부여했다.
>
> 제주해녀를 세계가 함께 지켜나가는 무형문화유산으로 등재할 가치가 높다는 공감대에도 불구하고 실제로 등재하기까지는 거쳐야 할 난관도 많다는 지적도 있었다.
>
> 유네스코 세계무형문화유산 선정 국제심사위원을 지낸 임 교수는 "무형문화유산 등재 후보 신청을 위해서는 국가 목록에 올라 있어야 하지만 해녀문화는 그 조건에 맞지 않아 어려움을 겪고 있다"고 말했다. 국가 목록에 들기 위해선 국가 지정 무형문화재 또는 지자체 지정 무형문화재여야 한다. 우리나라 무형문화재 등록 조건은 무형유산 종목 자체로 한정돼 있다. 해녀 집단과 공동체가 지닌 관습 등을 포괄한 개념의 해녀문화로는 등재하기 어려운 상황이다.[77]

2010년 제주해녀를 인류무형문화유산 대표목록 등재 추진을 시작할 당시 제기되었던 이 문제는 아리랑 등재 과정에서 지적되었던 문제와 유사했다. 하지만 2011년 국가(시도

77) "제주해녀 유네스코 무형문화유산 등재, 세계화 첫걸음", 『제주의 소리』, 2011년 10월 17일. 〈https://www.jejusori.net/news/articleView.html?idxno=105733〉(최종검색일: 2025년 2월 12일).

포함)지정 문화재 목록의 문제점을 해결하기 위해 별도의 국가무형문화유산 목록(유네스코 등재용, 즉 사라져 갈 위험이 없는 무형유산 그리고 인간문화재 지정을 하지 않아도 되는 유산의 목록)을 준비해 예비목록을 작성했으며 2014년 관련 법률을 개정한 바 있다. 이에 제주해녀도 유네스코 대표목록 등재가 가능해졌다.

② 일본과의 공동등재 문제

제주해녀는 그동안 일본의 해녀와 많은 교류를 해왔다. 일본의 해녀포럼에 제주해녀가 초청되어 참가하기도 하면서 양국 해녀는 우호적인 관계를 맺어왔다. 제주대학교와 미에대학은 자매결연을 체결하고 교류와 연구를 통해 해녀문화를 발전, 계승시키는 데 노력해오고 있었다. 이러한 영향 때문인지 제주도에서 많은 인사들이 일본해녀와 제주해녀와의 유네스코 공동등재를 추진하려는 의견을 내놓고 있었다. 일본해녀의 중심지역인 미에현 도바시에 있는 바다박물관의 관장인 이시하라 관장은 "2007년 양국의 해녀를 유네스코에 공동으로 등재하자고 제주도가 먼저 제안했다"며 "일본은 지금도 제주와 일본해녀가 공동으로 유네스코에 등재됐으면 하는 바람이 있다"고 말했다.[78]

하지만 필자는 개인적으로 공동등재를 강력하게 반대했다. 왜냐하면 우리나라의 제주도는 아주 독특한 자연적, 사회적, 문화적 환경을 가지고 있고 그런 환경 속에서 발전해 온 제주의 해녀문화는 한국에만 유일하게 있을 뿐만 아니라 세계적으로도 독특하기 때문에 제주도라는 섬과 해녀문화가 한데 합쳐져 엄청난 시너지 효과를 갖는 것이라고 생각했다. 여기에 일본의 해녀문화와 같이 등재하면 우리의 독특성이 희석될 것으로 생각했다. 필자는 그동안 유네스코 등재에 있어 한국에만 있는 유일한 문화는 한국 단독등재할 것을 늘 강조해 왔다.

우선 일본의 경우는 어떠한지 알아보기 위해 필자는 일본을 방문했다. 2013년 7월에 자넬리 교수, 유철인 교수와 함께 일본의 아마(해녀) 문화의 고장인 미에현三重縣 도바시를

78) "일본 해녀 '아마(해녀)'의 잠수문화", 『제주일보』, 2016년 5월 3일. 〈https://www.jejunews.com/news/articleView.html?idxno=1987193〉(최종검색일: 2025년 2월 12일).

방문해서 살펴보았다. 그런데 당시 일본 매스컴에서는 아마 문화에 대해 많은 관심을 갖고 대서특필했지만 일본 문화재청은 일본해녀를 국가 차원에서 문화재로 지정하지 않고 있었다. 일본해녀를 유네스코 대표목록에 등재할 의도가 전혀 없어 보였다. 그래서 제주해녀문화의 등재를 기회 삼아 일본 쪽에서는 당연히 공동등재를 원했다. 결국 일본 현지 방문 이후 한국 단독등재하는 것으로 결론을 내렸다.

③ 제주해녀문화 vs 한국해녀

문화재청은 2013년 12월 20일 다음과 같이 고시하였다.

> 문화재위원회 무형문화재분과위원회(위원장 임돈희)는 제7차 회의(2013. 12. 19.)에서 '제주해녀문화'를 2015년 유네스코 인류무형유산 대표목록 등재 대상 신청종목으로 선정하였다.

2013년 12월 19일에 열린 문화재위원회에서 제주해녀 유네스코 등재후보 논의가 이루어질 때 필자는 무형문화재분과 위원장이었는데 논의 끝에 제주해녀문화를 등재하기로 했다. 논의 과정에서 제주해녀문화로 할 것인지 한국의 해녀문화로 할 것인지에 대한 논쟁이 있었다. 문화재청에서는 다른 지역의 민원 등 여러 가지를 고려해서 그랬는지 전국의 모든 해녀문화를 포함하기를 원했다. 필자는 문화재청의 제안에 강력하게 반대했다.

필자는 무엇보다 제주도의 지역적인 특성이 세계적으로도 독특하므로 제주해녀문화를 등재해야 한다고 생각했다. 예를 들어서 부산, 울산을 비롯해 다른 지역에도 해녀들이 있지만 필자는 크게 두 가지 이유로 제주해녀문화로 등재해야 한다고 생각했다. 하나는 제주해녀문화라고 했을 때 제주의 자연 풍광과 환경과 연계된 특성이 분명하게 드러난다는 것이었다. 특히 제주해녀는 그들만의 독특한 문화를 보유하고 있다. 예를 들면 불턱 문화라든지, 신당 중심의 신앙 공동체 문화 등 제주해녀의 문화는 부산이나 울산 해녀들에게는 없는 것이다. 반면에 한국해녀문화라고 하여 전국적으로 확대하면 그 범위가 너무 넓어지게 된다. 그리고 부산, 울산이나 다른 지역의 해녀문화를 포함할 경우 제주해녀문화의 독특성이 희석된다는 것이었다.

두 번째 이유는 보호 조치와 관련이 있다. 제주해녀문화로 했을 때는 제주도가 책임지고 해녀문화를 지속 가능한 발전과 보호를 위한 정책을 통합적으로 이행할 수 있을 것이라 생각했다. 예를 들어서 울산에 한 몇 명의 해녀가 있는데 함께 등재되면 울산에서는 몇 명 안되는 해녀문화를 보존해야 하고 통합적이고 유기적인 보호정책이 시행되기 어려워진다.

이러한 이유로 필자는 한국해녀 대신에 제주해녀문화라고 할 것을 강력히 주장했지만 또 다른 많은 위원들이 여기에 반대해서 설득하는 데 힘이 들었다. 긴 논쟁이 있었다. 마침 함한희 교수가 적극적으로 필자의 의견에 찬성해 주어 제주해녀문화로 결정됐다.

제주해녀문화는 2016년 유네스코 인류무형문화유산 대표목록으로 등재되었고 2017년 문화재청은 '해녀'라는 이름으로 해녀문화를 국가 무형문화재 제132호로 지정했다.

(2) 제주해녀문화의 가치

해녀야말로 최고의 전문가 집단이다. 제주해녀들은 제주 바다의 생태계를 보호하며 채집 활동을 한다. 그들은 바다에 대해 풍부한 지식을 갖고 있고 제주 지역의 기후에 대해서도 경험과 지식이 축적되어 있다.[79]

① 젠더 문제

최근 유네스코에서는 점점 여성의 지위와 젠더를 크게 강조하고 있다. 그에 따라 인류무형문화유산 대표목록 등재기준에서도 갈수록 '젠더' 이슈를 중요시하고 있다. 등재신청서 항목에 해당 커뮤니티에서 여성이 얼마나 적극적으로 참여하는지 써야 한다. 그리고 인류무형문화유산 등재신청서를 쓸 때에 여성들에게 서명을 받았냐고 물어보는 것도

---

79) "제주해녀의 당당한 여성상, 유네스코가 높이 평가", 『조선일보』, 임돈희 교수 인터뷰 기사, 2016년 12월 2일. 〈https://www.chosun.com/site/data/html_dir/2016/12/02/2016120200090.html〉(최종검색일: 2024년 6월 23일).

이러한 변화가 반영된 것이라 할 수 있다.[80] 사실 그동안 제주해녀가 억척스럽고, 희생정신이 강한 여성으로만 비춰진 것은 안타까운 일이다. 이제는 제주해녀의 다양한 이미지를 보여주어야 할 때다.[81] 그런 점에서 누구에게도 의존하지 않는 당당하고 독립적인 여성, 해녀의 가치는 최근 변화하는 유네스코의 기준에서 보더라도 높이 평가되는 부분이다. 유네스코의 등재 결정문에는 제주해녀문화가 해녀의 기술을 인정하고 가계 소득에 기여함으로써 지역사회에서 여성의 권리 증진과 여성의 지위 향상에 기여하며, 여성 노동의 중요성에 대한 국제적 인식을 높인다고 명시했다.[82]

② 배려의 공동체 문화

제주해녀문화는 해녀들의 자원 보호를 기본으로 하는 생업 활동, '불턱'(돌담을 쌓아 바람 막은 곳)과 '할망 바당(할머니 바다)'으로 상징되는 공동체·배려 문화가 매우 중요한 요소다. '불턱'은 해녀들이 잠수복을 갈아입는 탈의장이면서, 바다에서 나온 해녀들이 불을 지펴 추위를 녹이는 휴식 공간이자 물질 기술을 전수하거나 회의를 통해 의사결정을 하는 공동체 공간이다. 지금은 새롭게 건물이 들어서서 '불턱'을 이용하지 않지만, 사라져 가는 전통적인 것들을 보존하며, 사용할 수 있게 제 기능을 갖추어야 할 때다.[83]

그리고 '할망 바당'은 나이가 많고 체력이 약한 고령의 해녀들이 얕은 수심에서 안전하게 수산물을 채취할 수 있게 조성한 곳으로 젊은 해녀들은 들어가지 않는 고령 해녀를 위한 공간으로 배려의 문화를 보여준다.[84]

---

80) "제주해녀문화를 이야기하다", 임돈희 교수 인터뷰 기사, 『여행 스케치』, 2017년 1월 25일. 〈https://www.ktsketch.co.kr/news/articleView.html?idxno=1013〉(최종검색일: 2024년 6월 23일).

81) 위의 기사, 임돈희 교수 인터뷰 기사.

82) 유네스코 무형문화유산 홈페이지, "Decision of the Intergovernmental Committee: 11.COM 10.B.24", 〈https://ich.unesco.org/en/decisions/11.COM/10.B.24〉(최종검색일: 2025년 2월 12일).

83) 임돈희 교수 인터뷰 기사, 『여행 스케치』.

84) 앞의 기사, 『조선일보』.

③ 생태 환경 친화적 활동

생태학은 세계적 관심 사안이다. 유네스코 역시 생태계와 조화를 이루는 생산 활동에 관심이 많다. 해녀의 생산 방식이 바로 이에 해당한다고 할 수 있다. 제주의 해녀들은 나이와 물질의 기량, 덕성에 따라 상군, 중군, 하군으로 나뉘는데, 상군에 속하는 해녀들은 일기예보보다 더 정확한 날씨 정보를 알고 있다. 모든 해녀가 상군의 말에 따라 물질을 하거나 휴식을 취하는데 이는 그들이 오랜 경험을 통해 터득한 조류, 바람 등에 대한 지식을 보유하고 있음을 보여준다.[85)]

결정문에 따르면, 제주해녀문화는 친환경적인 조업 방식과 지역사회의 어업 관리 참여로 환경적 지속가능성을 증진하고 있다고 평가한다. 즉, 제주해녀들의 물질은 부분적으로 첨단 장비 사용을 금지하고 있기 때문에 인간의 능력치를 벗어난 채집 활동을 할 수 없다. 또한 작업 일수, 채집 시간, 채집 가능한 해산물의 크기 등을 정하여 남획을 방지하고 있어 생태 친화적 문화유산이다.[86)]

(3) 제주해녀문화의 지속가능성

현직에 있는 제주해녀 인구는 1970년 1만 4,143명, 1980년 7,804명에서 2000년 4,995명, 2023년 2,839명으로 해마다 줄고 있으며 젊은 층의 유입이 급감하면서 고령화도 가속화되고 있다. 인류무형문화유산에 등재된 제주해녀문화의 지속가능성을 위해 제주해녀문화 보존에 대한 인식을 높이고 이를 홍보하는 것은 물론 해녀 문화를 이어오고 있는 해녀 공동체를 유지, 지원하는 정책적 노력이 있어야 한다.[87)]

---

85) 임돈희 교수 인터뷰 기사, 『여행 스케치』.

86) UNESCO Intangible Cultural Heritage (ICH), "Decision of the Intergovernmental Committee: 11.COM 10.B.24", 〈https://ich.unesco.org/en/decisions/11.COM/10.B.24〉(최종검색일: 2025년 2월 12일).

87) 함한희는 제주해녀문화의 유네스코등재 이후 유산화 과정에 대해 논의하였다.
함한희, 「유네스코등재이후 제주해녀 공동체의 도전과 과제 - '유산화(heritization)' 과정을 중심으로」, 『무형유산학』 제2권 2호, 무형유산학회, 2017, 7~25쪽.

朝鮮日報

"제주 海女의 당당한 여성상, 유네스코가 높이 평가"

'해녀 문화' 유네스코 등재 위해 뛴 임돈희 무형유산학회장
"희생적인 이미지로 치우쳐 있어… 해녀야말로 최고 전문가 집단"

허윤희 기자

입력 2016.02.02. 03:00

"공동체, 배려, 당당한 여성, 자연 친화적인 생태학적 가치까지 제주해녀문화에는 유네스코가 강조하는 가치가 다 들어 있어요."

'제주해녀문화'가 유네스코 인류무형유산으로 등재된 지난 30일, 임돈희 무형유산학회장은 "지금까지 해녀의 이미지는 희생적인 어머니, 가족을 먹여 살리는 여성같이 한쪽으로 치우쳐 있었다"며 "해녀야말로 최고의 전문가 집단"이라고 했다. "바다에 대해 풍부한 지식을 갖고 있고 제주 지역의 기후에 대해서도 경험과 지식이 축적돼 있죠. 이제부터라도 해녀를 다양한 이미지로 조명해야 합니다."

학술원 회원이자 민속학자인 임 교수는 우리나라 인류무형유산 등재의 산증인이다. 2000년 유네스코에서 무형유산 선정 국제심사위원단이 처음 꾸려졌을 때 아시아 유일의 심사위원으로 참여했고 2001년과 2003년 종묘제례악과 판소리가 채택되는 현장을 지켜봤다.

올해 제주해녀문화가 등재되는 데도 그의 노하우가 큰 힘이 됐다. 임 교수는 "인류무형유산 등재 기준에서 유네스코가 갈수록 '젠더' 이슈를 강조하고 있다. 등재신청서 항목이 계속 바뀌는데 최근엔 해당 커뮤니티에서 여성이 얼마나 적극적으로 참여하는지 쓰라고 한다"며 "누구에게도 의존하지 않는 당당하고 독립적인 여성, 해녀의 가치를 유네스코가 높이 평가했다"고 했다.

그는 해녀들이 자원을 보호하면서 생업 활동을 한다는 점, 그리고 '불턱'(돌담을 쌓아 바람 막은

곳)과 '할망 바당(할머니 바다)'로 상징되는 공동체 · 배려 문화가 중요하다고 했다. "불턱은 해녀들이 잠수복을 갈아입는 탈의장이면서, 바다에서 나온 해녀들이 불을 지펴 추위를 녹이면서 물질 기술을 전수하거나 회의를 하는 공동체 장소를 뜻합니다. 할망 바당은 나이 많고 체력 약한 고령 해녀들이 얕은 수심에서 안전하게 수산물을 채취할 수 있게 조성한 곳인데 젊은 해녀들은 들어가지 않아요. 고령 해녀를 위한 배려의 문화죠."

지난해 제주해녀 인구는 4377명. 1970년 1만4143명, 1980년 7804명에서 갈수록 줄고 있다. 이렇게 급감하고 있는 해녀가 '지속가능한 유산'이 될 수 있을까.

"세계적으로 무형유산에 대한 패러다임이 바뀌고 있어요. 죽어가는 걸 심폐소생해서 살리자는 게 아니라 '지속 가능한 유산'인지 묻는 거죠. 구제해야 할 대상이 아니라 경제가치 창출, 생태 보호 등 무형유산이 인류에 어떻게 기여할 것인가를 강조합니다. 우리도 무형유산을 옛것 그대로 보존 · 보호하는 대상이 아니라 사회에서 당당히 기능할 수 있게 하는 정책으로 바뀌어야 합니다."[88)]

5) 씨름Traditional Korean wrestling, Ssirum/Ssireum, 2018년

한반도 고유의 전통놀이인 씨름은 최초의 남북한 공동등재 인류무형문화유산이다. 2018년 모리셔스 포트 루이스에서 열린 제13차 정부간위원회에서 '씨름'을 유네스코 인류무형문화유산 대표목록에 남북 최초로 공동등재를 최종 결정했다고 밝혔다. 정식 명칭은 '씨름, 코리아의 전통 레슬링Traditional Korean wrestling, Ssirum/Ssireum'이다.

(1) 남북한 공동등재 추진 과정

2018년 11월 26일부터 12월 1일까지 모리셔스에서 개최된 제13차 정부간위원회에서 드디어 한국과 북한이 공동등재하는 무형유산이 탄생했다. 씨름이다. 씨름의 공동등재 논의의 시작은 2014년 7월에 ICHCAP(유네스코 아태무형유산센터) 주최로 몽골의 울란바토

88) "제주해녀의 당당한 여성상, 유네스코가 높이 평가", 『조선일보』, 2016년 12월 2일. 〈https://www.chosun.com/site/data/html_dir/2016/12/02/2016120200090.html〉(최종검색일: 2024년 6월 23일).

르에서 열린 '동북아시아 무형유산보호협력회의'에서 북한의 민족유산보호지도국 로철수 부국장이 씨름의 인류무형문화유산 대표목록 등재 추진 계획을 밝히고 남북한 공동등재 의사를 표명하면서부터였다.[89] 그러나 실무 차원에서 논의는 지지부진했다. 결국 북한은 2015년에 '조선민주주의 인민공화국의 씨름'(조선식 레슬링, Ssirum, Korean wrestling in the Democratic People's Republic of Korea)이란 명칭으로 등재신청했으나 등재에 실패해 2017년에 정보를 보완하여 다시 제출했으며 2018년 등재권고를 받았다. 남한은 2016년 3월에 '대한민국의 씨름'(전통 레슬링, Ssireum, traditional wrestling in the Republic of Korea)이란 명칭으로 등재신청을 했고 북한과 마찬가지로 2018년 등재권고를 받았다. 남북한이 같은 종목을 각각 등재신청해 등재권고를 받은 것이었다.

공동등재에 관한 아무런 논의의 진척이 없는 상황에서 2018년 2월 평창 동계올림픽에 북한이 참가해 개막식에 남북 선수단이 공동 입장하고 이어서 남북 정상회담이 열리면서 남북관계의 긴장 완화 분위기가 조성되었다. 특히 2018년 4월 27일 남북 정상회담을 통해 〈판문점 선언〉이 나왔고, 이어 5월 26일, 그리고 9월 18일에도 남북정상 회담이 이루어지면서 씨름의 공동등재가 가능하게 된 것이었다. 4월 27일 첫 정상회담 이후, 이병현 주유네스코 대한민국대표부 대사가 유네스코 사무국 그리고 김용일 주유네스코 북한대사와 씨름의 공동등재 방안을 협의했던 것으로 알려져 있다.[90]

4월 정상회담 후에 유네스코 한국대사와 유네스코 사무국이 남북 화해협력의 일환으로 씨름을 공동등재하자는 제안을 북한 쪽 유네스코 관계자들에게 전달했다. 그 후 2018년 10월 16일, 문재인 대통령이 프랑스 국빈 방문 당시 오드리 아줄레Audrey Azoulay 유네스코 사무총장을 만났을 때 한국과 북한이 씨름을 공동등재하는 것에 대한 공감대를 형성하게 되었다. 그 후 유네스코 사무총장의 특사가 북한을 방문하여 북한의 동의를 얻게 되

89) "北 "씨름, 유네스코 공동등재 가능"…문화교류 제안," 『아시아경제』, 2014년 7월 10일. 〈https://cm.asiae.co.kr/article/2014071006510629485〉(최종검색일: 2024년 10월 14일).

90) "씨름, 인류무형유산 첫 남북공동등재…"평화 · 화해 위한 결정", 『연합뉴스』, 2018년 11월 26일. 〈https://www.yna.co.kr/view/AKR20181126055451005〉(최종검색일: 2024년 10월 14일).

었고, 남북 정부는 각각 아줄레 사무총장에게 공동등재 요청 서한을 제출하여 씨름의 공동등재가 본격적으로 추진된 것이었다.

(2) 남북한 공등등재

2018년 제13차 정부간위원회에서 유네스코 최초의 인류무형문화유산 남북한 공동등재는 큰 관심을 끌었다. 11월 26일 회의 첫째 날 의장인 프리트비라지싱 루폰 모리셔스 공화국 문화예술부 장관이 긴급 안건으로 남북 씨름의 공동등재를 상정했다.

제13차 정부간위원회에서 평가기구 의장이 개별 신청된 남북 씨름의 본질적 유사성과 동질성에 대해 직접 설명했다. 남북의 씨름은 그 연행과 전승 양상, 공동체에 대한 사회문화적 의미에 있어 공통점이 있고, 평가기구가 남북 씨름을 모두 등재권고한 점을 고려해 24개 위원국 만장일치로 전폭적인 지지를 얻어 유네스코 역사상 전례가 없는 개별 신청 유산의 공동등재가 결정되었다.[91] 그리고 씨름의 공식 명칭은 '씨름, 코리아의 전통 레슬링Traditional Korean wrestling, Ssirum/Ssireum'으로, 남북한이 다른 '씨름'의 영어 표기는 두 가지를 함께 표기하기로 협의해 확정했다.[92]

남북 씨름의 공동등재는 평화를 강조하는 유네스코 헌장에 부합하며 무형유산을 통한 국가 간 평화 협력의 가장 모범적인 사례라고 평가됐다. 그리고 두 나라가 별개로 신청한 무형문화유산의 공통성이 클 경우 하나의 무형문화유산으로 보아 목록에 올릴 수 있다는 특수한 사례를 처음으로 인정한 것이기도 했다.[93]

(3) 씨름의 남북 공동등재의 의의

원래 씨름은 남북한이 각기 단독등재를 신청하여 각기 등재권고를 받았으나 공동등재

---

91) 국가유산청, 〈https://www.khs.go.kr/newsBbz/selectNewsBbzView.do?newsItemId=155701107&sectionId=b_sec_1&mn=NS_01_02〉(최종검색일: 2024년 10월 14일).

92) 한국문화재재단, 『살아있는 유산을 찾아서: 한국문화재재단 유네스코 활동백서』, 2020, 154~156쪽.

93) 한국문화재재단, 위의 책, 154~156쪽.

가 된 종목이다. 공동등재의 경우 합의하에 하나의 신청서를 제출해야 한다는 절차적 문제가 있다는 우려에도 불구하고 유네스코 사무총장의 의지와 한국 정부의 취지에 대한 공감, 평화에 대한 상징성 등을 고려해 공동등재가 결정되었다.[94] 第13차 정부간위원회 결정문에는 이것이 예외적인 경우임을 밝히고 있다.[95]

이러한 예외적인 씨름의 공동등재는 여러 가지 측면에서 의미하는 바가 크다.

첫째, 씨름은 남북이 공동으로 인류무형문화유산 대표목록에 등재한 최초의 사례라는 점이다. 무형유산은 유형유산과 달리 오랫동안 공유해온 생활과 정체성과 관련된 것으로 비록 남북이 분단되어 있다 해도 많은 부분에서 공통된 무형유산을 향유하고 있다. 이를 계기로 남북 간 문화교류의 증진과 남북 화합의 길을 열 수 있을 것으로 기대한다.

둘째, 씨름의 남북 공동등재는 국제기구와 국제사회의 적극적인 협력을 통해 이루어졌다는 점에서 매우 의미 있는 일이었다. 특히 정전 혹은 분쟁 중인 국가가 공동등재한 유일한 사례로서 문화유산을 통한 화해와 평화의 가치 실현이라는 상징적 의미가 있다.[96]

셋째, 남북 공동등재는 남북이 공유하고 있는 문화를 통해 남북의 문화적 정체성과 공동체 의식을 확인하고 증진할 수 있는 중요한 문화적 수단이 될 수 있다. 무형문화유산이 상호존중과 평화를 구축하는 데 기여할 수 있다는 유네스코의 목표에도 부합하는 사례로서 의미가 있다. 이런 점에서 씨름의 남북한 공동등재는 유네스코가 강조하는 평화와 화합을 상징적으로 보여주는 사례로서 의미가 있다.[97]

하지만 씨름의 공동등재 이후 더 이상 이렇다 할 남북간의 공동등재 노력은 이루어지

---

94) 김덕순, 「남북 무형유산 교류 협력의 다자간 협력 틀 모색 - 유네스코 인류무형문화유산 남북 공동등재 사례」, 『문화재』 Vol. 52, No. 3, 2019, 262쪽.

95) 유네스코 제13차 정부간위원회 결정문. 6. Taking into consideration the recommendation of the Evaluation Body to inscribe both elements, decides, on an exceptional basis, to jointly examine the two files submitted by the Democratic People's Republic of Korea and the Republic of Korea(DECISION 13.COM 10.b.41) 〈https://ich.unesco.org/en/13com〉(최종검색일: 2024년 10월 14일). 공동등재할 경우, 공동등재에 동의한 국가가 합의하여 작성한 하나의 등재신청서를 제출해야 한다. 하지만 씨름의 경우는 남북이 각각 따로 공동등재를 신청했고, 새로 공동작성된 등재신청서를 제출하지 않았다.

96) 심승구, 「인류무형유산 씨름의 남북 공동등재 의미와 과제」, 『비교민속학』 제69권, 비교민속학회, 2019, 166쪽.

97) 김덕순, 앞의 글, 263쪽.

않고 있다. 많은 상징성과 의미를 가진 남북 공동등재지만 현실적으로 불가피한 어려움이 있다. 안타깝게도 남북간의 군사적, 정치적 긴장 완화와 상호신뢰 구축이 전제되지 않는다면 무형문화유산 남북 공동등재 등 문화교류는 어렵다는 것이 부정할 수 없는 현실이다. 무형문화유산이 진정한 평화와 이해의 통로가 될 수 있도록 지속적인 노력이 필요할 것이다.

'씨름'의 유네스코 남북공동등재 결정문에는 이번 씨름의 남북한 공동등재가 매우 예외적인 사례임을 밝히고 있다. 참고로 당시 결정문을 소개한다.

〈'씨름' 유네스코 남북공동등재 결정문〉[98)]

위원회는

1. 조선민주주의인민공화국이 "조선민주주의인민공화국의 씨름(Ssirum(wrestling) in the Democratic People's Republic of Korea)"(No.01361)을 인류무형문화유산 대표목록에 등재신청하였음을 염두에 두고,

씨름은 조선민주주의인민공화국 전 지역에서 널리 행해지는 운동 경기로 두 선수가 샅바와 상체, 손발을 이용해 상대를 쓰러뜨려 승부를 겨룬다. 샅바를 이용하고 최종 승자에게 황소를 부상으로 주는 것이 특징이다. 한민족은 예로부터 노동에서 벗어나 휴식을 취할 때 신체를 단련하기 위한 목적으로 씨름을 즐겼으며, 특히 명절이 되면 큰 경기를 벌였다. 명절 씨름판에는 노소를 막론하고 많은 사람들이 모여든다. 선수들은 다양한 기술을 이용해 승부를 겨루며, 관중은 열정적으로 선수들을 응원한다. 우승자는 승리를 축하하며 황소를 탄다. 온몸 운동인 씨름은 심신을 함양한다. 씨름은 또한 상호 존

98) 국가유산청, 〈https://www.khs.go.kr/newsBbz/selectNewsBbzView.do?newsItemId=155701107&sectionId=b_sec_1&mn=NS_01_02〉(최종검색일: 2024년 10월 14일).

중과 협력을 장려하고, 공동체와 집단의 조화와 결속에 기여한다. 수도 평양은 씨름과 관련된 다수의 공동체, 단체, 기구가 위치해 있다. 씨름은 어린 시절부터 가족과 이웃으로부터 배우며, 각급 교육기관에서도 이를 가르친다.

2. 등재신청서에 기재된 정보에 따라 해당 등재신청이 인류무형문화유산 대표목록 등재 기준을 충족한다고 결정하며,

R.1: 남성들은 어린 시절 자신의 아버지, 할아버지, 이웃으로부터 씨름을 배운다. 사회의 모든 차원에 깊게 뿌리 내리고 있는 씨름은 심신을 함양하고 공동체와 집단 내 사회적 결속과 조화를 강화한다. 경기를 관람하고 응원하며 감정을 공유하는 행동은 관중과 선수들에게 정체성과 연속성을 부여한다. 씨름의 실행자는 주로 남성이지만 여성들도 관객으로 참여하며 선수들에게 음식과 경기복을 제공하는 한편, 자녀에게 씨름을 배우고 실행하도록 독려하는 등 중요한 역할을 수행한다.

R.2: 씨름의 등재는 전통과 관습의 유지에 대한 중요성을 강조하고, 국내 여러 협회는 물론 유사한 유산이 있는 전 세계의 다양한 공동체들과의 대화와 경험의 교류를 장려할 것이다. 씨름과 연관된 유형의 유물과 관련 구전 전통의 생산은 문화적 다양성을 강조하며 인류의 창의성의 증거가 된다.

R.3: 신청서에 상세히 제시된 보호계획은 1945년 이후 마련된 제도적 장치의 활용에 대해 기술하고 있다. 해당 계획의 주요 목표는 이러한 전통을 지속 가능하게 발전시키는 데 있으며 이는 장기적인 연도별 계획에 따라 달성 가능하다. 유산에 부정적인 영향을 미칠 수 있는 요소에 대해서는 즉각적인 대응책을 마련해 대처한다. 씨름협회가 공식적인 교육과 기록화, 연구 정보교류, 진흥 및 보급과 관련된 활동의 이행을 담당하며 국가 및 지역 단위의 씨름 센터 등을 통해 이를 진행한다. 해당 공동체는 세 차례의 자문회의 중 제시한 보호계획 수립에도 참여하였다.

R. 4: 광범위한 공공기관과 단체가 등재신청서 작성에 참여하였다. 민족유산보호지도국은 전통적인 실행자와 보유자들로부터 자료를 수집하고, 씨름 기술의 보급을 담당하는 전문가들과 학술회의를 개최하였다. 자유의사에 기반해 충분한 정보를 제공받은 상태에서 다양한 의견이 제시되었으며 씨름 동호회, 실행자, 학생, 다양한 사회주의노동자조직이 서명하였다.

R. 5: 씨름은 2013년 조선민주주의인민공화국 국가무형문화유산 목록에 포함되었으며, 목록은 3년 주기로 갱신된다. 씨름은 씨름협회와 교육위원회, 사회과학원, 그리고 국가기관과 노동자단체, 다수의 씨름 애호가들의 공동 노력 덕분에 해당 목록에 오를 수 있었다. 여성들 또한 목록 작성 과정에서 씨름의 생명력과 그 사회문화적 기능에 대한 정보를 제공하는 등 중요한 역할을 수행하였다.

3. 대한민국이 "대한민국의 씨름(Ssireum, traditional wrestling in the Republic of Korea)" (No. 01280)을 인류무형문화유산 대표목록 등재를 신청하였음을 또한 염두에 두고,

씨름은 대한민국에서 널리 즐기는 대중적인 놀이이다. 두 선수가 허리와 한쪽 허벅지에 샅바를 두른 채 상대의 샅바를 잡고 여러 기술을 이용해 반대편 선수를 쓰러뜨리는 경기이다. 성인 경기의 최종 우승자는 풍년을 상징하는 황소를 부상으로 받으며 장사라고 불린다. 경기가 끝나면 장사는 축하행사로 황소를 타고 마을을 행진한다. 마을 어느 곳이든 모래판이 있는 곳에서 씨름 경기가 열리며, 어린이부터 노인까지 모든 연령의 공동체 구성원이 참여할 수 있다. 명절, 장날, 축제 등 다양한 행사에서 씨름 경기가 벌어진다. 지역적인 배경에 따라 다양한 지역에서 다양한 종류의 씨름이 발전해왔지만, 공동체의 연대와 협력을 강화한다는 씨름의 공통된 사회적 기능은 동일하다. 부상 위험이 적고 접근하기 쉬운 경기인 씨름은 정신적, 신체적 건강을 증진하는 수단이기도 하다. 한국인들은 가족, 지역공동체에서 씨름의 전통을 광범위하게 접한다. 어린이들은 가족 구성원으로부터 씨름 기술을 배우며, 지역공동체는 매년 공개 씨름대회를 개최한다. 학

교에서도 씨름 지도가 이루어진다.

4. 등재신청서에 기재된 정보에 따라 해당 등재신청이 인류무형문화유산 대표목록 등재 기준을 충족한다고 또한 결정하며,

R.1: 씨름은 국내 모든 지역의 한국인들에게 한국 전통문화의 일부로 인식되고 있다. 다양한 연령의 보유자와 실행자들이 사회 및 지역적 배경, 성별에 관계없이 분포한다. 게임과 스포츠가 일반적으로 그러하듯 신체와 정신의 건강, 공동체의 연대와 유대, 페어플레이 정신을 북돋운다. 중요한 명절에는 항상 씨름 경기가 있어 한국인의 문화적 정체성과 긴밀히 연관되어 있음을 확인할 수 있다.

R.2: 씨름의 등재는 민속경기와 스포츠를 무형유산의 일부로 부각시켜 무형유산의 가시성을 높이는 데 기여할 수 있다. 한국과 전 세계에 퍼져 있는 씨름이 갖는 다양성은 등재를 계기로 씨름의 다양한 기술과 방식에 대해 여러 공동체 간 대화를 촉진할 수 있고 공동의 활동을 촉진하는 전 세계 씨름 네트워크의 형성으로 이어질 수 있다. 또한 다양한 형태의 씨름이 여러 나라의 자연과 역사적인 맥락에 따라 어떻게 발전해 왔는지도 확인할 수 있어 문화적 다양성과 인류의 창의성을 증명하는 계기가 된다.

R.3: 씨름은 가족과 지역공동체, 학교, 대학, 한국씨름협회와 그 지역 지부의 노력, 그리고 정부의 전폭적인 제도적, 행정적 지원을 바탕으로 보호되고 있다. 제시한 보호조치는 적절한 균형을 유지하고 있으며, 씨름이 한국 전역에 널리 존재하고 있으나 지속적인 전승이 앞으로도 씨름을 보호하는 가장 좋은 방법이라는 사실 또한 반영하고 있다. 향후 보호계획에는 등재 이후 나타날 수 있는 부작용을 모니터링하고 씨름의 상업화를 예방하는 내용도 포함되어 있다.

R.4: 등재과정에는 세 갈래의 주요 집단이 참여했다. 씨름을 한국의 100대 문화 상징

중 하나로 꼽았고 그들 정체성의 중요한 일부로 인식한 한국의 일반 국민, 실행자를 대표하고 등재신청서 작성을 준비한 한국씨름협회, 그리고 신청서 준비에 참여한 전문가와 학계 인사 등이다. 용인대학교 출신의 대표적인 지역 협회와 학계 인사들이 전체 씨름 공동체를 대표해 자유의사에 기반해 충분한 정보를 제공받은 상태에서 등재신청에 사전에 동의하였다.

R. 5: 씨름은 2011년부터 문화재청이 관리하는 국가목록에 포함되어 있다. 문화재청은 매5년마다 해당 목록을 갱신한다. 씨름은 국가목록을 뒷받침하는 일반 국민을 비롯해 한국 사회 다양한 부문에서 그 정체성이 확인되고 정의되어 왔다.

5. 두 건의 별도 등재신청 건에 대한 평가기구의 검토 이후, 신청서를 제출한 두 당사국이 두 건의 신청서를 위원회가 공동등재 신청 건으로 검토해 줄 것을 요청하는 양 당사국의 의지를 인식하고,

6. 두 유산의 등재를 권고한 평가기구의 권고를 고려하여, 예외적으로, 두 건의 등재신청을 조선민주주의인민공화국과 대한민국의 공동등재로 검토하기로 결정하며,

7. "씨름(Traditional Korean wrestling, Ssirum/Ssireum)"을 인류무형문화유산 대표목록에 등재한다.

제3장

아리랑상과 전주세계무형유산대상

1. 아리랑상Arirang Prize(2001~2005)

아리랑상은 유네스코에서 2년마다 '인류 구전 및 무형유산 걸작' 중에서 선정하여 해당 유산을 보호·증진하고 재정적 지원을 제공하기 위한 목적으로 수여하는 상이었다. 1999년 4월 페데리코 마요르 유네스코 사무총장이 방한했을 때 한국의 외교통상부와 유네스코는 '인류 구전 및 무형유산 걸작'을 보호하는 데 이바지한 개인이나 단체를 선정하여 '아리랑상'을 수여하기로 하고, 상금 재원으로 매년 3만 달러(2년마다 시상하므로 총 6만 달러)를 지원한다는 의향서를 교환했다.

2001년 5월, 필자는 유네스코 파리 본부에서 있었던 제1회 인류 구전 및 무형유산 걸작 선정 국제심사위원으로 참가하였다. 이때 전 세계에서 응모한 38개의 후보작 중에서 19개의 무형유산이 인류 구전 및 무형유산 걸작에 선정되었다.

같은 해 9월 21일에서 23일까지 스페인 엘체Elche에서 국제심사위원들의 특별 회의가 있었다.[1] 이 회의는 5월 제1회 인류 구전 및 무형유산 걸작 선정 심사과정에 있었던 문제점을 보완하기 위한 모임이었다. 즉 이번 심사에서 통과되지 않은 19개의 후보 유산에 대한 재평가, 심사기준에 대한 토론, 비정부기구와 전문가의 평가 과정에 대한 개선 방향,

다국적 후보에 대한 문제점, 심사 과정에 대한 점검 등이 심도 있게 논의되었다.

이러한 논의가 끝난 후, 노리코 아이카와 유네스코 무형유산과장은 필자에게 특별회의가 끝난 후 아리랑상을 비롯한 세계무형유산상 심사위원회 회의가 있을 것이고, 이 회의에서 수상작을 선정할 것이라고 알려 주었다. 그 당시 세계무형유산상에는 아랍에미리트가 연 7만 달러를 기증하여 제정한 '술탄 알 나얀 상Sheikh Zayed Bin Sultan Al Nahyan Prize'이 있었고 한국이 연 3만 달러를 지원하여 제정한 '아리랑상Arirang Prize' 등이 있었다. 이날 선정 회의에 한국 대표로 필자와 아랍에미리트 대표로 문화부 장관이 참석했다.

필자 단독으로 19개의 유산 중에서 아리랑상을 수상할 두 나라의 유산을 선정해야 했다. 그래서 필자는 수상 유산을 어떻게 선정하는 것이 좋을지 그 기준과 조건에 대해 많이 고민했다. 우선 우리나라와의 관계에서 문제가 되는 나라가 있는지, 어느 나라에 혜택을 줬을 때 더 도움이 될지 그런 외교적인 문제를 알고 싶어서 파리에 있는 유네스코 공사한테 국제 전화를 했다. 인류 구전 및 무형유산 걸작에 선정된 19개 나라의 유산을 쭉 불러주면서 어떤 나라에 줬을 때 가장 좋을지 혹은 주어서는 안 되는 나라가 있는지 물었다. 당시 유네스코 한국 대표였던 김주석 공사[2]는 "교수님, 우리나라와 외교적인 문제가 있는 나라는 없습니다. 그러니 소신대로 하십시오"라고 말씀을 해 주셨다.

대한민국이 이 상을 어떤 의미로 수여하는가도 중요하다고 생각해서 미국의 자넬리 교수와 국제 전화로 상의해 보았다. 자넬리 교수는 어떤 나라에 수여해야 하느냐도 중요하겠지만 대한민국 정부가 국제사회의 리더로서 품위와 품격을 가지려면 지금 국제적으로 가장 이슈가 되는 "인종, 국가, 성별, 종교, 나이에 대한 차별 없이 가장 필요한 사람들한테 주는 것이 좋겠다"고 상의 의미를 조언해 주었다.

유네스코 무형유산상 선정회의에는 아랍에미리트 대표(문화부 장관), 한국 대표(필자), 그리고 유네스코 무형유산과 과장인 노리코 아이카와를 비롯한 관계자들이 참석하였다.

---

1) 임돈희 · 로저 L. 자넬리, 「유네스코 세계무형문화유산 제도와 그 의미」, 『비교민속학』 제26집, 비교민속학회, 2004, 511쪽.

2) 2001년 당시, 한국은 IMF 외환위기의 여파로 인해로 유네스코 한국대표로 대사 대신 공사를 파견하였다.

우선 아랍에미리트 대표에게 상의 취지와 목적을 발표하게 했다. 아랍에미리트 문화부 장관은 상 하나는 이슬람 국가의 유산, 다른 하나는 비이슬람 국가의 유산으로 선정하겠다고 발표했다.

이어 필자에게 한국의 아리랑상의 취지를 발표하라는 요청을 했다. 필자는 "한국은 무형유산보호 제도인 인간문화재 제도를 1962년부터 실시하여 국가가 인간문화재에게 재정 지원을 함으로써 무형문화유산이 사라지지 않고 전승되는 것을 활성화했다. 한국 정부는 이 아리랑상이 국가, 인종, 종교, 성별, 나이에 관계없이 무형유산보호에 가장 필요한 곳을 선정하고자 한다. 그리고 상금은 꼭 인간문화재practitioner에게 수여되기를 바란다"고 피력했다. 필자는 인간문화재에게 상금이 수여되는 것을 원했다. 인간문화재는 한국에서 만든 단어이고, 이 단어가 국제적으로 통용되길 바라는 마음이 있었다. 또한 당시 유네스코에서 무형유산 보호를 위해 모 국가에게 재정적 지원을 했는데 그 후원금이 대부분 관리나 학자들에게 가고 정작 무형유산을 담당하는 인간문화재에게는 지원되지 않은 경우가 있어 논란이 된 적이 있었다.

2001년 5월에 인류 구전 및 무형유산 걸작에 선정된 19개 나라의 무형유산 중에서 두 나라를 선정하였다. 2001년 제1회 아리랑상에는 필리핀의 '이푸가오의 후드후드 노래Hudhud chants of the Ifugao'와 아프리카 기니의 '소쏘발라 문화공간Cultural space of Sosso-Bala'이 선정되었다.

제2회 아리랑상은 2003년 11월에 파리에서 무형유산으로 선정된 28개의 유산 중 남서태평양 바누아투 공화국의 '모래 그림Vanuatu sand drawings'과 중앙아프리카 공화국의 '피그미의 구전전통Oral Traditions of The Aka Pygmies of Cental Africa'이 수상했다.

제3회 아리랑상은 2005년 11월 파리에서 무형유산으로 선정된 43개의 유산 중 부탄의 민속춤인 '가면춤Mask dance of the drums from Drametse'과 모잠비크의 '초피 팀빌라Chopi Timbila'에게 수여되었다. 필자는 한국 대표로 이 세 번에 걸친 아리랑상 심사위원으로 참여하였다.

그러나 아리랑상은 인류 구전 및 무형유산 걸작 선언 프로그램이 2005년에 끝나고, 2003년 「무형문화유산보호협약」이 통과되면서 중단되었다. 이 아리랑상의 중단에 대해 깊은 아쉬움을 표하는 사람들이 많았다. 당시 아리랑상이 폐지되자, 세종대왕상과 직지상을 유지하면서 유독 아리랑상만 폐지된 데 대해 비판의 목소리가 제기되었다. 특히 예산 부족을 이유로 폐지된 것은 아니냐는 의혹이 제기되었고, 이를 지적하는 언론 보도도 있었다. 다음은 그러한 비판적 시각을 담은 기사 중 하나이다.

'아리랑상' 어디 갔나?

유네스코의 '아리랑상' 폐지도 우리 정부의 안일한 문화유산 관리홍보가 문제점으로 지적된 대표적인 사례다.

유네스코는 지난 99년부터 2년마다 수여해오던 '아리랑상'을 지난해 폐지했다. 이에 대해 미래희망연대 김을동 의원은 문화재청이 시상 소요행정 비용 6만 달러 예산이 없다는 이유로 '아리랑상'을 폐지시켰다고 주장한 바 있다.

김 의원에 따르면 소멸 위기에 있는 세계 각국의 '구전 및 무형유산'을 보존하는 데 기여한 단체에 유네스코가 이 상을 수여하는데 우리 정부가 지원해 왔다. 그러나 문화재청이 예산지원의 부담 등을 이유로 유네스코에 폐지 신청을 한 것이다.

김 의원은 "자랑스러운 무형유산인 '아리랑'을 세계에 지속적으로 알릴 기회를 놓쳤다. 또한 유네스코라는 세계적인 자리에서 우리 민족의 역사와 전통문화의 우수성을 자랑할 수 있는 계기를 잃게 됐다"고 정부의 안일한 문화재 홍보를 질타했다.[3]

3) "유네스코 등재 '하회마을' 세계문화유산 목록서 삭제 배제 못해", 『시사포커스』, 2010년 9월 3일. 〈https://www.sisafocus.co.kr/news/articleView.html?idxno=43329〉(최종검색일: 2024년 10월 14일).

아리랑상을 폐지하면서 문화재청(현 국가유산청)이 발표한 입장문은 다음과 같았다.

유네스코 '아리랑상' 폐지 보도에 대한 문화재청의 입장

최근 일부 언론에서 지적한 "유네스코 '아리랑상'을 예산 부족으로 포기했다"는 제하의 보도 내용에 대하여 문화재청의 입장을 다음과 같이 밝힙니다.

한마디로 요약하면, '아리랑상'의 폐지는 예산확보의 문제가 아니라 유네스코 '세계무형문화유산 제도의 변화'에 따라 결정된 사항입니다.

1997년도에 유네스코는 프로그램 사업으로 '인류 구전 및 무형유산 걸작제도Masterpieces of the Oral and Intangible Heritage of Humanity'를 운영하여 왔습니다. 그러나, 인간의 창의적, 정신적 분야인 무형문화유산에 대해 그 가치를 평가하여 걸작을 선정한다는 것은 문제가 있다는 지적을 받아들여 2003년, '세계문화유산 및 자연유산보호협약'을 모델로 한 무형유산분야 국제협약인 「무형문화유산보호협약Convention for the Safeguarding of the Intangible Cultural Heritage」을 채택했습니다.

2006년 4월부터 동 협약이 발효됨으로써 '세계무형문화유산Intangible Cultural Heritage of Humanity' 제도가 시행되었습니다. 이로써 기존의 '인류 구전 및 무형유산 걸작' 프로그램이 종료되었으며, 종전 제도의 종료와 함께 이 제도에 기반을 둔 '아리랑상'은 폐지된 것입니다.

이번 제182차 유네스코 집행이사회(2009년 9월)에서는 우리나라의 '아리랑상' 뿐만아니라 동일한 제도에 시상하던 아랍에미리트의 '술탄 알 나얀상Sheikh ZayedBin Sultan Al Nahyan Prize'도 함께 폐지되었으며, 이는 유네스코 무형문화유산보호제도의 변화에 따른 불가피한 결정이었습니다.

현재 국제사회에서 우리나라는 무형문화유산정부간위원회 위원국(24개국) 중의 하나이고, 세계무형문화유산 대표목록 심사 보조국(6개국)의 한 국가로서 의욕적으로 활동하고 있으며, 무형문화유산 분야에서는 상당한 지도력을 인정받고 있습니다.

앞으로도 문화재청은 유네스코 무형문화유산 분야 후원사업을 수행할 유네스코 카테고리 2급 기관인 '유네스코 아태무형유산센터'가 설립(제35차 유네스코 총회승인 예정/2009년 10월)되면 유네스코와 충분한 협의를 거쳐 가칭 '인간문화재상'을 신설하는 등 국제사회에서 무형문화유산보호를 위한 다양한 활동을 수행해 나갈 예정입니다.

2009. 10. 5.

국제교류과장 김홍동[4)]

그러나 아리랑상의 폐지에 대해 아쉬움과 부활의 필요성은 계속 주장되었다. 다음은 당시 유네스코한국위원회 전택수 사무총장이 아리랑상 부활의 필요성을 강조한 글이다.

[기고] '유네스코 아리랑賞'은 부활돼야 한다

전택수 유네스코한국위원회 사무총장

허윤희 기자

입력 2011.06.26. 23:02

한민족의 영혼을 적셔온 아리랑을 중국이 국가무형문화재로 등재했다는 소식은 우리를 당혹감과 함께 깊은 우려에 빠뜨리고 있다. 우리 정부는 내년에 아리랑을 '유네스코 인류무형문화유산Intangible Heritage'으로 등재시키겠다는 입장을 신속히 밝혔다. 꼭 실현되기를 바란다. 이에 더해 필자는 지난 2009년에 폐지된 '유네스코 아리랑상Arirang Prize'을 부활시킬 것을 제안한다.

우리나라는 일찍부터 세계의 무형문화유산 발전에 중추적인 역할을 담당해왔다. 1994년 유네스코는 서구 사회의 전통에서는 생소한 인간문화재 사업을 채택했는데 이는 우리 정부의 제안으로 이루어졌다. 2003년에 채택된 유네스코 무형문화유산보호협약은

---

4) 국가유산청, 〈http://www.khs.go.kr/newsBbz/selectNewsBbzView.do?newsItemId=155376135&sectionId=e_sec_1&pageIndex=11&strWhere=&strValue=&mn=NS_01_02_02〉(최종검색일: 2024년 10월 14일).

우리의 무형문화유산 제도를 많이 포함시켰다. 최근에는 국립민속박물관이 국제적으로 공인된 무형문화유산 국제학술지를 발간하여 세계 학계에 토론의 장場을 제공하고 있다. 또한 강릉은 단오제가 유네스코 인류무형문화유산에 등재된 것을 기념하여 국제무형문화도시연합을 결성하여 매년 국제회의를 열고 있다.

'유네스코 아리랑상賞'은 1999년에 우리 정부가 2년마다 미화 6만달러를 지원해 제정됐다. 이 상은 유네스코의 인류 구전 및 무형유산 걸작 가운데 2점을 선정해 수여했다. 2001년에 처음으로 필리핀의 '이푸가오족의 후드후드 송가'와 기니의 '소소발라 공연장'이 유네스코 아리랑상을 받았으며, 2003년과 2005년 두 차례 더 시행됐다. 유네스코의 제도 변화로 2007년부터 일시 중단됐던 '유네스코 아리랑상'은 2009년 9월 개최된 유네스코 집행이사회에서 폐지됐다. 이는 유네스코가 기존에 지원되던 상금 6만 달러 이외에 운영경비 6만달러를 더 지원해달라고 요청했는데 한국 정부가 이에 응하지 않은 데 따른 것이었다. 당시 유네스코 한국위원회는 정부의 담당 부서에 유네스코 아리랑상이 갖는 여러 가지 긍정적인 효과를 제시하면서 상의 존치를 강력히 요청하였으나 정부 차원에서 이미 내린 결정이라 어찌할 수 없다는 답을 받았다. 우리 정부에 그만한 예산이 없어서 그렇게 결정된 것은 아닐 것이다. 오히려 무형문화유산 보전의 중요성, 국제사회에서 한국의 역할과 기여를 멀리 보지 못한 채 조급하게 내린 결정이라 아니 할 수 없다.

만약 '유네스코 아리랑상'이 지금까지 유지되어 왔다면 인류 무형문화유산 심사위원들은 아리랑이 한국의 무형유산이라는 것을 당연하게 생각할 것이다. 또한 유네스코라는 권위 있는 기관이 수여하는 아리랑상을 받은 세계의 모든 무형문화인들이 아리랑을 홍보하는 친선대사로 활동할 수도 있을 것이다. 이러한 상황이라면 아무리 중국이라 할지라도 국제사회에서 아리랑을 자기 나라 유산이라고 주장하거나 유네스코 인류무형문화유산에 등재할 생각을 할 수 있겠는가?

만시지탄晩時之歎의 느낌은 있지만 지금이라도 유네스코 아리랑상을 부활시켜야 한다. 이번에는 중앙정부뿐 아니라 지방정부도 적극 나섰으면 좋겠다. 청주시가 유네스코 세계기록유산에 '직지심체요절直指心體要節'이 등재된 것을 기념하여 '유네스코 직지상' 제정을 제안하여 이를 지역발전에도 활용하듯이, 아리랑을 중시하는 진도 · 밀양 · 정선

등의 지방자치단체도 '유네스코 아리랑상'의 부활에 적극 참여함으로써 이 상을 지역발전의 계기로 삼을 수 있을 것이다.[5)]

2. 전주세계무형유산대상Jeonju International Awards for Promoting of Intangible Cultural Heritage(2019~현재)

1) 제정 배경

전주에 있는 무형문화연구원의 함한희 교수로부터 연락이 왔다. 김승수 전주시장이 무형유산에 각별히 관심과 애정을 갖고 있으며 전주시가 국제적으로 무형유산의 대표 도시로 인식되기를 희망한다고 필자에게 알려 주었다. 이에 필자는 함한희 교수와 함께 2018년 9월경 김승수 전주시장을 직접 만나, '아리랑상'과 같은 세계무형유산상을 전주시가 제정한다면, 전주가 세계무형유산 분야에서 국제적인 명성을 얻게 될 것이라고 제안하였다.

김승수 전주시장은 필자의 의견에 즉각 동의하면서 상금을 마련하게 되었고, 그해 10월부터 함한희 교수와 함께 무형유산상에 대한 준비에 들어갔다. 상 이름은 우선 명칭에 전주가 들어가야 하고 무형유산에 주어지는 상임을 고려하여 '전주세계무형유산대상'으로 정하였다. 자넬리 교수가 영문으로는 'Jeonju International Awards for Promoting of Intangible Cultural Heritage'로 작명해 주었다. 또한 전주세계무형유산대상에 대한 영문 홍보문구도 자넬리 교수의 도움으로 작성하였다.

전주세계무형유산대상은 다음과 같은 의미가 있다. 첫 번째로 이 상은 아리랑상의 철

---

5) "'유네스코 아리랑賞'은 부활돼야 한다", 『조선일보』, 2011년 6월 26일. 〈https://www.chosun.com/site/data/html_dir/2011/06/26/2011062601039.html〉(최종검색일: 2024년 2월 18일).

학을 이어받아 국적, 민족, 종교, 연령, 성별 및 기타 정치적, 사회적, 경제적 및 문화적 성향에 관계없이 국제사회에서 모범적인 무형유산 보호 활동을 장려하는 개인, 단체, 지역 공동체, 전문가, 행정가, 연구원 및 NGO에게 시상한다는 점이다.

두 번째는 국가가 아닌 지방자치단체가 수여한다는 것이다. 무형유산은 살아있는 유산으로 그 근거지는 지역공동체이기에 국가보다는 각 자치단체가 무형문화유산과 밀접한 관련을 갖고 있다. 따라서 지방자치단체가 무형유산의 발전을 위하여 전주세계무형유산대상을 제정하여 시상하는 것이 국가가 하는 것보다 더욱 가치있는 일이고 유네스코 무형문화유산협약의 정신에도 부합한다고 볼 수 있다.

마침내 2019년 9월 27일 제1회 전주세계무형유산대상 시상식을 시작으로 2024년 9월 25일에 제6회 전주세계무형유산대상 시상식을 갖게 되었다.

이러한 중요하고 뜻깊은 상을 마련해준 김승수 전주시장에게 깊은 감사의 마음을 전하고 싶다. 그리고 이 상을 공정하고 영예롭게 운영하여 국제적인 명망을 얻게 해 준 함한희 무형문화연구원장의 노고에 치하를 드리는 바이다. 필자는 이 전주세계무형유산대상의 자문위원장으로 활동해 왔으며, 2019년, 2023년 대상 시상식에 참여하여 축사를 하기도 하였다.

2) 전주세계무형유산대상JIAPICH의 운영 및 선정과정[6)]

[표 3-3-1] 전주세계무형유산대상 개요

주관	전주시
대상	무형문화유산 보호의 모범적 활동을 하는 개인 · 단체 · 공동체 · 기관 · 비정부기구(NGO)
목적	무형문화유산의 전승활동을 북돋아 주고, 지속가능한 방안을 추진하는 공로자 발굴
심사방법	국제적으로 명망있는 무형유산 전문가 5~6명이 심사위원회를 구성하여 심사
일정	매년 1월부터 공모하여 4월 신청 마감 후 6월 선정
시작연도	2019년
부상	시장상市長賞 상패와 상금 30,000달러

6) 전주세계무형유산대상 부분의 글은 전주세계무형유산대상을 책임지고 있는 함한희 교수가 작성했다.

(1) 개요

'전주세계무형유산대상Jeonju International Awards for Promoting of Intangible Cultural Heritage(JIAPICH)'은 전주시가 2017 '무형문화유산 보호에 대한 전주선언문Jeonju Declaration on Intangible Cultural Heritage, a Resource for the City of Today and Tomorrow'에 기초해서 2019년에 제정한 상이다. 이 상의 수상 대상에는 국적, 민족, 종교, 연령, 성별 및 기타 정치적, 사회적, 경제적 및 문화적 성향에 관계없이 국제사회에서 모범적인 무형유산 보호 활동을 장려하는 개인, 단체, 지역공동체, 전문가, 행정가, 연구원 및 NGO 등이 포함된다. 궁극적으로 이 상을 통해서 무형유산의 가치, 특히 사회의 통합, 협력, 문화 다양성의 증진과 이를 통해 세계 공동체의 미래 발전을 촉진하는 것을 목표로 한다.

전주시는 어려운 환경 속에서도 사라져 가는 무형유산의 가치를 지키기 위해서 활동하는 사람들을 격려하는 차원에서 상패와 상금(미화 30,000달러)을 마련해서 수여하고 있다. 이를 위해 국제적으로 명망 있는 무형유산 전문가들을 심사위원으로 초빙해서 공정한 절차를 거쳐 최종 수상자를 선정한다.

1989년 유네스코는 세계문화유산 보호 사업이 다루지 못하는 '전통문화와 민속의 보호에 관한 유네스코 권고안'을 발표했다. 뒤이어서 1997년 '인류 구전 및 무형유산 걸작 선언' 프로그램이 선포되었다. 이를 계기로 해서 1999년 4월에 유네스코에서는 '아리랑상'을 제정하였다. 대한민국 정부는 인간문화재 제도 등을 1960년부터 도입해 무형문화재 보호에 노력해 온 연장선상에서 유네스코의 사업 취지에 적극 동참해 왔고, '아리랑상'을 제정하는 데도 기여하였다. 아리랑상의 수상 대상은 인류 구전 및 무형유산 걸작과 이를 보전하는 데 기여한 개인과 단체였고, 한국의 이미지를 제고할 것으로 기대되었다. 한국 정부는 아리랑상에 부상으로 주어지는 상금재원을 유네스코에 지원하였다. 이후 2003년 '세계문화유산 및 자연유산보호협약'을 모델로 한 무형유산 국제협약인 「무형문화유산보호협약」을 채택하면서 아리랑상은 2005년 3차 시상을 끝으로 폐지되었다. 이 상이 사라지면서 많은 무형유산 전문가들은 아쉬움을 금치 못했다고 한다.

이로부터 12년 뒤인 2017년, 국립무형유산원이 주관하고 무형문화연구원이 주최한 제1차 '국제무형유산포럼'에서 무형유산보호에 대한 '전주선언'이 채택되었으며 이를 기반으로 2019년 '전주세계무형유산대상'이 제정되었다. 이 상을 적극적으로 제안하고 추진한 임돈희 교수는 '아리랑상'의 부활이라고 평가하였다. 아리랑상이 지닌 의미를 되살려서 전 세계의 무형유산 보호와 진흥에 기여할 수 있기 때문이다.

전주시가 3만 달러의 상금재원을 마련해서 2019년부터 2024년까지 총 18개국 13개 단체와 5명의 개인에게 수여했다. 아마존 유역의 원주민촌, 아프리카 및 히말라야 오지에서 자신들의 무형유산을 지켜온 공동체, 단체 그리고 개인들이 수상자로 선정되었다. 국제무형유산 부문 유일한 상으로 희소성과 권위를 함께 갖추기까지 전주세계무형유산대상이 걸어온 길을 간략하게 소개해 본다.

(2) 연혁

[표 3-3-2] 전주세계무형유산대상 설립 연혁

일시	내용
2017. 10. 27.	**전주선언문 채택 - 무형문화유산, 도시의 현재와 미래자산** (제1회 세계무형유산포럼) Jeonju Declaration on "Intangible Cultural Heritage, a Resource for the City of Today and Tomorrow"
2018. 12. 6.	운영위원회, 자문위원단 조직
2019. 5. 31.	제1기 심사위원단 구성
2019. 9. 27.	**제1회 전주세계무형유산대상 시상식** 무형유산 1차 콜로키움-무형유산과 개척자 정신
2020. 8. 14.~9. 4.	수상자들의 활동 소개 및 대상 관련 영상 방영
2020. 9. 18.	**제2회 전주세계무형유산대상 온라인시상식**(COVID19 기간)
2021. 5. 14.	무형유산 2차 콜로키움 무형유산 매개자의 실천 사례 공유(온라인)
2021. 9. 9.	**제3회 전주세계무형유산대상 온라인 시상식**(COVID19 기간)
2022. 9. 23.~25.	시민참여 프로그램 홍보 활동 (전주평생교육원 주관)
2022. 10. 18.~24.	전주세계무형유산 대상 주간 ('장인의 발걸음' 공연 및 '우리집으로 들어온 전주무형유산' 전시회 개최)
2022. 10. 19.	**제4회 전주세계무형유산대상 시상식**
2023. 6. 23.	무형유산 3차 콜로키움 전주세계무형유산대상 발자취: 무형유산의 공공성을 중심으로 (온라인)
2023. 12. 19.	어린이를 위한 동화책 발간: 전주이야기, 세계이야기 I

일시	내용
	용머리 고개와 강감찬 장군, The legend of the Wawel Dragon of Krakow
2023. 9. 2.	**제5회 전주세계무형유산대상 시상식**
2024. 2. 1.	전주세계무형유산대상 신청서 워크샵 (온라인)
2024. 7. 10.	5주년 기념『전주세계무형유산대상 백서』 출간
2024. 9. 25.	**제6회 전주세계무형유산대상 시상식**

(3) 2017 무형문화유산 전주선언문

전주시, 국립무형유산원과 무형문화연구원이 협력해서 제1회 '세계무형문화유산포럼'을 개최했다. "무형문화유산, 도시의 현재와 미래자산"이라는 대주제를 선정해서 2017년 10월 27일에 전주에서 그 문을 열었다. 이틀 동안 발표자와 토론자들의 열띤 토론으로 포럼을 마무리하면서 참석자들은 무형유산 보호활동의 중요성을 일깨우려는 목적으로 〈전주선언문〉을 채택하였다. 그 내용은 아래와 같다.

가. 무형문화유산과 도시의 지속가능한 발전

모든 이해관계자의 완전한 참여로 정책을 개발함으로써 지속가능한 발전 목표, 특히 지속가능한 도시와 공동체에 관한 11번째 목표에 도달 가능성을 실현하기 위해 무형문화유산의 힘을 십분 활용한다.

나. 무형문화유산과 양질의 직업

유네스코의 공예와 음식 창조도시 등 프로그램에서 추구되고 있는 바와 같이 무형문화유산의 잠재력을 활용하여 도시 사람들에게 일자리와 양질의 직업 및 생계수단을 제공한다.

다. 무형문화유산과 인권

불평등을 줄이고 사회 통합 및 포용성을 보장하기 위해 무형문화유산 보호의 잠재력을 통해 소외계층, 취약계층을 포함하여 도시에 거주하는 사람들의 필요와 열망을 해결한다.

라. 무형문화유산과 문화다양성 및 정체성

무형문화유산이 보호받을 수 있는 상호 작용의 접촉 지대로서 서로 다른 문화와 역사로 풍부해진 도시의 정체성을 키우고 자긍심을 가지게 된다.

마. 무형문화유산과 창의성

무형문화유산은 지역사회, 단체 및 기타 관련 이해관계자의 참여로 창조적인 산업을 위한 자원으로 동원되어 서로 다른 배경을 가진 사람들의 창의력을 고무시키고 자극한다.

전통문화도시로 잘 알려진 전주시는 무형유산의 중요성을 인식하면서 그 보호활동을 위해서 국내 어떤 지자체 보다 앞장서고 있다. 전 세계 무형유산 공동체 네트워크 구축이라는 기치 아래서 전주세계무형유산대상을 마련하게 되었다. 이러한 노력이 지구촌 평화유지에 이바지하게 될 것으로 본다.

(4) 심사방법

전주세계무형유산대상의 심사는 운영위원회가 위촉하는 전문 심사위원단이 담당한다. 심사위원의 임기는 2년으로 하되 연임이 가능하다. 연임의 제한은 없다. 매년 1월 또는 연말에 열리는 JIAPICH 운영위원회에서 다음 해의 심사위원을 정하도록 한다. 심사위원은 지역별로 고른 분포를 보이도록 노력을 하고 있으나, 지금까지는 중동지역 심사위원이 없었다. 중동지역은 유럽이나 아시아권을 맡은 심사위원이 겸임을 해 왔다. 이 지역 신청자들이 적다는 이유가 컸지만, 최근에는 중동지역에서도 신청자가 증가하고 있기에 이를 고려하기로 했다. 이렇듯 전 세계로부터 관심을 받고 있는 이 상의 권위를 유지하기 위해서 운영위원회에서는 더욱 공정하고 투명한 심사를 위해 노력하고 있다.

해마다 5~6인의 국제적인 무형유산 전문가에게 의뢰하여 심사 및 운영을 진행한다(심사위원 명단 참고). 제1회 심사위원회는 현장에서 실시되었으나, 2회부터는 코로나 사태로 인해 온라인으로 진행하였다. 이후 온라인 심사의 유용성이 인정되어서 지금까지도 같은 방식을 유지하고 있다.

5월 말까지 신청 접수가 마감되면 사무국에서는 심사위원들에게 통고하고 심사준비에 돌입한다. 약 한 달 동안 접수된 서류, 영상, 사진 및 기타 신청서를 심사위원들이 검토할 수 있도록 준비하며, 심사위원들과 긴밀하게 연락을 취한다. 심사위원들이 모두 참여할 수 있는 기간을 정한 후, 온라인 미팅을 진행한다. 공정하고 엄격한 심사를 위해서 심사위원들은 서약을 한 후 위원장을 선출하고 심사를 진행한다. 심사 기간은 평균적으로 한 달여를 필요로 한다. 개별 심사가 완료되면, 최종결과는 만장일치로 합의를 한 후 수상자를 결정한다.

심사위원 명단(2019~2024)

- 노리코 아이카와(일본, 유네스코 무형문화유산과 전 과장) 2019~2024
- 데밍 안(중국, 사회과학원 교수) 2019
- 로리에 터전(캐나다, 라발대학교 교수) 2019~2022
- 리후이 양(중국, 북경사범대학교 교수) 2020
- 아마레스월 갈라(국제인쿨루시브박물관연구소 소장) 2021~2024
- 욜린 네이링크(벨기에, 플랑드르 무형문화유산 지식센터 코디네이터, 전 유네스코 무형문화유산 NGO FORUM 운영위원) 2020~2024
- 응우엔 티 히엔(베트남, 국립예술연구소 부소장) 2019
- 최동환(대한민국, 유네스코 무형문화유산 NGO FORUM 운영위원, 아프리카인사이트 대표이사) 2019~2024

자문위원 명단(2019~2024)

- 임돈희(위원장, 대한민국학술원 회원, 동국대학교 종신석좌교수)
- 로저 자넬리(미국, 인디애나대학교 명예교수) 2019~2021
- 김인회(대한민국, 연세대학교 명예교수)

(5) 수상자 선정

이 상은 위에서도 기술한 바와 같이, 무형유산 전승과 보호에 모범을 보이고 공동체 활성화에 공헌을 한 개인 · 단체 · 지역공동체 · 기관 · 비정부기구(NGO) 등에게 수여된다. 역대 수상자들은 다음 [표3-3- 3]과 같다.

[표 3-3-3] 전주세계무형유산대상 역대 수상자

수상자	국가, 지역 및 활동 유형	수상 이유
2019년도		
컨택트 베이스 Contact Base	인도India, 동부, 단체	인도의 전통예술을 지키기 위해 다양한 국내외 활동. 'Art for Life'를 통해 지역사회를 변화시킴. 동인도지역의 30개 이상의 공예단체와 28,000여 전통 무용가를 위한 역량 강화 활동.
뉴펀들랜드와 라브라도 유산재단 Heritage Foundation of Newfoundland and Labrador	캐나다Canada, 동부 섬지역, 단체	캐나다 동부 대서양 연안에 위치한 뉴펀들랜드 섬과 라브라도 지역에서 활동하며, 교육 및 공동체 기반의 워크숍을 통해 무형문화유산 보호를 위한 실천 활동에 주목.
아미드 스콘티 Ahmed Skounti	모로코Morocco, 전문가, 개인	북아프리카, 사하라 이남 지역, 아랍 지역을 무대로 활발한 활동을 전개하고 있으며, 국내외 무형문화유산 정책 발전 및 무형문화유산 보호와 증진에 앞장서는 전문가로서 지대한 공헌.
2020년도		
아사마 ASAMA	부르키나파소Burkina Faso, 단체	전통 가면과 그 문화가 사라지는 것을 걱정하는 학생들이 모여 1995년 아사마를 설립하여 전통 가면과 문화 보호를 시작. 부르키나 파소 사람들의 전통을 지키고, 이와 관련된 무형의 유산을 사회에 알리는 데 앞장서고 있음.
히우 덕 뷰 HIEU DUC, VU	베트남Viet Nam, 몽거주지역, 단체	'몽족문화공간박물관' 설립으로 소수 민족인 몽족의 문화보호에 공로가 큼. 베트남 주류사회에서 소외받는 소수민족의 문화를 보전하는 데 앞장서 용기, 희생, 박애 정신으로 높이 평가받음.
NGO 임팩토 NGO Impacto	멕시코Mexico, 오하카지역, 공동체	직조기술자들과 함께 멕시코 산간지역 주민을 훈련하여 전문기술자로 육성하는 노력함. 2015년에는 지방정부와 협력해 창조적 민속예술도시 선정에 공헌.
2021년도		
딜 쿠마르 바라히 Dil Kumar Barahi	네팔Nepal, 바라히, 공동체	사라질 위기에 처한 바라히공동체의 의례용 수레 제작 전통기술을 전승하면서 현대로 계승시킨 공로. 그는 어린 시절부터 공예품 제작 기술을 배웠으며, 50년 이상 연민의 신 카루나마야의 수레 제작에 헌신.
엘 펠제 El Fèlze	이탈리아Italy, 베니스, 단체	베니스에서 설립된 곤돌라 제조업협회. 보트, 노, 포콜라 Focola, 가구, 장식 및 액세서리를 만드는 100여 명의 장인들로

수상자	국가, 지역 및 활동 유형	수상 이유
		구성됨. 시민들과 함께 곤돌라 기술을 현대에 맞게 해석하고 그 안에 담긴 무형의 가치를 공유.
쉬린벡 다블라마마도프 Shirinbek Davlatmamadov	타자키스탄Tajikistan, 개인	1996년 생물문화다양성을 추구하는 굴루 기요Gulu Giyoh 설립. 외과 의사로 50년 동안 경험을 바탕으로 전통의학과 현대의학을 잇는 가교 역할을 함.
2022년도		
안카 라이크 Anka Raic	보스니아-헤르체코비나 Bosnia and Herzegovina, 개인	무형유산을 전승 · 보호하기 위하여 지역 당국, 민속 협회 및 기관, 무형유산 보유자들의 다리 역할을 해옴. 젊은 사람들에게 전통의 맥을 이어가는 것의 중요성을 강조하는 활동을 진행한 공로.
이푸가오 박물관 Ifugao Museum	필리핀Republic of the Philippines, NM코딜레라, 단체 및 공동체	이프가오족의 문화 박물관으로, 코딜레라 계단식논 지역에 위치함. 이푸가오족의 문화를 대표하는 물건들과 기타 유산들을 소장. 이푸가오 문화유산에 대한 보호활동 중심.
설판타 Serfenta	폴란드Poland, 시진Cieszyn 지역, 단체	무형유산의 교육과 연구를 통한 무형유산의 가치를 이끌어내고자 함. 이러한 노력을 통해서 무형유산의 경제성을 추구해서 지속가능한 발전에 대한 기반도 다지고 있음. 폴란드의 NGO로, 2006년에 설립되어, 전 세계의 연구기관, 박물관, 사업체 등과 함께 다양한 국제활동에 참여하고 있음.
2023년도		
난민을 위한 예술 Art for Refugees in Transition	미국USA, 단체	전 세계 난민을 위해 그들의 정체성을 잃지 않도록 각 공동체의 토착예술을 가지고 교육과 치유를 한다. 노인들이 무형유산과 가치 있는 전통을 젊은 세대들에게 교육시키고, 함께 할 수 있도록 함. 이 단체는 어린이와 성인에게 자신들의 문화를 기반으로 하는 공연, 전시 등의 다양한 예술활동에 참여하도록 독려함.
농촌진흥 기금 Rural Development Fund	키르기스스탄Kyrgyzstan, 단체	RDF는 키르기스스탄의 빈곤퇴치와 장기농촌개발을 목표로 지역주도형 사업을 추진하는 단체다. "키르기스 엘 아킬 카지나 Kyrgyz El Akyl Kazyna"라는 무형유산 보유자 네트워크를 만들어서, 민속과 관련한 지식을 최대한 보존 · 전달함.
우드포디아 Woodfordia Inc.	호주Australia, 단체	이 단체는 다양한 민속축제와 장인캠프 운영 등을 진행하고 있으며, 이들은 단체 선언문에 "공동의 이익을 위해 민속문화를 보존하고 홍보하여 그 활동을 촉진한다"고 명시함. 우드포디아는 호주인과 디아스포라 사이의 언어 · 문화적 차이를 가진 다양한 커뮤니티가 공유하는 축제에 주목, 워크숍, 공연 등의 활동을 통해 포용력 있는 사회로 이끌어감. 연간 68,000여 명이 참여하는 축제.
2024년도		

수상자	국가, 지역 및 활동 유형	수상 이유
남부 코블레 재단 The Foundation of Koble Mande Sud	코트디브아르Côte d'Ivoire, 단체	이 재단은 코트디부아르 내 '단 민족'의 무형유산을 보호하고 전승하는 단체로, 지역퍼레이드를 홍보하고 전통춤의 명맥을 이어가기 위해 활동. 코트디부아르 내 다양한 민족과의 교류를 촉진하는 이 재단의 활동은 전승되어온 무형유산이 현재를 살아가는 일상의 관계들과 조화를 이룰 수 있는 연료 역할을 함. 나아가 내전으로 인해 잃어버린 전통을 회복하여 보호하는 데 주력.
피라-파라나강 원주민 전통협회 Association of Captains and Traditional Indigenous Authorities of the Pirá-Paraná In River(ACAIPI)	콜롬비아Colombia, 단체	'유루파리 재규어 주술사'로 대표되는 이들의 활동은 전통지식을 문서화하고 젊은 세대를 참여시키기 위해서 전승교육체계를 마련하는 등 무형유산의 전승에 힘을 씀. 자체 학습모델을 제작하고 신성한 장소들을 보호하고자 환경 교육에 힘쓰는 등 전통지식의 실용적 적용을 위해서 노력.
로야 타기예바 Roya Taghiyeva	아제르바이잔Azerbaijan, 개인	카펫 문화로 대표되는 아제르바이잔 직조문화를 보호 · 전승하며, 다른 나라의 직조문화와의 차별점을 알리면서 전 세계에 아제르바이잔 직조 문화를 알리는 교두보 역할을 함. 현재 카펫 박물관을 운영하고 다양한 전시회를 개최하여 세대를 아우르며 무형유산을 소개하면서 전쟁으로 인한 실향민들에게 직조 기술을 가르치는 프로젝트를 진행.

(6) 시상의 의의

국가, 민족, 종교, 그리고 성별 등의 경계를 초월한 살아있는 유산에 수여되는 이 상은 인류의 보편적 가치에 헌신한 자들을 기리기 위해 수여된다. 전 지구적 조화, 인간 문화의 진보, 그리고 지속 가능한 발전을 위한 선도적 영예인 이 상을 전주시가 마련한 것은 커다란 성과가 아닐 수 없다. 2018년 '아리랑상'의 부활을 제안한 임돈희 교수의 숨은 공도 이 자리를 빌어서 밝히는 바다.

전주세계무형유산대상은 세계 도처에서 보내오는 열렬한 지지 덕분에 원활하게 진행되고 있다. 다양한 배경을 가진 신청자들이 있다는 것은 이 상이 국제적으로 많은 호응을 얻고 있음을 말해준다. 전주는 앞으로도 이 상을 지속적으로 수여함으로써 무형유산의 보호와 전승에 기여하게 될 것이다. 지방의 한 자치단체가 무형유산 보호의 고된 여정에 참여하는 이해관계자, 단체 및 개인들에게 희망의 등대 역할을 자청하고 나선 것이다. 수상자들의 정신과 활동을 모델로 삼아 전주는 무형유산 중심도시로서의 지위를 다져나갈 것이다.

이 상은 무형문화유산의 보호에 앞장서서 모범적인 전승 활동을 하는 사람들이나 단체 또는 공동체에 수여됨을 밝힌 바 있다. 무형문화유산은 사회적 결속이나 정체성 확립, 나아가서는 세계 평화와 안전에도 도움을 주고 있다. 이 상이 무형문화유산의 이러한 가치를 널리 알리고, 국제적인 연대를 모색하도록 한다. 특히 이 상은 소외된 지역에서 묵묵히 일하고 있는 숨은 무형문화유산 전승자·단체·지역공동체·기관·비정부기구(NGO) 등을 발굴하는 데 의의가 있다. 전주시는 이 상을 제정함으로써 이들의 노고와 불굴의 정신을 치하하며 무형유산을 지키는 일에 커다란 가치와 의미를 부여하고 있다.

2019년 첫발을 내디디며 시작한 이 상이 이제는 국제적인 신망을 얻어, "단기간에 높은 평가를 받는 국제적인 상"[7]이 되었다.

3) 축사

필자는 2023년 전주세계무형유산대상 시상식에 참여하여 다음과 같은 축사를 했다.

> 우선 '전주세계무형유산대상'을 수상하신 키르기스스탄의 농촌진흥펀드Rural Development Fund(RDF), 미국의 난민을 위한 예술단체Art for Refugees in Trnasition(ART), 오스트레일리아의 원주민 공동체와 함께 하는 우드포디아(Woodfordia Inc.)에게 진심으로 축하를 드리는 바입니다.
>
> 저는 한국정부가 후원하고 유네스코가 제정한 최초의 무형문화유산상인 '아리랑상'을 2001년부터 2005년까지 심사하였습니다. 저는 "한국은 1962년부터 산업화, 도시화, 서구화되는 상황 속에서 급격히 사라져 가는 전통문화인 무형문화유산을 보호하기 위하여 인간문화재 제도를 실시하여 사라져 가는 많은 무형문화유산을 보호한 경험이 있습니다. 한국정부는 아리랑상이 국가, 인종, 종교, 성별, 나이에 관계없이 무형문화유산

7) 전주세계무형유산대상 심사위원장이며, UNESCO ICH NGO FORUM 회장인 로리에 터전 교수의 말.

을 보호하는 데 가장 필요로 하는 인간문화재를 위시한 무형문화유산보호에 많은 공헌을 하신 분들에게 수상되기를 바랍니다"라고 아리랑상의 의의를 피력한 바 있습니다.

인류구전 및 무형유산걸작 선정제도가 2003년 「무형문화유산보호협약」이 통과되고 2006년 발효됨에 따라 유네스코 무형문화유산상은 더 이상 행하지 않게 되었습니다. 아리랑상이 더 수여되지 않은 것에 대한 아쉬움이 매우 컸었습니다. 그런데 2019년에 전주세계무형유산대상이 제정되어 기쁜 마음이 그지없었습니다. 전주시에서 전주세계무형유산대상이 제정되었다는 것은 매우 뜻깊은 일입니다. 그리고 이 시상식이 벌써 5회째입니다. 무형유산보호와 지속적인 전승 및 발전에 많은 관심을 가지고 계시는 우범기 전주시장님, 시의회의장이신 이기동의장님과 전주 시민들이 힘을 합쳐 매년 세계무형유산대상을 수상해 오신 것에 머리 숙여 깊은 감사를 드리는 바입니다.

그러나 전주세계무형유산대상은 국가가 아닌 한 지방자치단체에서 수여한다는 것이 가장 큰 의미가 있습니다. 무형유산은 살아있는 유산으로 그 근거지는 지역공동체이기에 국가보다는 각 자치단체가 무형문화유산과 밀접한 관련을 갖고 있습니다. 따라서 무형유산과 밀착되어 있는 지방자치단체가 무형유산의 발전을 위하여 전주세계무형유산대상을 제정하여 시상한다는 것이 국가가 하는 것보다 더욱 가치있는 일이고 유네스코 무형문화유산협약의 정신과도 같이한다고 보겠습니다.

지금까지 노력해 온 성과를 바탕으로 앞으로도 전주세계무형유산대상이 세계무형문화유산 발전을 위하여 커다란 공헌을 할 수 있도록 그리하여 국제적으로 가장 존경받는 영예로운 상이 되도록 우리 모두 지혜를 모아 잘 가꾸어 나가도록 해야 할 것입니다.

2023년 9월 2일

임돈희

대한민국학술원 인문사회과학부 회장(Chair, Division of Humanities and Social Sciences, The National Academy of Sciences, Republic of Korea)/

전 유네스코 아리랑상 심사위원

(Former Jury member for Arirang Prize, UNESCO)

결론

결론

한국은 무형유산 보호에 있어 세계적인 선진국이다. 이 점을 알리려고 이 책을 집필하게 되었다.

한국은 1962년 「문화재보호법」을 제정하고 그 이래로 현재까지 무형유산 보호 정책을 실시해왔다. 이후 「문화재보호법」은 변화하는 사회문화적 환경에 따라 지속적으로 법률을 개정해왔다. 특히 유네스코 「무형문화유산보호협약」의 개념과 상충하는 문제를 해결하고자 2015년 무형유산을 위한 독립입법으로 「무형문화재 보전 및 진흥에 관한 법률」(「무형문화재법」)을 제정했다. 이후 문화재 용어를 문화유산으로 변경하면서 2023년 「국가유산기본법」이 제정되었고 이에 따라 「문화재보호법」은 「문화유산 보존 및 활용에 관한 법」(약칭: 「문화유산법」)으로, 「무형문화재 보전 및 진흥에 관한 법률」은 「무형유산 보전 및 진흥에 관한 법률」(약칭: 「무형유산법」)로 개정되었으며 문화재청도 2024년 국가유산청으로 이름을 바꾸었다. 이렇듯 한국은 오랜 기간에 걸쳐 무형유산 보호 정책을 꾸준히 시행하면서 쌓은 경험과 노하우를 축적하였고, 이를 바탕으로 무형문화유산 분야의 선도국으로 자리매김할 수 있었다.

한국은 국내적으로 법적, 제도적 보호 노력을 추진해오면서 국제적으로도 활동 영역을 넓혀나갔으며 무형문화유산 분야에서 활발하게 활동하면서 다양한 방식으로 기여해 왔다. 그 대표적인 사례가 바로 인간문화재 제도이다. 1993년, 유네스코는 한국의 인간문화재 제도를 회원국들에게 모범사례로 소개했을 뿐만 아니라, 한국의 인간문화재 제도를 배우려는 외국의 문화 전문가들을 대상으로 1998년부터 4년에 걸쳐 인간문화재 제도 연수 프로그램을 운영하기도 했다. 필자는 이를 '한국 최초의 지식재산권 수출'이라고 명명한 바 있다. 한국의 인간문화재 제도는 유네스코 「무형문화유산보호협약」의 '공동체 중심의 살아있는 무형유산'의 개념에 결정적인 영향을 주었다.

그 후 유네스코가 1997년 무형유산 등재를 위한 '인류 구전 및 무형유산 걸작 선언' 프로그램을 제정할 당시, 원래는 '구전 전통'만을 대상으로 하려던 계획이었다. 그러나 한국 측에서 '무형유산'을 포함해야 한다고 강력하게 요청했고, 이 요구가 수용되면서 이 걸작 제도의 타이틀에 '무형유산'이라는 핵심 개념이 들어가는 데 결정적인 역할을 하게 되었다. 또한 인류 구전 및 무형유산 걸작 선정을 위한 국제심사위원에 한국 심사위원(필자)이 적극적으로 참여하여 활발한 활동을 펼쳤으며, 실제로 제도 발전에 실질적인 기여를 했다.

또한 2004년에는 동양에서는 최초로 '박물관과 무형유산'이라는 주제로 세계박물관대회를 개최해 한국이 무형유산의 중심지로서의 위상을 국제사회에 널리 알렸으며 2006년에는 세계 최초의 영문 무형유산 학술지인 *International Journal of Intangible Heritage*를 창간하여 현재 가장 권위있는 학술지로 발전하였다. 2011년에는 유네스코 카테고리 2센터인 유네스코 아태무형유산센터(ICHCAP)를 설립하여 아태지역의 무형유산 보호를 위해 다양한 활동과 사업을 수행하고 있다. 중국과 일본에도 카테고리 2센터가 있지만 한국이 가장 활발하게 활동하고 있다.

한국은 유네스코에 '아리랑상Arirang Prize'을 제정하여, 2001년부터 2005년까지 2년마다 총 세 차례에 걸쳐 6개국의 인간문화재에게 이 상을 수여한 바 있다. 비록 현재 아리랑상은 중단되었지만, 그 정신은 2019년 전주시가 새롭게 제정한 '전주세계무형유산대상'을 통해 이어지고 있다. 전주세계무형유산대상은 2024년까지 총 여섯 차례 수여되었으며, 아리랑상의 철학을 계승하여, 국적, 민족, 종교, 연령, 성별은 물론 정치적 · 사회적 · 경제적 · 문화적 성향에 관계없이, 국제사회에서 모범적인 무형유산 보호 활동을 펼친 개인, 단체, 지역공동체, 전문가, 행정가, 연구원 및 NGO 등을 대상으로 선정하여 시상하고 있다. 한국은 유네스코가 '인류 구전 및 무형유산 걸작 선언' 프로그램을 처음 시작한 2001년부터 등재신청을 했으며, 현재는 중국에 이어 두 번째로 많은 무형문화유산을 대표목록으로 등재하고 있다. 이처럼 한국은 무형유산 분야에서 지속적인 국제 활동과 기여를 통해 선도적인 역할을 수행해 왔다.

한편 유네스코는 한국보다 약 40년 늦은 2003년에 이르러서야 「무형문화유산보호협약」을 채택하여 국제적인 무형유산 보호체계를 갖추고 세계의 무형유산을 보호하기 시작하였다. 세계화의 물결 속에서 서구화, 산업화 그리고 도시화를 거치면서 전통문화인 무형유산이 급격히 사라져 가는 것을 겪은 많은 유네스코 회원국들은 무형유산을 보호하려는 「무형문화유산보호협약」을 적극 지지했다.

「무형문화유산보호협약」을 채택할 당시만 해도 무형유산이란 단어는 대부분의 회원국들에게는 낯선 개념이었다. 협약 채택 이후 20여 년 동안 유네스코는 부단한 노력을 통하여 무형유산 보호에서 괄목할 만한 성과를 올렸다. 매년 열리는 정부간위원회에서는 인류의 무형유산 보호를 위한 많은 노력을 해왔다. 가장 대표적인 노력이 인류무형문화유산 대표목록 등재 작업이다. 유네스코의 인류무형문화유산 대표목록 등재에는 많은 나라들이 관심을 갖고 있고 경쟁도 치열하다. 2001년 인류 구전 및 무형유산 걸작 선정 시에는 19개국의 19개 종목의 무형유산이 선정되었으나 2025년에는 총 150개국의 788개 종목의 무형유산이 등재될 정도로 빠르게 성장하였다.[1)]

또한 무형유산에 대한 국제사회의 이해 수준은 초기에는 매우 낮았다. 2009년 처음으로 대표목록 심사가 이루어질 당시, 총 111건의 신청서 중 완성된 형태의 신청서는 단 5건에 불과했으며, 나머지 대부분이 미완성 상태이거나 추가 보완이 필요한 수준이었다. 대부분의 신청서들이 무형문화유산의 정의에 부합해야 한다는 기준을 충족하지 못하고 있었다. 이는 당사국 대부분이 협약에 명시된 무형문화유산의 정의에 대해 충분히 이해하

---

1) UNESCO ICH website, 〈https://ich.unesco.org/en/lists?multinational=3&display2=candidature_typeID&display1=inscriptionID#tabs#tabs〉(최종검색일: 2025년 3월 22일).

지 못하고 있음을 의미하였다.

비록 협약은 채택되고 발효되었지만, 많은 국가들이 여전히 '무형유산은 살아있는 것이며 공동체 안에서 전승되고 재창조되는 것' 이라는 핵심 정의를 완전히 파악하지 못한 상태였다. 그러나 그로부터 15년이 지난 2024년에는 대표목록으로 신청한 58건의 무형유산이 모두 등재될 만큼, 회원국들의 무형유산에 대한 이해가 크게 향상되었다.

또한 유네스코는 유엔이 설정한 2016~2030년 '지속가능발전목표(SDGs)'에 맞추어 '무형문화유산과 지속가능한 발전'이라는 새로운 관점을 제시했다. 이는 무형유산을 바라보는 시각에 있어 획기적인 전환을 의미한다. 즉, 무형문화유산을 '사라져 가는 전통문화'로 간주하여 단순히 보호의 대상으로 바라보는 관점에서 벗어나 이제는 현대 일상생활 속에서 무형유산이 수행하는 기능과 역할의 중요성을 강조하는 방향으로 시선이 이동한 것이다. 유네스코는 2024년 제19차 정부간위원회에서 무형문화유산 보호에 있어서 경제적 측면, 무형문화유산 보호와 기후변화, 도시 맥락에서의 무형문화유산 보호라고 하는 세 가지 주제별 이니셔티브를 추진하고 있음을 밝혔다.

이처럼 국내는 물론 국제적 차원에서 무형유산을 보호하기 위한 많은 정책적 노력과 협력 활동이 활발하게 이루어지고 있다. 이런 가운데 「무형문화유산보호협약」에 대한 이해를 제고하고 효과적인 유산 보호를 위한 정책 수립을 위해서는 무형유산에 대한 심도있는 연구조사가 필요하다. 나아가, 축적된 연구 성과를 바탕으로 무형유산의 보호와 전승을 위한 실효성 있는 법적·행정적 체제가 마련되어야 할 것이다.

무엇보다, 우리가 중점적으로 연구해야 할 분야는 공동체, 전형典型, 그리고 무형유산의 지속가능한 발전에 관한 것이다. 먼저 공동체 문제다. 2015년에 제정된 「무형문화재법」은 진일보한 측면이 있음에도 불구하고, 유네스코의 「무형문화유산보호협약」에서 강조하는 몇 가지 중요한 개념이 제대로 반영되고 있지 않다. 그중 하나가 공동체 문제이다. 과거 60여 년 이상 실시해 온 한국의 「문화재보호법」이 공동체가 아닌 종목 위주의 정책을 실시해 왔기 때문에 공동체가 주체가 되어 전승하고 연행하는 유산에 대한 보호정책이 미비하다. 이는 공동체를 중시하는 유네스코 「무형문화유산보호협약」의 정신과는 명확히 부합하지 않는다. 앞으로는 공동체 중심의 무형유산 보호 정책, 즉 공동체와 그들이 실천하고 전승하는 유산을 어떻게 보호하고 지원할 것인가에 대한 제도적·실천적 방안 마련이 시급한 과제라 할 수 있다.

다른 하나는 '전형'의 개념이다. 2015년 「무형문화재법」은 그동안 고수해 왔던 원형 위주의 정책을 변화와 재창조를 인정하는 전형주의로 전환하였다. 이는 유네스코 「무형문화유산보호협약」에서 말하는 "공동체 안에서 끊임없이 변화하고 재창조되는 무형문화유산"의 개념이 반영된 것이다. 그러나 현실적으로 전형의 개념은 아직 명확히 법적으로 정의되어 있지 않고, 그 개념과 실체에 대해서도 충분한 합의가 이루어지지 않은 상태이다. 한국의 무형유산 제도에 있어 '공동체'와 '전형'의 개념이 보다 명확하게 정립될 수 있도록, 이들의 실체를 파악하려는 많은 연구가 축적되어야 할 것이다.

이러한 공동체와 전형에 대한 연구와 더불어 무형문화유산과 지속가능성의 관계에 대한 체계적인 연구 또한 본격적으로 이루어져야 한다. 유엔은 2030 아젠다 '지속가능발전'을 선언했고 유네스코는 이에 호응하여 무형문화유산이 지속가능발전에 어떤 기여를 하는지 강조하는 '무형문화유산과 지속가능발전'에 대한 내용을 협약의 운영지침에 포함시켰다. 이미 세계는 이를 주요한 주제로 다양한 분야에서 논의를 이어가고 있다. 이제 한국도 전통문화 혹은 무형유산의 보호 및 보존에만 집중할 것이 아니라 경제, 사회, 환경, 평화, 안보 분야에서 지속가능성을 보장하기 위한 무형유산의 역할과 기능, 나아가 현실적으로 이를 실현할 수 있는 방안에 대해 논의해야 한다.

예를 들면, 전 세계적인 기후변화, 그에 따른 자연재해의 증가는 무형유산의 지속가능성에 커다란 도전 요소이지만 동시에 기후변화를 막고 유산의 지속가능성을 보장하는 것도 바로 무형유산이다. 필자가 소개한 구체적인 무형유산 사례를 들자면 발우공양(음식을 남김없이 먹는 사찰에서의 식사법)과 햄버거의 탄소 배출량을 비교한 연구에서 많은 지구인들이 즐겨 먹는 햄버거의 탄소 배출량(5.272)이 발우공양(1.285)에 비해 4배 이상 높다는 연구 결과가 있다. 만약 온 인류가 햄버거 대신에 발우공양으로 한끼라도 대체한다면 지구의 탄소량을 크게 줄일 수 있다고 본다. 앞으로 이런 지속가능성에 관한 연구들이 축적되어 무형유산의 중요성과 실효성이 인식되기를 바란다. 이렇게 축적된 연구 성과를 바탕으로 무형유산의 보호와 전승을 위한 실효성 있는 정책이 마련되어야 할 것이다.

마지막으로 강조할 것은 한국이 무형유산 분야에서 선도적 역할을 유지하고, 세계 무형유산 보호에 기여해야 한다는 것이다. 이를 위해 우리는 다음과 같은 노력을 기울여야 할 것이다.

첫째, 국내를 넘어 국제적으로 무형문화유산 보호 및 그에 대한 지원 활동을 강화해야 한다. 무형유산 분야의 선진국이란 자국의 무형유산보호뿐만 아니라 다른 나라의 무형유산의 보호에도 앞장서야 한다는 말이다. 무형문화유산이 한 국가의 정체성을 상징하는 핵심 요소라는 점에서 볼 때, 저개발국에 대한 무형문화유산 분야의 지원은 단순한 기술적 협력을 넘어 문화 다양성을 증진하는 활동이라고 할 수 있다. 이는 인류 문화에 대한 중대한 기여일 뿐만 아니라, 지원을 받는 당사국 입장에서도 깊은 감동과 존중을 느낄수 있도록 하는 데 도움이 될 것이다.

특히 세계 무형유산 분야에 대한 한국의 기여는 경제적 측면에서도 매우 효율적이라 할 수 있다. 유형유산 보호에 비해 무형유산 보호에는 상대적으로 적은 비용이 소요되지만, 무형유산은 그 민족의 정체성을 담고 있다는 점에서 그 효과는 훨씬 크다. 즉, 가장 적은 비용으로 가장 큰 문화적·상징적 효과를 기대할 수 있는 분야가 바로 무형유산 분야라고 말할 수 있다. 현재 전주에 있는 유네스코 아태무형유산센터는 이미 아태지역의 무형유산을 위한 많은 활동을 하고 있다. 하지만 아태무형유산센터의 활동만으로는 충분한 역할을 한다고 보기 어렵다. 아태무형유산센터는 유네스코와의 업무협약에 따라 아태지역의 정보와 네트워크 업무에 한정되어 무형유산 보호 활동을 할 수 있다. 따라서 아태무형유산센터는 아태지역 외 다른 지역, 남미나 아프리카 지역의 무형유산 보호 활동은 할 수가 없게 되어 있다.

그런 의미에서 필자는 국립무형유산원이 '세계무형유산센터'의 역할을 하기를 바란다. 2013년에는 개원한 국립무형유산원은 한국의 무형유산 보호를 위한 지원 사업을 수행하고 있다. 한국의 국립무형유산원처럼 독립된 건물에 많은 인력과 예산을 투입한 나라는 한국이 유일하다. 다행히 국립무형유산의 소개 인사말에는 다음과 같이 '세계적인 무형유산의 중심'으로 나아가겠다는 의지가 있다.

국립무형유산원은 무형유산 전시, 공연, 교육 등 보존과 전승에 앞장서는 한편, 국내·외 교류협력 등 무형유산의 활용 및 지원기능을 담당하고 있습니다. 그리고 새로운 시대에 발맞춰 우리 무형유산 보호·전승의 허브이자 국제 무형유산 네트워크의 중심지가 될 수 있도록 노력하겠습니다. 앞으로 아시아태평양 국가들은 물론, 아프리카, 유럽, 미주대륙의 무형유산 보존사업과도 활발히 협력하여 '세계적인 무형유산의 중심'으로 가꾸어 나아가겠습니다.[2)]

국립무형유산원은 현재는 유네스코 인류무형유산 초청 공연 및 전시에 국한한 업무를 보고 있지만 앞으로는 '세계무형유산과'를 신설하여 세계 무형유산을 위한 보호 활동을 하기 바란다. 특히 아프리카나 남미의 저개발국의 무형유산 보호와 진흥을 위한 국제 교류 및 지원 사업에 중점을 두는 것이 필요하다. 다행히 한국의 민속학 연구는 세계적으로 높은 수준을 자랑하며, 자료 수집과 분석 또한 매우 수준이 높다. 특히 자료 조사에 최첨단 장비와 기술을 활용하고 있다. 국립무형유산원은 이러한 연구 인력과 장비를 활용하여 아프리카나 남미 등 여러 국가의 무형유산 보호에 기여한다면, 이는 인류 문화를 위해 큰 공헌을 한다고 볼 수 있다.

둘째, 한국이 무형유산 분야에서 선진국의 역할을 하기 위해 근본적이고 중요한 것이 무형유산 분야의 연구 인력을 강화하는 것이다. 무형유산 분야의 우수한 연구 인력을 배양하기 위해서는 무엇보다 전문 인력 양성을 위해 대학 이상의 과정에 무형유산학 과정을 개설하여 체계적인 교육 과정을 제공하는 것이 필요하다. 무형유산 분야는 전문 분야이고, 다학제적 성격을 갖고 있으므로 대학원에 개설하는 것이 학부에 개설하는 것보다 시간적으로나 비용적으로 효과적이라 할 수 있다. 그러나 현재 우리나라 대학에는 무형유산학과가 두 군데밖에 없으며, 대학원 과정 역시 많지 않은 실정이다. 무형유산학을 전공

---

2) 국립무형유산원, 〈https://www.nihc.go.kr/index.9is?contentUid=ff8080816f40a80f016f7eace88f0d6b〉(최종검색일: 2025년 2월 11일).

할 수 있는 학과가 많은 대학에 신설되기를 바란다. 무형유산 분야의 지속적인 발전을 위해서는 체계적인 교육 과정을 통해 전문적인 무형유산 훈련을 받은 학자들이 배출되고, 이들이 현장에서 활발히 활동할 수 있어야 한다.

또한 이렇게 양성된 연구자들이 자신의 연구 결과를 발표하고 학문적 교류를 하며 적극적으로 활동할 수 있도록 무형유산연구소나 무형유산학회 등 연구 활동을 위한 장이 마련되고 이를 통해 연구자들의 연구 활동이 활성화돼야 한다고 생각한다. 또한 무형유산을 전공하는 학자들은 국내에서의 학술 활동뿐만 아니라 많은 외국의 무형유산 전공 학자들과 교류해서 국제적인 학술적 담론을 선도하는 활동을 적극적으로 추진해야 한다. 관련 학회 및 교육기관을 통해 국제적인 연구 네트워크를 구축하고 이를 통해 다양한 의견과 정보를 공유하고 무형유산 보호를 위한 학술적 역량을 키워나가야 한다. 이러한 훌륭한 무형유산의 학술적 성과 위에 한국과 유네스코 무형유산 정책이 수립될 것이다.[3)]

셋째, 필자는 '인간문화재'라는 용어가 법적으로 다시 복원되기를 바란다. 인간문화재란 용어는 한국에서 1960년대에 만들어진 말이며 그동안 한국 무형문화재 보유자들이 보유자라는 법적 용어 대신에 즐겨 사용했던 비공식 명칭이었다. 그리고 일반인들에게도 보유자라는 용어보다 더 널리 알려졌다.

특히 인간문화재 제도는 1993년에 유네스코에 소개되어 많은 회원국들의 지지를 받았을 뿐만 아니라 2003년 유네스코 「무형문화유산보호협약」의 성립에 큰 공헌을 한 개념이다. '인간문화재'는 영어로 'Living Human Treasures'로 번역되어 세계어로 통용되고 있다. 여기에 힘입어 2015년 「무형문화재법」 개정 당시에는 "'인간문화재'란 제17조 또는 제18조에 따라 인정된 보유자 및 명예보유자를 통칭하여 말한다"는 내용이 포함되어, 법

---

3) 무형유산학은 유네스코 「무형문화유산보호협약」과 밀접한 관련이 있다. 한국의 무형유산학이 세계적인 선도 역할을 수행하기 위해서는 매년 열리는 유네스코 인류무형문화유산 정부간위원회에 참가하여 국제적인 활동을 펼치는 것이 필수적이다. 이러한 맥락에서 국제적 인재를 양성하고자, 필자들은 2025년부터 무형유산학회 내에 'Janelli · 임돈희 UNESCO 인류무형문화유산 정부간위원회 참가상'을 신설하였다. 무형유산학자들이 유네스코 인류무형문화유산 정부간위원회에 직접 참여하여 국제적 역량을 키우고, 세계 무형유산 정책 형성에 기여하기를 바라는 바이다.

적으로 그 용어가 공인되었다. 그러나 2023년, '문화재'를 '유산'으로 바꾸는 용어 개정을 포함하여 변경하면서 「무형문화재법」이 「무형유산법」으로 일부 개정되었는데, 이때 '인간문화재' 용어가 법률상의 공식 용어에서 삭제되었다.[4] 아마 문화재란 용어가 유산으로 바뀌는데 인간문화재를 법적인 용어로 하기가 부담이 돼서 삭제한 것으로 보인다.[5] 그러나 필자는 인간문화재란 용어를 적극 쓰기를 권장한다. 이미 인간문화재는 고유어가 되어 있고 'Living Human Treasures'라는 세계어로 널리 통용되고 있기 때문에 우리가 솔선수범하여 적극 사용해야 한다고 본다.

넷째, 유네스코에 등재된 무형유산을 위한 무형유산센터의 건립을 강력히 제안하는 바이다. 무형유산은 살아있는 문화유산이다. 이 살아있는 무형유산을 어떻게 향유할 수 있게 하느냐가 무형유산센터의 역할이라 볼 수 있다. 우리가 박물관과 미술관을 세울 적에는 유럽 지역 등 우리보다 앞서서 박물관과 미술관을 설립한 외국의 것을 모델로 하였다. 그러나 무형유산센터는 롤 모델이 없기에 모든 것을 무형유산 선진국인 우리가 처음으로 만들어야 한다. 무형유산센터는 박물관, 미술관, 아카이브와는 다른 이 모든 것을 뛰어넘는 그런 모습이 되어야 한다.

2012년 아리랑이 유네스코 인류무형문화유산 대표목록에 등재되자 많은 사람들이 아리랑 박물관을 건립하자고 제안했다. 그러나 필자는 서울시에 아리랑 박물관이 아닌 아리랑 무형유산센터를 건립할 것을 제안한 바 있다. 박물관은 고정적인 유형의 유물을 보관, 전시하는 공간이다. 따라서 늘 변화하고 재창조되는 살아있는 유산인 무형유산을 알리고 진흥하는 공간으로서 박물관은 맞지 않다고 생각한다. 특히 서울시는 1867년 경복궁 중건을 위해 전국에서 모인 사람들이 즐겨 부르던 민요인 아리랑이 전국으로 퍼져나가

---

4) 국가법령정보센터, 「무형유산의 보전 및 진흥에 관한 법률」, 2023년 8월 8일 일부 개정되어 2024년 5월 17일 시행된 동법 제2조 정의의 인간문화재 항목(이전 11항)이 삭제되었다. 〈https://www.law.go.kr/LSW//lsInfoP.do?lsiSeq=253389&ancYd=20230808&ancNo=19588&efYd=20240517&nwJoYnInfo=N&efGubun=Y&chrClsCd=010202&ancYnChk=0#0000〉(최종검색일: 2025년 2월 15일).

5) 모든 명칭이 '문화재'에서 '문화유산'으로 변경됨에 따라 '인간문화재'의 명칭에 대한 고민이 있었다. 문화재청에서는 관련학자, 학회 등에 의견 수렴을 하였다. 결과적으로 삭제하는 것으로 결정한 것 같다.

게 된 역사적, 장소적 의미를 지닌 곳이며, 1926년 아리랑이 불려진 나운규의 영화 <아리랑>이 상영된 단성사가 있는 곳이어서 한국인을 하나로 묶는 아리랑을 널리 알리고 모든 사람이 함께 즐길 수 있는 공간을 마련하기에 적합하다고 생각한다. 서구적 개념의 박물관과는 다른 개념의 아리랑 무형유산센터를 건립하여 운영한다면, 그 공간은 다른 나라에 무형유산 보호를 위한 새로운 모델이 될 수 있을 것이다.

현재 한국은 23개의 무형유산을 유네스코에 등재하였다. 지방자치단체와 관련 부처들이 유네스코 등재를 위해서는 많은 관심과 노력을 쏟지만, 등재 이후에는 그 관심이 급격히 줄어드는 경우가 적지 않다. 그러나 진정한 무형유산의 보호와 활용을 위해서는 유네스코 등재를 출발점으로 보아야 한다. 등재 이후부터 더 많은 노력과 관심이 요구된다. 특히 한국에서 유네스코에 등재된 무형유산을 위한 전문 무형유산센터가 설립되어, 향후 다른 나라들이 참고할 수 있는 모델이 되기를 바란다.

다섯째, 무형유산 관련 NGO가 많이 설립되어야 할 것이며, 나아가 국내 NGO가 유네스코 인가 NGO가 되어 국제적 활동을 할 수 있도록 많은 지원을 해야 할 것이다. NGO는 무형유산 분야의 폭넓은 지식과 역량을 축적하고 있고, 공동체를 비롯해 여러 주체와 긴밀한 관계를 맺을 수 있으며, 협약 당사국, 공동체, 단체 및 개인과 모두 소통할 수 있는 중요한 무형유산 보호의 주체 중 하나다.

NGO는 국가적 차원에서 무형유산 지정 및 보호 조치에 참여할 수 있으며, 유네스코 차원에서도 국가의 협약 이행평가에 참여하여 유네스코 정책에 권고 사항 등을 제안할 수 있다. 유네스코는 2015년부터 긴급보호목록, 대표목록, 모범보호사례, 국제원조 신청을 심사할 심사기구에 무형문화유산 전문가와 더불어 인가 NGO도 포함시키고 있다. 그만큼 NGO의 역할과 중요성이 커졌음을 의미한다.

한국이 그동안 무형유산 보호 정책에 있어 국제무대에서 주요한 역할을 해왔지만, NGO의 경우는 국제적 활동이 상대적으로 활성화되지 못했다. 현재 한국의 유네스코 인가 NGO는 4곳밖에 없는 실정이다. 앞으로 유네스코 인가 NGO 수를 늘리고 이들이 국제무대에서 활동할 수 있도록 역량을 강화하고 지원하는 일이 중요하다. 올해 창립 10주년이 된 무형유산학회도 유네스코 인가 NGO가 되기 위하여 노력하고 있다.

여섯째, 앞으로는 한국에서 유네스코 사무총장이 나오기를 기대한다. 현재 우리나라는 세계적으로 많은 분야에서 7~8위를 하고 있다. 조선업이나 반도체와 같은 분야에서는 세계 제1, 2위를 차지하고 있다. 이렇듯 우리나라는 여러 다양한 분야에서 선도적 역할을 해오고 있다.[6] 최근에는 K-팝을 중심으로 한 한류 문화가 전 세계로 퍼져나가며 한국 문화에 대한 국제적 관심이 높아지고 있다.

또한 무형유산 분야에서 보여준 세계적인 리더십 등을 감안할 때, 이제 한국이 국제사회에서 인류 문화 발전에 실질적으로 기여하는 역할을 더욱 강화해야 할 시점이라고 본다. 이러한 측면에서 국제기구의 수장을 배출하는 일은 매우 중요한 과제라 할 수 있다. 이제 문화 분야를 선도할 유네스코 사무총장이 한국에서 나오기를 기대한다.

[사진] 왼쪽부터 유종호 연세대 석좌교수, 박 대통령, 임돈희 동국대 석좌교수, 권영민 단국대 석좌교수. [청와대사진기자단]
(출처: 인문학은 삶의 길 밝히는 지혜의 등불…, 중앙일보)[7]

6) 대한민국학술원, 『세계선도 국가를 지향하는 대한민국에 대한 통찰과 전망; 국가 발전을 위한 미래 전략을 중심으로』, 대한민국학술원 · 한국연구재단, 2023.

7) “인문학은 삶의 길 밝히는 지혜의 등불”, 『중앙일보』, 2013년 8월 8일. 〈https://www.joongang.co.kr/article/12285934〉(최종검색일: 2024년 1월 12일).

필자는 이에 대해 과거 박근혜 대통령과 만날 기회(2013년 8월 8일)가 있었을 때 그 말씀을 드렸고, 또 윤석열 대통령(2023년 12월 5일)을 만났을 때도 다시 한번 말씀드렸다. 그리고 유네스코 사무총장을 배출하는 데는 개인의 역할만 가지고 되는 것이 아니며 국가가 나서야 한다는 의견도 말씀드렸다. 다만 한 가지 중요한 것은 사무총장을 내는 것 자체에 초점을 맞춰서는 안 되고, 유네스코 사무총장이 되었을 때 인류를 위해서 어떤 역할을 할 것인지 구체적인 방안을 세우고 우리나라가 그러한 역할을 충분히 수행할 수 있을 때 사무총장을 내는 게 좋을 것이라는 말도 덧붙였다. 국제기구 수장으로 한국인이 되었다는 것이 중요한 게 아니라 인류를 위해 어떤 공헌을 하느냐가 중요하기 때문이다.

참고문헌

강등학, 「아리랑 문화사의 중심, 서울시의 아리랑문화 발전과제」, 『아리랑 세계화의 허브 도시로서 서울시의 위상과 역할』, 유네스코 인류무형유산 등재 1주년 기념 학술 포럼 발표집, 2013.

고대영, 「줄다리기의 유네스코 등재과정과 앞으로의 과제」, 『무형문화유산의 지속성』, 민속원, 2017.

구미래, 『공양간의 수행자들』, 담앤북스, 2022.

국가유산청, 「2025년도 무형유산의 보전 및 진흥 시행계획」, 2025.

국사편찬위원회, 『2006년도 구술자료수집사업: 박정희시대 문화재보호정책 I, 구술 정재훈』, 2006.

권혁희, 「마을의례의 창출과 무형문화재 지정 과정을 통해 본 '원형'과 '전형' 담론의 지형 - 서울 우이동 '삼각산도당제'를 중심으로」, 『무형유산학』 제2권 1호, 무형유산학회, 2017.

김덕순, 「남북 무형유산 교류 협력의 다자간 협력 틀 모색 - 유네스코 인류무형문화유산 남북 공동 등재 사례」, 『문화재』 Vol. 52, No. 3, 국립문화재연구소, 2019.

김용구, 「지속가능개발과 한국무형문화유산정책」, 『문화재』 Vol. 49, No. 3, 국립문화재연구소, 2016.

김용범, 「유네스코는 왜 등재유산을 삭제했을까?」, 『주간경향』 1570호, 2024. 3.

김원룡, 『한국문화의 기원』, 탐구당, 1976.

김지영, 「진관사 국행수륙재 의례공동체의 변화와 의례공간의 재구성」, 『수륙재와 인류무형유산의 공동체성』, 제1회 수륙재 유네스코 무형유산 등재를 위한 세미나 발표집, 진관사, 2025.

김지현, 「유네스코의 문화유산 보호 협약과 사업의 현황 - 세계유산, 무형유산, 기록유산을 중심으로」, 『무형유산학』 제2권 1호, 무형유산학회, 2017.

______, 「유네스코 「무형문화유산보호협약」과 한국의 「무형문화재법」에 대한 비교 분석적 고찰」, 『문화정책논총』 Vol. 35, No. 2, 2021.

김창규, 『개정증보판 문화재보호법개론』, 동방문화사, 2005.

김홍남, 「국립민속박물관과 무형유산국제저널(International Journal of Intangible Heritage)의 탄생」, 『2004 서울세계박물관대회와 한국박물관 회고와 전망』, ICOM 한국위원회, 2013.

남근우, 「일본의 무형문화재 정책」, 『중요무형문화재 분류체계와 지원 · 관리방안 연구』, 문화재청, 2004.

______, 「민속의 경연과 예술화」, 『한국문학연구』 36집, 동국대학교 한국문학연구소, 2009.

______, 「유네스코 무형문화유산 체제의 성립과 전략적 수용 - 한중일의 동아시아 삼국을 중심으로」, 『비교민속학』 제63집, 비교민속학회, 2017.

농림수산식품교육문화정보원, 『FATI(Farm Trend&Issue)』 Vol. 21, 2024.

농식품수출정보, 『2024년 농식품 품목 수출정보』, 2024.
대한민국학술원, 『세계선도 국가를 지향하는 대한민국에 대한 통찰과 전망: 국가 발전을 위한 미래 전략을 중심으로』, 대한민국학술원 · 한국연구재단, 2023.
대한불교조계종 한국불교문화사업단, 『한국사찰음식』, 2014.
류계옥, 「중국 조선족 비물질문화유산 보호 현황 및 중국조선족 농악무」, 『국경을 넘는 무형유산: 동아시아 공동 무형유산의 다원성과 보편성』, 동아시아 공동 무형유산 국제포럼 발표집, 2009.
문호연, 「연행예술운동의 전개」, 『문화운동론』, 공동체, 1985.
문화재관리국, '제2분과위원회 제1차 회의록', 「부록 문화재위원회 회의록」, 『문화재』 창간호, 1965.
__________, 「제2분과위원회 제4차 회의록」, 『문화재위원회 회의록』, 1971.
문화재청, 『(가칭)무형문화유산 보전 및 진흥에 관한 법률 제정 연구의 결과를 요약』, 중요무형문화재 제도 개선 학술토론회 발표집, 2011.
________, 「무형문화재 보전 및 진흥 기본계획」, 2017.
________, 「무형문화재 보전 및 진흥 기본계획」[2022~2026], 2022.
박상미, 「유네스코 무형유산보호협약과 무형유산의 공동체」, 『무형유산 공동체의 개념과 실상』, 2016년 무형유산학회 추계학술대회 발표집, 무형유산학회, 2016.
박희진, 「유네스코 무형유산보호협약 정신과 제6차 당사국 총회(2016. 6) 주요 이슈」, 『무형유산 공동체의 개념과 실상』, 2016년 무형유산학회 추계학술대회 발표집, 무형유산학회, 2016.
배기동, 「서울세계박물관대회 2004와 21세기 한국박물관 발전: 그 아시아적인 관점에서」, 『2004 서울세계박물관대회와 한국박물관 회고와 전망』, ICOM 한국위원회, 2013.
비교민속학회, 『유네스코 무형문화유산 체제에 대한 비판적 검토』, 2014년 비교민속학회 추계학술대회 발표집, 목포대학교, 2014.
송 준, 「무형문화유산의 보존과 활용에 대한 소고」, 『남도민속연구』 제17집, 남도민속학회, 2010.
심승구, 「인류무형유산 씨름의 남북 공동등재 의미와 과제」, 『비교민속학』 제69권, 비교민속학회, 2019.
아이카와-포르, 노리코, 「2003년 무형유산보호협약 이행 관련 이슈와 과제」, 『정보와 네트워킹 어떻게 할 것인가』, 무형유산보호에 관한 국제회의 발표집, 아태무형유산센터, 2009.
유네스코 아태무형유산센터, 『무형문화유산과 지속가능한 발전』, 2017.
<https://ich.unesco.org/doc/src/34299-KO.pdf>
____________________, 『유네스코 아태무형유산센터 10주년 백서』, 2021.
유네스코한국위원회, 『유네스코유산, 평화를 품다』, 2023.
이기원, 「박물관과 무형유산 - 국립민속박물관 "국제저널 무형유산" 중심으로」, 『무형유산학』 제2권 1호, 무형유산학회, 2017.
이심열 · 김진아, 「사찰음식 섭취와 건강에 관한 연구」, 『동아시아식생활학회지』 24(6), 동아시아식생활학회, 2014.
이장열, 『한국 무형문화재 정책 - 역사와 진로』, 관동출판, 2006(2쇄).
임돈희, 「국제무형문화유산 학술지 발간의 의미」, 『민속소식』 128호, 국립민속박물관, 2006.
______, 「무형유산의 제도적 보호를 위한 한국의 경험」, 『무형유산의 창조적 가치와 지속가능 발전』, 유네스코 아태무형유산센터, 2012.
______, 「유네스코 세계무형유산정책과 국립무형유산원의 역할 - 무형유산의 패러다임의 변화에 따른 국립무형유산원 역할」, 기조발제, 『무형문화유산의 보존과 활용』, 전주, 2012.

______, 「인류무형유산으로서 아리랑의 가치와 세계화」, 기조발제, 『아리랑 세계화의 허브 도시로서 서울시의 위상과 역할』, 유네스코 인류무형유산 등재 1주년 기념 학술 포럼 발표집, 한국민속학회, 2013.

______, 「축사」, 『동아시아 전통 줄다리기의 다양성과 통유성(Diverse and Common Aspects of Traditional Tug-of-War in East Asia)』, 국제회의, 당진, 2013.

______, 「학회장 초대장」, 『2015 가을 정기 학술대회 및 총회 프로그램』, 무형유산학회, 2015.

______, 「강릉단오제: 유네스코가 바라는 모범적인 무형유산의 모습」, 기조강연, 『강릉단오제 유네스코 선정 10주년 회고와 전망』, 강릉단오제 유네스코 인류무형문화유산 선정 10주년 기념 학술 세미나 발표집, 강릉, 2015.

______, 「무형유산학회 2016년 가을학술대회에 초대합니다」, 『무형유산 공동체의 개념과 실상』, 2016년 무형유산학회 추계학술대회 발표집, 무형유산학회, 2016.

______, 「무형유산활동의 세계화 과제와 NGO의 중요성」, 기조연설, 『무형유산 활용 확대와 세계화를 위한 과제 - NGO 역할 강화와 지원 방안을 중심으로』, 국회의원회관, 서울, 2017.

______, 「연등회의 재조명 - 유네스코 무형유산정책의 관점에서」, 기조강연, 『연등회 국제 심포지움』, 서울, 2017.

______, 「한국민속예술축제, 무형문화재보호법 그리고 유네스코 무형유산보호협약」, 기조강연, 『한국민속예술축제의 방향과 과제』, 2018년 한국민속예술축제 세미나 발표집, 제주도립미술관, 2018.

______, 「한식의 인문학의 의미와 방향」, 기조강연, 『인문사회과학적 관점에서 바라보는 한식』, 한식의 인문학 심포지엄, 서울, 2018.

______, 「발우공양: 유네스코의 지속가능한 발전(SDGs)을 위한 이상적인 무형유산」, 기조연설, 제1회 은평문화포럼(진관포럼), 한문화체험관, 2021.

______, 「아리랑 세계화의 미래 전망」, 『아리랑세계화 포럼(Since 2013) 회고와 전망』, 2022.

임돈희 · 로저 L. 자넬리, 「유네스코 세계무형문화유산 제도와 그 의미」, 『비교민속학』 제26집, 비교민속학회, 2004.

____________________, 「무형문화재의 전승실태와 개선방안」, 『비교민속학』 제28집, 비교민속학회, 2005.

임돈희 · Roger L. Janelli, 「한국의 무형문화재 제도와 유네스코 무형문화유산 정책의 비교와 담론」, 『학술원논문집: 인문사회과학편』 제58집 1호, 대한민국학술원, 2019.

임동권, 「전통문화」, 『한국민속문화론』, 집문당, 1983.

임장혁, 「1950년대 일본 문화재보호법과 1960년대 한국문화재보호법의 성립 - 무형문화재와 민속자료를 중심으로」, 『문화재』 Vol. 55, No. 1, 국립문화재연구소, 2022.

장정아, 「'민간문화유산'에서 '위대한 중국의 문화유산으로'」, 『한국문화인류학』 41-1, 한국문화인류학회, 2008.

______, 『유네스코 유산, 평화를 품다』, 유네스코한국위원회, 2023.

정민영, 「10차 유네스코 무형유산보호협약 정부간위원회 주요 이슈」, 『무형유산학』 제1권 2호, 무형유산학회, 2016.

정상우, 「무형문화유산 독립입법의 의의와 향후 과제」, 『무형문화재 보전 및 진흥에 관한 법률의 비판적 검토』, 2015년 무형유산학회 제1회 학술심포지엄 발표집, 무형유산학회 · 전북대학교 무형문화연구소, 2015.

정수진, 「한국과 일본의 무형문화재 제도와 그 향방」, 『문화유산의 근대와 탈근대』, 민속원, 2021.

정연학, 「중국조선족 무형유산지정 현황과 문제점」, 『민속연구』 제33집, 안동대 민속학연구소, 2016.

정종섭, 「제정 법률의 취지 및 내용」, 『중요무형문화재 제도 개선 학술토론회』, 발표집, 문화재청, 2011.

정종섭 · 정상우 외,『(가칭) 무형문화유산 보전 및 진흥에 관한 법률 제정 연구』, 문화재청 · 인하대학교 산학협력단, 2011.

조순자,『한국 무형문화재 제도사 연구』, 민속원, 2018.

지명,『발우』, 생각의 나무. 2002.

차보영,「유네스코 무형유산보호협약 정신과 제6차 협약당사국 총회 주요 이슈 토론문」,『무형유산 공동체의 개념과 실상』, 2016년 무형유산학회 추계학술대회 발표집, 무형유산학회, 2016.

______,「유네스코 무형문화유산보호협약 제17차 정부간위원회(2022, 모로코) 동향과 이슈」,『무형문화유산과 투어리즘』, 2023년 무형유산학회 추계학술대회 발표집, 무형유산학회, 2023.

______,「유네스코 무형유산보호 국제동향과 이슈: 제9차 협약 총회를 중심으로」,『국가유산체제 전환과 무형유산 패러다임의 변화』, 2024년 무형유산학회 춘계학술대회 발표집, 무형유산학회, 2024.

채희완 · 임진택,「마당극에서 마당굿으로」,『문화운동론』, 공동체, 1985.

최정필,「기조연설」,『2004 서울세계박물관대회와 한국박물관 회고와 전망』, ICOM 한국위원회, 2013.

한국 리서어치,「무형문화재 제도 개선을 위한 여론조사(요약)」,『새천년을 대비한 무형문화제 제도 개선 공청회』, 문화재관리국, 1999.

한국문화재재단,『살아있는 유산을 찾아서: 한국문화재재단 유네스코 활동백서』, 2020.

한국불교환경교육원 편,『발우공양』. 정토출판, 2003.

함한희,「전승공동체 보호의 문제와 무형문화재법」,『무형유산학』 제1권 1호, 무형유산학회, 2016.

______,「유네스코의 '무형유산을 통한 지속가능한 발전목표'에 대한 논평」,『무형유산학』 제2권 1호, 무형유산학회, 2017.

______,「유네스코등재 이후 제주해녀 공동체의 도전과 과제 - '유산화(heritization)' 과정을 중심으로」,『무형유산학』 제2권 2호, 무형유산학회, 2017.

______,「진관사 수륙재의 사회문화적 의미: 민족지적 접근을 통한 분석」,『수륙재와 인류무형유산의 공동체성』, 제1회 수륙재 유네스코 무형유산 등재를 위한 세미나 발표집, 진관사, 2025.

허용호,「'원형'의 신화, '전형'의 논리: 발탈에서의 '원형'과 '전형' 논란을 중심으로」,『무형유산학』 제1권 1호, 무형유산학회, 2016.

______,「유네스코 체제와 한국의 무형문화유산」,『비교민속학』 75, 비교민속학회, 2022.

황경순,「유네스코 인류무형문화유산 공동등재제도의 이상과 현실」,『영남학』 제67호, 경북대학교 영남문화연구원, 2018.

______,「인류무형유산대표목록 '매사냥' 공동등재의 특성과 의의」,『문화재』 Vol. 5, No. 4, 국립문화재연구소, 2018.

황루시,「강릉단오제 유네스코 등재 이후의 변모에 따른 몇 가지 현안 진단」,『강릉단오제 유네스코 선정 10주년 회고와 전망』, 강릉단오제 유네스코 인류무형문화유산 선정 10주년 기념 학술 세미나 발표집, 강릉, 2015.

Aikawa, Noriko. "The UNESCO Recommendation on the Safeguarding of Traditional Culture and Folklore (1989): Actions Undertaken by UNESCO for Its Implementation." in *Safeguarding Traditional Cultures : A Global Assessment*, ed. Peter Seitel. Paris and Washington, D.C.: UNESCO and Smithsonian Center for Folklife and Cultural Heritage, 2001.

______________. "Historical Overview of the Preparation of the UNESCO International Convention for the Safeguarding of the Intangible Cultural Heritage." *Museum International*, Vol. 56, No. 1-2(nos. 221-222), 2004.

______________. "From the Proclamation of Masterpieces to the Convention for the Safeguarding of Intangible Cultural Heritage." in *Intangible Heritage*, eds. L. Smith and N. Akagawa. London: Routledge, 2008.

Aikawa-Faure, Noriko. "Excellence and Authenticity: 'Living National [Human] Treasures' in Japan and Korea." *International Journal of Intangible Heritage*, Vol. 9, 2014.

__________________. 「UNESCO Convention for the Safeguarding of Intangible Cultural Heritage and Republic of Korea」, 『무형유산학』 제1권 1호, 무형유산학회, 2016.

Anderson, Benedict. *Imagined Communities: Reflections on the Origin and Spread of Nationalism*. Revised Edition. London and New York: Verso, 2006 (originally published in 1983).

Aykan, Bahar. "'Patenting' Karagöz: UNESCO, Nationalism and Multinational Intangible Heritage." *International Journal of Heritage Studies*, Vol. 21, No. 10, 2015.

Bendix, Regina F., Aditya Eggart, and Arnika Peselmann, eds. *Heritage Regimes and the State*. Göttingen: Universitätsverlag Göttingen, 2012.

Blake, Janet. *Commentary on the UNESCO 2003 Convention on the Safeguarding of the Intangible Cultural Heritage*. Leicester: Institute of Art and Law, 2006.

__________. "UNESCO's 2003 Convention on Intangible Cultural Heritage: The Implications of Community Involvement in Safeguarding." in *Intangible Heritage*, eds. L. Smith and N. Akagawa. London: Routledge, 2008.

__________. 「ICH in the Urban Context-Opportunities and Challenges for Building Inclusive Cities and Sustainable Communities」, 『무형유산학』 제2권 2호, 무형유산학회, 2017.

Bouchenaki, Mounir. "A Major Advance Towards a Holistic Approach to Heritage Conservation: The 2003 Intangible Heritage Convention." *International Journal of Intangible Heritage*, Vol. 2, 2007.

Britta, Rudolff and Susanne Raymond. "A Community Convention? An Analysis of Free, Prior and Informed Consent given under the 2003 Convention." *International Journal of Intangible Heritage*, Vol. 8, 2013.

Condominas, Georges. "Researching and Safeguarding the Intangible Heritage." *Museum International*, Special Issue: Intangible Heritage, Vol. 56, No. 1-2, Paris: UNESCO, 2004.

Hafstein, Valdimar Tr. "Intangible Heritage as a List: From Masterpieces to Representation." in *Intangible Heritage*, eds. L. Smith and N. Akagawa. London: Routledge, 2008.

Janelli, Roger L. "Cultural Plurality: Universality and Particularity of Intangible Heritage in East Asia." in *Proceedings of the 2009 International Forum on Intangible Heritage in East Asia*. Daejeon: National Research Institute of Cultural Heritage (NRICH), 2009.

Kim, Kwang-ok. "The Confucian Construction of Cultural Community in Contemporary South Korea." in *The Anthropology of Korea: East Asian Perspectives* (Papers Presented at the Seventeenth Taniguchi International Symposium), eds. Shima Mutsuhiko and Roger L. Janelli. Osaka: National Museum of

Ethnology, 1998.

Kirshenblatt-Gimblet, Barbara. "Intangible Heritage as Metacultural Production." *Museum International*, Special Issue: Intangible Heritage, Vol. 56, No. 1-2, Paris: UNESCO, 2004.

Kurin, Richard. "The UNESCO Questionnaire on the Application of the 1989 Recommendation on the Safeguarding of Traditional Culture and Folkore: Preliminary Results." in *Safeguarding Traditional Cultures: A Global Assessment*, ed. Peter Seitel. Paris and Washington, D.C.: UNESCO and Smithsonian Center for Folklife and Cultural Heritage, 2001.

____________. "Safeguarding Intangible Cultural Heritage: Key Factors in Implementing the 2003 Convention." *International Journal of Intangible Heritage*, Vol. 2, 2007.

Lee, Namhee. *The Making of Minjung: Democracy and the Politics of Representation in South Korea*. Ithaca: Cornell University Press, 2007.

Matsuura, Koichiro. "Preface." In *Masterpieces of the Oral and Intangible Heritage of Humanity: Proclamations 2001, 2003 and 2005*. Paris: UNESCO, 2005.

McCann, Anthony et al. "The 1989 Recommendation Ten Years On: Towards Critical Analysis." in *Safeguarding Traditional Cultures: A Global Assessment*, ed. Peter Seitel. Paris and Washington, D.C.: UNESCO and Smithsonian Center for Folklife and Cultural Heritage, 2001.

Seeger, Anthony. "Lessons Learned from the ICTM (NGO) Evaluation of Nominations for the UNESCO Masterpieces of the Oral and Intangible Heritage of Humanity, 2001-5." in *Intangible Heritage*, eds. L. Smith and N. Akagawa. London: Routledge, 2008.

Seitel, Peter. "Proposed Terminology for Intangible Cultural Heritage: Toward an Anthropological and Folkloristic Common Sense in a Global Era." *International Round Table "Intangible Cultural Heritage" - Working Definitions*. Piedmont, Italy, 14-17 March 2001. UNESCO.

__________. "Final Conference Report." in *Safeguarding Traditional Cultures: A Global Assessment*, ed. Peter Seitel. Paris and Washington, D.C.: UNESCO and Smithsonian Center for Folklife and Cultural Heritage, 2001.

Sherkin, Samantha. "A Historical Study on the Preparation of the 1989 Recommendation on the Safeguarding of Traditional Culture and Folklore." In *Safeguarding Traditional Cultures: A Global Assessment*, ed. Peter Seitel. Paris and Washington, D.C.: UNESCO and Smithsonian Center for Folklife and Cultural Heritage, 2001.

Stoczkowski, Wiktor. "UNESCO's Doctrine of Human Diversity: A Secular Soteriology." *Anthropology Today*, Vol. 25, No. 3, 2009.

UNESCO and Asia/Pacific Cultural Centre for UNESCO (ACCU). "Report of the Expert Meeting on Community Involvement in Safeguarding Intangible Cultural Heritage: Towards the Implementation of the 2003 Convention." Tokyo, Japan, 13-15 March 2006. <https://ich.unesco.org/doc/src/00034-EN.pdf>

Van Damme, Marthe and Dirk Jacobs. "UNESCO's Intangible Heritage and Its Polarising Nature: A Case Study on Aalst Carnival." *International Journal of Intangible Heritage*, Vol. 17, 2022.

Yim, Dawnhee. "The Transmission, Preservation, and Promotion of Intangible Heritage." *The 1st UNESCO International Training Workshop on Living Human Treasures System*. Seoul: Korean National

Commission for UNESCO, 1998.

______________. "Living Human Treasures: Experiences and Challenges in the Preservation and Transmission of Korea's Intangible Cultural Heritage." Keynote Speech, *ICOM General Conference*, Seoul, 2004.

______________. "Consideration of the Potential Value and Strategies for Globalization of Intangible Cultural Heritage." Keynote Speech, *Schemes for Development and Strategies of Globalization of ICH*, ICHCAP, 2008.

______________. "Strengthening Regional Capacity-building and International Cooperation for the Safeguarding of ICH." *International Conference on Safeguarding of Intangible Cultural Heritage: How to Apply Information and Networking*, ICHCAP, 2009.

______________. "Intangible Heritage and Its Sustainable Development Goals." *Symposium on Cultural and Artistic Exchanges and Cooperation*, Chinese National Academy of Arts, Dunhuang, China, 2019.

Yim, Dawnhee and Roger L. Janelli. "Safeguarding and Sustainable Development Goals for Intangible Heritage." *The 18th Science Council of Asia Conference: Role of Science for Society: Strategies towards SDGs in Asia*. Tokyo, Japan, 5-7 December 2018.

Korea Statistical Yearbook. Seoul: Economic Planning Board, 1961.

Korea Statistical Yearbook. Seoul: National Statistical Office, 1998.

ICOM (International Council of Museums), Resolutions Adopted by ICOM's 21st General Assembly, Seoul, Korea, 2004.
<https://icom.museum/wp-content/uploads/2018/07/ICOMs-Resolutions_2004_Eng.pdf>

Korean National Commission for UNESCO. *Guidelines for the Establishment of Living Human Treasures System*. Updated version (2002). UNESCO Section of Intangible Heritage.
<https://unesdoc.unesco.org/ark:/48223/pf0000129520>

UNESCO. "A Proposal to Institute 'Living Human Treasure' at UNESCO." Decision 142 EX/18, Agenda item 5.5.5: Establishment of a System of 'Living Cultural Properties' (Living Human Treasures) at UNESCO, 142nd Session of the Executive Board, 1993.
<https://unesdoc.unesco.org/ark:/48223/pf0000095831?posInSet=18&queryId=5a9d1825-dcf0-4b71-b3a4-1f67de8a6e38>

________. *Proclamation of Masterpieces of the Oral and Intangible Heritage of Humanity: Implementation Guide*. 2000. <https://ich.unesco.org/doc/src/Proclamation_guide-2000_version-EN.pdf>

________. *Proclamation of Masterpieces of the Oral and Intangible Heritage of Humanity: Guide for the Presentation of Candidature Files*. October 2001 version.
<https://unesdoc.unesco.org/ark:/48223/pf0000124628>

________. *Final Report: International Jury for the Proclamation by UNESCO of Masterpieces of the Oral and Intangible Heritage of Humanity*. Extraordinary Meeting (Elche, Spain, 21-23 September 2001), 2002.

________. *Masterpieces of the Oral and Intangible Heritage of Humanity: Proclamations 2001, 2003 and*

2005. <https://unesdoc.unesco.org/ark:/48223/pf0000147344>
________. "Intangible Cultural Heritage and Sustainable Development." 2015. <http://unesdoc.unesco.org/images/0024/002434/243402e.pdf>
________. *Thirteenth Meeting of the International Advisory Committee (IAC) of the Memory of the World Programme: General Guidelines, Final Draft*. October 2017. Document code: CI/MOW-IAC/2017/PI/1. <https://unesdoc.unesco.org/ark:/48223/pf0000378447?posInSet=91&queryId=573049a4-b0f8-4cdb-b014-bceceb28b4a3>
________. "Convention for the Safeguarding of the Intangible Cultural Heritage." in *Basic Texts of the 2003 Convention for the Safeguarding of the Intangible Cultural Heritage*, 2022 Edition. <https://ich.unesco.org/doc/src/2003_Convention_Basic_Texts-_2022_version-EN_.pdf>
________. *Operational Directives for the Implementation of the Convention for the Safeguarding of the Intangible Cultural Heritage*. 2022.

<신문 기사>

『뉴데일리』. "아리랑도 뺏겼는데 한글-김치는 무사할까." 2011년 9월 15일. <https://www.newdaily.co.kr/site/data/html/2011/09/15/2011091500074.html>
『동아일보』. "국립무형유산원 건립계기로 한국의 국격 높이자." 2012년 4월 11일. <https://www.donga.com/news/Opinion/article/all/20120411/45432452/1>
『동아일보』. "'韓 세계유산 30년' 17건 보유했지만… 등재후보 바닥 '숙제'." 2025년 8월 26일. <https://www.donga.com/news/Culture/article/all/20250826/132253047/2>
『법보신문』. "한 달 사찰음식 섭취로 건강 되찾다." 2013년 11월 28일. <https://www.beopbo.com/news/articleView.html?idxno=78076>
『서울경제』. "지난해 김치 수출 1.6억불...사상 최대 실적 경신." 2025년 1월 12일. <https://www.sedaily.com/NewsView/2GNNXHLML0>
『시사포커스』. "유네스코 등재 '하회마을' 세계문화유산 목록서 삭제 배제 못해." 2010년 9월 3일. <https://www.sisafocus.co.kr/news/articleView.html?idxno=43329>
『아시아경제』. "北 "씨름, 유네스코 공동등재 가능"…문화교류 제안." 2014년 7월 10일. <https://cm.asiae.co.kr/article/2014071006510629485>
『여행 스케치』. "제주해녀문화를 이야기하다." 2017년 1월 25일. <https://www.ktsketch.co.kr/news/articleView.html?idxno=1013>
『연합뉴스』. "인간문화재제도가 전세계로 수출된다." 1998년 10월 10일.
『연합뉴스』. "제주해녀문화, 2015년 인류무형유산 등재 추진." 2013년 12월 10일. <https://www.hani.co.kr/arti/area/area_general/616319.html>
『연합뉴스』. "'스무 살, 단오' 2025 강릉단오제 시작…신주미 봉정 진행." 2025년 4월 9일. <https://www.yna.co.kr/view/AKR20250409136800062>
『연합뉴스』. "강릉시 공무원, '강릉단오제' 신주미 봉정 참여." 2025년 4월 22일. <https://www.yna.co.kr/view/AKR20250422078700062>

『연합 조간신문』. “단오절 쟁탈은 중국 전통 문화의 슬픔을 뚜렷하게 드러낸다.” 2004년 5월 10일.
<http://www.chinanews.com.cn/n/2004-05-10/26/434343.html >

『오마이뉴스』. “중국에 아리랑 빼기면 한글도 위험.” 2011년 7월 3일.
<https://m.ohmynews.com/NWS_Web/Mobile/amp.aspx?CNTN_CD=A0001591205>

『전국매일신문』. “‘10년 전 그날’ 김장문화 ‘유네스코 세계무형문화유산’ 등재.” 2023년 12월 9일.
<https://www.jeonmae.co.kr/news/articleView.html?idxno=999107>

『제주일보』. “일본 해녀 ‘아마(해녀)’의 잠수문화.” 2016년 5월 3일.
<https://www.jejunews.com/news/articleView.html?idxno=1987193>

『제주의 소리』. “제주해녀 등재 걸림돌은 ‘근대적 문화재 개념’.” 2010년 10월 11일.
<https://www.jejusori.net/news/articleView.html?idxno=89240>

『조선일보』(석간). “전국민속예술콩쿨 - 8월 11일부터 文總 주최.” 1958년 7월 23일.

『조선일보』. 1970년 10월 27일 기사.

『조선일보』. “판소리 이제 세계화 방안 찾을 때.” 유네스코 심사위원 임돈희 교수 인터뷰 기사, 2003년 12월 1일.
<https://www.chosun.com/site/data/html_dir/2003/12/01/2003120170407.html>

『조선일보』. “종묘제례악 · 판소리 · 강릉단오제 ‘세계유산 선정’ 뒤엔 그녀가 있었다.” 유네스코 심사위원 임돈희 교수 인터뷰 기사, 2005년 12월 12일.
<https://www.chosun.com/site/data/html_dir/2005/12/11/2005121170316.html>

『조선일보』. “‘유네스코 아리랑賞’은 부활돼야 한다.” 2011년 6월 26일.
<https://www.chosun.com/site/data/html_dir/2011/06/26/2011062601039.html>

『조선일보』. “아리랑, 이제 세계적 문화상품으로 성공시켜야.” 임돈희 교수 인터뷰 기사, 2012년 12월 7일.
<https://www.chosun.com/site/data/html_dir/2012/12/07/2012120700032.html>

『조선일보』. “‘김치가 기무치를 이겨서 좋다? 그런 반응은 격 떨어지는 일’.” 임돈희 교수 인터뷰 기사, 2013년 12월 6일. <https://www.chosun.com/site/data/html_dir/2013/12/06/2013120600013.html>

『조선일보』. “제주해녀의 당당한 여성상, 유네스코가 높이 평가,” 임돈희 교수 인터뷰 기사, 2016년 12월 2일.
<https://www.chosun.com/site/data/html_dir/2016/12/02/2016120200090.html>

『중신망』. “전통 명절이 국내로부터 외면당하자 다른 나라가 단오를 자국의 유산으로 지정했다.” 2004년 5월 6일. <http://www.chinanews.com.cn/n/2004-05-06/26/433058.html >

『중앙일보』. “인문학은 삶의 길 밝히는 지혜의 등불….” 2013년 8월 8일.
<https://www.joongang.co.kr/article/12285934>

『한겨레신문』. “전 세계 음식물 3분의 1이 쓰레기로 버려진다.” 2015년 2월 27일. (수정: 2019년 10월 19일).
<https://www.hani.co.kr/arti/international/international_general/680149.html#csidxOb63c98ed992bf95abce6cad28732>

JTBC. “신인류 식품관.” 2015년 8월 1일.
<https://tv.jtbc.joins.com/clip/pr10010352/pm10029878/vo10076300/view?site_preference=normal>

KBS 뉴스. “지난해 김치 수출향 7% 늘어 ‘역대 최대’.” 2025년 1월 12일.
<https://news.kbs.co.kr/news/pc/view/view.do?ncd=8150108>

ScienceON. “전쟁으로 소실된 보스니아 헤르체고비나의 국립도서관 재개관.” 2014년 5월 30일.

<https://scienceon.kisti.re.kr/srch/selectPORSrchTrend.do?cn=IWT201405062>

<웹사이트>

국가유산청. <https://www.khs.go.kr>

국가유산청 국가유산 포털. <https://heritage.go.kr>.

국가법령정보센터. <http://www.law.go.kr>.

국립무형유산원. <https://www.nihc.go.kr>.

농림수산식품교육문화정보원. <https://www.epis.or.kr>.

농림축산식품부. <https://www.mafra.go.kr>.

농식품수출정보. <https://www.kati.net>.

문화재청. <https://www.cha.go.kr>. (2024년 국가유산청으로 변경)

세계김치연구소. <https://wikim.re.kr>.

세계무형문화유산포럼. <https://ichworldforum.org>.

Korean National Commission for UNESCO (KNCU). < https://unesco.or.kr>

UNESCO ICH NGO Forum. <https://www.ichngoforum.org>.

UNESCO ICHCAP (International Information and Networking Centre for Intangible Cultural Heritage in the Asia-Pacific Region). <https://www.unesco-ichcap.org>.

UNESCO Intangible Cultural Heritage (ICH). <https://ich.unesco.org/en/home>.

UNESCO International Centre for Documentary Heritage (ICDH). <https://www.unescoicdh.org/home/main.php>.

UNESCO Memory of the World (MoW). <https://www.unesco.org/en/memory-world>.

UNESCO UNESDOC Digital Library. <https://unesdoc.unesco.org>.

UNESCO World Heritage Centre (WHC). <https://whc.unesco.org/en/conventiontext>.

UNESCO. <https://www.unesco.org>.

United Nations. <https://www.un.org>.

United Nations Sustainable Development Goals (SDGs).
<https://www.un.org/sustainabledevelopment/sustainable-development-goals>.

<법령>

「문화재보호법」(1962)

「무형문화재 보전 및 진흥에 관한 법률」(2015)

「무형유산의 보전 및 진흥에 관한 법률」(2023)

「국가유산기본법」(2023)

「한국전통문화학교 설치령」(1996)

「한국전통문화학교 설치법」(2012)

<유네스코 협약 및 운영지침>

「세계문화 및 자연유산의 보호에 관한 협약」(Convention Concerning the Protection of the World Cultural and Natural Heritage; World Heritage Convention) (1972)

「무형문화유산 보호를 위한 협약」(Convention for the Safeguarding of the Intangible Cultural Heritage) (2003)

「세계유산협약 이행을 위한 운영지침」(Operational Guidelines for the Implementation of the World Heritage Convention)

「무형문화유산보호협약 이행을 위한 운영지침」(Operational Directives for the Implementation of the Convention for the Safeguarding of the Intangible Cultural Heritage)

<권고문 및 선언문>

「문화정책에 관한 멕시코시티 선언문」(Mexico City Declaration on Cultural Policies) (1982)

「전통문화 및 민속 보호에 관한 권고문」(Recommendation on the Safeguarding of Traditional Culture and Folklore) (1989)

「무형유산에 관한 ICOM 서울선언문」(Seoul Declaration of ICOM on the Intangible Heritage) (2004)

「강릉 공동무형문화유산 권고문」(2009)

<기타 참고자료>

「ICOM 2004 서울 총회 프로그램」

국립무형유산원설립추진단, 「보도자료 - 무형유산에 관한 종합정책 집행기관인 '국립무형유산원' 준공」, 2013. 7. 29.

김치콘텐츠통합플랫폼, '김치의 세계화, 11월 22일 김치의 날'. <https://www.wikim.re.kr/menu.es?mid=a50206010000>

서진영, 2024년 제10차 유네스코 무형문화유산보호협약 당사국총회보고서.

______, 2024년 제19차 정부간위원회(파라과이 아순시온) 회의 요약 자료.

유네스코 아태무형유산센터, 「2003년협약 제9차 총회 참가 보고서」, 2022. 7.

유네스코 무형문화유산 대표목록 심의위원회 검토서, <www.unesco.org/culture/ich>

정민영, 2015년 제10차 정부간위원회(나미비아 빈트후크) 회의 의제 보고.

차보영, 2014년 제9차 정부간위원회(프랑스 파리) 회의 의제 보고.

______, 2019년 제14차 정부간위원회(콜롬비아 보고타) 회의 의제 보고.

찾아보기

가

강릉 권고문 592

강릉단오제 31, 59, 61, 105, 127~129, 185, 413, 414, 467, 569, 575, 576, 583~586, 589, 592, 602, 608, 614

개인 48, 51, 74, 107, 126, 137, 141~143, 149, 156, 157, 161, 193, 194, 205, 242, 268, 277, 306, 307, 349, 350, 354, 363, 365, 372, 430, 523, 524, 530, 532, 542, 564, 644, 652, 653, 658, 665, 673

고려대학교 502

고이치로 마츠우라Koichiro Matsuura 243, 244, 264, 577

공동등재 245, 328, 332, 333, 347, 489, 548, 550, 594, 597, 603, 620~622, 624, 625, 629, 638

공동체 7, 18, 21, 31, 39, 43, 54, 56, 60, 61, 66, 70, 72, 86, 87, 95, 97, 113, 121~123, 133, 135~137, 153, 161, 192, 194, 228, 236, 265, 267, 272, 277, 283, 349, 350, 354, 370, 408, 425, 487, 490, 523, 530, 531, 564, 573, 584, 632, 634, 637, 654, 667, 668, 673

공동체 기반 목록 작성 154

공동체 종목 159, 209, 219

공예기술 28~30, 104, 107, 115

구례잔수농악 60, 61, 104

구전 19, 242

구전전통 및 표현 84, 95, 113, 350, 564

국가 무형유산목록 59, 60, 600

국가긴급보호무형문화재 118

국가무형문화재 31, 32, 37, 40, 61, 62, 118, 148, 158, 177, 188, 197, 456, 492, 530, 549, 607, 649

국가유산 65, 112, 120, 199~201, 203, 541

「국가유산기본법」 21, 83, 199, 200, 465, 475, 478, 480, 493, 496, 541

국가유산진흥원 202, 353, 541

국가유산청 21, 44, 46, 67, 83, 84, 87, 160, 197, 199~203, 210, 217, 235, 293, 383, 427, 450, 451, 457, 485, 530, 554, 648, 664

국가지정무형문화재 31, 59~61, 599, 600

국립경국대학교 513

국립무형유산원 5, 6, 19, 119, 185, 190, 210, 353, 383, 415, 423, 450~455, 457~459, 461~465, 467~469, 473, 475~480, 492, 495, 512, 531, 549, 625, 653, 655, 669

국립문화유산연구원 202, 516
국립민속박물관 7, 383, 389, 390, 392, 395, 397, 398, 400, 402~406, 410, 495, 516, 650
국립해양유산연구소 202
국외소재문화유산재단 202
국제 NGO 자문기구 544, 545, 548
국제기념물유적협의회 262, 350, 558
국제박물관협의회 5, 383, 387, 399, 401, 408
국제심사위원 6, 19, 195, 243, 245, 255, 256, 258, 350, 412, 414, 415, 575, 576, 577, 579, 582, 595, 603, 608, 614, 628, 634, 644, 665
국제원조 274, 276, 294, 296, 299, 300, 305, 312, 317, 318, 325, 326, 347, 349, 360, 432, 673
국제자연보전연맹 262
『국제저널 무형유산』 383, 389, 390, 395, 397, 398, 402, 405, 410
국제탈문화연맹 353
기·예능 보유자 40
기념물(사적·천연기념물·명승) 200
긴급 보호가 필요한 무형문화유산 목록 15
긴급보호목록 142, 302, 312, 317, 318, 325~328, 331, 339, 340, 342, 349, 432, 673
김천흥 32, 45
김치와 김장문화 59, 546, 597, 603, 609, 610, 617
김치의 날 615~617, 619
꼭두각시놀음 30, 40

나

남북한 공동등재 597, 603, 635, 637, 638, 639
남사당놀이 36, 298, 303, 570, 596
노리코 아이카와Noriko Aikawa 243, 415, 439, 458, 487, 645, 657
농악 29, 33, 35, 51, 59, 105, 133, 144~146, 487, 547, 550, 597, 611

다

당사국 89, 142, 194, 267, 274~276, 279, 281, 283, 286~288, 290, 292, 301, 309, 315, 317, 318, 323, 325, 326, 347, 348, 351, 354, 567, 673
당사국 보고서 294, 305, 325
당사국 총회 274, 275, 286, 288, 345, 360, 368, 544, 549
대표목록 17, 59, 60, 89, 144, 146, 148, 192, 194, 219, 251, 261, 274, 284, 296, 299, 302, 307, 311, 312, 314, 317, 318, 320, 323, 327, 328, 335, 339, 342, 344, 348, 349, 360, 365, 544, 550, 552, 557, 563, 565, 569, 578, 599, 600, 610, 621, 627, 673
대화 프로세스 299, 311, 312, 318, 327, 335, 341, 342, 347, 552
등재신청서 22, 144, 146, 147, 149, 194, 245, 272, 284, 301, 303, 307, 312, 317, 319, 328, 332, 333, 335, 341, 358, 365, 551, 574, 576, 580, 584, 611, 614, 622, 624, 631
등재 전쟁 586, 601
디지털 아카이브 91, 525

마

매사냥 298, 570, 596, 621
명예보유자 54, 94, 110, 209, 671
모범사례 150, 151, 274, 280, 294, 297, 299, 317, 322, 339, 341, 365, 565, 567~569, 605, 626, 665
목록화 147, 153, 527
몬디아컬트 선언 363
무르시아 평야의 장로 평의회 및 발렌시아 평야 수자원 재판소 371

무용 24, 28, 29, 77, 242, 430, 509, 576
무형문화연구원 7, 353, 492, 493, 517, 518, 522, 527~530, 537, 538, 548, 549, 651, 652, 653, 655
무형문화유산 15, 19, 53, 89, 103, 111, 112, 135, 138, 140, 204, 224, 288, 308, 312, 317, 333, 339, 350, 357, 363, 370, 382, 402, 420, 424, 426, 470, 519, 520, 522, 526, 530, 531, 532, 586, 655, 661
무형문화유산 공동체 135, 140, 144, 146, 156, 534
무형문화유산과 지속가능한 발전 667
무형문화유산기금 287, 317, 326
무형문화유산 보호 정책 22, 155, 225, 226, 358, 382
「무형문화유산보호협약」 15, 16, 21, 135, 236, 251, 259, 262, 263, 267, 270, 272, 274, 297, 336, 563, 575, 646, 662
「무형문화유산보호협약 운영지침」 354, 369
무형문화재 모니터링 530
「무형문화재 보전 및 진흥 기본계획」 204, 205, 208, 210, 678
「무형문화재 보전 및 진흥에 관한 법률」 25, 45, 83, 88, 92, 93, 97, 98, 121, 123, 132, 133, 155, 163, 169, 171~173, 195, 196, 204, 206, 210, 234, 442, 461, 486
무형문화재 27, 28, 32, 33, 40, 47, 55, 58, 87, 169, 170, 177, 414, 464, 542, 631
무형문화재과 62
「무형문화재법」 25, 59, 61, 93~100, 109, 111, 118, 121, 122, 125, 130, 131, 148, 155, 157, 163, 169, 170, 175, 182, 188, 192, 205, 234, 465~467, 474, 475, 477, 478, 480, 486, 493, 667, 671
무형문화재분과 28, 32, 55, 58, 68, 75, 77, 97, 119, 416, 624
무형문화재위원회 32, 45, 58, 62, 97, 209
무형유산 18, 24, 42, 48, 53, 59, 65, 66, 84, 87, 116, 121, 156, 161, 168, 195, 205, 217, 219, 225, 231, 236, 241, 248, 253, 256, 257, 264, 303, 354, 357, 383, 391, 400, 402, 408~410, 420, 421, 424, 430, 434, 445, 453, 465, 496, 510, 517, 541, 544, 547~549, 551~553, 555, 557, 563, 575, 604, 626, 651, 656, 658, 664, 665
무형유산 보호 정책 19, 21, 160, 192, 211, 236, 459, 486, 667
무형유산위원회 46, 66, 145
「무형유산의 보전 및 진흥에 관한 법률」 235, 672
무형유산정보학과 506~508, 527, 528
『무형유산학』 14, 175, 398, 406, 482, 483, 494, 516, 528, 670
무형유산학과 502, 510, 511, 517
무형유산학회 학술대회 121, 130, 158, 170, 174, 383, 386, 486, 494, 529, 585, 623, 625
무형유산학회 19, 122, 123, 130, 170, 175, 383, 482, 485, 492, 494, 495, 517, 528, 671, 673
문화 권력화 53
문화경관 560
문화공간 253, 266, 350
문화다양성 선언 15, 88
문화유산 15, 435, 557, 558, 560
문화유산위원회 46, 81, 90, 202
문화유산 전공 513
문화유산학 협동과정 502, 503
문화재위원 32, 44, 46, 58, 61, 64, 79, 84, 119
문화재위원회 17, 26, 28, 32, 37, 44, 46, 63, 67, 86, 90, 97, 109, 202, 416, 607, 630
문화재 전문위원 32, 63
문화재청 21, 44, 46, 60, 66, 67, 78, 83, 87, 88, 99, 145, 155, 177, 199, 210, 439, 442, 457, 468, 469, 472, 473, 478, 485, 492, 522, 523, 529, 530, 550, 576, 579, 585, 600, 603, 607, 610, 621, 622, 624,

630, 631, 643, 648, 664
민속 68, 73, 79, 515
민속문화재 112, 148, 200, 238
민속예술 25, 27, 33, 59, 239, 513, 514, 599
민속학자 47, 49, 58, 62, 87, 196, 228

바

바람직한 국가유산의 분류체계 203
박물관과 무형유산 5, 19, 382, 386, 399, 402, 403
박상식 56, 57, 230
박제화 50, 51, 87, 131, 168, 169, 171, 196
발기인대회 482, 483, 485, 486
발우공양 372~374, 376, 378, 379
법성포단오제 104
보유단체 30, 31, 40~42, 54, 60, 62, 66, 70, 72, 75, 77~79, 81, 83, 91, 96, 105, 110, 159, 192, 206, 219, 488, 530
보유자 17, 25, 30, 31, 40, 42, 44, 48, 54, 55, 58, 60, 61, 69, 79, 83, 99, 103, 104, 110, 153, 169, 192, 206, 490, 530, 534, 542, 543, 599, 627, 671
보유자 없는 보유단체 61, 108, 205
보존preservation 52, 268, 272, 430
보지자 26, 231, 234
보호safeguarding 52
복합유산 225, 271, 560
「비물질문화유산법」 89, 99, 113
비정부기구 139, 246, 248, 250, 253, 275, 279, 297, 310, 314, 319, 348, 349, 351, 527, 530, 531, 644, 658, 661

사

사무국 237, 274, 275, 280, 283, 284, 287, 309, 311, 314, 324, 326, 333, 345, 364, 418
살아있는 유산living heritage 236, 307, 362, 435, 652, 660
살아있는 전통living tradition 251, 357, 561
삼화사 수륙재 60, 61
서울비전 288, 292, 428
서울선언 387, 401
서울세계박물관대회 383~385, 402
석주선 32, 45
선정기준 250, 291
세계기록유산 557, 570, 571, 573, 574, 650
세계무형문화유산포럼 423, 655
세계무형유산 58, 204, 241, 256, 261, 460, 603
「세계문화 및 자연유산의 보호에 관한 협약」(세계유산협약) 15, 138, 141, 203, 224, 236, 261, 270, 350, 557~559
세계문화유산 16, 265, 389, 577, 653
세계박물관대회 19, 382, 383, 386, 388
세계유산 제도 203, 557, 558, 563
세계유산협약 운영지침 561
세계인권선언 251, 265
세계전통음악협회 248, 262, 350
세계지식재산권기구WIPO 89, 333
세계화 19, 20, 147, 227, 244, 264, 265, 410, 463, 588, 603, 606
세대 간 전승 236, 564
시도지정무형문화재 31, 33, 61, 599
심사기구 262, 274, 283, 296, 299, 306~309, 312, 313, 317~319, 326~328, 331, 339, 340, 346, 348, 360, 361, 364, 545~547, 550
심사보조기구 301, 303, 306, 309, 335, 339, 340, 343, 348
심사자문기구 250, 306, 339, 340, 546
씨름 89, 99, 158, 209, 454, 489, 550, 551, 602,

635, 637, 639

아

아랫녘 수륙재 60, 61
아리랑 59, 89, 92, 99, 144, 192, 550, 597~600, 603, 608, 612
아리랑상 22, 644~651, 653, 654, 660, 662, 665
아태무형유산센터 19, 383, 412, 413, 415, 418, 426, 439, 458, 467, 471, 476, 550, 611, 622, 669
아태센터 412~418, 420~422, 424, 426, 428, 432~435, 438, 441, 442, 443, 447, 448
알스트 카니발 313, 314, 335, 347
양주별산대 30, 455
엘체Elche 회의 253, 257
엘체의 신비극 254, 255
연극 24, 25, 28, 29, 40, 77, 430
연등회 60, 61, 104, 144, 218, 454, 597
연속성 155, 344, 350, 640
영산재 66, 298, 303, 570, 596
예비목록 60, 600, 629
예비평가 561, 562
예용해 56, 231
울룰루-카타 추타 국립공원 271
원형 7, 40, 48, 87, 122, 131, 132, 164, 173, 179, 183, 195~197, 487
원형주의 48, 50, 181, 185
위원회 사무국 336, 337, 338
유네스코 87, 265, 582
유네스코 대표목록 등재 건수의 제한 303
유네스코 무형유산 카테고리 2 센터 5, 18
유네스코 본부 6, 224, 243, 255, 257, 279, 286, 293, 337, 345, 347, 384, 441, 443, 551
유네스코 사무총장 17, 56, 227, 243, 244, 245, 249, 252, 256, 258, 264, 412, 415, 441, 577, 636, 638, 644, 674
유네스코 아시아-태평양 무형문화유산 국제 정보 네트워킹 센터 412
유네스코 아태무형유산센터 7, 19, 233, 293, 412, 413, 427, 429, 432, 436, 439~442, 447, 449, 450, 458, 513, 546, 554, 624, 635, 649
유네스코 인가 NGO 293, 351~353, 496, 526, 527, 539, 548~550, 552, 553, 556
유네스코 총회 17, 226, 255, 256, 263, 416, 432, 549, 558, 563
유네스코한국위원회 224, 238, 248, 320, 413, 416, 513, 579, 611, 649
유엔 137, 224, 273, 309, 366, 667, 668
유엔 원주민 권리선언 270
유정희 240
유형문화유산 15~17, 20, 66, 200, 229, 261, 270, 391, 513, 524, 532, 577, 586, 592
음악 20, 24, 25, 28, 29, 63, 77, 144, 145, 146, 242, 430, 509
의장국 300, 314, 334, 343, 346, 347, 552
이두현 32, 35
이수자 41, 54, 71, 102, 185, 197, 217, 219, 478, 530, 543
2003「무형문화유산 보호 협약」20주년 기념 글로벌 회의 554
2030 아젠다 366, 668
2025년도「무형유산의 보전 및 진흥 시행계획」216, 677
이치피디아 523, 524, 526, 529
이혜구 32, 45
인간국보 231, 238
인간문화재 17, 18, 25, 30, 40, 53, 55, 56, 110, 139, 173, 225, 229~231, 233~235, 238, 461, 509,

599, 609, 627, 629, 646, 671
인간문화재 제도 5, 18, 44, 47, 54, 56, 57, 88, 96, 229, 230~233, 236, 238, 389, 392, 435, 436, 563, 653, 661, 665, 671
인류 구전 및 무형유산 걸작 선언(선정) 6, 17~19, 21, 22, 88, 195, 225, 240, 242~244, 256, 257, 259, 261, 412, 415, 563, 575, 577, 582, 644, 646, 653, 665
인류무형문화유산 대표목록 15, 20, 22, 125, 142, 145, 147, 148, 150, 158, 161, 166, 259, 261, 319, 454, 466, 487, 489, 546, 547, 553~556, 565, 575, 576, 592, 596, 597, 603, 607, 610, 611, 614, 615, 626, 628, 631, 635, 638~641, 666
인류무형문화유산 제도 22, 203, 563
인류학 6, 15, 193, 509
인벤토리 153, 524, 535, 544
인위적 보호 52
임돈희 122, 238, 243, 257, 386, 398, 404, 406, 438, 461, 485, 486, 580, 582, 595, 608, 614, 630, 634, 654, 657, 660, 662
임동권 32, 49
임석재 8, 17, 32, 45, 55, 487, 583, 609

자

자연유산 4, 66, 199, 200, 202~204, 225, 261, 557, 558, 559, 560, 563
자연유산위원회 46
자율전승형 보유단체 42
장기거주 현지조사 193
장주근 32
전국농악경연대회 33
전국민속예술경연대회 33~37
전국청소년민속예술경연대회 34
전수교육 40, 42, 94, 100, 102, 103
전수교육사 91
전수교육 이수증 91, 94
전수교육조교 41, 77, 79, 83, 91, 94, 102, 103, 110, 209
전수교육학교 115, 209
전수생 41, 143
전승 가치 70, 71, 73, 76, 77, 79, 81
전승 공동체 91, 104, 105, 107, 114, 118, 125, 144, 146, 152, 154~158, 161, 192, 205, 211, 217, 219, 491, 493
전승 능력 70~72, 77~79, 81
전승 방식 87
전승 환경 70~72, 78, 81, 99, 211, 219
전승공예품 94, 96, 209, 220
전승과정의 민속지 195, 198
전승교육사 42, 54, 178, 185, 197, 209, 217, 491
전승자 42, 90, 93, 94, 99~101, 103, 107~110, 115~120, 126, 157, 164, 165, 168, 175~181, 184~187, 190, 197, 198, 205~207, 209, 217, 219, 220, 453, 456, 462, 465, 466, 468, 470, 474~479, 490, 492, 494, 531, 534, 544, 552, 661
전승주체 114, 118, 157, 472, 524, 544
전승지원금 42, 43, 107
전승체계 41, 55, 101, 103, 206, 208, 209, 217, 453
전주선언문 531, 653, 655
전주세계무형유산대상 22, 530, 531, 539, 540, 644, 651~654, 656, 660~662, 665
전통기술 46, 94, 97, 209, 220, 350, 536
전통문화 19, 24, 25, 47, 52, 59, 70, 72, 93, 112, 129, 139, 167, 170, 205, 225, 227, 228, 236, 239, 368, 371, 414, 435, 454, 490, 513, 581, 587, 599, 642, 647, 661, 666
전통문화 및 민속 보호에 관한 권고 21, 88, 225,

226, 236, 240, 247, 563
전통예능 46, 97, 209
전통음식문화 151
전통지식 45, 94, 95, 97, 148, 209, 493, 520, 538
전형 121, 122, 132, 133, 163~165, 169, 174~177, 185, 188, 196, 197, 487, 668
정부간위원회 6, 147, 210, 272, 274, 275, 277, 280, 281, 283~285, 288, 289, 291, 293, 298, 300, 301, 304, 309, 311~314, 319, 321, 324, 334~336, 338~340, 342, 346, 347, 351, 357, 358, 365, 382, 413, 424, 428, 489, 526, 544, 545, 547, 548, 550, 554, 556, 610, 620, 625, 635, 637
정체성 19, 52, 53, 70, 72, 84, 128, 141, 145, 146, 149, 150, 151, 156, 159, 161, 192, 193, 227, 240, 269, 326, 350, 370, 398, 400, 473, 475, 489, 523, 533, 564, 597, 612, 638, 656, 661, 669
제마 엘프나 광장 253, 256
제주칠머리당영등굿 148, 298, 303, 570, 596
제주해녀문화 59, 148, 454, 549, 550, 597, 626, 630~634
종목지정 28, 62, 99
종묘제례 및 종묘제례악 251, 569, 575~578, 581
종묘제례악 30, 40, 576, 577, 595
줄다리기 59, 109, 454, 548, 597, 620~622, 624, 625
중요무형문화재 28~32, 34~37, 40, 41, 43, 53, 61, 69~71, 77, 79, 88, 90, 99, 105, 109, 111, 231, 447, 462, 468, 478~480, 541, 546
중요무형민속문화재 171
지구촌화 14, 19, 20
지속가능발전목표 22, 273, 309, 353, 366, 368, 369, 372, 554, 667
지속가능한 발전 138, 273, 277, 279, 289, 292, 309, 323, 336, 350, 360, 362, 366, 368, 372, 376, 377, 427, 428, 433, 526, 547, 554, 655, 667
「지식재산기본법」 89
지정조사보고서 32
지정종목 31, 105
진관사 수륙재 60, 61, 540
집단 16, 20, 50, 51, 53, 66, 125, 126, 140~142, 149, 153, 161, 194, 266, 268, 270, 272, 350, 430, 523, 535, 564

차

총체적인 접근holistic approach 154

카

커뮤니티 136, 137, 140, 156, 193, 238, 253, 356, 631, 634
케냐 150, 151, 342, 343, 344, 346, 546
케냐의 전통음식 홍보 및 전통음식문화 보호 성공 사례 153

타

탁월한 보편적 가치 15, 224, 262, 270, 300, 302, 507, 558, 560
탈춤 17, 29, 33, 59, 105, 144, 491, 552, 553, 599
택견 298, 491, 570, 596
통합적 접근integrated approach 154

파

판소리 20, 25, 31, 58, 59, 105, 133, 257, 487, 569, 575, 576, 578, 582, 595, 599, 602, 603
퍼실리테이터 280, 315

페루의 퀘스와차카 다리 재건과 관련된 지식, 기술 그리고 의례 150
평가지표 7, 62, 68, 72, 76, 79

하

한국문화재보호재단 413, 541~544
한국문화재재단 202, 346~348, 457, 527, 543
한국민속예술제 34, 39
한국민속예술축제 34, 37~39
한국민속학회 73
한국의 장 담그기 문화 555, 556, 569, 597
한국전통문화대학교 492, 510
한산모시짜기 209, 298, 555, 570, 596
함한희 125, 134, 192, 482, 483, 485, 506, 521, 631, 633, 651, 652
현장 연구 55, 532
협약 이행 운영지침 275, 277, 294, 300, 312, 323, 325, 357
협약이행체계(ORF) 315, 364

A~Z

ICH NGO 포럼 290, 291, 314, 333, 334, 352, 357~361
ICHCAP 5, 19, 286, 448, 485, 635
ICHPEDIA 522~524
ichpedia 529
ICME 389, 400
ICOM 5, 6, 383, 384, 386, 387, 389, 391, 398~400, 403, 405
IJIH 391, 392, 394~397
International Journal of Intangible Heritage 5, 6, 19, 383, 389, 391, 404~407, 410, 495
LIVING HUMAN TREASURES 237
Living Human Treasures 56, 57, 225, 229~231, 234, 238, 671
Living National Treasures 231, 238
Masterpieces 251, 262
Representative List 262
UNESCO 84, 137, 224, 234, 364, 391, 398, 402
World Conference on Cultural Policies(MONDIACULT) 225

유네스코와 한국의 무형유산 정책: 한국은 무형유산 선진국

초판1쇄 발행 2025년 9월 21일

지은이 임돈희 · 로저 L. 자넬리 외

주간 조승연
편집 · 디자인 오경희 · 조정화 · 오성현 · 신나래 · 박선주 · 정성희
관리 박정대

펴낸이 홍종화
펴낸곳 민속원
창업 홍기원
출판등록 제1990-000045호
주소 서울 마포구 토정로 25길 41(대흥동 337-25)
전화 02) 804-3320, 805-3320, 806-3320(代)
팩스 02) 802-3346
이메일 minsokwon@naver.com
홈페이지 www.minsokwon.com

ISBN 978-89-285-2170-8 93380